"十二五"普通高等教育本科国家级规划教材
普通高等教育"十一五"国家级规划教材

汽车构造

第 4 版

主　编　关文达
副主编　吴　明　张凯良　刘玉梅
参　编　任　有　初立冬　陈　霞　施继红
　　　　李春荣　王　超　刘兆惠　任勇刚
　　　　王雪莲　王　巍　潘世强
主　审　林　逸　韩德恩

机械工业出版社

本书是"十二五"普通高等教育本科国家级规划教材、普通高等教育"十一五"国家级规划教材。

本书与其他同类书相比,最大的特点是完全以轿车为主,系统地阐述了轿车发动机、底盘和车身的构造及工作原理。全书共 15 章。

本版仍坚持尽可能多地介绍轿车的新结构、新工艺、新材料的理念,重点充实了轿车发动机和变速器两大汽车动力装置的新知识,引导读者了解和掌握轿车重点结构和工作原理。为便于读者(尤其是学生)对复杂汽车零部件的理解和想象,选用了近 380 张整车、总成、零部件及零件立体图。

本书为高等院校汽车工程类(车辆工程、车身设计、汽车维修检测、汽车运用工程、汽车服务工程及汽车营销等专业)教材,也适用于高职高专汽车类专业学生使用,还可供汽车行业工程技术人员阅读。

图书在版编目(CIP)数据

汽车构造/关文达主编 . — 4 版 . —北京:机械工业出版社,2016.1 (2025.1 重印)

"十二五"普通高等教育本科国家级规划教材　普通高等教育"十一五"国家级规划教材

ISBN 978-7-111-52222-5

Ⅰ.①汽…　Ⅱ.①关…　Ⅲ.①汽车—构造—高等学校—教材　Ⅳ.①U463

中国版本图书馆 CIP 数据核字(2015)第 280576 号

机械工业出版社(北京市百万庄大街 22 号　邮政编码 100037)
策划编辑:冯春生　责任编辑:冯春生　李　然　韩　冰
版式设计:霍永明　责任校对:刘志文
封面设计:张　静　责任印制:张　博
三河市宏达印刷有限公司印刷
2025 年 1 月第 4 版第 18 次印刷
184mm×260mm・22 印张・541 千字
标准书号:ISBN 978-7-111-52222-5
定价:59.00 元

电话服务	网络服务
客服电话:010-88361066	机 工 官 网:www.cmpbook.com
010-88379833	机 工 官 博:weibo.com/cmp1952
010-68326294	金　书　网:www.golden-book.com
封底无防伪标均为盗版	机工教育服务网:www.cmpedu.com

前　言

本书是1999年出版的、由关文达主编的《汽车构造》的第4版。曾被评为吉林大学优秀教材一等奖，吉林省优秀教材二等奖；是普通高等教育"十一五""十二五"国家级规划教材。

与第3版相比，本版《汽车构造》的整体框架是：删去了第十六章"汽车车身电子控制装置"和第十七章"车载网络技术"（这两章内容另有相关教材详细介绍），保留了前15章的基本内容，但每章都有所改动（文字稿或图稿），主要修改内容如下：

1）在总论中，除了增加国外（德国、日本和美国等）轿车分类的介绍外，还在国内轿车分类中，增加了根据轿车轴距大小进行分类的内容。

2）在第一章中增加了对高档轿车发动机的介绍。

3）在第三章"配气机构"中充实了"可变进气系统"的内容（介绍了日本本田汽车公司和德国宝马汽车公司生产的轿车及奥迪轿车装用的"可变进气系统"）。

4）在第四章中增加了"汽油缸内直接喷射发动机"的内容；在"汽油机涡轮增压"中，增加了"双增压系统结构工作原理"的介绍。

5）第五章"柴油机燃料供给系统"由原来的11节缩减为8节。由于"柱塞式喷油泵"应用越来越少，原第四节"柱塞式喷油泵"的内容明显压缩；在新的第五节"电控柴油喷射系统"中，由于在乘用车上的广泛应用，增加了"电控径向柱塞式喷油泵、电控泵喷嘴喷射及电控高压共轨喷射"等内容。

6）在第六章"汽油机点火系统"中删去了"传统分电器式点火系统"；充实了"电子点火系统"和"微机控制点火系统"。

7）在第十章"新能源汽车简介"中，介绍了奔驰B级燃料电池轿车、通用Seque燃料电池轿车和宝马燃料电池轿车（宝马氢动7系轿车）。

8）在第十一章"汽车传动系统"第四节"自动变速器"中，详细介绍了液力自动变速器（AT）、电控机械式变速器（AMT）、机械式无级变速器（CVT）和双离合变速器（DSG）的结构和工作原理。

9）在第十二章"汽车行驶系统"第三节"车桥"中，充实了"前轮定位"的内容；在第四节"车轮与轮胎"中，增加了轿车轮胎各种花纹的介绍；在第五节"悬架"中，增加了"空气弹簧"及"多连杆独立悬架"的内容并充实了"麦弗逊独立悬架"的内容。

10）在第十三章"汽车转向系统"中，充实了第四节"轿车四轮转向系统"，并在该节中介绍了"可变齿比转向器"。

11）在第十四章"汽车制动系统"中，充实了第二节"车轮制动器"中"盘式制动器"和轿车"驻车制动器"的内容；增加了第五节"防滑控制机构与电子稳定程序控制机构"的内容。

参加本书编写的是：关文达（总论）、吴明（第五章）、张凯良（第四章）、刘玉梅（第十二章）、李春荣（第七章）、初立冬（第二章）、王巍（第十五章）、任有（第六章）、施继红（第九章）、王超（第十章）、潘世强（第十三章）、刘兆惠（第三章，第十一章第一、二、五、六节）、陈霞（第八章、第十四章）、王雪莲（第十一章第三、四节）、任勇刚（第一章）。

全书由关文达统稿并担任主编，由林逸教授、韩德恩教授担任主审。

本书在编写过程中引用了一些国内外文献资料，扩展和充实了本书内容。在此，对上述文献资料作者表示感谢。

恳切希望使用本书的高校师生及广大读者提出修改意见。

编　者
于吉林大学

目 录

前言
总论 ··· 1
    思考题与习题 ·· 14

第一章 发动机的基本知识 ··············· 15
    第一节 概述 ·· 15
    第二节 四冲程发动机的工作原理 ··············· 15
    第三节 发动机的总体构造 ······················ 20
    第四节 发动机的主要性能指标与特性 ······· 25
    第五节 内燃机名称及型号编制规则 ············ 27
    思考题与习题 ·· 29

第二章 曲柄连杆机构 ······························ 30
    第一节 概述 ·· 30
    第二节 机体组 ··· 30
    第三节 活塞连杆组 ·· 37
    第四节 曲轴飞轮组 ·· 45
    思考题与习题 ·· 53

第三章 配气机构 ··· 54
    第一节 概述 ·· 54
    第二节 配气机构的布置形式 ····························· 55
    第三节 配气相位 ··· 59
    第四节 配气机构的主要零部件 ·························· 61
    第五节 可变进气系统 ·· 67
    思考题与习题 ·· 74

第四章 电控汽油喷射式燃料供给系统 ··· 75
    第一节 概述 ·· 75
    第二节 燃料供给系统的组成和工作原理 ······· 79
    第三节 发动机进、排气装置 ····························· 87
    第四节 电控汽油喷射系统实例 ·························· 89
    第五节 汽油机涡轮增压 ···································· 90
    思考题与习题 ·· 95

第五章 柴油机燃料供给系统 ················ 96
    第一节 概述 ·· 96
    第二节 可燃混合气的形成与燃烧室 ··········· 97
    第三节 柱塞式喷油泵 ······································ 100
    第四节 机械控制轴向柱塞式分配泵 ········· 103
    第五节 电控柴油喷射系统 ······························ 109
    第六节 调速器 ··· 119
    第七节 喷油器 ··· 125
    第八节 柴油滤清器 ··· 127
    思考题与习题 ·· 128

第六章 汽油发动机点火系统 ············· 129
    第一节 概述 ·· 129
    第二节 电子点火系统 ····································· 130
    第三节 微机控制点火系统 ······························ 140
    思考题与习题 ·· 145

第七章 发动机润滑系统 ························ 146
    第一节 概述 ·· 146
    第二节 润滑系统油路 ····································· 147
    第三节 润滑系统主要零部件 ·························· 148
    思考题与习题 ·· 153

第八章 发动机冷却系统 ························ 154
    第一节 概述 ·· 154
    第二节 水冷系统 ··· 155
    思考题与习题 ·· 161

第九章 发动机起动系统 ························ 162
    第一节 概述 ·· 162
    第二节 起动机 ··· 163
    思考题与习题 ·· 165

第十章 新能源汽车简介 ························ 166
    第一节 纯电动汽车 ··· 166
    第二节 燃料电池电动汽车 ······························ 167
    第三节 混合动力电动汽车 ······························ 171
    第四节 太阳能汽车 ··· 173
    第五节 燃气汽车 ··· 174
    思考题与习题 ·· 176

第十一章 汽车传动系统 ························ 177
    第一节 概述 ·· 177

第二节	离合器	182
第三节	机械变速器	186
第四节	自动变速器	197
第五节	万向传动装置	213
第六节	驱动桥	217
思考题与习题		229

第十二章　汽车行驶系统 …………… 230
 第一节　概述 …………………………… 230
 第二节　车架 …………………………… 230
 第三节　车桥 …………………………… 232
 第四节　车轮与轮胎 …………………… 240
 第五节　悬架 …………………………… 248
 第六节　电控悬架 ……………………… 266
 思考题与习题 …………………………… 268

第十三章　汽车转向系统 …………… 269
 第一节　概述 …………………………… 269
 第二节　机械转向系统 ………………… 271
 第三节　动力转向系统 ………………… 276
 第四节　轿车四轮转向系统 …………… 281
 思考题与习题 …………………………… 284

第十四章　汽车制动系统 …………… 285
 第一节　概述 …………………………… 285
 第二节　车轮制动器 …………………… 286
 第三节　液压制动传动机构 …………… 298
 第四节　防抱死制动系统 ……………… 304
 第五节　防滑控制机构与电子稳定程序
     控制机构 ……………………… 309
 思考题与习题 …………………………… 312

第十五章　轿车车身 ………………… 313
 第一节　概述 …………………………… 313
 第二节　轿车车身本体结构 …………… 315
 第三节　座椅及车窗 …………………… 326
 第四节　安全保护装置 ………………… 330
 第五节　汽车空调装置 ………………… 332
 第六节　汽车电子仪表及仪表警告装置 … 335
 第七节　灯光系统与信号装置 ………… 337
 第八节　中央控制门锁及防盗报警装置 … 340
 思考题与习题 …………………………… 342

参考文献 ……………………………… 343

总 论

一、汽车的定义及分类

1. 汽车的定义

在 GB/T 3730.1—2001《汽车和挂车类型的术语和定义》中,汽车的定义是:由动力驱动,一般具有 4 个或 4 个以上车轮的非轨道承载车辆,主要用于载运人、货物及其他的一些特殊用途。

2. 汽车的分类

(1) 国内汽车分类

1) GB/T 3730.1—2001 中,将汽车按用途分为乘用车和商用车两大类。

① 乘用车。是指在其设计和技术特性上主要用于载运乘客及其随身行李和(或)临时物品的汽车,包括驾驶员座位在内最多不超过 9 个座位。它也可牵引一辆挂车。

乘用车包括普通乘用车、活顶乘用车、高级乘用车、小型乘用车、敞篷车、仓背乘用车、旅行车、多用途乘用车、短头乘用车、越野乘用车和专用乘用车(旅居车、防弹车、救护车、殡仪车)共 11 种。

② 商用车。是指在设计和技术特性上用于运送人员和货物的汽车,并且可以牵引挂车,乘用车不包括在内。

商用车又分为客车、半挂牵引车和货车。商用客车的座位数包括驾驶员座位在内一般超过 9 个,当座位不超过 16 个时,称为小型客车。

客车包括小型客车、城市客车、长途客车、旅游客车、铰接客车、无轨电车、越野客车和专用客车。

半挂牵引车是指装备有特殊装置用于牵引半挂车的商用车辆。

货车包括普通货车、多用途货车、全挂牵引车、越野货车、专用作业车和专用货车。

2) GB/T 15089—2001《机动车辆及挂车分类》中,按乘客座位数及汽车总质量对汽车进行了分类,见表 0-1。

表 0-1 汽车的分类(GB/T 15089—2001)

汽车类型		乘客座位数	厂定汽车最大总质量/t	说 明
M 类	至少有四个车轮并且用于载客的机动车辆	M_1 类	≤9	—	包括驾驶员座位在内,座位数不超过 9 个的载客车辆
		M_2 类	>9	≤5.0	包括驾驶员座位在内,座位数超过 9 个,且最大设计总质量不超过 5.0t 的载客车辆
		M_3 类	>9	>5.0	包括驾驶员座位在内,座位数超过 9 个,且最大设计总质量超过 5.0t 的载客车辆

（续）

汽车类型			乘客座位数	厂定汽车最大总质量/t	说 明
N类	至少有四个车轮并且用于载货的机动车辆	N₁类	—	≤3.5	最大设计质量不超过3.5t的载货车辆
		N₂类	—	>3.5~12	最大设计质量超过3.5t，但不超过12t的载货车辆
		N₃类	—	>12	最大设计质量超过12t的载货车辆
O类	挂车（包括半挂车）	O₁类	—	≤0.75	最大设计质量不超过0.75t的挂车
		O₂类	—	>0.75~3.5	最大设计质量超过0.75t，但不超过3.5t的挂车
		O₃类	—	>3.5~10	最大设计质量超过3.5t，但不超过10t的挂车
		O₄类	—	>10	最大设计质量超过10t的挂车

注：1. 乘客座位数包括驾驶员在内。
  2. 该标准还包括两轮或三轮机动车辆（L类）和满足特定要求的M类、N类的越野车（G类）的分类。

3）GB/T 9417—1988《汽车产品型号编制规则》中，将国产汽车分为轿车、客车、载货汽车、越野汽车、牵引汽车、自卸汽车、专用汽车和半挂车共8类。目前该标准已作废，暂无新标准替代，故只作为历史资料，以供参考。

① 轿车。按发动机排量可分为微型、普通型、中级、中高级和高级轿车，见表0-2。

表0-2 轿车的分级

类 型	微 型	普通型	中 级	中高级	高 级
发动机排量/L	<1.0	1.0~1.6	1.6~2.5	2.5~4.0	>4.0

② 客车。按车身长度可分为微型、轻型、中型、大型和特大型客车，见表0-3。

表0-3 客车的分级

类 型	微 型	轻 型	中 型	大 型	特 大 型
长度/m	<3.5	3.5~7	7~10	10~12	>12（铰接式） 10~12（双层）

③ 按汽车制造厂标定的汽车最大总质量，载货汽车可分为微型、轻型、中型和重型载货汽车；越野汽车可分为轻型、中型和重型越野汽车，分别见表0-4和表0-5。

表0-4 载货汽车的分级

类 型	微 型	轻 型	中 型	重 型
总质量/t	<1.8	1.8~6.0	6.0~14	>14

表0-5 越野汽车的分级

类 型	轻 型	中 型	重 型
总质量/t	<5.0	5.0~13	>13

4）轿车根据轴距大小分类

① 微型轿车。轴距$L<2400mm$，如奇瑞QQ3、比亚迪F0、吉利全球鹰（图0-1）（轴距

均在 2340mm 左右），还有轴距更小的，如 SMART（图 0-2）、FORTWO（轴距均为 1867mm）。

图 0-1　吉利微型轿车

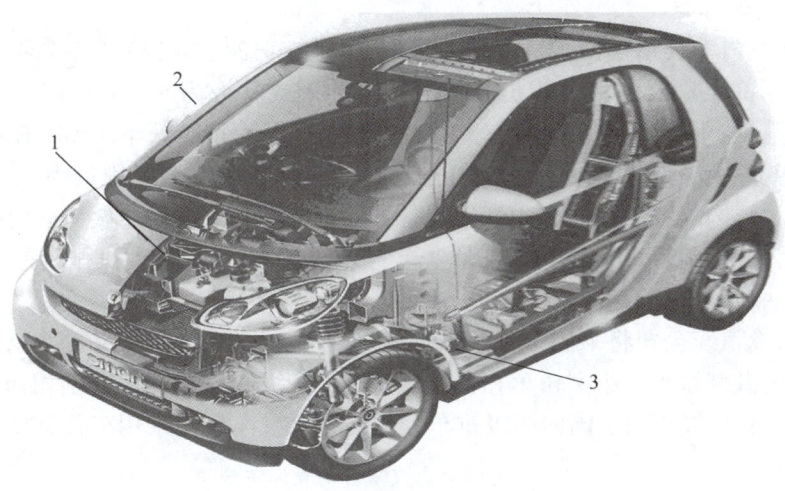

图 0-2　SMART 轿车
1—发动机　2—车身　3—底盘

② 小型轿车。轴距 L =2400～2550mm，如本田飞度、丰田威驰、福特嘉年华、大众 POLO 等。

③ 紧凑型轿车。轴距 L =2455～2700mm，如大众速腾、丰田卡罗拉、福特福克斯、本田思域等。

④ 中型轿车。轴距 L =2700～2850mm，如本田雅阁、丰田凯美瑞、大众迈腾（图 0-3）、马自达睿翼、奥迪 A4、宝马 3 系列等。

⑤ 大中型轿车。轴距 L =2850～3000mm，如奥迪 A6、宝马 5 系列、奔驰新 E 级（图 0-4）、沃尔沃 S80 等。

图 0-3　大众迈腾轿车

⑥ 豪华型轿车。轴距 L >3000mm，如奔驰 S 级、宝马 7 系列（图 0-5）、奥迪 A8、劳斯

莱斯、宾利、迈巴赫等。

图 0-4　奔驰新 E 级轿车

图 0-5　新宝马 760Li/760i 轿车

英菲尼迪在 2015 年年底将推出一款全新的轿跑车型，新车将定位于宝马 4 系 Coupe 和 6 系 Coupe 之间，这款全新车型很可能是新一代 Q60。

（2）国外汽车分类

1）德国奔驰汽车公司根据车身系列进行分类，如 W124、W140 等系列；每一种车系又有不同型号，如 300SE、500SE。根据装备的档次和形式又分为 5 级：C 级为经济型小型轿车，E 级是奔驰最全面的一种系列（有 13 种样式），S 级为特级豪华车型，G 级代表越野汽车，SL 级代表敞篷跑车。数字表示发动机排量，如 500 表示发动机排量为 5L。发动机排量后面的字母表示结构的特色，如 S 为豪华装备，E 为电子燃油喷射，C 为双门型。例如，某奔驰轿车型号为 W140-500SEC，其含义是：车身系列是 W140，发动机排量是 5L，装备为豪华型，电子燃油喷射，双门型。

2）德国大众汽车公司将乘用车分为 A、B、C、D 级。A 级轿车又分为 A_{00}、A_0 和 A 三级，相当于国内微型轿车、小型轿车和普通型轿车；B 级和 C 级轿车分别相当于国内中级轿车和中高级轿车；D 级相当于国内高级轿车。德国大众汽车公司乘用车分类见表 0-6。

表 0-6　德国大众汽车公司乘用车分类

级　别	微　型	小　型	普通型	中　级	中高级	高　级
	A_{00}	A_0	A	B	C	D
排量/L	<1.0	1.0~1.3	1.3~1.6	1.6~2.4	2.4~3.0	>3.0
总长/m	3.3~3.7	3.7~4.0	4.0~4.2	4.2~4.45	4.45~4.8	4.8~5.2
轴距/m	2.0~2.2	2.2~2.3	2.3~2.45	2.45~2.6	2.6~2.8	2.8~3.0
整备质量/kg	<680	680~800	800~970	970~1150	1150~1380	1380~1620

3）德国宝马汽车公司将轿车分为 1、3、5、7、8 系列。其第一位数字为系列号，数值越大表示轿车档次越高；第二、三位数字表示发动机排量；最后字母：i 表示燃油喷射，A 表示变速器是自动档，C 表示双排座，S 表示超级豪华型。例如：某宝马轿车型号为 850Si，其含义是：8 系列轿车，发动机排量是 5L，超级豪华型，燃油喷射。

4）德国奥迪汽车公司用"Audi"第一个英文字母"A"打头，分为 A1、A3、A4、A6、A8 等系列，A 后面的阿拉伯数字越大，表示轿车的级别越高。A1、A3 系列是小型轿车，A4 系列是中级轿车，A6 系列是高级轿车，A8 系列是豪华轿车。此外，S 系列表示高性能车型，但不是越野汽车；TT 系列表示跑车；Q 系列表示越野汽车。

5）日本汽车公司将轿车按发动机排量和尺寸分为轻型轿车、小型轿车和普通轿车三级,见表0-7。

表0-7　日本轿车分级标准

级　别	发动机排量/mL	车身长度/mm	车身宽度/mm	车身高度/mm
轻型轿车	<600	<3400	<1480	<2000
小型轿车	660～2000	3400～4700	1480～1700	<2000
普通轿车	>2000	>4700	>1700	>2000

6）美国轿车按照乘员舱和货物舱容积大小分级：两个座位轿车不分级，普通轿车分为微型、小型、紧凑型、中型和大型，旅行车分为小、中、大型三级。美国轿车分级见表0-8。

表0-8　美国轿车分级标准

分　级		乘员舱（货物舱）容积/ft^3
两座轿车	任意（设计为两个成年人乘坐）	任意（设计为两个成年人乘坐）
普通轿车	微型轿车	<85
	小型轿车	85～99
	紧凑型轿车	100～109
	中型轿车	110～119
	大型轿车	120 或更大
旅行车	小型旅行车	<130
	中型旅行车	130～159
	大型旅行车	160 或更大

注：1ft^3 = 0.0283168m^3。

二、车辆识别代号编码

1. 用途

2004年10月1日起实施的 GB 16735—2004《道路车辆　车辆识别代号（VIN）》中规定，车辆识别代号（Vehicle Identification Number，VIN）由一组字母和阿拉伯数字组成，共17位，又称17位识别代号编码。它是识别一辆汽车不可缺少的工具，是汽车的"身份证"。它的用途有：

（1）汽车管理　用于汽车登记注册和信息化管理，如处理交通事故、保险索赔、查获被盗车辆、报案等。

（2）汽车维修　用于故障诊断、汽车配件的经营管理和订购。

（3）汽车检测　用于汽车的年检和安全性能检测。

（4）二手车交易　用于查询该车历史信息。

（5）车辆保险　用于汽车的保险登记、理赔信息查询。

（6）汽车召回　查询汽车的生产年代、车型及生产数量。

2. 基本内容

车辆识别代号由三部分组成：第一部分是世界制造厂识别代号（WMI），第二部分是车辆说明部分（VDS），第三部分是车辆指示部分（VIS）。

对于完整车辆和/或非完整车辆年产量≥500辆的车辆制造厂，其车辆识别代号编码如下所示：

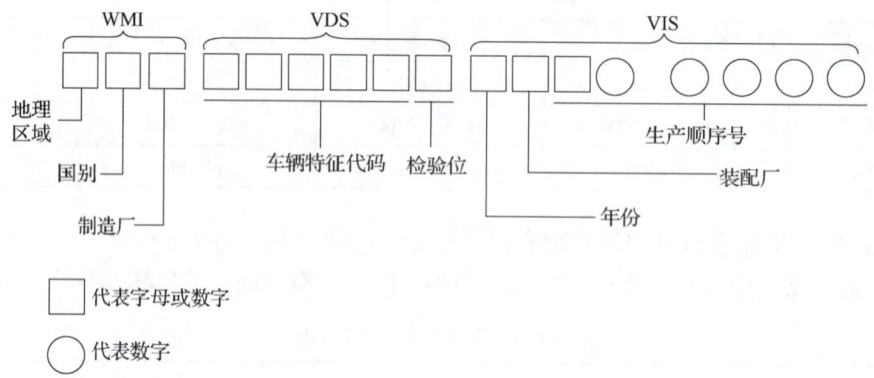

（1）第一部分　世界制造厂识别代号（WMI）。

国际标准化组织（ISO）按地理区域分配给各国的世界制造厂识别代号（表0-9），再由各国分配给本国的各个制造厂。

世界制造厂识别代号由三位字码组成：

1）第一位字码是标明一个地理区域的字母或数字，如：1~5代表北美洲，6和7代表大洋洲，8、9和0代表南美洲，A~H代表非洲，J~R代表亚洲，S~Z代表欧洲。

2）第二位字码是标明一个特定地区内的一个国家的字母或数字。SAE分配国家代码。

3）第三位字码由国家机构指定一个字码标明某个特定的制造厂。我国实行的车辆识别代号中WMI的含义见表0-9（第一位是L，表示中国，第二、三位表示某一个汽车制造厂）。

表0-9　中国等国家的WMI的含义

国　　别	WMI	汽车制造厂
中国：LA~L0	LFP	中国一汽轿车股份有限公司
	LFV	中国一汽-大众汽车有限公司
	LFW	中国第一汽车集团公司货车汽车制造厂
	LFB	中国第一汽车集团公司客车汽车制造厂
	LFM	中国第一汽车集团公司多用途乘用车汽车制造厂
	LFT	中国第一汽车集团公司挂车汽车制造厂
	LFS	中国第一汽车集团公司特种车汽车制造厂
	LSV	上海大众汽车有限公司
	LSG	上海通用汽车有限公司
	LDC	神龙汽车有限公司
	LEN	北京吉普汽车有限公司
	LHG	广州本田汽车有限公司
	LSY	沈阳金杯车辆制造有限公司
	LS5	重庆长安汽车股份有限公司
	LDN	东南汽车工业有限公司
	LNP	中国南京依维柯汽车有限公司乘用车制造厂
	LNJ	中国南京依维柯汽车有限公司货车制造厂

（续）

国 别	WMI	汽车制造厂
德国	WD3、WDB、8A3、8AB、9BM、3BM	德国戴姆勒-克莱斯勒股份公司
	WV1、WV2、WV3、WVM	德国大众汽车集团
	WBA、WBS、WB1、4US	德国宝马汽车集团
	WAU	德国奥迪汽车公司
美国	1G0、1G9	美国通用汽车公司
	1FD、1FT	美国福特汽车公司
	1B3、4P3	美国克莱斯勒有限责任公司
日本	JT1、JT2	日本丰田汽车公司
	JHM、JH4、JHG	日本本田汽车公司
	JT6、JT8	日本雷克萨斯
韩国	KMH	韩国现代汽车公司
	KLA	韩国大宇汽车公司
	KNA	韩国起亚汽车集团
法国	VF3	法国标致汽车公司

（2）第二部分　车辆说明部分（VDS）。

车辆说明部分由六位字码组成，表示车辆的类型和配置，其代号顺序由制造厂决定。该部分包括以下信息：汽车系列、动力系统（如发动机型号、变速器形式）、车身形式、约束系统配置（安全气囊、安全带）、检验位，其中检验位为第9位（用0~9或X表示）。

（3）第三部分　车辆指示部分（VIS）。

车辆指示部分由八位字码组成，是制造厂为了区别每辆汽车制定的一组字符。该部分包括以下信息：车型年代（按表0-10规定使用）、装配厂（用字母或数字表示，若无装配厂，制造厂可规定其他的内容）、生产顺序号（对于完整车辆和/或非完整车辆年产量≥500辆的车辆制造厂而言，是识别代号的最后6位，且一般为数字）。

3. 车辆识别代号举例

（1）国产轿车VIN中各代码（号）内容含义　中国一汽轿车股份有限公司生产的红旗牌轿车车辆识别代号如下：

L	F	P	H	4	A	C	B	4	1	1	C	0	2	0	1	0
①	②	③	④	⑤	⑥	⑦	⑧	⑨	⑩	⑪	⑫	⑬	⑭	⑮	⑯	⑰

第①~③位：汽车生产国家、工厂代码。LFP表示中国一汽轿车股份有限公司。

第④位：车辆品牌系列代码。H表示红旗牌。

第⑤位：发动机排量代码。4表示四缸1.8L（CA7180系列），四缸2L（CA7202系列）。

第⑥位：发动机气缸数配置代码。A表示四缸直列式发动机（CA7202系列），B表示V形8缸（V8）发动机（CA7460系列）。

第⑦位：汽车车身类型代码。C 表示三厢四门式车身（折背式 CA7202 系列）。
第⑧位：乘员安全保护装置代码。B 表示手动安全带，驾驶员气囊。
第⑨位：工厂检验数字代码。用数字 0～9 或 X 表示。
第⑩位：汽车生产年款（生产年份）代码（表 0-10）。

表 0-10　标示年份的字码

年份	代码	年份	代码	年份	代码	年份	代码
1971	1	1981	B	1991	M	2001	1
1972	2	1982	C	1992	N	2002	2
1973	3	1983	D	1993	P	2003	3
1974	4	1984	E	1994	R	2004	4
1975	5	1985	F	1995	S	2005	5
1976	6	1986	G	1996	T	2006	6
1977	7	1987	H	1997	V	2007	7
1978	8	1988	J	1998	W	2008	8
1979	9	1989	K	1999	X	2009	9
1980	A	1990	L	2000	Y	2010	A

第⑪位：汽车装配工厂代码。1 表示中国一汽轿车股份有限公司。
第⑫位：汽车生产线代码。C 表示直属总装生产线。
第⑬～⑰位：汽车生产顺序号代码。

（2）外国汽车公司 VIN 中各代码内容含义　德国大众（Volkswagen）汽车集团生产的轿车车辆识别代码如下：

W	V	W	D	B	4	5	0	5	L	K	0	0	5	6	7	8
①	②	③	④	⑤	⑥	⑦	⑧	⑨	⑩	⑪	⑫	⑬	⑭	⑮	⑯	⑰

第①位：汽车生产国家代码。W 表示德国。
第②位：汽车制造工厂代码。V 表示大众汽车集团。其他的还有，如 A 表示奥迪汽车公司等。
第③位：汽车种类代码。W 表示轿车。其他的还有，如 MPV 表示多用途汽车等。
第④位：车型系列代码。D 表示两门旅行轿车。
第⑤位：发动机型号系列代码。B 表示四缸 60/66/75/77/90kW 汽油机。
第⑥位：乘员安全防护系统代码。4 表示主动式安全带。
第⑦、⑧位：车型系列代码。50 表示 Corraolo（1990～1995）。其他的还有，如 1G 表示 Glof（高尔夫），9M 表示新捷达（1999～2003）等。
第⑨位：工厂内部检验数字代码。用数字 0～9 或 X 表示。
第⑩位：汽车生产年款代码。L 表示 1990。
第⑪位：装配工厂代码。K 表示奥斯纳布鲁克。
第⑫～⑰位：工厂生产顺序号代码。

三、国产汽车产品型号编制规则

我国于1988年颁布了GB 9417—1988《汽车产品型号编制规则》(该标准已作废,仅作为历史资料,以供参考)。在该标准中规定:汽车产品型号由企业名称代号、车辆类别代号、主参数代号、产品序号组成,必要时附加企业自定代号,如图0-6所示。对于专用汽车及专用半挂车还应增加专用汽车分类代号,如图0-7所示。

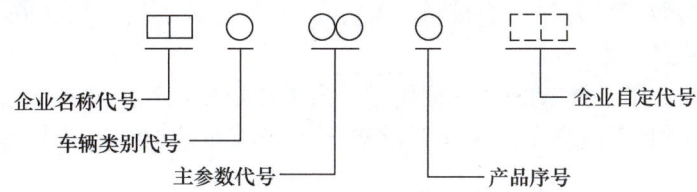

图0-6 汽车产品型号

□—用汉语拼音字母表示 ○—用阿拉伯数字表示 []—用汉语拼音或阿拉伯数字表示均可

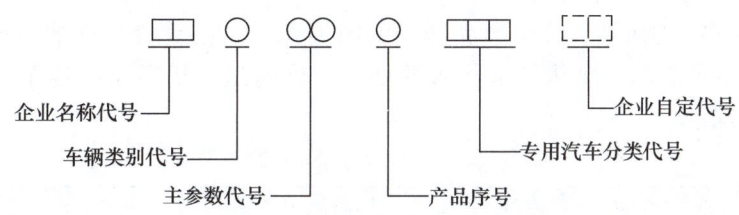

图0-7 专用汽车产品型号

□—用汉语拼音字母表示 ○—用阿拉伯数字表示 []—用汉语拼音或阿拉伯数字表示均可

(1) 企业名称代号 位于产品型号的第一部分,用代表企业名称的两个或三个汉语拼音字母表示,如CA代表中国第一汽车集团公司,SH代表上海汽车集团股份有限公司。

(2) 车辆类别代号 位于产品型号的第二部分,用一位阿拉伯数字表示,见表0-11。

表0-11 汽车型号中四位阿拉伯数字的含义

第一位数字表示车辆的类别		第二、三位数字表示各类汽车的主要特征参数	第四位数字表示企业自定产品序号
1	载货汽车	数值为汽车的总质量[①] (t)	
2	越野汽车		
3	自卸汽车		0—第一代产品
4	牵引汽车		1—第二代产品
5	专用汽车		2—第三代产品
6	客车	数值×0.1为汽车的总长度[②] (m)	……
7	轿车	数值×0.1为发动机的工作容积 (L)	
8	(暂缺)		
9	半挂车及专用半挂车	数值为汽车的总质量 (t)	

① 当汽车的总质量大于100t时,允许用3位数字。
② 当汽车总长度大于10m时,应以数值×1为汽车的总长度 (m)。

(3) 主参数代号　位于产品型号的第三部分，用阿拉伯数字表示。

1）载货汽车、越野汽车、自卸汽车、牵引汽车、专用汽车与半挂车的主参数代号为车辆的总质量（t），牵引汽车的总质量包括牵引座上的最大质量。当总质量超过100t时，允许用3位数表示。

2）客车的主参数代号为车辆长度（m）。当车辆长度小于10m时，精确到小数点后一位数，并以长度（m）值的10倍数值表示。

3）轿车的主参数代号为发动机排量（L），精确到小数点后一位，并以其值的10倍数值表示。

4）专用汽车及专用半挂车的主参数代号，当采用定型汽车底盘或定型半挂车底盘改装时，若其主参数与定型底盘原车的主参数之差不大于原车的10%，则应沿用原车的主参数代号。

5）主参数不足规定位数时，在参数前以"0"占位。

(4) 产品序号　位于产品型号的第四部分，用阿拉伯数字表示，数字由0，1，2，…依次使用。

(5) 专用汽车分类代号　位于产品型号的第五部分，用反映车辆结构特征和用途特征的3个汉语拼音字母表示。结构特征代号的规定（同时适用于专用半挂车）见表0-12，用途特征代号另行规定。

表0-12　专用汽车结构特征代号

厢式汽车	罐式汽车	专用自卸汽车	特种结构汽车	起重举升汽车	仓栅式汽车
X	G	Z	T	J	C

(6) 企业自定代号　位于产品型号的最后部分，同一种汽车结构略有变化需要区别时（如汽油、柴油发动机，长、短轴距，单、双排座驾驶室，平、凸头驾驶室，左、右置转向盘等），可用汉语拼音字母和阿拉伯数字表示，位数由企业自定。供用户选装的零部件（如暖风装置、收音机、地毯、绞盘等），不属结构特征变化，应不给予企业自定代号。

汽车产品型号举例如下：

1）中国第一汽车集团公司生产的第一代轿车，发动机排量为2.2L，其型号为CA7220。

2）中国第一汽车集团公司生产的第二代载货汽车，总质量为9310kg，其型号为CA1091。

3）中国山东泰安交通车辆厂生产的整备质量为5865kg，最大托举质量为4000kg，合计为9865kg的第一代道路清障汽车，其型号为ST5100TQZ（图0-8）。其中ST为企业名称代

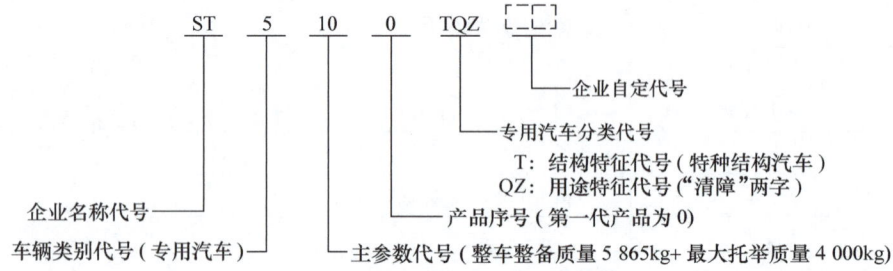

图0-8　专用汽车型号示例
▢——用汉语拼音或阿拉伯数字表示均可

号（山东泰安交通车辆厂），5 是车辆类别代号（专用汽车），10 为主参数代号（总质量 10t），0 是产品生产序号（第一代产品为 0），T 为结构特征代号（特种结构汽车），QZ 为用途特征代号（"清障"两字汉语拼音字头）。

4）中国济南汽车改装厂生产的第一代厢式保温汽车，其型号为 JG5090XBW。

四、汽车的总体构造

大部分汽车从总体来看，都是由发动机、底盘、电气和电子设备及车身等组成的。图 0-9 所示为典型轿车结构示意图。

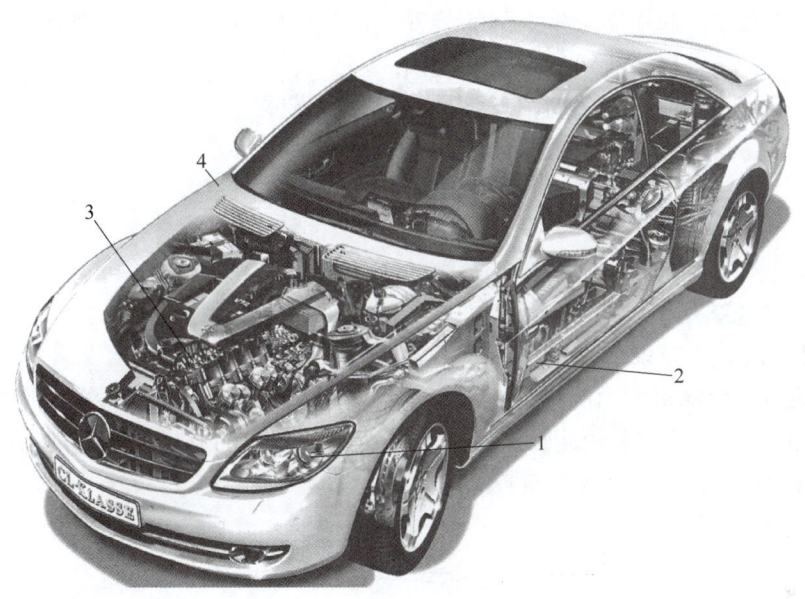

图 0-9　典型轿车结构示意图（奔驰 CL 轿车整车结构）
1—电气设备　2—底盘　3—发动机　4—车身

1. 发动机

发动机是汽车的"心脏"，它的作用是使供入其中的燃料燃烧而发出动力。一般汽车都采用往复活塞式内燃机，主要由机体、曲柄连杆机构、配气机构、燃料供给系统、冷却系统、润滑系统、点火系统（汽油发动机用）和起动系统等组成。

2. 底盘

底盘是汽车的"骨架"。底盘接受发动机的动力，使汽车产生运动，并能按驾驶员的意志操纵使其正确行驶。

底盘由以下几部分组成：

（1）传动系统　传动系统将发动机的动力传给驱动车轮。它主要由离合器、变速器、万向传动装置和驱动桥组成。

（2）行驶系统　行驶系统将汽车各总成及部件安装在适当位置，并对全车起支承作用，以保证汽车正常行驶。它由车架、车桥、车轮及悬架等组成。

（3）转向系统　转向系统保证汽车按驾驶员选定的方向行驶。它由转向器和转向传动机构组成。

（4）制动系统　制动系统可使汽车减速或停车，并保证驾驶员离开车辆后能使汽车可靠地驻留原地。它主要由制动器和制动传动机构组成。

3. 电气和电子设备

汽车电气设备由电源（发电机和蓄电池）、汽油发动机点火系统、起动系统、照明与信号装置、空调、仪表等组成。

汽车电子设备主要有发动机电控系统、底盘电控系统和车身电控系统等。

4. 车身

车身是形成驾驶员和乘客乘坐空间的装置，也是存放行李等物品的处所；车身既要保护全体成员的安全，又要保证所运货物完好无损。

轿车和客车一般有一个完整的车身，是一个整体壳体。

货车车身由驾驶室和货厢（或封闭式货厢）组成。

五、汽车行驶的基本原理

汽车若要行驶，应具备两个条件，即驱动条件和附着条件。

1. 汽车行驶的驱动条件

汽车行驶时必须有足够的驱动力以克服各种行驶阻力。

（1）驱动力　发动机发出的动力由飞轮经汽车底盘中的传动系统施加给驱动轮的转矩为 T_t（图0-10），T_t 力图使车轮旋转。转矩 T_t 使驱动轮对地面产生一个圆周力 F_0，其方向与汽车行驶方向相反，数值为 T_t 与车轮滚动半径 r_r 之比，即

$$F_0 = T_t / r_r$$

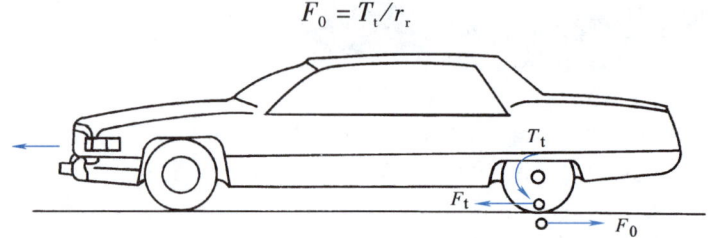

图0-10　汽车行驶基本原理

在驱动轮向地面施加 F_0 的同时，地面向汽车施加一个大小相等、方向相反的反作用力 F_t。F_t 为推动汽车行驶的外力，称为驱动力。为便于理解，图0-10中把 F_0 与 F_t 绘在不同的物体上，实际上它们应作用在同一直线上。

（2）行驶阻力　汽车行驶时可能遇到的阻力有：

1）滚动阻力。汽车行驶时，汽车轮胎和地面的接触区域会产生轮胎和支撑路面的变形。车轮沿坚硬路面滚动时，驱动力的一部分消耗在轮胎变形的内摩擦上，而路面变形很小；车轮沿软路面（松软的土路、沙地、雪地等）滚动时，路面变形较大，产生的阻力成为滚动阻力的主要部分。滚动阻力以 F_f 表示，其值等于汽车总重力与滚动阻力系数的乘积，即 $F_f = Gf$。

2）坡度阻力。汽车上坡时，其重力沿坡道的分力成为坡度阻力，以 F_i 表示，其数值为

汽车的总重力与路面坡度的乘积,即 $F_i = Gi$。坡度阻力与滚动阻力均属于与道路有关的阻力,而且均与汽车总重力成正比,一般把这两种阻力合在一起称为道路阻力。

3) 空气阻力。汽车在空气中沿直线行驶时,前部承受气流的压力而后面形成一定的真空,产生压力差,此外空气与车身表面以及各层空气之间存在着摩擦,再加上引入车内发动机和室内通风以及外伸零件引起气流的干扰,以上这些便形成了空气阻力。空气阻力用 F_w 表示,它与汽车的形状、汽车正面投影面积、汽车与空气相对速度的平方成正比,即 $F_w = C_D A u_a^2 / 21.15$。

4) 加速阻力。汽车若加速行驶,需要克服其质量加速运动的惯性力,即加速阻力。汽车质量由平移质量和旋转质量两部分组成。汽车加速阻力用 F_j 表示,其数值与旋转质量换算系数、汽车的质量及汽车行驶加速度有关,即 $F_j = \delta m du/dt$。

汽车行驶的总阻力可用 $\sum F$ 表示,即 $\sum F = F_f + F_i + F_w + F_j$。

汽车行驶的驱动条件为 $F_t \geq \sum F$。

2. 汽车行驶的附着条件

当驱动力逐渐增大到足以克服汽车行驶时所遇到的各种阻力之和时,汽车便可起步。汽车起步后,其行驶状况取决于驱动力和各种阻力之和的关系。当驱动力大于各种阻力之和($F_t > \sum F$)时,汽车将加速行驶;当驱动力小于各种阻力之和($F_t < \sum F$)时,汽车将减速行驶。此时若维持原车速行驶,驾驶员需要加大节气门开度或将变速器挂入低档以便相应加大驱动力。驱动力的最大值除了受发动机最大转矩和传动系统传动比的影响外,还受驱动轮轮胎与接触面之间的附着性能的限制。

若汽车在平整的干硬路面上行驶,驱动轮与接触面之间附着性能的好坏取决于轮胎和路面之间摩擦力的大小;但在松软路面上,汽车行驶时的驱动力,除了受驱动轮与路面之间的摩擦力影响外,还有嵌入轮胎花纹凹处的路面凸起部所起的抗滑作用。

在汽车技术中,把轮胎与路面之间的相互摩擦以及轮胎花纹和路面凸起部的相互作用综合在一起,称为附着作用。由附着作用所决定的阻碍车轮打滑的力的最大值称为附着力,用 F_φ 表示。附着力与驱动轮所承受的垂直于地面的法向力 $F_{z\varphi}$ 成正比,即

$$F_\varphi = F_{z\varphi} \varphi$$

式中 φ——附着系数,其值与轮胎类型及路面性质有关。

由此可知,汽车行驶时的驱动力受附着力的限制,即汽车行驶的附着条件为 $F_t \leq F_\varphi = F_{z\varphi}\varphi$。

因此,汽车行驶的驱动与附着条件为 $\sum F \leq F_t \leq F_\varphi = F_{z\varphi}\varphi$。

在泥泞或冰雪路面行驶时,由于附着力很小,汽车行驶的驱动力受附着力的限制而不能克服遇到的较大的行驶阻力,致使汽车减速甚至不能前进。此时,即使加大节气门开度或换入低档,车轮也只能滑转而仍没有足够的驱动力。为此,普通汽车在冰雪路面上行驶时,通常要在驱动轮上绕装防滑链,来增大附着系数和附着力;而全轮驱动的越野汽车,配有特殊的轮胎花纹可获得较大的附着系数,并可利用汽车的全部重力作为附着重力,这样越野汽车便可得到足够的附着力和驱动力,提高了其通过坏路的能力。

思考题与习题

0-1 汽车的定义是什么？

0-2 在 GB/T 3730.1—2001《汽车和挂车类型的术语和定义》中汽车是如何分类的？

0-3 轿车根据轴距大小是如何分类的？

0-4 德国汽车是如何分类的？

0-5 试解释 CA1092、ST5100TQZ、CA6350、CA7220 的全部含义。

0-6 车辆识别代号由哪三个部分组成？

0-7 汽车的基本构造如何？

0-8 汽车行驶时，可能会遇到哪些阻力？

0-9 什么叫附着力？

第一章

发动机的基本知识

第一节 概 述

发动机是将某种形式的能量转换为机械能的机器。汽车的动力来自发动机。
将燃料燃烧所产生的热能转变为机械能的发动机，称为热力发动机（简称热机）。
热机分内燃机与外燃机两种。内燃机是将液体或气体燃料和空气混合后直接输入机器内部燃烧产生热能，热能再转变为机械能。现代汽车多装用内燃机，因为内燃机具有热效率高、体积小、起动性能好、便于移动和维修方便等诸多优点。

根据发动机将热能转变为机械能的主要构件形式，汽车用发动机分为活塞式内燃机与燃气轮机两大类。

活塞式内燃机按活塞运动方式分为往复活塞式和旋转活塞式两种。往复活塞式内燃机在汽车上应用最为广泛。本书中论述的发动机若无特殊说明，便指该种发动机。

车用内燃机根据其燃料不同分为汽油机和柴油机。

汽油机现在应用最多的是将汽油直接喷入进气道，使汽油和空气混合后再吸入发动机气缸内，用电火花强制点燃使其燃烧，产生热能而膨胀做功。

柴油机是利用喷油泵使柴油在高压下由喷油器直接喷入发动机气缸内，并与气缸内已经被压缩的高温空气混合形成混合气，自燃后产生热能而膨胀做功。

往复活塞式发动机，每一次能量转换都必须经过吸入空气、压缩和输入燃料，使之着火燃烧而膨胀做功，再将生成的废气排出这样一个连续的工作过程。该过程称为发动机的一个工作循环。

根据每一个工作循环所需的活塞行程数，又可将往复活塞式内燃机分为四冲程发动机与二冲程发动机。完成一个循环需要活塞往复四个行程的称为四冲程发动机，完成一个循环需要活塞往复两个行程的称为二冲程发动机。

根据点火方式，活塞式内燃机分为点燃式和压燃式两种。
按照冷却方式，活塞式内燃机分为水冷式和风冷式两种。
按照发动机使用燃料不同，活塞式内燃机目前主要分为汽油机和柴油机两大类。
按照内燃机气缸数，活塞式内燃机可分为单缸机和多缸机两类。

第二节 四冲程发动机的工作原理

一、发动机结构基本术语

单缸四冲程汽油机的基本结构如图 1-1 所示。

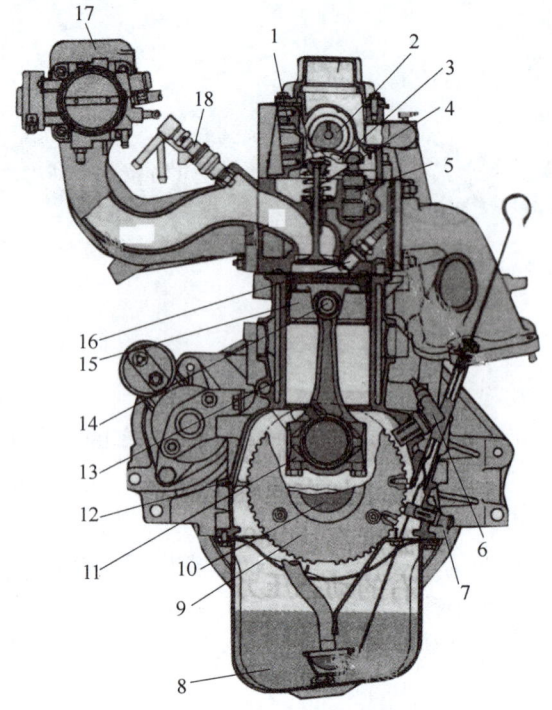

图 1-1 单缸四冲程汽油机

1—气缸盖 2—凸轮轴 3—摇臂 4—气门 5—气门间隙自动调节器 6—上止点位置传感器 7—发动机转速传感器 8—油底壳 9—发动机转速传感器触发轮 10—曲轴 11—连杆 12—曲轴箱 13—气缸 14—活塞销 15—活塞 16—火花塞 17—节气门总成 18—喷油器

在气缸内装有活塞 15，活塞通过活塞销 14、连杆 11 与曲轴 10 相连接。可燃混合气在气缸内燃烧时产生的压力作用在活塞上，使活塞在气缸内做往复运动，通过连杆推动曲轴转动，对外输出动力。为了吸入新鲜可燃混合气和排出废气，还设有气门 4，进气门、排气门的开闭由凸轮轴 2 来控制。凸轮轴的转动通过传动装置由曲轴带动。

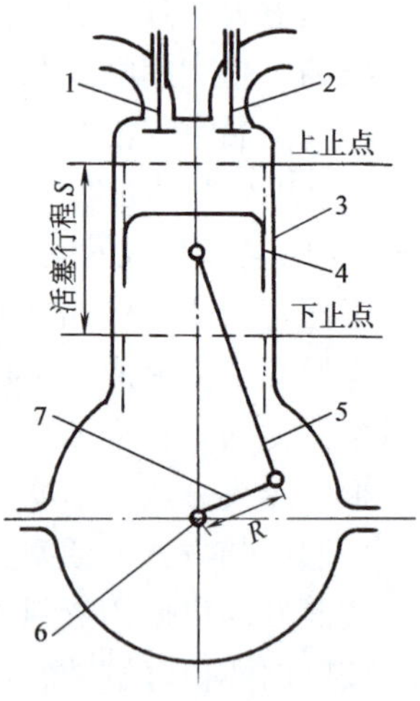

汽车发动机是一部复杂的能量转换机器，图 1-2 所示为发动机示意图。

发动机的基本术语有以下几个。

（1）上止点 活塞顶部离曲轴中心最远处，即活塞最高位置。

（2）下止点 活塞顶部离曲轴中心最近处，即活塞最低位置。

（3）活塞行程 上、下止点间的距离 S 称为活塞行程。

（4）曲柄半径 曲轴与连杆大头连接中心至曲轴中心的距离 R 称为曲柄半径。

图 1-2 发动机示意图

1—进气门 2—排气门 3—气缸 4—活塞 5—连杆 6—曲轴中心 7—曲柄

（5）气缸工作容积 活塞从上止点到下止点所扫过的容积称为气缸工作容积或气缸排量，用符号 V_h 表示。多缸发动机各气缸工作容积的总和称为发动机工作容积或发动机排量，

用符号 V_L（单位为 L）表示，即

$$V_L = \frac{\pi D^2}{4 \times 10^6} Si$$

式中　D——气缸直径，单位为 mm；
　　　S——活塞行程，单位为 mm；
　　　i——气缸数。

（6）燃烧室容积（V_c）　活塞在上止点时，活塞顶上面的空间为燃烧室，它的容积称为燃烧室容积（单位为 L）。

（7）气缸总容积（V_a）　活塞在下止点时，活塞顶上面整个空间的容积称为气缸总容积（单位为 L）。它等于气缸工作容积与燃烧室容积之和，即

$$V_a = V_h + V_c$$

（8）压缩比（ε）　气缸总容积与燃烧室容积的比值，即

$$\varepsilon = \frac{V_a}{V_c} = \frac{V_h + V_c}{V_c} = 1 + \frac{V_h}{V_c}$$

它表示活塞由下止点移动到上止点时，气缸内气体被压缩的程度。压缩比越大，则压缩终了时气缸内的压力和温度就越高，燃烧速度就越快，发动机功率增大，热效率高，经济性好；但压缩比过大，汽油机会产生爆燃和表面点火等不正常燃烧现象。

目前，一般车用汽油机的压缩比为 6～10（个别汽油机也有高达 10 以上的），柴油机的压缩比为 16～22。

（9）发动机工况　发动机在某一时刻的运行状况称为发动机工况，用发动机此时输出的转速和有效功率表示。

（10）工作循环　在气缸内进行的每一次将热能转化为机械能的一系列连续过程（进气、压缩、做功和排气）称为发动机的工作循环。

二、四冲程汽油机的工作原理

四冲程发动机每完成一个工作循环需要经过进气、压缩、做功（膨胀）和排气四个行程，对应活塞上下往复运动四次，相应的曲轴旋转 720°（两圈）。通常利用发动机循环示功图表示气缸内容积和压力的变化关系（图 1-3）。示功图中曲线所围成的面积表示发动机整个工作循环中气体在单个气缸内所做的功。

1. 进气行程（图 1-3a，以自然吸气为例）

进气过程中，排气门关闭，进气门开启，活塞从上止点向下止点移动一个行程，在气缸内形成真空，新鲜可燃混合气被吸入气缸；曲轴由 0°沿顺时针方向转到 180°。

当活塞从上止点向下止点移动时，进气系统有阻力，故进气终了时气缸内的气体压力略低于大气压力，为 0.075～0.090MPa。流进气缸内的可燃混合气，因与气缸壁、活塞顶等高温机件接触并与前一行程（排气行程）留下的高温残余废气混合，所以它的温度上升到 370～403K。

在示功图上，进气行程用曲线 ra 表示。曲线 ra 位于大气压力线以下，它与大气压力线纵坐标之差即表示气缸内的真空度。

自然吸气发动机动力输出平顺，不会因发动机转速的变化而出现骤然加速。而且发动机使用寿命长，维修简单。

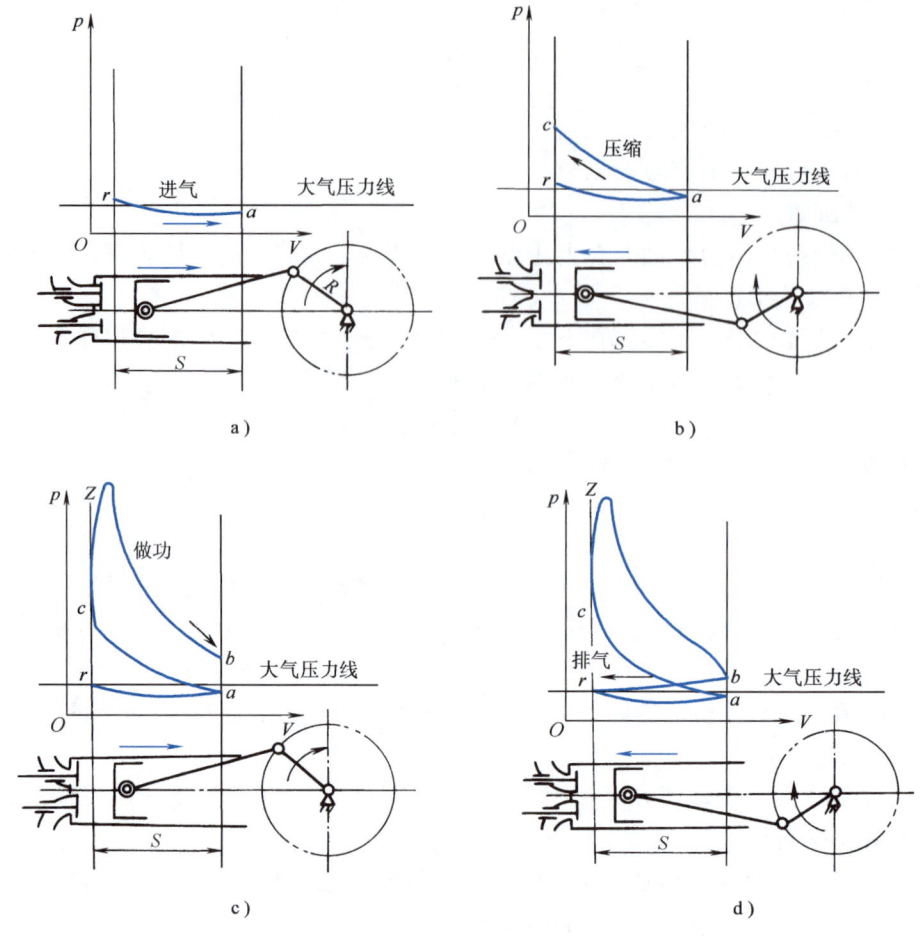

图 1-3 四冲程汽油机的示功图
a）进气行程 b）压缩行程 c）做功行程（膨胀行程） d）排气行程

2. 压缩行程（图 1-3b）

为了使吸入的可燃混合气能迅速燃烧，以产生较大的气体压力，使发动机做功，燃烧前必须将可燃混合气压缩，此即压缩行程。

在进气行程终了时，活塞自下止点向上止点移动，曲轴由180°转到360°，此时，进、排气门均关闭。随着气缸的容积不断缩小，可燃混合气受到压缩，其温度和压力不断升高。压缩行程一直继续到活塞到达上止点时为止。压缩终了时，可燃混合气的温度为600～750K，可燃混合气压力为0.8～2.0MPa。在示功图上，压缩行程用曲线 ac 表示。

压缩终了时可燃混合气的压力和温度取决于压缩比，压缩比越大，燃烧速度越快，因而发动机发出的功率便越大，经济性越好。但压缩比过大时，不仅不能进一步改善燃烧状况，反而会出现爆燃和表面点火等不正常燃烧现象。

3. 做功行程（图 1-3c）

在这个行程中，进、排气门仍关闭。当活塞在压缩行程接近上止点时，装在气缸盖上的火花塞在高压电作用下产生电火花，点燃被压缩的可燃混合气。可燃混合气燃烧后，放出大量的热能，使燃气的压力和温度急剧升高，如曲线 cZ 所示。最高压力 p_z 为 3.0～6.5MPa，相应的温度为2200~2800K，且体积迅速膨胀。此时活塞被高压气体推动从上止点下行，带动曲轴从360°旋转到540°，并输出机械能，除了用以维持发动机本身继续运转外，其余大部分都用于对外做功。

在示功图上，曲线 Zb 表示活塞向下移动时气缸内容积增加，气体压力和温度都在降低。在做功行程终了的 b 点，压力降到0.3~0.5MPa，温度则降为1300~1600K。

4. 排气行程（图1-3d）

可燃混合气体燃烧后生成的废气必须从气缸中排除，以便进行下一个进气行程。

当做功接近终了时，进气门关闭，排气门开启，曲轴通过连杆推动活塞从下止点向上止点运动，曲轴由540°旋转到720°。废气在自身残余压力和活塞的推力作用下从气缸中排出，进入大气之中。活塞到达上止点附近时，排气行程结束。这一行程在示功图上用曲线 br 表示。由于排气系统存在排气阻力，所以在排气终了时，气缸内压力稍高于大气压力，为0.105~0.120MPa，废气温度为900~1100K。

因燃烧室占有一定容积，故排气终了时，不可能将废气排尽，留下的这一部分废气称为残余废气。

三、四冲程柴油机工作原理简介

四冲程柴油机（压燃式发动机）和四冲程汽油机一样，每个工作循环也经历进气、压缩、做功、排气四个行程。由于柴油机用的柴油黏度比汽油大，不易蒸发，且自燃温度又较汽油低，因此柴油机可燃混合气的形成及点火方式不同于汽油机。

图1-4所示为四冲程柴油机示意图。柴油机在进气行程吸入的是纯空气。在压缩行程接近终了时，柴油经喷油泵2将油压提高到10MPa以上，通过喷油器1的高压喷射，将柴油分散成数以百万计的细小油雾喷入气缸，在很短时间内与压缩后的高温空气混合，形成可燃混合气。因此，柴油机混合气的形成不同于汽油机，它是在气缸内形成可燃混合气。

由于柴油机压缩终了时气缸内空气压力可达3.0~5.0MPa，同时温度高达

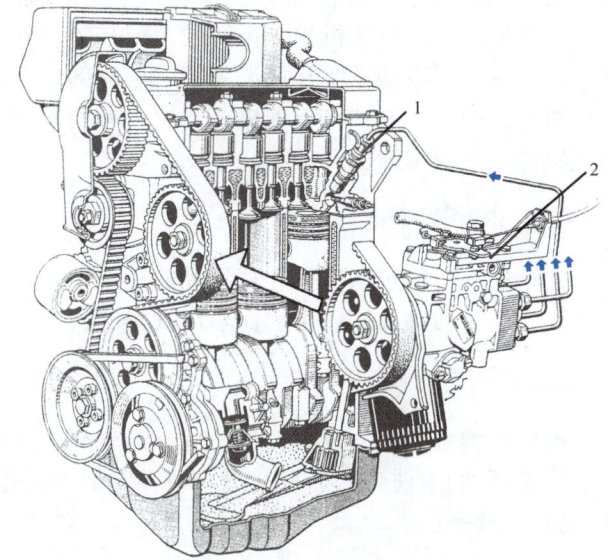

图1-4　四冲程柴油机示意图
1—喷油器　2—喷油泵

750~1000K，大大超过柴油的自燃温度，故柴油喷入气缸后，在很短时间内与高温高压空气混合后，便立即自行发火燃烧（采用压燃点火方式）。气缸内气压急剧上升到6~9MPa，最高温度也升到2000~2500K。在高压气体推动下，活塞向下运动并通过连杆带动曲轴和飞轮旋转而对外输出动力，废气同样经排气门和排气管排入大气中。

柴油机与汽油机相比，各有其特点。柴油机因压缩比高，燃油消耗率平均比汽油机低30%左右，燃油经济性较好，且柴油机没有点火系统的故障。一般载质量在7t以上的载货汽

车多用柴油机。但柴油机转速较汽油机低（一般最高转速在2500~3000r/min之间），质量大，制造和维修费用高（因为喷油泵和喷油器加工精度要求较高）。

目前柴油机的这些弱点正在逐渐得到克服，它的应用范围正在向中、轻型载货汽车扩展，甚至有的轿车（高尔夫、捷达、上海大众POLO）也采用柴油机。国外轿车装用的柴油机最高转速可达5000r/min。

汽油机具有转速高（目前轿车用汽油机最高转速达6000~8000r/min，载货汽车可达5000r/min左右）、质量小，工作噪声小，起动容易，运转稳定，操作省力，适应性好，制造和维修费用低等特点，故在轿车和中、小型载货汽车及军用越野车上得到广泛的应用。但汽油机燃油消耗率较高，因而其燃料经济性差。

第三节　发动机的总体构造

通常，汽油机由两大机构、五大系统组成，包括曲柄连杆机构、配气机构、燃料供给系统、点火系统、冷却系统、润滑系统和起动系统。
柴油机由两大机构、四大系统组成（无点火系统）。

一、机体组

发动机的机体组包括气缸盖、气缸盖罩、气缸体及油底壳等。

机体组是发动机各机构、系统的装配基体，其本身的许多部分又分别是曲柄连杆机构、燃料供给系统、冷却系统和润滑系统的组成部分。在进行结构分析时，常把机体组列为曲柄连杆机构，但在本书中将单独进行介绍。有的发动机将气缸体分别铸成上下两部分，上部称为气缸体，下部称为上曲轴箱。

二、曲柄连杆机构

曲柄连杆机构包括活塞连杆组和曲轴飞轮组。它是发动机产生动力，并将活塞的往复直线运动转变为曲轴的旋转运动而输出动力的机构。

三、配气机构

配气机构由气门、液力挺柱总成、凸轮轴、凸轮轴正时带轮（由曲轴正时带轮通过正时齿形带驱动）、进气歧管和排气歧管等组成。其作用是将可燃混合气及时充入气缸并及时从气缸排出废气。

四、燃料供给系统

电控汽油喷射燃料供给系统主要由燃油箱、燃油泵、汽油滤清器、电控喷油器和电控单元等组成。

燃料供给系统根据发动机各工况要求，配制具有一定数量和浓度的可燃混合气，定时、定量地供入气缸，并将燃烧生成的废气排出发动机。

五、点火系统

点火系统包括电源（蓄电池和发电机）、分电器、点火开关、点火线圈组件、传感器、电控单元和火花塞等。

点火系统可保证按规定时刻及时点燃气缸中被压缩的可燃混合气。

六、冷却系统

冷却系统主要由水泵、散热器、风扇、节温器、水温表以及气缸体和气缸盖里铸出的水套等组成。它的功用是保证发动机在最适宜的温度下工作。

七、润滑系统

润滑系统主要包括油底壳、机油滤清器、机油泵、限压阀和油标尺等。其功用是将润滑油不断地供给做相对运动的零件，以减小它们之间的摩擦阻力，减轻零件的磨损，并部分地冷却摩擦零件，清洗摩擦表面。

八、起动系统

起动系统主要由起动机及其附属装置组成。

起动系统的功用是使静止的发动机起动并转入自行运转。

汽油机较详细的构造如图1-5和图1-6所示。

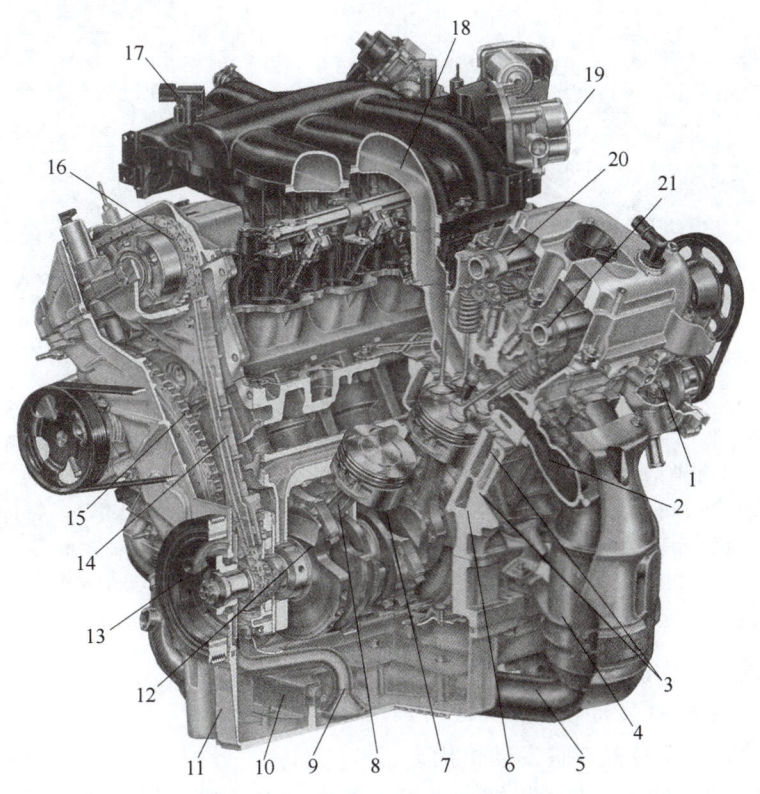

图1-5 汽油机构造示意图（一）

1—冷却水泵 2—排气歧管 3—气缸体水套 4—三元催化剂 5—排气管 6—气缸体 7—活塞 8—连杆
9—机油集滤器 10—机油 11—油底壳 12—曲轴 13—曲轴带轮 14—链条导板 15—正时链条
16—进气凸轮轴链轮 17—火花塞高压线 18—进气歧管 19—节气门 20—进气凸轮轴 21—排气凸轮轴

图1-7所示为宝马轿车装用的V8发动机构造示意图。

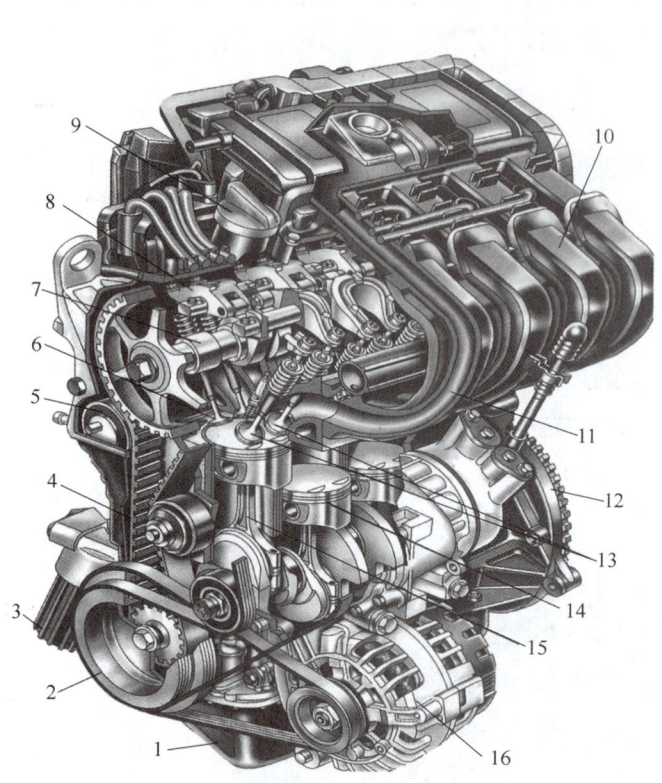

图1-6　汽油机构造示意图（二）
1—油底壳　2—曲轴带轮　3—机油集滤器　4—正时带　5—张紧轮
6—排气门　7—凸轮轴　8—气门摇臂　9—机油加注口
10、11—进气歧管　12—飞轮　13—进气门　14—活塞
15—连杆　16—发电机

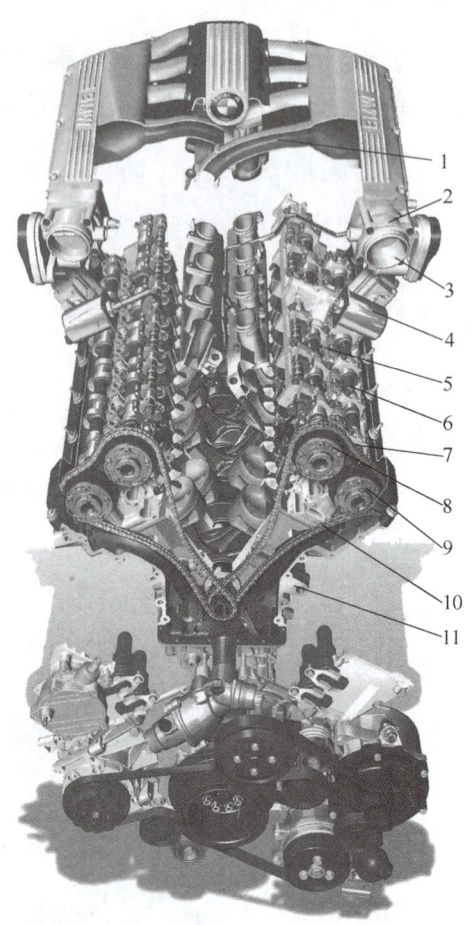

图1-7　宝马轿车装用的V8发动机构造示意图
1—进气歧管　2—节气门体　3—节气门
4—可变气门伺服电动机　5—进气凸轮轴
6—排气凸轮轴　7—配气正时链条
8—进气凸轮轴链条　9—排气凸轮轴链条
10—配气正时链条导板　11—气缸体

奥迪W12发动机构造示意图如图1-8所示。

大众轿车装用的TSI发动机如图1-9所示。

图1-10所示为水平对置6缸发动机构造示意图。

斯巴鲁力狮装置的3.0L发动机即是水平对置6缸发动机，保时捷911 GT2配备的是双涡轮3.6L水平对置6缸发动机。

雪佛兰克尔维特V6发动机构造示意图如图1-11所示。

乘用车装用的柴油机构造示意图如图1-12所示。

第一章 发动机的基本知识

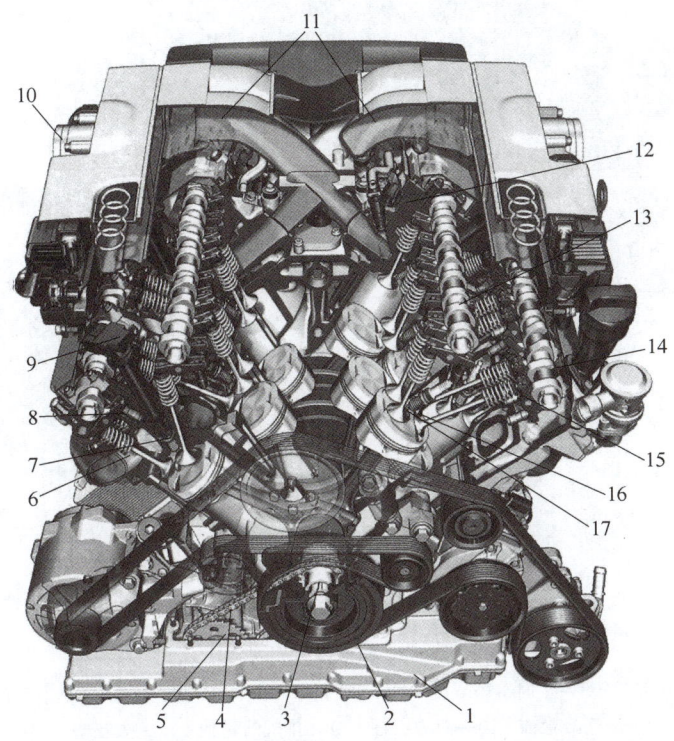

图 1-8 奥迪 W12（奥迪 A8L 轿车装用）发动机构造示意图
1—油底壳 2—曲轴带轮 3—曲轴链轮 4—机油泵链条 5—机油泵链轮 6—排气歧管 7—火花塞
8—摇臂 9—火花塞高压线 10—节气门 11—进气歧管 12—气缸盖 13—进气凸轮轴
14—排气凸轮轴 15—气门弹簧 16—排气门 17—进气门

图 1-9 大众轿车装用的 TSI 发动机

图 1-10 水平对置 6 缸发动机构造示意图

1—曲轴 2—曲轴带轮 3—正时链条导板 4—正时链条 5—火花塞高压线 6—节气门 7—进气歧管 8—喷油器 9—进气凸轮轴 10—液力挺柱 11—排气凸轮轴 12—火花塞 13—凸轮轴链轮

图 1-11 雪佛兰克尔维特 V6 发动机构造示意图

1—曲轴带轮 2—正时链条 3—凸轮轴 4—活塞凹坑 5—气门 6—火花塞 7、10—高压线 8—三元催化剂 9—排气歧管 11—机油尺 12—气门摇臂

第一章　发动机的基本知识

图 1-12　乘用车装用的柴油机构造示意图
1—喷油器　2—共轨管

第四节　发动机的主要性能指标与特性

一、动力性指标

（1）**有效转矩**　发动机通过飞轮对外输出的转矩称为发动机的有效转矩，用 T_{tq} 表示，单位为 N·m。

（2）**有效功率**　发动机通过飞轮对外输出的功率称为发动机的有效功率，用 P_e 表示，单位为 kW。它等于有效转矩与曲轴转速的乘积，即

$$P_e = \frac{T_{tq} n}{9550} \tag{1-1}$$

式中　T_{tq}——有效转矩，单位为 N·m；

　　　n——曲轴转速，单位为 r/min。

二、经济性指标

一般用燃油消耗率表示发动机的经济性指标。燃油消耗率是指发动机每发出 1kW 有效功率，在 1h 内所消耗的燃油质量（以 g 为单位），用 b_e 表示。很明显，燃油消耗率越低，燃油经济性越好。

燃油消耗率 [单位为 g/(kW·h)] 按下式计算

$$b_e = \frac{G_f}{P_e} \times 10^3 \tag{1-2}$$

式中 G_f——发动机单位时间的耗油量,单位为 kg/h,可由试验测定;
P_e——发动机的有效功率,单位为 kW。

三、发动机速度特性

发动机速度特性是指发动机的功率、转矩和燃油消耗率三者随曲轴转速变化的规律。该特性可在发动机试验台上(例如测功器)通过试验来求得。试验时,当节气门开度达到最大时,所得到的速度特性称为发动机外特性。图 1-13 所示为汽油发动机外特性。相应的,把在节气门其他开度得到的速度特性称为部分特性。

发动机外特性代表了发动机所具有的最高动力性能。外特性曲线上标出的发动机最大功率和最大转矩及其相应的转速,是表示发动机特性的重要指标。当分析发动机外特性是否符合使用要求时,要联系汽车使用条件,如道路情况、所要求克服的阻力数值和最高车速等。

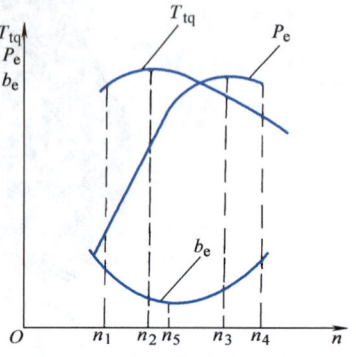

图 1-13 汽油发动机外特性

四、发动机的工况与负荷

发动机在某一转速下的负荷就是当时发动机发出的功率与同一转速下所可能发出的最大功率之比,以百分数表示。

如图 1-14 所示为某汽油发动机的一组特性曲线。Ⅰ 表示对应于节气门全开时的外特性曲线,Ⅱ、Ⅲ 分别表示节气门开度依次减小所得到的部分特性曲线。

由图 1-14 可知,当 $n = 3500 \text{r/min}$ 时,由于节气门开度不同,则在该转速下汽油发动机所可能发出的最大功率为 45kW。该转速下 Ⅱ、Ⅲ 所对应的功率分别为 32kW、20kW。根据对负荷的定义,可求出在 a、b、c、d 四种工况下的负荷值。

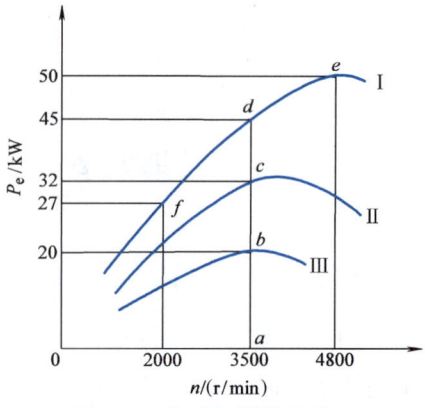

图 1-14 发动机的特性曲线

工况 a:负荷为零(称为发动机空转工况)

工况 b:负荷 $= \frac{20}{45} \times 100\% = 44.4\%$

工况 c:负荷 $= \frac{32}{45} \times 100\% = 71.7\%$

工况 d:负荷 $= \frac{45}{45} \times 100\% = 100\%$

因此,外特性曲线上各点都表示在各转速下的全负荷工况,但在同一条部分特性曲线上各点的负荷值却不相同。在同一转速下,节气门开度越大表示负荷越大,但是二者并不成正比。

应当注意,负荷和功率的概念不要混淆。例如某一转速时全负荷(如 d 点),并不意味着发动机发出最大功率。发动机的最大功率应当是工况 e 的功率。又如在工况 f 下,虽然功

率比工况 c 的小，但却是全负荷。这就是说，功率大小并不代表负荷的大小。

第五节　内燃机名称及型号编制规则

一、国内内燃机编号简介

为了便于内燃机的生产管理和使用，我国于 2008 年对内燃机产品名称和型号编制规则重新进行了审定，颁布了国家标准 GB/T 725—2008。该标准的主要内容如下：

（1）内燃机产品名称命名　内燃机产品名称应符合 GB/T 1883.1 的规定，均按所采用的燃料命名，例如柴油机、汽油机、煤气机、沼气机、双（多种）燃料发动机等。

（2）内燃机型号由下列四部分内容组成

1）第一部分。由制造商代号或系列符号组成。

2）第二部分。由气缸数、气缸布置形式符号、冲程形式符号和缸径符号组成。

3）第三部分。由结构特征符号和用途特征符号组成。

4）第四部分。区分符号。同一系列产品需要区分时，允许制造商选用适当符号表示。第三部分与第四部分可用"-"分隔。

内燃机名称及型号各符号所代表的意义如下：

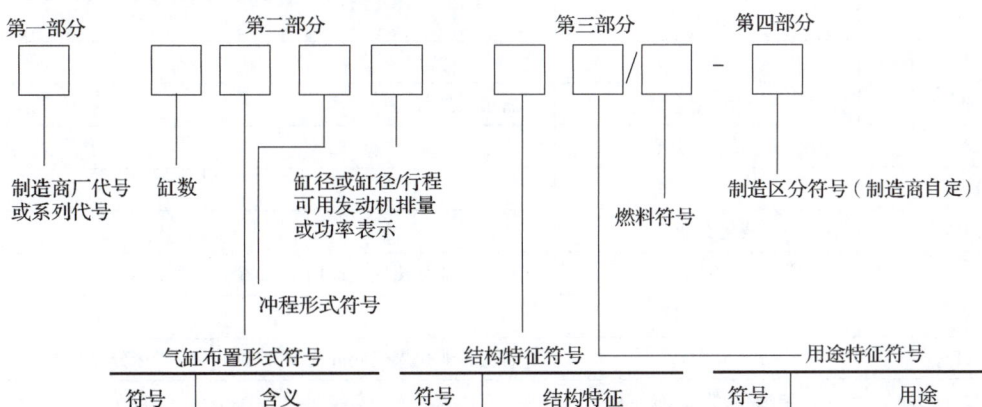

型号编制示例:

1) 汽油机

1E65F/P——单缸、二冲程、缸径65mm、风冷、通用型。

495Q/P-A——四缸、直列、四冲程、缸径95mm、冷却液冷却、汽车用（A为区分号）。

2) 柴油机

495T——四缸、直列、四冲程、缸径95mm、冷却液冷却、拖拉机用。

12VE230/300ZCZ——12缸、V形、二冲程、缸径230mm、行程300mm、冷却液冷却、增压、船用主机、左机基本型。

YZ6102Q——扬州柴油机制造厂、六缸、直列、四冲程、缸径102mm、冷却液冷却、汽车用。

3) 双燃料发动机

12V26/32ZL/SCZ——12缸、V形、四冲程、缸径260mm、行程320mm、冷却液冷却、增压中冷、燃料为柴油/沼气双燃料。

(3) 内燃机常用燃料符号　内燃机常用燃料符号见表1-1。

表1-1　内燃机常用燃料符号

符　号	燃料名称	备　注
无符号	柴油	
P	汽油	
T	天然气	管道天然气
CNG	压缩天然气	
LNG	液化天然气	
LPG	液化石油气	
Z	沼气	各类工业化沼气允许用1~2个字母形式表示
W	煤矿瓦斯	
M	煤气	各类工业化煤气允许在M后加1个字母区分煤气类型
S	柴油/天然气双燃料	其他双燃料用两种燃料的字母表示
SCZ	柴油/沼气双燃料	
M	甲醇	
E	乙醇	
DME	二甲醇	
FME	生物柴油	

二、国外内燃机编号简介

康明斯（Cummins）柴油机产品目前有A、B、C、L10、N、V、K等10个系列，其产品型号由6部分组成。

(1) 柴油机系列　用字母B、C、N、V、K等表示发动机系列。其中对B、C系列需加缸数，如4B、6C。

(2) 柴油机吸气方式　用字母组表示：T——增压，TA——增压并中冷，TT——两级增压，TTA——两级增压并中冷。无字母组者为自然吸气。

(3) 发动机工作容积（排量）　用数字表示，单位为 L 或 in^3（$1in = 0.0254m$）。

(4) 用途符号　用字母表示：B——公共汽车，C——工程机械，G——发电机组，GS——备用发电机组，L——机车。

(5) 额定功率　用数字表示，具体情况如下：

1) 汽车、公共汽车、农业、工程、发电站，可用马力表示，也可省略。

2) 对于消防泵、发电机、机车和船用柴油机，可用马力、千瓦或数字（1、2 或 3）表示其额定功率。

(6) 特殊符号　用字母表示特殊汽车的特征。

举例：NTA—855—C360 型发动机，其中：

N——发动机系列；

TA——发动机吸气方式为涡轮增压并中冷；

855——发动机排量为 $855in^3$（14L）；

C——用途符号，工程机械用；

360——发动机额定功率为 360PS（公制马力）（269kW）。

思考题与习题

1-1　发动机的定义是什么？

1-2　什么是内燃机？

1-3　什么是发动机排量、燃烧室容积和压缩比？

1-4　汽油机和柴油机在可燃混合气形成方式和点火方式上有何不同？它们在结构上有何区别？

1-5　简述四冲程汽油机工作原理。

1-6　发动机通常由哪些机构和系统组成？

1-7　发动机的主要性能指标有哪些？什么是发动机的速度特性和发动机的负荷？

1-8　解释 CA6102 汽油机、495T 柴油机的含义。

第二章

曲柄连杆机构

第一节 概　　述

曲柄连杆机构的功用是把燃气作用在活塞顶面上的压力转变为曲轴的转矩，向工作机械输出机械能；同时将活塞的往复运动转变为曲轴的旋转运动。

曲柄连杆机构由机体组、活塞连杆组（活塞3、密封环1、刮油环2、连杆5等）和曲轴飞轮组（曲轴8等）三部分组成，如图2-1所示。

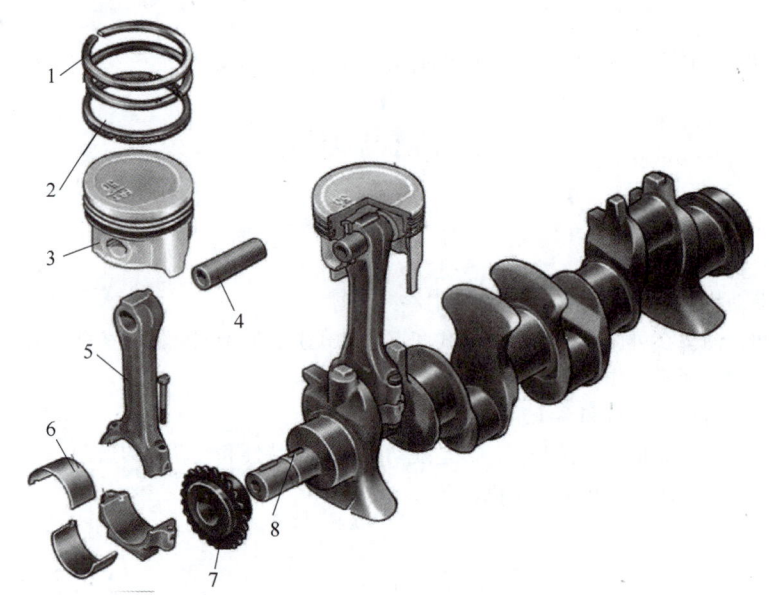

图2-1　曲柄连杆机构

1—密封环　2—刮油环　3—活塞　4—活塞销　5—连杆　6—主轴承　7—曲轴正时齿轮　8—曲轴

第二节 机　体　组

机体组主要包括气缸体5、气缸盖3、气缸垫4及油底壳7等，如图2-2所示。

一、气缸体

气缸体是发动机的基体和"骨架"，发动机的所有零件几乎都安装在气缸体上，并且承受高温高压气体的作用力，因而要求气缸体具有足够的强度和刚度。为减轻发动机的整体重量，还要求气缸体结构紧凑、重量较轻。

第二章　曲柄连杆机构

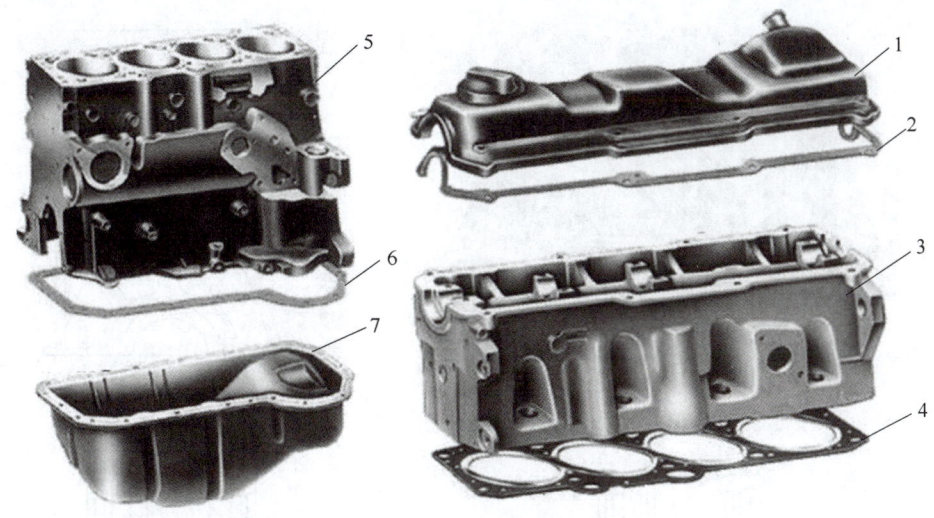

图 2-2　机体组

1—气缸盖罩　2、6—衬垫　3—气缸盖　4—气缸垫　5—气缸体　7—油底壳

机体一般用高强度灰铸铁或铝合金铸造。近几年，轿车发动机气缸体材料多采用铝合金。

根据气缸体结构将其分为三种形式：一般式气缸体、龙门式气缸体和隧道式气缸体，如图 2-3 所示。

一般式气缸体的结构特点是曲轴轴线与气缸体下表面在同一平面上（图 2-3b）。其结构简单，便于机械加工；但刚度较差。它多用于中小型汽油发动机，如 BJ492Q、CA488—3 型发动机及夏利、富康、马自达等轿车用发动机。

主轴承座孔中心线高于气缸体下表面的为龙门式气缸体（图 2-3c）。龙门式气缸体的刚度较好，密封简单、可靠，维修方便；但其结构较复杂，工艺性较差。很多轿车发动机都采用龙门式气缸体，如一汽奥迪 100、捷达、高尔夫、宝来和上海桑塔纳轿车等；另外，BF8L413F 型风冷发动机也采用龙门式气缸体。

隧道式气缸体的主轴承座孔 7 是整体式的（图 2-3d），气缸体结构刚度大，主轴承的同轴度易保证，但比较笨重、拆装不便，多用于主轴承采用滚动轴承的负荷较大的柴油机，如黄河 JN1181C13 型汽车装用的 6135Q 型柴油发动机。

气缸是指气缸体内引导活塞做往复运动的圆柱形空腔。它的工作表面承受气缸内燃气的高温高压作用，以及活塞在做高速往复运动时的摩擦力作用，因此气缸工作表面必须耐高温、耐高压、耐磨损和耐化学腐蚀。通常在制造时，从气缸的材料、加工精度和结构形式等方面加以保证，例如采用优质的合金铸铁作为气缸体的材料，气缸内壁按 2 级精度并经过珩磨加工，以降低工作表面的表面粗糙度值，提高形状和尺寸精度。

为散发掉发动机在工作时的多余热量，保证发动机能在高温下正常工作，应对气缸体和气缸盖随时进行强制冷却。按冷却介质的不同，冷却方式可分为水冷与风冷两种。汽车发动机多采用水冷的方式，利用水套中的冷却水流过高温零件的周围而带走多余的热量（图 2-4a），其中气缸体和气缸盖内的水套相通，与散热器、水泵等组成冷却系统。风冷式发动机一般将气缸体与曲轴箱分开铸造，在气缸体与气缸盖的外表面铸有散热片，用来增强散热效果（图 2-4b）。

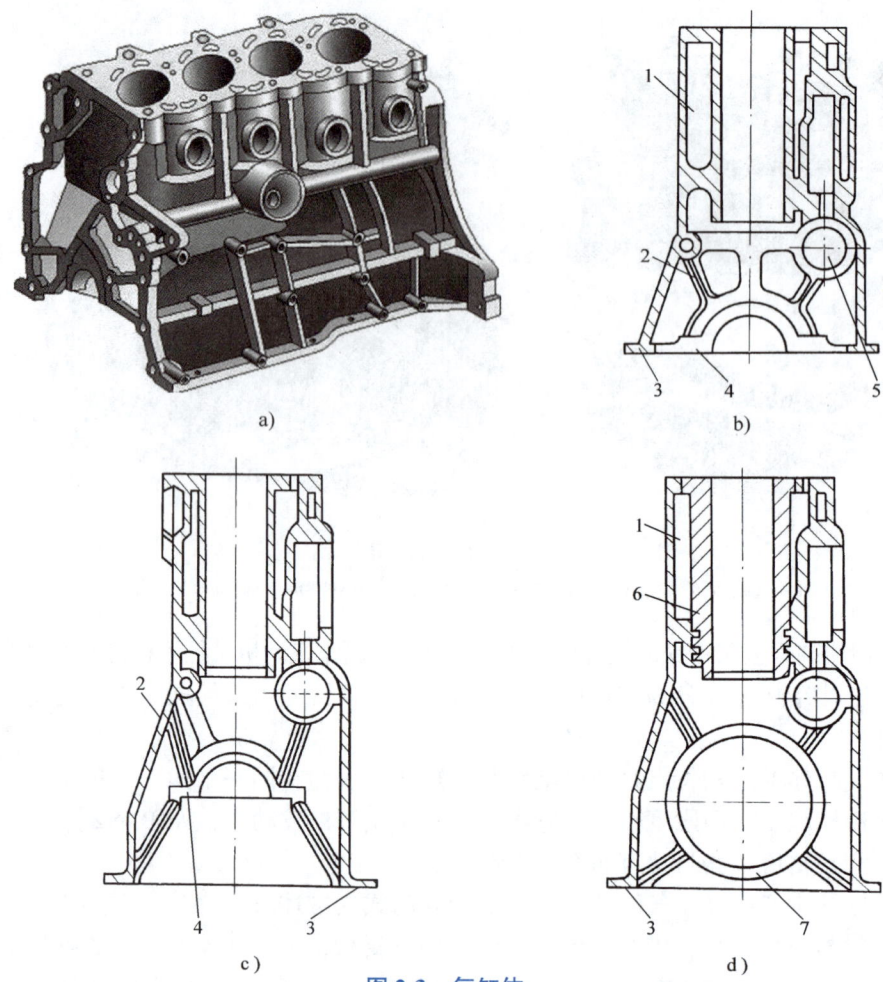

图 2-3 气缸体

a) 气缸体立体图　b) 一般式气缸体　c) 龙门式气缸体　d) 隧道式气缸体

1—水套　2—加强筋　3—油底壳加工面　4—轴承座孔加工面　5—凸轮轴座孔　6—湿式气缸套　7—主轴承座孔

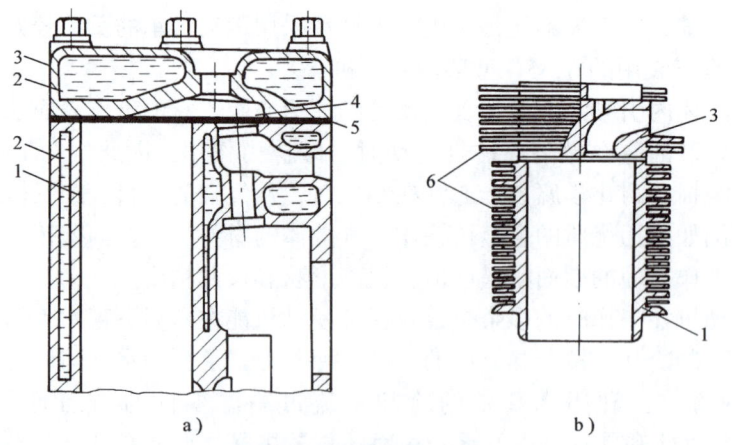

图 2-4 气缸体和气缸盖

a) 水冷式发动机的气缸体与气缸盖　b) 风冷式发动机的气缸体与气缸盖

1—气缸体　2—水套　3—气缸盖　4—燃烧室　5—气缸垫　6—散热片

汽车发动机气缸的排列方式基本有三种形式：直列式、V形式和对置式（图2-5）。其中常用的是直列式和V形式两种。

（1）直列式（图2-5a） 基本上3、4缸发动机都采用直列式，少数的5、6缸发动机也有采用（宝马经典直列6缸机）的。直列式发动机结构简单，使用一个气缸盖。其制造成本低，尺寸紧凑，稳定性高；但发动机长度有所增加。

（2）V形式（图2-5b） 发动机排量＞2.5L的多采用V形式。V形式发动机的高度、长度尺寸小，布置方便；但结构复杂，成本高。德国大众汽车公司专属技术将V形发动机每侧气缸再进行小角度错开，即两个小V形组成一个大W形。W形发动机比V形发动机更节省空间，重量更轻些；但发动机宽度更大，发动机舱更满。大众旗下的辉腾6.0L和奥迪A8 L 6.0L发动机都采用W12，布嘉迪威龙采用8.0L W16发动机。

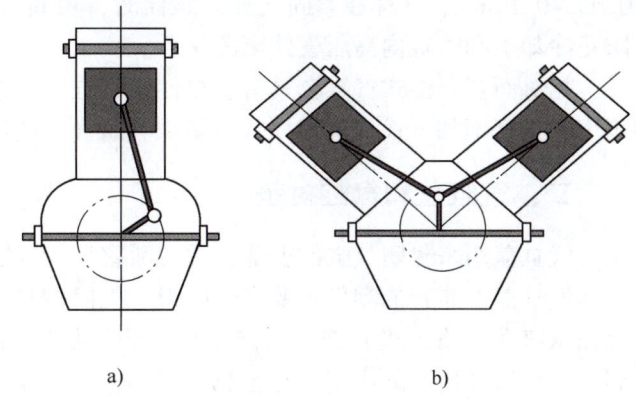

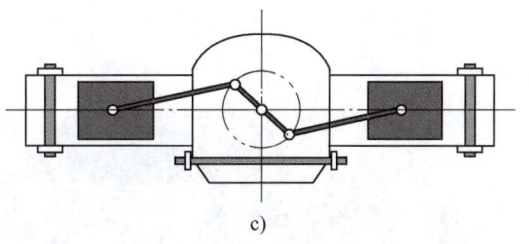

图2-5 气缸的排列形式
a）直列式 b）V形式 c）对置式

（3）对置式发动机（图2-5c） 对置式发动机的重心降低了，车头又扁又低，增强了其稳定性，运转平顺性比V形发动机更好，功率损失小。其缺点是两排气缸对置，造成发动机很宽，发动机内部结构排列复杂。目前，斯巴鲁、保时捷两家汽车公司采用对置式发动机。

为提高耐磨性，有些气缸采用表面处理，如表面淬火、镀铬等；有的则采用优质材料，但成本高。目前广泛应用的方法是在气缸体内镶入耐磨性较好的气缸套。对于铝合金气缸体而言，因其耐磨性不好，必须镶以气缸套。气缸套常由片状石墨铸铁并添加微量铬、钼和镍，用离心铸造法制成。它具有使用寿命长，耐磨性好，检修方便及制造费用低等优点。根据是否与冷却水相接触，气缸套分为干式和湿式两种（图2-6）。

气缸套的外表面不直接与冷却水接触的称为干式气缸套（图2-6a）。干式气缸套强度和刚度较好；但内外表面都需要精加工，散热不良，拆装不方便。汽油机气缸体多装用干式气缸套。

气缸套的外表面直接与冷却水接触的称为湿式气缸套（图2-6b）。为防止漏水，气缸套下部A

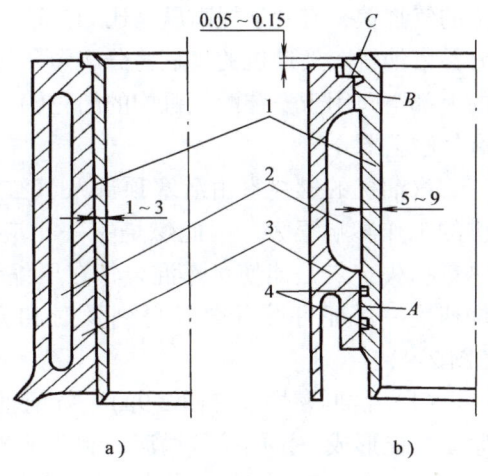

图2-6 气缸套
a）干式 b）湿式
1—气缸套 2—水套 3—气缸体 4—密封圈

处设一两个耐油、耐热橡胶密封圈4。大多数湿式气缸套装入后，其顶部一般高出气缸体0.05~0.15mm，这样在紧固气缸盖螺栓时，可将气缸垫压得更紧，以保证气缸的密封性，防止冷却水和气缸内高压气体窜漏。

相对而言，湿式气缸套具有散热性好，缸体铸造方便，易拆装等优点；缺点是气缸体的刚度和强度不如干式气缸套，且易漏水、漏气。柴油发动机多装用湿式气缸套。

二、气缸盖和气缸衬垫

气缸盖用来封闭气缸的上部，并与活塞顶、气缸壁共同构成燃烧室。

气缸盖上布置的零件主要有气门组、气门传动组、与气缸体相通的冷却水套、燃烧室、火花塞座孔（汽油机）或喷油器座孔（柴油机）、进排气道及各种传感器等（图2-7）。为制造和维修方便，减小变形对密封的影响，功率较大、缸径较大的柴油机多采用分开式气缸盖，即一缸、二缸或三缸一盖。而汽油机因缸径较小，缸盖负荷较轻，一般采用整体式气缸盖。

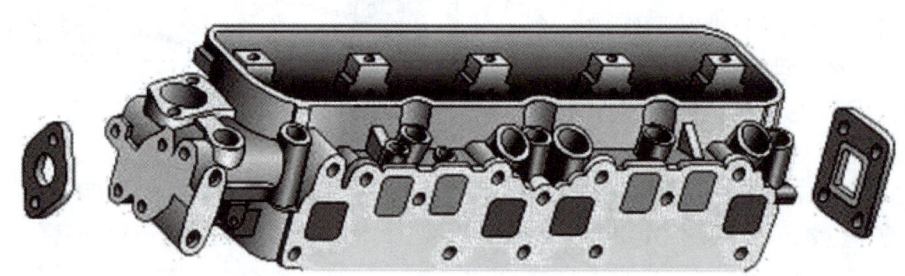

图2-7 气缸盖及其零件

由于气缸盖形状复杂，气缸盖的材料多采用优质灰铸铁或合金铸铁。目前正在推广使用铝合金气缸盖，如天津夏利、神龙富康、上海桑塔纳及大众POLO等轿车发动机均采用铝合金的气缸盖，有利于提高压缩比和高速、高负荷时强化汽油机散热的需要。图2-8所示为上海桑塔纳轿车发动机的气缸盖分解图。气缸盖的下平面用于密封气缸和构成燃烧室，气缸盖的上部空间用于安装配气机构的凸轮轴。在凸轮轴上面设机油反射罩3，整个气缸盖上面装有气缸盖罩4。

汽油机的燃烧室由活塞顶部及气缸盖上相应的凹部空间组成。燃烧室的形状对发动机的工作影响很大。因此燃烧室一是应结构紧凑，冷却面积小，以缩短火焰行程和减少热量损失；二是能使可燃混合气在压缩终了时形成一定的涡流，以提高可燃混合气的燃烧速度，保证可燃混合气得到及时和充分燃烧。常用的汽油机燃烧室形状有以下几种（图2-9）：

（1）盆形燃烧室（图2-9a） 气门垂直布置在燃烧室上面。盆形燃烧室结构简单，也较紧凑，能形成一定的挤气涡流，制造工艺性好，便于维修；但其进、排气阻力大，充气效率较低，燃烧速度较低。CO和HC排放量较多，但NO_x排放量较少。北京492QG、一汽奥迪100和捷达EA827型汽油发动机均采用这种结构的燃烧室。

（2）楔形燃烧室（图2-9b） 楔形燃烧室的气门斜置，结构较简单、紧凑，在压缩终了时能产生强烈的挤气涡流，充气效率较高，燃烧速度快；但存在较大的散热面积，对HC排放不利。北京切诺基发动机采用楔形燃烧室。

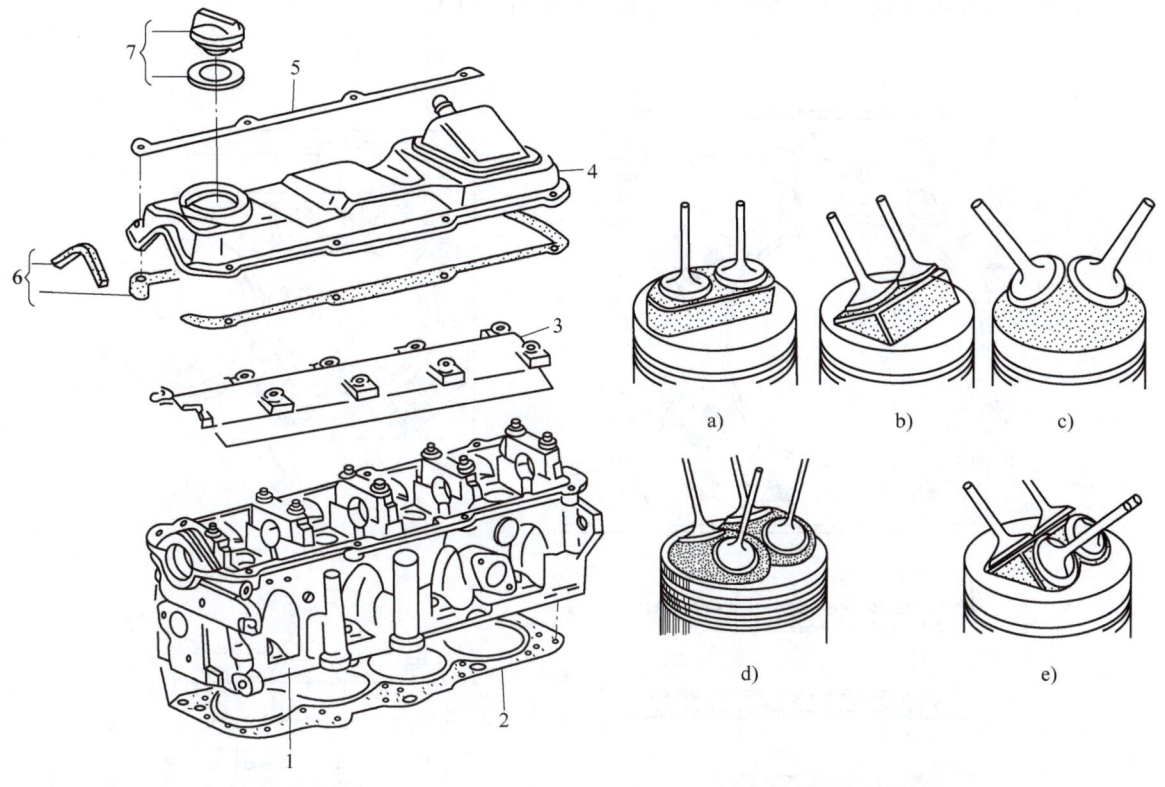

图2-8　上海桑塔纳轿车气缸盖
1—气缸盖　2—气缸垫　3—机油反射罩
4—气缸盖罩　5—压条　6—气门罩条　7—加油盖

图2-9　常用的汽油机燃烧室形状
a)　盆形　b)　楔形　c)　半球形
d)　双球形　e)　多气门篷形

(3) 半球形燃烧室（图2-9c）　这种燃烧室进、排气门倾斜布置，气门直径较大，其结构最为紧凑，散热面积小，充气效率高，有利于促进燃料的完全燃烧及排气净化，HC排放量较少。但其配气机构较复杂，且NO_x排放量较多。

目前国外轿车最高转速在6000r/min以上的汽油发动机多采用这种形式的燃烧室。神龙富康轿车发动机的燃烧室即为半球形，其大部分空间（27mL）在气缸盖上，小部分（6mL）在活塞顶上。

(4) 双球形燃烧室（图2-9d）　这种燃烧室是在半球形燃烧室的基础上演变而来的，由两个球形构成。这种燃烧室可布置较大的气门或多气门，获得压缩涡流；但其结构复杂，散热面积大，热效率较低。

(5) 多气门篷形燃烧室（图2-9e）　这种燃烧室的断面像篷形，由半球形发展而来。它具有结构紧凑，充气效率较高，火焰传播距离短等优点。一汽天津夏利及欧宝V6、奔驰320E和三菱3G81等轿车发动机采用这种燃烧室。

气缸垫用来密封气缸体与气缸盖的接合面，它直接接触高温、高压燃气，在使用中易被烧蚀，故要求气缸垫耐热、耐腐蚀，有足够的强度和一定的弹性，且拆装方便，能重复使用，寿命长。目前应用较多的有两种气缸垫，一种是金属-石棉气缸垫（图2-10a～d），另一种为纯金属气缸垫（图2-10e）。近年来，国外一些发动机开始使用耐热密封胶以取代传统的气缸垫，这要求气缸盖和气缸体的接合面有较高的加工精度。

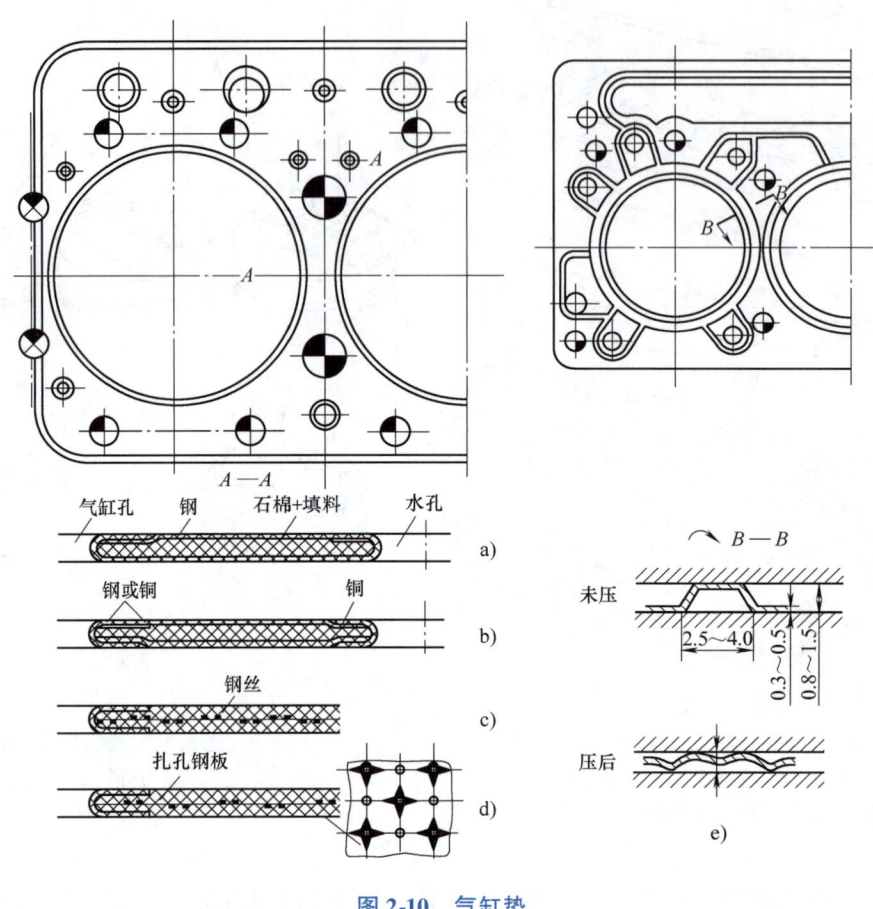

图2-10　气缸垫

近年来，德国Elring公司开发了一些新型气缸垫。

FW（钢板-软材料）气缸垫，软材料由非石棉材料，如纤维、填料、粘结介质和疏水的掺和剂等制成。这种气缸垫高温稳定性好，匹配能力优良，回弹能力好。

MLC（金属-涂层）气缸垫，该气缸垫为多层特殊金属涂层的组合。钢板一般采用奥氏体弹簧钢制造，中间层和密封部位采用不锈钢或耐腐蚀的镍铬钢，涂层为弹性的，气缸垫安装后，可保持微观的密封性。

ME（金属-弹性体）气缸垫，其特点是采用弹性体作为密封媒介，密封接触面压力小，弹性体与接触面匹配性良好，可应用在密封间隙变化的部位。轻型发动机采用这种气缸垫比较理想。

气缸盖罩位于气缸盖上部，起封闭及防尘作用。一般由薄钢板冲压而成，其上设有注油孔。

第二章 曲柄连杆机构

三、油底壳

油底壳的主要功用是储存机油（润滑油）并封闭曲轴箱。油底壳受力较小，一般用薄钢板冲压而成（图2-11）。其形状取决于发动机的总体布置和机油容量的大小。有的发动机为达到良好的散热效果，采用带有散热筋片的铝合金铸造而成的轻金属油底壳。

为保证发动机纵向倾斜时机油泵仍能吸到机油，机油泵所在部位的油底壳中部或后部做得较深。在油底壳中设有挡油板，以减轻油面的波动。底部装有磁性的放油螺塞，用来吸附润滑油中的铁屑，减少发动机的磨损。

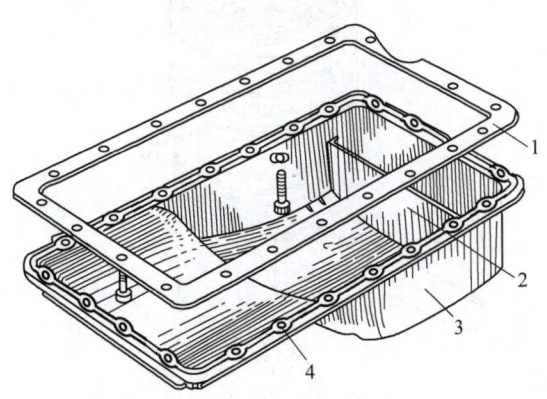

图 2-11　油底壳
1—衬垫　2—挡油板　3—油池　4—螺栓孔

第三节　活塞连杆组

如图2-12所示，活塞连杆组主要由活塞9、活塞环10、活塞销8和连杆5等机件组成。

一、活塞

活塞的主要功用是承受气缸中可燃混合气燃烧产生的压力，并将此力通过活塞销和连杆传给曲轴；此外，活塞还与气缸盖、气缸壁共同组成燃烧室。

活塞工作条件非常恶劣，顶部直接与高温、高压且具有腐蚀性的燃气接触，活塞承受周期性变化的气体压力和惯性力的作用，且散热及润滑条件差。因此，选用活塞材料时，应考虑其强度、刚度、密度和耐磨性等。

目前，汽油发动机活塞的材料广泛采用铝合金。铝合金制成的活塞重量轻，导热性好；但膨胀系数大。

汽车柴油机的活塞需承受高机械负荷，故常采用合金铸铁和耐热钢制造。

整个活塞可分为活塞顶1、活塞头2和活塞裙部7三个部分（图2-13）。

活塞顶是燃烧室的组成部分，因而常制成不同的形状，活塞顶的形状与选用的燃烧室形状有关。汽油机活塞顶多采用平顶（图2-14a），以使燃烧室结构紧凑，散热面积小，并且制造工艺简单。有些汽油机为了改善混合气形成和燃烧而采用凹顶活塞（图2-14b），凸顶活塞常用于二冲程汽油机（图2-14c），柴油机活塞顶常制成各种凹坑形。

由活塞顶至最下面一道活塞环槽之间的部分称为活塞头。其作用是承受气体压力，并通过活塞销传给连杆，防止漏气，并将热量通过活塞环传给气缸壁。活塞头切有若干环槽，用以安装活塞环。上面的2~3道槽用来安装气环，下面的1~2道槽用来安装油环。油环槽的底部向活塞头内部空腔方向加工出若干小孔，油环从气缸壁上刮下的多余润滑油经过这些小孔流回油底壳。

37

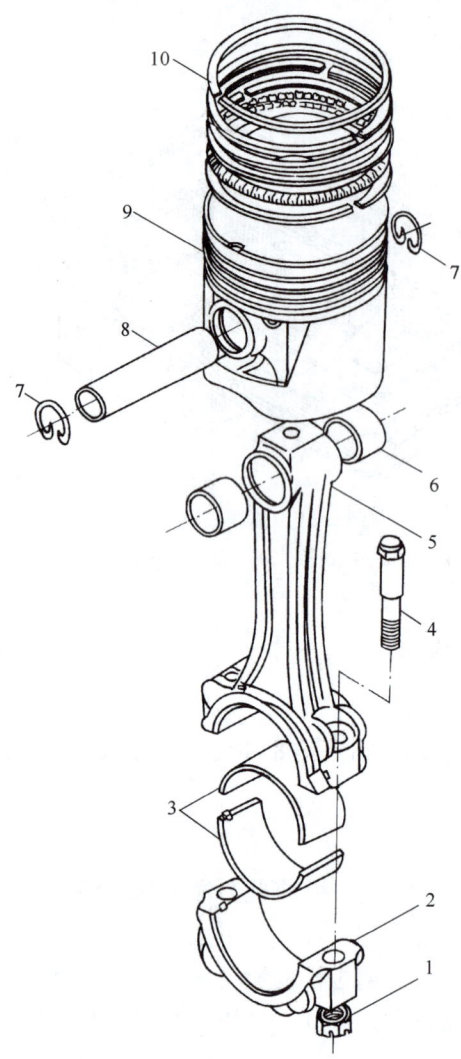

图 2-12 活塞连杆组

1—连杆螺母 2—连杆盖 3—连杆轴承
4—连杆螺栓 5—连杆 6—连杆衬套
7—活塞销卡环 8—活塞销
9—活塞 10—活塞环

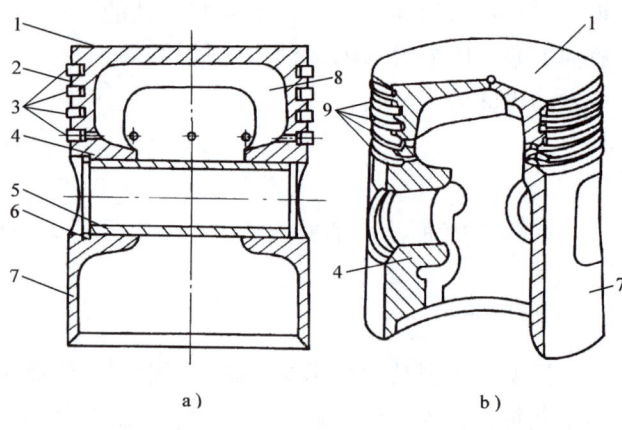

图 2-13 活塞的基本结构

a）全剖面 b）部分剖面
1—活塞顶 2—活塞头 3—活塞环 4—活塞销座
5—活塞销 6—活塞销锁环 7—活塞裙部
8—加强筋 9—环槽

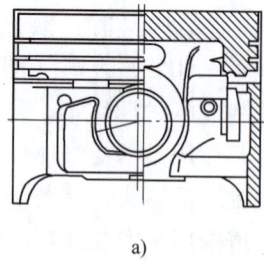
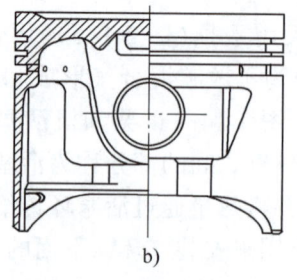
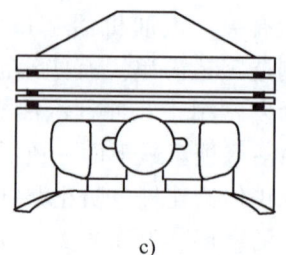

图 2-14 活塞顶的形状

a）平顶 b）凹顶 c）凸顶

活塞环槽以下的所有部分称为活塞裙部。其作用是引导活塞在气缸中做往复运动和承受气缸壁传给活塞的侧压力，并将头部传下来的气体压力通过活塞销座、活塞销传给连杆。

为使活塞在各种工况下均能与气缸壁间保持合理的密封和运动间隙，制造活塞时通常采取下列结构措施：

1）在活塞裙部高度方向上制成阶梯形（图2-15a）或近似的圆锥形（图2-15b），以补偿活塞裙部热膨胀量上大下小的情况，保证活塞在工作状态（热态）下整体形状接近一个圆柱形。例如国产135系列柴油机活塞裙部的锥度为0.12。

2）将活塞裙部制成椭圆形，椭圆的长轴在垂直于活塞销座孔轴线的方向。将活塞销座外端面在铸造时凹陷0.5～1.0mm，或截去一小部分。

3）活塞裙部开膨胀槽和绝热槽（图2-15c、d）。绝热槽可减少活塞头部的热量向裙部扩散；膨胀槽可使裙部具有一定的弹性，使冷态下的装配间隙尽量减小，而热态时因膨胀槽首先变窄的补偿作用使活塞不致在气缸中"卡死"。绝热槽若开在油环槽中时，还可兼作机油的回油槽。

4）采用双金属活塞，即在活塞裙部或活塞销座内铸入或嵌入膨胀系数低的钢片，以减少活塞裙部的膨胀量。一种方法是在活塞裙部或活塞销座内镶铸膨胀系数低的恒范钢片（图2-16a）。恒范钢片是镍的质量分数为33%～36%的低碳合金钢，其膨胀系数仅为铝合金的10%左右。活塞销座通过恒范钢片与裙部相连，故活塞销座的膨胀对裙部无直接影响。另一种方法是将低碳钢片贴在活塞销座铝层内侧（图2-16b），不仅起到抑制作用，还可以利用双金属效应减少裙部侧压力方向上的膨胀量。由于双金属效应对膨胀的控制作用与温度有关，故称为热膨胀自动调节式

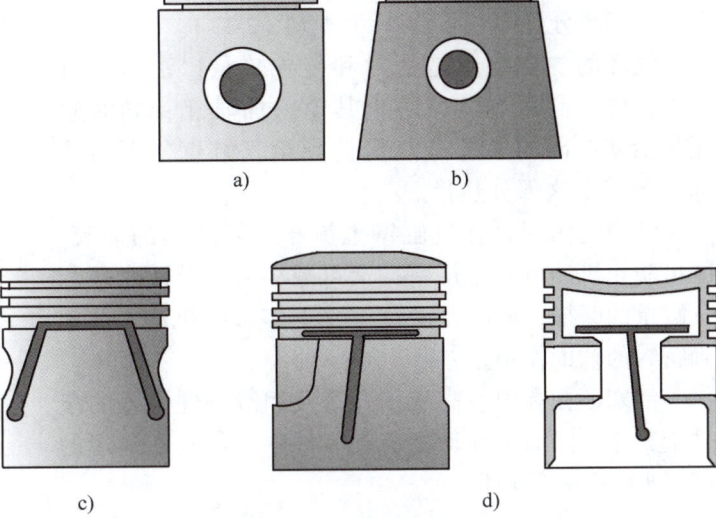

图2-15　活塞裙部不同形状的结构

a）阶梯形活塞　b）圆锥形活塞　c）、d）活塞裙部开膨胀槽和绝热槽的活塞

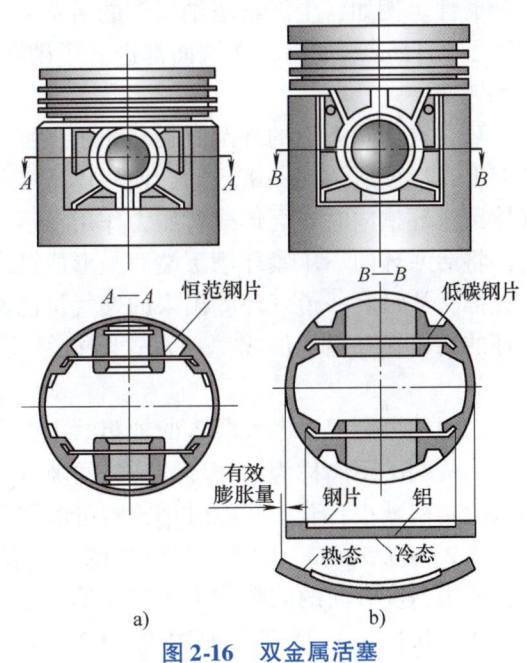

图2-16　双金属活塞

a）恒范钢片式活塞　b）自动调节式活塞

活塞。

在活塞裙部表面涂以保护层，可以改善铝合金活塞的磨合性，主要有铅保护层、锡保护层、石墨保护层、磷化保护层等。一般汽油机的铸铝活塞裙部外表面镀锡，柴油机的铸铝活塞裙部外表面磷化。

二、活塞环

活塞环分为气环和油环两种（图2-17）。

气环的主要作用是密封和传导热量；密封气缸中的高温、高压燃气，防止其窜入曲轴箱；同时它还将活塞头部的大部分热量传导给气缸壁，再由冷却系统带走这部分热量。

油环的作用是在气缸壁上涂布一层均匀的油膜，既可防止机油窜入燃烧室，又可减小活塞及活塞环与气缸壁的磨损，同时刮除气缸壁上多余的机油，并起到密封的辅助作用。

活塞环在高温、高压、高速及润滑条件极差的条件下工作，因而是发动机所有零件中工作寿命最短的（特别是第一道气环）。

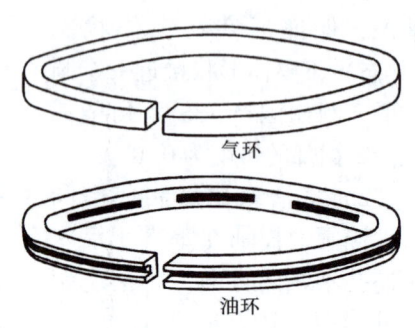

图 2-17 活塞环

活塞环的材料多采用合金铸铁或球墨铸铁。在活塞环的表面应涂以保护层，如经磷酸盐处理或镀锌、喷钼等，能改善活塞环的滑动性能和耐磨性能。对于承受压力最大的第一道气环，其工作表面常镀上多孔性铬层。多孔性铬层硬度高，能储存少量的润滑油，可以改善润滑条件，延长活塞环的使用寿命。但这种活塞环不能用于同样镀了硬铬的气缸内，否则会破坏其耐磨性。例如，上海桑塔纳轿车的活塞装有两道气环。第一道气环采用球墨铸铁，外圆表面镀了0.1mm厚的铬，两端面都进行了磷化处理；第二道气环采用灰铸铁材料，而气缸内壁无镀铬层。

气环在自由状态下的外圆直径略大于气缸直径，随活塞装入气缸后便产生弹力而紧贴在气缸壁上，形成所谓第一密封面，使气体不能从活塞环外圆表面与缸壁之间通过。因而当少量气体窜入环槽内时，会形成背压力作用在活塞环的背面，加强了第一密封面的密封作用。同时，将活塞环向下压紧环槽下端面，形成第二密封面，使其密封性能显著提高（图2-18）。依此类推，从最后一道气环漏出来的燃气量已经很少，压力和流速很小。因此，只要将2～3道气环的切口相互错开形成"迷宫式"封气装置，就足以对气缸中的高压燃气进行有效的密封。

气缸内的可燃混合燃气漏入曲轴箱的主要通路是活塞环的切口。活塞装入气缸后，活塞环切口处两端的距离称为活塞环的开口间隙 Δ_1（图2-19）。若该间隙过大，则漏气量大，使发动机的功率减小；若该间隙过小，则可能因受热膨胀而造成活塞环的卡死和断裂。该间隙一般为0.25～0.50mm。因第一道气环的受热温度最高，则开口间隙 Δ 最大。另外，活塞环与活塞环槽高度方向的间隙称为侧隙（第一道密封环侧隙为0.04～0.10mm，其他密封环一般为0.03～0.07mm，刮油环侧隙为0.025～0.070mm）；活塞环背面与环槽底部之间的间隙称为背隙，该间隙一般为0.50～1.00mm。

第二章 曲柄连杆机构

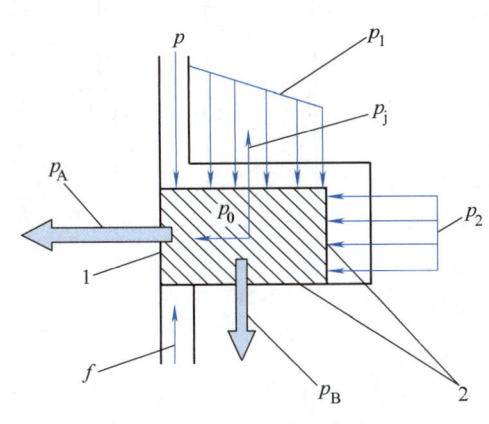

图2-18 气环密封原理

1—第一密封面 2—第二密封面 p_A—第一密封面压紧力 p_B—第二密封面压紧力 p—气缸内气体压力 p_1—活塞环侧气体压力 p_2—活塞环背压力 p_0—活塞环弹力 p_j—活塞环惯性力 f—活塞环与气缸壁摩擦力

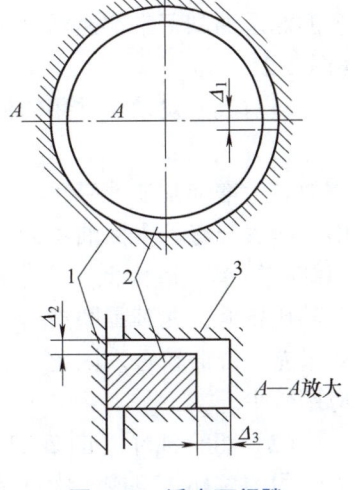

图2-19 活塞环间隙

1—气缸 2—活塞环 3—活塞
Δ_1—开口间隙 Δ_2—侧隙 Δ_3—背隙

气环常见的断面形状有以下几种：

（1）矩形环（图2-20a） 其结构简单，制造方便，散热性好，废品率较低；但有泵油作用，能将机油逐级由下向上泵入气缸中燃烧掉，在燃烧室内形成积炭并增加机油消耗量。因此，其应用越来越少。

（2）锥面环（图2-20b） 它与缸壁为线接触，有利于密封和磨合，该环在活塞下行时有刮油作用，上行时能和气缸壁形成楔形油膜以改善润滑；但其传热性差，不易作第一道气环使用。

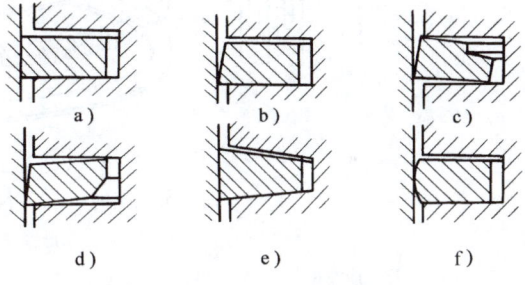

图2-20 气环的断面形状

a）矩形环 b）锥面环 c）正扭曲内切环
d）反扭曲锥面环 e）梯形环 f）桶面环

（3）扭曲环（图2-20c、d） 它除具有锥面环的优点外，还能减小泵油作用，减轻磨损，提高散热能力，目前在发动机上得到广泛的应用。安装扭曲环时，应将内圆切槽向上，外圆切槽向下，不能装反。日产SD22型轿车采用扭曲环作为密封环。

（4）梯形环（图2-20e） 其主要优点是能使沉积在环槽中的结焦被挤出，避免了活塞环被粘结在环槽中而折断。同时其密封作用强，使用寿命长，但上、下两端面的精磨工艺较复杂。梯形环主要用于热负荷较高的柴油发动机上。

（5）桶面环（图2-20f） 其在活塞的上、下行程都可形成楔形油膜而改善润滑，对活塞在气缸内摆动的适应性好，接触面积小，有利于密封；但凸圆弧表面的加工较困难。一汽奥迪100JW型汽油机、广州本田F23A3型汽油机及玉柴YC6105QC型柴油机的第一道气环

41

均采用桶面环。

无论活塞上行或下行，油环都能将气缸壁上多余的润滑油刮下来，经活塞上的回油孔流回油底壳（图2-21）。

目前汽车发动机常用的油环有两种：

（1）普通油环（图2-21） 其断面与矩形气环相似。为增强刮油效果，在其外圆端面上切有环形槽，槽底开有若干回油用的小孔或狭缝。普通油环因结构简单，造价低，在早期发动机上应用较多。但其比压低，尤其是磨损后其比压下降更快，刮油效果差，寿命较短。因此，目前在轿车发动机上已应用较少。

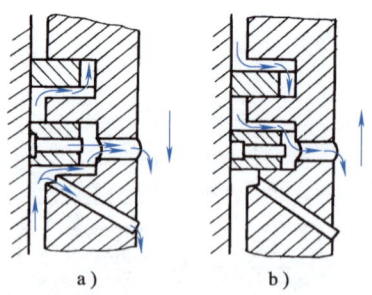

图2-21 刮油环的刮油作用
a）活塞下行 b）活塞上行

（2）组合油环（图2-22） 它由互相独立的上、下刮油钢片1、3和产生径向、轴向弹力作用的衬环2组成。优点是质量小，刮油能力强，对缸套变形的适应性好，回油通路大，因此，组合油环的应用日益增多；缺点是制造成本高。一汽奥迪100、天津夏利、广州标致轿车发动机上都采用了组合油环。

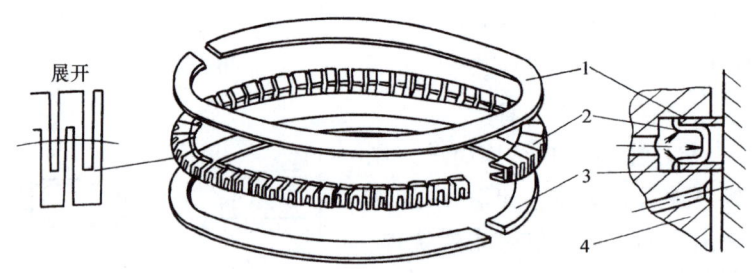

图2-22 组合油环
1—上刮油钢片 2—衬环 3—下刮油钢片 4—活塞

三、活塞销

活塞销的功用是连接活塞和连杆小头，将活塞所承受的气体压力传给连杆。

活塞销在高温下承受极大的周期性冲击载荷，润滑条件差。因此要求活塞销具有足够的强度、刚度和耐磨性，且质量要小。活塞销的形状一般制造成空心圆柱体（图2-23）。

活塞销的材料一般为低碳钢或低碳合金钢，高负荷发动机的活塞销则采用渗氮钢制造。通常先经表面渗碳或渗氮提高活塞销的表面硬度，使其心部具有一定的冲击韧度，然后进行精磨和研磨加工。直通圆柱形孔和圆锥形孔的活塞销（图2-23a、b）质量较小，中间或单侧封闭的活塞销（图2-23c、d）适用于二冲程发动机，内部有塑料芯的钢套销（图2-23e）则可用于要求不高的汽油机，成形销（图2-23f）用于增压发动机。

活塞销与活塞销座孔和连杆小头衬套孔的连接配合，通常采用"全浮式"（图2-24），即在发动机运转过程中，活塞销不仅能在连杆小头衬套孔内转动，还能在活塞销座孔内缓慢转动，使活塞销各工作表面磨损比较均匀。在活塞销座两端用弹性卡环进行轴向限位，防止活塞销轴向窜动。

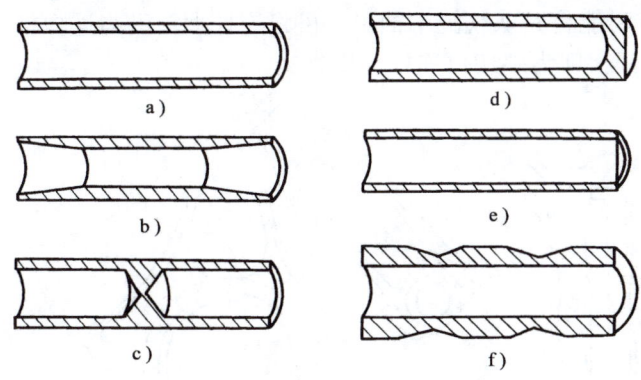

图 2-23 活塞销内孔形状

a) 圆柱形孔 b) 端部呈锥形扩展 c) 中间封闭式 d) 单侧封闭式
e) 内有塑料芯的钢套销 f) 成形销

图 2-24 活塞销的连接方式

1—活塞销 2—连杆 3—活塞 4—卡环

四、连杆

连杆的功用是将活塞承受的力传给曲轴，推动曲轴转动，使活塞的往复运动转变为曲轴的旋转运动。连杆在工作中要承受活塞销传来的气体作用力、活塞连杆组往复运动的惯性力和连杆大头绕曲轴旋转产生的旋转惯性力的作用。上述这些作用力都是交变载荷，而连杆本身又是一个较长的杆件，因此要求连杆要有足够的强度和刚度，质量要尽量小。

连杆一般采用 45 钢或 40Cr 钢及 40MnB、40MnVB 等硼钢制成，也有少数用球墨铸铁制成。为提高疲劳强度，连杆常进行表面喷丸处理。

纤维增强铝合金连杆因其质量小、综合性能好而备受瞩目。在强度和刚度相同的情况下，纤维增强铝合金连杆质量比钢制连杆减少 30%。

连杆主要由连杆小头 6（图 2-25）、连杆杆身 4 和连杆大头 3 三部分组成。

连杆小头通过活塞销与活塞连接，在全浮式连接的连杆小头孔内压装有减摩功能的青铜衬套或铁基粉末冶金衬套。在连杆小头和衬套上一般加工有积存飞溅润滑油的油槽或油孔，起到润滑衬套和活塞销的作用。

为保证连杆在质量尽可能小的情况下提高其抗弯刚度，连杆杆身多采用"工"字形断面。

连杆大头与曲轴的连杆轴颈相连接。为便于安装，通常将连杆大头做成剖分式的，上半部与杆身为一体，下半部是连杆盖，二者通过连杆螺栓装配成一体。连杆大头孔的表面粗糙度值要求较小，以便于连杆轴承紧密贴合。有的连杆大头连同轴承钻有小油孔，从中喷出压力机油加强对凸轮轴和缸壁的润滑。

连杆大头的切口按剖分面的方向分为平切口和斜切口两种形式。连杆大头沿着与杆身轴线垂直的方向切开，

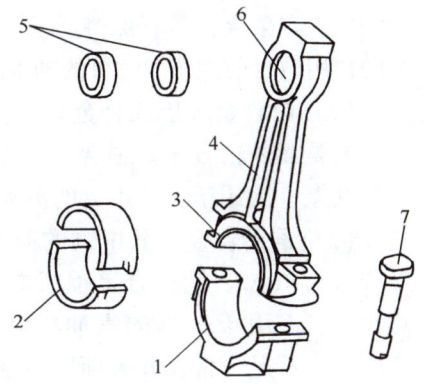

图 2-25 平切口连杆

1—连杆盖 2—连杆轴承 3—连杆大头
4—连杆杆身 5—连杆小头衬套
6—连杆小头 7—连杆螺栓

称为平切口连杆（图2-25），多适用于汽油机。有些柴油机的连杆大头尺寸较大，为使连杆大头在摆动时能通过气缸，在维修拆装时能将其从气缸中抽出，可将连杆大头沿与连杆杆身轴线呈30°~60°（常用45°）的方向切开，即为斜切口连杆（图2-26）。

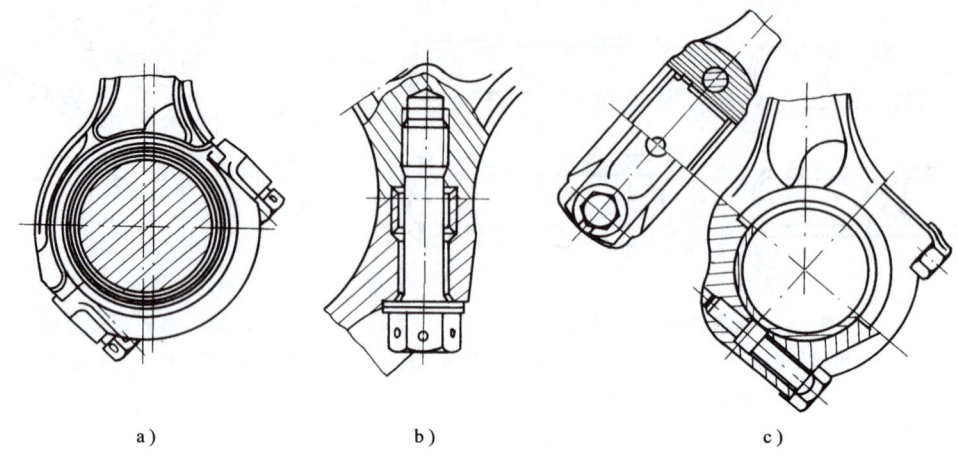

图 2-26　斜切口连杆大头的定位方式
a）止口定位　b）套筒定位　c）锯齿定位

连杆大头的两部分用连杆螺栓紧固在一起。由于连杆螺栓承受交变的冲击性载荷，通常采用挠性螺栓，用优质合金钢（40Cr、35CrMo 等）锻制或冷镦成形后加工。为保证工作可靠，常采用开口销、双螺母、自锁螺母等锁止装置，并按规定力矩紧固。

连杆轴承装配在连杆大头孔内，与连杆轴颈（曲柄销）及连杆大头孔配合工作（图2-27a）。现代汽车发动机用的连杆轴承是剖分成两半的滑动轴承，由钢背 3 和减摩合金层 2 组成（图2-27b）。

钢背 3 由 1~3mm 厚的低碳钢带制成，既有足够的强度以承受近乎冲击性的载荷，又有一定的刚度以便与轴承孔良好地贴合。减摩合金层 2 由 0.30~0.70mm 厚的减摩合金制成，减摩合金具有保持油膜、减小摩擦阻力和加速磨合的作用。目前汽车发动机的轴承减摩合金主要有：

（1）白合金（巴氏合金）　有锡基和铅基两种，应用较多的是锡基白合金。白合金减摩性好，但机械强度低，耐热性差，常用于负荷不大的汽油机。

（2）铜铅合金　其中铜的质量分数为30%，铅的质量分数为70%。铜铅合金承载能力大，机械强度高，耐热性好，多用于轿车的汽油机和柴油机，但减摩性差。为改善该不足，常在其表面镀一层厚度为 0.02~0.03mm 的铟或锡以提高其性能。

（3）高锡铝合金　各方面性能都好，广泛用于各类汽油机和柴油机上。

连杆轴承的背面应有很小的表面粗糙度值（加工精

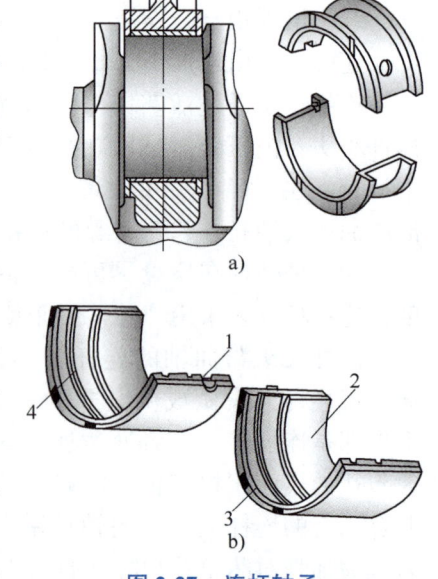

图 2-27　连杆轴承
1—定位凸键　2—减摩合金层
3—钢背　4—油槽

度高）。在自由状态下，轴承的曲率半径和周长都略大于连杆大头孔的曲率半径和周长，装配后能使其与连杆大头孔壁过盈配合，承受载荷能力和散热能力好。

在两个轴承的剖分面上，分别制有定位凸键1，以防止连杆轴承在工作中发生转动或轴向移动；在其内表面还加工有油槽4用以储油，保证可靠的润滑。

V形发动机连杆的结构通常有三种：

（1）并列式连杆（图2-28a） 相对应的左右两个气缸的连杆，沿曲轴的长度方向一前一后装配在一个曲柄销（曲轴上的连杆轴颈）上。连杆可以通用，两列气缸的活塞连杆组的运动规律相同，但曲轴的长度增加。

（2）主副连杆（图2-28b） 一列气缸的连杆为主连杆，连杆大头直接装配在曲柄销的全长上。另一列气缸的连杆为副连杆，副连杆分别与对应的主连杆铰接传动。不增加发动机的轴向长度；但主副连杆不能互换，两列气缸的活塞连杆组的运动规律不同。

（3）叉形连杆（图2-28c） 左、右两列对应气缸的两个连杆中，一个连杆的大头制成叉形，跨于另一个连杆的厚度较小的片形大头两端。两列气缸中的活塞连杆组的运动规律相同；但叉形连杆的制造工艺复杂，且连杆大头的刚度较低。

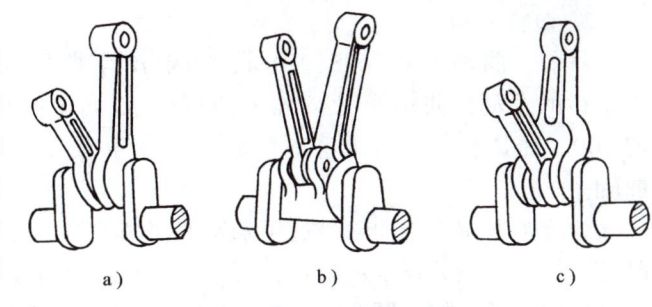

图2-28　V形发动机连杆

a）并列式连杆　b）主副连杆　c）叉形连杆

第四节　曲轴飞轮组

曲轴飞轮组主要由曲轴4（图2-29）和飞轮7等组成。

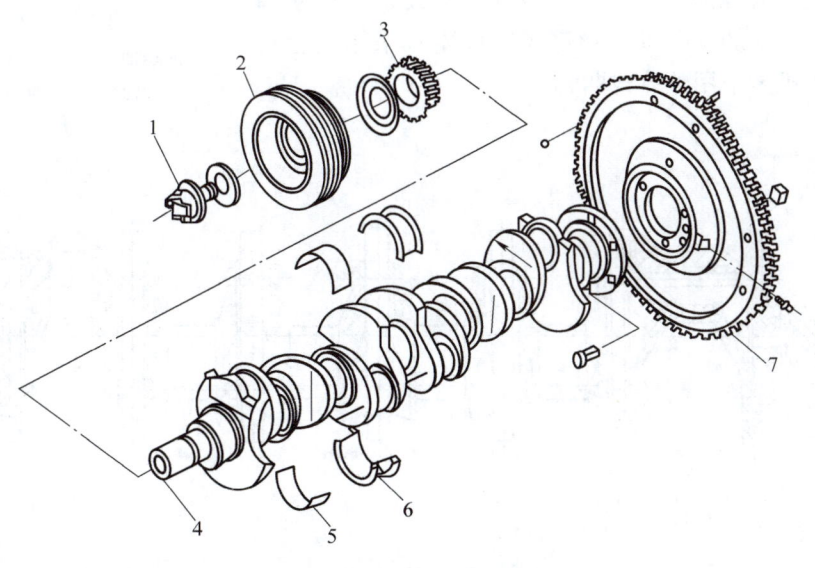

图2-29　曲轴飞轮组零件

1—起动爪　2—带轮　3—正时齿轮　4—曲轴　5—连杆轴承　6—主轴承　7—飞轮

一、曲轴

1. 曲轴功用

曲轴是发动机最重要的零件之一,其功用是将活塞连杆组传来的气体压力转变为曲轴的旋转转矩,再通过飞轮传递到汽车底盘的传动系统驱动汽车行驶;同时,还用来驱动发动机的配气机构和其他辅助装置(配气机构凸轮轴、汽油泵、机油泵、分电器、柴油机喷油泵凸轮轴、发电机、水泵风扇、空气压缩机、汽车空调压缩机等)。

2. 曲轴材料

目前,曲轴多采用45、40Cr、50MnB等锻钢和球墨铸铁制成。上海大众轿车及江西五十铃的发动机曲轴采用49MnVS材料,提高了曲轴的韧性,改善了其切削性能。一汽奥迪100、捷达和神龙富康轿车汽油机以及玉柴YC6105Q、6135Q等柴油机采用球墨铸铁曲轴。

微合金非调质钢曲轴是近年来发展起来的新钢种,通过添加V、Ni、Ti等合金元素细化晶粒,提高了钢的强度;另外,简化了工艺,节省了时间和能耗。国外汽车广泛采用微合金非调质钢曲轴,如德国奔驰(Benz)、日本丰田(TOYOTA)、意大利菲亚特(FIAT)、美国福特(Ford)等公司的部分汽车发动机采用了微合金非调质钢曲轴。

球墨铸铁比钢轻约10%,无残留应力,加工时产生的缺陷少,且减振性、耐磨性、对缺口敏感性都优于锻钢;铸态球墨铸铁曲轴具有生产工艺简单,能源消耗少,生产成本低,效率高等优点;然而其强度和韧性与锻钢相比有限,但随着其新技术日趋成熟,不久其必将在更大范围内取代锻钢。

3. 曲轴结构

曲轴可分为整体式(图2-30)和组合式(图2-31)两种。除连杆大头为整体式的某些小型汽油机或采用滚动轴承作为曲轴主轴承的发动机(隧道式气缸体)采用组合式曲轴外,发动机多采用整体式曲轴。

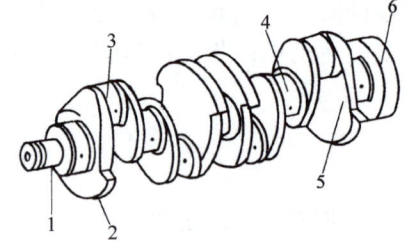

图 2-30 整体式曲轴

1—前端轴 2—平衡重 3—连杆轴颈
4—主轴颈 5—曲柄 6—后凸缘

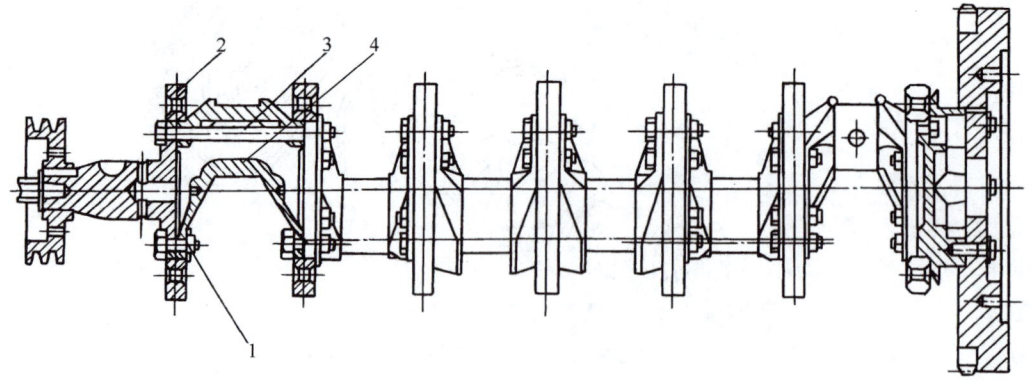

图 2-31 组合式曲轴

1—定位螺栓 2—滚子轴承 3—连接螺栓 4—曲柄

第二章 曲柄连杆机构

曲轴一般由主轴颈4、连杆轴颈3、曲柄5、平衡重2、前端轴1和后凸缘6（功率输出端）等组成（图2-30）。一个连杆轴颈和它两端的曲柄及相邻两个主轴颈构成一个曲拐。曲拐的数目取决于发动机的气缸数目及其排列方式，直列发动机的曲拐数等于气缸数；而V形和对置式发动机的曲拐数为气缸数的一半。图2-32所示为V8发动机曲轴。

曲轴按其主轴颈的数目分为全支撑曲轴及非全支撑曲轴。在相邻两曲拐间都设置一个主轴颈的曲轴，称为全支撑曲轴（图2-33a）；否则称为非全支撑曲轴（图2-33b）。全支撑曲轴刚度较好且主轴颈的负荷相对较小，多用于柴油机和负荷较大的汽油机，如上海桑塔纳、大众POLO和一汽奥迪100、宝来、捷达及广州本田雅阁型轿车发动机的曲轴。非全支撑曲轴长度短，结构和制造工艺简单，多用于中小负荷的汽油机。

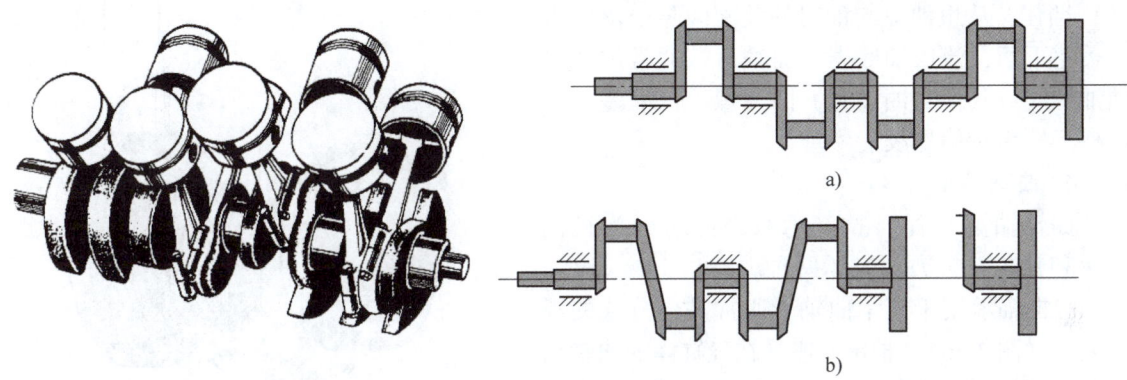

图2-32　V8发动机曲轴

图2-33　曲轴的结构形式
a）全支撑曲轴　b）非全支撑曲轴

平衡重用来平衡曲轴的离心力及其力矩，有时也平衡一部分活塞连杆组的往复惯性力及其力矩，以使发动机运转平稳，并可减小曲轴主轴承的负荷。对四缸、六缸等直列多缸发动机，因曲拐对称布置，就整机而言其惯性力、离心力及其所产生的力矩是平衡的。

平衡重有的与曲轴制成一体（图2-30），有的单独制成后再用螺栓固定在曲轴上，称为装配式平衡重。

曲轴前端是第一道主轴颈之前的部分，装有驱动其他装置的零件（正时齿轮3、带轮2）及起动爪1、止推垫片5等（图2-34）。

曲轴后端是最后一道主轴颈之后的部分，最后端的曲轴后凸缘6（图2-35）与飞轮4通过飞轮螺栓、螺母5装配连接。

曲轴前、后端都伸出曲轴箱，为防

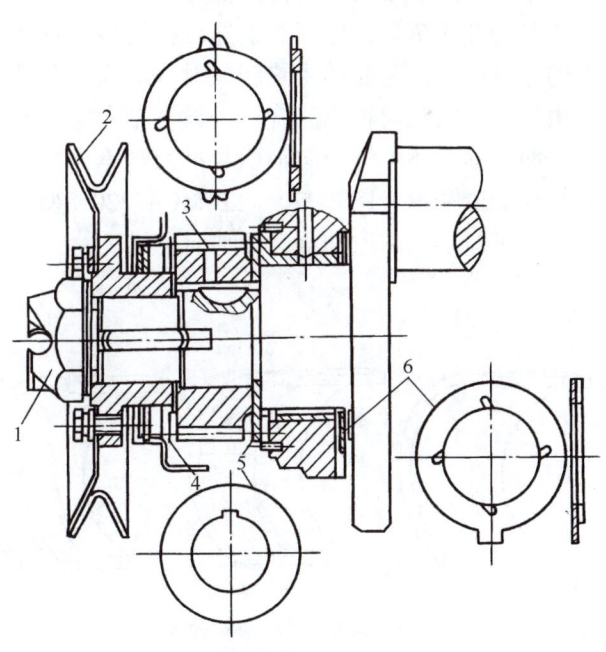

图2-34　曲轴前端结构
1—起动爪　2—带轮　3—正时齿轮
4—甩油盘　5—止推垫片　6—滑动推力轴承

47

止润滑油漏失，都设有防漏装置。常用的有甩油盘、油封、自紧油封和回油螺纹等。一般发动机都采用复合式防漏结构，由甩油盘与其他一两种防漏装置组成。如图 2-34 所示，在曲轴前端的甩油盘 4 随曲轴旋转，当被齿轮挤出和甩出的润滑油落到甩油盘上面时，因离心力的作用，润滑油被甩到齿轮盖室的壁面上，沿壁面流回油底壳中。即使有少量润滑油落到甩油盘前面的曲轴轴段上，也被压配在齿轮室盖上的油封（图中未标号）挡住，从甩油盘与油封的装配间隙中落到齿轮盖室下面，流回油底壳；曲轴后端通常加工出回油螺纹或其他封油装置，回油螺纹一般是矩形或梯形，为右旋螺纹。

4. 曲轴轴承

曲轴轴承（瓦）按其承载方向可分为径向轴承和轴向（推力）轴承两种。

径向轴承用于支承曲轴，通常是剖分式的滑动轴承（图 2-36）。轴承底座是在气缸体的曲轴箱部分直接加工出来的，再由轴承盖、螺栓共同将滑动轴承进行径向定位、紧固。

推力轴承承受离合器传来的轴向力，用来限制曲轴的轴向窜动，保证曲柄连杆机构各零件正确的相对位置。在曲轴受热膨胀时，应允许其能自由伸缩，因此曲轴只能有一处设置轴向定位装置。曲轴轴承还可将径向轴承与推力轴承合二为一制成翻边轴承（图 2-37）。红旗 CA7220E 型轿车发动机即采用翻边轴承进行轴向定位。

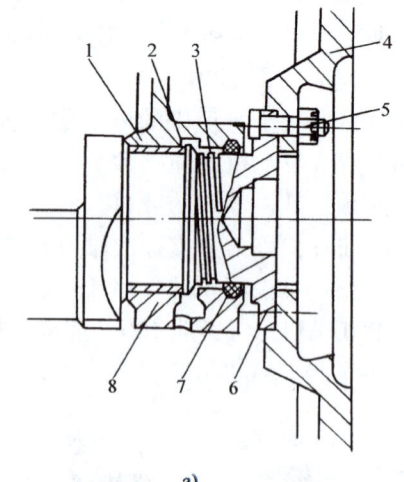
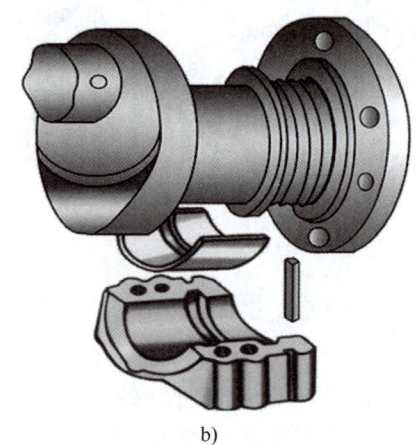

图 2-35 曲轴后端
a）曲轴后端结构示意图 b）曲轴后端立体图
1—轴承座（气缸体） 2—甩油盘
3—回油螺纹 4—飞轮 5—飞轮螺栓、螺母
6—曲轴后凸缘 7—油封 8—轴承盖

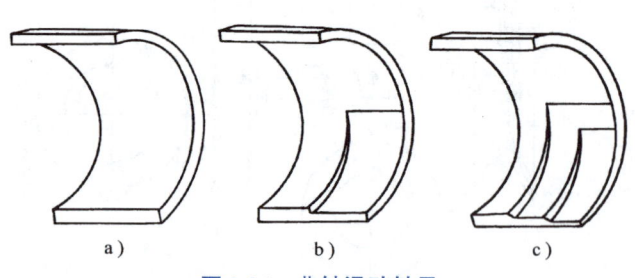

图 2-36 曲轴滑动轴承
a）单层合金轴承 b）双层合金轴承 c）三层合金轴承

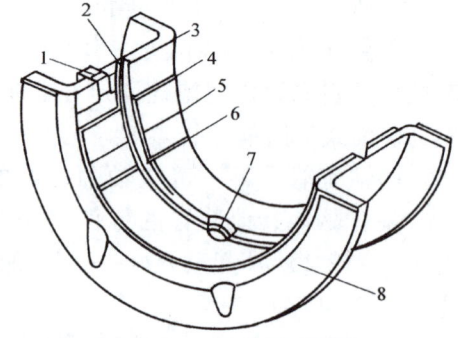

图 2-37 多层推力轴承
1—凸肩 2—油槽 3—钢质薄壁 4—基层
5—镍涂层 6—磨耗层 7—油孔 8—翻边

曲轴轴向定位除了采用翻边轴承外，还可用半圆环止推片、轴向推力轴承轴向定位。上

海桑塔纳 JV 发动机、上海桑塔纳 2000GSI 发动机及 6110 型柴油机均采用半圆环止推片实现曲轴轴向定位。

5. 曲轴形状

曲轴的形状和各曲拐的相对位置取决于发动机气缸数、气缸排列方式和各缸的做功行程交替顺序（即点火次序）。

设计各缸工作顺序的原则是：发动机每完成一个工作循环，各缸都应发火一次，并且各缸的做功间隔尽量均衡。对于缸数为 i 的四冲程发动机而言，其发火间隔角为 $720°/i$；应将连续做功的两缸相距尽可能远些，以降低主轴承的负荷，同时要避免相邻两缸进气门同时开启而影响充气；曲拐布置应尽可能对称、均衡；V 形发动机左右两排气缸尽量交替做功。

常见多缸发动机的曲拐布置如下：

（1）直列四缸四冲程发动机 点火间隔角为 $720°/4 = 180°$。采用全支撑曲轴时（图 2-38），其四个曲拐布置在同一平面内，具有良好的平衡性。点火顺序有两种方式，即 1—2—4—3 或 1—3—4—2。若以第一种为例，则其工作循环见表 2-1。

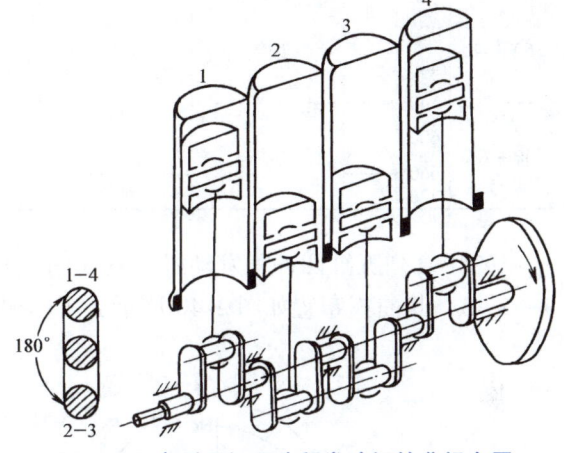

图 2-38 直列四缸四冲程发动机的曲拐布置

表 2-1 直列四缸四冲程发动机工作循环表（点火顺序：1—2—4—3）

曲轴转角/(°)	第 一 缸	第 二 缸	第 三 缸	第 四 缸
0～180	做功	压缩	排气	进气
180～360	排气	做功	进气	压缩
360～540	进气	排气	压缩	做功
540～720	压缩	进气	做功	排气

（2）直列六缸四冲程发动机 发火间隔角为 $720°/6 = 120°$，曲拐均匀布置在互呈 120°的三个平面内。国产汽车的六缸发动机常用的点火顺序为 1—5—3—6—2—4，其曲拐布置如图 2-39a 所示，工作循环见表 2-2，这时发动机的前半部气缸与后半部气缸的做功行程是交替进行的；对应图 2-39b 所示曲轴的曲拐布置，其点火顺序为 1—4—2—6—3—5，其性能与前一种直列六缸四冲程发动机没有差别，日本产汽车常用此种结构。

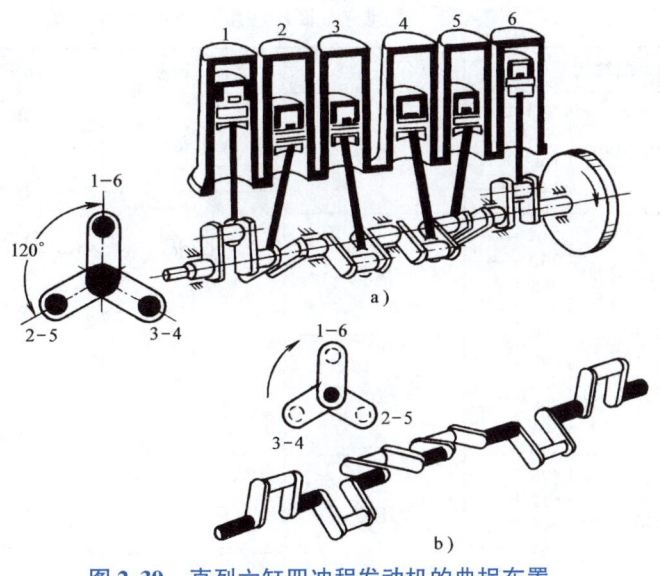

图 2-39 直列六缸四冲程发动机的曲拐布置

表 2-2　直列六缸四冲程发动机工作循环表（点火顺序：1—5—3—6—2—4）

曲轴转角/(°)		第一缸	第二缸	第三缸	第四缸	第五缸	第六缸
0~180	0 60 120 180	做功	排气 进气	进气 压缩	做功 排气	压缩 做功	进气 压缩
180~360	180 240 300 360	排气	进气 压缩	压缩 做功	排气 进气	做功 排气	压缩 做功
360~540	360 420 480 540	进气	压缩 做功	做功 排气	进气 压缩	排气 进气	做功 排气
540~720	540 600 660 720	压缩	做功 排气	排气 进气	压缩 做功	进气 压缩	排气

（3）直列五缸四冲程发动机　发火间隔角为 720°/5 = 144°，常用的点火顺序为 1—2—4—5—3，其曲拐布置如图 2-40 所示，工作循环见表 2-3。

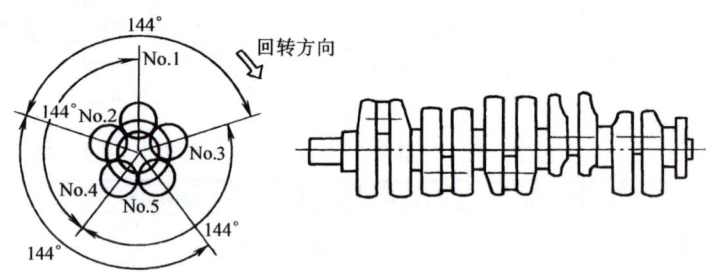

图 2-40　直列五缸四冲程发动机的曲拐布置

表 2-3　直列五缸四冲程发动机工作循环表（点火顺序：1—2—4—5—3）

曲轴转角/(°)		第一缸	第二缸	第三缸	第四缸	第五缸
0~180	36 72 108 144 180	做功	压缩	做功 排气	进气 压缩	排气 进气
180~360	216 252 288 324 360	排气	做功	排气 进气	压缩 做功	进气 压缩
360~540	396 432 468 504 540	进气	排气	进气 压缩	做功	压缩 做功
540~720	576 612 648 684 720	压缩	进气 压缩	做功 压缩	排气 进气	做功 排气

二、曲轴扭转减振器

有的发动机在工作过程中为了降低曲轴的扭转振动,通常在曲轴前端装配有曲轴扭转减振器。

汽车发动机常用的曲轴扭转减振器是摩擦式减振器(作用原理是将曲轴扭转振动能量消耗于减振器内部的摩擦),主要有橡胶摩擦式、干摩擦式和硅油式等几种(图2-41)。

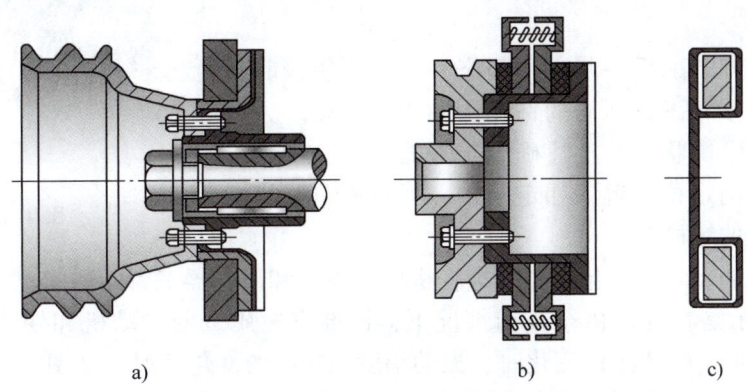

图 2-41 曲轴扭转减振器
a) 橡胶摩擦式 b) 干摩擦式 c) 硅油式

在橡胶摩擦式扭转减振器中(图2-42),减振器圆盘用螺栓与带轮盘6及带轮毂2紧固在一起,减振器圆盘和惯性盘5都同橡胶垫4硫化粘接在一起。当曲轴发生扭转振动时,减振器圆盘3就同频率振动,而惯性盘(相当于小飞轮)瞬时角速度均匀,所以二者之间产生角振动,共同的作用使橡胶垫的橡胶层发生内摩擦,从而消耗扭转振动的能量,减小振幅,达到减振的效果。

橡胶摩擦式扭转减振器结构简单,工作可靠,制造容易,在汽车上广泛应用,如天津夏利、上海桑塔纳、一汽奥迪100型轿车发动机的曲轴上都装有此类减振器。橡胶摩擦式扭转减振器的缺点是阻尼作用小,橡胶升温易老化。

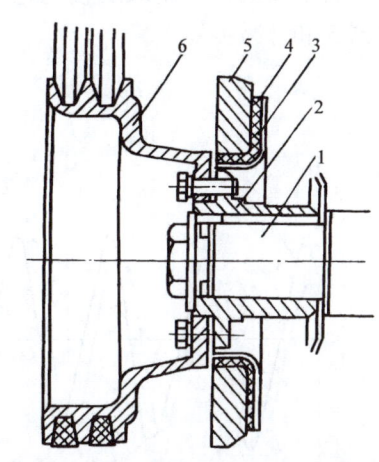

图 2-42 橡胶摩擦式曲轴扭转减振器
1—曲轴前端 2—带轮毂 3—减振器圆盘
4—橡胶垫 5—惯性盘 6—带轮盘

硅油式扭转减振器是在减振器壳体和惯性质量中间充满高黏度的硅油。减振器工作时,通过剪切硅油形成阻尼力矩,达到减振目的。这种减振器减振效果好,工作性能稳定,维修方便;缺点是硅油散热效果差,温度升高后硅油黏度降低,导致对曲轴的振动衰减作用减弱。

三、飞轮

飞轮是一个转动惯量很大的金属圆盘。其主要作用是储存做功行程的一部分能量,保证发动机运转平稳；此外，飞轮又是传动系统中摩擦离合器的主动盘，或自动变速器中液力变矩器的驱动盘。

飞轮的形状如图 2-43 所示，其外缘上镶有齿圈。发动机起动时，起动机的小齿轮与飞轮的齿圈相啮合，保证发动机顺利起动。

飞轮上通常刻有第一缸点火正时记号，以便调整和检查点火（喷油）正时和气门间隙。不同发动机点火正时记号也不尽相同。

飞轮应与曲轴装配后一起进行静态和动态平衡校验，通过曲轴上的平衡重和飞轮圆周的钻孔达到质量平衡。为保证拆装时不破坏其平衡状态及上述确定位置的标记，飞轮与曲轴的装配采用周向定位装置，如定位销、不对称布置的螺孔或两种不同直径的螺栓等。

图 2-43　飞轮

发动机标准的飞轮质量包括曲柄连杆机构、飞轮和离合器三者的质量。

图 2-44 所示是在发动机全负荷情况下，标准飞轮质量的发动机和变速器在转速变动（纵坐标）随时间（横坐标）变化时，振动幅度和频率的变化情况。从图中可以看出，发动机输出和变速器输入的振动频率和幅度是相近的，一旦二者叠加在一起，就会发生共振，使变速器和车身产生噪声，严重时会损坏相关机件。

有的发动机装用双质量飞轮（图 2-45），其质量包括：一次飞轮 2、二次飞轮 3、内减振器 5 和外减振器 1。

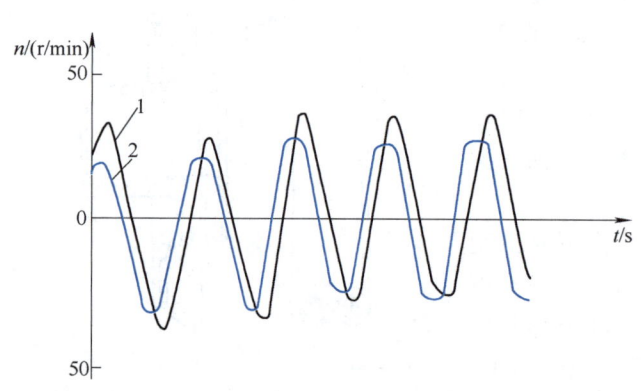

图 2-44　标准飞轮质量的发动机和变速器的振动曲线
1—变速器振动幅度和频率曲线　2—发动机振动幅度和频率曲线

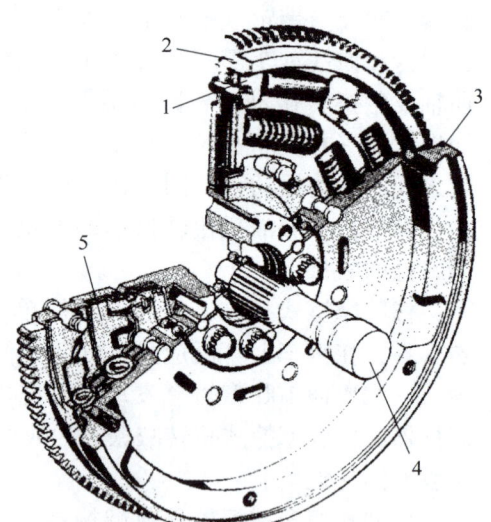

图 2-45　双质量飞轮
1—外减振器　2—一次飞轮　3—二次飞轮
4—变速器输入轴　5—内减振器

装用双质量飞轮的振动系统如图 2-46 所示。在该系统中把飞轮的质量分为一次飞轮质量（曲柄连杆机构 1 和一次飞轮 2）及二次飞轮质量（二次飞轮 3 和离合器 5）两部分。扭转减振器 6 把二者的质量连接在一起。

第二章　曲柄连杆机构

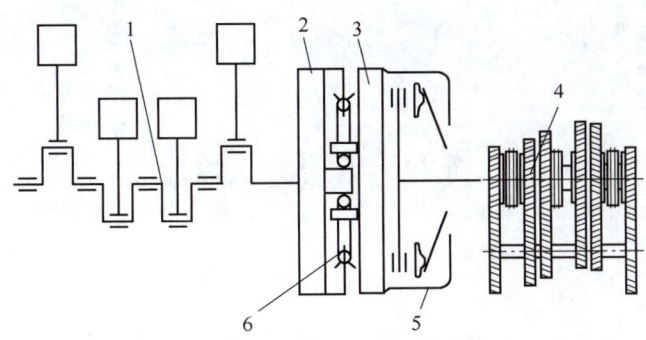

图 2-46　装用双质量飞轮的振动系统
1—曲柄连杆机构　2——次飞轮　3—二次飞轮　4—变速器　5—离合器　6—扭转减振器

装用双质量飞轮的振动系统的振动曲线如图 2-47 所示。从图中可以看出，变速器振动幅度和频率曲线 1 及发动机振动幅度和频率曲线 2 明显不同。这样，发动机产生的扭转振动与变速器产生的扭转振动被隔开了，它们产生共振的可能性大大减小；而变速器和车身产生的噪声就有可能不再出现了。

装有双质量飞轮有以下几个优点：①减小了变速器和车身的噪声；②发动机零件得到保护；③同步器磨损进一步降低；④离合器从动盘不需装用扭转减振器。

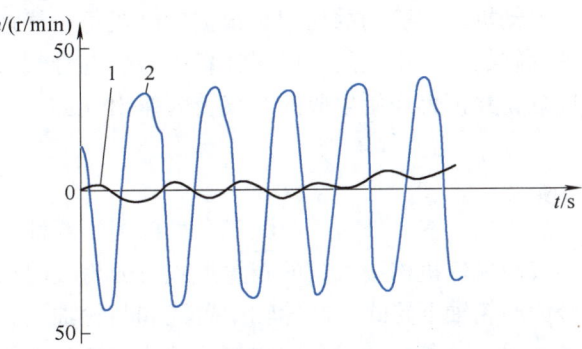

图 2-47　装用双质量飞轮的振动系统的振动曲线
1—变速器振动幅度和频率曲线　2—发动机振动幅度和频率曲线

飞轮多用灰铸铁制成，当轮缘圆周速度超过 50m/s 时，应采用球墨铸铁或铸钢铸造。

思考题与习题

2-1　曲柄连杆机构的功用是什么？其组成如何？
2-2　气缸体的结构有哪几种结构形式？各自特点是什么？
2-3　活塞的主要作用和组成如何？
2-4　气环的主要作用是什么？
2-5　扭曲环为什么能起密封作用？
2-6　气环常见断面有哪几种？
2-7　活塞销和连杆的功用分别是什么？
2-8　曲轴的组成和作用分别是什么？
2-9　什么是全支撑曲轴和非全支撑曲轴？
2-10　画出直列四缸四冲程发动机和六缸四冲程发动机工作循环表。
2-11　橡胶摩擦式扭转减振器的结构和工作原理是怎样的？
2-12　装有双质量飞轮有哪些优点？

第三章

配气机构

第一节 概述

一、功用

发动机配气机构的功用是根据发动机每一气缸内进行的工作循环顺序，定时地开启和关闭各气缸的进、排气门，以保证新鲜可燃混合气（汽油机）或空气（柴油机）得以及时进入气缸，并把燃烧后生成的废气及时排出气缸。

二、分类

配气机构主要分为气门配气和气口配气两种。汽车发动机一般采用气门配气机构。

气门配气机构按气门的布置形式可分为气门顶置式和气门侧置式；按凸轮轴的布置形式可分为凸轮轴下置式、凸轮轴中置式和凸轮轴上置式；按曲轴和凸轮轴的传动方式可分为齿轮传动式、链条传动式和同步带传动式；按每个气缸气门数及其排列方式可分为二气门式、四气门式、五气门式等。

三、充气效率

所谓充气效率，就是指在进气过程中，实际进入气缸的新鲜空气或可燃混合气的质量与在理想状况下充满气缸工作容积的新鲜空气或可燃混合气的质量之比。其公式为

$$\eta_v = M/M_0$$

式中　M——进气过程中，实际充入气缸的进气量；
　　　M_0——进气状态下，充满气缸工作容积的进气量。

充气效率越高，表明进入气缸内的新鲜空气或可燃混合气的质量越多，可燃混合气燃烧时放出的热量越大，发动机发出的功率也就越大。

对于一定工作容积的发动机而言，充气效率与进气终了时气缸内的压力和温度有关。进气终了时压力越高，温度越低，则一定容积的气体质量就越大，因而充气效率越高。

由于进气系统对气流的阻力造成进气终了时气缸内气体压力降低，又由于上一循环中残留在气缸内的高温废气，以及燃烧室、活塞顶、气门等高温零件对进入气缸内的新鲜气体加热，使进气终了时气体的温度升高，实际充入气缸的新鲜气体的质量总是小于进气状态下充满气缸工作容积的新鲜气体的质量，即充气效率总是小于1。一般四冲程汽油机的充气效率为0.70～0.85，四冲程非增压柴油机的充气效率为0.75～0.90，四冲程增压柴油机的充气效率为0.90～1.05。

影响充气效率的因素很多，就配气机构而言，应使其结构有利于减小进、排气阻力，并

且具有适当的进、排气门开启时刻和持续开启的时间,使吸气和排气过程尽可能充分,充气效率便可以提高。

最佳的配气机构应保证发动机在大负荷时,进气量最多;发动机在部分负荷时,要求有较好的燃油经济性。为实现此目的,许多轿车发动机采用可变气门正时及升程的电子控制技术。

第二节 配气机构的布置形式

一、气门布置形式

目前,汽车发动机几乎都采用气门顶置式配气机构,其进气门和排气门都倒装在气缸盖上,如图3-1所示,主要由气门3、气门导管2、气门弹簧4和5、气门弹簧座6、摇臂轴9、摇臂10、推杆13、挺柱14、凸轮轴15和正时齿轮16等组成。

发动机工作时,曲轴通过正时齿轮副驱动凸轮轴旋转,当凸轮轴转到凸轮的凸起部分顶起挺柱时,通过推杆和调整螺钉12使摇臂绕摇臂轴摆动,压缩气门弹簧,使气门离座,即气门开启。当凸轮凸起部分离开挺柱后,气门便在气门弹簧预紧力的作用下上升而落座,气门关闭。四冲程发动机的曲轴与凸轮轴的转速传动比为2:1,即发动机每完成一个工作循环,曲轴旋转两周,凸轮轴只旋转一周,各缸进、排气门各开启一次。

气门顶置式发动机,由于燃烧室结构紧凑,工艺性好,充气阻力小,具有良好的抗爆性和高速性,易于提高发动机的动力性和经济性指标。

一汽奥迪100、红旗CA7220、捷达、奥迪A6、宝来、高尔夫、上海桑塔纳、大众POLO、神龙富康、天津夏利等国产及进口轿车发动机均采用气门顶置式配气机构。

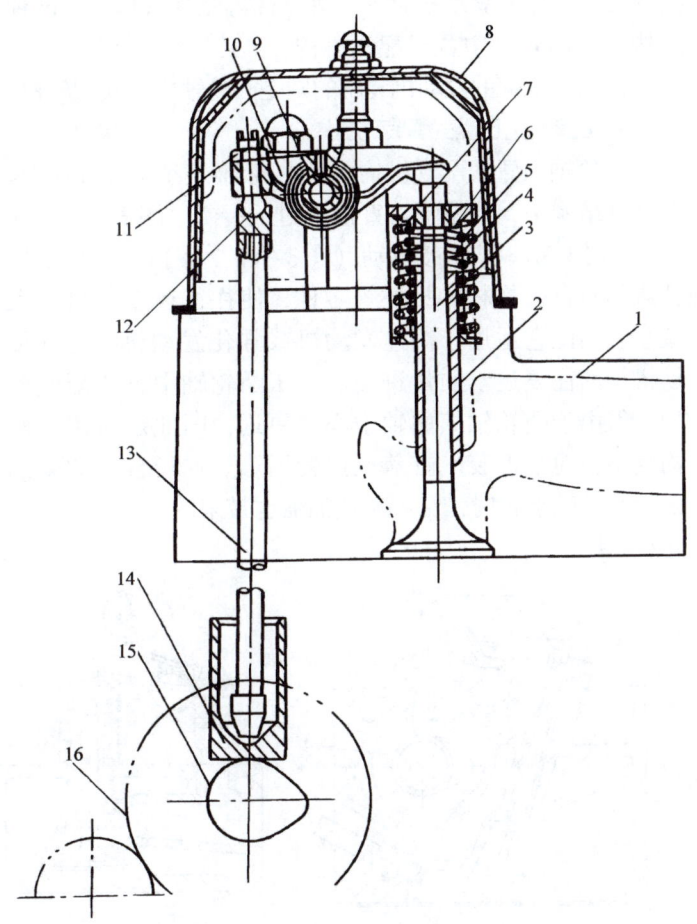

图3-1 气门顶置式配气机构

1—气缸盖 2—气门导管 3—气门 4—气门主弹簧
5—气门副弹簧 6—气门弹簧座 7—锁片 8—气门室罩
9—摇臂轴 10—摇臂 11—锁紧螺母 12—调整螺钉
13—推杆 14—挺柱 15—凸轮轴 16—正时齿轮

二、凸轮轴的布置形式

凸轮轴的布置形式可分为下置、中置和上置三种形式。三者都可用于气门顶置式配气机构。

1. 凸轮轴下置式配气机构

凸轮轴由曲轴通过正时齿轮驱动,一般将凸轮轴布置在曲轴箱从底部偏向中部的位置,目的是尽可能缩短凸轮轴与曲轴之间的距离,此种结构称为凸轮轴下置式配气机构,如图3-1所示。这种方案传动简单,一般都采用齿轮传动。

2. 凸轮轴中置式配气机构

对于转速较高的发动机,为了减小气门传动机构的往复运动质量,通常将凸轮轴3(图3-2)位置移至气缸体上部(相当于整个发动机的中部),由凸轮轴经过挺柱2、推杆1驱动摇臂5,由摇臂再驱动气门4,这种结构称为凸轮轴中置式配气机构。

南京依维柯的发动机装用的则是凸轮轴中置式配气机构。

3. 凸轮轴上置式配气机构

凸轮轴上置式配气机构中的凸轮轴布置在气缸盖上。在这种结构中,凸轮轴4直接通过摇臂2(图3-3a)、摆臂6(图3-3b)或直接驱动(图3-3c)气门1,省去了推杆或同时省去推杆和挺柱等零件,使往复运动质量大大减小,因此它适用于高速发动机或强化发动机。这种传动机构的往复运动质量进一步小于凸轮轴中置式配气机构,但由于凸轮轴离曲轴中心线更远,因此定时传动机构复杂,而且拆装气缸盖也比较困难。缸径较小的柴油机的凸轮轴上置时,给安装喷油器也带来困难。

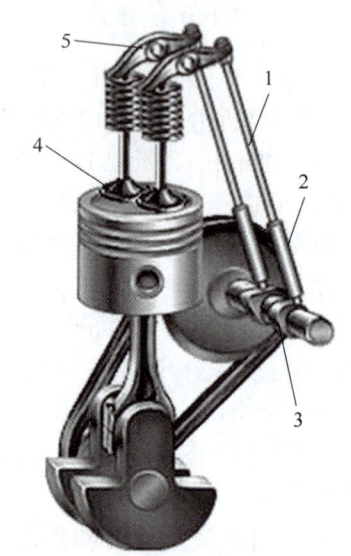

图3-2 凸轮轴中置式配气机构

1—推杆 2—挺柱 3—凸轮轴 4—气门 5—摇臂

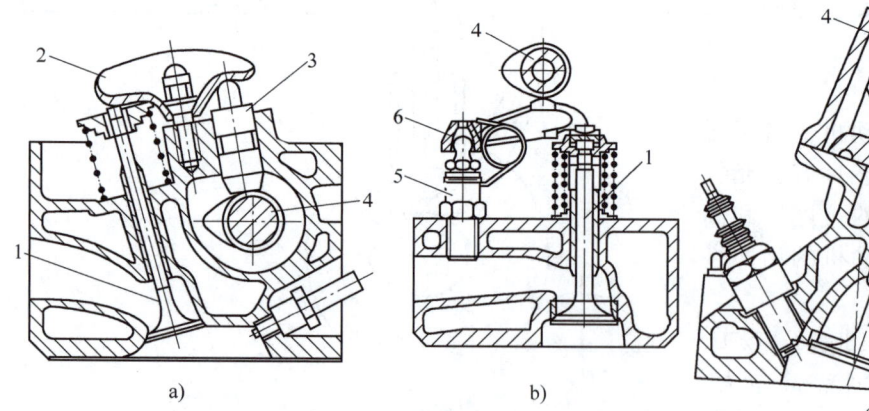

图3-3 凸轮轴上置式配气机构

a) 摇臂驱动 b) 摆臂驱动 c) 直接驱动

1—气门 2—摇臂 3—液力挺柱 4—凸轮轴 5—摆臂支座 6—摆臂

图3-4所示为单上置凸轮轴(SOHC)式配气机构。

一汽CA488—3汽油机、奔驰M115、克莱斯勒A452、大众POLO等发动机均采用单上置凸轮轴式配气机构。

双上置凸轮轴（DOHC）式配气机构如图3-5所示。

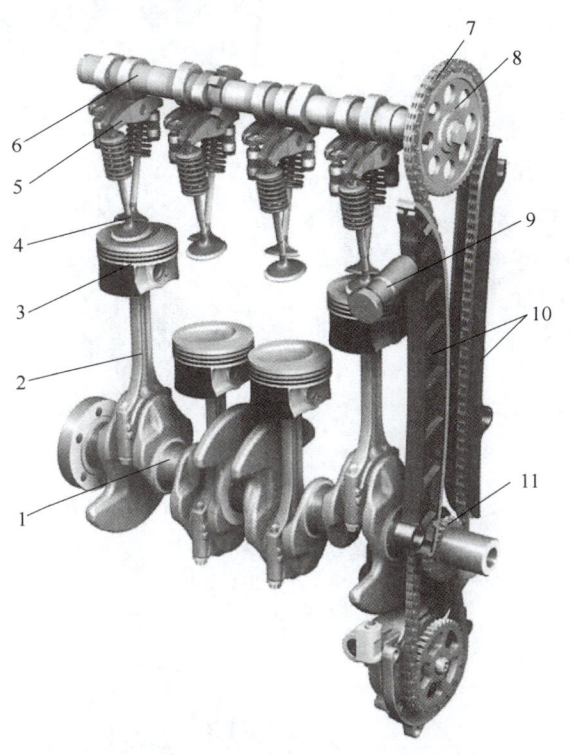

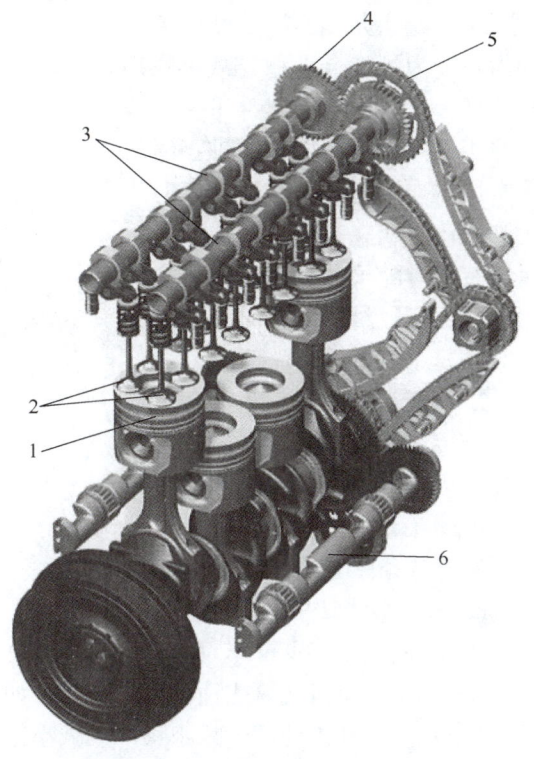

图3-4　单上置凸轮轴（SOHC）式配气机构
1—曲轴　2—连杆　3—活塞　4—气门　5—气门摇臂　6—凸轮轴　7—凸轮轴正时链条　8—凸轮轴正时链轮　9—张紧器　10—链条导板　11—曲轴正时链轮

图3-5　双上置凸轮轴（DOHC）式配气机构
1—活塞　2—气门　3—凸轮轴　4—凸轮轴链轮　5—凸轮轴正时链条　6—平衡轴

装用双上置凸轮轴（DOHC）式配气机构的有日本三菱3G81、尼桑VH45DE、本田B20A等。

四上置（两个双上置）凸轮轴式配气机构如图3-6所示。

奥迪V6和宝马轿车发动机采用的是四上置凸轮轴式配气机构。

三、凸轮轴的传动方式

凸轮轴由曲轴驱动旋转，它们之间的传动方式有齿轮传动、链传动及同步带传动等几种。

1. 齿轮传动

凸轮轴下置、中置式配气机构大

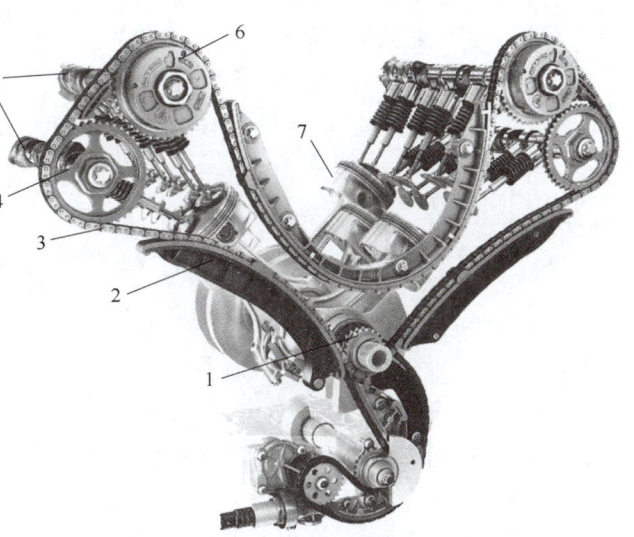

图3-6　四上置凸轮轴式配气机构
1—曲轴正时链轮　2—正时链条导板　3—正时链条　4、6—凸轮轴正时链轮　5—凸轮轴　7—活塞

多数采用圆柱正时齿轮传动。一般由曲轴到凸轮轴只需一对正时齿轮（图3-7a）传动，必要时可加装中间齿轮。为了啮合平稳，减小噪声和磨损，正时齿轮一般都采用斜齿轮并用不同材料制成，曲轴正时齿轮常用钢来制造，而凸轮轴正时齿轮则用铸铁或夹布胶木制成。为了保证装配时配气和点火正时，齿轮上都有正时记号，装配时必须使记号对齐。

2. 链传动

链传动非常适用于凸轮轴上置式配气机构（图3-7b）。为使链条工作时具有一定的张力而不致脱链，装有链条张紧器。

3. 同步带传动

近年来，在一些轿车（一汽奥迪100）装用的高速发动机上采用同步带传动，如图3-8所示。这种传动对于减小噪声、减小结构质量与降低成本都有很大好处。一般同步带用氯丁橡胶制成，中间夹有玻璃纤维以增加强度。在使用中不能使同步带接触水或机油，否则会引起跳齿。为使传动可靠，同步带需保持一定的张紧度，故设置了张紧轮4。

一汽捷达、高尔夫、宝来、上海桑塔纳、大众POLO、天津夏利TJ7100型等轿车发动机及日本马自达轿车F8型发动机的配气机构均采用同步带传动。

四、气门数目及排列方式

一般发动机都采用每缸两气门，即一个进气门和一个排气门的结构。随着发动机转速的提高，需要进一步改善气缸的换气性能。因此，目前高性能发动机普遍每缸采用多气门结构（三、四、五个气门）。如日本丰田、德国大众VR6等汽车发动机采用每缸三气门结构；广州本田雅阁、奥迪V8、欧宝V6、奔驰320E型等汽车发动机采用每缸四气门结构（图3-9）；一汽捷达王EA113、日本三菱3G81型汽车发动机采用每缸五气门机构

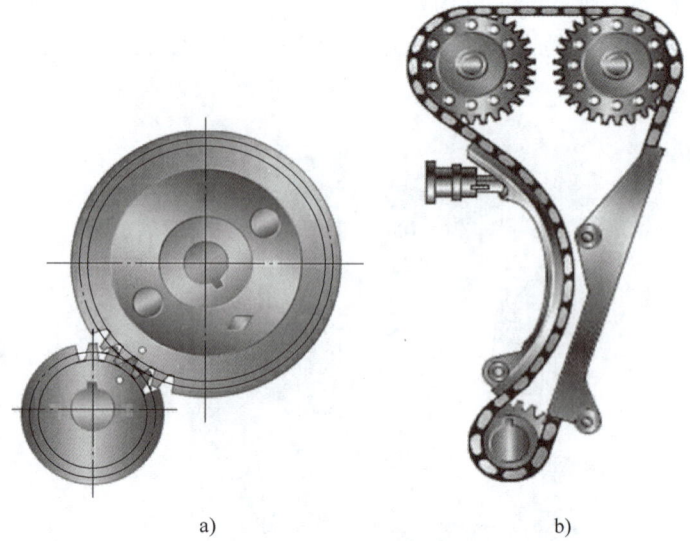

图3-7 凸轮轴的传动方式
a）齿轮传动　b）链传动

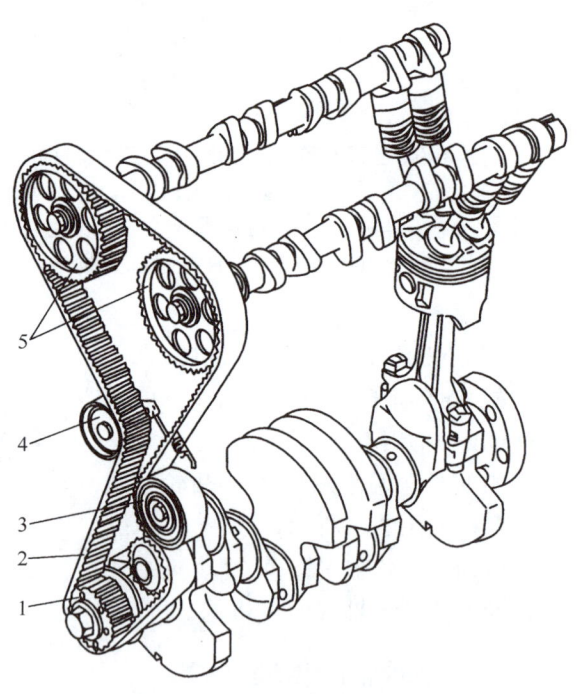

图3-8 同步带传动装置
1—曲轴正时同步带轮　2—同步带　3—中间轮
4—张紧轮　5—凸轮轴正时同步带轮

（三个进气门、二个排气门），如图 3-10 所示。气门数目的增加，使发动机的进、排气通道的横截面积大大增加，提高了发动机的充气效率，改善了发动机的动力性能；但也导致发动机零件数目增加，使制造成本上升。

当每缸采用四气门时，气门排列方式有两种。一种是同名气门排成两列，如图 3-11a 所示，由一根凸轮轴通过 T 形件同时驱动所有气门，但由于两个气门串联，会影响进气门充气效率且使前后两排气门热负荷不均匀，故这种方案不常采用。另一种方案是同名气门排成一列（图 3-11b），这种结构在产生进气涡流、保证排气门及缸盖热负荷均匀性等方面都具有相当的优越性，但一般需要两根凸轮轴。

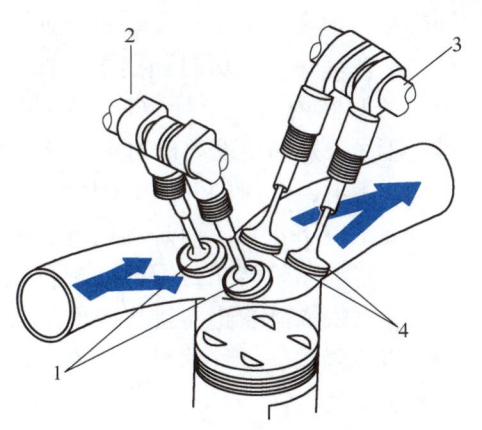

图 3-9　四气门配气机构
1—进气门　2—进气凸轮轴
3—排气凸轮轴　4—排气门

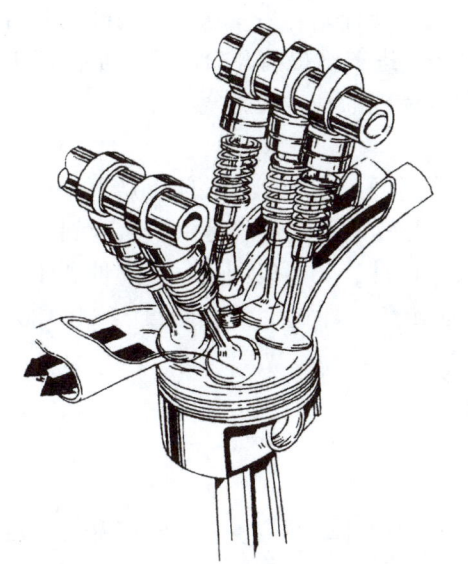

图 3-10　五气门配气机构

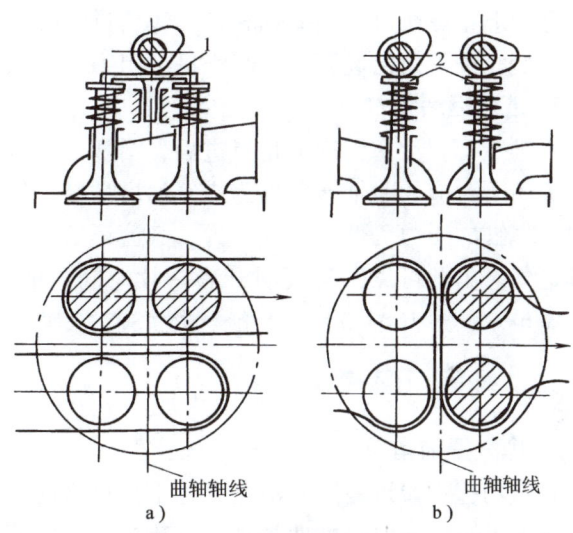

图 3-11　每缸四气门的布置
a) 同名气门排成两列　b) 同名气门排成一列
1—T 形件　2—气门尾端的从动盘

第三节　配气相位

用曲轴转角表示进、排气门实际开闭时刻和持续时间，称为配气相位。通常用相对于上、下止点曲拐位置的曲轴转角的环形图来表示，这种图形称为配气相位图，如图 3-12 所示。

配气相位是影响充气效率的重要因素之一，直接影响发动机的动力性和经济性。

理论上，四冲程发动机的进气门当活塞处于上止点时开启，处于下止点时关闭；排气门则是当活塞处于下止点时开启，处于上止点时关闭。进气时间和排气时间各占 180° 曲轴转角。但实际上由于发动机转速很高，活塞每一行程历时相当短。在这很短的时间内换气，导致进气不足，排气不净，从而使发动机功率下降。

实际上，气门的开闭时刻并不是恰好在上、下止点，而是提前开、迟后关一定的曲轴转角。因此，现代发动机普遍采取延长进、排气时间的方法，以改善进、排气状况，从而提高发动机的动力性。

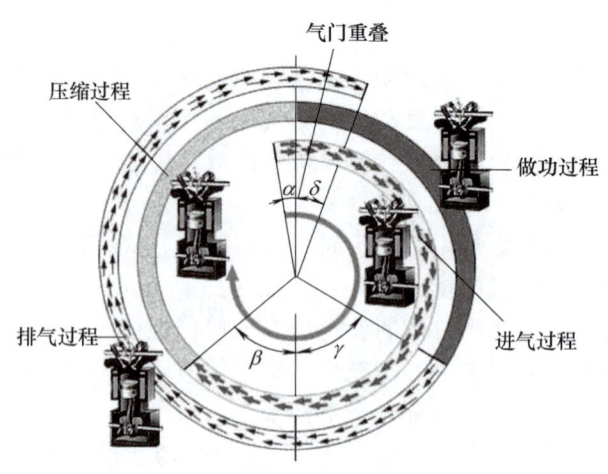

图 3-12　配气相位图

一、进气门配气相位

1. 进气提前角 α

在排气行程接近终了、活塞到达上止点之前，进气门便开始开启。从进气门开始开启到活塞移到上止点所对应的曲轴转角，称为进气提前角 α。进气门提前开启的目的是保证进气行程开始时进气门已经开大，减小进气阻力，使新鲜气体能顺利地充入气缸。

2. 进气迟后角 β

在进气行程活塞到达下止点过后，活塞又上行一段时间，进气门才关闭。从下止点到进气门关闭所对应的曲轴转角称为进气迟后角 β。进气门迟后关闭的目的是由于活塞到达下止点时，气缸内压力仍低于大气压力，气流还有相当大的惯性，仍可以利用气流惯性和压力差继续进气。由此可见，进气门开启持续时间内的曲轴转角，即进气持续角度（α + 180° + β）。α 角一般为 10°～30°，β 角一般为 30°～80°。

二、排气门配气相位

1. 排气提前角 γ

在做功行程接近终了，活塞到达下止点之前，排气门便开始开启。从排气门开始开启到活塞移至下止点所对应的曲轴转角 γ 称为排气提前角。排气门提前开启的目的是，当做功行程活塞接近下止点时，气缸内的气体还有 0.30～0.50MPa 的压力，此压力对做功的作用已经不大，但仍比大气压力高，因此在此压力作用下，气缸内的废气能迅速地自由排出；待活塞到达下止点时，气缸内只剩约 0.115MPa 的压力，此时进一步加大排气门开度，可降低活塞上行的排气阻力，使排气行程所消耗的功率大为减小；此外，高温废气迅速地排出，还可以防止发动机过热，保持在正常的工作状态。

2. 排气迟后角 δ

在排气行程接近终了，活塞越过上止点后，排气门才关闭。从上止点到排气门关闭所对应的曲轴转角称为排气迟后角 δ。排气门迟后关闭的目的是由于活塞到达上止点时，气缸内的残余废气压力继续高于大气压力，加之排气时气流有一定的惯性，仍可以利用气流惯性和压力差把废气排放得较充分。由此可见，排气门开启持续时间内的曲轴转角，即排气持续角度为（γ + 180° + δ）。γ 角一般为 40°～80°，δ 角一般为 10°～30°。

三、气门重叠

由于进气门在上止点前即开启,而排气门在上止点后才关闭,这就出现了在一段时间内进、排气门同时开启的现象,这种现象称为气门重叠,同时开启的曲轴转角($\alpha+\delta$)称为气门重叠角。在这一重叠时间内,由于进气歧管内的新鲜气流和排气歧管内的废气流的流动惯性都比较大,致使气缸内的气体在短时间内是不会改变流向的。所以只要气门重叠角选择适当,就不会有废气倒流入进气歧管和新鲜气体随同废气排出的可能性。相反,由于废气气流周围有一定的真空度,对排气速度有一定影响,从进气门进入的少量新鲜气体可对此真空度加以填补,还有助于废气的排出。

增压柴油机气门重叠角可选择大一些。因为增压柴油机进气压力较高,废气不可能进入进气歧管,并且可利用新鲜气体将废气扫除干净。

不同发动机,由于其结构形式、转速各不相同,因而配气相位也不相同。同一台发动机转速不同也应有不同的配气相位,转速越高,提前角和迟后角也应越大,但这在发动机结构上很难做到。通常根据发动机性能要求,通过试验确定该种发动机在某一常用转速范围内较为合适的配气相位。

为了获得发动机的高转速、大功率,要求配气机构有较大的进、排气持续角度,特别是进气迟后角要大,充分利用气体流动惯性,多进气;为了获得发动机的低转速、大转矩,进气迟后角要小,防止低速倒流;为了获得中小负荷较好的燃油经济性,气门重叠角应小。若能同时满足上述要求,配气机构应装用可变配气正时系统。

第四节　配气机构的主要零部件

配气机构由气门组和气门传动组组成。气门组包括气门、气门导管、气门座和气门弹簧等主要零部件。气门传动组主要包括凸轮轴、凸轮轴正时齿轮(或正时链轮)、挺柱,气门顶置式的配气机构中还包括推杆、摇臂和摇臂轴等。

一、气门组

气门组主要包括气门2(图3-13)、气门导管1、气门弹簧4和气门座3(一般在气缸盖上)。

1. 气门

气门由头部和杆部两部分组成。头部用来封闭气缸的进、排气通道,杆部则主要为气门的运动导向。

气门分为进气门和排气门。进气门一般用中碳合金钢(铬钢、铬钼钢和镍铬钢等)制造;排气门则用耐热合金钢(硅铬钢、硅铬钼钢和硅铬锰钢等)制成。高强化发动机可用21-4N奥氏体钢或铬镍钨钼钢制作气门。

(1)气门头部　气门头部的形状有平顶、喇叭形顶和球面顶,如图3-14所示。

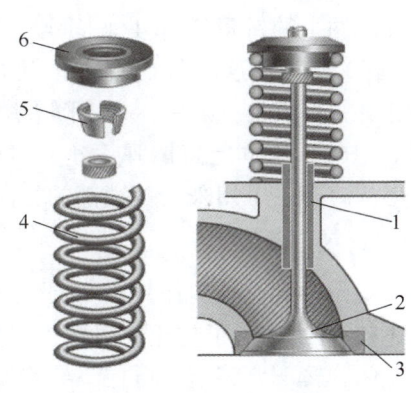

图3-13　气门组零件

1—气门导管　2—气门　3—气门座
4—气门弹簧　5—锁片　6—气门弹簧座

目前使用最多的是平顶气门,其结构简单,制造容易,吸热面积较小,质量小,进、排气门均可采用。喇叭形顶头部与杆部的过渡部分具有一定的流线型,气流流通较便利,可减小进气阻力,但其顶部受热面积较大,故多用于进气门。球面顶气门头部,其强度高,排气阻力小,废气清除效果好,适用于排气门,但球形气门顶部的受热面积大,质量和惯性力也大,加工较困难。

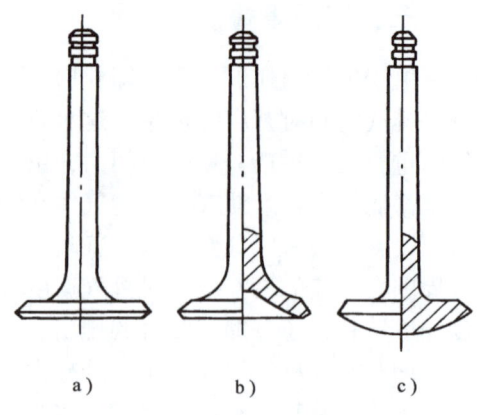

图 3-14 气门头部结构形式

a) 平顶 b) 喇叭形顶 c) 球面顶

气门头部与气门座圈接触的工作面是与杆部同心的锥面,通常将这一锥面与气门顶部平面的夹角称为气门锥角,如图 3-15 所示,一般做成 45°(少数为 30°)。采用锥形工作面的目的:①就像锥形塞子可以塞紧瓶口一样,能获得较大的气门座合压力,提高密封性和导热性;②气门落座时有定位作用;③避免气流拐弯过大而降低流速。

为保证良好密合,装配前应将气门头与气门座二者的密封锥面互相研磨,研磨好的零件不能互换。

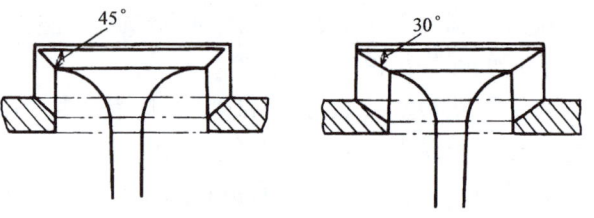

图 3-15 气门锥角

气门头部直径越大,气门口通道截面就越大,进、排气阻力就越小。为尽量减小进气阻力,进气门直径往往比排气门大 15%~30%。但在排气门数目少于进气门数目的发动机中(如三个进气门,两个排气门),排气门头部直径大于进气门。

(2) 气门杆部 气门杆有较高的加工精度和表面粗糙度要求,应与气门导管有良好配合。气门杆尾部结构取决于气门弹簧座的固定方式,如图 3-16 所示。常用的结构是用剖分成两半的锥形锁片 4 来固定气门弹簧座 3(图 3-16a),这时气门杆 1 的尾部可切出环形槽来安装锁片;也可以用锁销 5(图 3-16b)来固定气门弹簧座,对应的气门杆尾部应有一个用来安装锁销的径向孔。

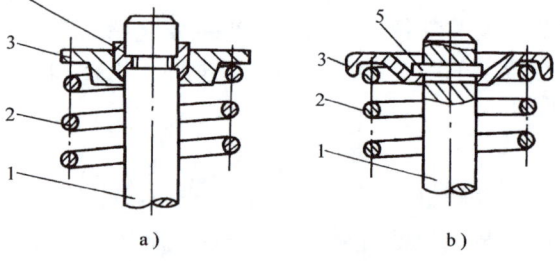

图 3-16 气门弹簧座的固定方式

1—气门杆 2—气门弹簧 3—气门弹簧座
4—锥形锁片 5—锁销

2. 气门导管

气门导管起导向作用,保证气门做直线往复运动;此外还为气门杆散热,其结构如图 3-17 所示。为了防止气门导管在使用过程中松落,有的发动机用卡环 2 对气门导管定位,使气门弹簧下座将卡环压住,导管就有了可靠的轴向定位。气门杆与气门导管之间一般留有 0.05~0.12mm 的间隙,使气门杆能在导管中自由运动。

有的发动机不装气门导管,直接在气缸盖上加工出气门杆孔,作为气门的导向孔。

3. 气门座

气门座可直接在气缸盖上镗出，气门座也有相应的锥面。其作用是靠其内锥面与气门锥面的紧密贴合密封气缸，并接受气门传来的热量。气门座可直接在气缸盖上加工出来，也可用合金铸铁或奥氏体钢制成单独的气门座圈，再镶嵌到气缸盖相应的座孔中，构成镶嵌式气门座。镶嵌式气门座可使铝合金和铸铁气缸盖的使用寿命得以延长。

4. 气门弹簧

气门弹簧借其张力克服气门关闭过程中气门及传动件因惯性力而产生的间隙，保证气门及时落座并紧密贴合，同时也可防止气门在发动机振动时因跳动而破坏密封。

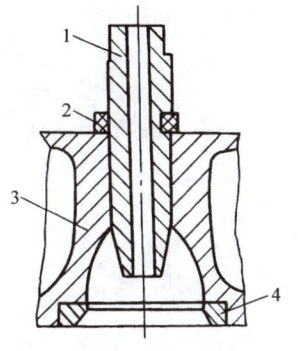

图 3-17　气门导管和气门座
1—气门导管　2—卡环
3—气缸盖　4—气门座

气门弹簧通常采用高碳锰钢、铬钒钢等优质冷拔弹簧钢丝，并经热处理制成（图3-18）。为提高其抗疲劳强度，弹簧钢丝表面经抛光或喷丸处理。

为了防止弹簧发生共振，可采用变螺距的圆柱形弹簧（图3-18b）。大多数高速发动机是一个气门装有同心安装的内、外两根气门弹簧（图3-18c），这样不但可以防止共振，而且当一个弹簧折断时，另一根仍可维持工作。此外，还能减小

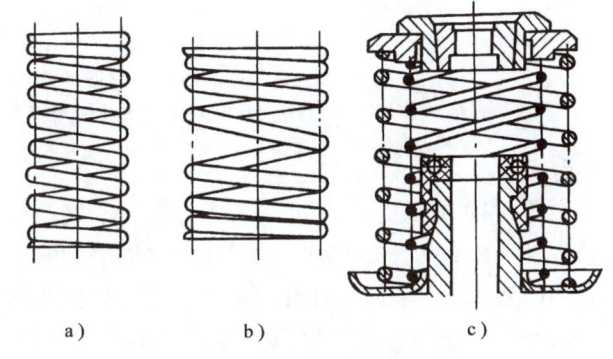

图 3-18　气门弹簧
a) 等螺距圆柱气门弹簧　b) 变螺距气门弹簧　c) 锥形气门弹簧

气门弹簧的高度。当装用两根气门弹簧时，气门弹簧的螺旋方向和螺距应各不相同，这样可以防止折断的弹簧圈卡入另一个弹簧圈内。

一汽奥迪100、捷达、高尔夫、宝来、上海桑塔纳、大众POLO及广州本田雅阁型轿车发动机均采用双气门弹簧。

二、气门传动组

气门传动组的作用是使气门按发动机配气相位规定的时刻及时开、闭，并保证规定的开启持续时间和开启高度。

气门传动组包括凸轮轴、挺柱、推杆和摇臂等。

1. 凸轮轴

凸轮轴主要由凸轮1（图3-19）和凸轮轴轴颈2等组成。对于下置凸轮轴的汽油机还具有用以驱动分电器等的螺旋齿轮4和用以驱动汽油泵的偏心轮3。凸轮受到气门间歇性开启的周期性冲击载荷，因此要求凸轮表面要耐磨，凸轮轴要有足够的韧性和刚度。凸轮轴一般用优质钢模锻制成，或用球墨铸铁、合金铸铁铸造制成。凸轮和轴颈的工作表面经热处理后精磨，以提高耐磨性。

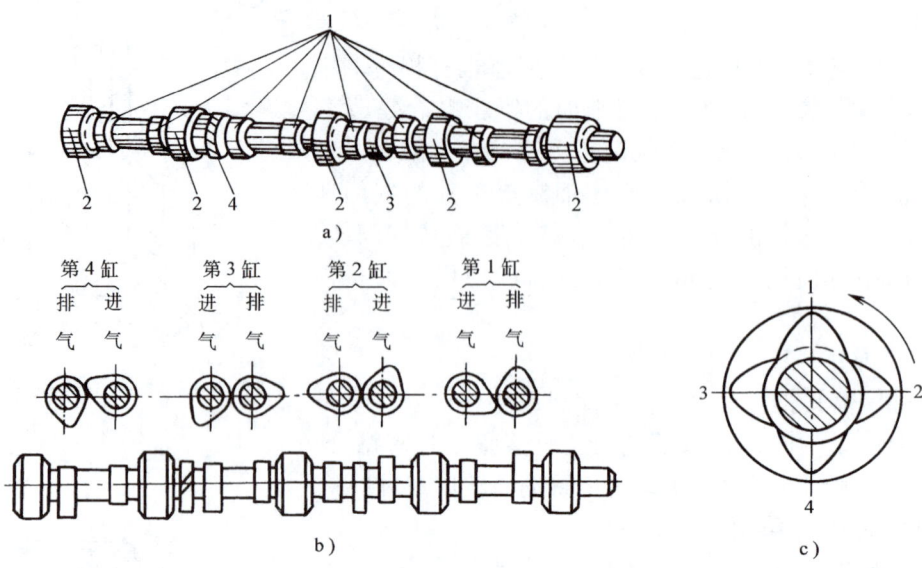

图 3-19 四缸四冲程汽油机凸轮轴
a) 发动机凸轮轴 b) 各凸轮轴的相对角位置 c) 进（排）气凸轮投影
1—凸轮 2—凸轮轴轴颈 3—驱动汽油泵的偏心轮 4—驱动分电器等的螺旋齿轮

由图 3-19 可以看出，同一气缸的进、排气凸轮的相对角位置是与既定的配气相位相适应的。发动机各个气缸的进、排气凸轮的相对角位置应符合发动机各缸的点火顺序和点火间隔时间的要求。因此，根据凸轮轴的旋转方向以及各缸进、排气和凸轮的工作顺序，就可以判定发动机的点火次序。从图中看出，四缸四冲程发动机，每完成一个工作循环，曲轴需旋转两周而凸轮轴只旋转一周，在这期间内，每个气缸都要进行一次进气或排气，且各缸进气与排气的时间间隔相等，即各缸进气或排气凸轮彼此间的夹角均为 360°/4 = 90°。如图 3-19c 所示，发动机的凸轮轴旋转方向（从前端向后看）为逆时针方向，则该发动机的点火次序为 1—2—4—3。若六缸四冲程发动机的凸轮轴沿逆时针方向旋转，其点火次序为 1—5—3—6—2—4，任何两个相继点火的气缸进或排气凸轮间的夹角均为 360°/6 = 60°，如图 3-20 所示。

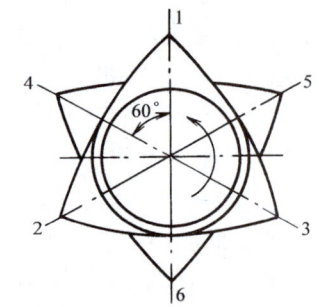

图 3-20 六缸四冲程发动机进（排）气凸轮投影

凸轮轴由曲轴通过传动装置（正时齿轮副、正时链轮或同步带）驱动。例如图 3-21 所示，采用一对正时齿轮传动，小齿轮和大齿轮分别用键连接安装在曲轴和凸轮轴的前端，其传动比为 2∶1。在装配曲轴和凸轮轴时，必须将两个齿轮上的正时标记对准，以保证正确的配气相位和点火时刻。

正时斜齿轮副在传动过程中会产生轴向力，导致凸轮轴产生轴向窜动。因此凸轮轴必须采用轴向限位装置，常见的轴向限位装置如图 3-22 所示。在凸轮轴前轴颈与正时齿轮 1 之间，压装一个调节隔圈 6，在调节隔圈外再套上止推板 4，止推板用螺钉固定在机体前端面上。调节隔圈、凸轮轴正时齿轮轮毂与第一凸轮轴轴颈端面紧紧靠在一起。由于调节隔圈比止推板厚 0.08~0.20mm，因此在止推板和凸轮轴正时齿轮轮毂或止推板与第一凸轮轴轴颈断面之间形成 0.08~0.20mm 的间隙，此间隙即为凸轮轴最大轴向移动量。可通过改变调节隔圈的厚度来调整凸轮轴产生轴向移动量。

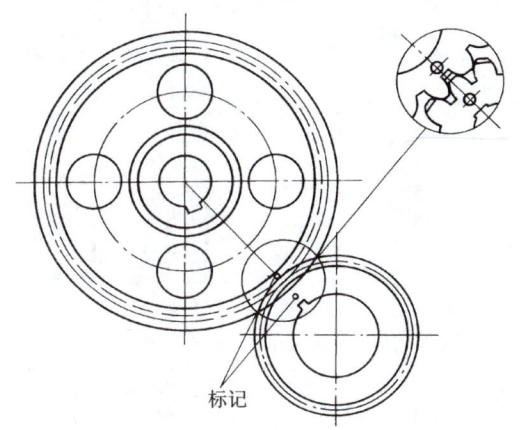

图 3-21　正时齿轮及正时标记

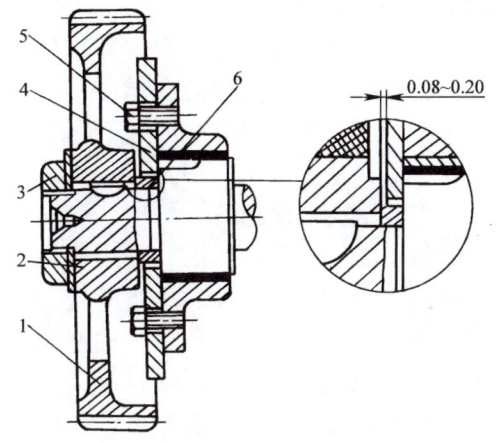

图 3-22　凸轮轴的轴向定位
1—正时齿轮　2—正时齿轮轮毂　3—锁紧螺母
4—止推板　5—止推板固定螺钉　6—调节隔圈

2. 挺柱

挺柱的功用是将凸轮的推力传递给推杆或气门杆，推动推杆或气门克服气门弹簧的作用力而运动，同时承受凸轮轴旋转时所施加的侧向力。有的挺柱在其顶部装有调整螺钉，以调整气门间隙。

碳钢、合金钢、镍铬合金铸铁和冷激合金铸铁是制造挺柱的主要材料。

挺柱可分为机械挺柱和液力挺柱两种。

（1）机械挺柱　气门顶置式配气机构采用的机械挺柱有筒式和滚轮式两种结构形式，如图3-23所示。筒式挺柱圆周钻有通孔，飞溅的润滑油落入筒内并从筒壁上的小孔流出，对挺柱底面及凸轮加以润滑；另外，由于挺柱中间为空心，可减轻其重量，减小惯性力。滚轮式挺柱可以减小磨损，但结构较复杂，质量较大，多用于大缸径柴油机的配气机构上。

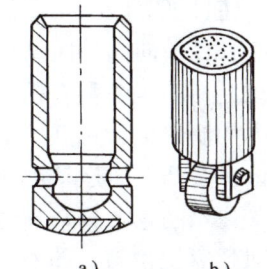

图 3-23　机械挺柱
a）筒式　b）滚轮式

挺柱工作时，由于受凸轮侧向推力的作用会稍有倾斜，并且由于侧向推力方向是一定的，将引起挺柱与导管之间的单面磨损，同时挺柱与凸轮固定不变地在一处接触，也会造成磨损不均匀。为此，挺柱在结构上有的制成球面（图3-23a），而且把凸轮面制成带锥度形状。这样凸轮与挺柱的接触点偏离挺柱轴线，当挺柱被凸轮顶起上升时，接触点的摩擦力使挺柱绕本身轴线转动，因此磨损均匀。

（2）液力挺柱　主要由挺柱体6（图3-24）、柱塞7、单向阀3、单向阀碟形弹簧14和柱塞回位弹簧5等组成。

在柱塞上端压入支承座11，柱塞被柱塞回位弹簧推向上方，其最上位置由卡环12限制。柱塞下端的单向阀架4内装有单向阀碟形弹簧和单向阀。发动机润滑系统机油经油道9和供油斜孔10流入，平时充满低压油腔8和高压油腔2。各零件组装到挺柱体上后，成为一个不可拆卸的整体。

整个液力挺柱安装在凸轮 1 与气门推杆 13 之间。

当气门关闭时，柱塞回位弹簧使柱塞连同压合在柱塞中的支承座紧靠着气门推杆，整个配气机构不存在间隙。

当凸轮没有顶起液力挺柱（气门开始关闭或冷却收缩）时，液力挺柱处于图 3-24a 所示位置。柱塞所受压力减小，由于柱塞弹簧作用，柱塞向上运动，始终与气门推杆接触。同时，柱塞下部空间产生真空度，单向阀被吸开，发动机润滑系统中带有压力的润滑油经气缸盖上的专门油道、挺柱体上的环形油道 9、供油斜孔 10 进入低压油腔 8，再克服单向阀碟形弹簧的弹力顶开单向阀进入高压油腔 2。此时低压油腔和高压油腔都充满润滑油，并且它们的压力都等于气缸盖油道内的压力。

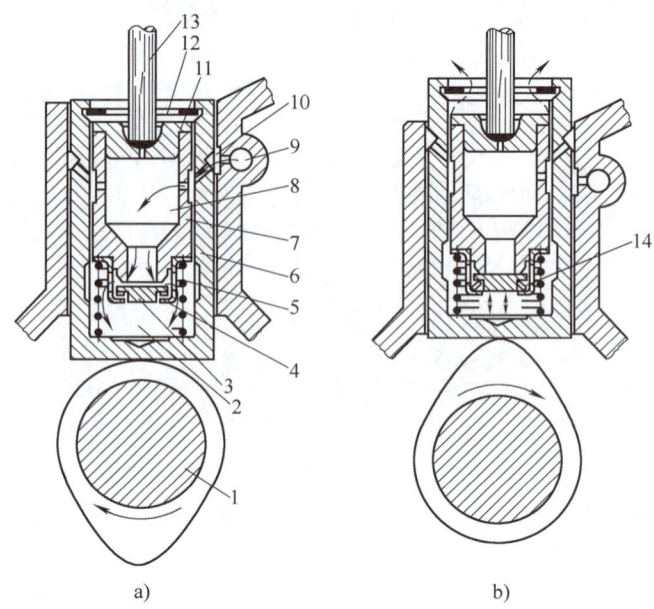

图 3-24　液力挺柱
1—凸轮　2—高压油腔　3—单向阀　4—单向阀架
5—柱塞回位弹簧　6—挺柱体　7—柱塞　8—低压油腔
9—油道　10—供油斜孔　11—支承座　12—卡环
13—气门推杆　14—单向阀碟形弹簧

当凸轮开始向上顶起液力挺柱时（图 3-24b），气门推杆作用于支承座和柱塞上的反力迫使柱塞克服柱塞回位弹簧弹力而相对挺杆向下运动，于是柱塞下部压力室的油压顿时增高，使单向阀关闭，切断了高压油腔与低压油腔的连接通道。与此同时，由于挺柱体向上运动，使高压油腔容积减小，多余的润滑油则通过柱塞与挺柱体间的间隙挤走。这时高压油腔内的润滑油，由于它的不可压缩性使液力挺柱成为一个刚体，按凸轮的运动规律，使气门逐渐开启，再逐渐关闭。

当凸轮转到基圆位置，不再顶压液力挺柱时，液力挺柱回到原始位置，挺柱体上的油道又对准气缸盖上的专门油道，柱塞在高压油腔内的油压与活塞回位弹簧的作用下向上运动，顶在气门推杆上，消除液力挺柱与气门推杆之间的间隙，挺柱回到原始位置。

许多轿车（一汽红旗 CA7220、奥迪 A6、上海桑塔纳、大众 POLO 及广州本田雅阁等）发动机配气机构都装用了液力挺柱。

3. 推杆

推杆（图 3-25）位于挺柱和摇臂之间，其<u>功用是将凸轮轴经过挺柱传来的推力传递给摇臂</u>。

推杆通常采用冷拔无缝钢管制成，两端焊上球头和球座。对于缸体和缸盖都是铝合金制造的发动机，其推杆最好

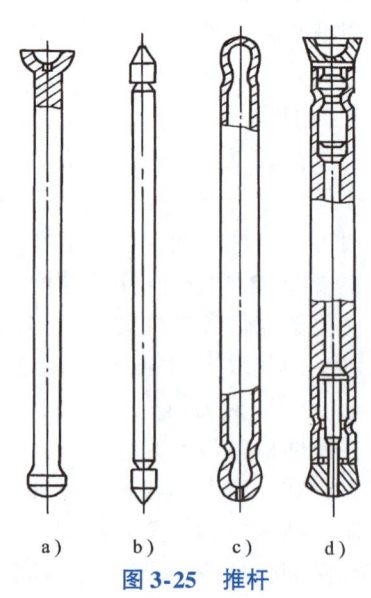

图 3-25　推杆
a)、b) 实心推杆　c)、d) 空心推杆

用硬铝或锻铝制造；对于负荷较大的发动机，推杆的长度应尽量减小。推杆可以是实心、空心的两种。实心推杆（图3-25a）一般是同球形支座制成一个整体，然后进行热处理。图3-25b所示是硬铝棒制成的推杆，推杆两端配以钢制的支撑，其上、下端头与杆身做成一体。空心推杆如图3-25c、d所示，前者的球头与杆身整体锻造出来，后者的两端与杆身是用焊接或压配的方法连成一体。

推杆两端的球头和球座均需淬硬和磨光，以提高其耐磨性。

4. 摇臂

摇臂实际是一个中间带有圆孔的不等长双臂杠杆，其功用是将推杆或凸轮传来的运动或力改变方向，传给气门并使其开启。

摇臂3（图3-26）的长臂端部以圆弧形的工作面与气门尾端接触用以推动气门。短臂的端部有螺孔，用来安装气门间隙调整螺钉1及锁紧螺母2，以调整气门间隙。气门间隙调整螺钉的球头与推杆顶端的凹球座相连接。因为靠气门一端的臂长，所以在一定的气门升程下，能减小推杆、挺柱等运动件的运动距离和加速度，从而减小了惯性力。

摇臂的材料一般为锻钢、可锻铸铁、球墨铸铁或铝合金。为提高耐磨性，支座的摇臂轴孔内镶有青铜衬套或装有滚针轴承。

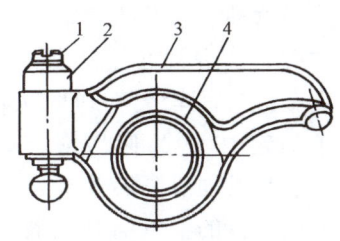

图 3-26 摇臂
1—气门间隙调整螺钉　2—锁紧螺母
3—摇臂　4—摇臂衬套

第五节　可变进气系统

当发动机高速运转时，需要更多的可燃混合气，这就需要增加气门升程或延长气门打开时间，以满足提高发动机动力性的要求；反之，当发动机低速运转时，需要较少的可燃混合气时，通过减小气门升程或缩短气门打开时间来实现，以满足节省燃料的目的。

但是，传统发动机的气门升程和配气相位是固定不变的，不管发动机转速如何变化，进气行程吸入的都是同样数量的可燃混合气，这对提高发动机的动力性和经济性都是不利的。

20世纪90年代初，日本本田公司推出了一种既可改变气门正时，又能改变气门升程的控制系统，即VTEC（Variable Valve Timing and Lift Electronic Control System）。该系统可以解决发动机高速动力性和中小负荷经济性的矛盾。

装用VTEC的发动机如图3-27所示。

图 3-27 装用 VTEC 的发动机

一、可变气门机构

1. 分段可变气门机构

分段可变气门机构通常采用变换凸轮的方式打开气门。该机构是在一根凸轮轴上布置 2~3 组凸轮,每组凸轮的大小、形状、配气相位和气门升程都各不相同。

发动机在不同的运行工况时,电控单元(ECU)利用液压控制的方式,通过摇臂上的控制机构来选择不同的凸轮控制气门,从而实现配气相位和气门升程的改变。

日本本田公司采用的三段式 VTEC 可变气门机构,如图 3-28 所示。

这种机构的凸轮轴上对应每个气缸有三个进气凸轮和两个排气凸轮。三个进气凸轮大小和形状各不相同,中凸轮 10 为高速凸轮,其轮廓线是为满足发动机高转速、大负荷运转需要而设计的,气门升程最大;主凸轮 9 的轮廓线是为满足发动机最常用的工况(中速、中小负荷)而设计的,其气门升程次之;次凸轮 11 的气门升程最小,只使气门产生一个很小的开度。

与三个进气凸轮对应的三个气门摇臂分别是中摇臂 3、主摇臂 1 和次摇臂 4,三个摇臂内有两组受油压控制的活塞 5、6、7(上面一组活塞分为两段,下面一组活塞分为三段),

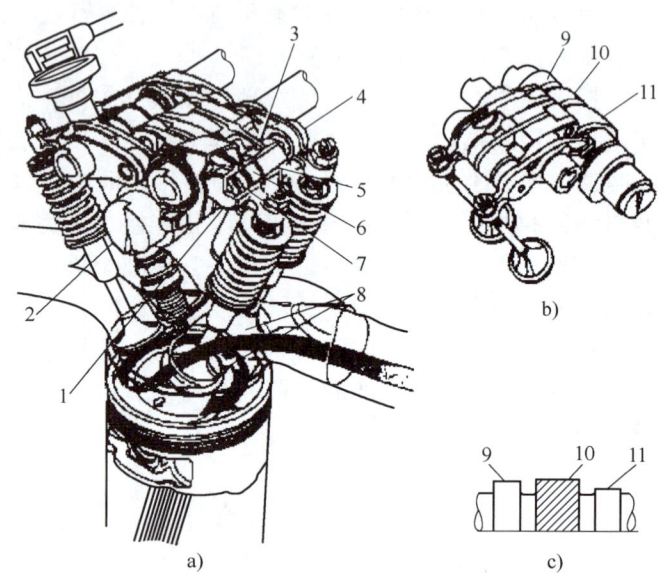

图 3-28 本田公司采用的三段式 VTEC 结构示意图
1—主摇臂 2—凸轮轴 3—中摇臂 4—次摇臂 5、6、7—活塞
8—进气门 9—主凸轮 10—中凸轮 11—次凸轮

活塞的移动可控制三个摇臂是各自独立运动还是互相连成一体运动。控制活塞移动的油压来自发动机润滑系统,并受发动机电控单元的控制。

当发动机工作在低转速或小负荷工况时,气门摇臂中上下两组活塞的油压腔中均无油压,三个摇臂互相分离。主凸轮 4(图 3-29)和次凸轮 2 各自通过两边的摇臂分别驱动两个进气门,使两者具有不同的气门升程和配气相位。次凸轮驱动的气门基本未打开,只有一个微小的开度,防止气门在高温下不运动而卡死。此时只有一个进气门打开(图 3-29a)。尽管此时中摇臂也随中凸轮 5 运动,但它未驱动气门,只在摇臂轴上空转而以。

发动机处于中等转速或中负荷时,发动机电控单元使润滑系统中的机油进入摇臂中上面一组活塞的油压腔,推动活塞移动,将其左右两边的主、次摇臂连在一起,两个进气门同时受主凸轮控制(图 3-29b)。此时,中摇臂仍然是独立的,即中凸轮还未起作用。

当发动机运转到高速工况时,发动机电控单元令润滑系统的机油同时进入摇臂上下两组活塞的油压腔,下面一组活塞的移动将三个摇臂连成一体,使两个气门都受中凸轮控制(由于中凸轮较大,其他两个凸轮碰不到摇臂),如图 3-29c 所示。此时气门的升程最大、气门的开启持续时间最长。

第三章 配气机构

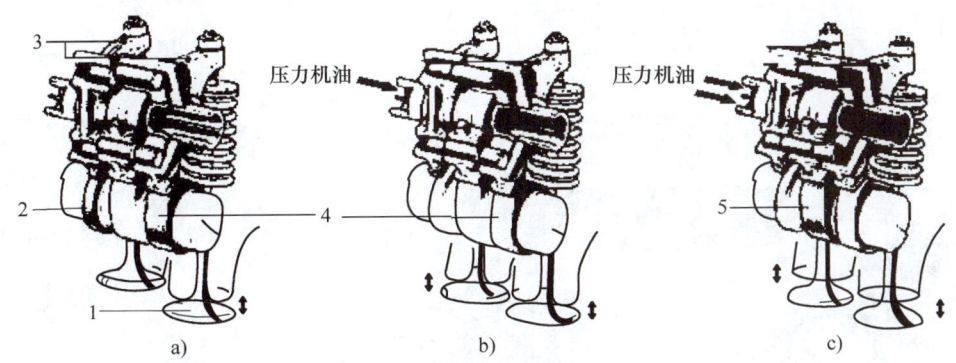

图3-29 本田公司采用的三段式 VTEC 驱动机构工作原理示意图
1—进气门 2—次凸轮 3—气门摇臂 4—主凸轮 5—中凸轮

发动机转速降低时，电控单元通过电磁阀将摇臂中活塞油压腔内的压力油泄出，使气门回到中、低速工作时的状态。

2. 连续可变气门机构

连续可变气门机构可分为连续可变气门升程机构和连续可变配气相位机构。

（1）连续可变气门升程机构 德国宝马汽车公司开发的连续可变气门升程机构如图3-30所示。

宝马轿车发动机连续可变气门升程机构结构与工作原理示意图分别如图3-31和图3-32所示。

该机构的凸轮轴1不直接驱动进气门6。可变气门伺服电动机7控制偏心轴2，使偏心轴以其支点摆动。偏心轴摆动时，通过控制异形中间臂3带动气门摇臂4，从而打开进气门。需要指出的是，异形中间臂的运动轨迹还受凸轮轴的运动影响。

发动机工作时，电控单元根据传感器传来的信息，使可变气门伺服电动机做适当的运转，通过偏心轴、异形中间臂、凸轮轴和气门摇臂，对气门的升程进行无级调节。该机构能使气门升程在全开时的最大升程到最小升程之间连续变化。

这种连续可变气门升程机构若和连续可变正时齿轮控制机构配合使用，可使发动机的配气相位和气门升程都能在一定范围内连续改变。

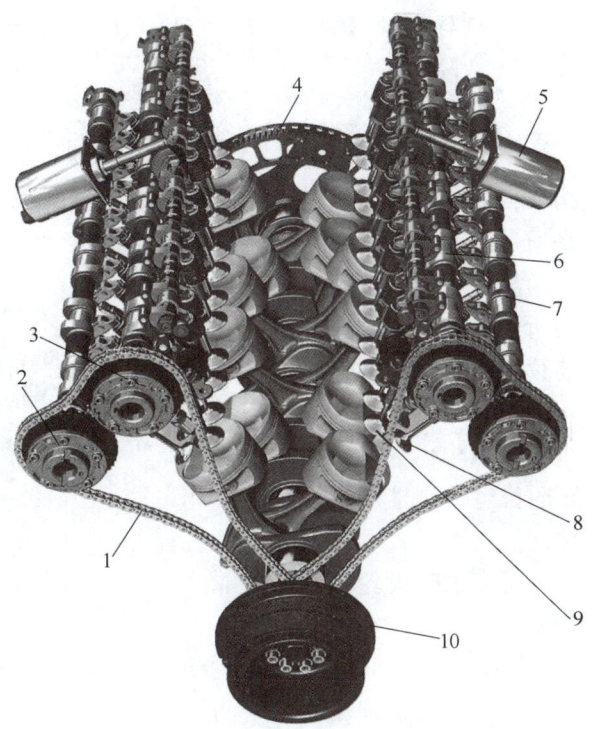

图3-30 宝马轿车发动机连续可变气门升程机构
1—正时链条 2—排气凸轮轴链轮 3—进气凸轮轴链轮
4—飞轮 5—可变气门伺服电动机 6—进气凸轮轴
7—排气凸轮轴 8—排气门 9—进气门 10—曲轴带轮

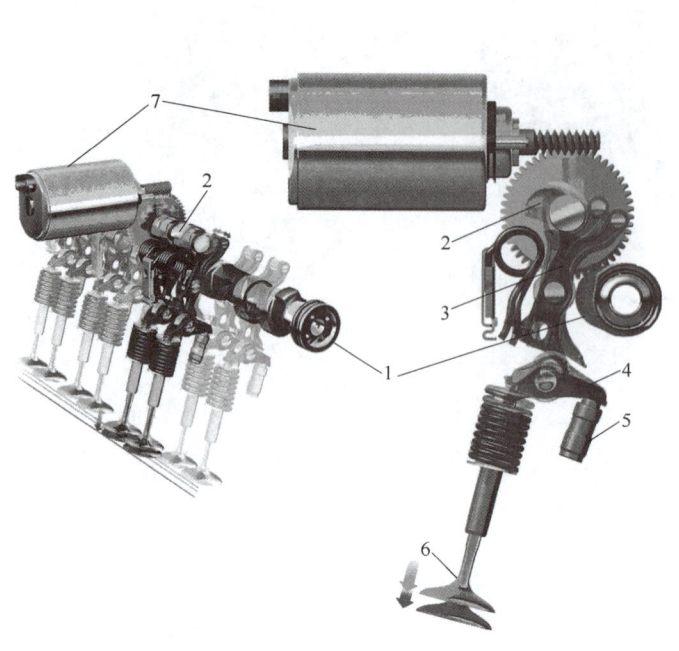

图 3-31 宝马轿车发动机连续可变气门升程机构结构示意图

1—凸轮轴 2—偏心轴 3—异形中间臂 4—气门摇臂
5—液力挺柱 6—进气门 7—可变气门伺服电动机

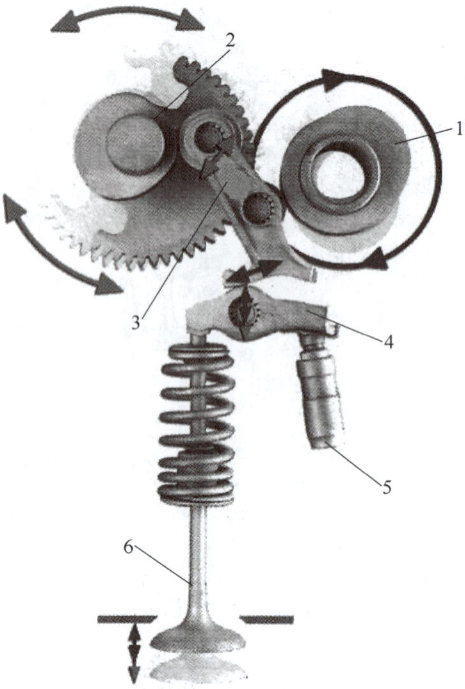

图 3-32 宝马轿车发动机连续可变气门升程机构工作原理示意图

(图注同图3-31)

（2）连续可变配气相位机构 目前连续可变配气相位机构是通过改变曲轴和凸轮轴一个相应角度，从而改变凸轮轴所决定的所有配气相位，实现配气相位连续可变。

图3-33所示为奥迪V6发动机正时机构，它是通过采用可变正时齿轮控制器5来控制配气相位的。

可变正时齿轮控制器装在凸轮轴前端的凸轮轴正时链轮3内（图中未画出）。该机构利用发动机润滑系统的机油压力，使凸轮轴与正时链轮之间的相对角度发生连续的变化，达到连续可变配气相位的目的。

可变正时齿轮控制器外壳5

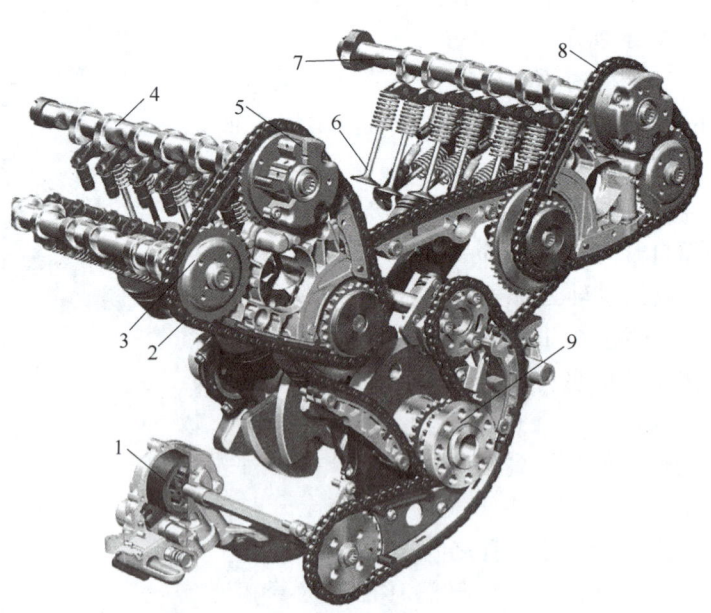

图 3-33 奥迪V6发动机正时机构

1—机油泵 2—正时链条 3—凸轮轴正时链轮 4、7—凸轮轴
5—可变正时齿轮控制器 6—气门 8—正时链条 9—曲轴正时链轮

（图3-34）与正时链轮2结合为一体，壳体中有一呈十字形的叶片式转子3和进气凸轮轴4连接。转子的每个叶片与壳体的内腔之间形成两个封闭的油压室，由电磁阀控制的发动机润滑系统有一定压力的机油通过凸轮轴上的油道进入或流出油压室，从而改变转子与壳体之间的相对角度，使凸轮轴决定的配气相位发生变化。

电控单元控制电磁阀内的滑阀向左移动时（图3-35a），进入压力室的机油使叶片式转子1相对于壳体沿顺时针方向旋转，使配气相位提前；反之，电磁阀内的滑阀向右移动时（图3-35b），进入压力室的机油使叶片式转子相对于壳体沿逆时针方向旋转，使配气相位延后。

锁销1（图3-34）在发动机熄火后没有机油压力时自动将转子和壳体相互连接在一起，使发动机在起动时其配气相位能保持在某一固定值，以防因起动时机油压力不足导致气门正时失去控制。

奥迪轿车发动机可变气门的结构和工作原理示意图分别如图3-36和图3-37所示。

在该机构中，有两个核心部件：一是控制进气门的凸轮2（图3-37，注意两组凸轮角度不同）；二是负责改变气门升程的螺旋沟槽套筒（由电磁驱动器5控制，可切换使用两组不同凸轮，改变进气门的正时和升程）。

当发动机低速运转时，该系统通过电磁驱动器5使凸轮向左移（图3-37a），以较小角度的凸轮推动

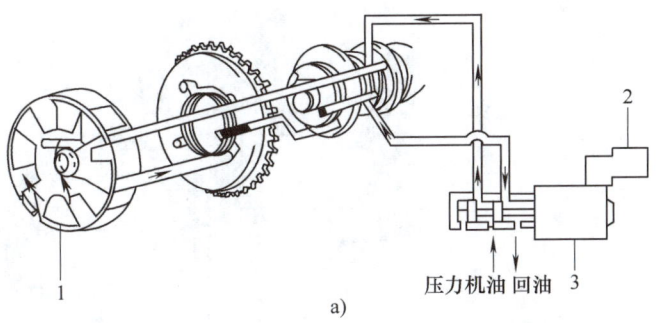

图3-34 可变正时齿轮控制器结构示意图
1—锁销 2—正时链轮 3—叶片式转子
4—进气凸轮轴 5—可变正时齿轮控制器外壳

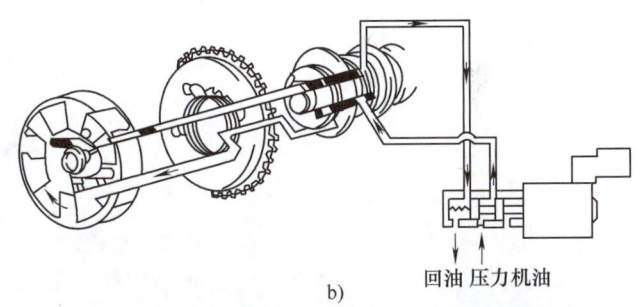

图3-35 可变齿轮控制器工作原理示意图
1—叶片式转子 2—发动机电控单元 3—电磁阀

气门挺柱，使气门有较小的升程（2~5.7cm），进气量较少，达到节省燃料的目的。

发动机高速运转时，电磁驱动器使凸轮向右移动7cm（图3-37b），以较大角度的凸轮推动气门挺柱，此时气门升程可达11cm，保证气缸内有足够的进气量，实现发动机有较大的动力输出。

可变进气正时电子控制系统的原理是：随着发动机转速、负荷的变化，通过油压使连接进气凸轮轴正时带轮与凸轮轴的螺旋形花键沿轴向移动，由于螺旋形花键的导向，凸轮轴在沿轴向移动的同时旋转一定的角度，使配气相位得到了改变。

图 3-36　奥迪轿车发动机可变气门结构示意图
1—气缸盖　2—点火线圈　3—电磁驱动器　4—凸轮轴

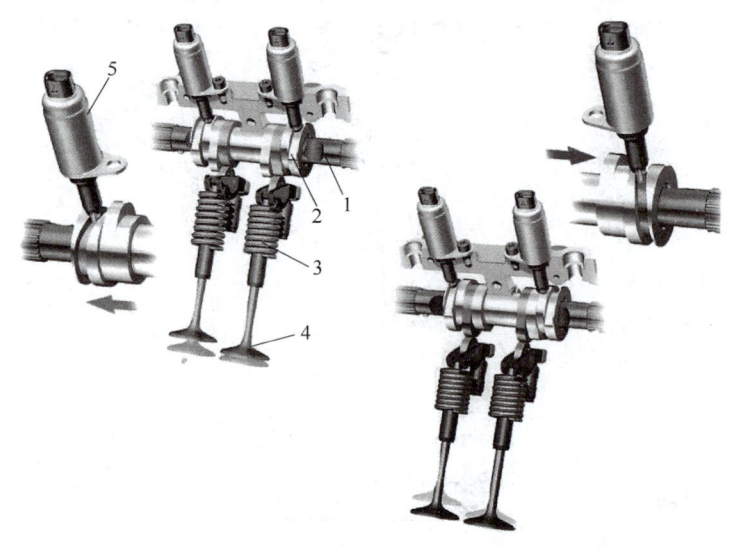

a)　　　　　　　　　　　　b)

图 3-37　奥迪轿车发动机可变气门工作原理示意图
1—凸轮轴　2—凸轮　3—气门弹簧　4—气门　5—电磁驱动器

二、双进气管分段工作进气系统

该系统是利用进气管通道面积的变化形成可变系统来改善可燃混合气的混合和燃烧状况，其工作原理如图 3-38 所示。

发动机在中小负荷工况工作时，由真空控制的主进气管关闭，仅副进气管打开（图 3-38a）。由于进气阻力增加，使空气流速加快，改善了燃料在进气管道中的雾化、蒸发、混合与燃烧状况。

发动机在高速、大负荷工况下工作时，主、副进气管均打开（图 3-38b），增加了进气道面积，减小了进气阻力，使充气效率增加，大大提高了发动机高速时的动力性。

第三章 配气机构

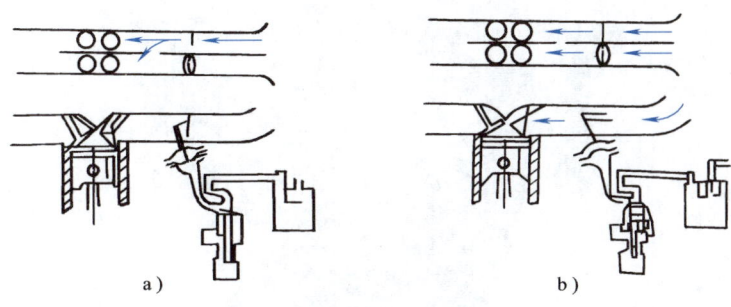

图 3-38 双进气管分段工作原理

三、进气管长度及面积可变进气系统

该系统的工作原理如图 3-39 所示。发动机在中小负荷、低速工作时，使用长而细的进气管，保证其经济性及低速的稳定性；而在高速、大负荷工况时，采用短而粗的进气管，提高了发动机的动力性。

图 3-40 所示为进气管长度及面积可变的发动机结构示意图。

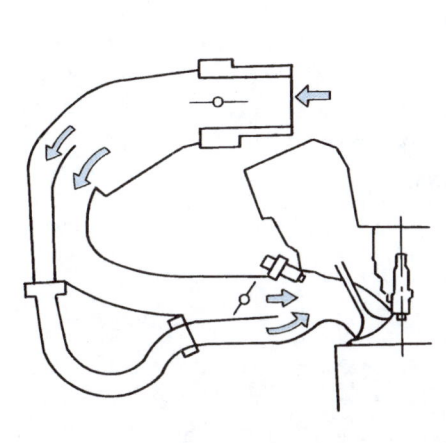

图 3-39 进气管长度及面积可变的工作原理

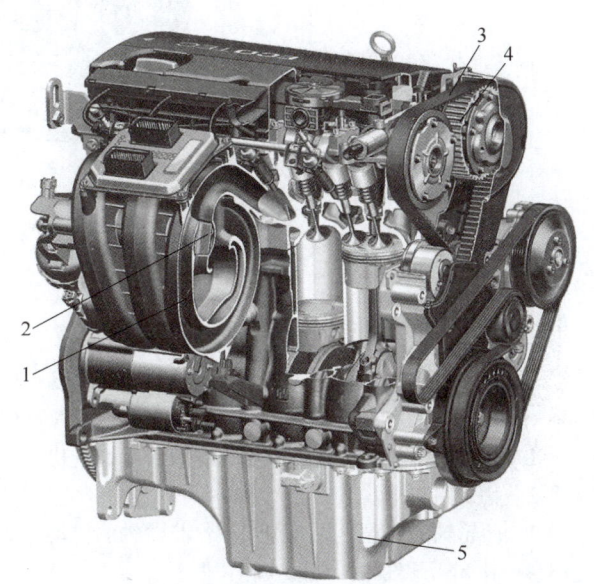

图 3-40 进气管长度及面积可变的发动机结构示意图
1—进气歧管 2—控制阀 3—正时带
4—凸轮轴正时链轮 5—油底壳

图 3-41 所示为奔驰轿车装用的进气管长度可变的机构工作示意图。发动机低速工作时，控制阀关闭，气体被迫从较长进气歧管进入气缸。由于进气速度较低，适合发动机低速运转时对进气的要求；发动机转速上升到一定数值（5000r/min）时，控制阀开启，气体直接进入气缸，满足发动机高速运转时对进气的需要。

73

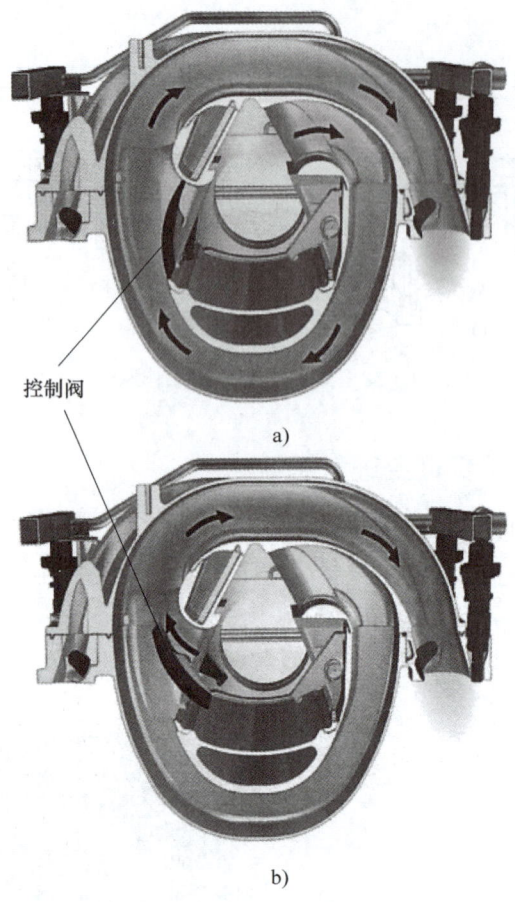

图 3-41 进气管长度可变的机构工作示意图
a) 进气歧管较长 b) 进气歧管较短

思考题与习题

3-1 配气机构的功用是什么？气门顶置式配气机构由哪些零件组成？
3-2 什么叫充气效率？
3-3 凸轮轴的布置形式有哪几种？凸轮轴的传动方式又有哪几种？
3-4 什么叫配气相位和配气相位图？
3-5 气门组和气门传动组的组成如何？
3-6 为什么有的发动机采用多气门结构形式？
3-7 为什么有的发动机配气机构采用液力挺柱？液力挺柱的组成如何？
3-8 凸轮轴的功用有哪些？
3-9 为什么有的发动机采用 VTEC 技术？
3-10 简述日本本田公司的 VTEC 结构及工作原理。
3-11 简述奥迪轿车发动机可变气门的结构和工作原理。
3-12 为什么有的发动机采用进气管长度及面积可变进气系统？

第四章

电控汽油喷射式燃料供给系统

第一节 概　　述

一、功用

根据发动机各工况的不同要求，供给发动机气缸一定浓度和数量的可燃混合气，并把发动机燃烧做功行程后产生的废气排到大气中。

二、燃料简介

1. 汽油

汽油是目前汽油机的主要燃料。汽油从石油中提炼而成，是一种多种烃的混合物，其主要化学成分是碳（C）和氢（H）。

汽油在气缸里燃烧时，若氧气充足且与汽油蒸气混合均匀，则燃烧完全，其燃烧产物为二氧化碳（CO_2）和水（H_2O）；若缺氧或混合得不均匀，则燃烧不完全，会产生一氧化碳（CO）和碳氢化合物（HC）。CO 和 HC 都是有害排放物，污染环境。

汽油的主要使用性能有：蒸发性、抗爆性和腐蚀性。

汽油蒸发性过高，气温高时易在油路中产生"气阻"；蒸发性过低的汽油，易滞留在气缸壁上，燃油消耗量不仅会增加，还会稀释润滑油，致使气缸壁磨损加快，缩短发动机使用寿命。

汽油的抗爆性是指汽油在气缸中避免产生爆燃的能力，即抵抗"爆燃"的能力。如果汽油机发生"爆燃"，将造成发动机过热，排气冒烟，功率显著下降，油耗增加，伴有明显的敲缸声，甚至损坏机件。

评定汽油抗爆性的指标是辛烷值。辛烷值高，则汽油抗爆性好；反之，汽油抗爆性差。

测定辛烷值最常用的方法有马达法和研究法。用马达法测定的辛烷值称为马达法辛烷值（MON），用研究法测定的辛烷值称为研究法辛烷值（RON）。

同一种汽油的 RON 比其 MON 高 6~10 个单位。

近年来，美国及一些国家采用抗爆指数来评价汽油的抗爆性。抗爆指数定义为 RON 和 MON 的平均数，即

$$抗爆指数 = (RON + MON)/2$$

2000 年以前，我国车用汽油执行的标准是 GB/T 484—1993，生产的车用汽油牌号有 90 号、93 号和 97 号，这三种汽油均为含铅汽油。目前我国生产的车用汽油执行的标准是 GB/T 17930—2013《车用汽油》，根据该标准规定：第五阶段车用汽油牌号由 90 号、93 号和 97

号分别调整为89号、92号和95号；此外还有按企业标准生产的97号、98号车用无铅汽油。

我国汽油牌号现在用研究法辛烷值表示。汽油牌号越高，辛烷值越大，说明其抗爆性越好。

目前，我国部分轿车使用89号国产汽油，如一汽捷达、红旗7220E、神龙富康等；上海别克、天津夏利轿车装有电喷系统则使用92号国产汽油；上海帕萨特B5、日产风度、奔驰5600轿车等使用95号国产汽油。

选用汽油牌号时，应根据汽车使用说明书推荐的辛烷值范围去选择相应牌号的汽油。

汽油机还可按其压缩比选择汽油辛烷值。一般压缩比高的汽油机应选用辛烷值高的汽油；反之，选用辛烷值低的汽油。

汽油在运输、储存、发放和使用中，对接触的各种金属应无腐蚀作用。但汽油成分中含有腐蚀性物质，如硫、硫化物、有机酸及水溶性酸、碱等，其含量超标时将引起腐蚀。汽油中硫含量高，使汽车尾气排放污染严重，硫还会使催化转化器中的催化剂中毒，使催化剂活性下降，甚至失效。因此，安装了三元催化转化器的发动机对汽油中的硫含量都有严格的要求。

2. 压缩天然气（CNG）

CNG是压缩天然气（Compressed Natural Gas）的缩写，它的主要成分是甲烷（所占体积分数在85%~97%）。它是把天然气加压后装在高压气瓶中放在车上，相当于普通汽车的燃油箱，气瓶中的压力一般为21MPa。

天然气的低热值（50.05MJ/kg）和辛烷值（RON 130）均比汽油（低热值为43.49MJ/kg，辛烷值RON 100）高，作为发动机的代用燃料，除能保持原发动机的功率外，还有利于提高发动机的压缩比。以天然气和柴油作燃料的双燃料发动机，一般以柴油机作为基础，当用气体燃料时，柴油就起引燃作用。天然气是一种比较洁净的能源，排放低，燃油经济性好，使用安全，输送和使用比较方便。

天然气燃烧后无废渣、废水产生，价格低、使用安全、热值高、洁净。

3. 液化石油气（LPG）

LPG是液化石油气（Liquefied Petroleum Gas）的缩写，是炼油厂的副产品，与汽油相比其价格便宜。液化石油气的主要成分是丙烷和丁烷，另外含有少量的丙烯和丁烯及其他烃类物质。

液化石油气的特点与天然气相似，如辛烷值高（RON 111.5）、低热值高（低热值为46.4 MJ/kg）、着火温度高（丙烷自燃点为470℃，丁烷自燃点为365℃）、容易与空气混合、排放低等。它在加压下常以液态储存。

液化石油气本身是无色无味的，但是因为它一旦泄漏后不易扩散，为了确保使用安全，一般在液化石油气中添加臭味剂，如果发生泄漏，容易觉察，以便及时采取消防措施。

液化石油气中的丁二烯对橡胶有较强的腐蚀作用，因此液化石油气的储存、输送、减压等设备中的膜片、密封圈和软管等需采用耐腐蚀的橡胶。

4. 氢气

通过将水分解成氢和氧，可以得到足够的氢气。氢气作为燃料具有很多优点，它燃烧后变成水，不会产生烟雾和有害气体，是最清洁的燃料之一。氢气辛烷值高、自燃温度高（585℃）、易与空气混合且分配均匀，因此发动机热效率高，燃料经济性好。氢气是汽车最有发展前途的代用燃料之一。

宝马7系轿车为氢动力汽车。该车装用的 6.0L V12 发动机既可使用汽油，也可使用液态氢。该车除装有一个容量为74L 的汽油箱外，还配有一个可容纳 8kg 液态氢的燃料罐。

5. 醇类燃料

醇类燃料包括甲醇和乙醇。甲醇是通过煤或天然气制成的产品，性能与天然气相似，在不对发动机进行改造的前提下，可以使用甲醇与汽油混合燃料。乙醇是从玉米、小麦、甘蔗等农作物中经过发酵提炼而成的。

醇类燃料具有辛烷值高（甲醇 RON 112、乙醇 RON 111）、汽化潜热大（甲醇 1101kJ/kg、乙醇 862kJ/kg）、低热值低、蒸气压和沸点低、着火极限宽和燃烧速度快等特点。

醇类燃料燃烧时，排放污染物较少，是一种环保和清洁的燃料，也是较为理想的代用燃料。

三、可燃混合气成分的表示方法

可燃混合气是指燃料经过雾化、蒸发并与空气按一定比例混合的混合物。可燃混合气中汽油的含量称为可燃混合气浓度。可燃混合气的浓度通常用空燃比和过量空气系数表示。

1. 空燃比

将实际吸入发动机中空气的质量与燃料质量的比值称为空燃比，用符号 R 表示（多为欧美国家采用），空燃比亦即燃烧 1kg 燃料实际供给的空气量。

理论上，1kg 汽油完全燃烧需 14.7kg 空气，故对汽油机而言，将空燃比为 14.7 的可燃混合气称为理论混合气。若空燃比小于 14.7 则说明汽油有余，称为浓混合气；若空燃比大于 14.7 则说明空气有余，称为稀混合气。

2. 过量空气系数

将燃烧 1kg 燃料实际供给的空气质量与理论上 1kg 燃料完全燃烧所需的空气质量之比称为过量空气系数，用符号 α 表示（α 为我国及前苏联等国采用）。

根据上述定义，$\alpha=1$ 的可燃混合气为理论可燃混合气，$\alpha<1$ 的为浓可燃混合气，$\alpha>1$ 的则为稀可燃混合气。

四、可燃混合气成分对发动机性能的影响

1. 理论混合气（$\alpha=1$）

当 $\alpha=1$ 时，理论上气缸中所含空气中的氧正好能使其中的燃料完全燃烧。但实际上，由于气缸中可燃混合气的成分不可能绝对均匀地分布，以及残余废气的存在而影响火焰中心的形成和火焰的传播，而使 $\alpha=1$ 的可燃混合气不可能得到完全燃烧。

2. 稀混合气（$\alpha>1$）

当 $\alpha>1$ 时，可使所有汽油分子获得足够的氧气而完全燃烧。对应于燃料消耗率最低时的可燃混合气称为经济混合气。对不同的汽油机，经济混合气的成分一般在 $\alpha=1.05\sim1.15$ 范围内。然而，空气过量后因燃烧速度减小、热损失增加而使平均有效压力和发动机的功率略有下降。若混合气过稀（图 4-1 中 $\alpha>1.11$），会因燃烧速度的进一步减小而造成加速性能变坏，发动机输出功率下降，甚至会出现进气管回火现象。因此，不能对发动机供给这种过稀的可燃混合气。

3. 浓混合气（$\alpha < 1$）

当 $\alpha < 1$ 时，因可燃混合气中汽油分子较多而使燃烧速度加快，热损失减小。将发动机输出功率最大时的可燃混合气称为功率混合气，对不同的汽油机，功率混合气的成分一般在 $\alpha = 0.85 \sim 0.95$ 的范围内。但这时因可燃混合气中空气含量不足，致使其燃烧不完全，经济性较差。若可燃混合气过浓（图 4-1 中 $\alpha < 0.88$），因燃烧不完全，产生大量的一氧化碳，在高温高压的作用下析出游离的炭粒，导致燃烧室积炭，发生排气管放炮现象及冒黑烟。此外，因这种可燃混合气的燃烧速度较低而造成功率下降，燃油消耗率显著增大。

4. 燃烧极限

当可燃混合气太稀（$\alpha \geqslant 1.4$）以及太浓（$\alpha \leqslant 0.4$）时，虽能点燃，但火焰无法传播，导致发动机运转不稳定，直至熄火。故将此时的 α 值分别称为火焰传播下限和火焰传播上限。

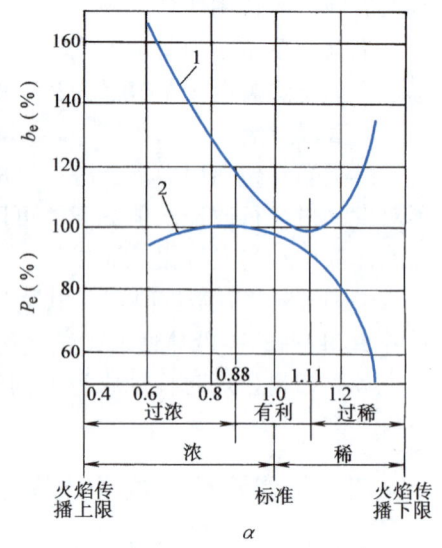

图 4-1 可燃混合气成分对发动机性能的影响（发动机转速不变，节气门全开）
1—燃油消耗率曲线 2—发动机功率曲线

图 4-1 表明：

1）功率点与经济点并不对应。从图 4-1 中可以看出，当 $\alpha = 1.11$ 时燃油消耗率（b_e）最低，经济性最好；而当 $\alpha = 0.88$ 时，发动机输出的功率（P_e）最大。

2）可燃混合气过浓（$\alpha < 0.8$）、过稀（$\alpha > 1.05 \sim 1.15$）时，发动机的动力性、经济性均不理想。

3）为兼顾发动机的动力性和经济性，可燃混合气的成分在 $\alpha = 0.88 \sim 1.11$ 范围内最有利。

对图 4-1 所做的分析，列于表 4-1 中。

表 4-1 可燃混合气成分对发动机性能的影响

可燃混合气种类	空气过量系数 α	发动机功率 P_e	燃油消耗率 b_e	备 注
火焰传播上限	0.4	—	—	可燃混合气不燃烧，发动机不工作
过浓混合气	0.43～0.87	减小	显著增大	燃烧室积炭，排气管冒黑烟，消声器有拍击声（放炮）
功率混合气	0.88	最大	增大 18%	—
标准混合气	1.0	减小 2%	增大 4%	
经济混合气	1.11	减小 8%	最小	加速性变坏
过稀混合气	1.13～1.33	显著减小	显著增大	化油器回火和有拍击声，发动机过热，加速性变坏
火焰传播下限	1.4	—	—	可燃混合气不燃烧，发动机不工作

事实上，在一定的工况下（负荷和转速），燃料系统只能供给一定 α 值的可燃混合气。过量空气系数是以发动机动力性为主，还是以经济性为主，还是将排放控制放在首位，应根

据汽车及其发动机各工况的需要而定。

五、发动机各工况对可燃混合气浓度的要求

发动机工况是发动机工作情况的简称。

汽车在行驶过程中的载荷、车速、路况等经常变化。因此，汽车发动机工作时有以下特点：①工况变化范围大，负荷可从 0 变到 100%，转速可从最低稳定转速变化到最高转速；②在汽车行驶的大部分时间内，发动机在中等负荷下工作。

车用汽油机在不同工况下对可燃混合气的浓度有不同的要求，分述如下：

（1）冷起动　发动机冷起动时，因这时气缸温度低，汽油不易蒸发汽化，且发动机转速低，空气在进气道中流速低，致使汽油雾化不良，导致气缸内可燃混合气中汽油蒸气过少，可燃混合气过稀，发动机不能着火燃烧。因此，为了使发动机顺利起动，要求燃料系统供给 $\alpha=0.2\sim0.6$ 的极浓可燃混合气。

（2）急速及小负荷　发动机急速为对外无功率输出情况下的最低发动机转速。此时，节气门处于接近关闭位置，吸入的空气量极少，且汽油雾化蒸发不良，并有废气的稀释，使发动机燃烧速度减慢甚至熄火。为保证这种品质不良的可燃混合气能正常燃烧，燃料系统应提供较浓的可燃混合气（$\alpha=0.6\sim0.8$），节气门略开大。进入小负荷（节气门开度在 30% 以内）时，由于进入的空气量略有增加，可燃混合气的品质逐渐改善，因而可燃混合气浓度可以减小至 $\alpha=0.7\sim0.9$。虽然可燃混合气浓度略有减小，但仍属浓混合气，目的是保证汽油机在小负荷工况的稳定性。

（3）加速　节气门开度突然加大，吸入气缸的空气量立刻增加，而汽油因其惯性大而在原处基本不动，再加上雾化汽油的颗粒大跟不上气流流动，使其一部分附着在进气管内壁上。因此，气缸内的可燃混合气在加速的瞬间变稀，不易点燃。为改善车用汽油机的加速性能，燃料系统应能在节气门突然开大时，及时地自动增加供油量，补偿可燃混合气瞬间变稀的现象。

（4）大负荷及全负荷　当节气门接近全开或达到全开时，为发动机大负荷及全负荷工况。此时要求发动机发出最大功率来克服较大的外界阻力或加速行驶。为此应供给 $\alpha=0.85\sim0.95$ 的功率混合气。

（5）中等负荷　此时节气门的开度为 30%～85%，是车用汽油机最常用的工况。为满足发动机经济性的要求，应供给 $\alpha=0.9\sim1.1$ 的可燃混合气（其中，主要是 $\alpha>1$ 的稀混合气）。

发动机由中等负荷转入大负荷时，可燃混合气由经济混合气变为功率混合气。

发动机由小负荷转入中负荷，随着负荷增加，节气门逐渐开大，可燃混合气逐渐变稀。

第二节　燃料供给系统的组成和工作原理

一、概述

汽油喷射是用喷油器将一定数量和压力的汽油直接喷射到气缸或进气歧管中，与进入的空气混合而形成可燃混合气。

目前，国产轿车均装备了电控汽油喷射系统（如奥迪 A6、奔腾、捷达王、红旗 CA7460、宝来和上海桑塔纳 2000、帕萨特及广州本田等）。

电控汽油喷射 EFI（Electronic Fuel Injection）系统是在恒定的压力下，利用喷油器将一定数量的汽油直接喷入气缸或进气道管内的汽油燃料供给装置，以电控单元 ECU（Electronic Control Unit）为控制中心，根据空气流量和发动机转速来决定基本喷油量，并利用安装在发动机上的各种传感器测出发动机的各种运行参数，再按照电控单元中预存的控制程序进行修正，精确地控制喷油器的喷油量，使发动机在各种工况下都能获得最佳的可燃混合气。

二、组成

电控汽油喷射式燃料系统由燃油供给系统（喷油器 4、燃油泵 8 和燃油滤清器 9 等）、空气供给系统（空气流量传感器 2、节气门体 3 和空气滤清器等）和电子控制系统（电控单元 1 和各种传感器）等组成，如图 4-2 所示。

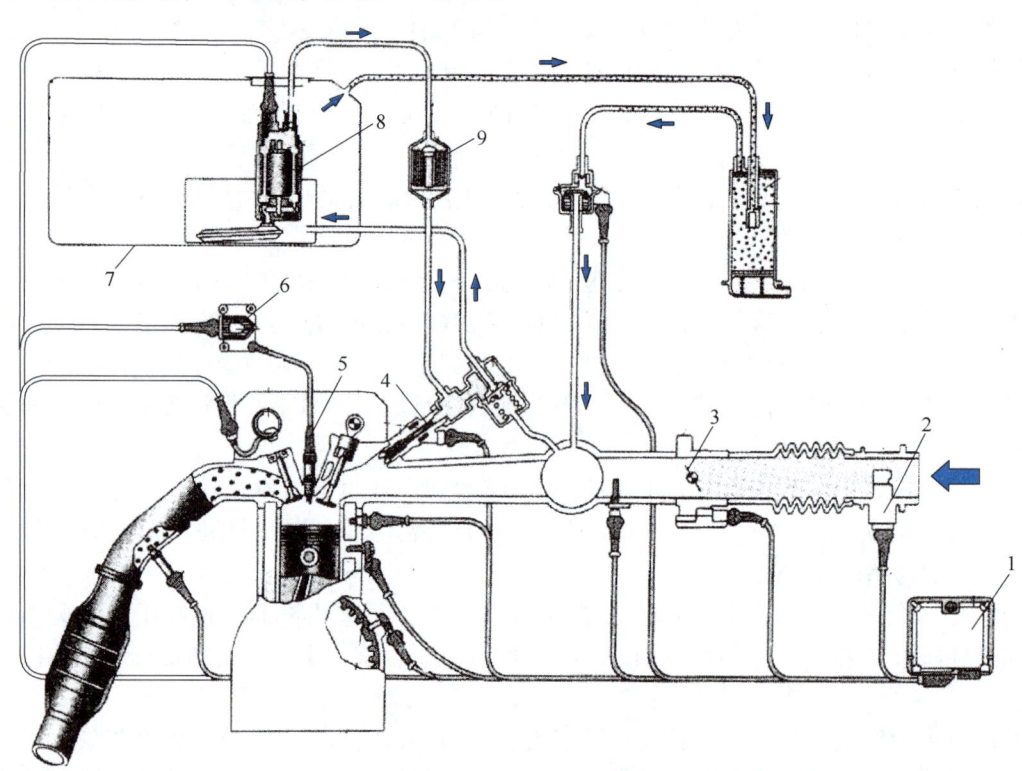

图 4-2 电控汽油喷射式燃料系统组成
1—电控单元　2—空气流量传感器　3—节气门体　4—喷油器　5—火花塞
6—点火线圈　7—燃油箱　8—燃油泵　9—燃油滤清器

1. 燃油供给系统

燃油供给系统的功用是向气缸内供给燃烧时所需的一定量的燃油。燃油供给系统的组成如图 4-3 所示，主要由燃油箱 5、电动燃油泵 6、燃油滤清器 1、燃油压力调节器 4、燃油导轨 2 及喷油器 3 等组成。

第四章　电控汽油喷射式燃料供给系统

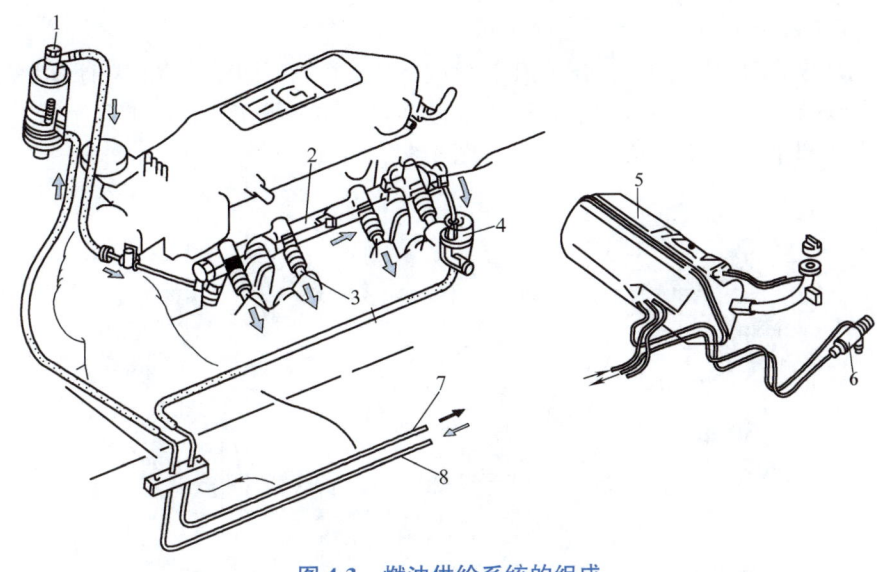

图 4-3　燃油供给系统的组成

1—燃油滤清器　2—燃油导轨（燃油分配管）　3—喷油器　4—燃油压力调节器
5—燃油箱　6—电动燃油泵　7—回油管　8—进油管

电动燃油泵 6 将燃油从燃油箱 5 吸出后经过燃油滤清器 1，除去杂质和水分后送至燃油导轨 2，燃油导轨与安装在各缸进气歧管上的喷油器 3 相通。在燃油导轨末端装有燃油压力调节器 4，用来调节供油总管的油压（一般为 0.25～0.30MPa）。喷油器根据电控单元的喷油指令，把适量的燃油喷射到进气门前，在进气行程时，燃油与空气形成的可燃混合气被吸入气缸内。

发动机工作时，正常工况下的喷油量由安装在节气门体位置的喷油器（SPI 系统）或安装在进气门附近的各个喷油器（MPI 系统）控制。相应的喷油量由喷油器的通电时间长短来决定。

发动机低温起动时由装在进气管处的低温起动喷油器喷油，此时的喷油时间受其定时开关控制。

2. 空气供给系统

空气供给系统的功用是为发动机可燃混合气的形成提供必要的空气，并测量和控制进入气缸的空气流量。其组成如图 4-4 所示，主要由空气流量传感器 2、节气门体 3、空气滤清器 1 和进气歧管 4 等组成。

发动机在进气行程时，空气经空气滤清器 1、空气流量传感器 2 和节气门体 3 进入各缸进气歧管 4。驾驶员通过操纵节气门的开度来控制每工作循环的进气量。发动机在怠速时，节气门几乎处于关闭状态，空气流量由怠速控制阀来控制，保证冷起动暖车时加大空气量，实现快怠速转速。正常怠速时恢复怠速空气量。

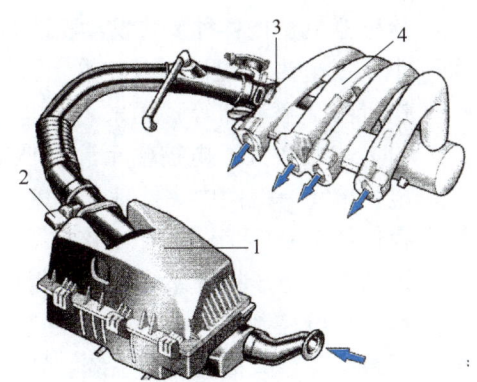

图 4-4　空气供给系统组成

1—空气滤清器　2—空气流量传感器
3—节气门体　4—进气歧管

3. 电子控制系统

电子控制系统的功用是检测发动机的工作状况，精确控制喷油量、喷油正时和点火时刻。

电子控制系统主要由电控单元1、各种传感器（空气流量传感器14等）及执行器（喷油器9、点火线圈组件8等）三部分组成（图4-5）。

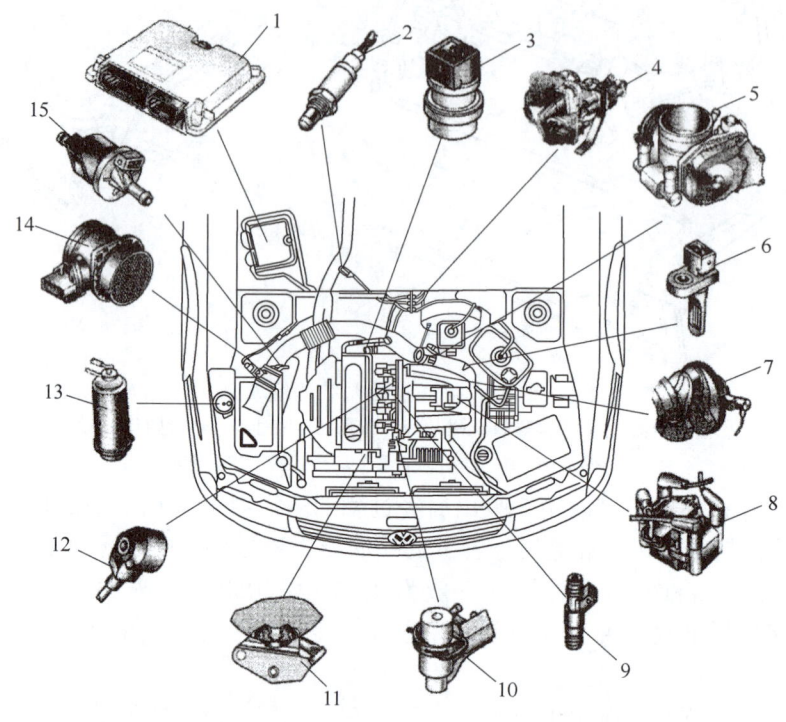

图4-5　电子控制系统各元件在车上的安装示意图

1—电控单元　2—氧传感器　3—冷却液温度传感器　4—传感器插头支架　5—节气门体　6—进气温度传感器　7—发动机转速传感器　8—点火线圈组件　9—喷油器　10—燃油压力传感器　11—配气相位传感器　12—爆燃传感器　13—活性炭罐　14—空气流量传感器　15—活性炭罐电磁阀

电控单元主要功能是根据发动机运转工况和汽车运行状态对发动机进行精确控制。

传感器负责把各种反映发动机工况和汽车运行状况的参数（非电量参数）转变成电信号（电压或电流）提供给电控单元，使电控单元正确地控制发动机运转或汽车运行。

执行器（喷油器等）用来完成电控单元发出的各种指令，是电控单元指令的执行者。

（1）电控单元　电控单元常用ECU表示。

电控单元一般由中央处理器CPU、只读存储器ROM、可编程只读存储器PROM、运行数据存储器RAM和输入/输出接口等组成。

近年来，电子控制系统的功能得以不断扩大，在发动机管理系统中，不但控制喷油器的喷油量，还可控制点火、怠速、废气再循环等；另外，还可控制底盘中的自动变速器、制动防抱死系统、悬架高度调整系统、转向助力系统及车身控制系统等。

（2）传感器

1）空气流量传感器。该传感器用来测量进入发动机的空气流量，并将测量的结果转换成电信号传给电控单元。

空气流量传感器一般安装在空气滤清器后端，节气门体前端。

空气流量传感器近年来用得较多的有热线式空气流量传感器和热膜式空气流量传感器。

2）发动机转速和曲轴位置传感器。发动机转速传感器用来检测发动机转速；曲轴位置传感器用来检测活塞上止点位置及曲轴的转角。发动机转速和曲轴位置传感器一般制成一体，是控制点火时刻和喷油时刻必不可少的信号源。

曲轴位置传感器有电磁感应式、霍尔效应式和光电式三种。

3）冷却液温度传感器。该传感器用来检测发动机冷却液的温度，该值作为喷油量和点火正时的修正量。

4）进气温度传感器。该传感器与体积空气流量传感器相配合，用来测量空气温度的变化，以确定空气密度的变化，进而获得较精确的空气质量流量及空燃比。它通常安装在空气流量传感器上或进气歧管处。

5）氧传感器。该传感器安装在排气管中，用来检测可燃混合气的实际空燃比较理论空燃比偏离程度，并把这一信息输入电控单元。电控单元控制喷油脉冲长短，实现反馈，组成闭式循环，满足最佳排气净化要求。

氧传感器有二氧化锆（ZrO_2）型氧传感器和二氧化钛（TiO_2）型氧传感器两种。

6）节气门位置传感器。该传感器用来监测节气门开度的大小，并把节气门开度状态信息输送给电控单元。电控单元根据节气门开度或节气门开闭的快慢程度，得到发动机负荷工作状况是怠速无负荷，还是小负荷或中、满负荷，或者汽车是在加速或减速的信息。电控单元根据这些信息，确定喷油量、喷油正时和最佳点火提前角。

节气门位置传感器安装在节气门体上，与节气门轴联动。

7）爆燃传感器。该传感器用来检测发动机是否产生爆燃，并将产生爆燃的信号输送给电控单元，实现点火正时的控制。

爆燃传感器安装在气缸体或气缸盖上。

4. 汽油缸内直接喷射发动机

传统汽油喷射发动机是将燃油喷入进气道中，与空气混合后以可燃混合气的形式被吸入燃烧室。汽油缸内直接喷射技术是借助一个燃油泵将汽油压力提高到10～12MPa，并将汽油直接泵入燃烧室内的电磁喷油器，然后通过电控单元控制喷油器，使汽油在最恰当的时刻直接注入燃烧室，使燃烧更充分、更完全。

在汽油缸内直接喷射发动机中，电控单元根据发动机的工作状况，始终控制喷油器保持最佳喷油量，进而使可燃混合气充分燃烧，大大地提高了发动机的综合性能。

汽油缸内直接喷射系统结构如图4-6所示，主要由高压燃油泵7、喷油器2、燃油导轨1和凸

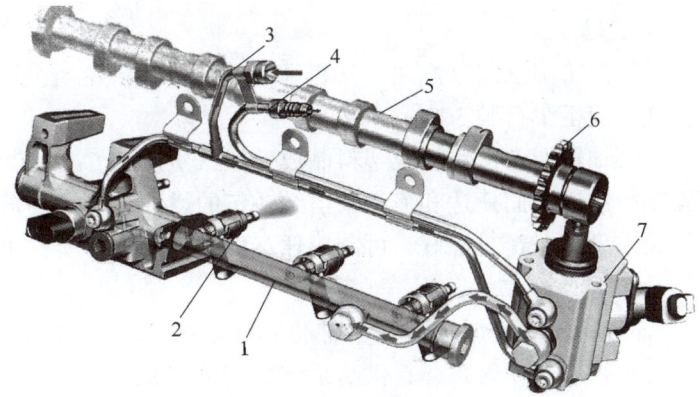

图4-6 汽油缸内直接喷射系统结构示意图

1—燃油导轨 2—喷油器 3—进油管 4—回油管
5—凸轮轴 6—凸轮轴正时链轮 7—高压燃油泵

轮轴5等组成。

凸轮轴每转一周，喷油器各自喷油一次。在燃油导轨上安装有燃油压力传感器，监控其燃油压力。

奥迪轿车装用的汽油缸内直接喷射发动机如图4-7所示。

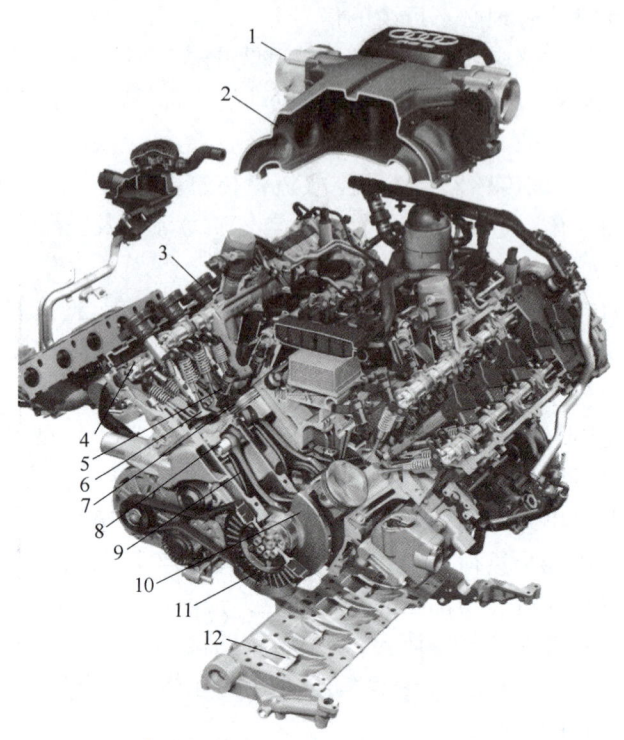

图4-7 奥迪轿车装用的汽油缸内直接喷射发动机
1—节气门体 2—进气总管 3—高压点火线 4—凸轮轴 5—喷油器 6—进气门
7—燃烧室 8—活塞销 9—连杆 10—曲轴 11—曲轴带轮 12—曲轴轴承

三、燃油供给系统主要零件结构及工作原理

1. 燃油箱

燃油箱用以储存汽油，其容量视车辆大小和发动机排量而定。对一般汽车而言，装满一箱油，应至少行驶300～600km。

燃油箱通常由钢板或塑料制成。一汽生产的CA7220和奥迪100型轿车的燃油箱均由镀铅钢板制成，而捷达和上海桑塔纳轿车的燃油箱采用高分子高密度聚乙烯塑料制成。塑料燃油箱强度高，密封性好，可制成任意形状，结构紧凑，重量轻，且有防爆作用。

2. 燃油滤清器

燃油滤清器的作用是滤去燃油中的水分和杂质，防止燃油中的污物堵塞喷油器等零件。

电控燃油喷射式燃料供给系统使用的燃油滤清器可以安装在燃油箱附近（图4-2），也可以安装在发动机附近。它的滤网较大、滤清效果较好，且使用寿命长。

燃油滤清器的滤芯除纸滤芯外，还有金属片缝隙式和多孔陶瓷滤芯。多孔陶瓷滤芯结构简单，节省金属，滤清效能高；但不易清洗，使用寿命短。

3. 燃油泵

燃油泵的作用是将汽油从燃油箱中吸出，并送入喷油器。

燃油泵通常有两种类型，即滚柱式电动燃油泵和叶片式电动燃油泵。

叶片式电动燃油泵近年来得到越来越多的应用，其结构如图4-8所示。叶轮及叶片8是一个圆形平板，在平板的圆周上加工有小槽，形成泵油叶片。叶轮旋转时，小槽内的汽油随同叶轮一同高速旋转。在离心力的作用下，出口处油压增高，进口处产生真空；使汽油从进口吸入、出口泵出。

叶片式电动燃油泵运转噪声小，油压脉动小，泵油压力高，叶片磨损小，使用寿命长。

使用时，严禁在无燃油的情况下起动燃油泵，也不允许等到汽油耗尽时再添加汽油，以免损坏燃油泵。

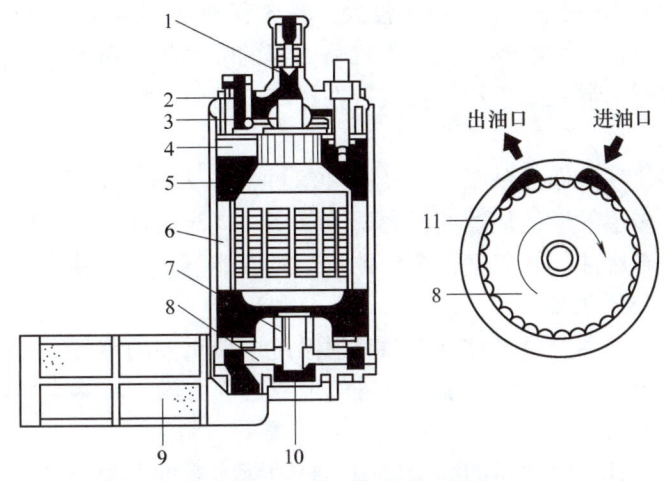

图 4-8　叶片式电动燃油泵

1—单向阀　2—限压阀　3、7—轴承　4—电刷　5—电枢
6—永久磁铁　8—叶轮及叶片　9—滤清器　10—缓冲垫　11—泵体

4. 燃油压力调节器

燃油压力调节器的功用是保证喷油器的燃油压力与进气管压力之差为恒定值。这样，从喷油器喷出的燃油量便唯一地取决于喷油器的开启时间，电控单元能够通过控制喷油时间来控制喷油量。

燃油压力调节器的结构如图4-9所示，金属壳内有一个膜片4，膜片将内腔分成两个腔：下腔通过真空管6与节气门后的进气管相通，其中有一个弹簧5紧压在膜片上，使回油阀7关闭；上腔进油口1接燃油导轨，回油口2与燃油箱相通。

当燃油压力超过预设的压力值时，膜片上方的燃油就推动膜片向下压缩弹簧，打开回油阀，超压的燃油流回燃油箱，以保持一定的燃油压力。下腔由于与进气管相通，所以燃料系统的压力就取决于进气管的绝对压力。尽管节气门位置不同，但通过喷油器的汽油压力降低值将是相同的。燃油压力调节器装在燃油导轨（分配管）的一端，按装置的不同，可将燃油压力在

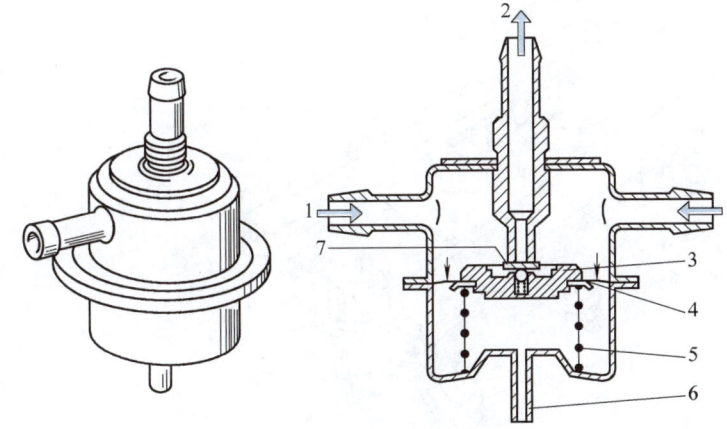

图 4-9　燃油压力调节器

1—进油口（通燃油导轨）　2—回油口（通燃油箱）　3—阀座
4—膜片　5—弹簧　6—真空管（通进气管）　7—回油阀

0.30~0.50MPa 范围内进行调节。

5. 燃油导轨（分配管）

燃油导轨的功用是将燃油均匀、等压地分配到各喷油器；另外，还有储油蓄压的作用。燃油导轨（图4-10）截面较大，其容积油量相对于发动机的喷油量来说要多很多，这样可防止燃油压力波动，保证各缸喷油器的喷油量尽可能相等。

燃油导轨总成用螺栓安装在进气歧管下部的固定座上，与喷油器相连，并向喷油器分配燃油。

燃油由燃油泵泵出，经脉冲缓冲器流入燃油导轨。燃油压力调节器保持正常的系统压力，多余的燃油从燃油压力调节器回油口流回油管，返回燃油箱。

若燃油导轨堵塞，会导致发动机性能下降和发动机过热。

6. 喷油器

喷油器是电子控制燃油喷射系统中最重要的零件。它的功用是按照电控单元的指令在恒压下定时定量地将汽油喷入进气道或进气管内。在多点燃油喷射系统中，每个气缸都装有一个喷油器。

轴针式喷油器的结构如图4-11所示，喷油器体内有一个电磁线圈3，喷油器头部的针阀6与衔铁5结合成一体，在回位弹簧4的作用下关闭。当电控单元传来电流信号时，电磁线圈通电，产生电磁力，吸起针阀6，燃油通过精确设计的轴针头部环形间隙喷出，在喷油器头部前端燃油粉碎雾化，与空气混合，在发动机进气行程中被吸入气缸。

喷油量仅取决于针阀的开启时间。针阀的开启时间由电控单元控制，即喷油器的通电、断电是由电控单元控制的。电控单元以电脉冲的形式向喷油器输出控制电流。

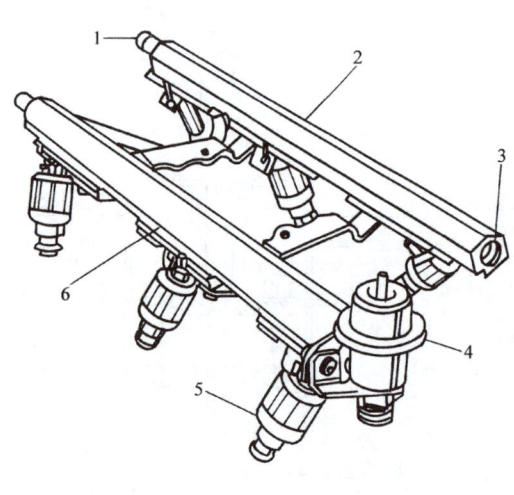

图4-10 燃油导轨
1—燃油压力测试口 2、6—油道 3—进油口
4—燃油压力调节器 5—喷油器

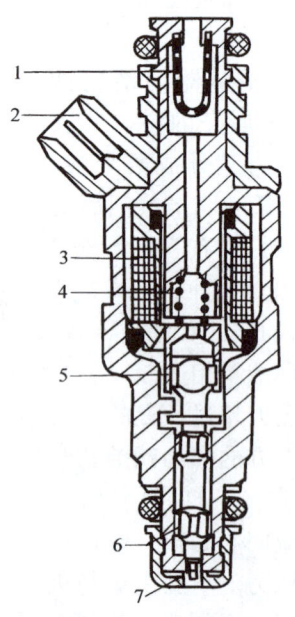

图4-11 喷油器
1—燃油滤阀 2—电接头 3—电磁线圈 4—回位弹簧
5—衔铁 6—针阀 7—轴针

7. 节气门体

节气门体（图4-12）安装在进气道中，它的功用是调节进入发动机的空气流量。

节气门体主要由节气门2、节气门开度传感器5、带回位弹簧的齿轮4和节气门驱动电动机3等组成。

汽车正常行驶时，驾驶员通过加速踏板操作节气门的开度，控制进入气缸的空气流量。

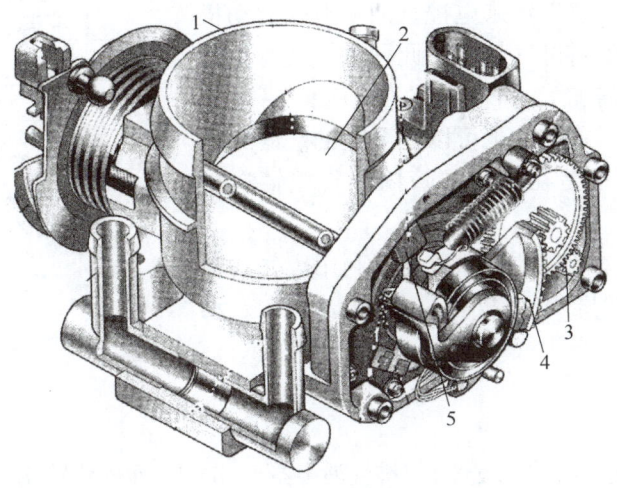

图4-12　节气门体

1—节气门体　2—节气门　3—节气门驱动电动机　4—带回位弹簧的齿轮　5—节气门开度传感器（滑动触点电位计）

第三节　发动机进、排气装置

发动机进、排气装置的功用是供给发动机工作时所需要的新鲜、清洁的可燃混合气或空气，并将发动机燃烧后的废气排至大气。

一、发动机进气装置

发动机进气装置主要由空气滤清器、进气歧管和连接管等组成。

1. 空气滤清器

空气滤清器的功用是滤清空气中所含的尘土和杂质，让洁净的空气进入气缸，以减少气缸、活塞、活塞环等有关零件的磨损，延长发动机的使用寿命。

桑塔纳2000GSi轿车发动机装用的干式纸滤芯空气滤清器的结构如图4-13所示，主要由滤芯1、进气管3和壳体2等组成。

空气滤清器种类很多，其中滤芯为纸质的干式空气滤清器得到广泛应用。

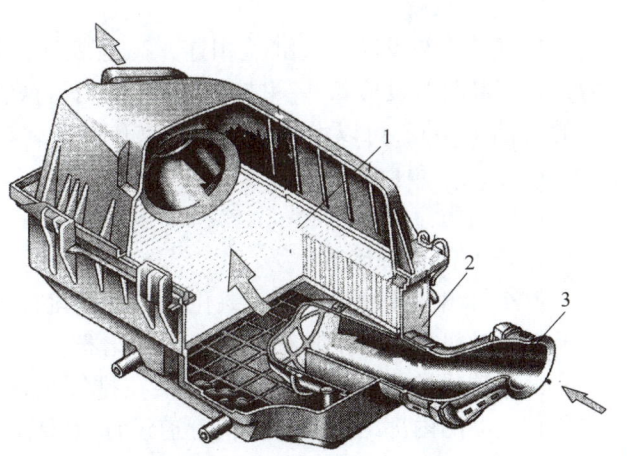

图4-13　干式纸滤芯空气滤清器

1—滤芯　2—壳体　3—进气管

该种空气滤清器的滤芯经过树脂处理。因其具有结构简单、重量轻、滤清效果好、保养安装方便的优点，故在轿车发动机上应用较多。

2. 进气歧管

进气歧管（图4-14）的作用是将可燃混合气较均匀地分送到各个气缸的进气门。

轿车发动机进气歧管多用铝合金制造，铝合金进气歧管重量轻、导热性好。近年来电控汽油喷射式发动机越来越多地采用复合塑料进气歧管，此种进气歧管重量轻、内壁光滑，且无需加工。

进气歧管可以是干式的，也可以是湿式的。湿式进气歧管中的冷却液通道是在进气歧管内部直接铸造出来的。

为了改善发动机暖机时的燃油雾化，利用废气的热量加热进气道的可燃混合气，故在一些V6或V8发动机的进气歧管上连接一根排气通道。

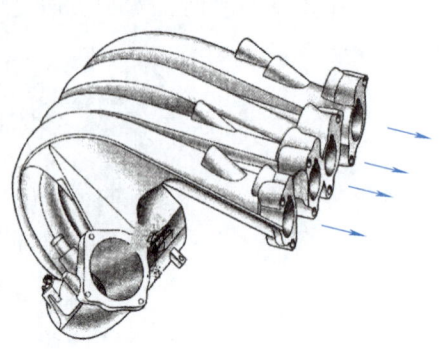

图4-14 进气歧管

二、发动机排气装置

发动机排气装置主要由排气歧管1、排气消声器4、6和三元催化转化器3等组成（图4-15）。

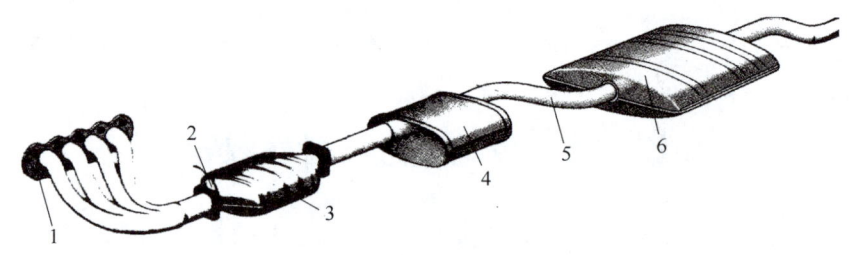

图4-15 发动机排气装置

1—排气歧管　2—氧传感器　3—三元催化转化器　4—中间排气消声器　5—排气管　6—后排气消声器

1. 排气歧管

排气歧管与发动机气缸盖相连，高温废气直接从排气门进入排气歧管。为降低排气阻力，排气歧管长度应长些。排气歧管一般用铸铁制成，有的发动机排气歧管也有用不锈钢制造的（图4-16），可以承受温度的快速升高。

2. 排气消声器

排气消声器的功用是降低排气噪声并消除废气中的火星及火焰。

3. 三元催化转化器

汽车排出的废气中含有一氧化碳、碳氢化合物、氮氧化物及微粒等有害物质。因此，许多轿车发动机排气管中装有三元催化转化器。

三元催化转化器（图4-17）串接在排气歧管和排气消声器之间、氧传感器之后。三元催化转化器的内部结构是蜂窝状管道设计（陶瓷催化反应柱2）。在蜂窝管道壁上有铂、铑和钯等贵金属元素的涂层作为催化反应媒，可将一氧化碳和碳氢化合物通过氧化反应变成二氧化碳和水，将氮氧化物还原成氮气和氧气。

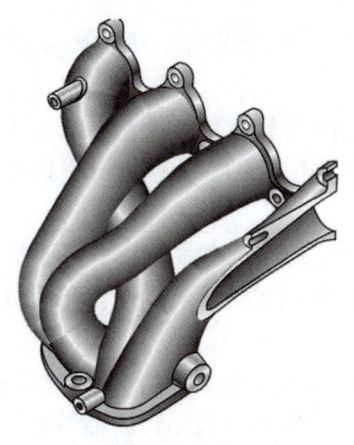

图 4-16 排气歧管

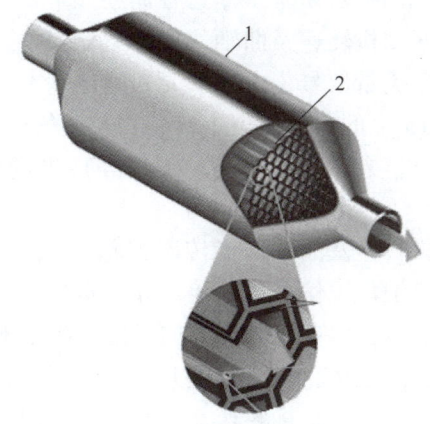

图 4-17 三元催化转化器
1—壳体 2—陶瓷催化反应柱

第四节 电控汽油喷射系统实例

一汽红旗 CA7220 轿车发动机电控汽油喷射系统采用德国西门子公司研制的 SIMOS4S3 多点顺序式汽油喷射系统，其组成如图 4-18 所示。

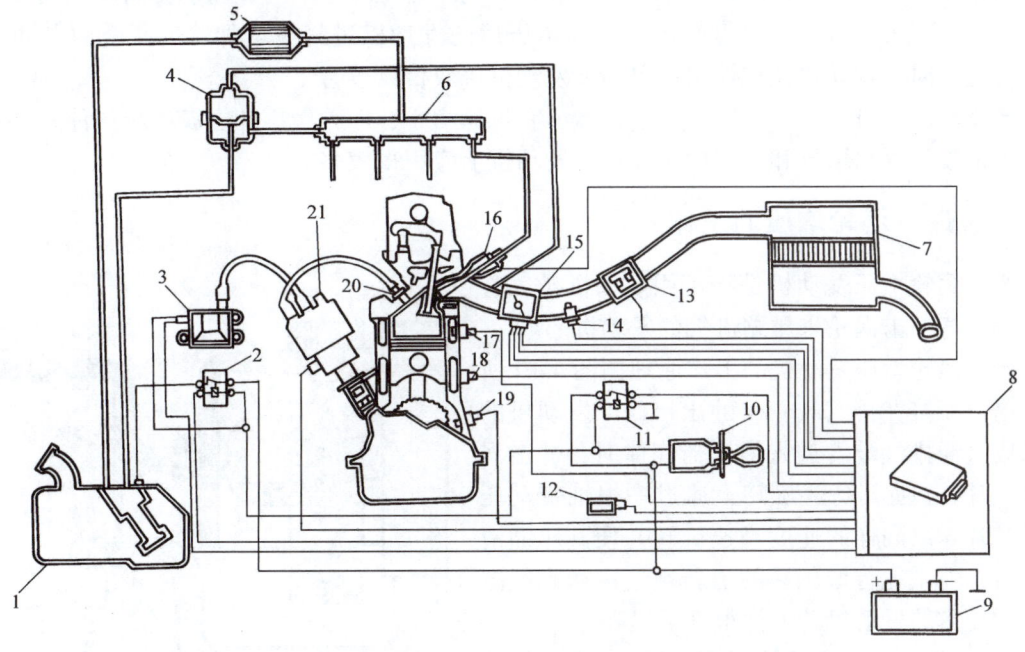

图 4-18 一汽红旗 CA7220 轿车电控汽油喷射系统组成示意图
1—燃油箱 2—燃油泵继电器 3—点火电控单元 4—燃油压力调节器 5—燃油滤清器 6—燃油导轨
7—空气滤清器 8—电控单元 9—蓄电池 10—点火开关 11—主继电器 12—一氧化碳电位计
13—空气流量传感器 14—进气温度传感器 15—节气门体 16—喷油器 17—水温传感器 18—爆燃传感器
19—发动机转速及曲轴位置传感器 20—火花塞 21—分电器（内装凸轮轴位置传感器）

电控汽油喷射系统工作过程简述如下：

根据发动机转速及曲轴位置传感器 19 输入的发动机转速信号和空气流量传感器 13 输入的空气质量流量信号，电控单元 8 确定基本喷油量。然后，电控单元再根据水温传感器 17、节气门体 15 上的节气门位置传感器及进气温度传感器 14 等输入的相关信号，对发动机特殊工况（起动、怠速、全负荷、加速等）再进行喷油量修正，最后计算出相应工况的最佳喷油量。

发动机转速及曲轴位置传感器除了向电控单元提供曲轴转速信号外，还能提供曲轴位置。根据曲轴位置信号，电控单元确定喷油时刻。凸轮轴位置传感器向电控单元提供第一缸活塞位置信号，以确定喷油器向各缸的喷油顺序。

发动机怠速运转时，怠速开关触点闭合，电控单元根据怠速开关信号和水温传感器信号计算出发动机怠速目标转速，并与曲轴位置传感器测得的发动机实际转速信号进行比较，再根据怠速节气门位置传感器信号确定的节气门开度增量，最后由怠速直流电动机将节气门驱动到目标位置，使发动机达到怠速目标转速。

第五节　汽油机涡轮增压

目前，增压和增压技术越来越广泛地应用在汽车的内燃机上。车用柴油机增压技术比较成熟。汽油机的增压原理与柴油机基本相同。

所谓增压，即利用增压器将空气或可燃混合气进行预压缩之后，以期提高空气或可燃混合气的密度，再送入内燃机气缸的过程。增压后的发动机进气量增加，进而增加发动机功率；与此同时，发动机经济性得以提高，发动机排放得以改善。

按驱动压气机的方式不同，发动机增压有机械增压、涡轮增压和气波增压三种。

近来废气涡轮增压和机械增压在汽车发动机上应用得较多。

一、废气涡轮增压的工作原理

废气涡轮增压发动机是指利用发动机排气管排出的废气冲击涡轮来压缩进气的发动机。

废气涡轮增压发动机的工作原理如图 4-19 所示。增压器接在排气歧管 4 的出口处，发动机的高温废气经排气歧管进入增压器壳体时，冲击涡轮机叶片 5，使其高速旋转，通过一根轴带动压气机叶片 6 以同样的速度高速旋转并使其压缩清新空气，强制地将增压后的清新空气压送到气缸中。增压后的发动机动力性得到了提高。

由于增压器运转的能量是发动机排出的废气，故整个工作过程基本上不消耗发动机的动力。需要指出的是，涡轮增压器在低速时由于涡轮不能及时工作，从而导致发动机低速时动力性稍差。

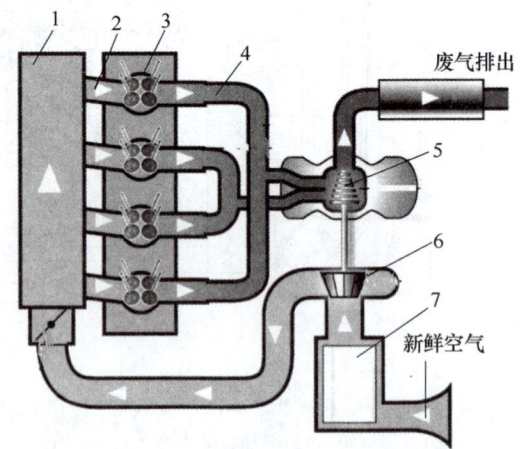

图 4-19　废气涡轮增压发动机工作原理示意图

1—进气总管　2—进气歧管　3—气缸　4—排气歧管
5—涡轮机叶片　6—压气机叶片　7—空气滤清器

大众汽车装用的废气涡轮增压发动机如图 4-20 所示。

带中冷器的涡轮增压发动机如图 4-21 所示。

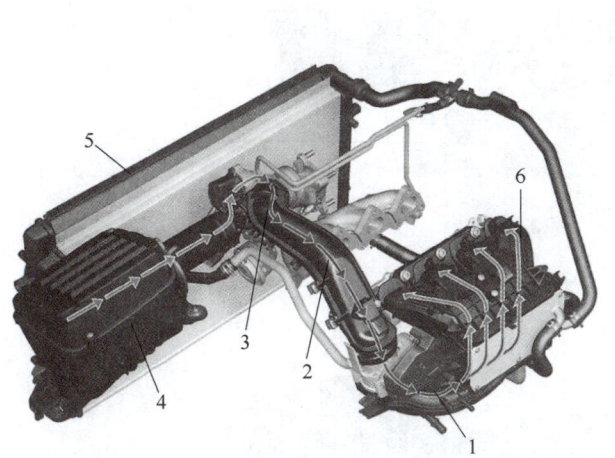

图 4-20　大众汽车装用的废气涡轮增压发动机结构示意图
1—节气门　2—进气管　3—涡轮增压器
4—空气滤清器　5—中冷器　6—进气歧管

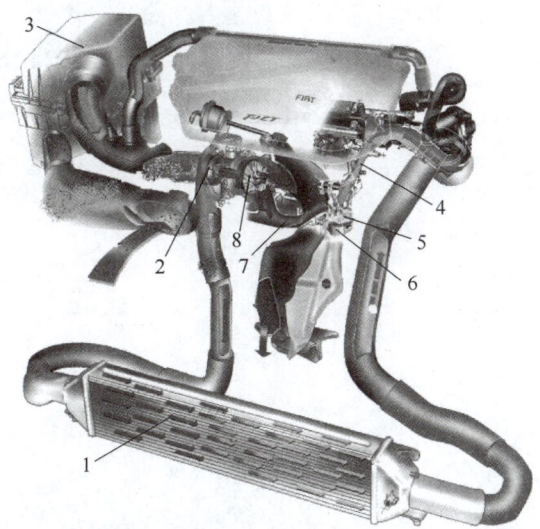

图 4-21　带中冷器的涡轮增压发动机结构示意图
1—中冷器　2—压气机叶片　3—空气滤清器　4—进气管
5—燃烧室　6—活塞　7—排气歧管　8—涡轮叶片

二、机械增压工作原理

机械增压不是利用排气管排出的废气来压缩空气，而是由发动机曲轴带动压气机旋转来工作的，因此增压器的工作会消耗发动机一部分动力。

压气机通过两个压气机转子 1 的相对旋转来压缩新鲜空气，增压后的空气经进气门 2 进入气缸 5，使气缸里的空气密度增加，可燃混合气数量增多（图 4-22）。其结构如图 4-23 所示。

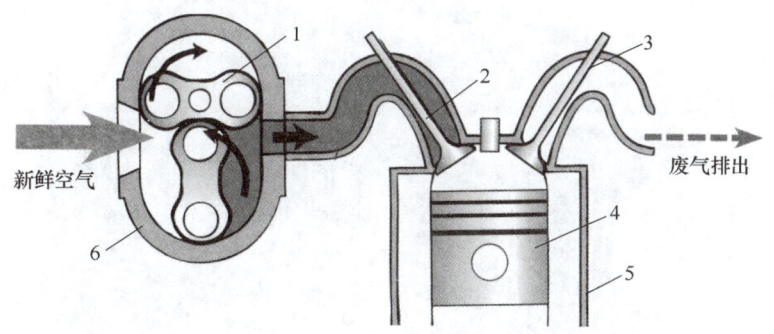

图 4-22　机械增压发动机工作原理示意图
1—压气机转子　2—进气门　3—排气门　4—活塞　5—气缸　6—机械增压器壳体

由于机械增压器由曲轴带动，所以只要曲轴旋转，增压器就一直"增压"，因此发动机在低转速运转时，其输出转矩的增加也较明显。

带中冷器的机械增压发动机如图 4-24 所示。

梅赛德斯-奔驰轿车装用的机械增压发动机如图 4-25 所示。

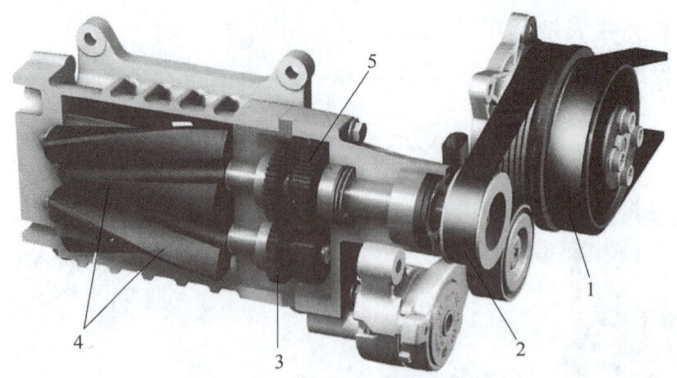

图 4-23　机械增压器结构示意图

1—主动轮　2—压气机动力轮　3—同步轮　4—压气机转子（旋转活塞）　5—传动齿轮

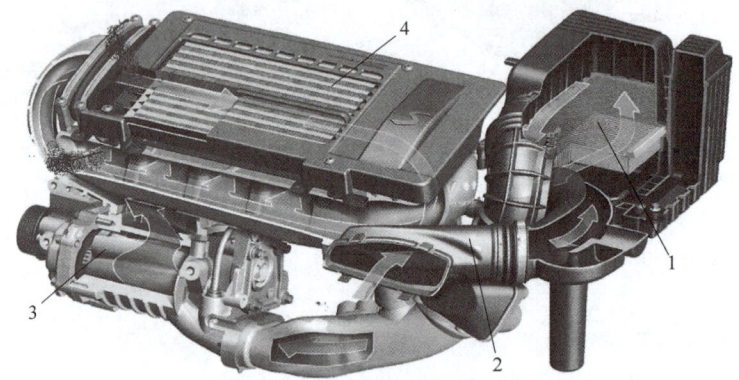

图 4-24　带中冷器的机械增压发动机结构示意图

1—空气滤清器　2—进气管　3—压气机转子　4—中冷器

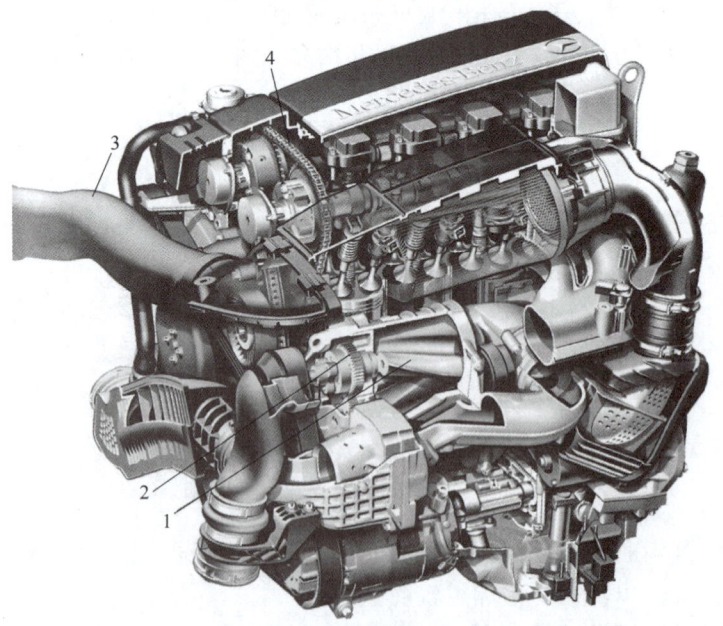

图 4-25　梅赛德斯-奔驰轿车装用的机械增压发动机结构示意图

1—机械增压器转子　2—机械增压器驱动轮　3—进气管　4—正时链条

三、双增压系统结构工作原理

双增压系统是指由一个涡轮增压器和一个机械增压器或两个涡轮增压器组成的增压系统。

由一个涡轮增压器和一个机械增压器组成的双增压系统是一种由电磁离合器控制的，可根据发动机工作状况需要自动完成涡轮增压器和机械增压器转换，并可自动进行增压比调节的双增压系统。

装有双增压系统的发动机机械增压器 1 安装在进气系统上，涡轮增压器 8 安装在排气系统上（图 4-26）。

发动机低速运转时（低于 1500r/min），曲轴 9 通过带传动直接使机械增压器工作，提高了发动机低速运转时的进气压力（可达 0.12～0.13MPa；非增压时，此压力只有 0.06～0.08MPa），使增压器瞬间响应加快。

发动机高速运转时（超过 3500r/min），废气能量增加，通过电磁离合器 10 使发动机动力传递处于分离状态，同时开启进气转换阀 7 使涡轮增压器进入工作状态。

发动机在中速运转时（1500～3500r/min），进气转换阀处于半开状态，空气一部分通过机械增压器充入气缸，另一部分进入涡轮增压器进行压缩后再充入发动机。

装用由涡轮增压器和机械增压器组成的双增压系统发动机如图 4-27 所示。

大众高尔夫 1.4L TSI 发动机（2005 年生产）装用的就是由一个涡轮增压器和一个机械增压器组成的双增压系统。

双涡轮增压系统有串联式和并联式之分。

串联式双涡轮增压系统（图 4-28）中，两套涡轮增压器的压气机叶轮连通在同一个进气管上，为与该进气管相连的各气缸增压。串联式双涡轮增压系统由一大一小两组涡轮串联而成。

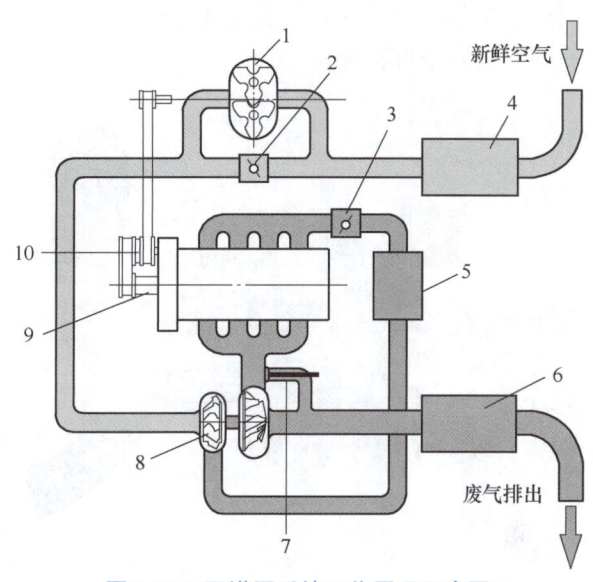

图 4-26 双增压系统工作原理示意图

1—机械增压器 2—节流阀 3—节气门 4—空气滤清器
5—中冷器 6—三元催化转化器 7—进气转换阀
8—涡轮增压器 9—曲轴 10—电磁离合器

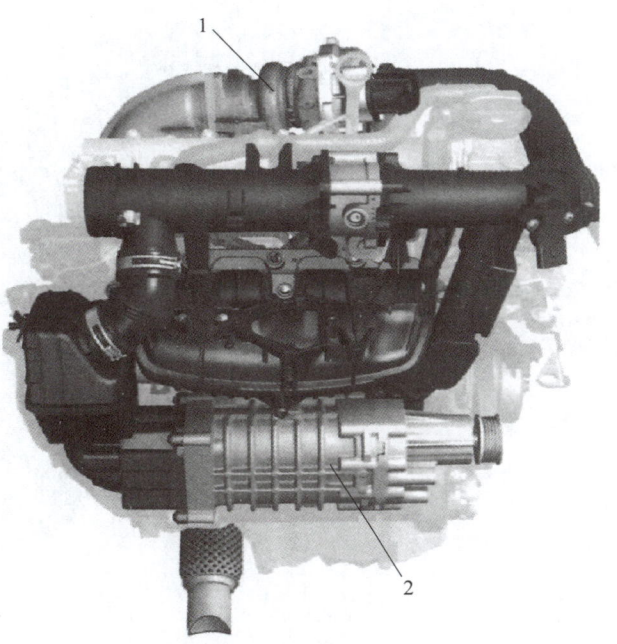

图 4-27 双增压系统发动机

1—涡轮增压器 2—机械增压器

发动机低速运转时，排气管废气推动反应较快的小涡轮，解决了单涡轮低速迟滞的缺点；发动机高速运转时，大涡轮参加工作，提供充足的进气量，发动机功率得到提高。高性能跑车多采用这种增压方式。

并联式双涡轮增压系统（图4-29）适用于V形发动机。系统中的两个小涡轮增压器分别位于发动机两侧，每一套增压系统负责一侧气缸的增压。如对V8发动机而言，一个增压器需要给四个气缸增压。

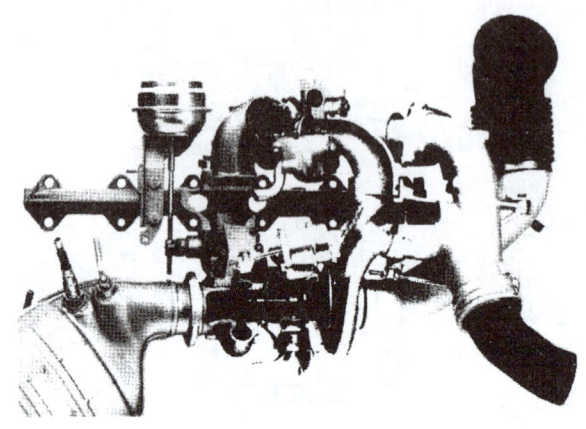
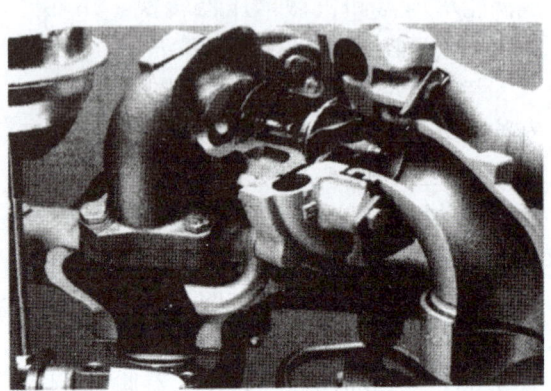

图4-28 串联式双涡轮增压系统　　　　　图4-29 并联式双涡轮增压系统

宝马直列6缸发动机每3缸装用一个涡轮增压器，如图4-30所示。

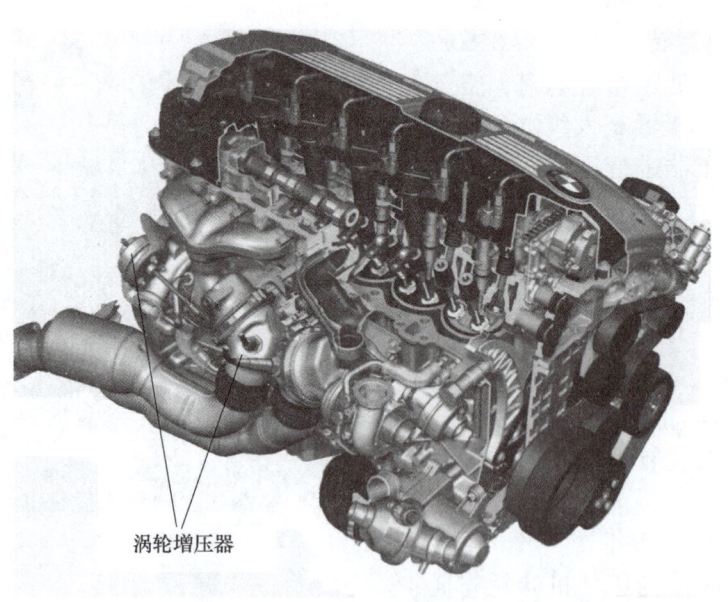

涡轮增压器

图4-30 宝马轿车装用的双涡轮增压系统

第四章 电控汽油喷射式燃料供给系统

思考题与习题

4-1 汽油机燃料供给系统的功用如何？
4-2 汽油机的代用燃料有哪些？
4-3 可燃混合气浓度对发动机性能有何影响？
4-4 汽油机各种工况对可燃混合气的浓度各有什么要求？
4-5 什么叫汽油喷射？
4-6 电控汽油喷射系统组成如何？
4-7 电控汽油喷射系统有哪些传感器？它们各自的功用是什么？
4-8 叶片式电动燃油泵的工作原理如何？
4-9 燃油压力调节器的功用是什么？
4-10 燃油导轨的功用是什么？
4-11 喷油器功用如何？轴针式喷油器的结构如何？
4-12 空气滤清器有何功用？
4-13 废气涡轮增压的工作原理如何？
4-14 简述双增压系统结构的工作原理。

第五章

柴油机燃料供给系统

第一节 概 述

近年来，在国外掀起了轿车柴油机化的高潮，如德国大众、美国通用和日本丰田等汽车公司生产的轿车都装用了柴油机；国内一汽大众生产的捷达 SDI、宝来 TDI 轿车装用的也是柴油机。

用于乘用车上的柴油机主要采用电子控制燃油喷射系统。电子控制燃油喷射系统喷油压力高且喷油精度高，可满足对乘用车排放日益严格的要求。

机械控制直列柱塞式喷油泵（简称柱塞式喷油泵）由于不能满足对其性能的要求，已逐渐退出市场。

一、柴油机燃料供给系统的组成

柴油机燃料供给系统中的燃油供给装置主要组成如图 5-1 所示，主要由柴油箱 6、喷油泵 2、喷油器 9、输油泵 4 及柴油滤清器 12 等部件组成。图中带箭头的线段表示燃油流向，其中线型为虚线的代表低压燃油，线型为实线的代表高压燃油。

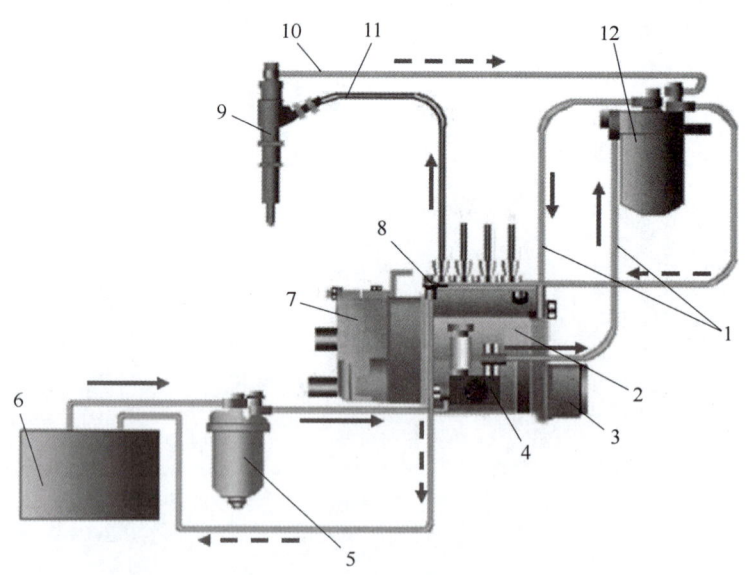

图 5-1 燃油供给装置（装有直列柱塞泵）主要组成

1—低压油管 2—喷油泵 3—供油提前调节器 4—输油泵 5—油水分离器 6—柴油箱
7—调速器 8—限压阀 9—喷油器 10—回油管 11—高压油管 12—柴油滤清器

发动机工作时，输油泵 4 从柴油箱 6 内将柴油吸出，经柴油滤清器 12 过滤后，并将柴油压力提高到 0.15~0.30MPa，送至喷油泵 2，喷油泵将柴油压力进一步提高至 10MPa 以上，通过高压油管 11 泵入喷油器 9，喷油器再将柴油以雾状喷入燃烧室并与空气混合后自行着火燃烧。输油泵供给的多余柴油以及喷油器顶部回油孔流出的少量柴油，都经回油管 10 流回柴油箱。

柴油机燃料供给系统除上述燃油供给装置外，还包括空气供给装置、可燃混合气形成装置及废气排出装置。空气供给装置由空气滤清器、进气管和进气道组成，有的还装有增压器及中冷器；可燃混合气形成装置为燃烧室，废气排出装置由排气道、排气管和排气消声器组成。

二、柴油

柴油是在 473~625K 的温度范围内由石油中提炼出来的碳氢化合物，其中碳的质量分数为 87%、氢的质量分数为 12.6%、氧的质量分数为 0.40%。

柴油的使用性能指标主要是燃烧性、蒸发性和凝点。

燃烧性是指柴油的抗粗暴能力。柴油机工作时，柴油被喷入燃烧室后，并非立即着火燃烧，而要经过一段时间的物理和化学准备，这个准备时间称为备燃期。若备燃期过长，在燃烧开始前，燃烧室内积聚的柴油会过多，致使大量柴油同时燃烧，气缸内压力急剧升高，从而导致柴油机工作粗暴；反之，若备燃期短，会使发动机工作柔和，而且可在较低温度下发火，有利于起动。柴油燃烧性的评定指标是十六烷值，十六烷值高的柴油，自燃点低。但十六烷值过高的柴油喷入燃烧室后，还来不及与空气充分混合就着火，使柴油在高温下裂解分离出大量的游离碳，造成油耗、烟度上升。一般汽车用柴油的十六烷值应在 40~50 范围内。

蒸发性是指柴油汽化的能力，用馏程表示。柴油的馏程采用 50%、90% 及 95% 蒸发温度。50% 蒸发温度越低，说明柴油中的轻质馏分越多，发动机容易起动；但同时也会使柴油机工作粗暴。90% 和 95% 蒸发温度表示柴油中的重质馏分的多少，对发动机的功率、油耗及排放都有很大影响。

凝点是表示柴油冷却到液面不能移动的最高温度。柴油的凝点应比柴油机最低工作温度低 3~5℃ 以上。凝点过高将造成油路堵塞。

柴油按其所含重馏分的多少分为重柴油和轻柴油。汽车用柴油机都是高转速的，因此，应采用轻柴油。柴油的牌号即根据凝点编定。在 GB 19147—2013《车用柴油》中，普通柴油按凝点分为 5 号、0 号、-10 号、-20 号、-35 号和 -50 号六个牌号，它们的凝点分别为 5℃、0℃、-10℃、-20℃、-35℃ 和 -50℃。

为降低柴油的凝点，改善其低温流动性，使用时可在其中掺入裂化煤油或添加降凝剂。

此外，对柴油中的有害成分，如灰分、硫的含量、机械杂质、水分、酸度、水溶性酸和碱、实际胶质等也必须严格控制。

第二节　可燃混合气的形成与燃烧室

一、可燃混合气的形成与燃烧

柴油机在进气行程中，进入气缸的是纯空气，在压缩行程接近终了时，才将高压柴油喷入燃烧室；喷油持续时间只占 15°～35°曲轴转角，所形成的可燃混合气很不均匀，在燃烧室的不同区域以及不同时期，可燃混合气的浓度相差也很大。

根据气缸中压力和温度的变化，可将混合气的形成与燃烧过程按曲轴转角划分为四个阶段，如图 5-2 所示。

（1）备燃期 Ⅰ　指喷油器喷油始点 A 到燃烧始点 B 之间的曲轴转角。这一期间进行着燃烧前的物理和化学准备过程。

（2）速燃期 Ⅱ　指从燃烧始点 B 到气缸内压力达最高的 C 点之间的曲轴转角。火焰自火源迅速向四周推进，上一时期积存的柴油以及在此期间陆续喷入的柴油，在已燃气体的高温作用下，迅速蒸发、混合和燃烧，使气缸内压力和温度急剧上升，非增压柴油机此时最高压力可达 6～9MPa，该压力一般出现在上止点后 6°～15°曲轴转角处。这一时期的放热量占每循环放热量的 30% 左右。

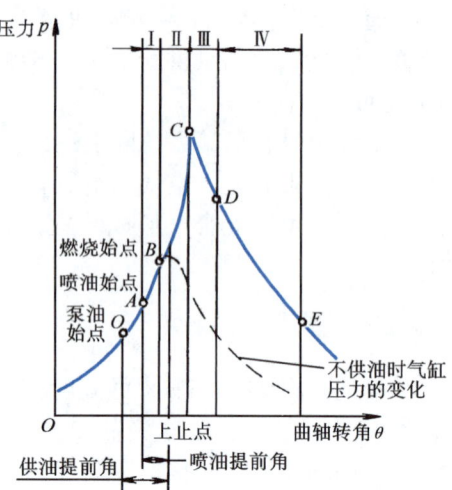

图 5-2　气缸压力与曲轴转角的关系
Ⅰ—备燃期　Ⅱ—速燃期
Ⅲ—缓燃期　Ⅳ—后燃期

（3）缓燃期 Ⅲ　是指从最高压力点 C 到最高温度点 D 之间的曲轴转角。在此期间，燃烧以很快的速度继续进行，后期由于氧气缺少，废气增加，燃烧速度越来越慢。此期间的压力逐渐下降，但燃气温度在继续升高，最高温度可达 1973～2273K，一般出现在上止点后 20°～35°曲轴转角处。喷油是在 D 点以前结束的，缓燃期内的放热量占每循环放热量的 70% 左右。

（4）后燃期 Ⅳ　从最高温度点 D 到柴油已基本上完全燃烧的 E 点之间的曲轴转角。燃烧是在逐渐恶化的条件下缓慢进行直到停止。在此期间，压力和温度均下降。为防止柴油机过热，应尽量缩短后燃期，加强燃烧室内气体的运动，改善混合气的形成条件，是缩短后燃期的有效措施。

综上所述，柴油机的工作特点是工作粗暴、排气冒烟、噪声大。从喷油开始到燃烧结束，仅占 50°～60°的曲轴转角，可燃混合气形成的时间极短、空间极小。因此，在这段时间里，提高燃料的雾化程度，加强气流的运动强度，改善燃烧后期的燃烧条件，是提高柴油机动力性和经济性的有效途径。

二、燃烧室

柴油机可燃混合气的形成与燃烧主要是在燃烧室内进行的，所以燃烧室的形状对可燃混合气的形成和燃烧有着直接的影响。

柴油机燃烧室按结构形式分为两大类：统一式燃烧室和分隔式燃烧室。

1. 统一式燃烧室

统一式燃烧室是由气缸盖底平面和活塞顶内的凹坑及气缸壁组成的。凹坑的形状多采用 ω 形和球形，如图 5-3 所示。

采用统一式燃烧室时，喷油器直接向燃烧室内喷射柴油，借助油束形状与燃烧室形状的合理匹配，以及空气的涡流运动，迅速形成可燃混合气，故这种燃烧室又称为直接喷射式燃烧室。

第五章　柴油机燃料供给系统

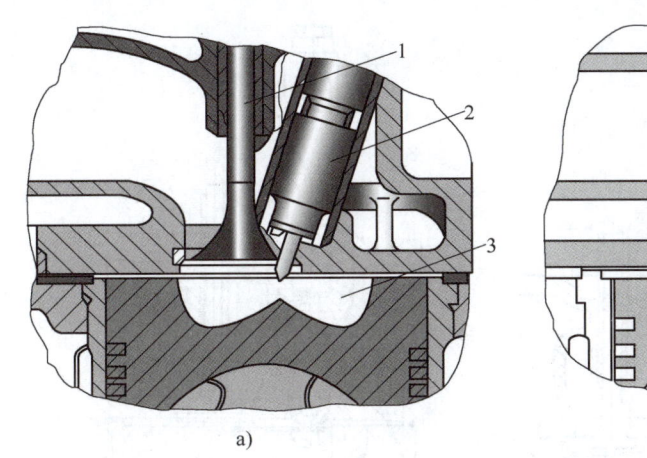
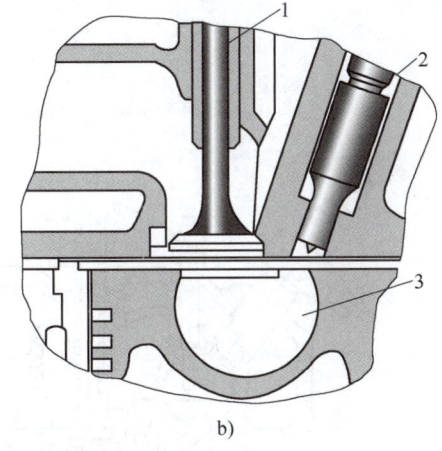

图 5-3　统一式燃烧室
a) ω 形　b) 球形
1—气门　2—喷油器　3—燃烧室

(1) ω 形燃烧室　ω 形燃烧室的活塞顶部凹坑的纵剖面为 ω 形，喷入的柴油绝大多数分布在燃烧室的空间，极少部分喷到燃烧室壁面上形成油膜，所以混合气的形成以空间雾化混合为主。

ω 形燃烧室的柴油机起动性能较好，被中小型高速柴油机广泛采用。

(2) 球形燃烧室　球形燃烧室位于活塞顶部中央，形状大于半个球。与喷油器相对应的位置，开有缺口与球面相切，柴油从这里顺气流方向喷射到燃烧室壁面上形成油膜。在柴油喷射贯穿空气时或碰到燃烧室壁反射时，必然有少量油粒（约 5%）脱离油束，呈雾状散布在燃烧室空间。这部分柴油在炽热的空气中首先完成着火准备，形成火源，然后靠此火源点燃从燃烧室壁上已蒸发形成的可燃混合气，所以可燃混合气的形成方式以油膜蒸发为主。这种可燃混合气形成方式使发动机工作平稳、柔和、燃烧彻底；但发动机起动性能较差，发动机在低速、低负荷工作时，可燃混合气质量差，排烟较重以及变工况的适应性差等。

2. 分隔式燃烧室

分隔式燃烧室由两部分组成，即主燃烧室和副燃烧室。分隔式燃烧室的结构形式有涡流室式和预燃室式两种（图 5-4）。

(1) 涡流室式燃烧室　作为副燃烧室的涡流室多为球形，也有圆柱形的，其容积占燃烧室总容积的 50%～80%。涡流室与主燃烧室用一个或数个通道连通，通道的面积一般为活塞面积的 1.2%～1.5%，通道方向与活塞顶成一定角度并与涡流室相切。这样，在压缩行程中，空气从气缸内被挤入涡流室时，形成强烈的有规则的涡流运动，喷入涡流室内的燃油，在强烈的空气涡流作用下迅速与空气混合形成可燃混合气，可燃混合气的形成属空间混合。着火后大部分柴油在涡流室内燃烧，未来得及燃烧的部分燃油在做功行程初期与高压燃气一起通过切向通道喷入主燃烧室，形成二次涡流，使之进一步与空气混合燃烧。

涡流室式燃烧室的主燃烧室内气体压力升高较平缓，发动机运转平稳，燃烧噪声小，排气污染少。但由于燃烧室的散热面积大和通道的节流作用，使散热损失和流动损失增加，所以经济性较差；此外，由于喷油压力低，油雾颗粒较大、蒸发慢，所以起动性能也较差。为了保证冷机起动，一般设置电热塞等起动辅助装置。

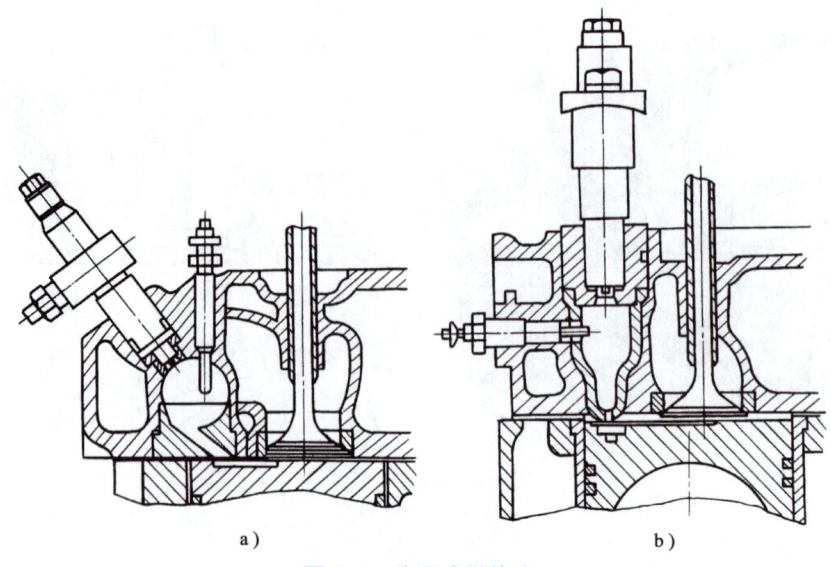

图 5-4 分隔式燃烧室
a) 涡流室式 b) 预燃室式

(2) 预燃室式燃烧室 作为副燃烧室的预燃室一般用耐热钢单独制造，再镶入气缸盖内。预燃室容积占燃烧室总容积的 25%～45%，连通预燃室与主燃烧室的通道面积较小，一般只有活塞面积的 0.25%～0.75%，且不与预燃室相切。在压缩行程中，气缸内的空气被挤入预燃室内形成强烈的无规则的湍流运动，喷入到预燃室内的柴油受空气湍流的扰动，与空气初步混合，形成可燃混合气，可燃混合气的形成属空间混合。少部分的柴油在预燃室内着火燃烧后，预燃室内温度、压力急剧升高，未燃烧的大部分柴油及燃气高速喷入主燃烧室。由于窄小孔道的节流作用再次产生湍流，促使柴油进一步蒸发与空气混合而完全燃烧。

预燃室式燃烧室具有和涡流室式燃烧室类似的特点。

第三节 柱塞式喷油泵

一、功用与分类

1. 功用

喷油泵的功用是根据发动机的不同工况，定压、定时、定量地向喷油器输送高压柴油。

2. 分类

喷油泵的结构形式较多，车用柴油机的喷油泵按作用原理不同，可分为三类：

(1) 柱塞式喷油泵 这种喷油泵应用的历史较长，性能良好，工作可靠。

(2) 泵喷嘴 将喷油泵和喷油器合为一体，直接安装在发动机气缸盖上，可以消除高压油管带来的不利影响。但要求在发动机上另加驱动机构。

(3) 电控柱塞式分配泵 这种喷油泵只有一对柱塞副，依靠转子的转动实现燃油的增压与分配。

电控柱塞式分配泵具有体积小、重量轻、成本低、使用方便等优点，因此它的应用越来越广，尤其是在电控柴油喷射系统中的应用会大有前景。

二、柱塞式喷油泵

柱塞式喷油泵（A 型喷油泵）如图 5-5 所示，主要由分泵、油量调节机构、传动机构和泵体四部分组成。

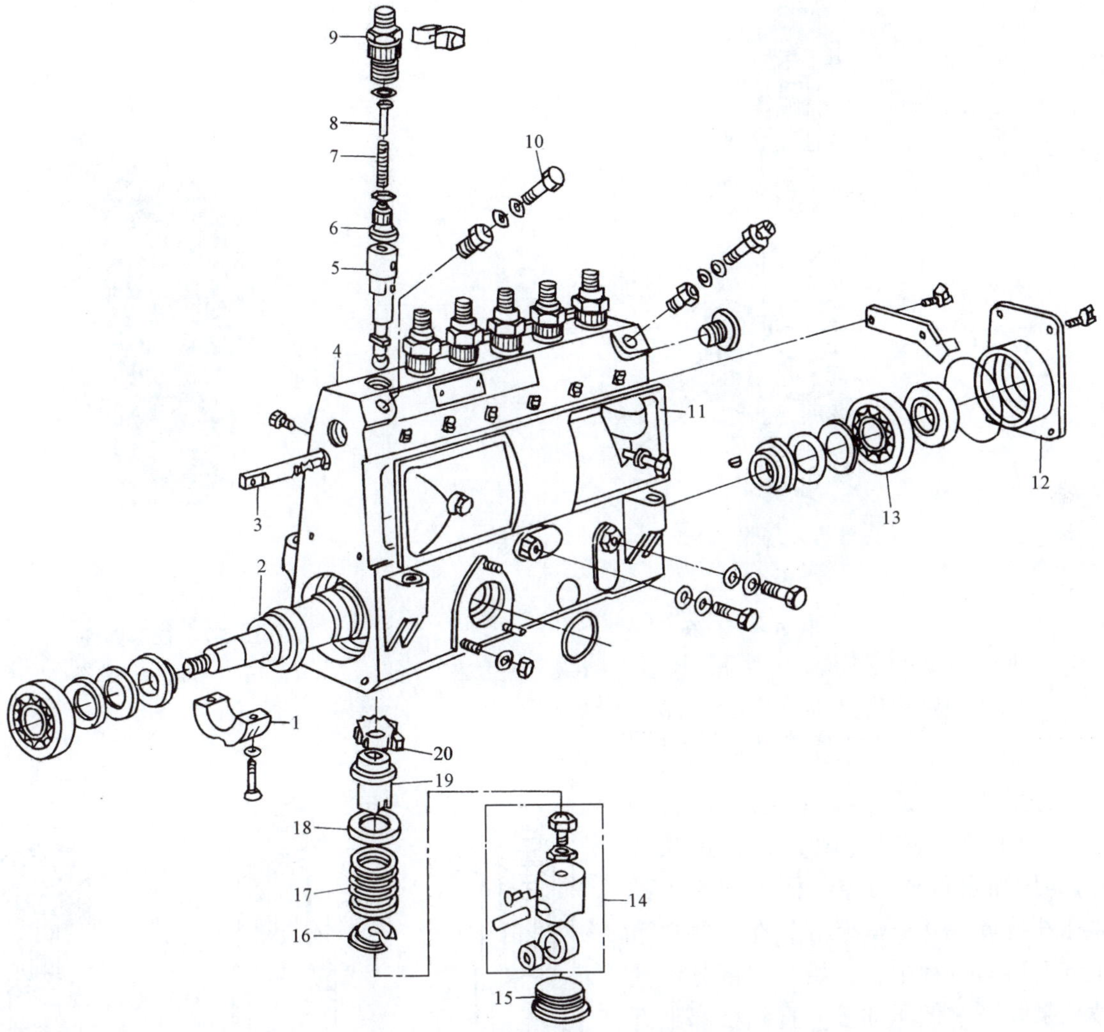

图 5-5 柱塞式喷油泵（A 型喷油泵）

1—轴承座 2—凸轮轴 3—齿条拉杆 4—喷油泵泵体 5—柱塞偶件 6—出油阀偶件 7—出油阀弹簧
8—减容器 9—出油阀压紧座 10—放气螺塞 11—泵体侧板盖 12—轴承盖 13—轴承 14—滚轮传动部件
15—堵塞 16、18—弹簧座 17—柱塞弹簧 19—控制套筒 20—调整齿圈

1. 分泵

分泵（图 5-6）主要由柱塞偶件（柱塞 4 和柱塞套 5）、柱塞弹簧 6、出油阀偶件（出油阀 2 和出油阀座 3）、出油阀弹簧和出油阀压紧座 1 等组成。

柱塞 2（图 5-7）上部的圆柱表面铣有与轴线呈 45°夹角的直线斜槽，斜槽底部与柱塞顶面有孔道相通。柱塞套装入喷油泵的座孔中，柱塞套上有进油孔，此孔与泵体内的低压油腔相通。为防止柱塞套转动，用销钉将其固定。柱塞和柱塞套是喷油泵中的精密偶件，用优质合金钢制造，两者以 0.0015～0.0025 mm 的间隙高精度配合，经研磨选配，不能互换，以保证燃油的增压和柱塞偶件的润滑。

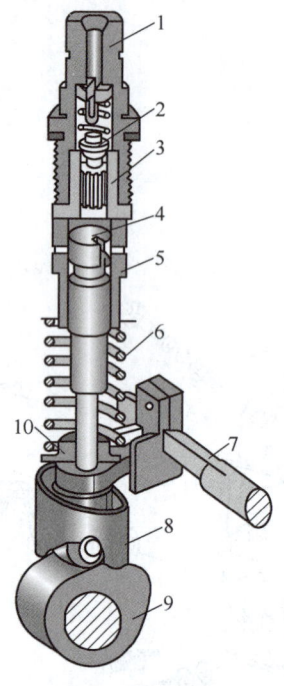

图 5-6　分泵

1—出油阀压紧座　2—出油阀　3—出油阀座　4—柱塞　5—柱塞套
6—柱塞弹簧　7—油量调节拉杆　8—滚轮传动部件
9—凸轮轴　10—柱塞弹簧座

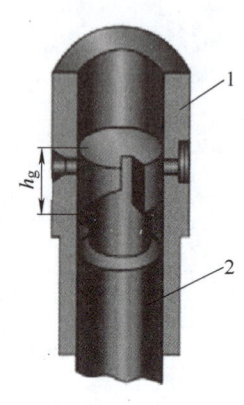

图 5-7　柱塞偶件

1—柱塞套　2—柱塞

分泵的工作原理如图 5-8 所示。当柱塞 4 向下移动时（图 5-8a，进油过程），燃油自低压油腔经柱塞套 5 上的油孔 6 被吸入并充满泵腔。在柱塞自下止点上移的过程中，开始有一部分燃油被从泵腔挤回低压油腔，直到柱塞上部的圆柱面将两个油孔完全封闭为止，此后柱塞继续上升（图 5-8b，压油过程），泵腔内的燃油压力迅速增高，当此压力增高到足以克服出油阀弹簧（图中未画）的预紧力时，出油阀 1 即开始上移。当出油阀的减压环带 2 离开出油阀座 3 时，高压燃油便自泵腔通过高压油管泵入喷油器。当柱塞继续上移至图 5-8c（回油过程）所示位置时，斜槽

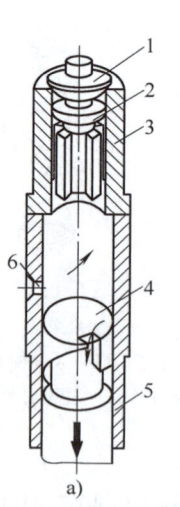
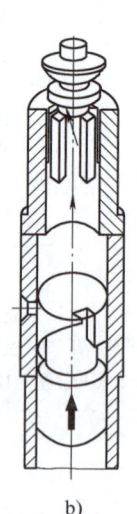
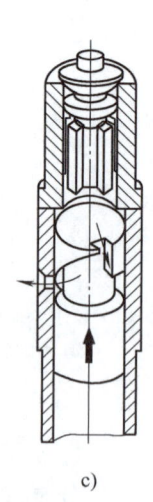

a)　　　　　b)　　　　　c)

图 5-8　分泵工作原理示意图

a) 进油过程　b) 压油过程　c) 回油过程
1—出油阀　2—减压环带　3—出油阀座
4—柱塞　5—柱塞套　6—油孔

同油孔 6 开始接通，于是泵腔内的油压迅速下降，出油阀在出油阀弹簧的作用下迅速回位，喷油泵停止供油。

由上述工作过程可知，在柱塞上移的整个行程中，并非全部供油。柱塞由下止点到上止点所经历的行程为柱塞行程，它的大小取决于驱动凸轮的轮廓。而喷油泵只是在柱塞完全封闭油孔之后到柱塞斜槽和油孔开始接通之前的这一部分柱塞行程内才泵油。该行程为柱塞的有效行程（图 5-7 中的 h_g）。显然，喷油泵每次的泵油量取决于柱塞的有效行程的大小。

因此，欲使喷油泵能随发动机工况不同而改变供油量，只需改变柱塞有效行程即可，一般通过改变柱塞斜槽和柱塞套油孔的相对角位置来实现的。

出油阀的结构与工作原理如图 5-9 所示。出油阀 1 的上部呈圆锥形，与出油阀座 3 相应的锥面配合。锥面下有一个短的圆柱面，称为减压环带 2。

当柱塞上升到封闭柱塞套进油孔时，泵腔内油压升高，克服出油阀弹簧预紧力后，出油阀开始上升，出油阀的密封锥面离开出油阀座，但此时还不能立即供油，直到减压环带完全离开出油阀座的导向孔时，才有燃油进入高压管路，使管路油压升高；当柱塞下落时，出油阀在出油阀弹簧的作用下开始回位。

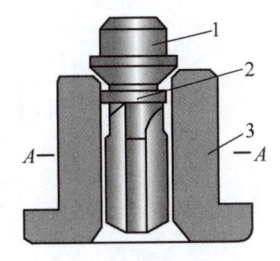
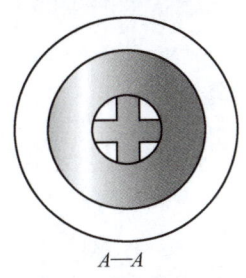

图 5-9　出油阀
1—出油阀　2—减压环带
3—出油阀座

2. 油量调节机构

油量调节机构的功用是根据柴油机负荷和转速的变化相应改变喷油泵的供油量，并保证各缸的供油量一致。

油量调节机构有齿杆式和拨叉式两种。

3. 传动机构

传动机构由喷油泵凸轮轴和滚轮传动部件组成。喷油泵凸轮轴的两端通过圆锥滚子轴承支承在喷油泵壳体上，前端装有联轴器和供油提前角自动调节器，后端与调速器相连。喷油泵的凸轮轴是由柴油机的曲轴通过齿轮机构驱动的。

4. 泵体

A 型喷油泵采用整体式泵体，用铝合金铸成。分泵、油量调节机构及传动机构都装在泵体内。

第四节　机械控制轴向柱塞式分配泵

机械控制轴向柱塞式分配泵如图 5-10 所示。

装有机械控制轴向柱塞式分配泵的柴油机燃料供给系统如图 5-11 所示，主要由燃油箱 1、滑片式输油泵 3、燃油细滤器 5、喷油器 17、分配泵驱动轴 4、高压泵头、供油提前角自动调节机构和调速器等组成。

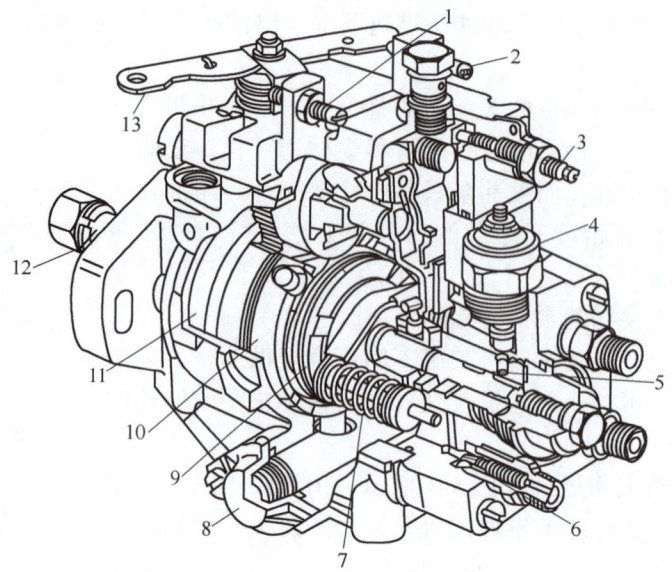

图 5-10 机械控制轴向柱塞式分配泵

1—高速限止螺钉 2—怠速限止螺钉 3—全负荷油量调节螺钉 4—电磁阀 5—柱塞 6—出油阀 7—柱塞弹簧 8—供油提前调节器 9—平面凸轮 10—滚轮 11—二级输油泵 12—传动轴 13—调速手柄

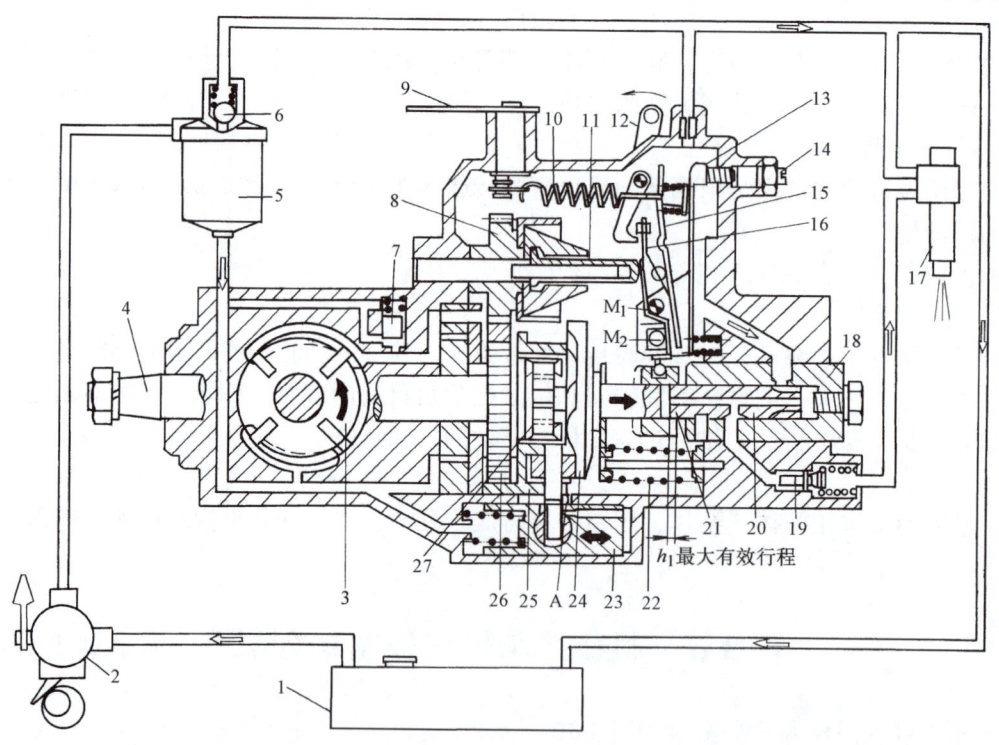

图 5-11 装有机械控制轴向柱塞式分配泵的柴油机燃料供给系统

1—燃油箱 2—膜片式输油泵 3—滑片式输油泵 4—分配泵驱动轴 5—燃油细滤器 6—溢流阀 7—调压阀 8—离心飞块总成驱动齿轮 9—操纵杆 10—调速弹簧 11—滑动套筒 12—停车操纵杆 13—预调杠杆 14—最大供油调节螺钉 15—张力杠杆 16—起动杠杆 17—喷油器 18—分配套管 19—出油阀总成 20—分配转子 21—油量控制套筒 22—凸轮盘回位弹簧 23—供油提前角自动调节液压缸 24—凸轮盘 25—滚轮机构 26—调速器驱动齿轮 27—联轴器 M_1—预调杠杆轴 M_2—起动杠杆轴

1. 轴向柱塞式分配泵的结构

轴向柱塞式分配泵的结构如图5-12所示，主要部件有分配柱塞8、平面凸轮盘5、柱塞套10、机械离心式调速器、调速器张力杠杆12、断油阀11、液压式供油提前调节器4等。

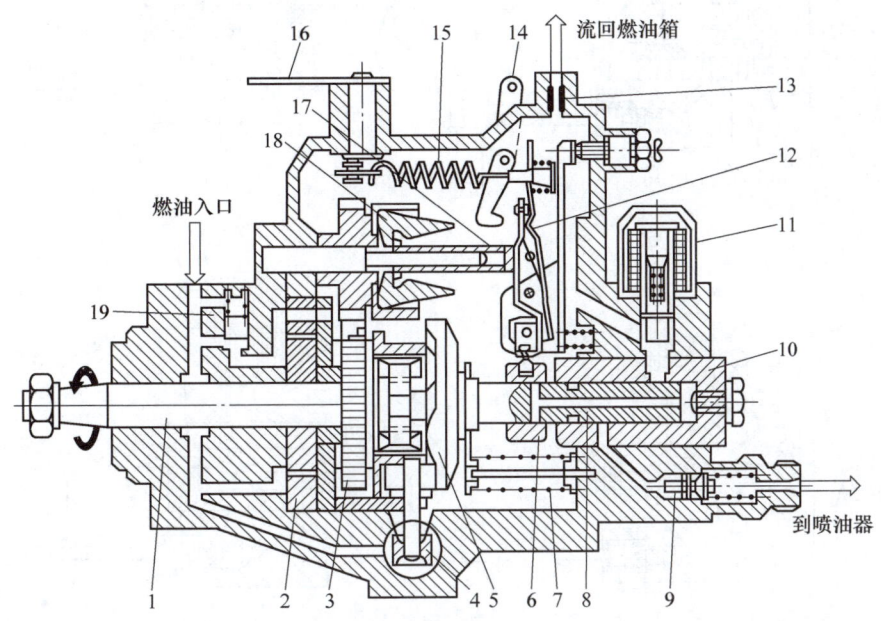

图5-12　轴向柱塞式分配泵

1—驱动轴　2—输油泵　3—调速器驱动齿轮　4—液压式供油提前调节器　5—平面凸轮盘　6—油量调节套筒　7—分配柱塞弹簧　8—分配柱塞　9—出油阀　10—柱塞套　11—断油阀　12—调速器张力杠杆　13—溢流节流孔　14—停车手柄　15—调速弹簧　16—调速手柄　17—调速套筒　18—飞锤　19—调压阀

2. 轴向柱塞式分配泵的工作原理

（1）进油过程　在驱动轴的带动下，当平面凸轮盘16（图5-13a）转动到其凹下部分与滚轮17接触时，柱塞弹簧使分配柱塞1向左移动，低压柴油经进油道4、柱塞套上的进油孔6（此时断油阀5已打开）被吸入柱塞腔8和中心油孔14内。此时，分配柱塞上的燃油分配孔20与柱塞套18上的出油孔12不通。

（2）泵油过程　当平面凸轮盘由凹下部分转至凸起部分（图5-13b）与滚轮17接触时，在平面凸轮盘的推动下分配柱塞1向右移动。在进油槽7转过进油孔6的同时，分配柱塞将进油孔封住，这时分配柱塞腔内的柴油开始增压。当分配柱塞右腔柴油压力足够高时，分配柱塞正好右移到将燃油分配孔20与某缸进油道相通。于是，高压柴油从分配柱塞腔经中心油孔14、燃油分配孔20、出油孔12进入分配油道11，顶开该缸的出油阀10，喷入该缸燃烧室。

平面凸轮盘每转一周，分配柱塞上的燃油分配孔依次与各缸分配油道接通一次，即向柴油机各缸喷油器供油一次。

（3）停油过程　在平面凸轮盘的推动下，分配柱塞继续右移至最右端时，柱塞上的泄油孔15（图5-13c）移出油量调节套筒2，并与喷油泵泵体内腔相通时，分配柱塞右腔、中心油孔和分配油道的油压骤然下降，于是高压柴油从分配柱塞腔经中心油孔和泄油孔流进喷油泵泵体内腔，供油停止。

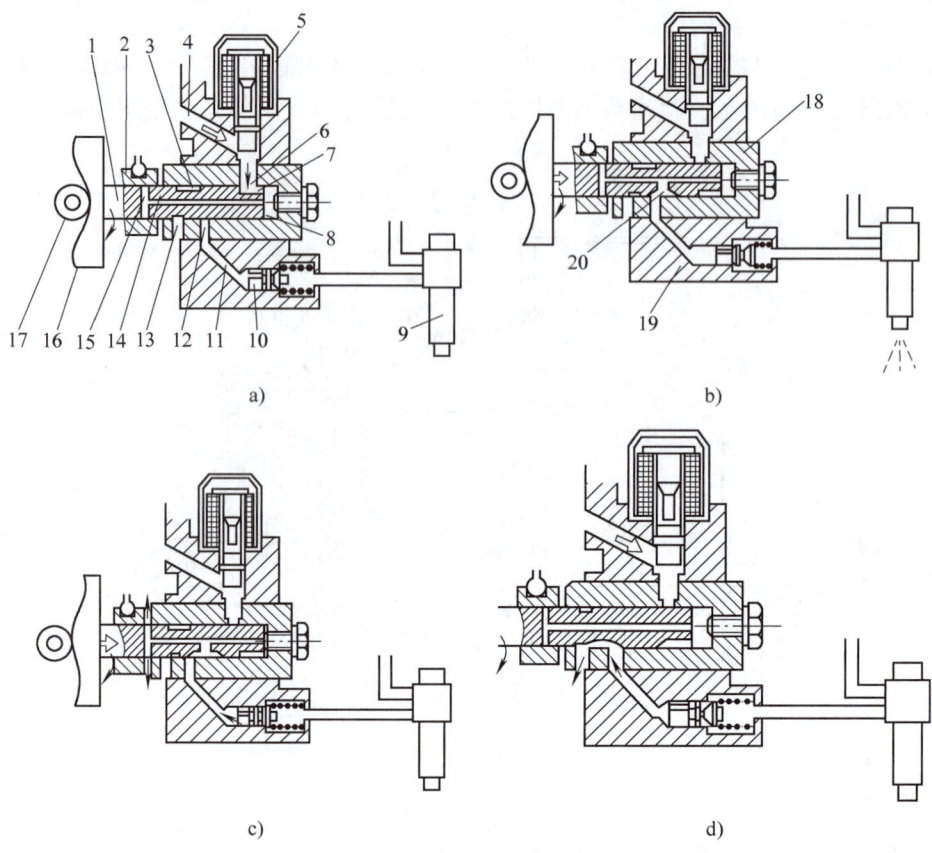

图 5-13 轴向柱塞式分配泵的工作过程
a）进油过程　b）泵油过程　c）停油过程　d）压力平衡过程
1—分配柱塞　2—油量调节套筒　3—压力平衡槽　4—进油道　5—断油阀　6—进油孔　7—进油槽
8—柱塞腔　9—喷油器　10—出油阀　11—分配油道　12—出油孔　13—压力平衡孔　14—中心油孔
15—泄油孔　16—平面凸轮盘　17—滚轮　18—柱塞套　19—喷油泵泵体　20—燃油分配孔

从柱塞上燃油分配孔与柱塞套上的出油孔相通时起，至泄油孔移出油量调节套筒时止，这期间分配柱塞所移动的距离为柱塞有效行程。显然，柱塞有效供油行程越大，供油量越多。移动油量调节套筒即可改变柱塞有效行程，向左移动油量调节套筒，停油时刻提前，柱塞有效行程缩短，供油量减少；反之，供油量增加。

油量调节套筒的移动由调速器操纵。

（4）压力平衡过程　分配柱塞上设有压力平衡槽3（图5-13d），在分配柱塞旋转和移动过程中，压力平衡槽始终与喷油泵泵体内腔相通。当某一气缸供油停止之后，且当压力平衡槽转至与相应气缸的分配油道相通时，分配油道与喷油泵泵体内腔相通，于是两处的油压趋于平衡。

在分配柱塞每一转中，每一缸分配油道都发生一次与泵腔柴油压力平衡的过程，因此可保证各缸分配的燃油压力相同，进而保证各缸供油量的均匀性。

3. 断油阀

轴向柱塞式分配泵装有电磁式断油阀，其电路和工作原理如图5-14所示。

柴油机起动时，将起动开关2旋至ST位置，来自蓄电池1的电流直接流过电磁线圈4，电磁线圈直接通入较大的电流,强大的电磁吸力使进油阀克服弹簧弹力完全打开,于是较多的柴油进入分配柱塞,并且调速器使分配柱塞有较大的有效压油行程,有利于柴油机起动工况对较浓混合气的要求。

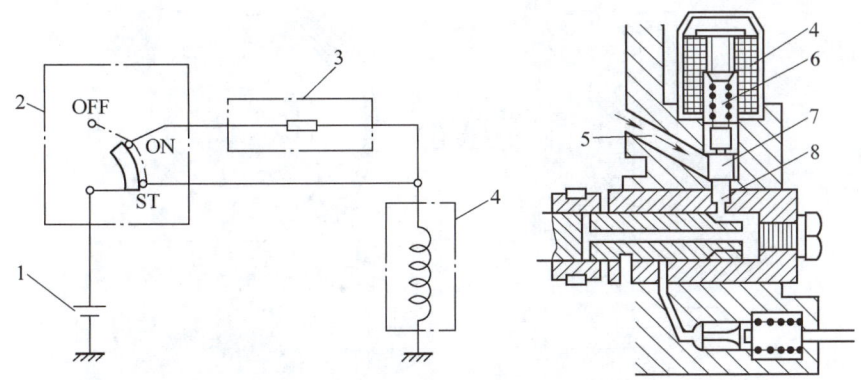

图 5-14 电磁式断油阀电路及其工作原理

1—蓄电池 2—起动开关 3—电阻 4—电磁线圈 5—进油道 6—回位弹簧 7—阀门 8—进油孔

柴油机进入正常运转时,将起动开关旋至 ON 位置,这时电流经电阻 3 流过电磁线圈。由于加入了电阻,通入电磁线圈的电流略小,电磁吸力下降。但在进油压力作用下,断油阀仍保持开启,向分配柱塞供给正常运转所需要的柴油。

停机时,将起动开关旋至 OFF 位置,这时电路被切断,阀门 7 在回位弹簧 6 的作用下下移,将进油孔 8 堵死,柴油不再进入分配柱塞。

4. 液压式供油提前调节器

在轴向柱塞式分配泵体下部装有液压式供油提前调节器 4(图 5-12),其主要由活塞 2、传力销 4、连接销 3 和活塞回位弹簧 5 等组成(图 5-15)。活塞右端与喷油泵泵体内腔相通,其压力等于输油泵出口压力,左端与输油泵的进口相通,且有活塞回位弹簧作用其上。传力销和连接销被活塞推动摆动时,可带动滚轮 6 及滚轮架 7 转动。

当柴油机在某一转速稳定运转时,作用在活塞左、右两端的压力相等,活塞处于某一平衡位置(图5-16a),供油提前角和喷油提前角为某一个确定值。

若柴油机转速升高,输油泵输出压力提高,作用在活塞右端的力随之增加,推动活塞向左移动,并通过连接销 7 和传力销 5 带动滚轮架绕其轴线顺时针摆动一定的角度(图 5-16b),于是滚轮及滚轮架相对平面凸轮盘 2 也顺时针摆动一个角度,直到活塞两端的力重新达到平衡为止。滚轮架的旋转方向与平面凸轮盘的旋转方向正好相反,使平面凸轮提前一定角度与滚轮接触,供油相应提前,即喷油提前角增大。反之,当柴油机转速降低时,输油泵的出口压力也随之降低,作用于活塞右端

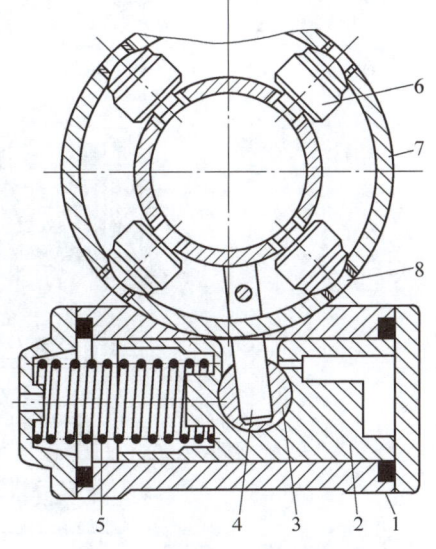

图 5-15 液压式供油提前调节器

1—壳体 2—活塞 3—连接销
4—传力销 5—活塞回位弹簧 6—滚轮
7—滚轮架 8—滚轮轴

力减小,在活塞弹簧弹力作用下活塞向右移动,使传力销逆时针摆动一个角度,带动滚轮及滚轮架向着平面凸轮盘旋转的同一方向转过一定的角度(图5-16c),使供油提前角减小。

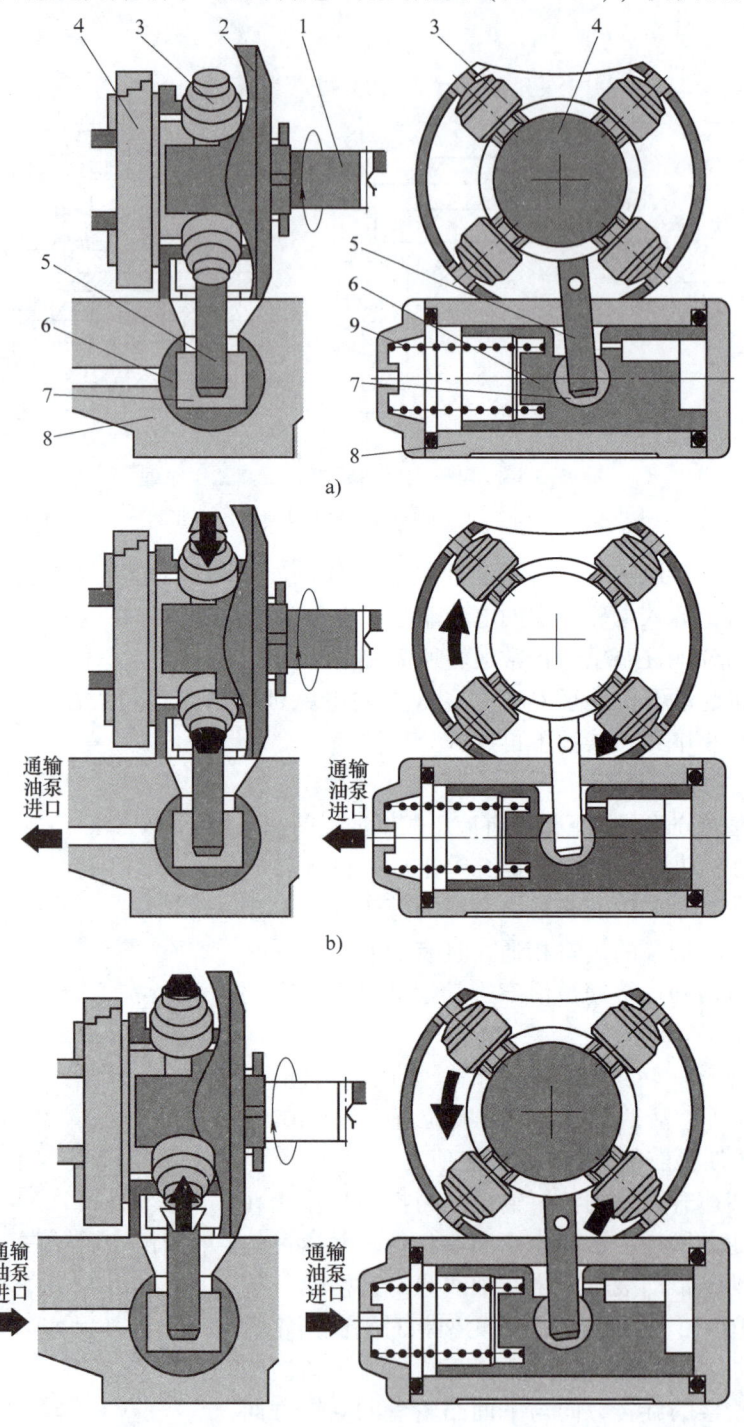

图 5-16 分配泵供油提前调节器工作原理

1—分配柱塞 2—平面凸轮盘 3—滚轮 4—调速器驱动齿轮
5—传力销 6—活塞 7—连接销 8—壳体 9—活塞弹簧

第五节　电控柴油喷射系统

电控柴油喷射系统包括电控轴向柱塞式分配泵、电控径向柱塞式分配泵、泵喷嘴喷射系统和高压共轨喷射系统。

一、电控轴向柱塞式分配泵

1. 结构

电控柴油喷射系统与电控汽油喷射系统基本相同，也是由传感器、电控单元（ECU）和执行器组成。

传感器包括柴油机转速、加速踏板位置、齿条位置、喷油时刻、车速及进气压力、进气温度、燃油温度、冷却水温度等传感器。

电控单元根据各种传感器实时检测到的柴油机运行参数，与电控单元中预先已经存储的参数值或参数图谱相比较，按其最佳值或计算后的目标值把指令输送到执行器。

执行器根据电控单元指令控制喷油量和喷油正时。

电控柴油喷射系统的电控单元还可和自动变速器的电控单元、防抱死制动系统（ABS）的电控单元及其他系统的电控单元互通数据，从而实现整车的电子控制。

日本电装公司装用的 ECD-V1 电控轴向柱塞式分配泵的结构如图 5-17 所示。

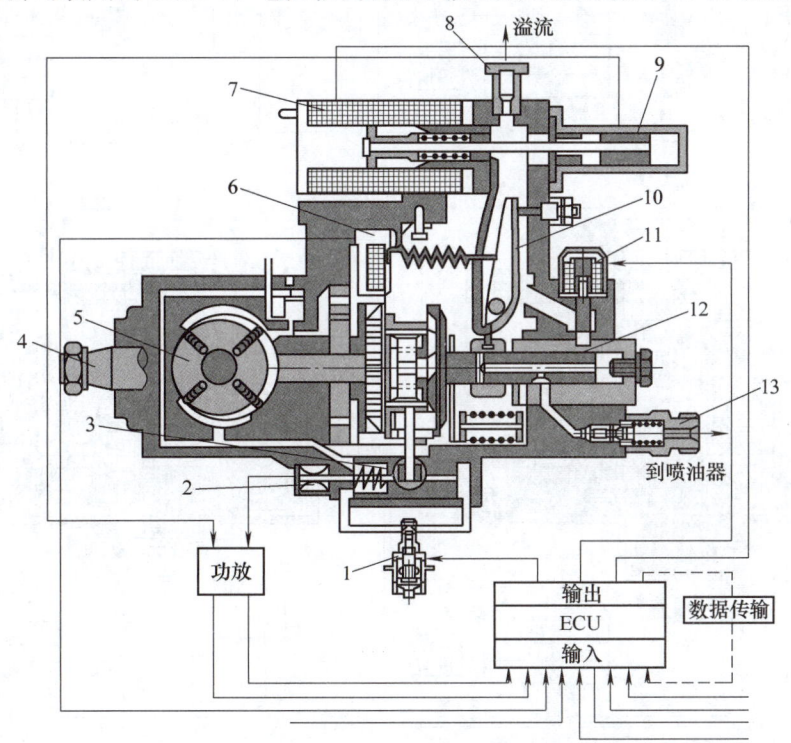

图 5-17　电控轴向柱塞式分配泵结构示意图
1—供油提前控制阀　2—供油提前调节器位置传感器　3—液压式喷油提前调节器　4—喷油泵驱动轴　5—输油泵
6—柴油机转速传感器　7—溢流阀电磁线圈　8—溢流环　9—溢流环位置传感器
10—调速器张力杠杆　11—断油阀　12—分配柱塞　13—出油阀

该喷油泵的结构特点是：用电控调速器取代机械调速器，液压式供油提前调节器增加了供油提前控制阀1，电控系统包括电控单元（ECU）和各种传感器，机械控制柱塞式分配泵的其他结构均保留。

2. 工作过程

发动机正常转动时，驾驶员将加速踏板踩到某一位置，溢流阀电磁线圈1（图5-18a）内通入一定的电流，溢流阀阀芯3在电磁力的作用下，克服溢流阀弹簧2的弹力向左移动。调速器张力杠杆7在加速踏板弹簧6拉力下沿逆时针摆动，使分配套筒8向右移动，分配柱塞在一定的有效行程下，向柴油机气缸供入一定数量柴油，柴油机便以一定的转速运转。

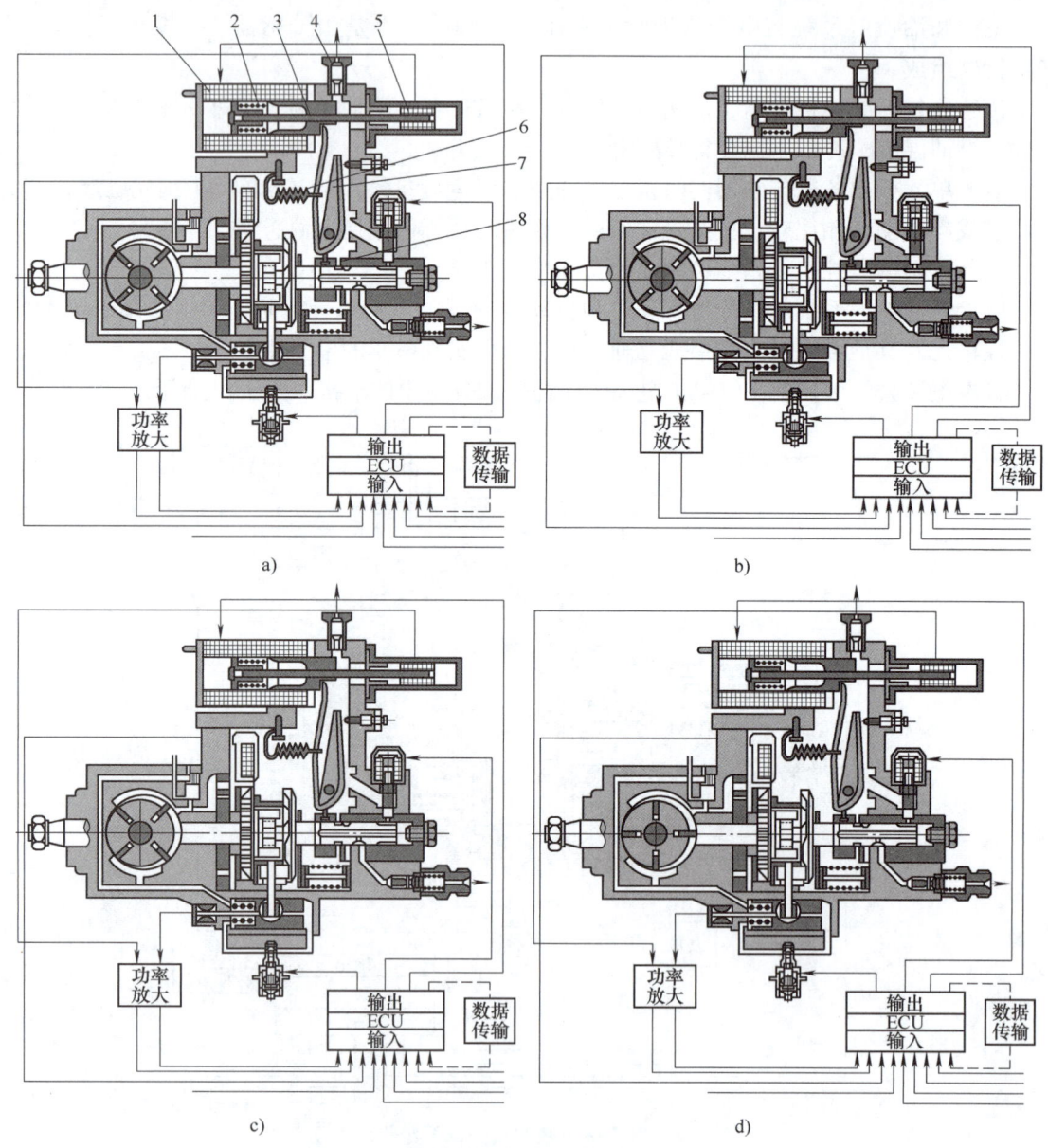

图 5-18 电控轴向柱塞式分配泵工作过程

1—溢流阀电磁线圈　2—溢流阀弹簧　3—溢流阀阀芯　4—溢流阀
5—溢流阀位置传感器　6—加速踏板弹簧　7—调速器张力杠杆　8—分配套筒

若驾驶员稍抬起加速踏板一定距离,电磁线圈内通入的电流便减小。在溢流阀弹簧 2(图 5-18b)作用下,溢流阀阀芯 3 略向右移动。调速器张力杠杆 7 被溢流阀阀芯推动,略沿顺时针方向摆动一个角度,分配套筒 8 略向左移动,使分配柱塞有效行程减小,柴油机供油量便少一些,其转速就会降低一些。

柴油机负荷若略微加大,其转速便下降。此时,电控单元接收到柴油机转速欲下降的信号,马上指令通入溢流阀电磁线圈的电流略微增大,分配套筒 8(图 5-18c)即向右移动一点,增加了循环喷油量,从而阻止了柴油机转速欲下降的趋势。

当柴油机负荷略微减小,其转速欲上升时,电控单元根据柴油机转速欲上升的信号,立刻指令通入溢流阀电磁线圈的电流略微减小,分配套筒即稍微向左移动一定距离,减小了喷油量,抑制了柴油机转速欲上升的趋势(图 5-18d)。

溢流阀位置传感器 5 可检测溢流阀阀芯位置即供油量大小,并将信号反馈电控单元,实现电控调速器对喷油量调节的闭环控制。

3. 供油提前调节器

电控分配式喷油泵保留了机械控制柱塞式喷油泵的液压式供油提前调节器,但增加了供油提前控制阀 1(图 5-17),该阀也称为电磁正时控制阀(图 5-19)。

该阀是一个单通阀,由电磁线圈 2 和滑动阀芯 5 构成。

电磁线圈不通电时(图 5-19a),滑动阀芯在阀芯回位弹簧 3 的弹力作用下向上移动,滑动阀芯将高压侧油道和低压侧油道隔断,供油正时按供油提前角调节器工作过程控制供油正时。

电磁线圈通电时(图 5-19b),滑动阀芯被吸引,克服阀芯回位弹簧弹力向下移动,滑动阀芯环槽使高压侧油道和低压侧油道接通,作用在供油提前角调节器活塞左右两腔的油压相等。活塞在弹簧作用下复位,带动滚轮架相对于平面凸轮盘转动一个角度,形成一定的供油提前角,实现供油提前。

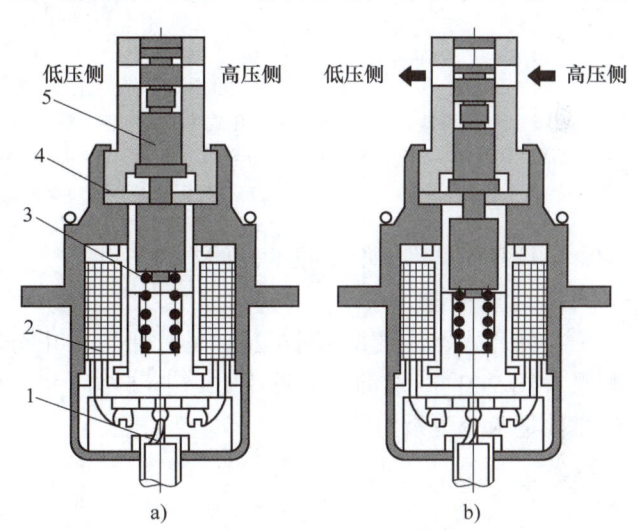

图 5-19 电磁正时控制阀

1—导线 2—电磁线圈 3—阀芯回位弹簧
4—控制阀外壳 5—滑动阀芯

供油提前调节器位置传感器 2(图 5-17)用来检测供油提前器活塞位置即喷油提前角的大小,电控单元(ECU)根据此信号对供油提前角进行闭环控制。

捷达轿车 SDI 型柴油机采用的就是电控轴向柱塞式分配泵喷射系统。另外,德国博世公司的 EDC 系统和美国 PCF 系统采用的也是电控轴向柱塞式分配泵喷射系统。

二、电控径向柱塞式分配泵

电控径向柱塞式分配泵(图 5-20)是一种将分配泵电控单元 11 安装到喷油泵泵体上的电子控制喷油泵,其喷油压力可高达 190MPa。

图 5-20　电控径向柱塞式分配泵

1—出油阀　2—滚柱座　3—滚柱　4—液压式喷油提前器　5—内凸轮　6—叶片式燃油泵　7—传动齿轮　8—转角传感器　9—高压柱塞　10—高压油腔　11—分配泵电控单元　12—膜片　13—分配转子　14—针阀　15—燃油输出控制电磁阀　16—分配套筒　17—喷油始点控制电磁阀

电控径向柱塞式分配泵的功能有以下几个。

1. 燃油输送

在叶片式燃油泵 6（图 5-20）的作用下（由分配泵传动轴驱动），燃油箱的燃油进入分配泵（图 5-21）。燃油充满膜片 12（图 5-20）后面的蓄压室（机械控制轴向柱塞式分配泵的燃油进入分配泵内腔）。

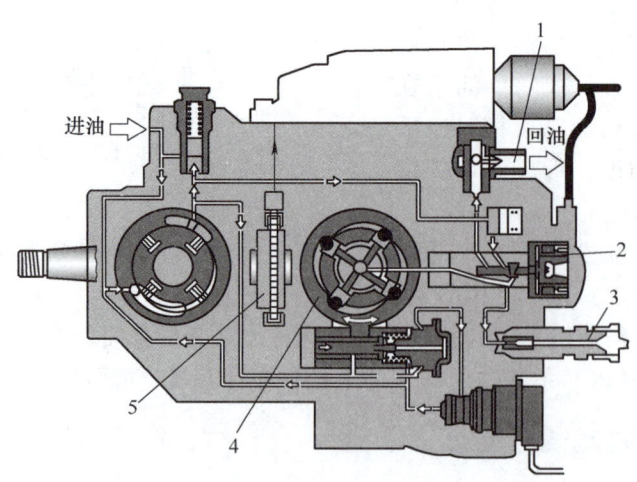

图 5-21　分配泵内部燃油流动

1—溢油节流阀　2—电磁阀　3—高压油管接头　4—内凸轮圈（旋转 90°）　5—转角传感器

2. 泵油过程

（1）进油阶段　如图 5-20 所示，滚柱 3 离开内凸轮 5，在燃油压力和离心力的作用下，高压柱塞 3、5（图 5-22）向外移动，燃油输出控制电磁阀 1 开启，燃油进入高压油腔 4。

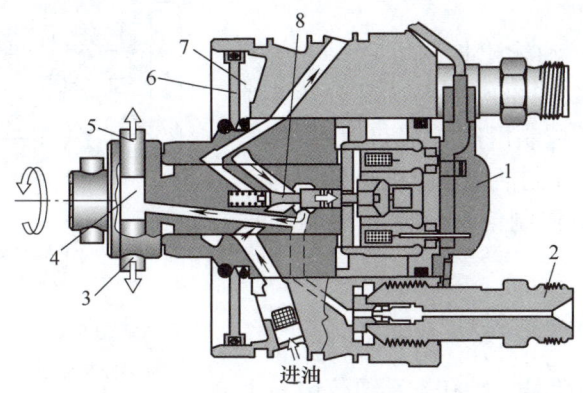

图 5-22　分配泵高压油腔进油

1—燃油输出控制电磁阀　2—高压油管接头　3、5—高压柱塞　4—高压油腔　6—膜片　7—膜片室　8—针阀

（2）泵油/喷油开始阶段　如图 5-23 所示，喷油泵电控单元指令燃油输出控制电磁阀 8 关闭，高压油腔 3 被密闭，其内燃油压力开始上升。当内凸轮 5（图 5-20）处于上升阶段时，高压油腔的油压超过喷油器开启压力，燃油喷射开始。

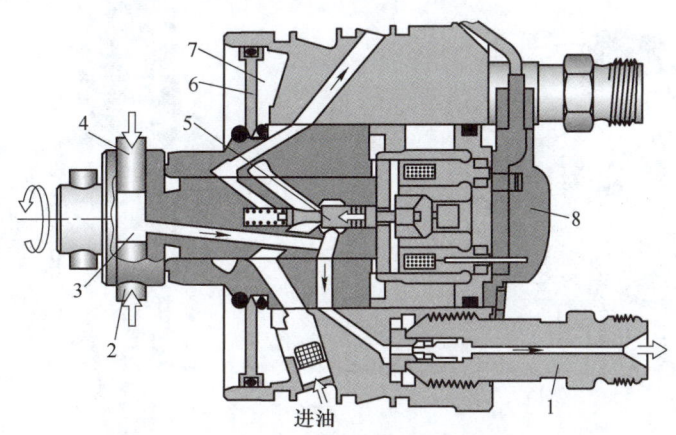

图 5-23　分配泵泵油/喷油

1—高压油管接头　2、4—高压柱塞　3—高压油腔　5—针阀　6—膜片　7—膜片室　8—燃油输出控制电磁阀

（3）供油结束阶段　分配泵的供油量达到所要求的泵油量后，分配泵电控单元切断供给燃油输出控制电磁阀的电流，使其开启。此时，高压燃油开始流回膜片室。在膜片的作用下，叶片式燃油泵的油压开始下降，且在下一次进油过程中，膜片室的进油压力会迅速提高。

3. 喷油提前调节

如图 5-24 所示，内凸轮 5 的位置决定了分配泵的喷油时刻。

（1）喷油提前　内凸轮不动时，定时控制活塞 4 在回位弹簧的作用下处于"推迟"的位置。当燃油输出控制电磁阀 2 关闭时，高压泵腔内的油液会作用在控制柱塞 1 上。这样控制滑阀3随定时控制活塞4一起向右移动。此时控制滑阀打开进油道，具有一定压力的燃油便流入定时控制活塞的左侧工作腔，定时控制活塞沿着"提前"方向向右移动。

(2) 喷油推迟 燃油输出控制电磁阀2若开启，则会降低控制柱塞1上的燃油压力，弹簧的预紧力推动控制柱塞1及控制滑阀3一起向左移动。此时回油孔打开，定时控制活塞4上的燃油压力下降。回位弹簧推动定时控制活塞，使其沿着"推迟"方向向左移动。

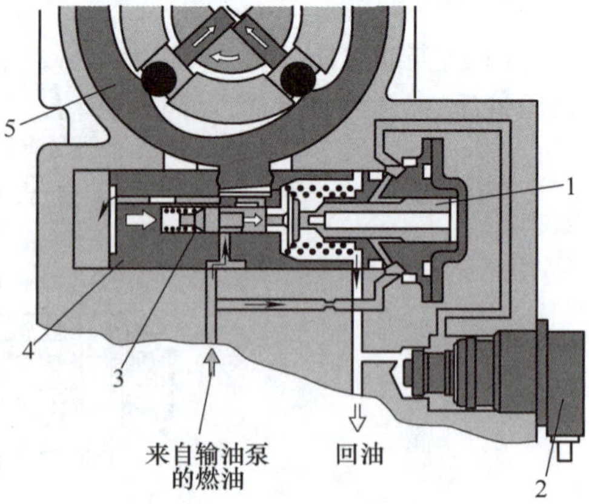

三、电控泵喷嘴喷射系统

电控泵喷嘴喷射系统是一种在发动机气缸盖上为每个气缸都安装一个泵喷嘴的电子控制燃油喷射系统。泵喷嘴的喷油压力可高达220MPa。

泵喷嘴在发动机上的安装位置如图5-25所示，其立体图如图5-26所示。

图5-24 喷油提前调节装置

1—控制柱塞 2—燃油输出控制电磁阀
3—控制滑阀 4—定时控制活塞 5—内凸轮

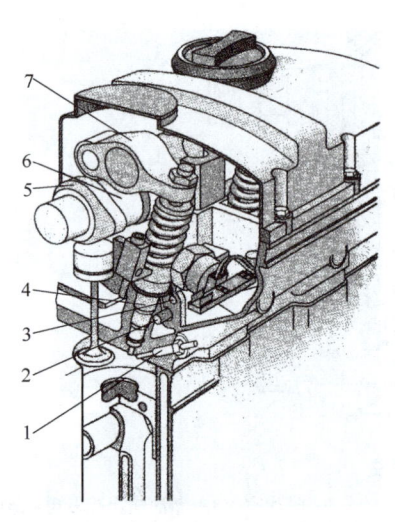

图5-25 泵喷嘴在发动机上的安装位置

1—预热塞 2—供油油道 3—回油道 4—泵喷嘴
5—气门凸轮 6—喷油凸轮 7—滚子式摇臂

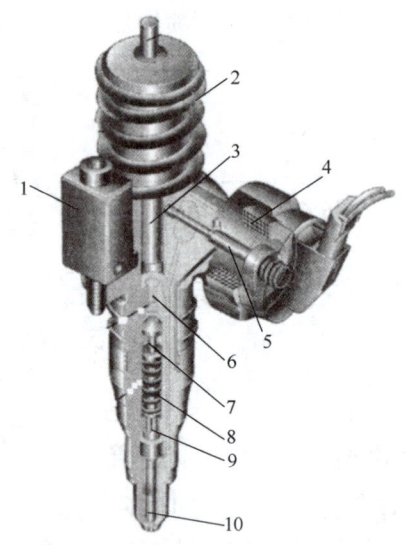

图5-26 泵喷嘴立体图

1—油管接头 2—柱塞弹簧 3—泵油柱塞 4—电磁阀线圈
5—电磁阀针阀 6—高压油腔 7—旁通柱塞 8—针阀弹簧
9—阻尼活塞 10—泵喷嘴针阀

该系统的驱动机构是喷油凸轮6（图5-25），每缸一个，其上升阶段为陡峭的直线（可快速提升喷油压力），下降阶段较平缓（喷油结束后，有利于向高压油腔缓慢进油，免得燃油有气泡产生）。喷油凸轮的升程通过滚子式摇臂7传递给泵喷嘴里面的泵油柱塞（图5-27中的3）。

第五章 柴油机燃料供给系统

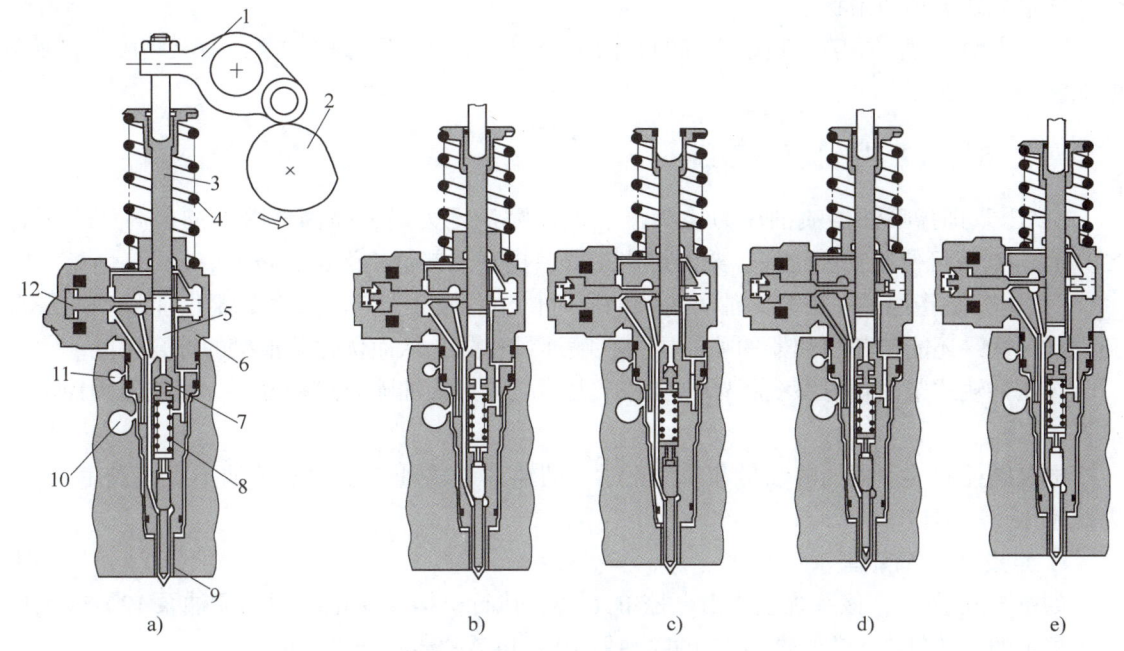

图 5-27 泵喷嘴的工作过程
a) 进油过程　b) 预喷射过程　c) 预喷射结束　d) 主喷射开始　e) 主喷射结束
1—滚子式摇臂　2—喷油凸轮　3—泵油柱塞　4—柱塞弹簧　5—高压油腔　6—泵喷嘴电磁阀
7—旁通柱塞　8—喷油嘴弹簧　9—泵喷嘴针阀　10—供油油道　11—回油油道　12—电磁阀针阀

泵喷嘴的工作过程如下：

（1）进油过程　在柱塞弹簧4（图5-27a）的弹力作用下，泵油柱塞3向上运动，高压油腔5容积增加，压力降低。此时，泵喷嘴电磁阀6不通电，电磁阀针阀不动，进而接通供油油道10和高压油腔5的油路，燃油便进入高压油腔。

（2）预喷射开始　在滚子式摇臂1的作用下，泵油柱塞3（图5-27b）下移，使高压油腔5的燃油压力升高，并流出至供油油道。当电控单元给泵喷嘴电磁阀6通电时，电磁阀针阀与阀座贴合，切断了高压油腔与高压油道的油路，使高压油腔油压升高。当高压油腔油压达18MPa时，高压油腔的油压大于喷油嘴弹簧8的预紧力，泵喷嘴针阀9开始喷油，即预喷射开始。

（3）预喷射结束　泵喷嘴针阀9（图5-27c）一旦开启，预喷射即结束。在升高油压的作用下，旁通柱塞7向下运动，高压油腔5容积增大。此时，高压油腔压力短时间下降，预喷射结束。

（4）主喷射开始　泵喷嘴针阀9（图5-27d）关闭之后，泵喷嘴电磁阀6仍关闭，泵油柱塞3继续下移，高压油腔5内油压继续上升。当高压油腔油压上升到约30MPa时，即可克服喷油嘴弹簧8的预紧力，使泵喷嘴针阀9再次升起，主喷射开始。此时的喷油压力可达220MPa。

（5）主喷射结束　当电控单元不再操纵泵喷嘴电磁阀6（图5-27e）时，主喷射即结束。在喷油嘴弹簧8的作用下，电磁阀针阀12处于开启状态。燃油流至供油油道10和回油油道11。由于高压油腔油压降低，泵喷嘴针阀9关闭，主喷射结束。在喷油嘴弹簧作用下，旁通柱塞 7 处于其初始状态。

需要说明的是，泵喷嘴喷射系统的燃油量和喷油正时是通过电控单元对泵喷嘴电磁阀 6 的控制来实现的。

四、电控高压共轨喷射系统

"高压"即指喷油器喷油压力比机械喷油器喷油压力高，喷油器喷油的最高压力可达 220MPa。高压可使柴油雾化好，柴油燃烧充分，提高了柴油机燃油经济性。

"共轨"是指通过一条公共油管将燃油同时供给各喷油器。"共轨"不仅能使喷油量得到精确计算，还能使各喷油器的喷油压力、喷油量相同，从而优化柴油机的综合性能。

高压共轨式柴油喷射系统将柴油喷射压力的产生与柴油喷射过程分开，用电磁阀控制喷油器的工作。

电磁阀控制喷油器的喷油量和喷油正时，即输油泵供油与喷油器喷油不直接发生关系，因此不用一一对应。

1. 组成及工作原理

如图 5-28 所示，该系统主要由电控单元 13、执行机构（带电磁阀的喷油泵 12、带油压传感器 1 的共轨管 2、带电磁阀 22 的喷油器 19）和各种传感器等组成。

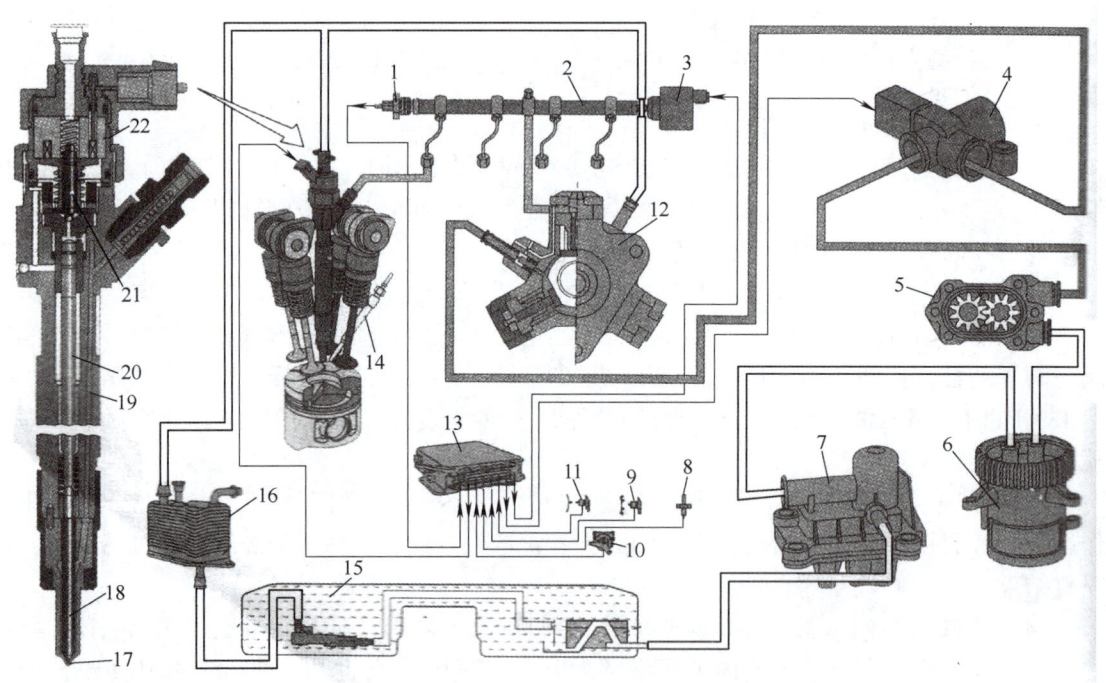

图 5-28　电控共轨式柴油喷射系统示意图

1—油压传感器　2—共轨管　3—控制阀　4—电切断阀　5—输油泵　6—燃油滤清器　7—燃油预热器　8—油温传感器　9—曲轴位置传感器　10—加速踏板位置传感器　11—曲轴转角传感器　12—喷油泵　13—电控单元　14—预热塞　15—柴油箱　16—燃油冷却器　17—喷油器喷孔　18—喷油器针阀　19—喷油器　20—推杆　21—电磁阀阀芯　22—电磁阀

各种传感器将适时检测到的参数同时传输到电控单元,电控单元将接收到的相关参数与已储存的设定参数进行比较,经过计算处理按照最佳值把指令传到执行器。执行器按照电控单元指令进行喷油量控制(电磁阀关闭持续时间)和喷油正时(电磁阀关闭始点)。

柴油机工作时,输油泵 5 不断将柴油从柴油箱 15 中抽出供入喷油泵 12,喷油泵再将柴油泵入共轨管 2 中。若油压传感器 1 检测到共轨管内柴油压力过低或过高时,电控单元发出指令,调节共轨管内的柴油量,使其压力保持恒定。当柴油机工作到某缸需要喷油时,电控单元发出指令给该缸喷油器的电磁阀 22,使其喷油。

2. 主要零部件结构及其工作原理

(1) 喷油泵 如图 5-29 所示,主要由柱塞 3、电磁阀 7、出油阀 9 和凸轮轴 1 等组成。

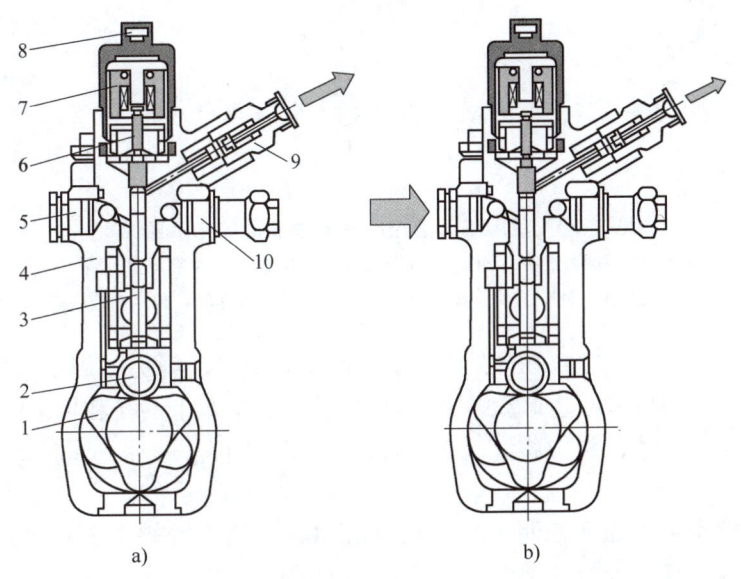

图 5-29 喷油泵

1—凸轮轴 2—滚轮传动部件 3—柱塞 4—泵体 5—低压油进油管接头 6—电磁阀阀芯
7—电磁阀 8—电控单元接头 9—出油阀 10—泄压阀

高压柴油的产生是靠柱塞 3 在泵体 4 里往复运动中的压缩过程产生的。凸轮轴 1 上有三个凸轮面,凸轮轴每转一转,可向共轨管输出三次高压柴油。电磁阀 7 的开、闭由电控单元输出脉冲信号控制。

当油压传感器 1 (图 5-28) 检测到共轨管内的燃油压力低于规定值时,马上向电控单元传递一个相应信号。此时,电控单元输出脉冲指令提前关闭电磁阀 7,电磁阀阀芯 6 控制的高压柴油通道开得大些,经出油阀 9 泵出的油量增多 (图 5-29a),使共轨管油压升高。

当油压传感器检测到共轨管内的燃油压力高于规定值时,电控单元输出一个推迟电磁阀关闭的脉冲指令,高压柴油通道开得小些 (图 5-29b)。这样,从喷油泵向共轨管泵出的高压柴油油量减少,使共轨管油压下降。

共轨管上的油压传感器适时监测共轨管内柴油的压力,电控单元以脉冲指令相应地提前关闭电磁阀,或推迟关闭电磁阀,便可动态地维持共轨管内柴油压力不变。

(2) 喷油器 带电磁三通控制阀的喷油器的结构如图 5-30a 所示,它采用电磁阀和油压控制喷油器针阀的开关（取代机械喷油器的弹簧）。该喷油器主要由电磁阀10、滑阀7、回位弹簧9、单向阀5、活塞4和针阀2等零件组成。

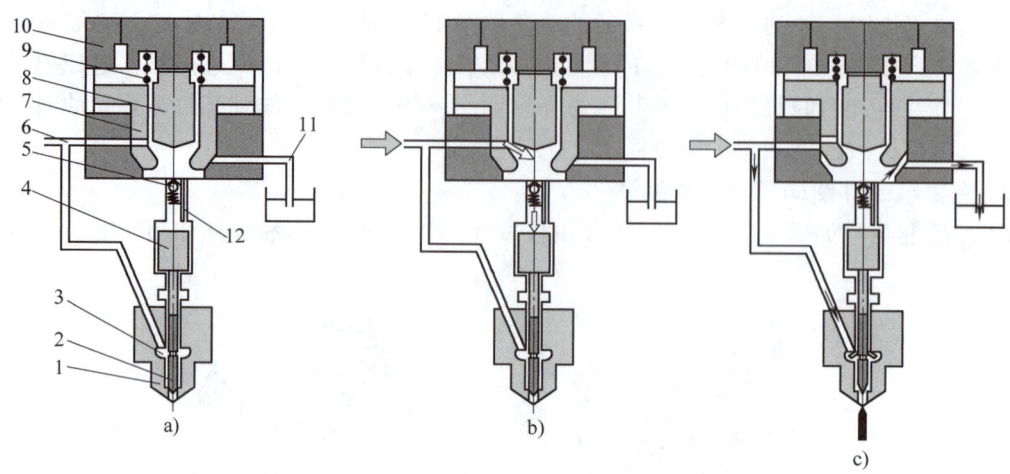

图 5-30　带电磁三通控制阀的喷油器结构示意图

1—针阀座　2—针阀　3—蓄油腔　4—活塞　5—单向阀　6—高压进油管　7—滑阀
8—铁芯　9—回位弹簧　10—电磁阀　11—回油共轨管　12—泄流通道

电磁阀10不通电时（图5-30b），滑阀7在回位弹簧9的弹力作用下落座，堵塞回油共轨管11通道。此时，从高压进油管6来的高压柴油，经滑阀上的孔和单向阀5作用在活塞4的顶面上。活塞顶面产生的推力将针阀2快速推到阀座上停止喷油，同时将针阀紧紧地压在针阀座1上。

若电控单元向电磁阀通入控制信号，在电磁力的作用下滑阀7上移（图5-30c），从高压进油管6来的高压柴油通过油道进入蓄油腔3，高压柴油打开针阀2并经针阀座1的喷孔喷出；同时，滑阀上的孔被关闭，回油共轨管11通道打开，作用在活塞4上的高压柴油从泄流通道12和回油共轨管流回油箱。由于泄流通道面积较小，对从喷油器流出的柴油有节流作用，活塞向上行驶初期的速度受到一定的控制，使针阀开启初期行程度较小，初始喷油量也较少。

目前，博世公司高压共轨柴油喷射系统已经发展到第四代，其喷油泵的泵油压力高达220MPa（第一代高压共轨柴油喷射系统泵油压力为 135 MPa、第二代为 160 MPa、第三代为180MPa）；喷油器不用常规电磁喷油器（图5-31a），而是选用同轴可变喷油器（图5-31b），省去了预喷射过程，使柴油机的微粒排放降低明显。喷油压力高，可使柴油得到良好的雾化，可燃混合气混合更充分，提高了燃油经济性。

（3）共轨管　其功用是存储高压柴油，保持其压力稳定。

共轨管1（图5-32）上安装有共轨压力传感器2、限压阀3和流量限制器4。

共轨压力传感器内部的压力传感膜片感受共轨内的柴油压力，通过电路分析，把压力信号转换成电信号并传给电控单元。

限压阀用来限制共轨管内柴油压力。流量限制器可防止喷油器出现持续喷油。

电控高压共轨式柴油机如图5-33所示。

第五章 柴油机燃料供给系统

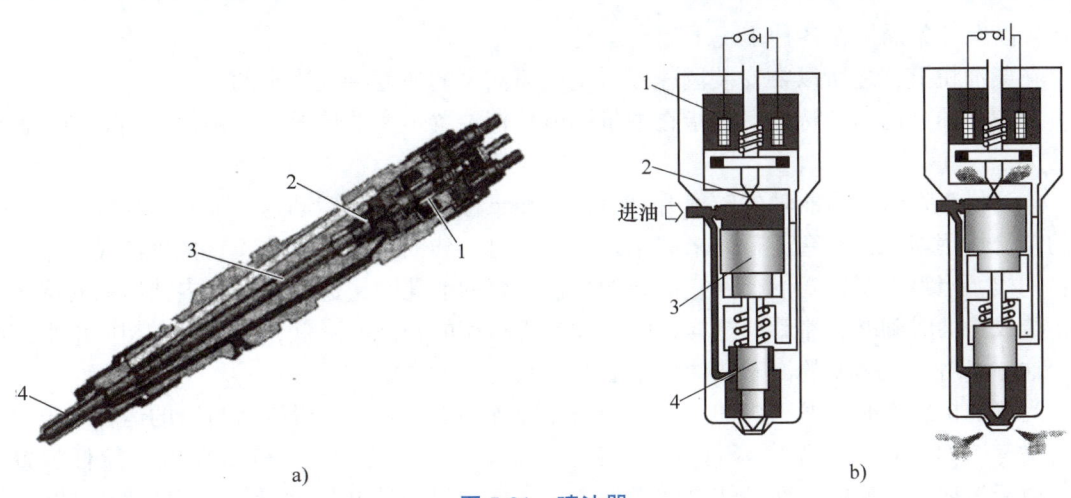

图 5-31 喷油器
a) 常规电磁喷油器　b) 同轴可变喷油器
1—电磁阀　2—控制腔　3—控制阀　4—针阀

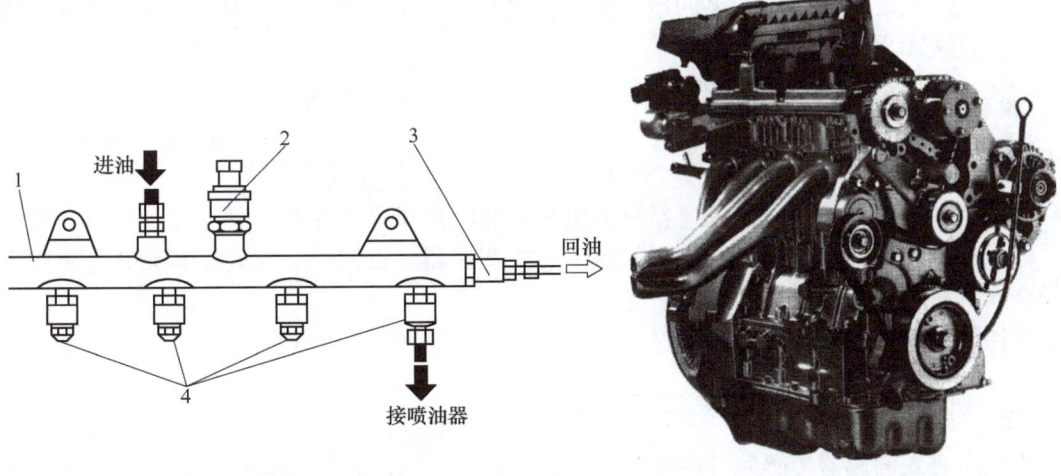

图 5-32 共轨管
1—共轨管　2—共轨压力传感器　3—限压阀　4—流量限制器

图 5-33 电控高压共轨式柴油机

　　电控共轨式柴油喷射系统是 20 世纪 90 年代中期才研制的一种新型柴油机电控技术，它是目前国际上最先进的燃油系统，代表着未来柴油机燃油系统的一个发展方向。

　　如今，在欧洲的品牌轿车（标致汽车公司生产的 HDI 共轨柴油发动机、菲亚特的 JTD 发动机等）及奥迪 A6 2.5TDI、华泰现代特拉卡 2.9CRDI 和宝来 1.9TDI 等均装用了电控共轨式柴油喷射系统。

第六节　调　速　器

一、功用

　　调速器是一种自动调节装置，其功用是根据柴油机负荷的变化，自动地调节喷油泵的供油量，以保证柴油机在各种工况下稳定运转。

在柴油机上，之所以要安装调速器，是由喷油泵的速度特性决定的。

所谓喷油泵的速度特性，是指在油量调节拉杆位置不变的情况下，供油量随曲轴转速变化的关系。

柴油机工作时，当曲轴的转速升高时，喷油泵柱塞的往复运动速度加快，柱塞套筒上油孔的节流作用增强，柱塞上行尚未完全遮住油孔时，柴油来不及回油，致使供油时刻略有提前；同样，当喷油泵柱塞下行到它的斜槽与柱塞套的油孔刚接通时，泵腔内油压一时降不下来，造成停油时刻略有滞后。这样，随着发动机转速的升高或降低，供油量亦相应增加或减少。这一点对工况多变的汽车柴油机是非常不利的。

当柴油机怠速时，发动机的功率仅用来克服各种内部阻力，以维持自身的运转。若内部阻力略有增加（如机油温度降低等），转速便立即下降。此时，即使油量调节拉杆位置不变，由于喷油泵的速度特性，使供油量更小了。发动机转速和供油量如此相互作用的结果，将造成发动机自动熄火；反之，当发动机内部阻力稍有减小时，柴油机怠速转速将不断升高。当柴油机高速或大负荷工作时，如遇负荷突然减小（如汽车从上坡过渡到下坡时），转速立即升高。此时，由于喷油泵的速度特性，便会自动加大供油量，相互作用的结果将造成转速上升过快而出现超速现象。

因此，车用柴油机一般都装有调速器，用以稳定怠速，限制超速。

二、分类

按调速器操作方式不同，调速器分为机械式和电控式等多种形式。

机械控制柱塞式喷油泵广泛装用机械离心式调速器。机械离心式调速器又分为两速调速器和全速调速器。

电控燃油喷射系统装用电控调速器。

三、机械离心式调速器基本工作原理

机械离心式调速器传感元件主要是飞球、飞块或飞锤，它们均是通过离心力来感知发动机转速的变化，并及时将感受到的信号传递给执行机构，执行机构则根据传感元件传递的信号相应地调节循环供油量。

飞球式机械调速器传感元件为飞球2（图5-34），执行机构为推力斜盘7和拉板6。

驱动斜盘1由喷油泵凸轮轴驱动。推力斜盘与驱动斜盘凹槽内之间装有飞球2。飞球在驱动斜盘的带动下一起旋转的同时且可沿盘斜面移动。旋转的飞球由于受到离心力的作用而向外飞开。由于驱动斜盘的轴向移动已被限定，只有推力斜盘滑套在支撑轴9上可以轴向移动。有一定预紧力的调速弹簧8压在推力斜盘上，使之轴向移动受到约束。推力斜盘上固定有拉板，与拉板相连的油量调节拉杆3可转动调节臂5以改变柱塞有效升程，改变循环供油量。拉板左移使循环供油量增加；拉板右移使循环供油量减少。

飞球的离心力与喷油泵凸轮轴转速的平方成正比，因此它能较敏感地感受到转速的变化。飞球的离心力作用到推力斜盘上，其轴向分力 F_a 力图迫使推力斜盘右移，减小循环供油量。调速弹簧8的弹力 F_p 同时作用于推力斜盘上，力图推动推力斜盘左移，增加循环供油量。F_p 力的大小决定于弹簧的刚度及工作中被压缩的程度。

调速器工作时，F_a 与 F_p 的关系呈现三种状态：$F_a = F_p$，$F_a > F_p$，$F_a < F_p$。$F_a = F_p$ 称为平衡状态；$F_a > F_p$ 则拉板右移，减小循环供油量；$F_a < F_p$ 则拉板左移，增加循环供油量。

当柴油机工作时，负荷与转速是一个动态变化过程，两个力的三种关系状态可能会交替变化来自动维持一个相对稳定的转速。两个力的平衡状态是相对的，影响两个力的任何一个因素出现变化都将改变平衡状态，而调速器的工作是在其控制转速范围内使不平衡状态向平衡状态转化。调速器的工作过程如下：

柴油机工作时，飞球所产生离心力的轴向力 $F_a < F_p$ 时，推力斜盘仍处在最左端位置，此时调速器尚未起调节作用。当柴油机转速升高，使 $F_a = F_p$ 时，对应的曲轴转速称为调速器起作用转速。调速弹簧预紧力 F_p 越大则调速器起作用转速越高；反之，转速越低。

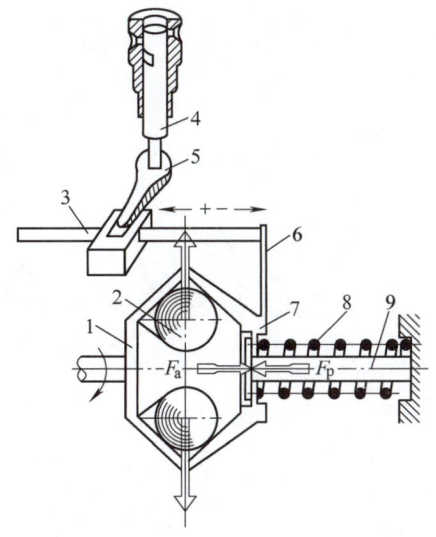

图 5-34　飞球式机械调速器工作原理图
1—驱动斜盘　2—飞球　3—油量调节拉杆
4—柱塞　5—调节臂　6—拉板　7—推力斜盘
8—调速弹簧　9—支撑轴

柴油机在调速器起作用转速下工作时，外界负荷减小，柴油机转速升高，F_a 增大，使 $F_a > F_p$，则推力斜盘右移，调速弹簧被压缩，导致循环供油量减小，F_p 力增大，直到循环供油量与柴油机负荷相适应时，转速不再增加，离心力不再增大。调速器的两力在新的条件下重新获得平衡，此时转速略高于上一个平衡转速。当柴油机负荷增加时，转速下降，F_a 减小，$F_p > F_a$，推力斜盘左移，循环供油量增加，F_p 增加到与负荷相应时，循环供油量不再增加，同样在新的条件下重新平衡，而转速较负荷变化前稍低。

四、典型调速器结构简介

1. 机械控制调速器

（1）两速调速器　图 5-35 所示为机械控制两速调速器立体图，其结构示意图如图 5-36 所示。

调速器连接在喷油泵上。喷油泵凸轮轴3 的端部装有两个飞块17，飞块以飞块座内的销轴为支点可以旋转，飞块的内臂上装有滚轮2。当飞块旋转张开时，滚轮便推动滑套16轴向移动。滑套侧面的销轴嵌入导动杠杆8 的下端孔内。速度调定杠杆6、导动杠杆8 和拉力杠杆12 的上端均铰接于调速器壳体14（图5-35）上。速度调整螺栓9 将速度调定杠杆6限位，拉力杠杆12 被拉力很强的调速弹簧5 拉住，在转速低于最大工作转速的条件下，拉力杠杆始终被拉靠在齿杆行程调整螺栓15 的端头上。拉力杠杆的下端装有怠速弹簧13，用于控制怠速，其中下端有一轴销插在支持杠杆18 上端的凹槽内。支持杠杆的中部与控制杠杆1 的一个臂相连，控制杠杆的另一臂通过杆系与加速踏板相连，由驾驶员操纵。浮动杠杆4 的中部与导动杠杆8 铰接，下端有一销轴，插在支持杠杆下端的凹槽内，上端通过连杆11与供油调节齿杆7 相连，顶部被起动弹簧10 拉住。

两速调速器的作用是保证起动加浓、稳定怠速、正常工作时的油量调节和限制超速。

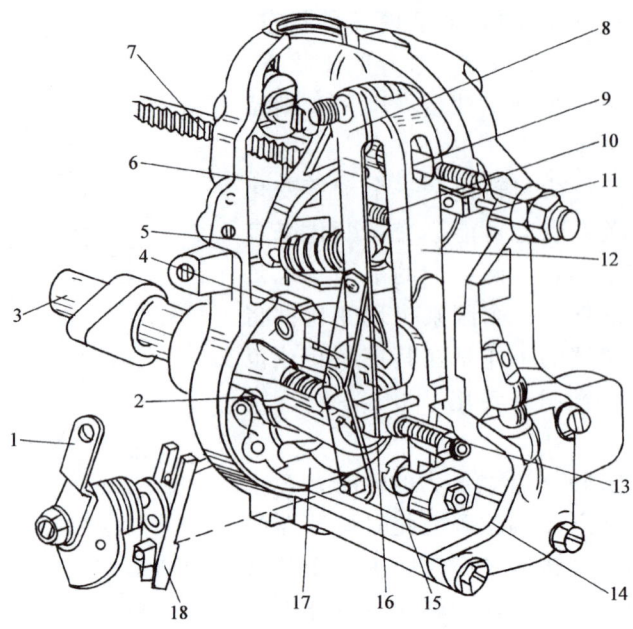

图 5-35 机械控制两速调速器立体图

1—控制杠杆 2—滚轮 3—喷油泵凸轮轴 4—浮动杠杆 5—调速弹簧 6—速度调定杠杆 7—供油调节齿杆 8—导动杠杆 9—速度调整螺栓 10—起动弹簧 11—连杆 12—拉力杠杆 13—急速弹簧 14—调速器壳体 15—齿杆行程调整螺栓 16—滑套 17—飞块 18—支持杠杆

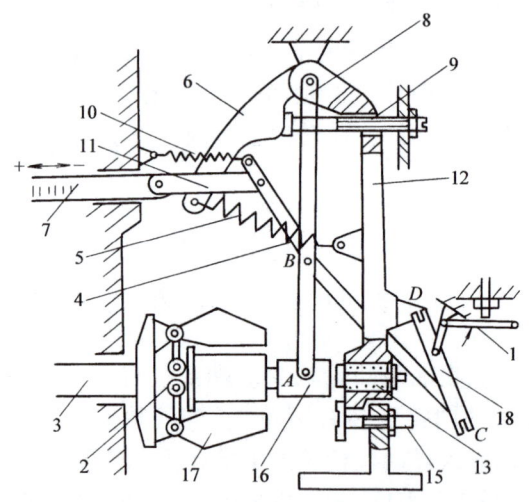

图 5-36 机械控制两速调速器结构示意图

1—控制杠杆 2—滚轮 3—喷油泵凸轮轴 4—浮动杠杆 5—调速弹簧 6—速度调定杠杆 7—供油调节齿杆 8—导动杠杆 9—速度调整螺栓 10—起动弹簧 11—连杆 12—拉力杠杆 13—急速弹簧 15—齿杆行程调整螺栓 16—滑套 17—飞块 18—支持杠杆（零件代号同图5-35）

（2）全速调速器 机械离心式全速调速器结构形式很多，与机械控制轴向柱塞式分配泵配用的全速调速器便是其中的一种。

1）结构。如图5-37所示，该调速器主要由飞锤7、调速套筒8、调速弹簧6和调速杠杆系统等组成。调速杠杆系统包括：张力杠杆 13、起动杠杆 21 和导杆 12。这三个杠杆通过销轴 N 连在一起，并可分别绕销轴 N 摆动。导杆通过销轴 M 固定在分配泵体上。起动杠杆下端的球头销，嵌入供油量调节套筒 20 的凹槽中。当起动杠杆摆动时，球头销将拨动供油量调节套筒，改变其与分配柱塞 18 上的泄油孔 19 的相对位置，从而改变分配柱塞的有效行程。张力杠杆上端通过怠速弹簧 10 与调速弹簧连接，调速弹簧的另一端挂在调速手柄 2 的销轴上。导杆的下端受回位弹簧 16 的推压，使其上端靠在最大供油量调节螺钉 11 上。

2）工作原理。柴油机工作时，调速器传动齿轮 1（图 5-38）在分配泵传动轴的驱动下旋转，飞锤 7 所产生的离心力与调速弹簧 6 的预紧力相互作用，如果两者不平衡，调速套筒 8 便会移动。调速套筒的移动通过调速器的杠杆系统，使供油量调节套筒 19 的位置发生变化，从而增加或减少柴油的供油量，适应柴油机运行工况变化的需要。

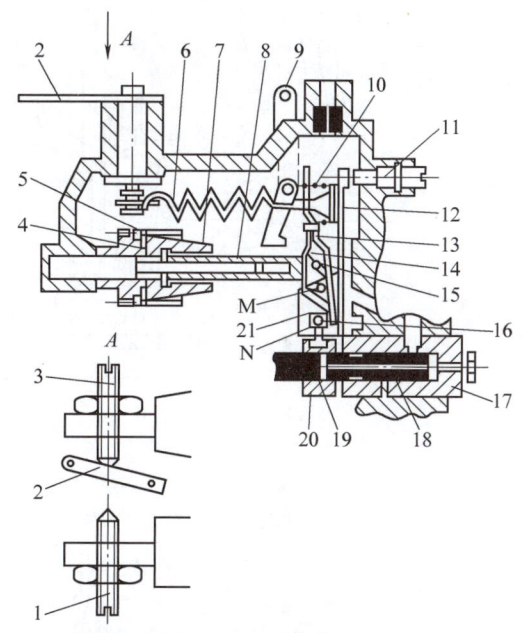

图 5-37 与分配泵配用的全速调速器

1—怠速调节螺钉　2—调速手柄　3—高速限制螺钉　4—调速器传动齿轮　5—飞锤支架　6—调速弹簧　7—飞锤　8—调速套筒　9—停车手柄　10—怠速弹簧　11—最大供油量调节螺钉　12—导杆　13—张力杠杆　14—起动弹簧　15—张力杠杆挡销　16—回位弹簧　17—柱塞套　18—分配柱塞　19—泄油孔　20—供油量调节套筒　21—起动杠杆　M—导杆支承销轴（固定）　N—起动杠杆、张力杠杆及导杆支承销轴（可动）

① 起动工况。起动前，将调速手柄 4（图 5-38a）推靠在高速限制螺钉 5 上。这时调速弹簧 6 被拉伸，拉动张力杠杆 12 绕销轴 N 向左摆动，并通过板形起动弹簧 13 使起动杠杆 20 压向调速套筒，从而使静止的飞锤 7 处于完全闭合的状态。同时，起动杠杆下端的球头销将供油量调节套筒 19 向右拨到起动加浓供油位置 C 处，供油量最大。起动后，飞锤离心力克服作用在起动杠杆上的起动弹簧的弹力，使起动杠杆绕销轴 N 向右摆动。直到抵靠在张力杠杆挡销 14 上。此时，起动杠杆下端的球头销向左拨动供油量调节套筒，供油量自动减少。

② 怠速工况。柴油机起动后，将调速手柄移至怠速调节螺钉 3（图 5-38b）上。这时调速弹簧 6 的张力几乎为零，即使调速器传动轴的转速很低，飞锤也会向外张开推动调速套筒 8，使起动杠杆 20 和张力杠杆 12 绕销轴 N 向右摆动，并使怠速弹簧 9 受到压缩。此时，飞锤离心力对调速套筒的作用力与怠速弹簧及起动弹簧对调速套筒的作用力平衡，供油量调节套筒 19 处于怠速供油位置 D 处，柴油机在怠速下运转。

当由于某种原因使柴油机转速升高时，飞锤 7 离心力增大，打破上述的平衡，飞锤推动调速套筒、起动杠杆和张力杠杆，进一步压缩怠速弹簧而向右摆动。通过支承销 N 另一端拨动供油量调节套筒向左移动，使供油量减少，转速回落复原。若柴油机转速降低，飞锤离心力减小，怠速弹簧 9 推动张力杠杆和起动杠杆向左摆动，通过支承销 N 另一端拨动供油量调节套筒向右移，增加供油量，使转速回升。

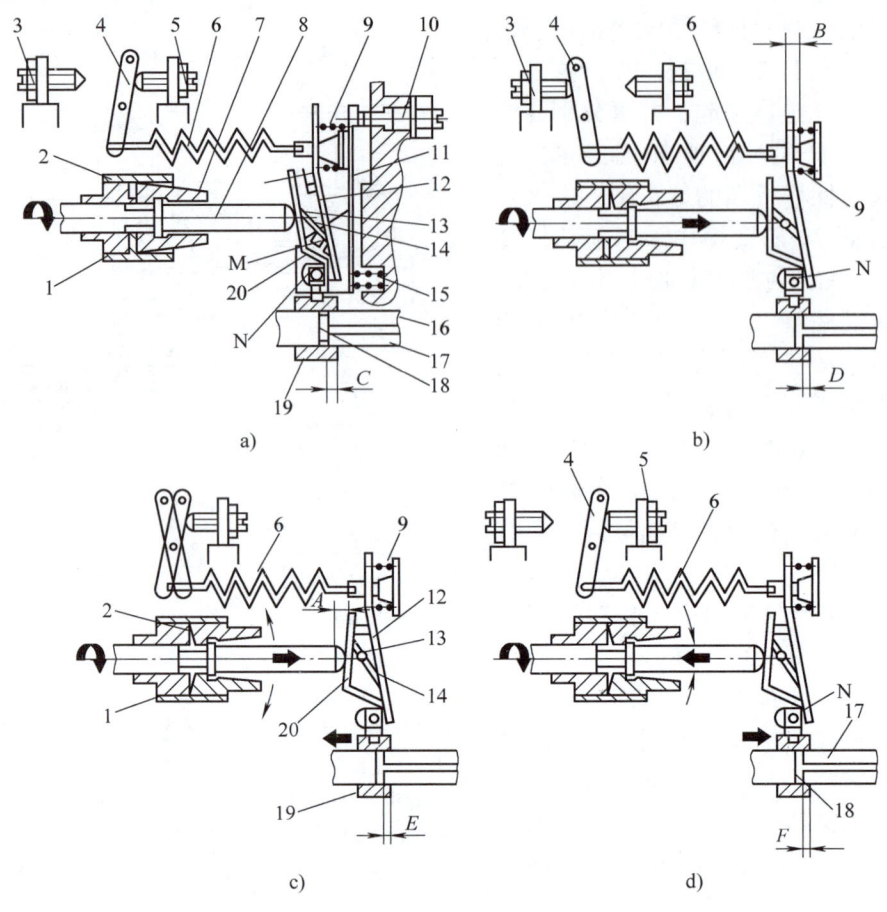

图 5-38 与分配泵配用的全速调速器工作原理

1—调速器传动齿轮 2—飞锤支架 3—怠速调节螺钉 4—调速手柄 5—高速限制螺钉 6—调速弹簧
7—飞锤 8—调速套筒 9—怠速弹簧 10—最大供油量调节螺钉 11—导杆 12—张力杠杆 13—起动弹簧
14—张力杠杆挡销 15—回位弹簧 16—柱塞套 17—分配柱塞 18—泄油孔 19—供油量调节套筒 20—起动杠杆
A—起动弹簧压缩量 B—怠速弹簧压缩量 C—起动加浓供油位置 D—怠速供油位置
E—部分负荷最高转速供油位置 F—全负荷最高转速供油位置 M、N—销轴

③ 中速和最高速工况。柴油机若在高于怠速低于最高转速的中间任一转速工作时，可将调速手柄置于怠速调节螺钉与最高速限制螺钉之间任一位置。此时，调速弹簧 6（图 5-38c）被拉伸，同时拉动张力杠杆和起动杠杆绕销轴 N 向左摆动，而起动杠杆 20 下端的球头销则向右拨动供油量调节套筒，使供油量增加，柴油机即由怠速转入中速状态。随着柴油机转速升高，飞锤离心力增大，当其向右作用，并与调速弹簧的拉力达到新的平衡时，供油量调节套筒便稳定在某一中等供油量位置，柴油机就在某一中等转速下稳定运转。

当把调速手柄 4 置于高速限制螺钉 5（图 5-38d）上时，调速弹簧的张力达到最大值，供油量调节套筒也相应地移至全负荷最高转速供油位置 F 处，柴油机将在最高转速或标定转速下运转。

柴油机在工作中，如果由于负荷发生变化而引起转速改变时，则飞锤离心力与调速弹簧力的平衡遭到破坏，调速器将立即使其达到新的平衡，同时，通过增减供油量，使柴油机稳定转速。如果突然全部卸掉柴油机负荷，调速器将把供油量减至最小，以防止柴油机超速而造成飞车。其调速过程与稳定怠速的过程相同。

④ 最大供油量的调节。若拧入最大供油量调节螺钉 10（图 5-38a），则导杆 11 绕固定销轴 M 逆时针方向转动，销轴 N 也随之转动并带动球头销向右拨动供油量调节套筒，这时最大供油量增加。反之，旋出最大供油量调节螺钉，则最大供油量减少。改变最大供油量，可以改变柴油机的最大输出功率及最高转速或标定转速。

2. 电控调速器

电控分配泵使用旋转电磁铁调速器（图 5-39）。旋转电磁铁 5 在电磁线圈中通入电流后，会旋转一定角度（最大转动范围为 60°）。铁心 4 随旋转电磁铁一起转动，其下端有轴线与铁心偏离的偏心球，上端与溢油环位置传感器 6 的可动环连接为一体。

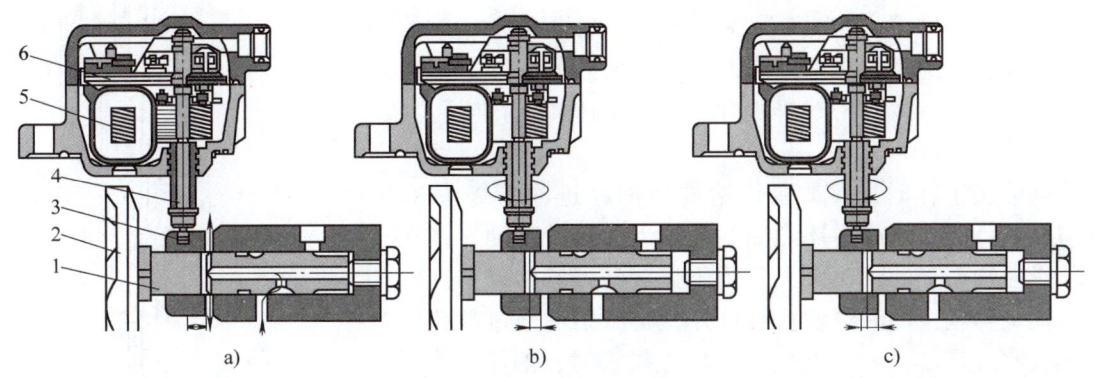

图 5-39　旋转电磁铁调速器
1—分配柱塞　2—平面凸轮盘　3—油量控制套筒　4—铁心　5—旋转电磁铁　6—溢油环位置传感器

若油量控制踏板在某一位置（图 5-39a），铁心会转动一定角度，偏心球便使油量控制套筒 3 固定在某一个位置，分配柱塞的有效行程为一确定值，喷油量确定，柴油机便在某一个相应的转速下运转。

当柴油机负荷增加、转速欲降低时，旋转电磁铁在电磁线圈通入一定的电流后便沿逆时针方向（从上往下看）转动一定角度，于是偏心球带动油量控制套筒 3 右移一定距离（图 5-39b），分配柱塞有效行程增加，喷油量增加，阻止了发动机转速欲下降的趋势。

当柴油机负荷下降、转速欲升高时（图 5-39c），旋转电磁铁在电磁线圈通入较小电流后沿顺时针方向（从上往下看）回转一定角度，使油量控制套筒稍向左移一定距离，喷油量减小，抑制了柴油机转速欲上升的趋势。

第七节　喷　油　器

喷油器的功用有两个：一是使一定数量的燃油得到良好的雾化，促进燃油着火和燃烧；二是使燃油的喷射按燃烧室形状合理分布，使燃油与空气得到迅速而完善的混合，形成均匀的可燃混合气。

喷油器常见的形式有两种：孔式喷油器和轴针式喷油器。

一、孔式喷油器

孔式喷油器主要用于直接喷射式燃烧室中,燃油的喷射状况主要由针阀体下部喷孔的大小、方向和数目来控制,并与燃烧室的形状、大小及空气涡流情况相适应。

孔式喷油器的喷孔数目一般为1~8个,孔径为0.2~0.8mm。

孔式喷油器的结构与工作原理如图5-40所示,主要由针阀2、针阀体3、顶杆6、调压弹簧7及喷油器体5等零件组成。

针阀中部的锥面位于针阀体3的环形油腔内以承受油压,称为承压锥面。针阀2下端的锥面与针阀体上相应的内锥面配合,起密封作用,称为密封锥面。调压弹簧7通过顶杆6,将针阀的密封锥面压紧在针阀体的内锥面上,使喷孔关闭。

柴油机工作时,喷油泵供给的柴油经进油管接头8、油道进入针阀体下部的环形油腔内。当油压升高到作用在针阀承压锥面上的轴向力大于调压弹簧的预紧力时,针阀开始向上移动,喷油器喷孔被打开,高压柴油通过喷孔喷入燃烧室(图5-41a)。当喷油泵停止供油时,油压突然下降,针阀在调压弹簧的作用下及时回位,将喷孔关闭(图5-41b)。喷油器的喷油压力与调压弹簧的预紧力有关,预紧力越大,喷油压力越高。调压弹簧的预紧力可通过调压螺钉9(图5-40)来调整。喷油器工作时,会有少量柴油从针阀和针阀体的配合表面之间的间隙漏出。这部分柴油对针阀起润滑作用,并沿顶杆周围的空隙上升,最后通过回油管螺栓11(图5-40)进入回油管,流回柴油箱。

针阀和针阀体是喷油器中最关键的零件,两者合称为针阀偶件。为保证喷油压力且能自由滑动,两者的配合间隙要求很严,应控制在0.002~0.003mm之间。针阀偶件是经过研磨配对的,拆装和维修过程中应特别注意,不能互换。

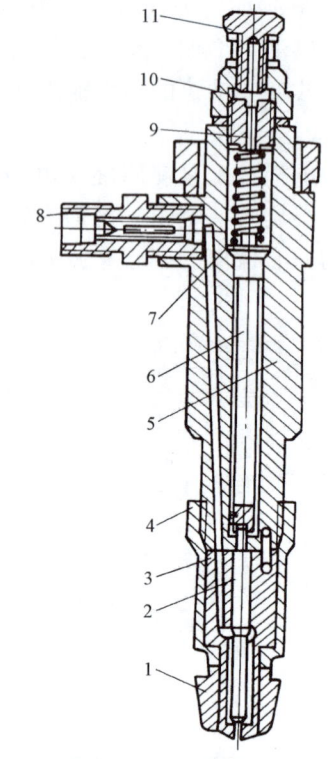

图 5-40 孔式喷油器

1—喷油器锥体 2—针阀 3—针阀体
4—紧固螺套 5—喷油器体 6—顶杆
7—调压弹簧 8—进油管接头 9—调压螺钉
10—调压螺钉护帽 11—回油管螺栓

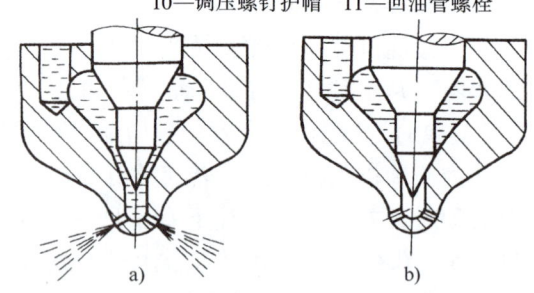

图 5-41 孔式喷油器工作原理示意图
a)喷油 b)关闭

二、轴针式喷油器

轴针式喷油器(图5-42)工作原理与孔式喷油器基本相同,结构相似,稍有差别的是针阀下端的密封锥面以下,还延伸出一个倒锥形或圆柱形的轴针,轴针伸出喷孔外,使喷孔成为圆环状的狭缝。这样,喷油时喷柱将呈空心的锥状或柱状(图5-43b)。喷孔的通过截面与喷柱锥角的大小取决于轴针的形状与升程。

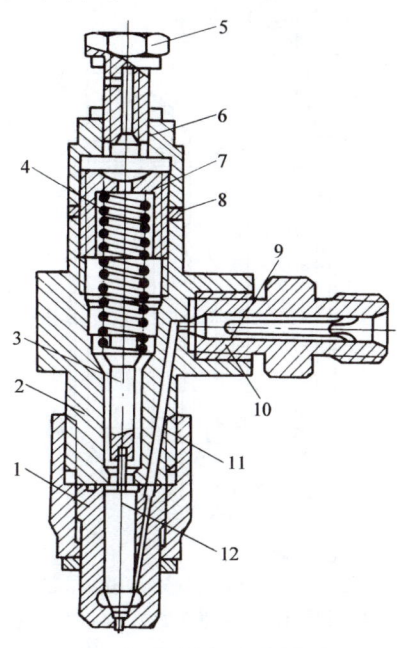

图 5-42　轴针式喷油器

1—针阀体　2—喷油器体　3—顶杆　4—调压弹簧　5—回油管螺栓　6—调压螺钉护帽
7—调压螺钉　8—垫圈　9—滤芯　10—进油管接头　11—紧固螺套　12—针阀

轴针式喷油器一般只有一个喷孔（孔径为1.0～3.0mm），喷孔与轴针之间有微小的间隙（0.02～0.06mm）。当轴针刚升起时，由于轴针仍在喷孔中，喷出油量较少，直到轴针完全离开喷孔时，喷油量才达到最大；当喷油快结束时，情况正好相反。轴针式喷油器适用于对喷雾质量要求不高的涡流室式燃烧室和预燃室式燃烧室。

轴针式喷油器由于喷孔直径较大，孔内又有轴针上下移动，故喷孔不易积炭，且可以自行清除积炭。

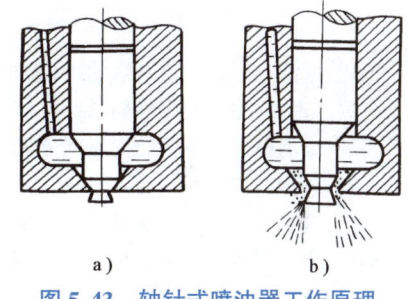

图 5-43　轴针式喷油器工作原理
a) 关闭　b) 喷油

第八节　柴油滤清器

柴油滤清器的功用是清除柴油中的杂质。

柴油滤清器有粗细之分。柴油粗滤器一般安装在输油泵之前，用来清除柴油中颗粒较大的杂质，滤芯有金属缝隙式、片式、网式、纸质式等几种。柴油细滤器一般安装在输油泵之后，用来清除柴油中的微小杂质，它的滤芯有毛毡式、金属网式和纸质式。

图 5-44 所示为纸质滤芯柴油滤清器。

自输油泵来的柴油从进油口 1 进入滤清器壳体 2 与纸质滤芯 3 之间的缝隙，经过滤芯过滤后的柴油经中心杆 4 由出油孔 8 进入喷油泵。

当油压超过标准值时，限压阀 7 打开，多余柴油经旁通孔 6 返回柴油箱。

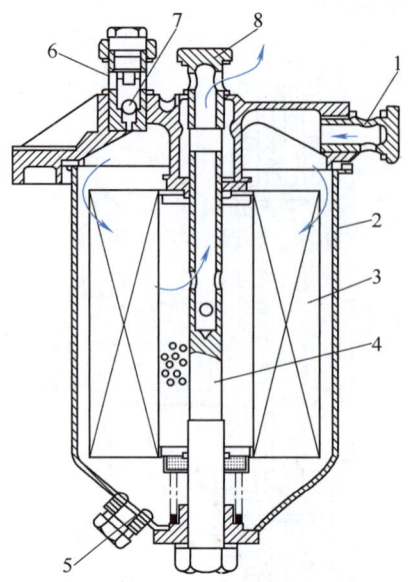

图 5-44 纸质滤芯柴油滤清器

1—进油口　2—滤清器壳体　3—纸质滤芯　4—中心杆　5—放油螺塞
6—旁通孔　7—限压阀　8—出油孔

思考题与习题

5-1　柴油机燃料供给系统的组成如何？

5-2　柴油的主要使用性能指标有哪些？

5-3　柴油机燃烧室按结构形式分哪两大类？各自又是如何分类的？

5-4　柱塞式喷油泵由哪几部分组成？分泵又由哪些零件组成？

5-5　柱塞式喷油泵分泵的工作原理如何？

5-6　什么是喷油泵柱塞的有效行程？柱塞式喷油泵的油量调节机构的作用是什么？

5-7　装有轴向柱塞式分配泵的燃料系统由哪些零部件组成？

5-8　轴向柱塞式分配泵的组成如何？

5-9　简述轴向柱塞式分配泵的工作原理。

5-10　日本电装公司装用的 ECD-V1 电控轴向柱塞式分配泵的结构是什么？

5-11　调速器的作用是什么？

5-12　飞球式机械调速器的工作原理如何？

5-13　电控调速器工作原理如何？

5-14　喷油器的功用有哪些？孔式喷油器的结构和工作原理如何？

5-15　电控共轨式柴油喷射系统的组成如何？

第六章

汽油发动机点火系统

第一节 概 述

一、功用

点火系统的功用是按照发动机点火次序在规定时刻供给火花塞足够能量的直流高压电，使其两极产生电火花点燃可燃混合气，使发动机做功。

二、分类

目前轿车汽油机应用的点火系统按产生高压电的方式不同分为电子点火系统和微机控制点火系统。

（1）电子点火系统 作为一种新型的点火系统，该系统以蓄电池和发电机作为电源，通过晶体管和点火线圈将低压电转变成高压电。根据点火信号产生的方式不同可将其分为有触点式和无触点式。电子点火系统点火可靠、使用方便，在汽油机上得到广泛应用。

（2）微机控制点火系统 也称数字式点火系统，该系统也是以蓄电池和发电机作为电源，通过点火线圈将低压电变成高压电。微机控制点火系统通过电控单元和各种传感器控制点火时刻，改善发动机的动力性、经济性和排气污染。微机控制点火系统广泛应用在各种轿车（尤其是高级轿车）的汽油发动机上。

需要说明的是，蓄电池传统点火系统长期以来被汽油机广泛采用，但由于蓄电池传统点火系统存在诸如产生的高压电比较低、发动机高转速运转时点火不可靠以及使用中需要经常维护等缺点，目前在轿车上已经被淘汰。

三、点火时刻

从火花塞发出电火花（点火时刻）开始到活塞移到上止点之间的曲轴转角，称为点火提前角。

点火时刻对发动机的影响很大。

从电火花出现到可燃混合气大部分燃烧完毕而使气缸内的压力上升到最高值，需要一定时间。而在这段很短的时间内，曲轴可转过相当大的角度。所以如果使活塞临近上止点时点火（即点火过迟），则会出现可燃混合气一面燃烧，活塞一面下移使气缸容积增大的情况，致使燃烧时产生的最高压力和温度下降，发动机功率也随之减小（图6-1a）。

如果点火提前角过大（即点火过早），大部分可燃混合气在压缩行程中燃烧，气体压力的作用方向与活塞运动方向相反，活塞所消耗的压缩功增加，示功图上出现套环，发动机功率也减小（图 6-1c）。因此，为使发动机工作时获得最佳的点火提前角，点火系统产生高压电的时刻，必须与发动机活塞运动规律相适应。

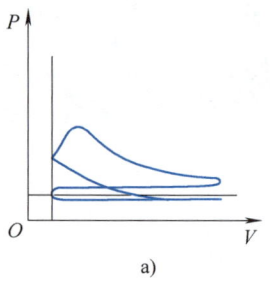 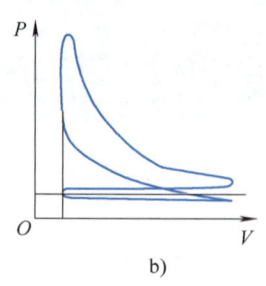 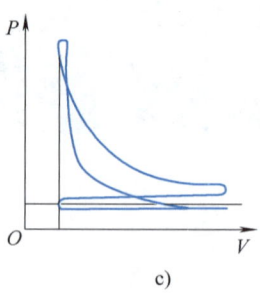

图 6-1　点火时刻对发动机性能的影响
a) 点火过迟　b) 点火适时　c) 点火过早

最佳点火提前角与发动机的转速、可燃混合气的成分、发动机的结构（燃烧室形状和压缩比等）、汽油的抗爆性能及其他一些因素有关。对同一台发动机，当转速一定时，随着负荷的增大（即节气门开度增大），进入气缸的新鲜可燃混合气增多，燃烧速度加快，压缩终了时的压力和温度增高，同时残余废气在气缸内混合气中所占的百分比下降。此时，点火提前角应适当减小；反之，点火提前角应随着负荷的减小适当加大。

当节气门开度一定时，发动机转速增高，燃烧过程所占曲轴转角增大，这时应适当加大点火提前角，否则燃烧会延续到膨胀行程，使传热损失增加，排气温度升高，造成发动机功率和燃料经济性下降。

第二节　电子点火系统

电子点火系统目前主要指的是无触点电子点火系统。

无触点电子点火系统的结构特点是利用点火信号发生器（传感器）代替触点（传统蓄电池式点火系统里断电器中的元件）触发和控制点火系统的工作。

无触点电子点火系统按触发方式不同可分为磁感应式（磁脉冲式）、霍尔效应式和光电式等几种点火装置。

一、磁感应式无触点电子点火装置

磁感应式无触点电子点火装置电路如图 6-2 所示，主要由点火信号发生器 1、点火控制器 2、点火线圈 3 及蓄电池 5 等组成。

1. 点火信号发生器

点火信号发生器（图 6-3）装在分电器内，它由分电器轴带动的信号转子 1（图 6-4a）、永久磁铁 4、铁心 3 和绕在铁心上的传感线圈 2 等组成。其功用是产生信号电压，控制点火线圈的通断和点火系统的工作。

信号转子的凸齿数与发动机气缸数相同。永久磁铁的磁通由 N 极经信号转子的凸齿、铁心、S 极构成回路。点火开关闭合后，发动机尚未转动时，信号转子不动，无信号输出。但当发动机在起动机驱动下转动时，信号转子便由分电器轴驱动旋转，这时信号转子的凸齿与铁心间的间隙将发生变化,使得通过传感线圈的磁通量发生变化,因而在传感线圈内产生交变电动势,其大小与磁通的变化率成正比。

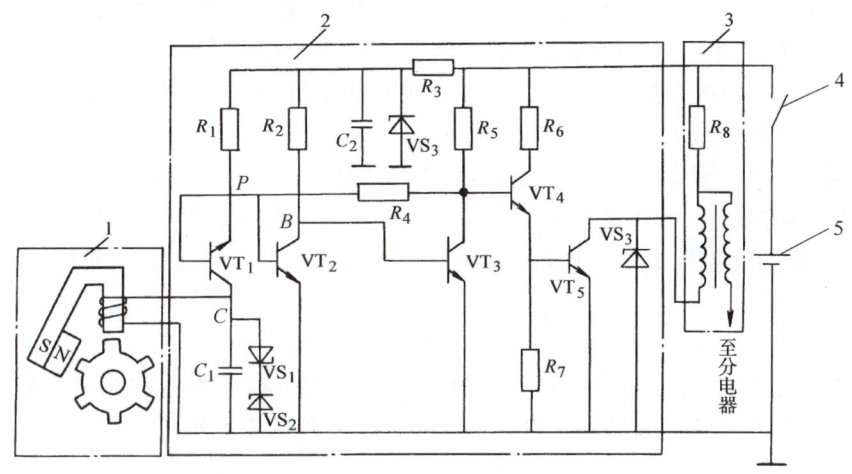

图 6-2 磁感应式无触点电子点火系统电路图
1—点火信号发生器 2—点火控制器 3—点火线圈 4—点火开关 5—蓄电池

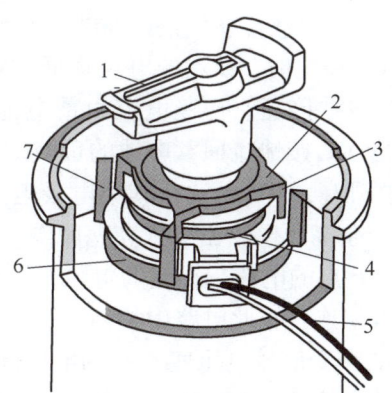

图 6-3 点火信号发生器立体图
1—分火头 2—信号转子 3—转子齿 4—线圈支架 5—连接导线 6—定子 7—定子齿

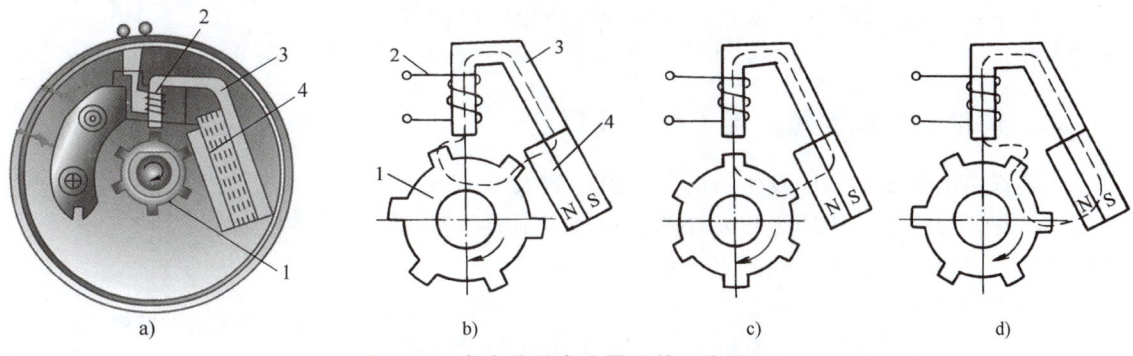

图 6-4 点火信号发生器及其工作原理
a) 点火信号发生器 b) 信号转子凸齿与铁心靠近 c) 信号转子凸齿与铁心对正 d) 信号转子凸齿离开铁心
1—信号转子 2—传感线圈 3—铁心 4—永久磁铁

在图 6-4b 所示位置时，由于信号转子的凸齿逐渐向铁心靠近，凸齿与铁心间的间隙越来越小，通过传感线圈的磁通逐渐增多，于是在线圈内便产生一感应电动势。当信号转子转到铁心位于信号转子两个凸齿之间的某一位置时，磁通变化速率最大，其感应电动势最高。随后，磁通量变化速率降低，感应电动势下降。

在图 6-4c 所示的位置时，转子凸齿与铁心中心线正好对齐，这时凸齿与铁心间的间隙最小，通过线圈的磁通量最大，但磁通的变化率为零，因而传感线圈中的感应电动势亦为零。

当转子从图 6-4c 所示的位置转向图 6-4d 所示的位置时，转子凸齿逐渐离开铁心，凸齿与铁心间的间隙越来越大，磁通量越来越少。当转到铁心位于信号转子两个凸齿之间的某一位置时，磁通减少的速率最大，线圈的感应电动势最高。此后磁通减少的速率变慢，感应电动势下降。

由此可见，当信号转子不断转动时，线圈内感应电动势的大小和方向便不断发生交替变化，因而线圈两端输出的是交变信号，且信号转子每转一周产生六次交变信号（本例是六凸齿），将该交变信号输入给点火控制器便可控制点火系统的工作。

2. 点火控制器

点火控制器通常装在一个小盒内，基本电路见图 6-2 中的 2，它是由晶体管 VT_1 和 VT_2 组成的点火信号检出电路、晶体管 VT_3 和 VT_4 组成的开关放大电路及大功率晶体管 VT_5 组成的。其功用是将从点火信号发生器得到的信号整形、放大以控制点火线圈初级电路的通、断。

接通点火开关 4，晶体管 VT_2 通电时，B 点的电位降低，VT_3 截止而其集电极电位升高，使 VT_4、VT_5 导通，于是初级电路被接通。初级电流由蓄电池的正极出发，经点火开关 4、点火线圈 3 的初级绕组、晶体管 VT_5 接地流回蓄电池的负极。

当 VT_2 截止时，B 点的电位升高，VT_3 导通，其集电极电位降低，VT_4、VT_5 截止，于是初级电路被切断，次级绕组中产生高压电，击穿火花塞间隙，点燃可燃混合气。

VT_2 是导通还是截止取决于 P 点的电位。P 点的电位是一定的，且略高于 VT_2 的工作电位。晶体管 VT_1 的发射极与基极相连，在此电路中相当于一个发射极为正、集电极为负的二极管。当点火信号发生器输出的交变信号电压使 C 点的电位高于 P 点的电位时，VT_1 因承受反向电压而截止。这时，P 点的电位高于 VT_2 的工作电位，所以 VT_2 导通，从而 VT_5 也导通。当点火信号发生器输出的交变信号电压使 C 点的电位低于 P 点的电位时，VT_1 导通，使 P 点的电位降低。当 P 点的电位低于 VT_2 的工作电位时，VT_2 截止，导致 VT_5 截止，使初级电流中断。

二、霍尔效应式无触点电子点火装置

该装置由内装霍尔效应发生器的分电器、放大器、点火线圈和火花塞等组成。应用霍尔元件的霍尔效应制成的霍尔效应发生器产生点火信号，控制点火系统的工作。

1. 霍尔效应原理

霍尔效应的原理如图 6-5 所示。当外加电压作用的电流 I 通过放在磁场中的半导体基片（即霍尔触发器 4）且电流方向与外加磁场方向垂直时，在半导体基片的横向侧面上就

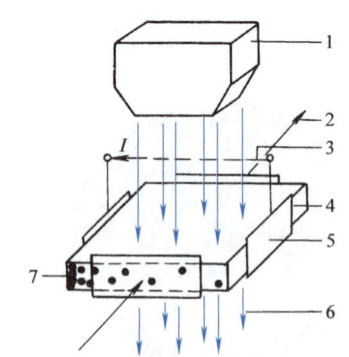

图 6-5 霍尔效应原理示意图

1—磁极　2—外加电压　3—霍尔电压
4—霍尔触发器　5—接触面
6—磁力线　7—剩余电子

会产生一个与电流和磁感应强度成正比的电压,该电压称为霍尔电压 U_H。

霍尔电压 U_H 的公式为

$$U_H = \frac{R_H}{d}IB$$

式中　R_H——霍尔系数;
　　　d——基片厚度;
　　　I——电流;
　　　B——磁感应强度。

由上式可知,当 I 为定值时,U_H 与磁感应强度 B 成正比。利用这一效应可制成霍尔传感器,准确地控制发动机的点火时间。

2. 霍尔效应发生器

霍尔效应发生器的结构如图 6-6 所示。它由触发叶轮 1 和信号触发开关 4 组成。触发叶轮与分火头制成一体并由分电器轴带动,其上有与气缸数相等的叶片。信号触发开关 4 由霍尔集成电路 2 和带导磁板的永久磁铁 3 组成。霍尔集成电路 2 的外层为霍尔元件,同一基板的其他部分制成放大回路。触发叶轮的叶片在霍尔集成电路 2 和带导磁板的永久磁铁 3 之间转动。

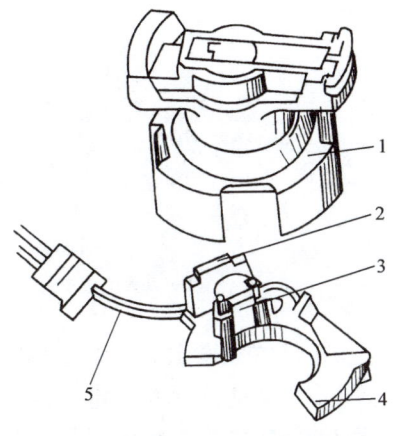

图 6-6　霍尔效应发生器
1—触发叶轮　2—霍尔集成电路
3—带导磁板的永久磁铁
4—信号触发开关　5—连接导线

霍尔效应发生器的工作原理如图 6-7 所示。

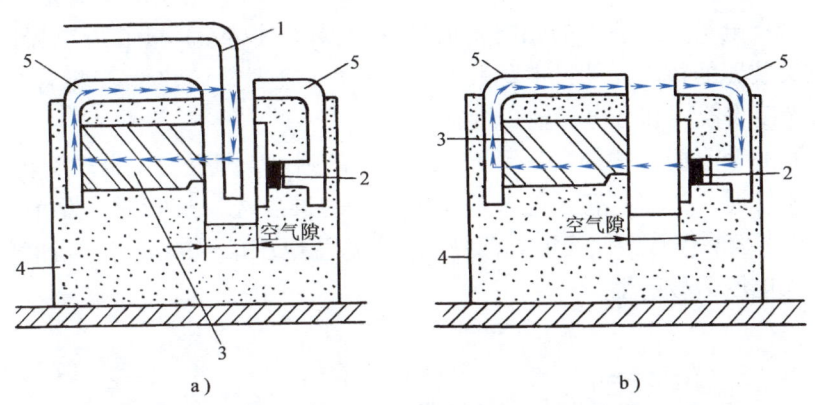

图 6-7　霍尔效应发生器工作原理
a) 触发叶轮叶片进入空气隙　b) 触发叶轮叶片离开空气隙
1—触发叶轮叶片　2—霍尔集成块　3—永久磁铁　4—霍尔传感器　5—导板

触发叶轮转动时,每当触发叶轮叶片 1 进入永久磁铁 3 与霍尔集成块 2 间的空气隙中时,作用在霍尔集成电路中的磁场被触发叶轮叶片所旁路(图 6-7a),这时不产生霍尔电压,霍尔发生器无信号输出,集成电路放大器输出极导通,接通点火线圈的初级电路。

当触发叶轮离开空气隙时,永久磁铁 3 的磁力线便通过导板 5 至霍尔集成块 2(图 6-7b)。这时霍尔电压升高,霍尔发生器有信号输出,集成电路放大器输出极截止,切断点火线圈的初级电流,次级绕组中便感应出高压电动势。

装有霍尔效应发生器的电子点火系统电路如图 6-8 所示。

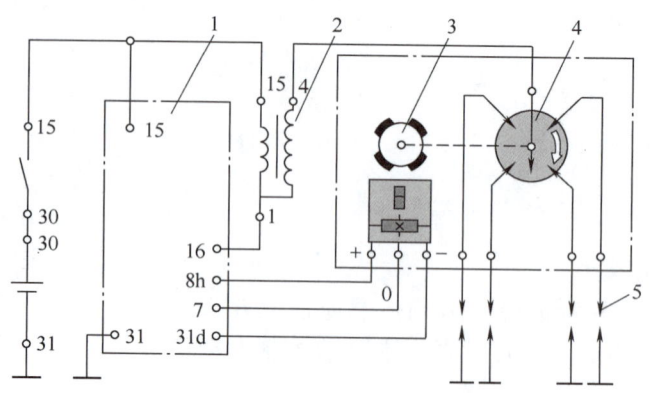

图 6-8　装有霍尔效应发生器的电子点火系统电路图

1—点火电控单元　2—点火线圈　3—霍尔效应发生器　4—分电器　5—火花塞

霍尔效应发生器 3 通过端子 0、+ 和 – 与点火电控单元 1 的端子 7、8h 和 31d 连接。

霍尔效应式无触点电子点火装置点火正时精度高，耐久性好，同时不受温度、湿度、灰尘和油污的影响，也不需保养与维护，且使用寿命长，是一种新型的点火系统。

一汽奥迪 100、捷达、高尔夫、上海桑塔纳轿车都装用了霍尔效应式无触点电子点火系统。

三、光电式无触点电子点火装置

光电式无触点电子点火装置的光电式信号发生器（图 6-9a）装在分电器内，是光电式无触点电子点火装置的核心元件，主要由信号转子 1（遮光盘）、发光二极管 3（光源）、光敏晶体管 4（光接收器）和分电器轴 2 组成。

信号转子是一个有槽（槽的数目等于气缸数）的圆盘，且随分电器轴旋转。

分电器轴旋转时，当信号转子的某一个槽正好对准发光二极管时，发光二极管的光束（图 6-9b）触及光敏晶体管，使光电式信号发生器产生电压信号并送出；当信号转子遮挡发光二极管时，无电压信号产生。

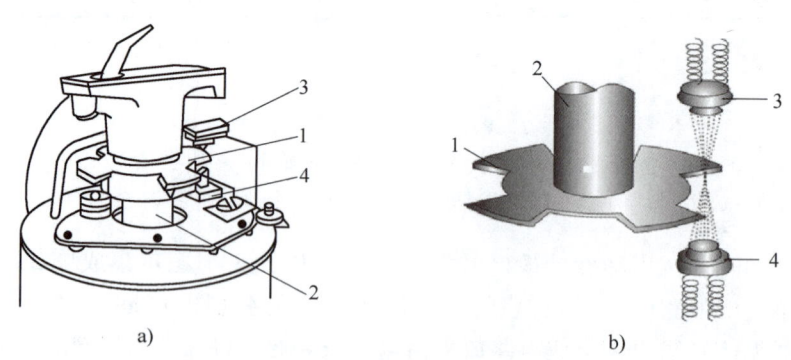

图 6-9　光电式信号发生器及其工作原理

a）光电式信号发生器　b）光电式信号发生器工作原理

1—信号转子　2—分电器轴　3—发光二极管　4—光敏晶体管

四、点火系统主要元件

1. 分电器

（1）传统点火系统的分电器 如图 6-10 所示，它是将断电器、配电器、电容器以及各种点火提前调节装置等组装成一体的部件。

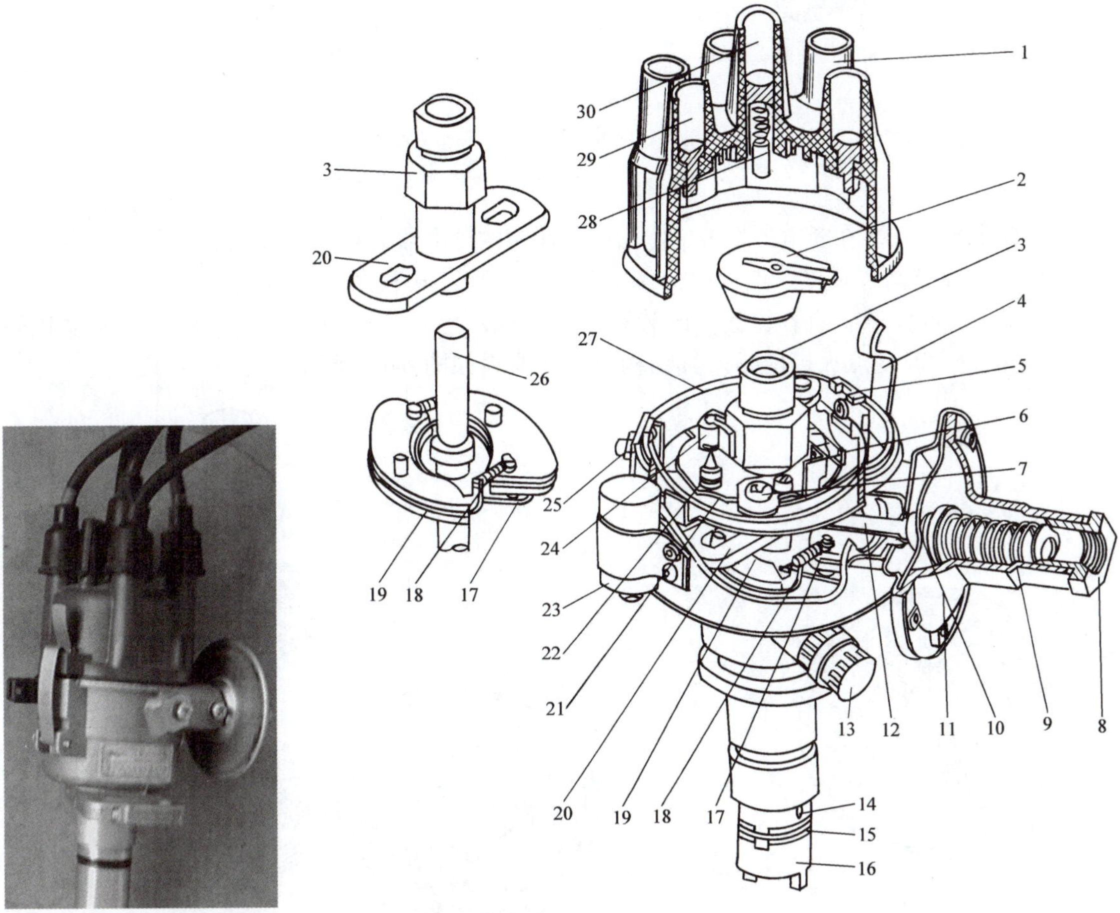

图 6-10 分电器

a）分电器实物 b）分电器结构示意图

1—分电器盖 2—分火头 3—断电器凸轮 4—分电器盖弹簧夹 5—断电器活动触点臂弹簧及固定夹 6—活动触点及支架 7—固定触点 8—接头 9—弹簧 10—真空调节器膜片 11—真空调节器外壳 12—拉杆 13—油杯 14—固定销及联轴器 15—联轴器钢丝 16—联接轴 17—离心调节器底板 18—重块弹簧 19—离心调节器重块 20—拨板 21—断电器底板 22—真空调节器拉杆销及弹簧 23—电容器 24—油毡 25—断电器接线柱 26—分电器轴 27—分电器外壳 28—中心电极 29—分缸高压线插孔 30—中心高压线插孔

1）断电器（图 6-11）。主要由一对触点（活动触点 2、固定触点 3）和断电器凸轮 5 组成。

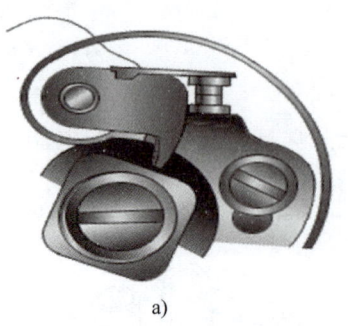
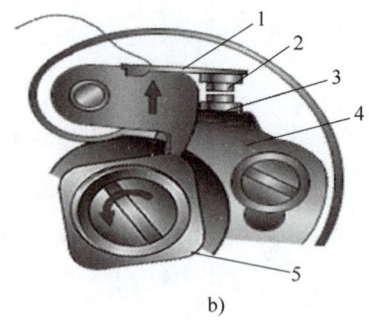

a)   b)

图 6-11　断电器

a）断电器触点闭合　b）断电器触点断开

1—活动触点臂　2—活动触点　3—固定触点　4—断电器活动底板　5—断电器凸轮

2）配电器。安装在断电器上方，它由胶木所制的分电器盖4和分火头1组成（图6-12）。

3）点火提前调节装置。点火提前调节装置分为离心式和真空式两种。

① 离心式点火提前调节装置。该装置通常装在断电器底板下面，其作用是随发动机转速的变化而自动改变点火提前角。其结构及工作原理如图6-13所示。

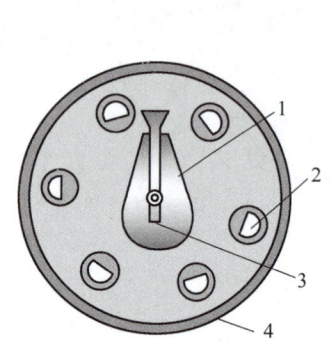
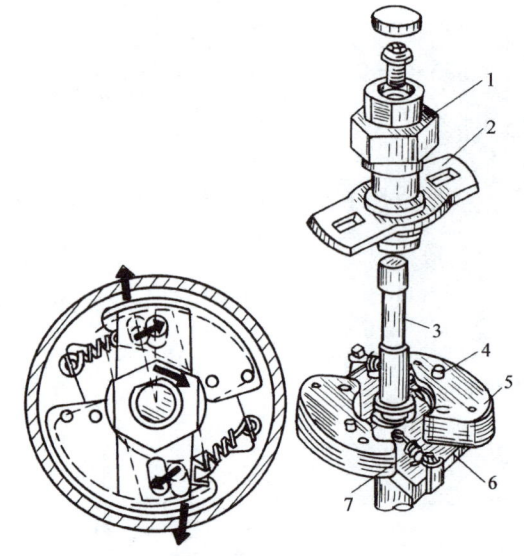

图 6-12　配电器

1—分火头　2—侧电极
3—中心电极　4—分电器盖

图 6-13　离心式点火提前调节装置的结构和工作原理

1—断电器凸轮　2—带孔拨板　3—分电器轴
4—销钉　5—重块　6—托板　7—弹簧

② 真空式点火提前调节装置。该装置位于分电器外壳侧面，其作用是随发动机负荷变化自动调节点火提前角。

图6-14所示为真空式点火提前调节装置的结构和工作原理。

（2）霍尔效应式分电器　图6-15所示为霍尔效应式无触点电子点火装置装用的分电器，其结构特点是用传感器（触发叶轮4和触发开关5）代替图6-11中的触点（活动触点2和固定触点3）。

第六章　汽油发动机点火系统

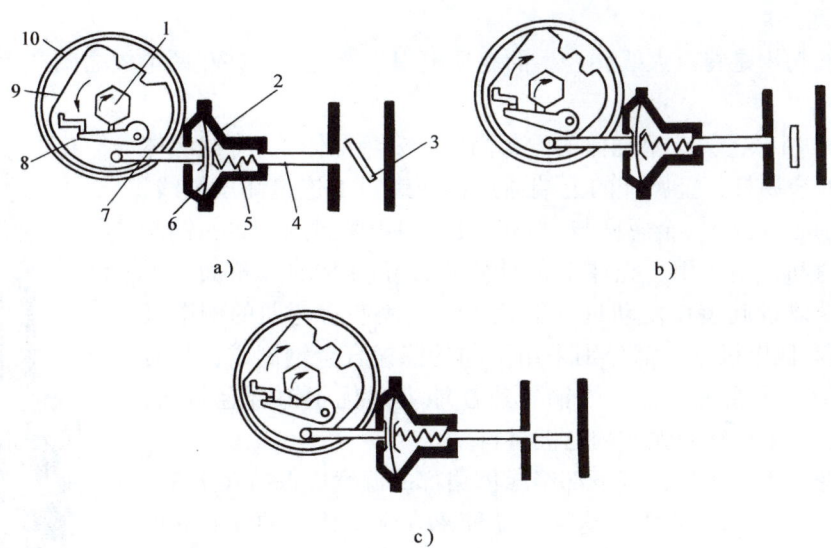

图 6-14　真空式点火提前调节装置的结构和工作原理
a）节气门部分开启　b）节气门全开　c）节气门全关
1—断电器凸轮　2—提前调节装置外壳　3—节气门　4—真空连接管　5—膜片回位弹簧
6—膜片　7—拉杆　8—断电器触点　9—断电器底板　10—分电器壳体

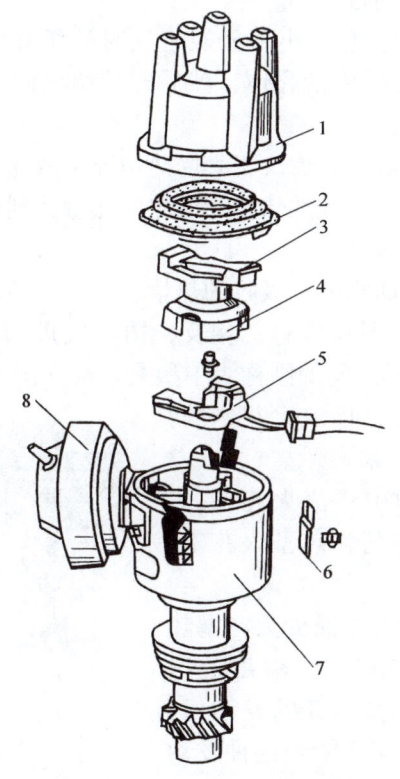

图 6-15　霍尔效应式分电器
1—分电器盖　2—防尘罩　3—分火头　4—触发叶轮　5—触发开关　6—固定板
7—分电器壳　8—真空式点火提前调节装置

2. 火花塞

火花塞的功用是将点火线圈产生的高压电引进燃烧室，并在两电极之间产生电火花以点燃可燃混合气。

如图 6-16 所示，火花塞壳体的内部固定有瓷绝缘体 2，瓷绝缘体中心孔上部有金属杆，金属杆的上端通过接线螺母 1 连接高压导线，其下端装有中心电极 3。金属杆与中心电极之间用密封剂密封，铜制内垫圈起密封和导热作用。壳体上部外侧为便于拆装的六角面，下部不仅有螺纹以备旋装在发动机气缸盖内，还固装有弯曲的侧电极 4。中心电极和侧电极一般都分别采用不同的镍锰合金钢制成，具有良好的耐高温、耐腐蚀性能。因铜导热性能大大优于镍合金材料，故中心电极也有采用镍包铜质的电极材料。

要使火花塞正常工作，其下部绝缘体裙部的温度应保持在 773～873K（即 500～600℃）以上，这样才能使落在绝缘体上的油滴立即烧掉，不致形成积炭，通常称这个温度为火花塞的"自净温度"。如果温度低于自净温度，就有可能使油雾聚积成油层，引起积炭导致火花塞不能产生电火花；若温度过高，超过 1173 K（900℃）时，又会使可燃混合气和炽热的绝缘体接触，形成炽热点火，产生化油器回火现象，导致油耗增加，发动过热。

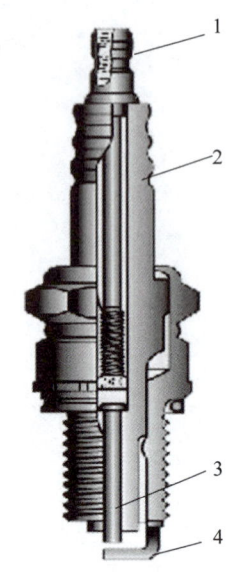

图 6-16 火花塞

1—接线螺母 2—瓷绝缘体
3—中心电极 4—侧电极

火花塞绝缘体吸收的热量，有一小部分被进气时的新鲜可燃混合气带走，大部分经上下铜垫圈传给壳体，然后再传给气缸盖，还有一小部分由中心电极传出。

火花塞绝缘体裙部的工作温度，取决于其受热情况和散热条件。要使火花塞裙部经常保持在自净温度，就必须使火花塞吸收的热量与散出的热量达到一定的平衡状态。影响火花塞裙部温度的主要因素是裙部的长度。

当裙部较长时，受热的表面积大，吸收的热量多，裙部的温度容易上升。因此，把这种火花塞称为"热型"火花塞（图 6-17a）；相反，裙部较短的火花塞称为"冷型"火花塞（图 6-17c）；裙部长度介于二者之间的则称为中型火花塞（图 6-17b）。

我国是以绝缘体裙部长度来标定火花塞的，并用热值（1～11 的自然数）来表示。1、2、3 为低热值火花塞；4、5、6 为中热值火花塞；7 以上为高热值火花塞。热值小的为热型火花塞，热值大的为冷型火花塞。

火花塞裙部温度的高低，一方面受火花塞热特性的影响，另外还直接受缸内工作温度的影响。对于大功率、高压缩比和高转速的发动机，由于其燃烧室温度高，为使火花塞能与这种发动机工作特征相匹配，不致产生炽热点火，应采用"冷型"火花塞；相反，对于功率小、转速和压缩比较低的发动机，为了不致形成积炭，应采用"热型"火花塞。

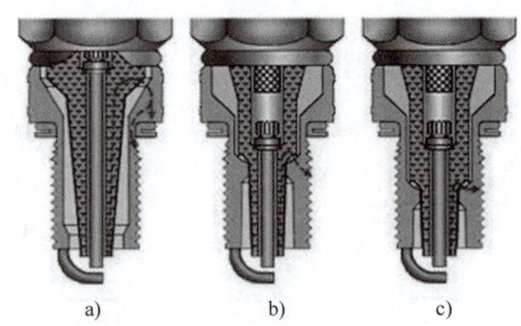

图 6-17 不同热特性的火花塞
a) 热型　b) 中型　c) 冷型

火花塞热特性的标定方法各国不尽相同，国产火花塞的联接螺纹尺寸（直径×螺距）有 M10×1.0（代号1）、M14×1.25（代号4）和 M18×1.5（代号8）等三种规格。国外还有螺纹直径为 12mm 的火花塞。

火花塞的电极间隙多为 0.6~0.8mm。近些年为了适应发动机排气净化的要求，有利于稀混合气的燃烧，火花塞电极间隙有增大的趋势，特别是采用高能电子点火装置后，其间隙有的增大至 1.0~1.2mm，为此也相应生产出一系列宽间隙火花塞。

近年来，火花塞在构造上有较大发展，如绝缘体突出型火花塞，其绝缘体裙部较长，电极间隙部分伸入燃烧室内部，可燃混合气易被点燃，火焰传播距离短，从而可改善着火性能，降低油耗。另外由于这种火花塞吸热量大，抗污染能力强，同时能直接受到进气冷却，可降低温度，不易引起炽热点火，能适应较宽热值，它适用于各种气门顶置式发动机；为了提高对点火系统电磁干扰的抑制能力，还有屏蔽型和电阻型抗干扰火花塞；此外，还有多极火花塞、半导体火花塞等，使火花塞朝着扩大热值范围，提高点火性能，延长点火寿命，提高抗污染能力、抗干扰能力的方向发展。

3. 点火线圈

点火线圈是将蓄电池或发电机所供给的低压电变成高压电的主要部件。

筒式点火线圈实物如图 6-18a 所示，主要由铁心 6、初级绕组 4、次级绕组 5 及绝缘材料 7 等组成。

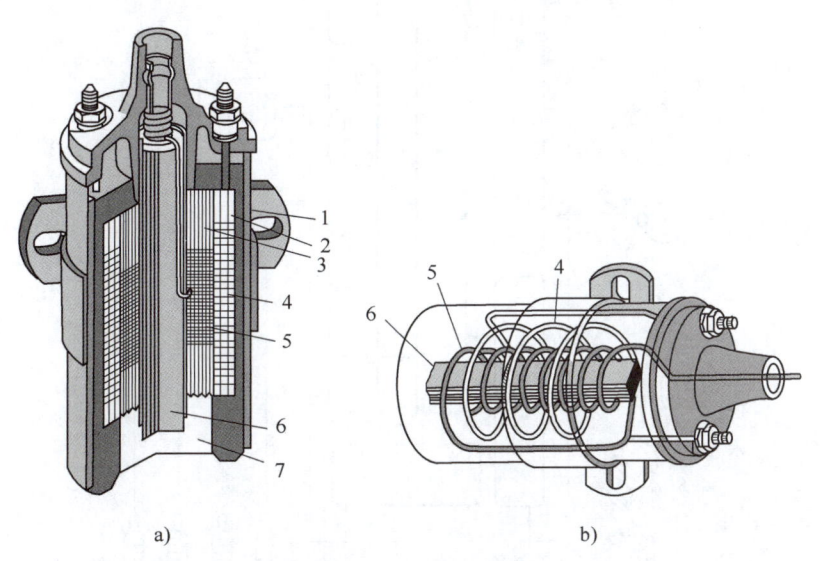

图 6-18 筒式点火线圈

a) 实物图 b) 内部电路图

1—导磁壳体 2—绝缘介质 3—绝缘层 4—初级绕组 5—次级绕组 6—铁心 7—绝缘材料

铁心 6 用互相绝缘的硅钢片组成，套有绝缘材料 7。

铁心上分层绕有次级绕组 5（匝数多，导线细，每层导线都用绝缘纸隔开，最外层的绝缘纸层数最多）和初级绕组 4（匝数少，导线粗，分层绕在次级绕组外面，以利散热）。

在点火线圈外壳内填满沥青或变压器油。填充变压器油时，线圈散热性较好，温升较低，且绝缘性好。近年来也有使用六氟化硫（SF_6）等气体绝缘或采用塑料造型绝缘。气体绝缘用于特殊用途的高温发动机，而塑料造型绝缘散热性较差，但可做得较小，故一般用在小型发动机上。

第三节　微机控制点火系统

微机控制点火系统分为有分电器的微机控制点火系统和无分电器的微机控制点火系统两种。

一、有分电器的微机控制点火系统

该点火系统的组成如图 6-19 所示，该系统除了保留了分电器 15、点火线圈 14、火花塞 16 和点火开关 1 外，其他各种传感器、电控单元等都可和电控汽油喷射系统共用。

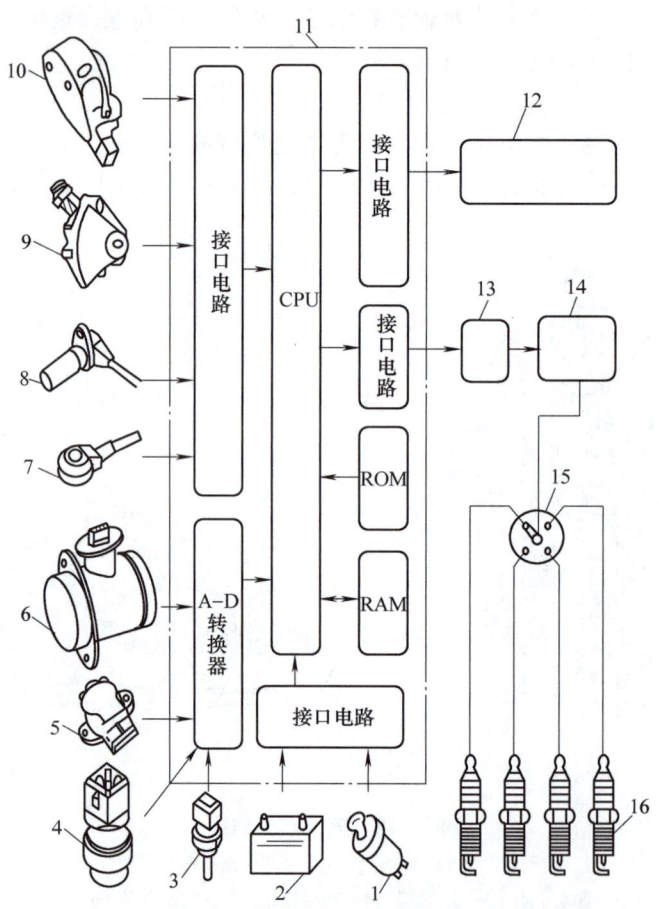

图 6-19　有分电器的微机控制点火系统组成示意图

1—点火开关　2—蓄电池　3—进气温度传感器　4—冷却液温度传感　5—节气门位置传感器　6—空气流量传感器　7—爆燃传感器　8—曲轴位置传感器　9—车速传感器　10—凸轮轴位置传感器　11—电控单元　12—点火系统报警装置　13—电子点火组件　14—点火线圈　15—分电器　16—火花塞

在有分电器的微机控制点火系统中，传感器用来在发动机工作时，不断采集反映发动机各工况的信息并输送给电控单元，作为电控单元进行运算和实现控制的依据或基准。

使用的传感器主要有：凸轮轴位置传感器 10、曲轴位置传感器 8、爆燃传感器 7、冷却液温度传感器 4、进气温度传感器 3、空气流量传感器 6 和节气门位置传感器 5 等。

电控单元 11 的功用是接收各有关传感器传来的信号，并按特定的程序进行判断、运算后，向电子点火组件 13 输出最佳点火提前角和初级电路导通时间的控制信号。

电子点火组件是点火执行器之一。其功用是根据电控单元输出的指令，通过其内部晶体管的接通和截止控制初级电路的通断，完成点火的任务。

日本丰田皇冠 3.0 轿车 L2JZ—GE 发动机、丰田雷克萨斯 LS400 轿车 IUZ—FE 发动机和韩国索纳塔轿车发动机均装用有分电器的微机控制点火系统。

二、无分电器的微机控制点火系统

无分电器的微机控制技术，是根据发动机转速传感器和负荷传感器的信号控制发动机的点火提前角，精确地控制发动机在各种工况下的最佳点火时刻。

按点火方式不同，无分电器的微机控制点火系统分为二极管分配式和点火线圈分配式两大类。

1. 二极管分配式

二极管分配式点火方式是利用二极管单向导电的特性，对点火线圈产生的高压电进行分配的点火方式。

该种点火方式是在每个气缸的火花塞上直接装用一个点火线圈，使各个气缸自行点火。它的的结构特点是点火线圈与火花塞之间不设高压线。

二极管分配式点火方式与装有分电器的点火系统相比，在发动机转速相同和点火能量相同的情况下，单位时间内流过其点火线圈的电流要小得多，故点火线圈不易过热；此外，即便是发动机在很高的转速下运转，点火线圈也能提供足够的点火能量。

二极管分配式点火方式装用的单火花塞点火线圈如图 6-20 所示，该点火线圈直接安装在每一个气缸的火花塞上（其数目与气缸数相同）。

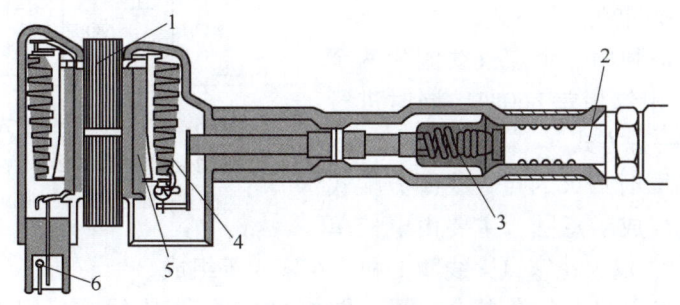

图 6-20　单火花塞点火线圈

1—铁心　2—火花塞　3—高压插接器　4—次级绕组　5—初级绕组　6—低压插接器

点火电控单元直接与点火线圈初级绕组连接，通过控制初级电路产生高压电，为火花塞跳火产生能量。

单火花塞点火线圈的电路如图 6-21 所示。端子 1 接电控单元，端子 15 接电源正极，端子 4a 为高压电输出端子，端子 4b 供监测点火系统工作情况之用。

根据曲轴位置传感器和凸轮轴位置传感器提供的信号，电控单元确定哪一缸处于点火时刻（图中为一缸火花塞正在跳火）。

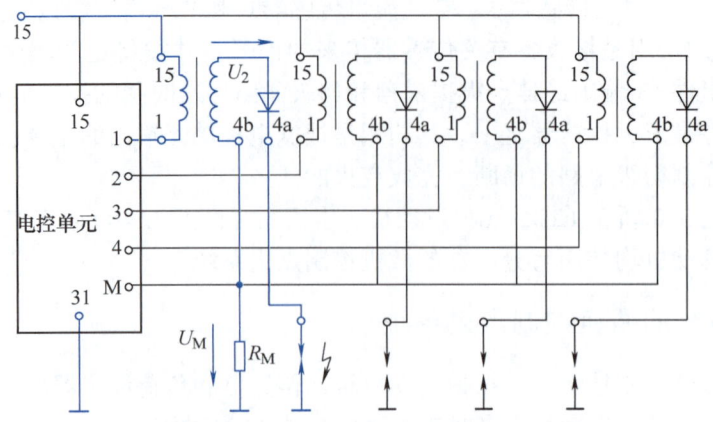

图 6-21 单火花塞点火线圈的电路

M—测量输入　R_M—测量分路　U_M—测量电路

日本尼桑阳光轿车装用的二极管分配式点火方式原理如图 6-22 所示，每个点火线圈由点火控制器 3 中的一个功率晶体管控制，点火线圈直接连到火花塞上。

点火提前角，由曲轴位置传感器 5 和凸轮轴位置传感器 1 送来的两个信号来确定。

尼桑风度轿车发动机和奥迪 A6 四缸发动机也装用二极管分配式点火方式。

2. 点火线圈分配式

点火线圈分配式点火方式是直接用点火线圈分配高压电的一种同时点火方式。

同时点火方式是利用一个点火线圈为两个活塞同步的气缸（相位相差 360°），同时进行点火的高压配电的一种方式。

图 6-23 所示为同时点火的点火线圈分配式无分电器点火系统组成示意图，主要由电控单元 3、点火控制器 2、双火花塞点火线圈 1 和火花塞 4 等组成。

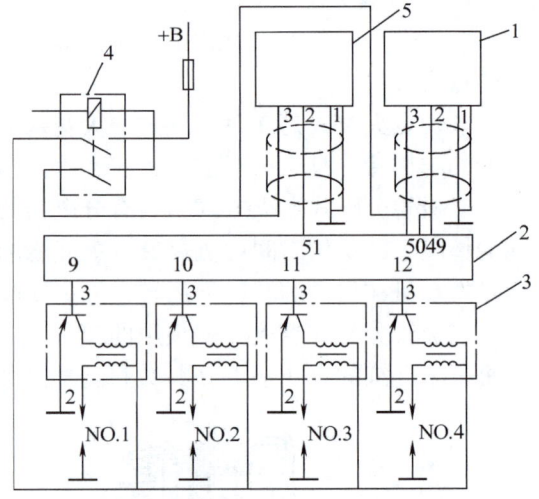

图 6-22 二极管分配式点火方式原理

1—凸轮轴位置传感器　2—电控单元　3—点火控制器
4—继电器　5—曲轴位置传感器

这种点火方式使用双火花塞点火线圈（图 6-24），该点火线圈只用于偶数发动机气缸上，每一个点火线圈为两个火花塞提供点火电压。

双火花塞点火线圈有一个初级绕组和一个次级绕组，每一个绕组有两个接线端子。初级绕组端子 15（图 6-25）接电源正极，端子 1 接电控单元；次级绕组分别连接两个火花塞。

如图 6-25 所示，四缸发动机有两个独立的点火线圈组件（两个相互屏蔽、结构独立的点火线圈构成一个点火线圈组件），每个点火线圈组件供给配对的火花塞高压电。点火控制器中有与点火线圈组件数量相等的功率晶体管，各控制一个点火线圈组件的工作。点火控制器根据电控单元提供的点火信号，按照规定的点火顺序，轮流激活功率晶体管，使功率晶体管导通或截止，来控制点火线圈初级电路的通断，使其次级电路产生高压电，使火花塞跳火，点燃可燃混合气。

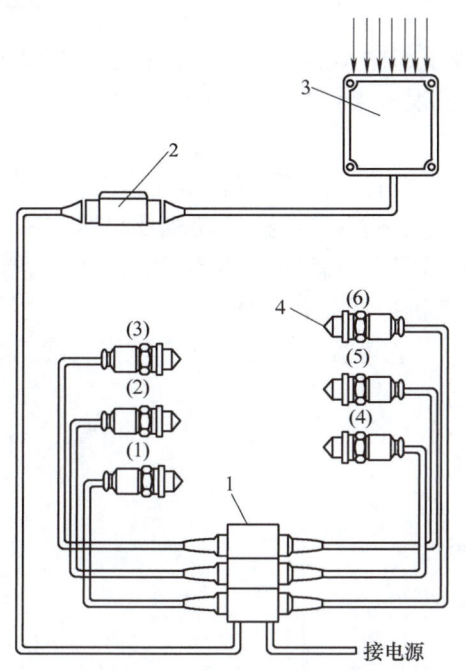

图 6-23　点火线圈分配式无分电器点火系统组成示意图
1—双火花塞点火线圈　2—点火控制器　3—电控单元　4—火花塞

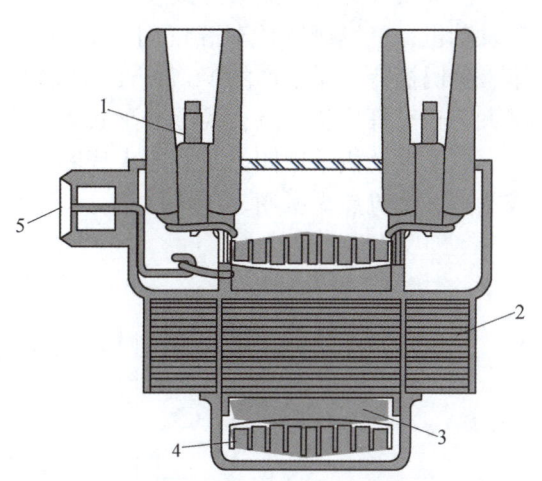

图 6-24　双火花塞点火线圈
1—高压插接器　2—铁心　3—初级绕组
4—次级绕组　5—低压插接器

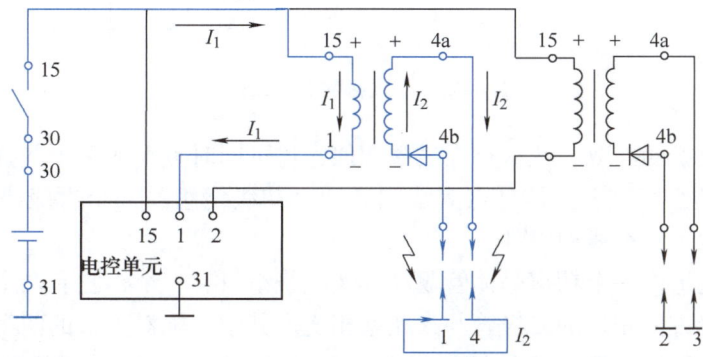

图 6-25　双火花塞点火电路

发动机曲轴每转一周，每一个点火线圈组件为两个气缸的火花塞同时点一次火（图 6-25 中 1 和 4 缸火花塞同时跳火），对于做功顺序为 1—3—4—2 的发动机，假设此时 1 缸活塞正处于压缩行程上止点附近，那么 1 缸火花塞为有效点火；而 4 缸活塞处于排气行程上止点附近，它的火花塞跳火为无效点火。曲轴旋转一周后，4 缸火花塞为有效点火，1 缸火花塞成为无效点火。

发动机在各种工况下运行时的最佳点火提前角用实验方法取得并存储于电控单元内。发动机工作时，电控单元根据发动机转速传感器和负荷传感器输入的信号在其存储器中找到相应的最佳点火提前角之后，发出指令控制双点火线圈，并使火花塞跳火，点燃气缸内的可燃混合气。

如图 6-25 所示，在每个点火线圈组件的次级绕组中串联一个高压二极管，以防止发动机高速运转时初级绕组导通而产生的次级电压造成误点火；为达到同样的目的，有的点火线圈在次级绕组与火花塞之间留有 3～4mm 的间隙。

点火线圈分配式点火方式在轿车上得到了广泛使用。上海别克轿车发动机、神龙富康轿车发动机、一汽捷达轿车五气门发动机、一汽奥迪 A6 轿车 6 缸发动机及日本三菱部分轿车、美国福特公司生产的 V6 和 V8 发动机、美国通用别克轿车（雪佛兰、庞蒂亚克）和韩国大宇轿车等均装有点火线圈分配式无分电器的微机控制点火系统。

有的发动机采用四火花塞点火线圈（图 6-26），它可替代两个双火花塞点火线圈为四缸或八缸发动机点火所用。

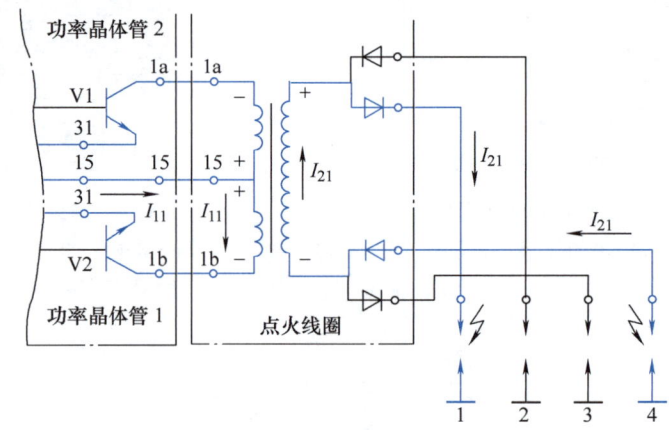

图 6-26　四火花塞点火线圈电路

四火花塞点火线圈与双火花塞点火线圈相似，将可同时点火的两个气缸的火花塞布置在点火间隔 360°的两个气缸上。该种点火线圈有两个初级绕组，一个次级绕组，相当于共用一个次级绕组的两个点火线圈组件。

每一个初级绕组由一个功率晶体管驱动；次级绕组只有一个，它有两个输出端，每个输出端都有两个连接方向相反的二极管与火花塞相连。其中，配对点火的两个活塞必须同时到达上止点，即一个气缸活塞处于压缩行程上止点，另一气缸活塞处于排气行程上止点。这样，四个火花塞都与同一个点火线圈相连。四火花塞点火线圈特别适用于四缸或八缸发动机。

美国福特汽车公司生产的部分四缸发动机和日产尼桑蓝鸟轿车发动机装用的就是四火花塞点火线圈分配式点火方式。

微机控制点火系统的点火提前角由电控单元控制，发动机各工况的点火提前角可按各工况对动力性、经济性的要求单独进行调整；由于取消了分电器，提高了点火时刻的精确度，使点火能量得到很大的提高。

思考题与习题

6-1 点火系统的功用是什么？
6-2 什么叫点火提前角？点火提前过早或过晚对发动机性能有何影响？
6-3 无触点电子点火系统的结构特点是什么？
6-4 传统点火系统的分电器组成如何？断电器和配电器各自作用如何？
6-5 点火线圈的作用是什么？
6-6 火花塞的功用和结构如何？
6-7 霍尔发生器的结构和工作原理怎样？
6-8 有分电器的微机控制点火系统组成如何？该系统装有哪些传感器？
6-9 无分电器的微机控制点火系统的结构特点是什么？
6-10 点火线圈分配式无分电器点火系统的组成如何？
6-11 什么叫点火线圈分配式点火方式？
6-12 什么叫二极管分配式点火方式？

第七章 发动机润滑系统

第一节 概　　述

一、润滑系统的任务及润滑方式

润滑系统的基本任务是将润滑油不断地供给各运动零件的摩擦表面，以减少零件的摩擦和磨损；流动的润滑油还能清除摩擦表面的磨屑和其他杂物；此外，润滑油还能吸收摩擦面的热量，起到冷却作用；填充在活塞和气缸壁间隙的润滑油，还可帮助活塞环加强密封；运动零件表面形成的油膜可吸收零件之间的冲击并减小振动；还有降低工作噪声及防止零件表面生锈的作用。

现代汽车发动机润滑多采用压力润滑与飞溅润滑相结合的综合润滑方式。

1）压力润滑是将润滑油以一定压力输送到摩擦面间隙中并形成油膜来进行润滑的方式。压力润滑主要用于负荷大、相对运动速度高的摩擦面，如主轴承、连杆轴承、凸轮轴轴承、配气机构摇臂轴等处。

2）飞溅润滑是利用发动机工作时运动零件（曲轴和凸轮轴）飞溅起来的油滴或油雾来润滑摩擦表面的一种润滑方式。该方式主要用于外露表面、负荷较小的摩擦表面，如气缸壁、活塞销、凸轮、挺柱等。

此外，对于一些负荷较小的发动机的辅助装置，如水泵、发电机、起动机的轴承等，只需定期定量地加注润滑脂即可。近年来有的发动机采用含有耐磨润滑材料（如尼龙、二硫化钼等）的轴承来代替加注润滑脂的轴承。

二、润滑系统的组成

汽车发动机润滑系统的组成如图7-1所示，主要包括油底壳1、机油泵5、机油滤清器4和油道等组成。

油底壳用来储存润滑油。

机油泵是用来进行压力润滑和保证润滑油循环而建立足够油压的装置。

机油滤清器可防止润滑油中混入的金属磨屑和其他机械杂质以及润滑油本身生成的胶质进入主油道。

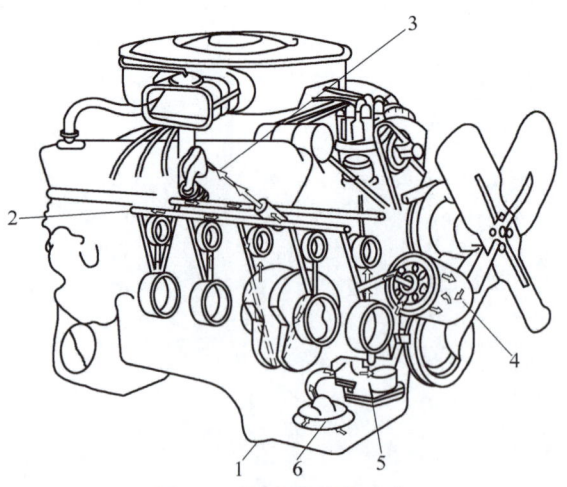

图7-1　润滑系统的组成
1—油底壳　2—分油道　3—上油道　4—机油滤清器
5—机油泵　6—集滤器

第二节　润滑系统油路

汽车发动机的润滑油路大致相似，只是由于润滑系统的工作条件和某些具体结构的不同而稍有差别。

图 7-2 所示为上海桑塔纳轿车 JV 型 1.8L 汽油发动机的润滑系统油路，它采用复合式润滑系统。发动机工作时，润滑油由集滤器 6 初步过滤后进入机油泵 7，经机油泵提高压力后泵入机油滤清器 2，从滤清器出来后进入主油道。进入主油道的润滑油经曲轴箱上的五条并联横向斜油道引导流至曲轴主轴承、润滑主轴颈，再经曲轴内的油道流入四个连杆轴承，润滑连杆轴颈。润滑油再经过连杆杆身的油道润滑活塞销，并对活塞进行喷油冷却。中间轴 10 的润滑油由发动机前边第一条横向斜油道供给。与主油道垂直的油道将润滑油送到气缸盖纵向油道，再通过五道并联的横向斜油道将润滑油送到凸轮轴 11，润滑凸轮轴轴颈。在气缸盖和气缸体右侧（由前向后看）布置有回油孔，使气缸盖上的润滑油流回曲轴箱。

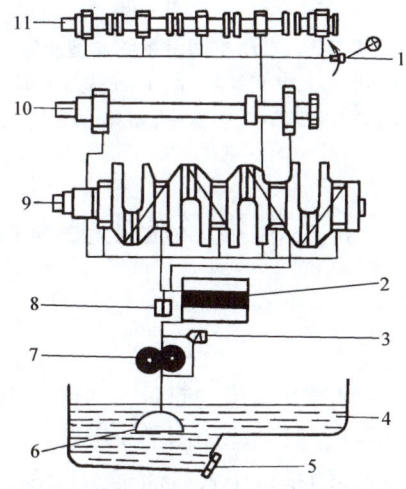

图 7-2　上海桑塔纳轿车发动机润滑系统油路
1—低压油压开关（0.03MPa）　2—机油滤清器　3—限压阀　4—油底壳　5—放油螺塞　6—集滤器
7—机油泵　8—高压油压开关（0.18MPa）　9—曲轴　10—中间轴　11—凸轮轴

润滑系统的报警系统装有两个油压开关，低压油压开关 1 为褐色绝缘体，高压油压开关 8 为白色绝缘体，均位于机油滤清器支架上。当打开点火开关时，位于仪表板中的润滑油压力警告灯开始闪烁，起动发动机。当润滑油压力大于 0.03MPa 时，低压油压开关断开，警告灯自动熄灭。当发动机低速运转时，如果润滑油压力低于 0.03MPa，则低压油压开关触点闭合，润滑油压力警告灯闪烁。当发动机转速超过 2150r/min 时，如果润滑油压力达不到 0.18MPa，高压油压开关的触点断开，润滑油压力警告灯闪烁，警报蜂鸣器也同时报警。

一汽奥迪 100、高尔夫、捷达、宝来轿车发动机的润滑系统油路与上海桑塔纳轿车发动机的润滑系统油路完全相同。

轿车发动机润滑系统典型油路如图 7-3 所示。

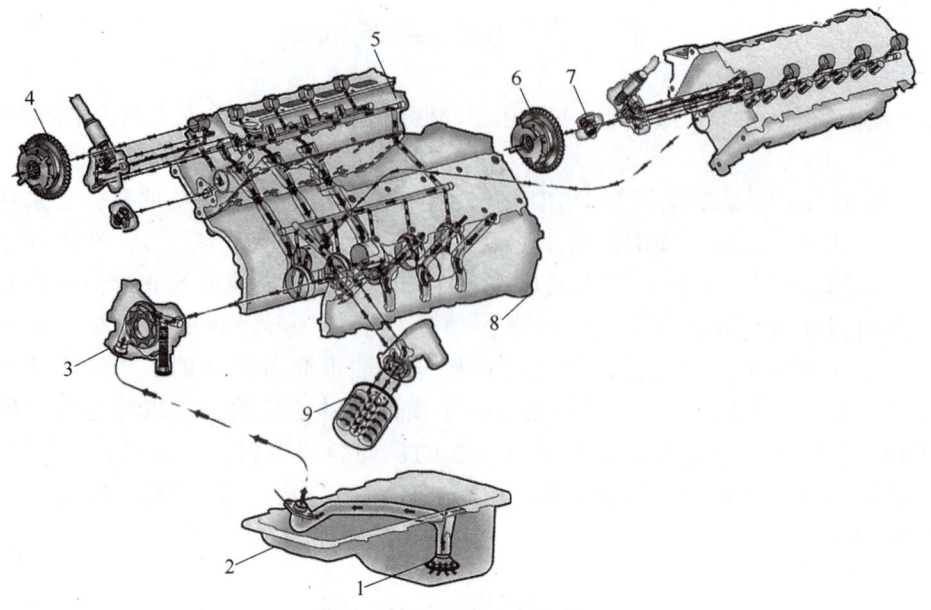

图 7-3　发动机润滑系统典型油路

1—集滤器　2—油底壳　3—机油泵　4、6—凸轮轴正时链轮　5—气缸盖
7—凸轮轴链条调整机构　8—气缸体　9—机油滤清器

第三节　润滑系统主要零部件

一、机油泵

机油泵的功用是将一定数量的润滑油建立起压力并输送到摩擦表面。

机油泵有齿轮式和转子式两种，其结构如图 7-4 所示。

目前发动机润滑系统用得较多的是转子式机油泵，其结构如图 7-5 所示，主动轴 5 通过轴套 9、卡环 7 安装在机油泵壳体 4 和盖板 11 上。内转子 3 用半圆键固定在主动轴上，外转子 2 装在机油泵壳体内，且可以自由转动，内、外转子之间有一定的偏心距，且内转子比外转子少一个齿。内、外转子齿形齿廓的设计使得转子转到任何角度时，它们每个齿的齿形齿廓线上总能互相成点接触，这样，在内、外转子间便形成四个工作腔。为保证内、外转子之间及外转子与机油泵壳体之间有正确的相对位置，机油泵壳体与盖板之间用两个定位销 13 定位，并且用螺钉紧固。为保证内、外转子与壳体端面的间隙（0.05～0.15mm），在盖板与机油泵壳体之间有调整垫片 12。在主动轴前端用半圆键固装着传动齿轮 10，由曲轴经由中间齿轮驱动。

转子式机油泵的工作原理如图 7-6 所示。发动机工作时，机油泵传动轴带动内转子转动，同时外转子也转动。当内、外转子转动到某一工作腔转过进油口 2（图 7-6a）时，该工作腔容积增大，产生真空，润滑油便被吸入。随着内、外转子继续旋转，该工作腔与出油口 5 相通（图 7-6c），腔内积减小，油压升高，润滑油便被泵出。

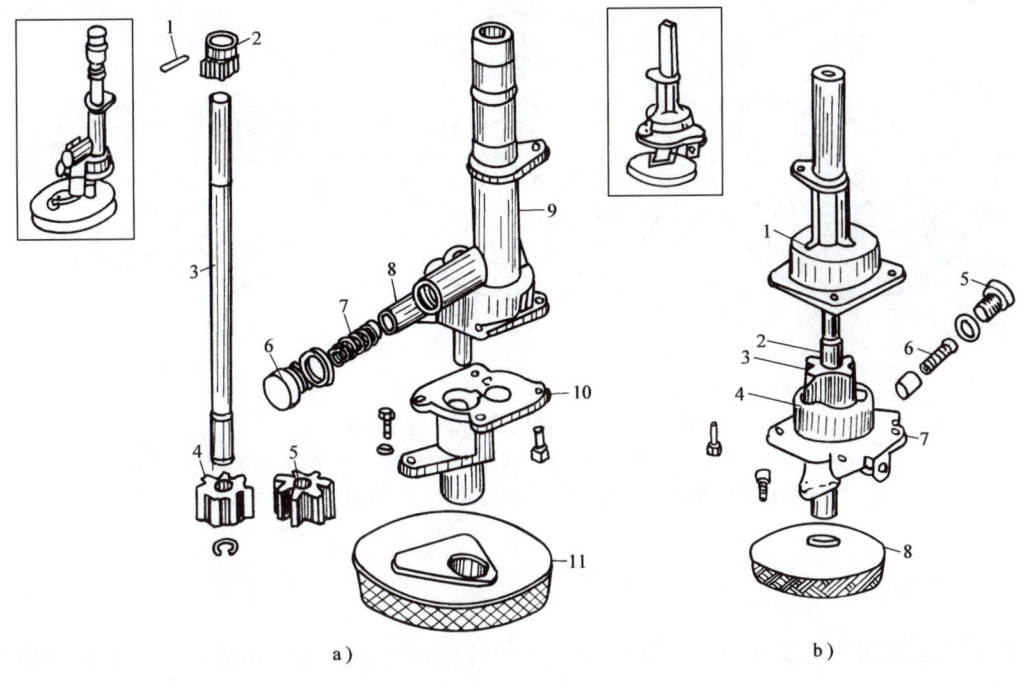

图 7-4 机油泵
a) 齿轮式
1—销 2—机油泵驱动齿轮 3—机油泵驱动齿轮轴 4—主动齿轮 5—从动齿轮 6—溢流阀螺塞
7—弹簧 8—溢流阀 9—机油泵体 10—机油泵盖 11—集滤器
b) 转子式
1—机油泵上泵体 2—轴 3—内转子 4—外转子 5—溢流阀螺塞
6—弹簧 7—机油泵下泵体 8—集滤器

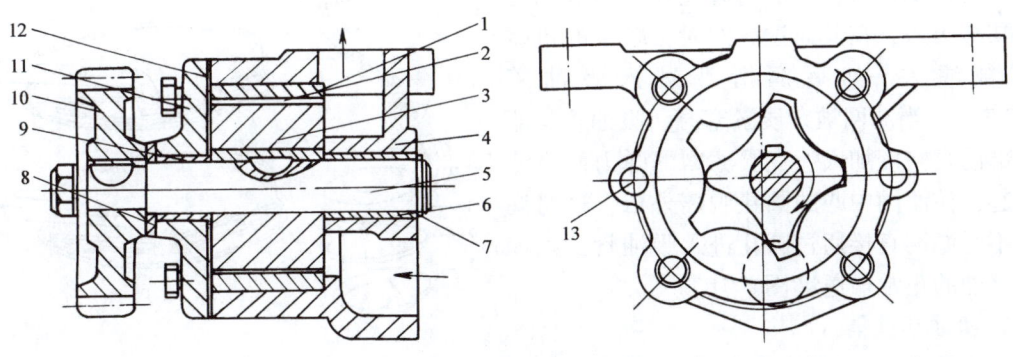

图 7-5 转子式机油泵
1、12—调整垫片 2—外转子 3—内转子 4—机油泵壳体 5—主动轴 6、9—轴套 7—卡环
8—推力轴承 10—传动齿轮 11—盖板 13—定位销

转子式机油泵结构紧凑，吸油真空度高，泵油量大，且供油均匀。当机油泵装在曲轴箱外且位置较高时，用此种油泵较为合适。广州标致发动机，日本丰田 2Y、3Y 发动机，天津夏利 TJ7100 轿车的 TJ376Q 发动机和玉柴 YC6105QC 柴油机都装用了转子式机油泵。

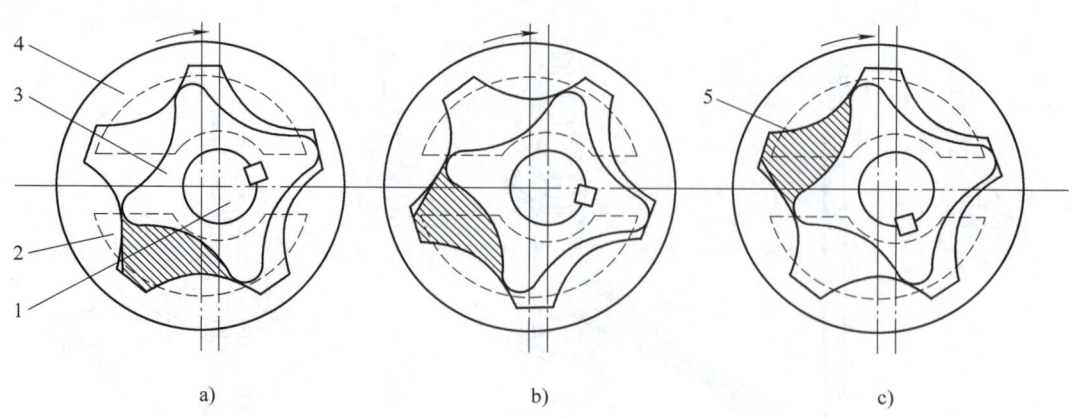

图 7-6 转子式机油泵的工作原理
a）进油 b）压油 c）出油
1—机油泵传动轴 2—进油口 3—内转子 4—外转子 5—出油口

二、滤清器

为了保证发动机的滤清效果，润滑系统一般使用多级滤清器：集滤器、机油粗滤器和机油细滤器。

1. 集滤器

为防止粒度大的杂质进入机油泵，集滤器通常安装在机油泵之前的吸油口端。汽车发动机使用的集滤器目前分为浮式集滤器和固定式集滤器两种。

浮式集滤器如图 7-7 所示，由浮子 3、外罩 1 和滤网 2 等组成。

发动机工作时，润滑油通过外罩与滤网之间的狭缝吸入，在其通过滤网时，较大的机械杂质被滤去，然后润滑油进入吸油管（图 7-7a）。当滤网被杂质淤塞时，吸油管与滤网上部的真空度加大，克服滤网的弹力而将滤网吸起，使滤网中心的圆孔脱离外罩，这时润滑油不经滤网直接通过圆孔进入吸油管，以保持润滑油的正常输送（图 7-7b）。

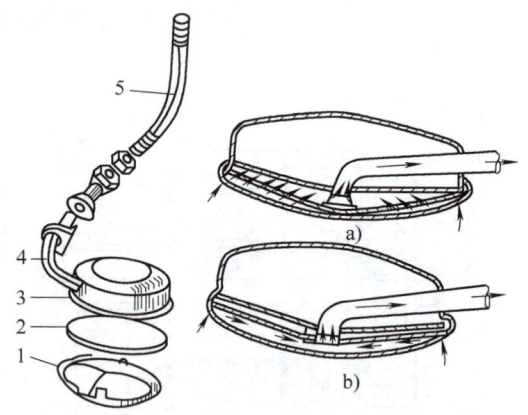

图 7-7 浮式集滤器
a）滤网不堵塞 b）滤网堵塞
1—外罩 2—滤网 3—浮子 4—吸油管 5—固定管

2. 机油粗滤器

机油粗滤器（也称全流式机油滤清器）用以滤去润滑油中粒度较大（直径在 0.05～0.10mm 以上）的杂质。它对润滑油流动的阻力较小，一般串联在机油泵与主油道之间。

国产汽车发动机一般采用纸质滤芯或锯末滤芯作为机油粗滤器的滤芯。

3. 机油细滤器

机油细滤器（也称分流式滤清器）用以滤除直径为 0.001mm 以上的细小机械杂质及胶质。

这种滤清器由于对润滑油的流动阻力较大,因此与主油道并联,只有10%~15%的润滑油通过。

离心式机油细滤器滤清能力高,通过能力好,且不受沉淀物影响,不需更换滤芯,只需定期清洗即可;但对胶质滤清效果较差。

FL100型离心式机油细滤器构造如图7-8所示。由底座4、转子体15、外罩6等部分组成。底座上设有低压限压阀1,带中心孔的转子轴9装在底座上,并用转子轴止推片2予以锁紧。转子体通过上、下两个转子衬套套在转子轴上,可以自由转动,并由上、下两个弹簧挡圈作轴向定位,转子下端装有两个按中心对称水平安装的喷嘴3。导流罩8套装在转子体上,紧固螺母12将转子罩7与转子体紧固在一起,形成一个空腔,通过导流罩、转子体及转子轴上对应的径向油孔与转子轴中心孔相通。整个转子用外罩盖住,并通过盖形螺母14和垫片13将其固定在底座上。

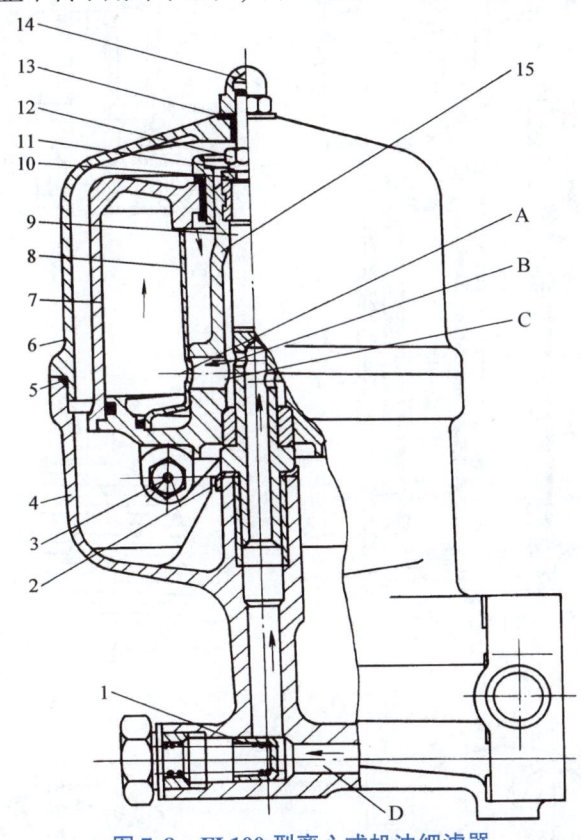

图7-8 FL100型离心式机油细滤器

1—低压限压阀 2—转子轴止推片 3—喷嘴 4—底座 5—外罩密封圈 6—外罩 7—转子罩 8—导流罩
9—转子轴 10—止推垫 11—垫圈 12—紧固螺母 13—垫片 14—盖形螺母 15—转子体
A—导流罩油孔 B—转子轴油孔 C—转子体进油孔 D—细滤器进油孔

发动机工作时,从机油泵来的润滑油进入细滤器进油孔D,若油压低于0.147MPa,低压限压阀1不开启,润滑油则不能进入机油细滤器而全部供给主油道,以保证发动机可靠润滑。当油压高于此值时,低压限压阀被顶开,润滑油沿壳体中的转子轴内的中心油道,经转子轴油孔B、转子体进油孔C、导流罩油孔A流入转子罩7内腔后,又经导流罩导流从两个喷嘴3喷出,此时转子在喷射反作用力推动下高速旋转。当油压为0.3MPa时,转子转速可高达5000~6000r/min。由于转子内腔的润滑油随着转子高速旋转,润滑油中的机械杂质在离心力的作用下被甩向转子壁。洁净的润滑油不断从喷嘴喷出,并经出油口流回油底壳。

4. 复合式机油滤清器

复合式滤清器结构如图7-9所示。粗滤芯5装在纸质细滤芯4外面，形成粗、细滤芯串联在一起的复合式结构。复合式滤清器串联在主油道上，粗、细滤芯有各自的溢流阀与旁通阀，一旦粗、细滤芯堵塞，它们分别打开各自的溢流阀与旁通阀，机油绕过滤芯，直接进入主油道。

这种滤清器成本低，结构紧凑，工作可靠，滤芯可定期更换。

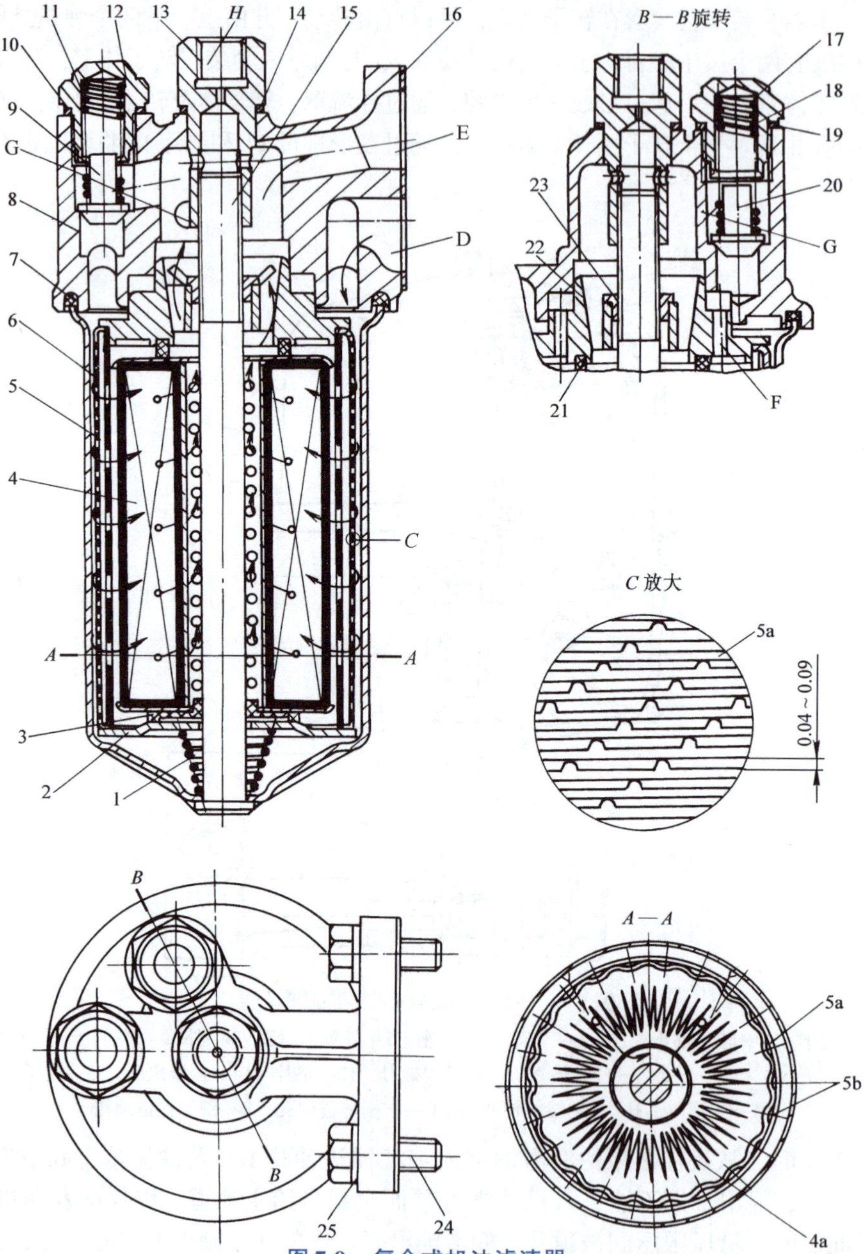

图7-9 复合式机油滤清器

1—滤清器芯底座弹簧 2—滤清器芯底座 3—滤清器下密封圈 4—纸质细滤芯 5—粗滤芯 6—滤清器壳 7—滤清器盖密封圈 8—滤清器盖 9—溢流阀 10、14、19、25—垫圈 11、18—弹簧 12、17—阀盖 13—压紧螺母 15—中心螺杆 16—纸垫 20—旁通阀 21—细滤芯上密封圈 22—滤清器芯上盖 23—滤清器上盖紧固螺母 24—螺钉 4a—折扇状滤纸 5a—粗滤芯铜丝 5b—绕丝筒

5. 机油冷却器

一些高性能、热负荷较大的发动机,为使润滑油保持在最有利的温度范围内工作,保持润滑油具有一定的黏度,还装有机油冷却器,以对润滑油进行强制性冷却。

机油冷却器有风冷式和水冷式两种形式。风冷式一般安装在发动机冷却系统散热器的前面,利用冷却风扇的风力使润滑油冷却。

水冷式机油冷却器布置方便,外形尺寸小,机油温度稳定,广泛应用在轿车上。

思考题与习题

7-1 润滑系统的基本任务是什么?

7-2 润滑方式有哪些?什么叫压力润滑?什么叫飞溅润滑?

7-3 润滑系统由哪些零件组成?各零件的作用分别是什么?

7-4 机油泵的作用是什么?回答转子式机油泵的结构和工作原理。

7-5 机油滤清器有哪几种?各自的作用是什么?

7-6 离心式机油细滤器的优点有哪些?其工作过程怎样?

第八章

发动机冷却系统

第一节 概 述

一、功用与分类

1. 功用

冷却系统的功用是使发动机在所有工况下都保持在最适宜的温度范围内工作。

发动机工作期间，最高燃烧温度可高达 2200~2800K（汽油机），即使发动机在怠速或中等转速下，燃烧室的平均温度也在 1273K 以上。若不对发动机采取必要的冷却措施，将不能保证其正常工作。

发动机的冷却要适度。

如果发动机冷却不足，将会出现下列各种不良现象：①发动机过热，造成充气效率下降，早燃和爆燃的倾向加大，致使发动机功率下降；②运动机件间正常的间隙受到破坏，使零件不能正常运动，甚至卡死、损坏；③零件因力学性能下降而导致变形和损坏；④润滑油变质，不能保持正常油膜使零件加剧磨损。

如果冷却过度，又会使发动机过冷，也会产生下列各种不良后果：①导致进入气缸的可燃混合气（或空气）因温度过低而使点燃困难和燃烧延迟，造成发动机功率下降及油耗上升；②润滑油黏度增大，不能形成良好的润滑油膜，使摩擦损失加大；③未汽化的燃油冲刷摩擦表面（气缸壁、活塞等）上的油膜；④可燃混合气与温度较低的气缸壁接触，使润滑油变稀而影响润滑。这些不良后果导致发动机功率下降，燃料消耗增加，发动机寿命降低。

2. 分类

按冷却介质的不同发动机冷却系统可分为以下两类：

（1）水冷系统 把发动机受热零件吸收的热量，通过冷却液散入大气中，而进行冷却的一系列装置，称为水冷系统。水冷系统因冷却强度大，易调节，便于冬季起动而广泛用于汽车发动机上。

（2）风冷系统 以空气为冷却介质的冷却系统称为风冷系统。风冷系统因冷却效果差，噪声大，功耗大，仅用于部分越野汽车发动机。

二、冷却液

目前，发动机冷却液多是乙二醇与水的混合物。乙二醇是一种无色黏稠液体，能与水以一定比例混合。其沸点为 197.4℃，相对密度为 1.113，冰点为 -11.5℃。与水混合后，其冰点可显著降低，最低可达 -68℃。

冷却液中的水与乙二醇的比例不同，其冰点也不同（表8-1）。

表 8-1　冷却液的冰点与乙二醇质量分数的关系

冷却液冰点/℃	乙二醇的质量分数（%）	水的质量分数（%）	密度/t·m^{-3}
-10	26.4	73.6	1.0340
-20	36.4	63.8	1.0506
-30	45.6	54.4	1.0627
-40	52.6	47.7	1.0713
-50	58.0	42.0	1.0780
-60	63.1	36.9	1.0833

发动机冷却液通常由乙二醇、防腐蚀添加剂、抗泡沫添加剂和适量的水组成。防腐蚀添加剂（硼酸盐、磷酸盐、硅酸盐等）可延缓或阻止发动机水套壁及散热器的锈蚀和腐蚀。冷却液中的空气在水泵叶轮的搅动下会产生很多泡沫，这些泡沫将妨碍水套壁的散热，影响发动机的冷却效果，加入抗泡沫添加剂（硅油等）能有效地抑制泡沫的产生。在使用过程中，防腐蚀添加剂和抗泡沫添加剂会逐渐消耗殆尽，因此，应定期更换冷却液。

乙二醇有毒，且有较强的吸水性。

在发动机冷却液中，一般还要加入着色剂，使其呈蓝绿色或黄色，以便识别和发现冷却液的泄漏。

第二节　水冷系统

目前，轿车发动机冷却系统基本都采用水冷系统。

一、水冷系统的组成及水路

汽车发动机的冷却系统一般为强制循环式水冷系统，即利用水泵将冷却液的压力提高，强制冷却液在发动机冷却系统中循环流动。它由散热器 1、水泵 11、补偿水箱 2、风扇和节温器等组成（图 8-1）。

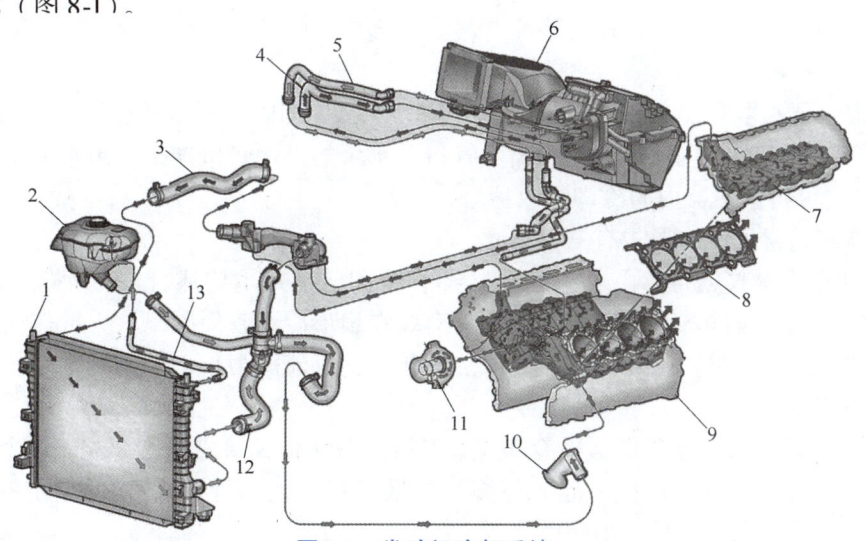

图 8-1　发动机冷却系统

1—散热器　2—补偿水箱　3—散热器上水管　4—高温冷却液水管　5—低温冷却液水管　6—出风口
7—气缸盖　8—气缸垫　9—气缸体　10—机油滤清器接口　11—水泵　12—散热器下水管　13—冷却液膨胀管

发动机的气缸盖和气缸体中都铸有相互连通的水套。在水泵 8（图 8-2）的作用下，冷却液流经气缸体及气缸盖的水套而吸收热量，然后沿水管流入散热器 10。在风扇 7 的强力抽吸作用下，空气流由前向后高速通过散热器，不断地将流经散热器的高温冷却液的热量散到大气中去，使冷却液温度得以下降。冷却液流至散热器的底部后，再被水泵压入发动机的水套中，如此循环。

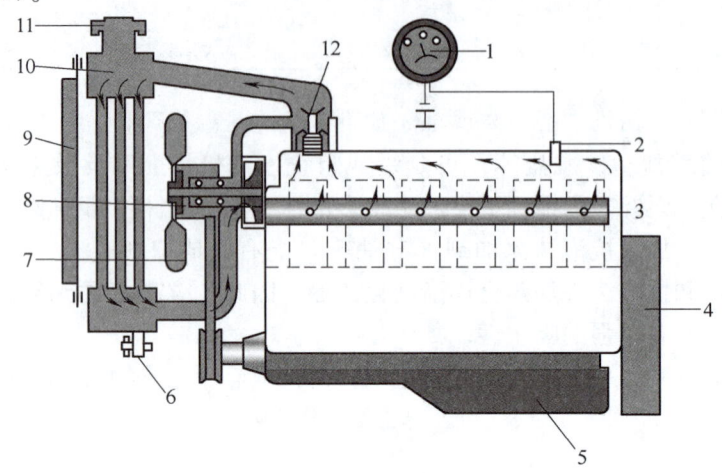

图 8-2　冷却系统水路

1—水温表　2—冷却液温度传感器　3—分水管　4—飞轮　5—油底壳　6—放水阀　7—风扇
8—水泵　9—百叶窗　10—散热器　11—散热器盖　12—节温器

冷却系中设有调节温度的装置，如节温器 12、风扇离合器及百叶窗 9；还设有水温表 1 和高温警告灯，便于驾驶员及时掌握冷却系统的工作情况。

二、水冷系统的主要部件

1. 散热器

散热器俗称水箱，主要功用是将冷却液在水套中吸收的热量传给外界大气，使冷却液温度下降。

散热器主要由散热器芯 6、散热器盖 2、进水室 5 和出水室 7 等组成（图 8-3）。进、出水室分别用软管与发动机气缸盖上的出水管口及水泵的进水管口连接。出水室下部设有放水阀 4，必要时可将散热器内的冷却液放掉。

散热器芯的常见结构形式有三种。

（1）**管片式**　散热器芯由若干扁形冷却管 2 和散热片 1 构成（图 8-4a）。冷却管焊在进、出水室之间，是冷却液的通道。散热片套装在扁形冷却管周围以增大散热面积及增加整个散热器的刚度和强度。管片式散热器散热面积大，气流阻力小，结构刚度好，但制造工艺较复杂，成本较高。

（2）**管带式**　散热器芯由扁平冷却管 2 及波形散热带 3 组成（图 8-4b）。冷却管为扁管并与波形散热带相间地焊接在一起。与管片式散热器相比，管带式散热器制造简单，质量轻，成本低，散热能力较强，但刚度差。

（3）**板式**　其冷却液通道由成对的金属薄板焊接而成（图 8-4c）。该种散热器芯散热效果好，结构简单，但焊缝较多，刚度较差，不易维修。

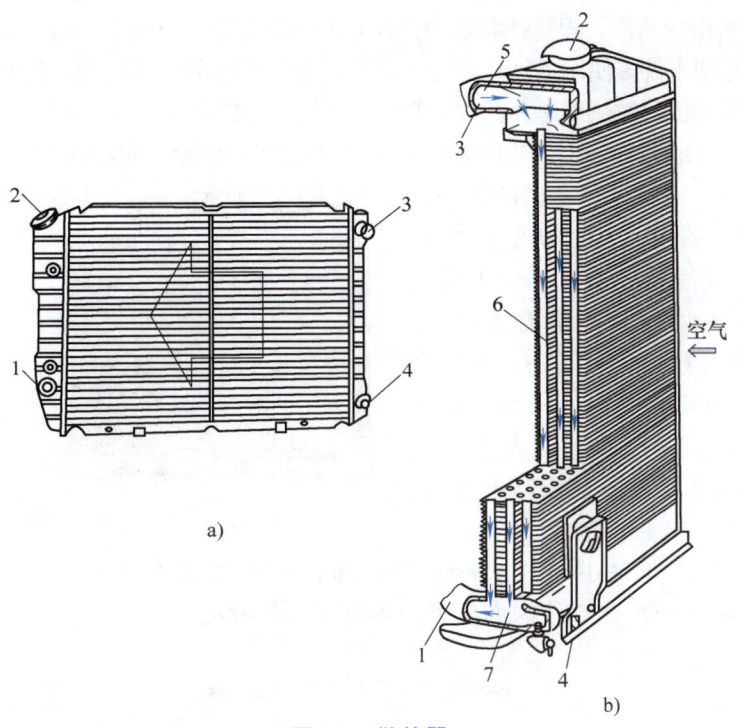

图 8-3　散热器

a）横流式散热器　b）纵流式散热器立体图
1—出水口　2—散热器盖　3—进水口　4—放水阀　5—进水室　6—散热器芯　7—出水室

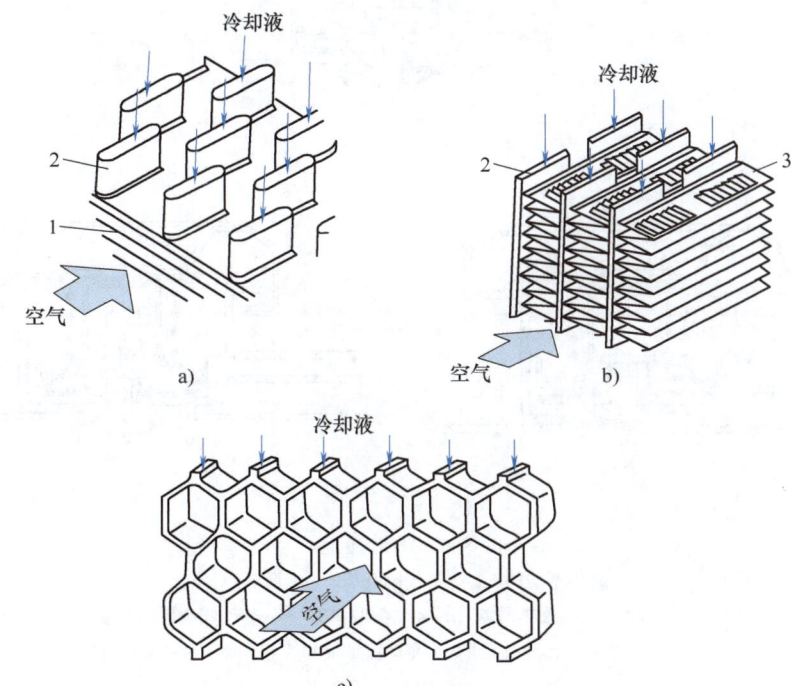

图 8-4　散热器芯

a）管片式　b）管带式　c）板式
1—散热片　2—冷却管　3—散热带

散热器芯多采用导热性、焊接性和耐蚀性均好的黄铜制造。为减小质量，节约铜材，近年来铝制散热器芯广泛用于许多使用条件较好的轿车上，而且有些散热器的进、出水室由复合塑料制成。也有些汽车发动机的散热器芯，其冷却管仍用黄铜，而散热片则改用铝锰合金材料制成。

正确的冷却液液面对冷却系统的有效工作极其重要。因此，有些汽车上装有冷却液回收装置（补偿水箱），可将受热溢出的部分冷却液回收在补偿水箱内，当冷却液降温时，部分冷却液又被吸回散热器。补偿水箱用软管与散热器加水口上的溢流管连接（图8-5）。补偿水箱外表面刻有 MIN 和 MAX 两标记线，补偿水箱内的液面应位于这两标记线之间。这样，检查冷却液液面高度和加注冷却液都可在补偿水箱上进行，安全方便。

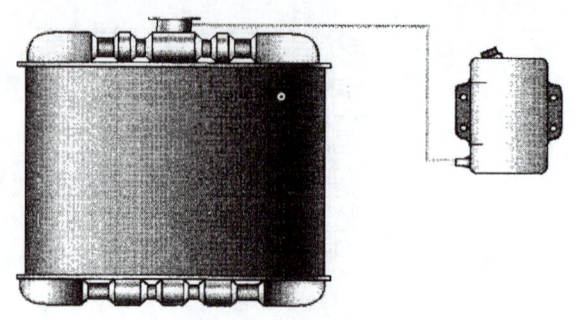

图 8-5　补偿水箱

目前，汽车上广泛采用闭式水冷系统，即在散热器盖上装有蒸气阀 2 及真空阀 1（图8-6a），可自动调节冷却系统内的压力，提高了冷却效果。

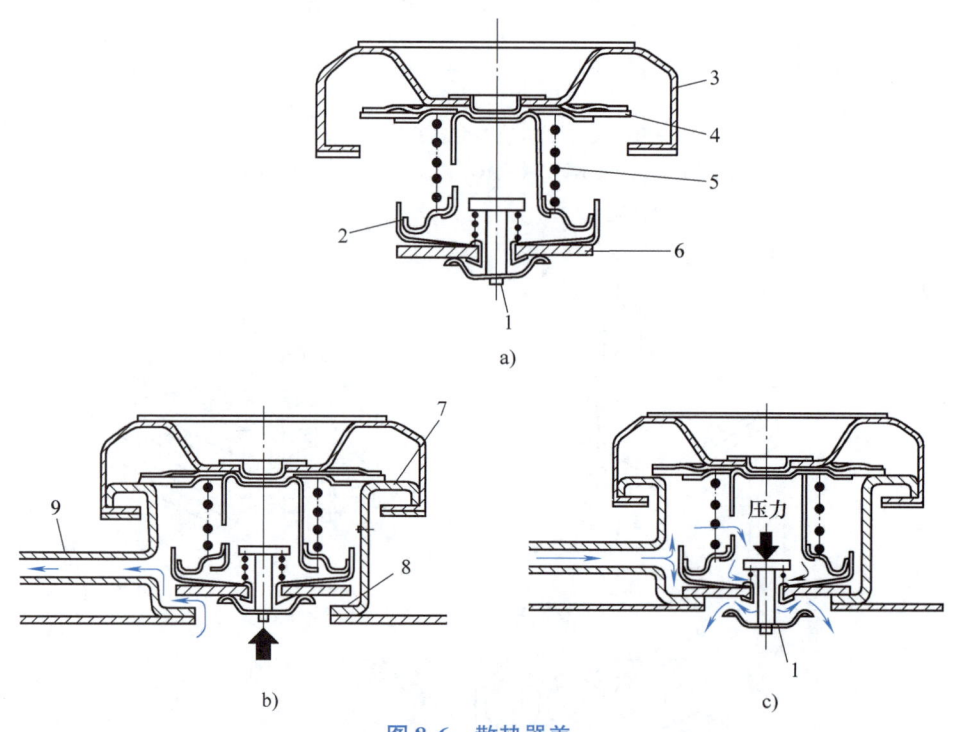

图 8-6　散热器盖

a）散热器结构　b）蒸气阀开启　c）真空阀开启
1—真空阀　2—蒸气阀　3—散热器盖　4—上密封衬垫　5—蒸气阀弹簧　6—下密封衬垫
7—冷却液加注口上密封面　8—冷却液加注口下密封面　9—溢流管

当把散热器盖拧在散热器冷却液加注口上时，上密封衬垫 4 在蒸气阀弹簧 5 的作用下与冷却液加注口上密封面 7 贴紧，散热器下密封衬垫 6 与冷却液加注口下密封面 8 贴紧，此时，冷却系统被封闭。

发动机运转后，冷却液的温度逐渐升高，容积膨胀，使散热器内压力升高。当压力升高到超过预定值时，蒸气阀2（图8-6b）开启，使一部分冷却液蒸气从溢流管9溢出，流入补偿水箱，冷却系统压力下降，防止散热器胀裂；发动机停机后，冷却液温度下降，当冷却系统内的压力降到大气压力以下出现真空时，真空阀1（图8-6c）开启，补偿水箱的冷却液部分地流回散热器，以防止散热器被大气压力压瘪。

2. 水泵

水泵通常安装在发动机前端，与风扇一起用带轮同轴由发动机曲轴驱动。

水泵的作用是对冷却液加压，使之在冷却系统中循环流动。

汽车发动机广泛采用离心式水泵（图8-7），主要由叶轮2和水泵壳体1等组成。叶轮由铸铁或塑料制成，通常有6～8个径向直叶片或后弯叶片；水泵壳体用铸铁或铸铝制造；进、出水管均与水泵壳体铸成一体。

当叶轮2旋转时，水泵内的冷却液被叶片带动一起旋转，并在离心力的作用下甩向水泵壳体边缘，在轮廓线为对数螺旋线的水泵壳体1内，将动能转变为水的压力能，经与叶轮成切线方向的出水口及出水管4压入发动机的冷却水套。与此同时，叶轮中心处因具有负压而使散热器中的水经进水管3被吸入水泵叶轮中心。

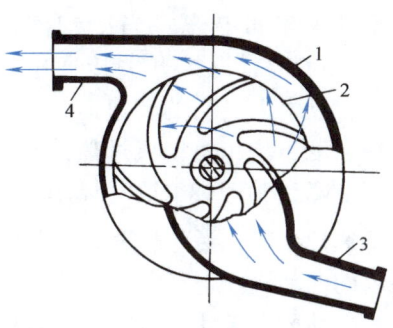

图8-7　离心式水泵工作原理

1—水泵壳体　2—叶轮
3—进水管　4—出水管

离心式水泵尺寸小，结构简单，工作可靠，应用日益广泛。

近年来有的发动机冷却系统装用电动水泵（图8-8）。电动水泵由发动机电控单元控制，根据实际需要调整水泵转速，借以调节冷却液流量。

电动水泵由电动机驱动，不受发动机转速影响。因此装用电动水泵，既改善了发动机的冷却效果，又降低了发动机的动力消耗，有效地改善了发动机的燃油经济性。

图8-8　电动水泵

3. 风扇

风扇一般安装在散热器的后面并与水泵同轴驱动。

风扇的功用是使冷却空气在风道内不断快速流动，提高流经散热器的空气流速和流量，以带走发动机和散热器散发的热量，加速冷却液的冷却；同时对发动机其他附件也有一定的冷却作用。

风扇的扇风量主要取决于风扇直径、转速、叶片形状、叶片安装角度及叶片数目等。叶片的断面形状有圆弧形和翼形两种，圆弧形叶片由薄钢板冲压而成，翼形叶片由铝合金、尼龙、聚丙烯等合成树脂注射成型制成，如图8-9所示。

目前，在轿车上广泛装用翼形叶片冷却风扇。叶片数目为4～6片，为减小叶片旋转时的振动和噪声，叶片之间的夹角一般不相等。叶片

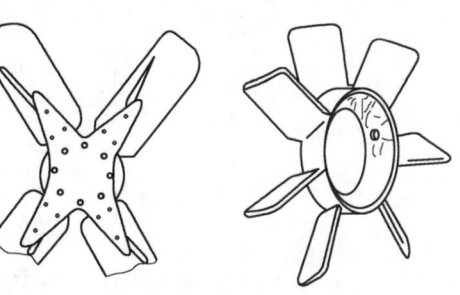

图8-9　冷却风扇

与其旋转平面呈30°~45°的安装倾斜角，借以产生吸风能力，使空气沿轴向流动。

近年来，许多轿车发动机（尤其是发动机横置前轮驱动汽车）的水冷系统采用了电动风扇，如图8-10所示。它通过蓄电池的电能驱动，与发动机的转速无关。

电动风扇一般有高速和低速两个档位，转速通过温控热敏电阻开关控制。当散热器出口冷却液温度为92~97℃时，温控开关接通驱动电动风扇的电动机低速档，风扇开始运转，保证有足够的空气流经散热器；当冷却液温度为99~105℃时，温控开关接通电动机高速档，风扇以更高的转速运转，以提高冷却强度，防止发动机过热；当冷却液温度下降到91~98℃时，风扇电动机恢

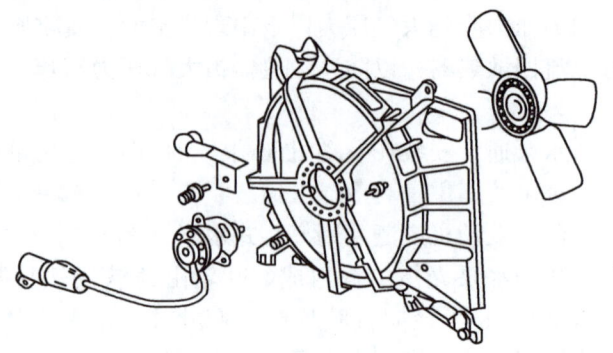

图8-10 电动风扇

复低速档运转；当冷却液温度下降到84~91℃时，温控热敏电阻开关切断电源，驱动电动风扇的电动机停止工作。

电动风扇无动力损失，结构简单，布置方便，因此电动风扇在轿车上的应用越来越多。如一汽红旗CA7220、奥迪100、捷达和上海桑塔纳等轿车均装用电动风扇。

4. 节温器

节温器一般安装在气缸盖的出水口处，控制冷却液的流动路径。其作用是根据发动机冷却液温度的高低，自动改变冷却液的循环路线及流量，使发动机始终在最适宜的温度下工作。目前汽车上应用较多的是蜡式节温器。图8-11所示为蜡式节温器的结构。推杆5的一端固定在上支架2上，而另一端插入橡胶套11中，橡胶套与节温器外壳9之间装有石蜡10。

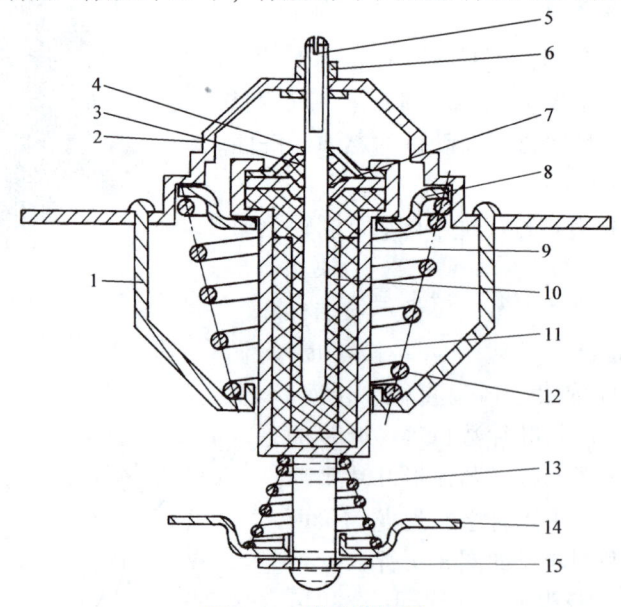

图8-11 蜡式节温器

1—下支架 2—上支架 3—密封橡胶圈 4—节温器盖 5—推杆 6—螺母 7—隔圈 8—主阀门 9—节温器外壳
10—石蜡 11—橡胶套 12—主阀门弹簧 13—副阀门弹簧 14—副阀门 15—垫圈

当温度低时，石蜡呈固态。若冷却液温度低于358K时，石蜡产生的膨胀力小于主阀门弹簧12的预紧力，主阀门8在主阀门弹簧12的作用下压在出水口上，从散热器来的低温冷却液不能进入发动机水套内。此时，从发动机气缸盖出水口流出的高温冷却液可以不经散热器而直接进入水泵，于是，未经散热的冷却液被水泵重新压入发动机水套内，因而减少了热量损失。此时冷却液的循环路线称为小循环（图8-12b）。

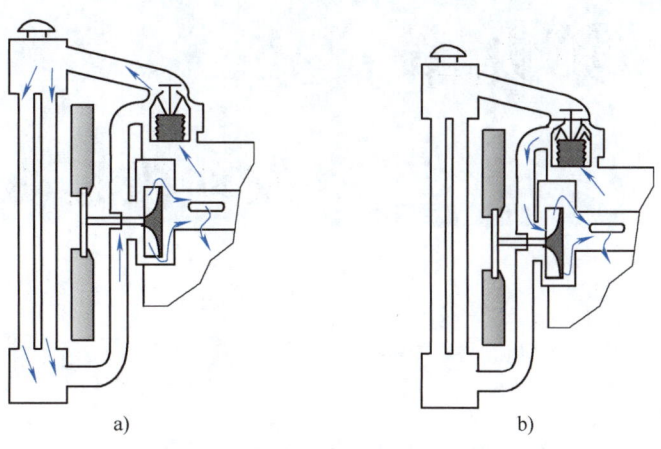

图 8-12　发动机冷却液循环示意图
a）大循环　b）小循环

当发动机冷却液温度超过358K时，石蜡溶化产生的膨胀力克服了主阀门弹簧的预紧力，主阀门开始打开。当冷却液温度达到378K时，主阀门完全打开，而副阀门14（图8-11）则彻底关闭了小循环通路。这时来自气缸盖出水口的高温冷却液全部进入散热器进行冷却，之后再由水泵重新压入发动机的水套内。此时冷却液的循环路线称为大循环（图8-12a）。当冷却液的温度在358～378K时，主、副阀门都打开一定的程度，此时，冷却系统中的大、小循环同时进行。

一汽奥迪100、捷达和上海桑塔纳等轿车均装用蜡式节温器。

大众奥迪APF（1.6L四缸直列）发动机装用电控蜡式节温器（图8-13），使发动机冷却系统的冷却液温度得以灵活控制。根据冷却液温度传感器传来的冷却液温度信号，发动机电控单元控制电阻丝1加热石蜡3的时间和强度，通过推杆2的位移得到预期的冷却液散热量（冷却液温度）。

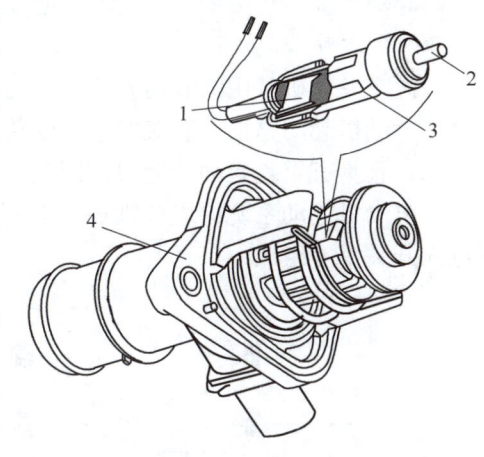

图 8-13　电控蜡式节温器
1—电阻丝　2—推杆　3—石蜡　4—壳体

装用电控蜡式节温器，由于实现了冷却液温度的灵活控制，使发动机在各种工况下的冷却液温度均可满足燃烧过程的要求。

思考题与习题

8-1　冷却系统的任务是什么？为什么要调节发动机的冷却强度？
8-2　水冷系统的组成和水路如何？
8-3　散热器的作用和组成怎样？
8-4　节温器的作用是什么？
8-5　风扇的功用是什么？
8-6　简述蜡式节温器的工作情况。

第九章

发动机起动系统

第一节 概述

一、发动机的起动

发动机由静止状态过渡到工作状态,必须先用外力转动曲轴,曲轴从在外力作用下开始转动到发动机开始自动怠速运转的全过程,称为发动机的起动。

完成发动机起动过程所需的装置,称为发动机的起动系统。

起动系统的功用就是按发动机起动的要求,提供一定的起动转矩,使发动机达到规定的转速,顺利完成起动过程。

汽车发动机常用的起动方式有人力起动、电动机起动和辅助汽油机起动等。

电动机起动是指由直流电动机经传动机构拖动发动机起动,由于其操作轻便,起动迅速可靠,且具有重复起动的能力,因此被广泛采用。

电动机起动系统的组成如图9-1所示,主要由蓄电池1、电动机12、起动机继电器5、点火开关2等组成。

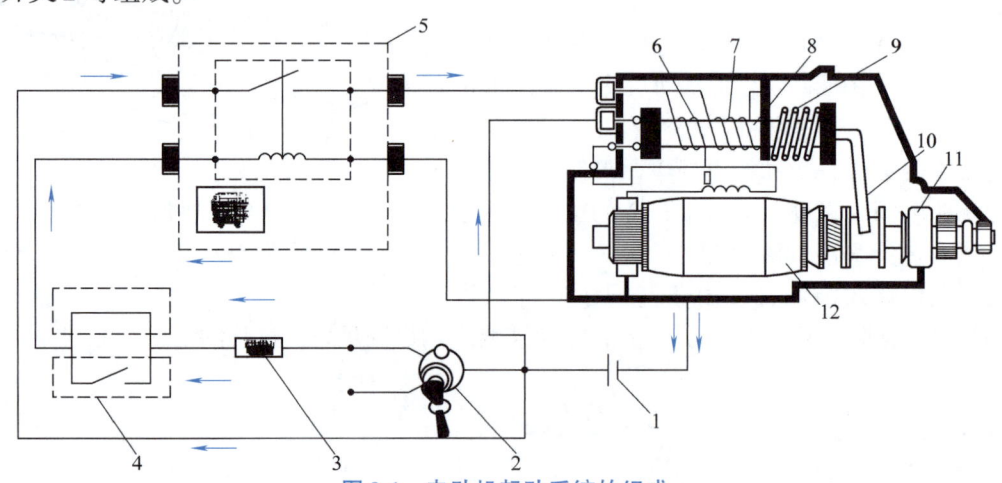

图9-1 电动机起动系统的组成

1—蓄电池 2—点火开关 3—熔丝 4—空档起动开关 5—起动机继电器 6—吸引线圈 7—保持线圈
8—铁心 9—回位弹簧 10—拨叉 11—单向离合器 12—电动机

辅助汽油机起动只用于大功率柴油机起动,其起动装置体积大,结构复杂。

二、汽、柴油机冷起动辅助装置

汽车冬季使用时,由于气温较低,活塞压缩行程后,空气(或可燃混合气)的温度较低，加之低温时润滑油黏度大，起动阻力大，因此发动机着火困难。为保证发动机在低温条件下能迅速起动，多数柴油机和少数汽油机上设有低温起动预热装置，以提高进入气缸空气（或可燃混合气）的温度。

进气预热的类型有集中预热和分缸预热两种。集中预热装置安装在发动机的进气管上；分缸预热装置安装在各气缸内或进气歧管上。集中预热装置用于汽油机和部分柴油机，分缸预热装置用于柴油机。

预热装置通常有电热塞、进气加热器和电火焰预热器等。

第二节 起 动 机

用电磁操纵式起动发动机几乎是现代汽车唯一的起动方式。其中的起动机一般由三部分组成：直流电动机、操纵机构和离合机构（图9-2）。

一、直流电动机

直流电动机的作用是将电能转变为机械能。

直流电动机的构造是由电枢、磁极和换向器等主要部分组成的。

二、操纵机构

操纵机构有直接操纵式和电磁操纵式两种。目前，电磁操纵式的应用最为广泛。

电磁操纵式机构电路图如图9-3所示。此操纵机构是通过起动继电器触点2的闭合与断开，控制吸引线圈7、保持线圈8电流的通与断。电路接通，则两线圈中产生的电磁力使铁心9移动，再通过驱动杠杆10使驱动小齿轮11移动，使之与飞轮齿圈啮合；同时，吸引线圈7的电流流过电动机的磁场绕组和电枢绕组，电枢运转，驱动发动机转动。电路断开，则电磁力消失，驱动小齿轮反向移动，退出与飞轮齿圈的啮合。

三、离合机构

离合机构的作用是：发动机起动时，使起动机的动力能通过齿轮传给曲轴；发动机起动后，立即切断动力传递路线，避免发动机通过飞轮驱动起动机高速旋转。

多数轿车发动机起动机装用的滚柱式离合机构（也称单向离合器或超越离合器）如图9-4所示。它由外座圈2、开有楔形缺口的内座圈3、滚柱4以及连同弹簧一起装在内座圈3孔中的柱塞5等组成。内座圈毂的花键套筒6和起动机轴以花键联接。

外座圈与内座圈之间的间隙宽窄不等（呈楔形槽）。当起动机电枢旋转时，转矩由花键套筒传到内座圈3，内座圈则随电枢一起旋转，这时滚柱4便滚入楔形槽的窄处被卡死，于是有转矩传给起动机驱动齿轮1，带动飞轮使发动机起动（图9-4a）。当发动机起动后，曲轴转速增高，飞轮齿圈7带动起动机驱动齿轮1旋转，此时，起动机驱动齿轮旋转方向虽未改变，但已由主动齿轮变为被动齿轮，且外座圈的转速大于内座圈，于是使滚柱滚入楔形槽的宽处，使内、外座圈相对打滑（图9-4b）。这样转矩就不能从起动机驱动齿轮传给电枢，从而防止了电枢超速"飞车"的危险。

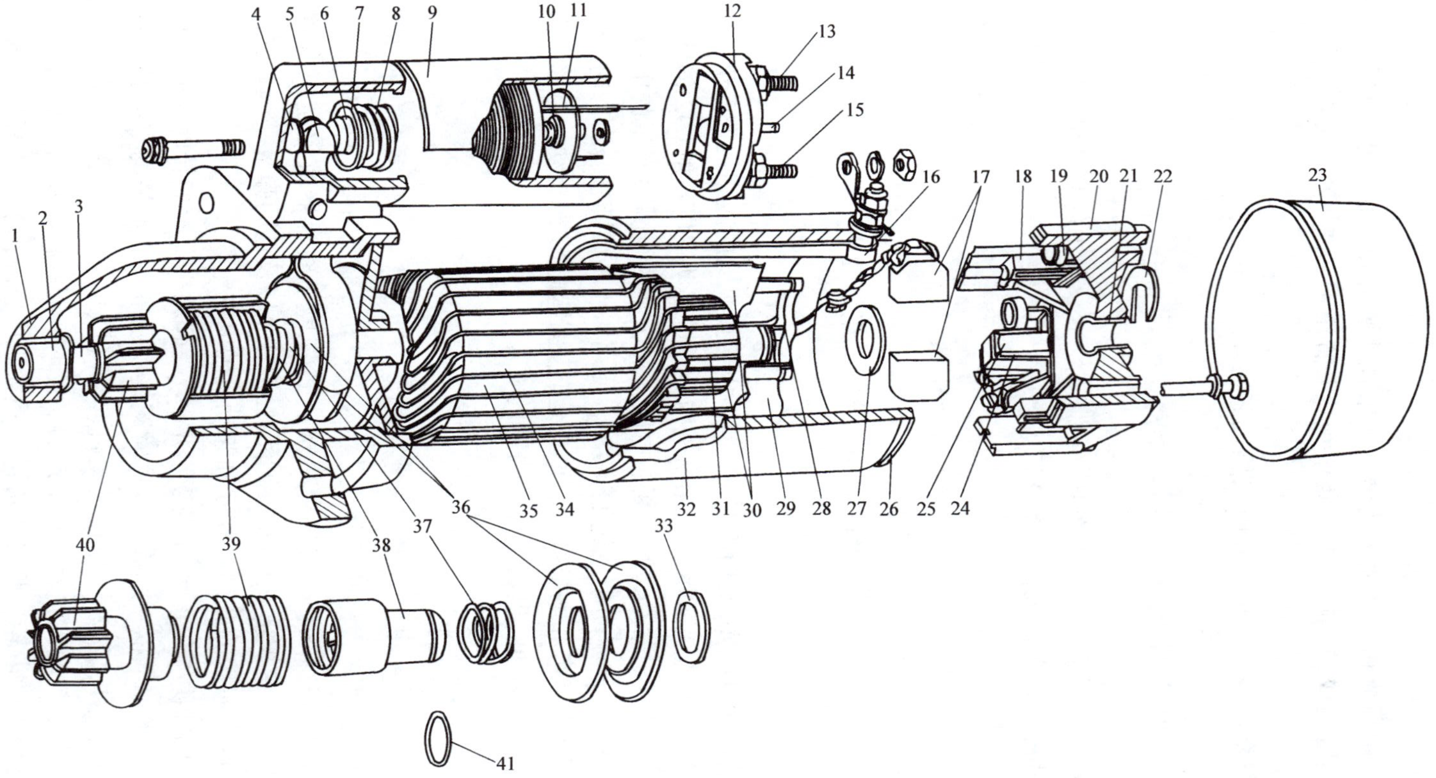

图 9-2 电磁操纵式起动机

1—驱动端盖 2—轴套 3—轴 4、30—磁极铁心 5—传动叉 6—卡环 7—挡片 8、10、37—弹簧 9—电磁开关壳体 11—起动机开关接触片 12—电磁开关接蓄电池接线柱 13—电磁开关接点火线圈接线柱 14—电磁开关接起动机接线柱 15—电磁开关接起动机接线柱 16—起动机接线柱 17—负极电刷 18—负极电刷架 19—电刷架压紧弹簧 20—起动机端盖 21—轴套 22—锁片 23—防尘盖 24—正极电刷架 25—正极电刷 26—密封橡胶圈 27—止推垫片 28—磁场线圈连接片 29—磁场线圈 31—电枢整流子 32—起动机外壳 33—挡圈 34—电枢铁心 35—电枢线圈 36—止推盘 38—联接套筒 39—单向离合器弹簧 40—齿轮 41—锁环

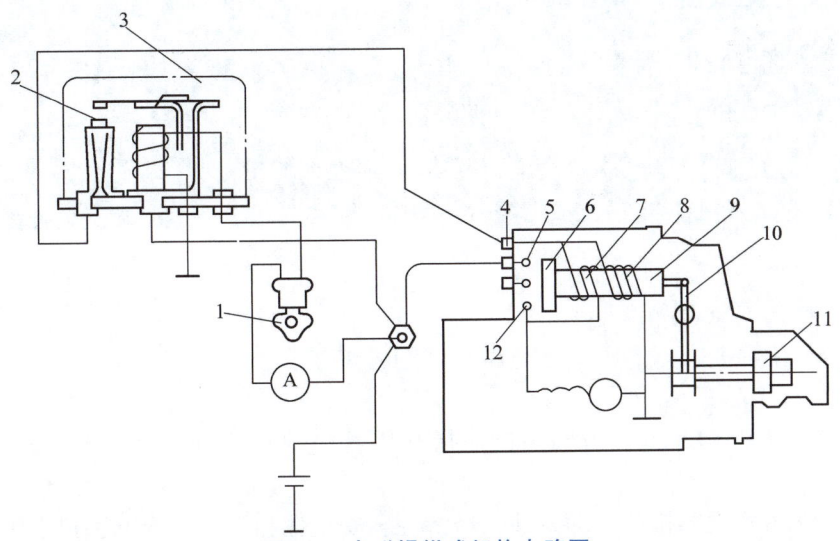

图 9-3　电磁操纵式机构电路图

1—起动开关　2—起动继电器触点　3—起动继电器　4—起动继电器接线柱　5—蓄电池接线柱　6—接触片　7—吸引线圈　8—保持线圈　9—铁心　10—驱动杠杆　11—驱动小齿轮　12—电动机接线柱

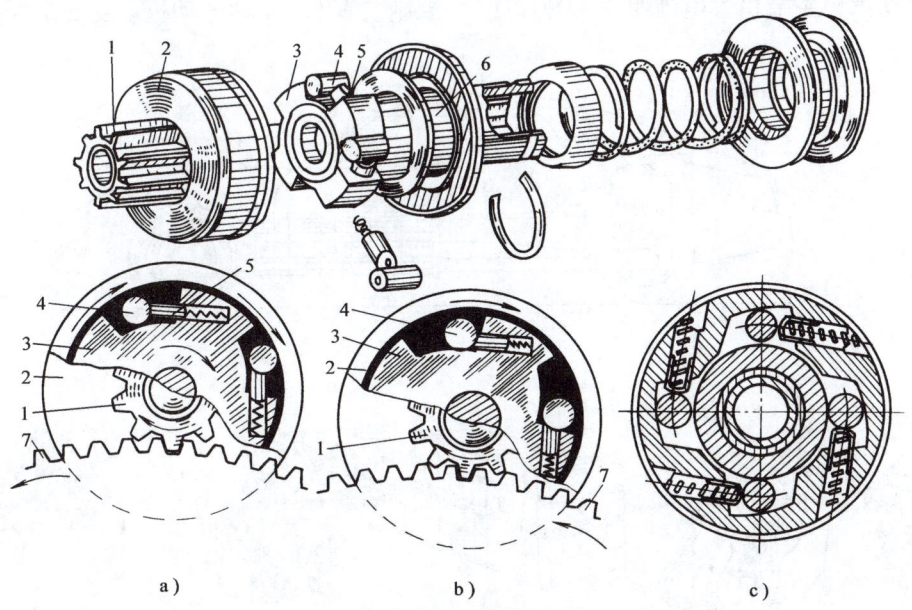

图 9-4　滚柱式离合机构

a）开始啮合　b）脱离啮合　c）剖视图

1—起动机驱动齿轮　2—外座圈　3—内座圈　4—滚柱　5—柱塞　6—花键套筒　7—飞轮齿圈

思考题与习题

9-1　什么叫发动机的起动？

9-2　电磁操纵式起动机一般由哪几部分组成？

9-3　起动机中的离合机构的作用是什么？

9-4　滚柱式离合机构的组成和工作原理怎样？

第十章

新能源汽车简介

第一节 纯电动汽车

纯电动汽车 EV（Electric Vehicle）是指利用蓄电池作为动力，用电动机驱动行驶的汽车。

纯电动汽车可实现零排放，动力性、经济性、安全性和可靠性均可达到或接近普通内燃机汽车，能满足一定续驶里程的要求，同时噪声、振动很小，提高了乘坐的舒适性；但蓄电池成本高，寿命短，体积和比重大，充电时间长（一般需要 6~10h）。

纯电动汽车主要由蓄电池组 3（图 10-1）、控制装置 5、驱动电动机 4 及安全保护装置等组成。

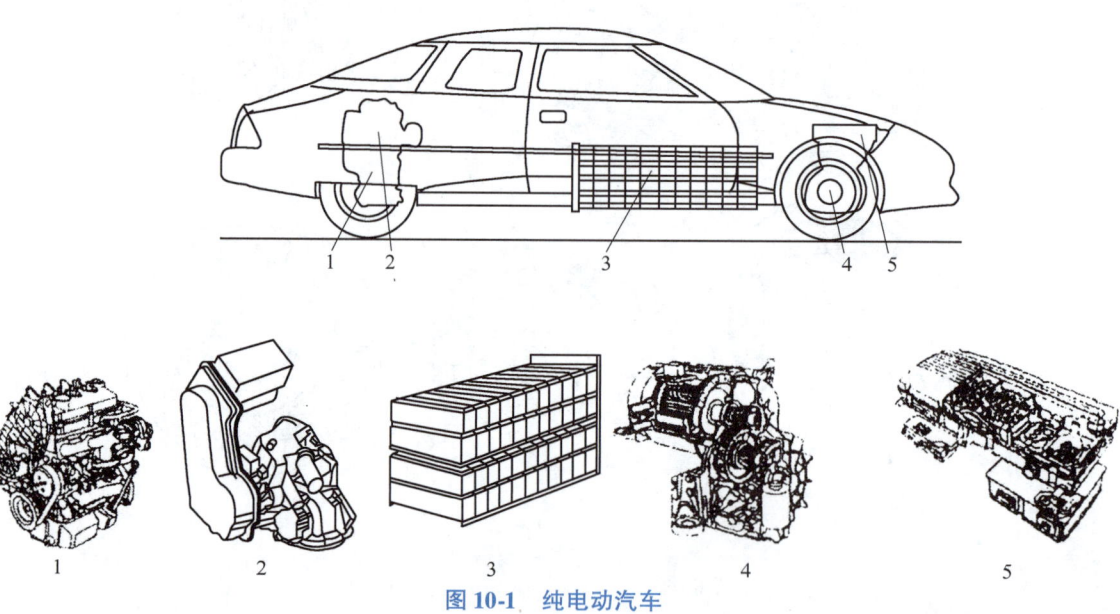

图 10-1 纯电动汽车
1—柴油机-发电机组 2—电动机-发电机 3—蓄电池组 4—驱动电动机 5—控制装置

蓄电池是电动汽车的心脏。蓄电池的比能决定着电动汽车的续驶里程，比功率影响着电动汽车的动力性（最高车速、加速性能和爬坡能力）。目前，阻碍电动汽车发展的仍是蓄电池技术（主要问题是电动汽车一次充电后续驶里程较短）。

目前，应用的蓄电池有铅酸蓄电池、镍镉电池、镍氢电池、锂离子电池，其中锂离子电池的应用越来越广泛。

控制装置主要用来控制电动机的输出功率、转矩和转速及对蓄电池组的管理（蓄电池

的充放电电流、电压，蓄电池的自放电率和蓄电池的温度等）。

驱动电动机可以是交流异步电动机、永磁电动机或直流电动机。电动机可以布置在两个前轮、后轮或四个车轮的轮毂中，成为前轮驱动、后轮驱动或全轮驱动的纯电动汽车。

安全保护装置可实现在撞车或本车发生线路短路时，进行应急处理。

图 10-2 所示为奥迪 A3 e-tron 纯电动汽车。

图 10-2　奥迪 A3 e-tron 纯电动汽车

第二节　燃料电池电动汽车

燃料电池电动汽车 FCEV（Fuel Cell Electric Vehicle）是利用氢气与氧气在燃料电池中的反应发电作为驱动力的电动汽车。

美国《时代周刊》将燃料电池列为 21 世纪 10 大高科技之首。

一、燃料电池汽车特点

燃料电池汽车工作原理是使作为燃料的氢在搭载的燃料电池中，与大气中的氧发生化学反应，从而产生电能输送给电动机，进而驱动汽车。

燃料电池的燃料主要有氢气、甲醇和汽油。根据燃料电池的发电原理，氢气是最理想的燃料。

二、氢气作为汽车燃料的特点

1）二氧化碳气体排放量大大减少。

2）燃料电池汽车排出的水蒸气不仅对空气的污染极小，还能增加空气的湿度，减少空气中飘浮的颗粒物，进而减轻空气污染对人们呼吸道的危害。

3）燃料电池汽车可减少人类对石油资源的依赖。

4）氢气制造、储存、运输和灌装较困难，且氢气价格过高。

三、燃料电池电动汽车组成

图 10-3 所示为燃料电池电动汽车的组成示意图，其主要由氢气储存罐（储氢罐）2、蓄电池组 4、控制装置 6、气体压缩机 1、驱动电动机 5 和燃料电池组 3 等组成。

燃料电池组是燃料电池电动汽车的主要电源，是将储存在燃料和氧化剂中的化学能通过电极反应直接转化为电能的发电装置。

控制装置用于控制燃料电池的反应过程（起动、反应、输出电能的调整和停止等）。燃料电池产生的电流经过大功率动力转换器，转换为稳压的直流电流，再经过逆变器转换为交流电输送给驱动电动机，驱动车轮转动。

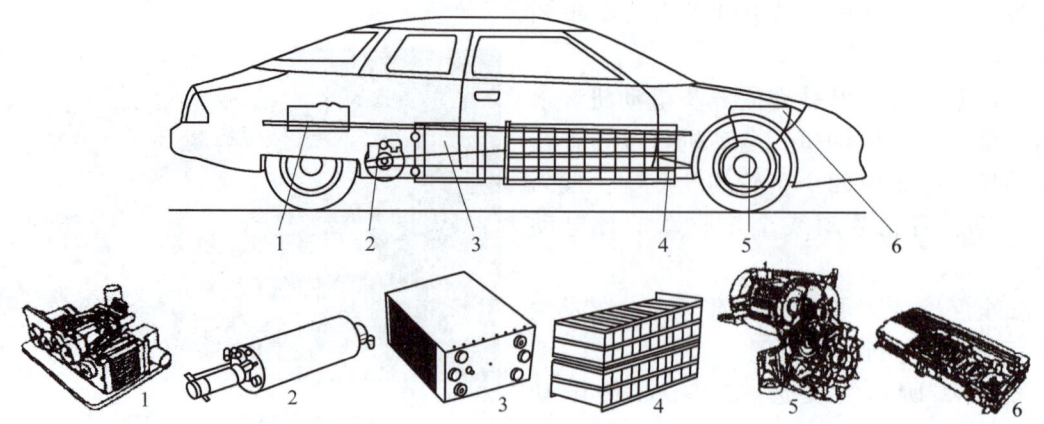

图 10-3　燃料电池电动汽车的组成

1—气体压缩机　2—氢气储存罐（储氢罐）　3—燃料电池组　4—蓄电池组　5—驱动电动机　6—控制装置

蓄电池组作为辅助电源，主要作用是：①快速起动电动汽车；②储存电动汽车在再生制动时反馈的电能；③供给电动汽车控制系统、照明系统等电气设备所需的低压电。

四、典型燃料电池轿车

1. 奔驰 B 级燃料电池轿车

装用燃料电池的奔驰 B 级轿车如图 10-4 所示。

燃料电池由阴极、阳极、隔板和电解质组成。燃料在阳极氧化，氧化剂在阴极还原。若在阳极（即外电路的负极，也称燃料极）上连续供给气态燃料（氢气），在阴极（即外电路的正极，也称空气极）上连续供给氧气（或空气），就可以在电极上连续产生电化学反应，从而产生电流。

当燃料电池工作时，应不断向其内部输入燃料和氧化剂并排出化学反应的产物。燃料即是纯氢或含氢的气体（重整气）或某些液体（甲醇水溶液）；氧化剂为纯氧、净化空气等气体或某些液体（过氧化氢水溶液等）。

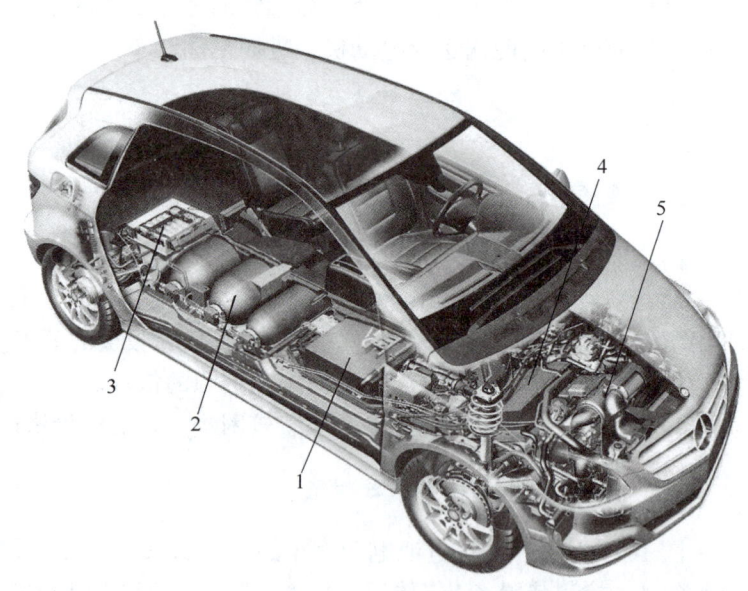

图 10-4　装用燃料电池的奔驰 B 级轿车

1—燃料电池组　2—储氢罐　3—锂离子电池　4—电动机　5—空气管理模块

该轿车的核心技术是新一代燃料电池的驱动系统。燃料电池动力强劲，安全可靠，适宜日常使用，燃料电池组 1 装在前后轴之间，在行车中产生动力，实现零排放零污染。该车同时配备了一个最大容量为 1.4kW·h 的锂离子蓄电池 3，不仅帮助蓄电池组提高该车的动力，还可以回收汽车制动时的能量，提高了整车的续驶里程。

轿车低速行驶时，由锂离子电池提供动力；高速大负荷时由燃料电池组供给动力，并给锂离子电池充电。

2. 通用 Seque 燃料电池轿车

通用汽车公司生产的 Seque 燃料电池轿车底盘如图 10-5 所示。该车集合了燃料电池技术、电子技术、软件技术和先进的材料于一身。

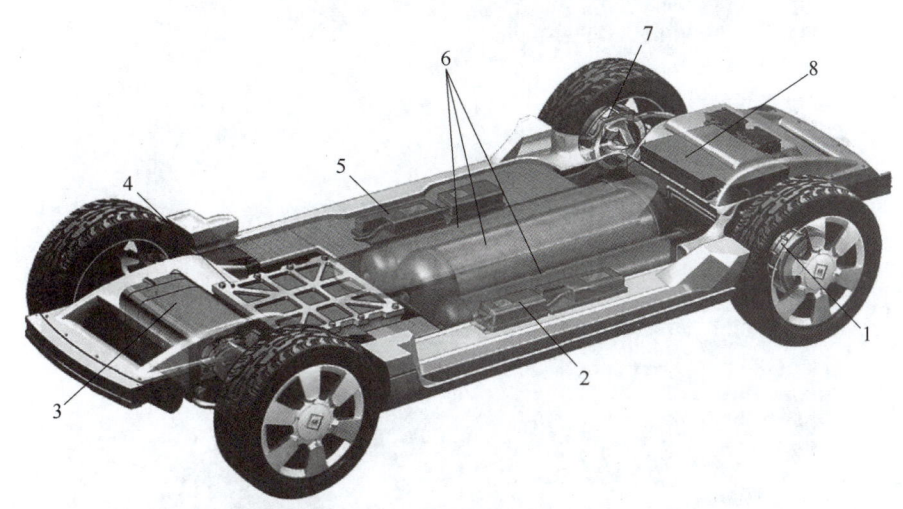

图 10-5　Seque 燃料电池轿车底盘

1、7—盘式电动机　2、5—线传操控模块　3—前驱电动机　4—燃料电池组　6—储氢罐　8—锂离子电池

燃料电池等部件都布置在底盘上，使轿车内部空间变大，提高了乘坐的舒适性。

三个用轻质碳纤维材料制成的储氢罐 6 在安全性能上完全符合法规要求，同时配备了锂离子电池 8。前轮采用一般电动机驱动，后轮则用安装在轮毂上的盘式电动机分别驱动，相当于一般的四轮驱动轿车，提高了其通过性和行驶稳定性。

该车虽然采用电子控制，但它仍装有转向盘、加速踏板和制动踏板等电子控制的执行机构，与普通驾驶习惯非常吻合。

储氢罐里面氢能量足以使汽车行驶近 500km，与燃油汽车油箱里储备的燃料供汽车行驶的里程相近。

3. 宝马燃料电池轿车

宝马氢动 7 系轿车装用了一台 6.0L V12 发动机（图 10-6）。该发动机既可使用汽油，又可使用液态氢作为其燃料。驾驶员可以通过多功能转向盘上的按钮，手动完成氢动力模式向汽油动力模式的转换。如果一种燃料用尽，其可自动转换使用另一种燃料。

宝马燃料电池汽车装备了一个可以盛装 74L 普通燃油的燃油箱 2（图 10-7）和一个可以装用 8kg 氢燃料的液态燃料储氢罐 6，氧气直接从大气提取，很好地避免了氧气和氢气罐装在同一车内可能带来的危害。储氢罐装在行李箱内，明显地降低了整车质量，提高了汽车的续驶里程和最高车速。

图 10-6　宝马氢动 7 系轿车发动机

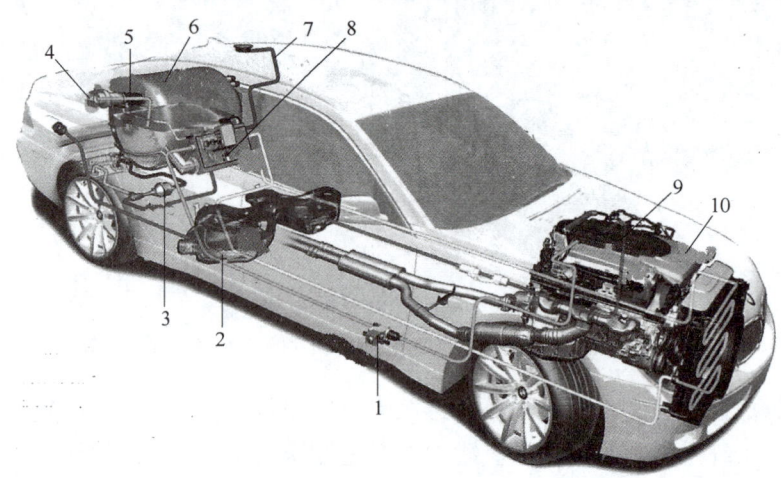

图 10-7　装有氢燃料发动机的宝马轿车

1—压力控制阀　2—燃油箱　3—防蒸发管理系统　4—液态燃料储氢罐盖　5—液态燃料储氢罐接口
6—液态燃料储氢罐　7—低电压线路　8—热能交换器　9—氢燃料喷射管路　10—氢/汽油发动机

  宝马氢动 7 系轿车装用的氢动力发动机基于上代宝马 760i 所装用的汽油机,它拥有电子气门控制和双凸轮轴可变气门正时系统等技术亮点,并按照双模驱动进行了相应改进。在汽油模式下燃油直接喷射,氢燃料则通过集成在进气系统中的特殊管路供给。

  该系统优先选择了液态氢作为汽车使用的适宜能源。

  宝马氢动 7 系的动力系统在理想条件下全负荷运转,意味着氧和氢完全平衡(空燃比为 15∶1)。在氢动力模式下,这一混合比可以提供最高的性能水平和低排放下的理想输出功率。但是,该发动机在极高的温度下会产生氮氧化物。为了减少氮氧化物,发动机燃烧管理系统采用一种能够最大程度抑制氮氧化物生成的运行方式。这就意味着部分负荷条件下发动机将在氧含量较高的状态下运行,使其相应的空燃比大于 30∶1,燃烧温度降低,从而使氮氧化物排放达到最小值。

第三节　混合动力电动汽车

混合动力电动汽车 HEV（Hybrid Electric Vehicle）是介于内燃机汽车和电动汽车之间的一种汽车。

混合动力电动汽车采用电动机和内燃机两种动力。该类汽车可以使蓄电池向电动机供电；也可以将发动机、发电机和电动机串联在一起构成混合动力中的发电机动力，为蓄电池充电。

一、分类

按动力传输线路不同，可分为串联式、并联式和混联式三种结构形式。

1. 串联式 SHEV（Series Hybrid Electric Vehicle）

由发动机带动发电机，电能在控制器的调节下带动电动机运转，驱动车轮旋转。

串联式的布置形式如图 10-8 所示，由发动机 1、发电机 6 和电动机 5 三个总成组成，它们之间采用串联的方式组成汽车的动力系统。由发动机带动发电机发电，把发电机产生的电能通过控制器传输到电动机或蓄电池组，最后由电动机通过减速机构驱动汽车行驶。

这种电动汽车结构的最大特点是，能量的产生和使用完全独立。发动机只用来驱动发电机。发动机小负荷运转时，发电机发出的功率超过驱动车轮的需要，多余的电能同时给蓄电池充电；发动机大负荷运转时，除发电机发出的电能外，蓄电池还可提供额外的电能，满足发动机大负荷对动力的需要。该种结构的不足之处在于车辆需要的最大功率会受到电动机输出功率的限制。

串联式混合动力汽车适用于城区行驶的公共汽车。

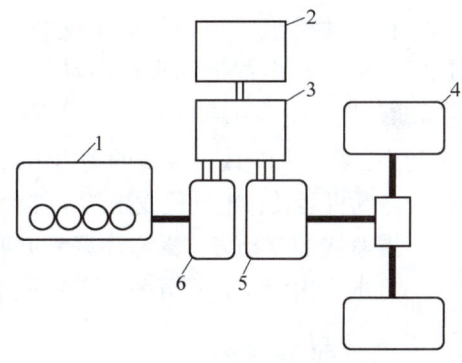

图 10-8　串联式 SHEV 布置形式

1—发动机　2—蓄电池组　3—变流器
4—驱动车轮　5—电动机　6—发电机

2. 并联式 PHEV（Parallel Hybrid Electric Vehicle）

并联式混合动力电动汽车（图 10-9），发动机和电动机可共同或分别独立驱动汽车，如车辆需要大功率时，发动机和电动机可同时输出动力。因此，并联式混合动力改进了串联式混合动力提供最大功率不足的缺陷。

汽车正常行驶时，在一般路面上，驾驶员以发动机作为动力行驶；发动机在起动及小负荷工况时，通过离合器使发动机熄火，汽车由电动机从蓄电池 3 获得电能来驱动；汽车在高速或加速行驶时，发动机和电动机一起输出动力，以获得所需要的最大功率。

另外，汽车在小负荷工况下工作时，电动机/发电机 5（作为发电机）给蓄电池充电，使蓄电池得到电

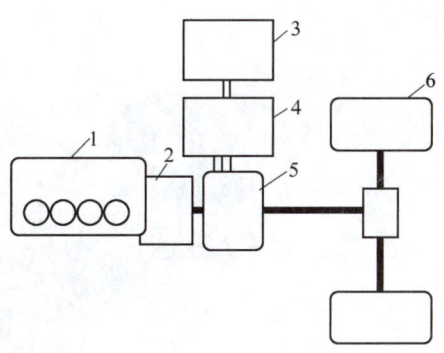

图 10-9　并联式 PHEV 布置形式

1—发动机　2—动力分配器　3—蓄电池
4—变流器　5—电动机/发电机　6—驱动车轮

能的补充;在汽车减速或制动时,汽车驱动电动机/发电机(作为电动机)为蓄电池充电(回收汽车减速或制动时的部分能量,将其转变为电能储存)。

并联式 PHEV 比较适用于高速公路上行驶的汽车。

3. 混联式(串、并联) PSHEV(Parallel Series Hybrid Electric Vehicle)

混联式的布置形式如图 10-10 所示。

这种布置形式的结构特点是发动机 1 输出的动力一分为二,一部分直接驱动车轮 8,另一部分则带动发电机 2 工作,使其驱动电动机 7,并为蓄电池 6 充电。

汽车正常行驶时,发动机输出的动力一路经动力分配器 3(通常是行星齿轮传动系统)、减速器 4 直接驱动车轮;另一路经发电机 2、变流器 5、电动机 7 再传到驱动车轮 8,动力分配由动力分配器 3 控制。

在发动机起动和小负荷工况时,发动机停止运转,由蓄电池带动电动机,驱动车轮转动;汽车匀速行驶时,由发动机提

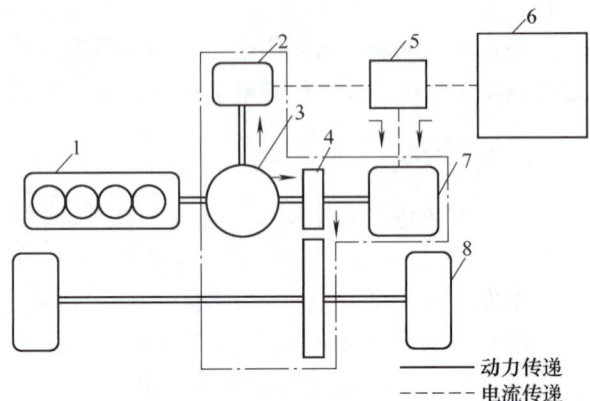

图 10-10 混联式 PSHEV 布置形式

1—发动机 2—发电机 3—动力分配器 4—减速器
5—变流器 6—蓄电池 7—电动机 8—驱动车轮

供动力;汽车加速时,需要的动力由蓄电池和发动机共同供给;汽车减速或制动时,驱动车轮带动电动机运转,电动机发出的电能为蓄电池充电,回收了汽车减速或制动时的部分动能。

混联式的驱动方式兼有串联和并联的特点,控制系统最为复杂。

日本丰田汽车公司开发的普锐斯混联式电动汽车,完全达到同类汽油机轿车水平。

二、典型结构

奥迪 Q5 混合动力电动汽车的布置形式为前置前驱(图 10-11),该车装用的电动机如图 10-12 所示

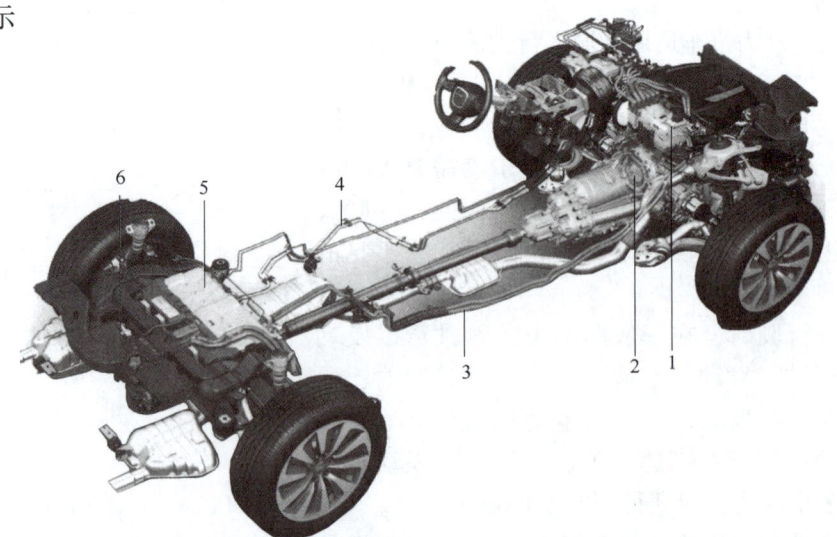

图 10-11 奥迪 Q5 混合动力电动汽车的布置形式

1—电控系统 2—电动机 3—高压导线 4—冷却管线 5—高压蓄电池 6—蓄电池冷却装置

第十章　新能源汽车简介

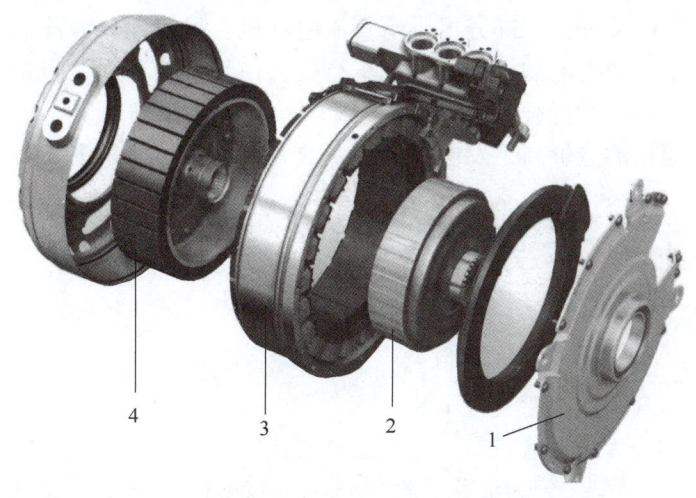

图 10-12　奥迪 Q5 混合动力汽车电动机
1—末端盘　2—离合器　3—定子　4—转子

第四节　太阳能汽车

太阳能汽车是靠太阳能电池作为电源的汽车。当太阳光照射到车身上的太阳能电池板时，太阳的辐射能转变为直流电，供给直流电动机运转，驱动汽车行驶。

太阳能汽车的突出优点是不用燃料，无噪声，无废气污染，乘坐安静、平稳、舒适。但是太阳能电池单位面积能量小，故需要大面积的太阳能电池。因此出现了形状别致、各式各样的太阳能汽车。有的将太阳能电池板做成活动的，可变换倾斜角度以便跟踪太阳，采集更多的阳光来产生电力；有的将车身做成流线型电池板固定在车身上，使空气阻力减小到最小，或者采集阳光的面积最大。

美国通用汽车公司的"日光"太阳能汽车，电池在汽车表面覆盖面积大，外形像一条鱼（图 10-13）。其时速可达上百公里。仅用 24s 便能从静止加速到 100km/h 的速度。

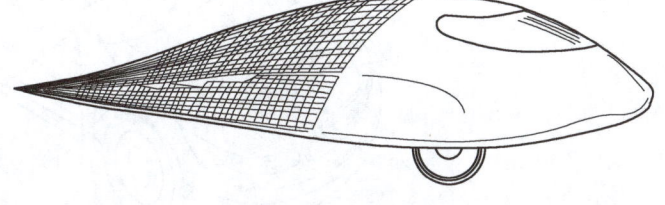

图 10-13　太阳能汽车

太阳能汽车由太阳能电池组、自动阳光跟踪系统、驱动系统和控制器等组成。

太阳能电池组由一定数量的单体电池串联或并联组成电池方阵。单体电池由半导体材料制成，太阳光照射半导体材料时，半导体的电子-空穴对被激发并定向流动，形成电流。电流的大小与太阳光照射强度和太阳能电池的面积大小成正比。

自动阳光跟踪系统的作用是保持太阳能电池板正对着太阳，最大限度地提高太阳能电池板接受太阳光辐射能的能力。

驱动系统和控制器与纯电动汽车基本相同。

由于太阳能电池单位面积能量小，且受天气的影响，为了在阴雨天和无阳光照射时能连续行驶，太阳能汽车可与蓄电池组共同组成太阳能混合动力汽车。当阳光照射时，太阳能电池板所产生的电能分两部分,一部分提供给直流电动机,另一部分为蓄电池充电。因此,阴雨天和夜间便可由蓄电池为电动机供电使汽车行驶;白天直接利用太阳光能和充电器,向太阳能电池组充电,驱动汽车行驶。

由于太阳能电池板的造价高,发电能力差,故太阳能汽车还未进入实用化的阶段。

第五节 燃气汽车

一、概述

以燃气为燃料的汽车称为燃气汽车。

目前,燃气汽车分为天然气汽车和液化石油气汽车,它们的燃料分别是天然气和液化石油气(LPG)。天然气汽车又分为液化天然气汽车(LNGV)、压缩天然气汽车(CNGV)和吸附天然气汽车(ANGV)三种。

二、燃气汽车基本结构与原理

1. 总体布置

图10-14所示为压缩天然气(CNG)双燃料汽车总体布置示意图。储气瓶10布置在行李箱内,高压管线13从整车左侧底部延伸到前部发动机舱内。减压器布置在发动机舱内,天然气经混合器8在缸外与空气预混合后进入发动机气缸内。加气口4采用快换式充气插口,安装在发动机舱内前部。天然气/汽油转换开关14布置在仪表盘左侧。

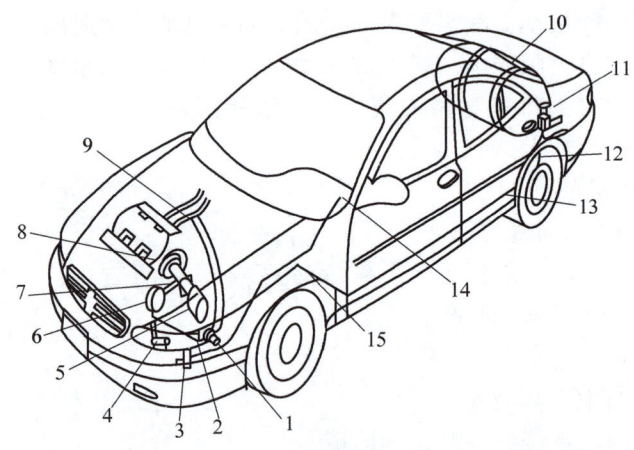

图10-14 压缩天然气双燃料汽车总体布置示意图
1—高压截止阀 2—低压截止阀 3—电控单元 4—加气口 5—空气过滤阀 6—低压调节器
7—空气质量传感器 8—混合器 9—冷却水管 10—储气瓶 11—储气瓶手动截止阀
12—溢流阀 13—高压管线 14—天然气/汽油转换开关 15—手动截止阀

2. 专用装置

(1) 储气装置

1) 压缩天然气汽车储气瓶。压缩天然气汽车的储气瓶是天然气汽车重要的专用装置,其储气压力为20MPa。

压缩天然气储气瓶的瓶体结构有图 10-15 所示的三种类型：A 型为无缝钢管两端收口，尾部一般为凸状；B 型是由钢坯直接冲压而成，尾部一般为凹状；C 型为无缝钢管两端口成管状。

2）液化石油气汽车的储气瓶。液化石油气汽车的储气瓶结构如图 10-16 所示。

汽车用液化石油气储气瓶分为 A 类瓶和 B 类瓶两类。

A 类瓶是指按设计技术要求已装好组合部件及附件，提供给用户（或安装者）的储气瓶。

B 类瓶是指未按设计技术要求装好组合部件，提供给用户（或安装者）的是只具有安装接口的车用储气瓶。

液化石油气一般在工作压力为 1.6MPa 下即可液化装瓶。因此，对储气瓶的压力要求不及压缩天然气储气瓶那么高。

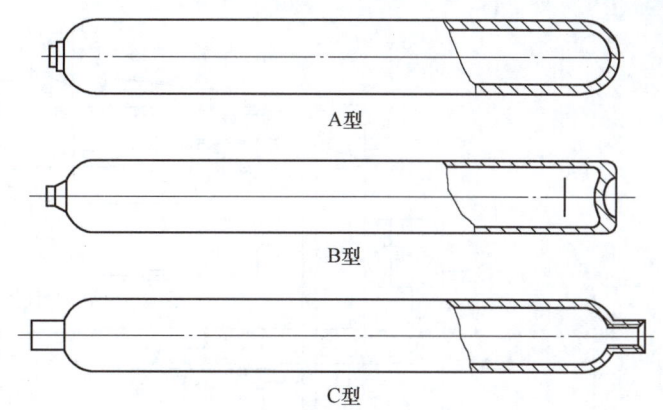

图 10-15　车用压缩天然气储气瓶的瓶体结构

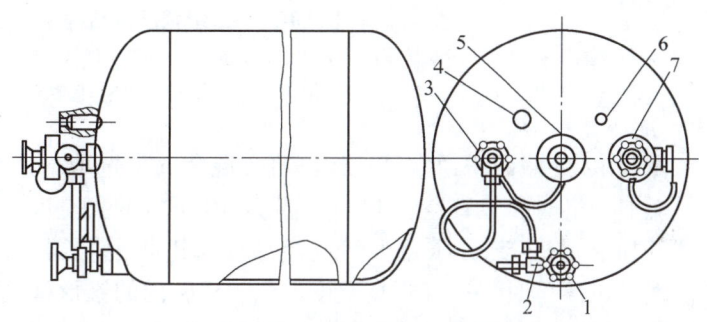

图 10-16　汽车用液化石油气储气瓶结构
1—液化石油气输出阀　2—三通输出阀　3—蒸气输出阀　4—溢流阀
5—液面指示器　6—最大充量液面监视器　7—充气阀

液化石油气储气瓶采用普通钢板材料经焊接成形，也可以用薄壁钢管制成；相对于压缩天然气储气瓶，它可以直径较大、长度较小而容量较大。所有阀门附件都安置在储气瓶的头部，这些附件包括：液面指示器 5、最大充量液面监视器 6、溢流阀 4、蒸气输出阀 3、液化石油气输出阀 1、三通输出阀 2 以及充气阀 7 等。

（2）减压器　在压缩天然气汽车上，减压器的作用有：①将储气瓶中压缩天然气的压力由 20MPa 降至 0.1MPa 左右；②在发动机停止运行时，自动停止压缩天然气的输出；③当发动机运行工况急剧变化时，保证向发动机正常供气。

图 10-17 所示为一个二级减压器结构示意图。

发动机工作时，压缩天然气经一级减压球阀 2 进入 A 腔，压力由 20MPa 减至 0.4MPa 左右，若压力超过 0.4MPa，则膜片 5 克服弹簧 3 的压力向下弯曲，并带动杠杆 4 将一级减压球阀 2 关闭，中止压缩天然气流入 A 腔。随着压缩天然气经二级减压阀门 6 不断流入 B 腔，A 腔内的压力逐渐降低。若压力低于 0.4MPa，则弹簧 3 推压膜片 5 向上弯曲，并带动杠杆 4 将一级减压球阀 2 开启，压缩天然气充入 A 腔。压缩天然气进入 B 腔后，进行二级减压，压力由 0.4MPa 进一步减至 0.1MPa 左右，然后经量孔 12 被吸入混合器。B 腔内压缩天然气的压力由弹簧 15、膜片 14、传动杆 16、杠杆 7 和二级减压阀门 6 联合控制，其动作与一级减压的情况类似。

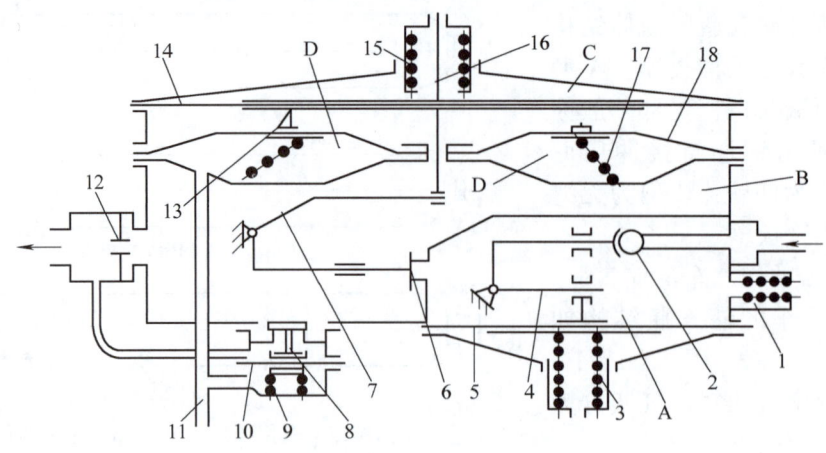

图 10-17 二级减压器结构示意图

1—溢流阀　2——级减压球阀　3、9、15—弹簧　4、7—杠杆　5、10、14—膜片　6—二级减压阀门
8—加浓阀　11—真空管　12—量孔　13—膜片夹　16—传动杆　17—锥形弹簧　18—辅助膜片

量孔 12 的截面积通常是按经济可燃混合气来选取的。当发动机在大负荷工况下需要浓的可燃混合气时，经真空管 11 传至膜片 10 下方的真空度小，膜片在弹簧 9 的作用下向上弯曲顶开加浓阀 8，部分压缩天然气经加浓阀进入混合器，使进入气缸的可燃混合气得到加浓。发动机停机时，进气管真空度消失，D 腔内的锥形弹簧 17 使辅助膜片 18 向上弯曲、并推动膜片 14 也向上弯曲，同时带动杠杆 7 将二级减压阀门 6 关闭，停止压缩天然气的供应。

经减压器供给的压缩天然气（常压天然气）在混合器中与空气混合形成可燃混合气。

（3）混合器　混合器是将减压器输出的常压燃气（天然气或液化石油气）和空气混合形成可燃混合气的装置。混合器应能根据发动机转速和负荷的变化，增减混合气的供应量，以适应发动机在起动、急速及加速等不同工况下正常运行的需要。

目前，燃气汽车使用的混合器有两种：一种是文丘里式混合器，另一种是比例式混合器。

思考题与习题

10-1　什么叫纯电动汽车？纯电动汽车有哪些优点？
10-2　什么是燃料电池电动汽车？氢气作为汽车燃料具有哪些特点？
10-3　燃料电池电动汽车由哪几部分组成？
10-4　混合动力电动汽车分类如何？其各自特点是什么？
10-5　太阳能汽车的优点有哪些？
10-6　燃气汽车是如何分类的？
10-7　压缩天然气储气瓶有哪三种类型？
10-8　在压缩天然气汽车上，减压器和混合器的各自作用是什么？

第十一章 汽车传动系统

第一节 概 述

一、传动系统的功用与组成

1. 功用

汽车传动系统的基本功用是将发动机发出的动力传给驱动车轮，使汽车行驶。

2. 组成

图 11-1 所示为迈巴赫轿车装用的机械传动系统组成示意图，主要由离合器 6、变速器 5、万向节 4、传动轴 3 和驱动桥 2（包括主减速器、差速器、半轴和驱动桥壳）组成。

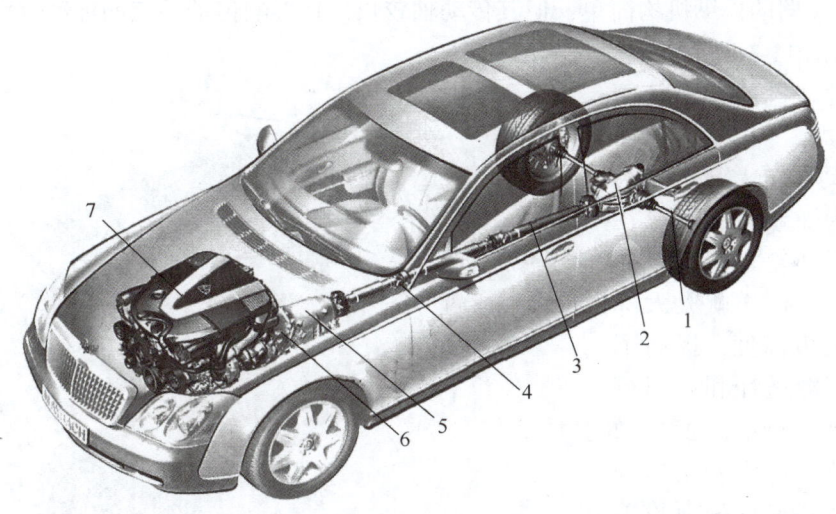

图 11-1　迈巴赫轿车机械传动系统组成示意图
1—半轴　2—驱动桥　3—传动轴　4—万向节　5—变速器　6—离合器　7—发动机

二、传动系统的分类与布置形式

传动系统可分为机械式、液力式和电力式三大类。

1. 机械式传动系统

典型的前置后驱动机械式传动系统的组成与布置示意图如图 11-2 所示，发动机的动力依次经离合器 1、变速器 2、由万向节 3 及传动轴 4 组成的万向传动装置、驱动桥 5 中的主减速器 8、差速器 6 和半轴 7，最后传到驱动车轮。

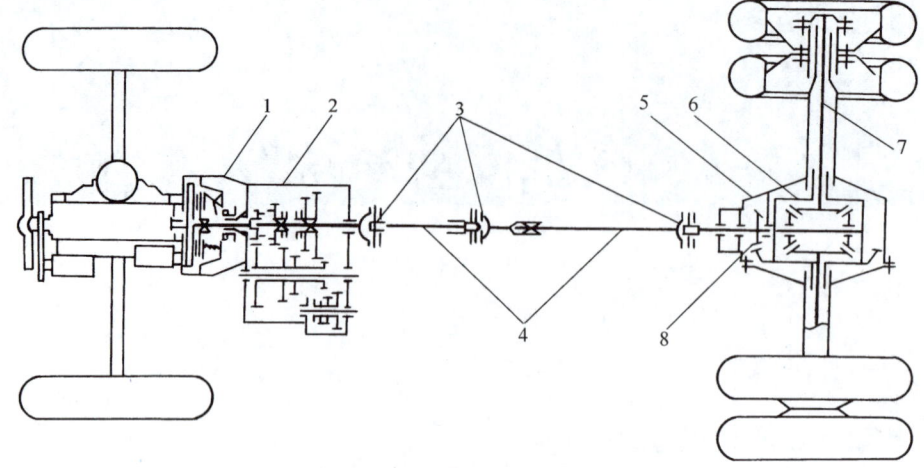

图 11-2 前置后驱动机械式传动系统组成与布置示意图
1—离合器 2—变速器 3—万向节 4—传动轴 5—驱动桥 6—差速器 7—半轴 8—主减速器

机械式传动系统有以下几种布置形式。

(1) **发动机前置后轮驱动（FR方式）** 发动机前置后轮驱动，简称前置后驱动。这种布置形式的主要优点是前后车桥的轴荷分配较合理（可达 50%∶50%），发动机维修方便，离合器和变速器的操纵机构简单；但其传动轴较长，且影响传动系统的传动效率。前置后驱动的轿车如图 11-3 所示。

(2) **发动机前置前轮驱动（FF方式）** 在发动机前置前轮驱动的布置形式中，由于前轮为驱动轮，所以在变速器和驱动轮之间无万向节和传动轴。这样就大大降低了车身地板高度，提高了汽车乘坐的舒适性和高速行驶的稳定性。目前，多数微型和中型轿车广泛采用这种布置形式。其缺点是前轮轮胎磨损较严重（前轮既是转向轮，又是驱动轮），前桥结构较复杂，汽车爬坡性能较差，紧急制动瞬间车头易下沉和转弯半径大等。

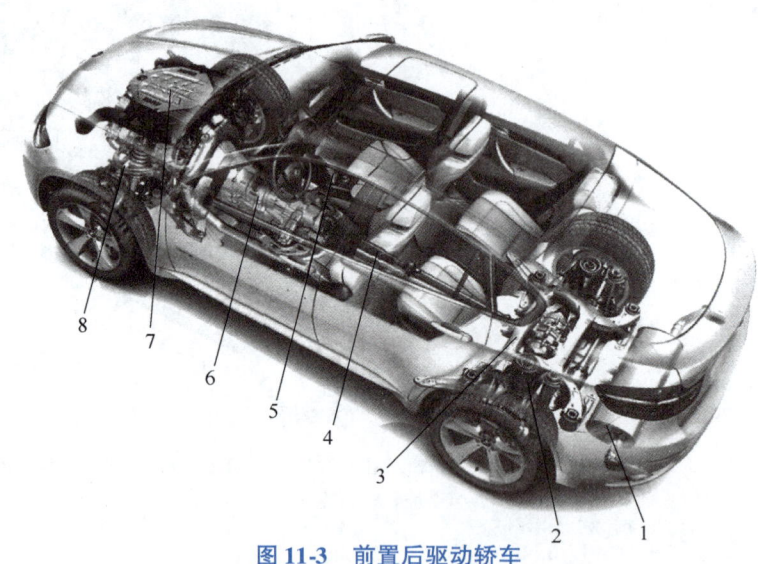

图 11-3 前置后驱动轿车
1—排气消声器 2—后悬架 3—驱动桥 4—传动轴
5—变速杆 6—变速器 7—发动机 8—前悬架

图 11-4 所示为前置前轮驱动轿车结构示意图。

前置前轮驱动轿车的发动机布置形式有发动机纵置（图 11-5a）和发动机横置（图 11-5b）两种。奥迪、桑塔纳轿车采用发动机纵置的布置方式，而捷达轿车采用的是发动机横置的布置方式。

第十一章 汽车传动系统

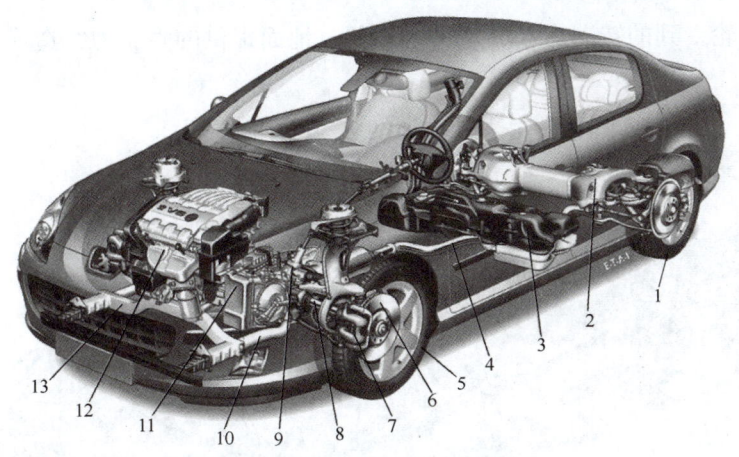

图 11-4 前置前轮驱动轿车

1—从动轮 2—从动桥 3—燃油箱 4—排气管 5—驱动轮 6—前制动盘 7—前制动钳
8—半轴 9—转向器 10—前纵梁 11—变速器 12—发动机 13—前横梁

（3）发动机后置后轮驱动（RR方式） 这种布置形式的汽车质量大多集中在车辆的后方，又采用后轮驱动，所以起步、加速性能在所有驱动形式中是最好的；另外，车内噪声小、空间利用率较高。但这种布置形式，不仅使发动机冷却效果变差、传动系统操纵机构较复杂，而且还存在驱动力达到极限值时易出现打滑甩尾的现象。

后置后轮驱动的轿车如图 11-6 所示。

保时捷 911 轿车采用的就是后置后轮驱动的传动系统。

（4）发动机中置后轮驱动（MR方式） 这种布置形式有利于实现前、后轴轴荷的理想分配。之所以如此布局，有三大原因：

1）汽车起步和加速时，重心后移，使整车的附着力增加，汽车的加速性能得以提高。

2）发动机中置，即汽车重心靠近中间位置，使汽车转弯时，转向特性更加灵活。

3）前轮只负责转向，会使转向特性更稳定；若前轮既转向又

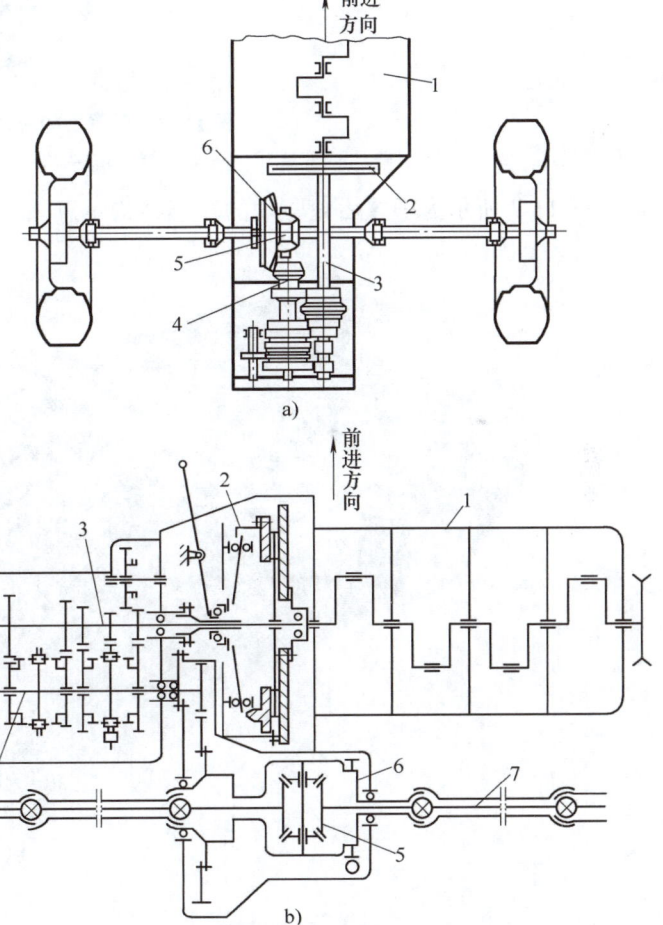

图 11-5 前置前轮驱动轿车发动机布置形式

a）发动机纵置 b）发动机横置

1—发动机 2—离合器 3—变速器输入轴 4—变速器输出轴
5—差速器 6—主减速器 7—半轴

驱动，则会使前轮受到的转向力和驱动力之和超过地面提供的附着力，造成前轮打滑。

图 11-6　后置后轮驱动轿车

1—驱动轮　2—冷却液管路　3—变速杆　4—转向器　5—从动轮　6—散热器　7—蓄电池　8—变速器　9—发动机

图 11-7 所示为中置后轮驱动的轿车结构示意图。

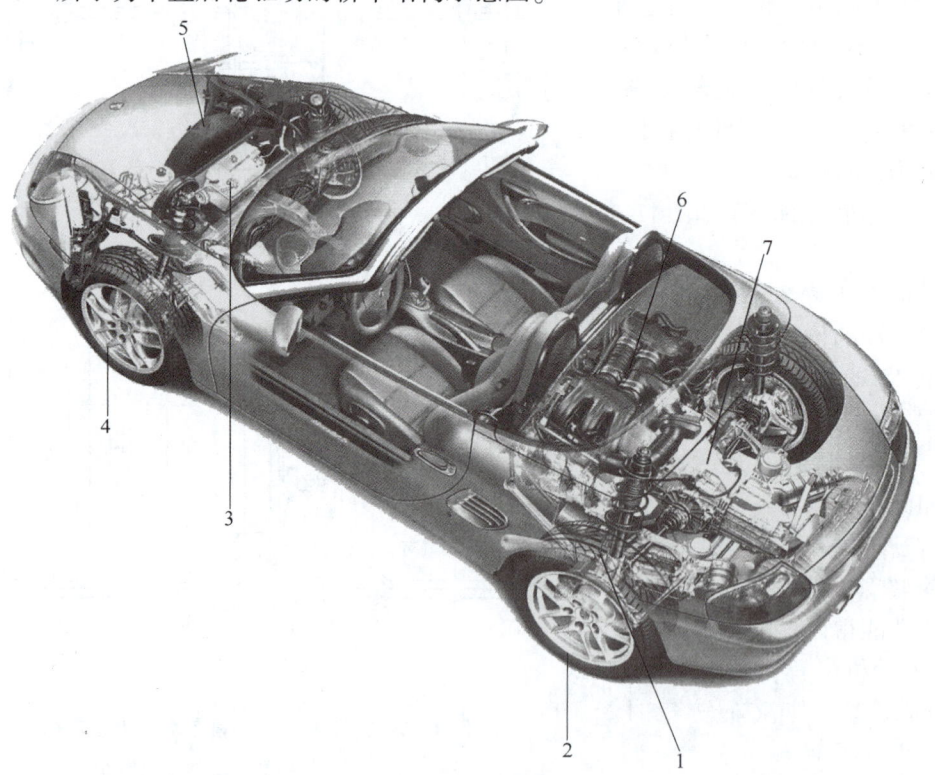

图 11-7　中置后轮驱动轿车

1—半轴　2—驱动轮　3—蓄电池　4—从动轮　5—备胎　6—发动机　7—变速器

（5）全轮驱动　也称四轮驱动（4 Wheel Drive，简称4WD）。

全轮驱动，可以获得尽可能大的驱动力，提高车辆的通过性。德国宝马、奔驰、奥迪等一些车型即采用全轮驱动方案。

轿车采用全轮驱动有以下几个原因：

1）由于驱动力可以分配到全部车轮，车轮不易出现打滑现象，提高了汽车的操作性。

2）汽车通过雨雪湿滑路段时，由于附着系数较小，使整车附着力下降，但由于全部车轮均为驱动轮，使得每个车轮得到的驱动力减小，打滑的可能性下降，提高了汽车在坏路的通过性。

3）全轮驱动的轿车，不仅性能得到提高，还彰显了轿车的高级品位。

全轮驱动轿车如图 11-8 所示。图 11-9 所示为全轮驱动的奥迪 A4 轿车。

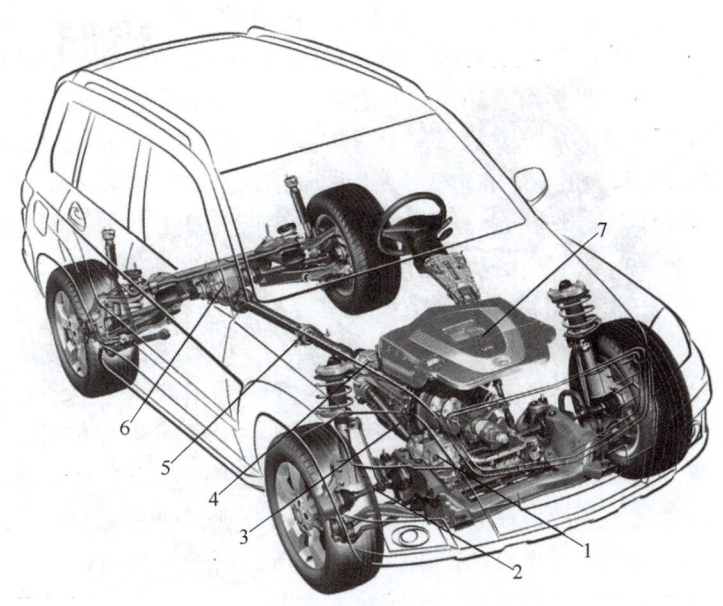

图 11-8　全轮驱动轿车

1—前差速器　2—前半轴　3—前传动轴　4—分动器
5—后传动轴　6—后差速器　7—发动机

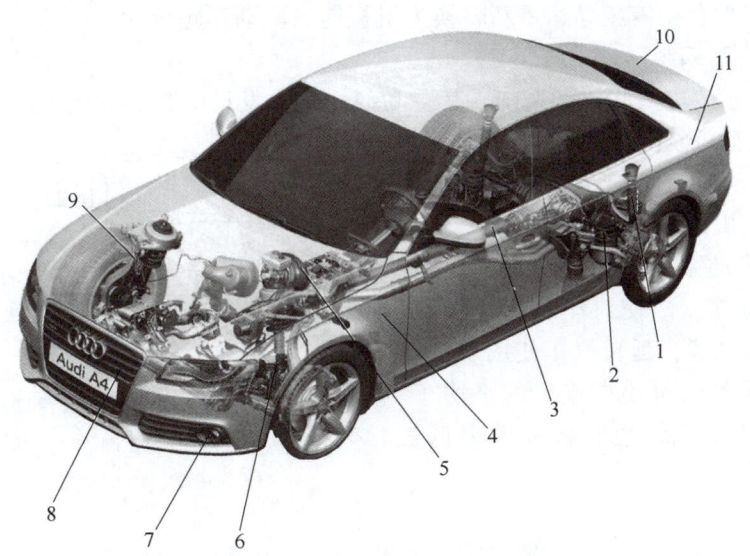

图 11-9　全轮驱动的奥迪 A4 轿车

1—后减振器　2—弹性元件　3—传动轴　4—前翼子板　5—真空助力器　6—前减振器
7—雾灯　8—进气格栅　9—前悬架　10—行李箱盖　11—后翼子板

全轮驱动汽车可分为全时四驱、分时四驱和适时四驱三种类型。

1）全时四驱指的是四个车轮时刻都是驱动车轮。无论是汽车直线行驶，还是转弯行驶，四个车轮都可产生驱动力。这样，大大提高了汽车行驶的稳定性，但燃油消耗率较高。

2）分时四驱，即在公路上行驶时，选用两驱模式，越野行驶换上四驱模式。

3）适时四驱，是指在不需要四驱时采用两轮驱动，需要四驱时汽车会自动采用四轮驱动。适时四驱与分时四驱的最大区别是一切操作是系统自动切换的，不需要人为控制。

适时四驱除了操作简便之外，还有一个优点就是比较省油。与其他两种四驱相比，适时四驱由于正常行驶状态采用两驱，只有在车轮打滑时，从动轮才会变为驱动轮。在公路行驶时驱动轮打滑的概率非常低，所以燃油消耗率接近两驱汽车。但适时四驱只有在驱动轮打滑后，从动轮才会被动介入，故它的相应速度稍慢，因此适时四驱的主动安全性不如全时四驱好。

适时四驱广泛应用在一些城市 SUV 和轿车上。

2. 液力机械式传动系统

液力机械式传动系统又称为动液传动系统，**其特点是将液力传动与机械传动有机地结合起来**。液力传动是以液体为传力介质，利用液体在主动元件和从动元件之间的循环流动过程中动能的变化来传递动力。液力传动一般采用液力变矩器串联一个有级式机械变速器组成的液力机械式变速器取代机械式传动系统中的离合器和变速器。这种传动系统能根据道路阻力的变化，自动地在若干个车速范围内分别实现无级变速，而且其中的有级式机械变速器还可以实现自动或半自动操纵，使驾驶员的操作大为简化，所以又称为自动变速器。但是，其结构较复杂，造价较高，机械效率较低。

3. 静液式传动系统

静液式传动系统通过液体传力介质静压力能的变化来传递动力，主要由发动机驱动的液压泵、液压马达和液压自动控制装置等组成。发动机输出的动力（机械能）通过液压泵转换成液压能，然后再由液压马达重新转换为机械能，驱动车轮转动。

4. 电力式传动系统

图 11-10 所示为电力式传动系统，其主动部件是由发动机 2 驱动的发电机 3，从动部件是电动机 5，电动机发出的动力也要经过一套减速机构才能传给驱动轮，目的是降速增矩，这套减速机构称为轮边减速器。

在电力式传动系统中，发动机到驱动车辆只用电器连接，故使汽车总体布置简化；起动、变速平稳，延长汽车使用寿命；具有无级变速特性，可提高汽车的平均车速。但电力式传动系统也有传动效率低、质量大等缺点。

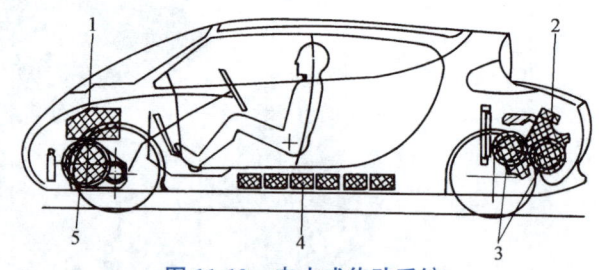

图 11-10　电力式传动系统

1—电动机控制器　2—发动机
3—发电机　4—蓄电池　5—电动机

第二节　离　合　器

一、离合器的功用

离合器相当于一个"动力开关"，位于发动机飞轮壳内，是汽车传动系统中直接与发动机相连接的部件，用来分离或结合发动机与变速器之间的动力传递。离合器的主要功用有：

1）平稳起步。
2）保证传动系统换档平顺。
3）防止传动系统过载。

二、离合器的组成及工作原理

1. 组成

目前，手动变速器多采用摩擦式离合器。如图 11-11a 所示，摩擦式离合器主要由四部分组成。

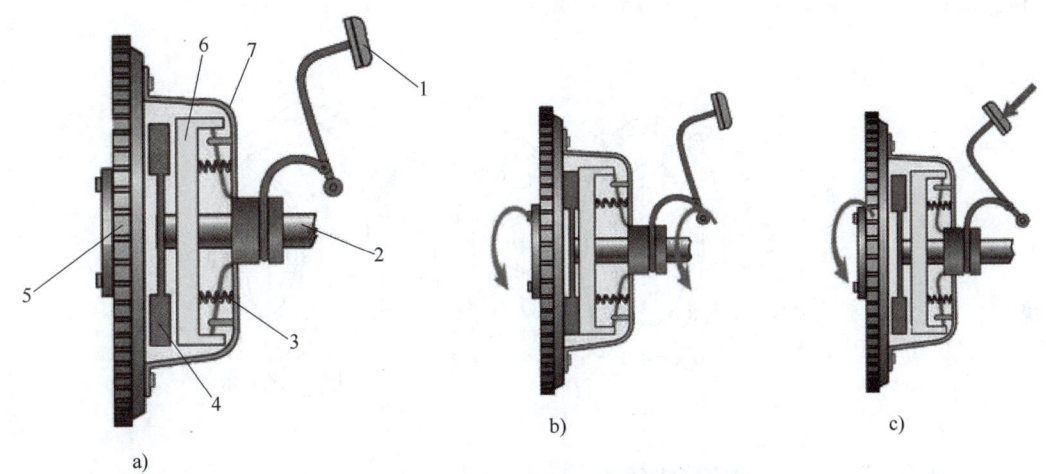

图 11-11 离合器的组成及工作原理
a) 离合器组成 b) 离合器接合状态 c) 离合器分离状态
1—离合器踏板 2—变速器输入轴 3—压紧弹簧 4—从动盘 5—飞轮 6—压盘 7—离合器盖

（1）主动部分 离合器的主动部分包括飞轮 5、离合器盖 7（压盘 6 与其装在一起），它们与发动机曲轴连在一起，并始终与曲轴一起转动。

（2）从动部分 从动部分即从动盘 4，它由从动盘本体、摩擦片和从动盘毂三部分组成。摩擦片与从动盘本体是用铆钉铆接在一起的，从动盘毂内有内花键，套在变速器第一轴前端的花键轴上。离合器接合时，发动机输出的转矩经飞轮和压盘传到了从动盘两侧的摩擦片，继而带动从动盘本体转动，通过从动盘毂把动力传给了变速器输入轴。

（3）压紧机构 压紧机构主要是压紧弹簧 3，它以离合器盖为依托，将压盘压向飞轮，从而将从动盘压紧。

（4）操纵机构 操纵机构是驾驶员借以使离合器分离与接合的机构，它主要由离合器踏板 1 及传动机构等组成。

按传动方式划分，离合器操纵机构有机械、液压和气压三种。

2. 工作原理

离合器盖 7 通过螺钉固定在飞轮 5 的后端面上，离合器内从动盘 4 的摩擦片在压紧弹簧 3 的作用力下被压盘 6 压紧在飞轮端面上，而从动盘是与变速器输入轴 2 相连的。通过飞轮及压盘与从动盘接触面的摩擦作用，将发动机发出的转矩传递给变速器，即离合器处于接合状态（图 11-11b）。

当需要分离离合器时（图 11-11c），踩下离合器踏板 1，通过操纵机构将踏板力传递到分离叉和分离轴承，分离轴承前移，使压盘 6 克服压紧弹簧的弹力向后移，压盘离开带摩擦片的从动盘 4，这时摩擦副的摩擦作用消失使发动机动力传输中断；当松开离合器踏板后，离合器重新接合，发动机动力继续传递。

三、膜片弹簧离合器

轿车普遍装用膜片弹簧离合器（图 11-12a、b）。将膜片弹簧（图 11-12c）制作成碟形弹簧，其上有若干个径向开口，形成若干个弹性杠杆。弹簧中部两侧有钢丝支撑圈 1（图 11-12a），用支承铆钉将其安装在离合器盖 6 上。

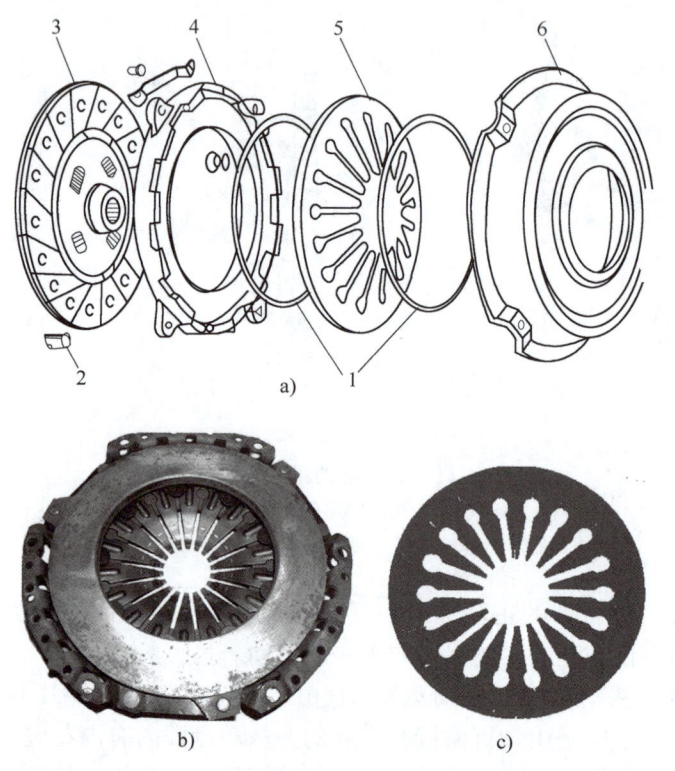

图 11-12 膜片弹簧离合器
a）结构示意图 b）立体图 c）膜片弹簧
1—钢丝支撑圈 2—传动片 3—从动盘 4—压盘 5—膜片弹簧 6—离合器盖

在离合器盖 1（图 11-13a）未固定到飞轮 8 上时，膜片弹簧 3 处于自由状态，且离合器盖与飞轮 8 接合面间有一距离 L。用螺栓将离合器盖固定到飞轮上时，离合器盖通过后钢丝支撑圈 5 使膜片弹簧中部向前移动了一段距离。由于膜片弹簧外端位置没有变化，所以膜片弹簧被压缩变形，其外缘通过压盘 2 将从动盘压靠在飞轮后端面上，这时离合器为接合状态（图 11-13b）。在分离离合器时，分离轴承 6 前移（图 11-13c），膜片弹簧将以前钢丝支撑圈 4 为支点，其外缘向后移动，在分离钩 7 的作用下，压盘离开从动盘向后移，离合器处于分离状态。

膜片弹簧既起压紧弹簧的作用,又起分离杠杆的作用,故使离合器结构得以简化,轴向尺寸缩短,重量减轻。

膜片弹簧具有非线性弹性特性,如图 11-14 所示。图中曲线 1 表示处于预压紧状态的螺旋弹簧的弹性特性曲线,曲线 2 表示膜片弹簧的弹性特性曲线。由图可以看出,两种离合器的工作压紧力相同时,即都为 F_b,轴向的变形量为 λ_b。当摩擦片磨损量达到允许的极限值 $\Delta\lambda'$ 时,两种弹簧压缩变形量减小到 λ_a,此时螺旋弹簧压紧力便降到 F'_a,显然有 $F'_a < F_b$,且两者相差较大,将使离合器的压紧力不足而产生滑磨。而膜片弹簧压紧力变化到 F_a,与 F_b 相差无几,确保离合器仍能正常工作。因此,膜片弹簧传递转矩的能力比螺旋弹簧大。

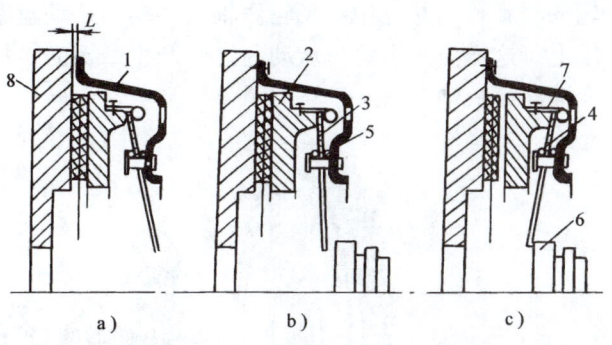

图 11-13 膜片弹簧工作原理示意图

a) 结构示意图 b) 接合状态 c) 分离状态
1—离合器盖 2—压盘 3—膜片弹簧 4—前钢丝支撑圈
5—后钢丝支撑圈 6—分离轴承 7—分离钩 8—飞轮

膜片弹簧与压盘以整个圆周相接触,对压盘的压力分布均匀,使摩擦面接触良好,磨损均匀,摩擦片寿命长。

膜片弹簧的安装位置对于离合器轴的中心线是对称的。因此,发动机高速旋转时,膜片弹簧较少受离心力的影响,压紧力降低很小。

膜片弹簧离合器的主要缺点是制造精度(加工和热处理)和尺寸精度(膜片弹簧厚度和离合器与压盘高度公差)要求严格。

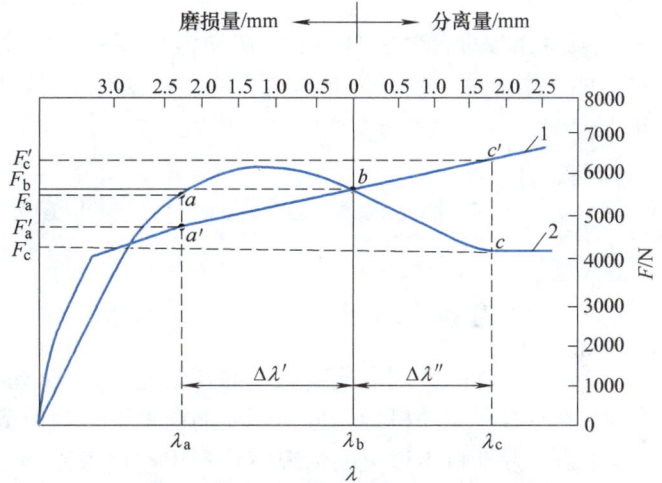

图 11-14 离合器压紧弹簧的弹性特性

由于膜片弹簧有以上优点,且随着材料和制造工艺的成熟,膜片弹簧离合器近些年来得到了广泛的应用。如上海桑塔纳轿车、一汽捷达、宝来和奥迪 100 及红旗 CA7220 轿车、神龙富康轿车、北京切诺基越野汽车、天津夏利轿车及南京依维柯汽车等都采用了这种形式的离合器。

四、周布弹簧离合器

周布弹簧离合器的结构如图 11-15 所示,主要由飞轮 1、离合器盖 6、压盘 5、从动盘本体 2 等组成。其中离合器盖、压盘和飞轮为离合器的主动部分,从动盘本体是离合器的从动部分。

离合器盖用螺栓固定在飞轮上,压盘上有三个凸起部分,装在离合器盖的窗口处。离合器盖与压盘之间嵌有压紧弹簧(图中未画出),使压盘将从动盘摩擦片压紧在飞轮上,与飞轮一起旋转，并可相对飞轮做轴向移动。从动盘摩擦片一面接受压盘的压力，另一面压在飞轮上。这样便在飞轮与从动盘之间产生摩擦力，把发动机飞轮的转矩传到从动盘上，再传至变速器第一轴上。

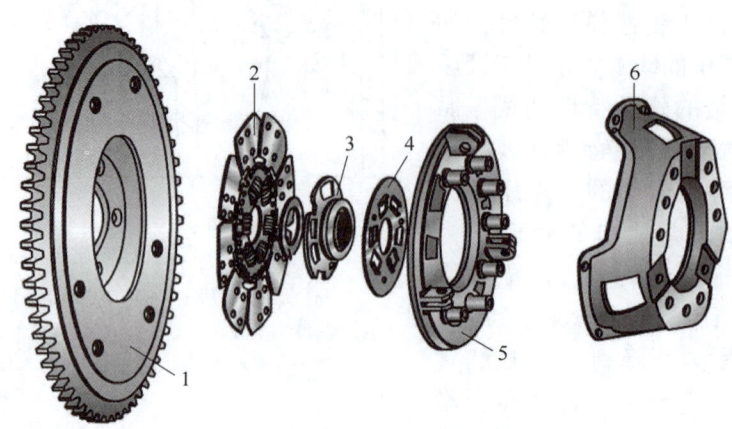

图 11-15　周布弹簧离合器

1—飞轮　2—从动盘本体　3—从动盘毂　4—减振器盘　5—压盘　6—离合器盖

该离合器的从动盘为一个，从动盘摩擦片为两片，也称单盘离合器。若装有两个从动盘，四个摩擦片，便成为双盘离合器。双盘离合器传递发动机的转矩较大，用在重型载货汽车上。

第三节　机械变速器

一、变速器的功用

1）在较大的范围内改变汽车的行驶速度和汽车驱动轮上转矩的数值。
2）在汽车发动机旋转方向不变的前提下，利用倒档实现汽车倒向行驶。
3）在发动机不熄火的情况下，利用空档中断动力传递，便于发动机起动、怠速和变速器换档或动力输出。

二、普通齿轮变速器

普通齿轮变速器（图 11-16）主要分为两轴式变速器和三轴式变速器，它们的组成均包括变速传动机构和操纵机构两部分。

1. 两轴式变速器

在前置前轮驱动（FF 方式）或后置后轮驱动（RR 方式）的中级和普通级轿车上，由于总布置的需要，采用了两轴式变速器，其特点是输入轴与输出轴平行，且无中间轴，各前进档的动力均经过一对齿轮传递。

图 11-17 所示为典型的两轴五档变速器结构简图。变速器输入轴 3 与一档、倒档、二档主动齿轮（5、6、7）制作为一体。变速器输入轴上还装有三、四、五档主动齿轮（8、12、11），它们与输入轴之间装有滚针轴承。输入轴上三、四档主动齿轮之间装有三、四档同步

器9。五档同步器10安装在输入轴末端。同步器花键毂与变速器输入轴上的花键采用的是过盈配合。

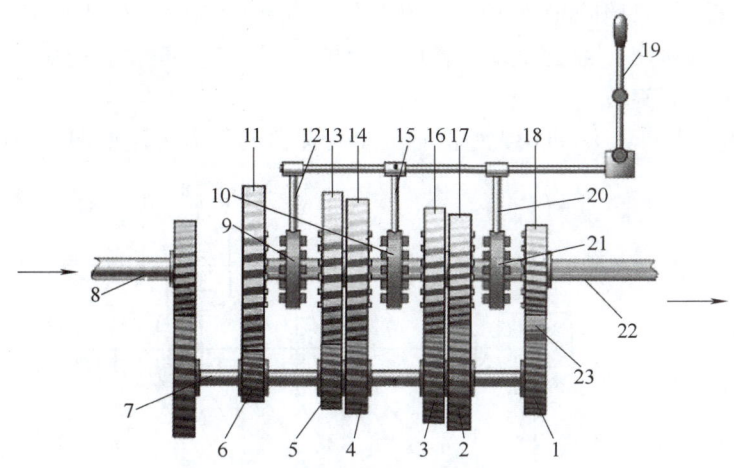

图 11-16　普通齿轮变速器结构示意图

1—倒档主动齿轮　2—五档主动齿轮　3—四档主动齿轮　4—三档主动齿轮　5—二档主动齿轮　6——档主动齿轮　7—中间轴　8—输入轴　9—一、二档同步器　10—三、四档同步器　11—一档从动齿轮　12、15、20—拨叉　13—二档从动齿轮　14—三档从动齿轮　16—四档从动齿轮　17—五档从动齿轮　18—倒档从动齿轮　19—变速杆　21—五档、倒档同步器　22—输出轴　23—倒档中间齿轮

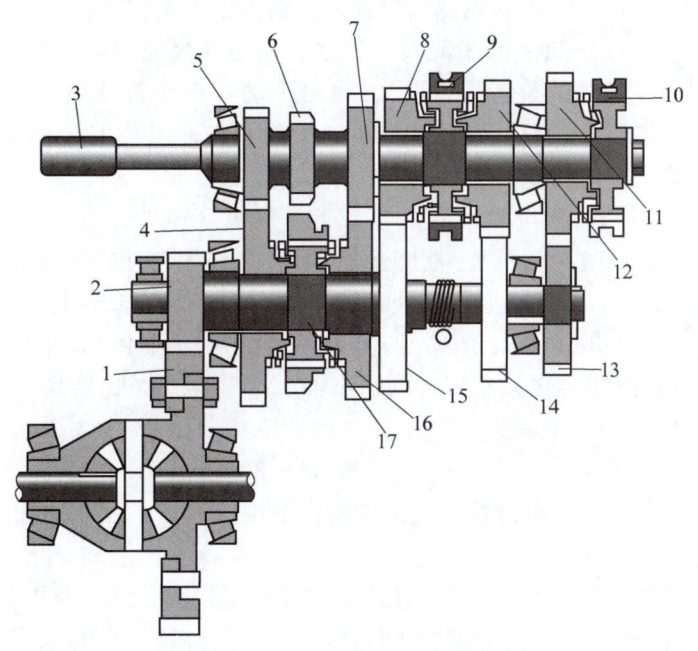

图 11-17　两轴五档变速器结构简图

1—主减速器从动齿轮　2—主减速器主动齿轮　3—变速器输入轴（一轴）4——档从动齿轮　5——档主动齿轮　6—倒档主动齿轮　7—二档主动齿轮　8—三档主动齿轮　9—三、四档同步器　10—五档同步器　11—五档主动齿轮　12—四档主动齿轮　13—五档从动齿轮　14—四档从动齿轮　15—三档从动齿轮　16—二档从动齿轮　17—一、二档同步器

输出轴与主减速器主动齿轮2制成一体,两端采用圆锥滚子轴承支承。输出轴上装有5个前进档和倒档的从动齿轮。一、二档从动齿轮(4、16)与输出轴之间装有滚针轴承,这两个齿轮之间装有一、二档同步器17,该同步器的花键毂与输出轴上的花键过盈配合。倒档从动齿轮(图中未画出)兼起滑动换档啮合套的作用。三、四、五档从动齿轮与输出轴制成一体,与输出轴一同旋转。

一汽奥迪100型轿车装用的012型两轴五档变速器的动力传递如图11-18所示。

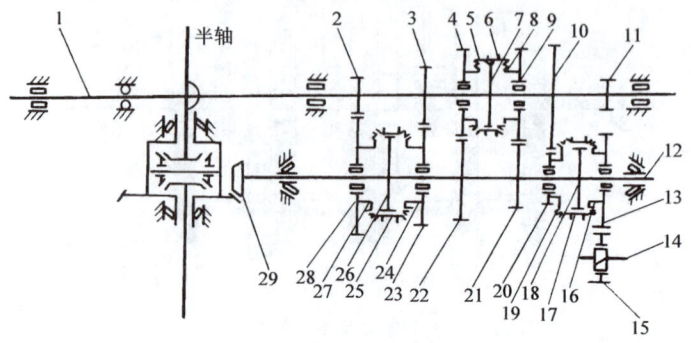

图11-18　012型两轴五档变速器的动力传递

1—输入轴　2、3、4、9、10——一、二、三、四、五档主动齿轮　5、8、16、19、24、27—同步器锁环
6、17、25—同步器接合套　7、18、26—同步器花键毂　11、13—倒档主、从动齿轮　12—输出轴
14—倒档齿轮轴　15—倒档中间齿轮　28、23、22、21、20——一、二、三、四、五档从动齿轮　29—主减速器主动锥齿轮

(1) 空档　图11-18中所示的是空档位置。当输入轴1旋转时,一、二、五档及倒档的主动齿轮(2、3、10、11)与之同步旋转。三、四档主动齿轮(4、9)处于自由状态,可空转(汽车行驶时随输出轴的旋转而转动),也可不动(汽车静止时)。一、二、五档和倒档的从动齿轮(28、23、20、13)随输入轴1的旋转而在输出轴12上空转,输出轴不被驱动,汽车处于静止或空档滑行状态。

(2) 一档　欲挂一档,在空档位置的基础上,操纵变速杆,通过一、二档换档拨叉使一、二档同步器接合套25左移,经一档同步器锁环27作用,使一档从动齿轮28与一、二档同步器花键毂26在一、二档同步器接合套的作用下同步旋转。这样,从离合器传来的发动机转矩,经输入轴1上的主动齿轮2及与其常啮合的从动齿轮28和一、二档同步器接合套25以及同步器花键毂26,再经花键传到输出轴12,直至主减速器。

一档传动比为

$$i_1 = z_{28}/z_2 = 39/11 = 3.545$$

式中的z表示齿轮的齿数,下角标数字表示齿轮在图中的标号,以下同此,不再说明。

(3) 二档　通过一、二档换档拨叉使一、二档同步器接合套25右移,退出一档进入空档,继续向右推动该档换档拨叉,一、二档同步器接合套25受到同步器锁环24的作用,使二档从动齿轮23与该档同步器花键毂26同步旋转。从离合器传来的发动机转矩,经输入轴1上的二档主动齿轮3及与其常啮合的从动齿轮23、同步器接合套25和同步器花键毂26,再经花键传到输出轴12,直至主减速器。

二档传动比为

$$i_2 = z_{23}/z_3 = 40/19 = 2.105$$

（4）三档 操纵三、四档换档拨叉，推动三、四档同步器接合套 6 左移，经三档同步器锁环 5 的作用，使三档主动齿轮 4 与三、四档同步器花键毂 7 同步旋转。来自离合器的发动机转矩，从输入轴 1 上的花键传到三、四档同步器花键毂 7，再经该同步器接合套 6 传到三挡主动齿轮 4，直至与其常啮合的三档从动齿轮 22，最后经花键传给输出轴 12，直到主减速器。

三档传动比为

$$i_3 = z_{22}/z_4 = 39/30 = 1.300$$

（5）四档 通过换档拨叉使三、四档同步器接合套 6 右移，退出三档进入空档，继续向右移动该拨叉，三、四档同步器接合套受到四档同步器锁环 8 的作用，使四档主动齿轮 9 与该档同步器花键毂 7 同步旋转。来自离合器的发动机转矩，从输入轴 1 上的花键经三、四档同步器花键毂 7，再经该同步器接合套 6 传到四档主动齿轮 9，直至与其常啮合的四档从动齿轮 21，最后经过花键传给输出轴 12，直到主减速器。

四档传动比为

$$i_4 = z_{21}/z_9 = 33/35 = 0.943$$

（6）五档 用五档、倒档拨叉将五档、倒档同步器接合套 17 左移，经五档同步器锁环 19 作用，使五档从动齿轮 20 与该档同步器花键毂 18 同步旋转。来自离合器的发动机转矩，经输入轴 1 上的五档主动齿轮 10 及与其常啮合的五档从动齿轮 20、同步器接合套 17 和同步器花键毂 18，再经花键传到输出轴 12，直至主减速器。

五档传动比为

$$i_5 = z_{20}/z_{10} = 30/38 = 0.789$$

该变速器设有两个超速档，主要是考虑轿车经常在良好的路面上行驶，可提高轿车的车速和改善燃油经济性。

（7）倒档 要使汽车能倒退行驶，就变速器而言，只要使输出轴 12 反向旋转即可。为此，在前进传动路线中，加入一套中间齿轮副即可。本变速器在输入轴 1 与输出轴 12 之间增设一个倒档齿轮轴 14 和一个倒档中间齿轮（惰轮）15，介于倒档主动齿轮 11 和倒档从动齿轮 13 之间，并与其处于常啮合状态。倒档齿轮轴 14 的两端支承在变速器后壳体上，倒档中间齿轮 15 通过滚针轴承空套在该轴上。

需要挂入倒档时，只能在汽车处于静止时才能实现。如果汽车正在前进行驶时，就必须使变速杆处于空档位置，并且待停稳后，方能挂入倒档。这是因为变速器设有倒档锁止机构，防止汽车在前进中误挂倒档造成事故。

挂倒档时，用五档、倒档拨叉将该档同步器接合套 17 向右移动，在倒档同步器锁环 16 的作用下，使该同步器花键毂 18 与倒档从动齿轮 13 同步旋转。来自离合器的发动机转矩，从输入轴 1 上的倒档主动齿轮 11 经倒档中间齿轮 15 传到倒档从动齿轮 13，经该同步器花键毂 18 和它与输出轴 12 配合的花键，传至输出轴，此时传出的转矩与其他各档的转矩方向相反，再传至主减速器，实现挂入倒档。

倒档传动比为

$$i_R = z_{13}/z_{11} = 35/10 = 3.500$$

倒档传动比之所以比各前进档的传动比大，是考虑到汽车行驶的安全，希望倒车时汽车速度尽可能低些。

本变速器除倒档外,所有前进档均为一对常啮合齿轮传动,故传动效率高。由于采用了全部同步器,使换档迅速,操纵轻便,同时也减少了齿轮接合的冲击和噪声。因为只有输入、输出两根轴传动,故没有直接档。

一汽红旗 CA7220、捷达、高尔夫、宝来、奔腾、马自达6、上海桑塔纳、大众 POLO、赛欧、神龙富康、宝马3系列、长安福特蒙迪欧-致胜等型轿车均装用两轴式变速器。

在轿车装用的大部分手动变速器中,多数是五档手动变速器;也有少数轿车装用六档(卡罗拉、奔腾、君威1.6T)、七档甚至八档的手动变速器。

两轴式变速器立体图如图11-19所示。

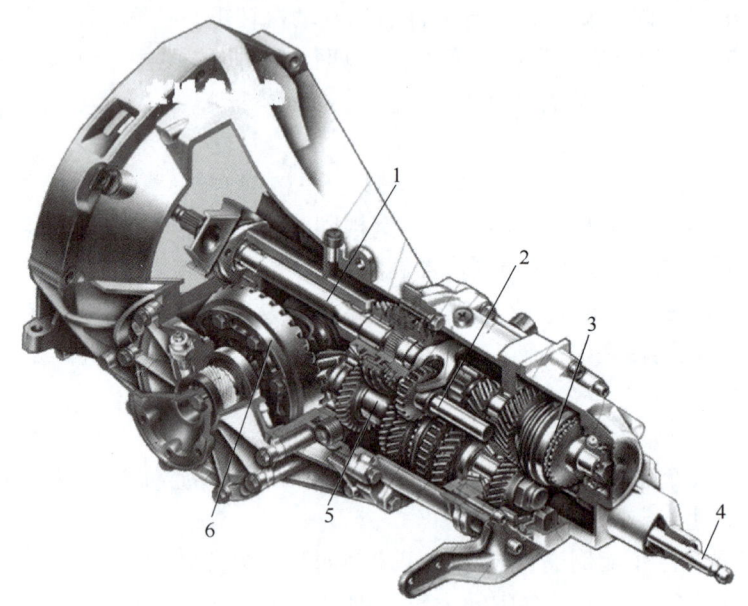

图 11-19　两轴式变速器立体图
1—输入轴　2—倒档轴　3—同步器　4—选档轴　5—输出轴　6—差速器

2. 三轴式变速器

三轴式变速器适应于发动机前置后轮驱动的布置形式。该种变速器设置有第一轴(输入轴)、第二轴(输出轴)和中间轴。第一轴前端通过离合器与发动机曲轴相连,第二轴后端通过凸缘连接万向传动装置,而中间轴则装有各档主动齿轮。

三轴六档变速器动力传递示意图如图11-20所示。它有六个前进档和一个倒档。该变速器由变速器壳体、第一轴、第二轴、中间轴、倒档轴、各轴上的齿轮及变速器操纵机构等组成。

第一轴1的前端用深沟球轴承支承在飞轮的中心孔中,其后端用圆柱滚子轴承支承在变速器的前壳体上。第一轴常啮合齿轮2与第一轴制成一体,并与中间轴常啮合齿轮38构成常啮合传动副。第一轴的前端有花键,与离合器从动盘花键毂相配合。

第二轴26的前端用滚针轴承支承在第一轴常啮合齿轮的内圆孔中,其后端也利用圆柱滚子轴承支承在后壳体上。空套在第二轴上的有第二轴五档齿轮8、四档齿轮9、三档齿轮16、二档齿轮17、一档齿轮22和倒档齿轮25。

第十一章　汽车传动系统

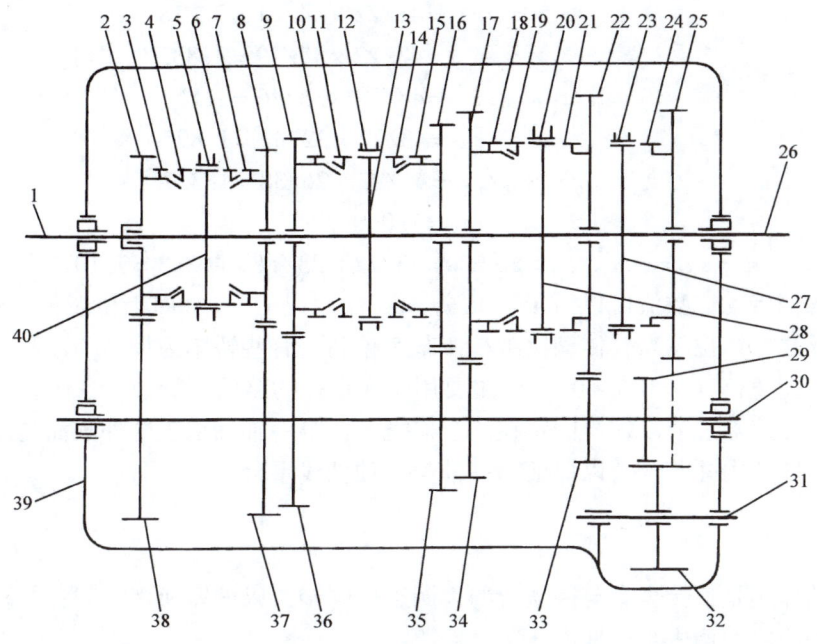

图 11-20　三轴六档变速器动力传递示意图

1—第一轴　2—第一轴常啮合齿轮　3—第一轴齿轮齿圈　4—六档同步器锁环　5、12、20、23—接合套
6—五档同步器锁环　7—五档齿轮齿圈　8—第二轴五档齿轮　9—第二轴四档齿轮　10—四档齿轮齿圈
11—四档同步器锁环　13、27、28、40—花键毂　14—三档同步器锁环　15—三档齿轮接合齿圈
16—第二轴三档齿轮　17—第二轴二档齿轮　18—二档齿轮齿圈　19—二档同步器锁环
21—档齿轮齿圈　22—第二轴一档齿轮　24—倒档齿轮齿圈　25—第二轴倒档齿轮　26—第二轴
29—中间轴倒档齿轮　30—中间轴　31—倒档轴　32—倒档中间齿轮　33—中间轴一档齿轮
34—中间轴二档齿轮　35—中间轴三档齿轮　36—中间轴四档齿轮
37—中间轴五档齿轮　38—中间轴常啮合齿轮　39—变速器壳体

中间轴 30 的两端均采用圆柱滚子轴承支承于壳体上，其上固装着中间轴常啮合齿轮 38、中间轴五档齿轮 37、四档齿轮 36、三档齿轮 35、二档齿轮 34、一档齿轮 33 及中间轴倒档齿轮 29。花键毂 40、13、28 和 27 通过内花键孔与第二轴上的外花键齿相连，并用卡环锁止以限制花键毂的轴向移动。各个花键毂的外圆表面均为外花键，其齿形与相邻齿轮的接合套齿形完全相同。它们分别与相应的具有内花键的各个接合套相配合。接合套 5、12、20、23 可在拨叉的作用下沿花键毂轴向移动。

为实现汽车倒驶，在中间轴的一侧设置了一根较短的倒档轴 31（图 11-20 中以展开画法，将倒档轴画在中间轴的下方），其上空套着倒档中间齿轮 32，它与中间轴倒档齿轮 29 也为常啮合斜齿轮。为防止倒档轴相对于壳体转动和轴向移动，倒档轴的后端用锁片将其固定在变速器壳体上。

在该变速器中，一档、倒档采用接合套换档，二档使用锁销式同步器换档，三至六档使用锁环式同步器换档。图 11-20 所示位置为空档位置。拨动五、六档同步器的接合套 5，使之向左或向右移动，便可挂上六档或五档；向左或向右移动三、四档同步器的接合套 12，即可挂入四档或三档；向左或向右移动同步器的接合套 20，即可挂入二档或一档。向右拨动接合套 23，便可挂入倒档。各档传动比为

$$i_1 = z_{38}/z_2 \times z_{22}/z_{33} = 43/22 \times 44/11 = 7.818$$
$$i_2 = z_{38}/z_2 \times z_{17}/z_{34} = 43/22 \times 47/19 = 4.835$$
$$i_3 = z_{38}/z_2 \times z_{16}/z_{35} = 43/22 \times 38/26 = 2.857$$
$$i_4 = z_{38}/z_2 \times z_9/z_{36} = 43/22 \times 32/33 = 1.895$$
$$i_5 = z_{38}/z_2 \times z_8/z_{37} = 43/22 \times 26/38 = 1.337$$
$$i_6 = 1.000$$
$$i_R = z_{38}/z_2 \times z_{32}/z_{29} \times z_{25}/z_{32} = 43/22 \times 23/11 \times 40/23 = 7.107$$

从以上各档传动比数值可以看出，$i_1 > i_2 > i_3 > i_4 > i_5 > i_6 = 1$，即档位越低，传动比越大，车速越低；反之，档位越高，传动比越小，车速越高。有些轿车为提高车速和汽车的燃料经济性，还设有超速档（$i = 0.7 \sim 0.8$），主要用于在良好的路面上行驶。

组装好的变速器总成以螺栓固定在离合器壳上，第一轴轴承盖的外圆面是定位面，用来与飞轮壳上相应的内孔配合，以保证第一轴与曲轴轴线重合。

三、同步器

同步器的作用是使接合套与待啮合的齿圈迅速同步，以缩短换档时间；并防止待啮合的齿轮在达到同步之前产生轮齿冲击。

同步器有常压式、惯性式和自行增力式等几种。目前，应用比较广泛的是惯性式同步器。惯性式同步器又有锁环式和锁销式之分。

图 11-21 所示为某六档变速器中的五、六档装用的锁环式惯性同步器。它主要由接合套 7、花键毂 15、锁环 4 和 8、滑块 5、定位销 6 及弹簧 16 组成。

花键毂 15 与第二轴 14 前端花键配合，并以卡环 18 轴向固定在六档接合齿圈 3 和五档接合齿圈 9 之间，在花键毂两端各有一个青铜制成的锁环（也称同步环）4 和 8。锁环上有断续的短花键齿（图 11-21b），其轮廓尺寸与接合齿圈 3、9 及花键毂 15 的外花键齿相同。两个锁环上的花键齿在对着接合套的一端均制有倒角（称锁止角），且与接合套齿端的倒角相同。锁环具有与接合齿圈 3 和 9 上的锥形摩擦面锥度相同的内锥面，锥面上制有细牙的螺旋槽，以便两锥面接触后，破坏油膜，增加锥面的摩擦。三个滑块 5 分别嵌合在花键毂的三个轴向槽 b 内，并可沿槽轴向滑动。三个定位销 6 分别插入三个滑块的通孔中。在弹簧 16 的作用下，定位销压向接合套，使定位销端部的环面正好嵌在接合套中部的凹槽 a 中，起到空档定位作用。滑块 5 的两端伸入锁环 4 和 8 的三个缺口 c 中。锁环的三个凸起部 d 分别伸入到花键毂的三个通槽 e 中，只有当凸起部 d 位于缺口 e 的中央时，接合套与锁环的齿方能接合。

现以五档换六档为例（图 11-22），介绍同步器的工作原理。

（1）空档位置　接合套 7 刚从五档退入空档时（图 11-22a），六档接合齿圈 3、接合套 7、锁环 4 及与其有关联的运动件，因惯性作用而沿原方向继续旋转（图中箭头方向）。设它们的转速分别为 n_3、n_7 和 n_4，此时 $n_4 = n_7$，因 $n_3 > n_7$，故 $n_3 > n_4$。此时锁环是轴向自由的，其内锥面与六档接合齿圈 3 的外锥面没有摩擦。

（2）挂六档　若要挂六档（直接档），可用拨叉拨动接合套 7，并通过定位销 6 带动滑块 5 一起向左移动。当滑块左端面与锁环 4 的缺口 c（图 11-21b）的端面接触时，便推动锁环移向六档接合齿圈 3，使具有转速差（$n_3 > n_4$）的两锥面一经接触便产生摩擦作用。六档接合齿圈即通过摩擦作用带动锁环相对于接合套超前转过一个角度，直到锁环的凸起部 d 与花键毂 15 通槽 e 的另一个侧面接触时，锁环便与接合套同步转动。此时，接合套的齿与锁环的齿较锁环的凸起部 d 位于花键毂的通槽中央时，错开了约半个齿厚（花键毂通槽宽度为锁环凸起部 d 的宽度加上接合套的一个齿厚 A，见图 11-22a），从而使接合套的齿端倒角与锁环相应的齿端倒角正好互相抵触而不能进入啮合。

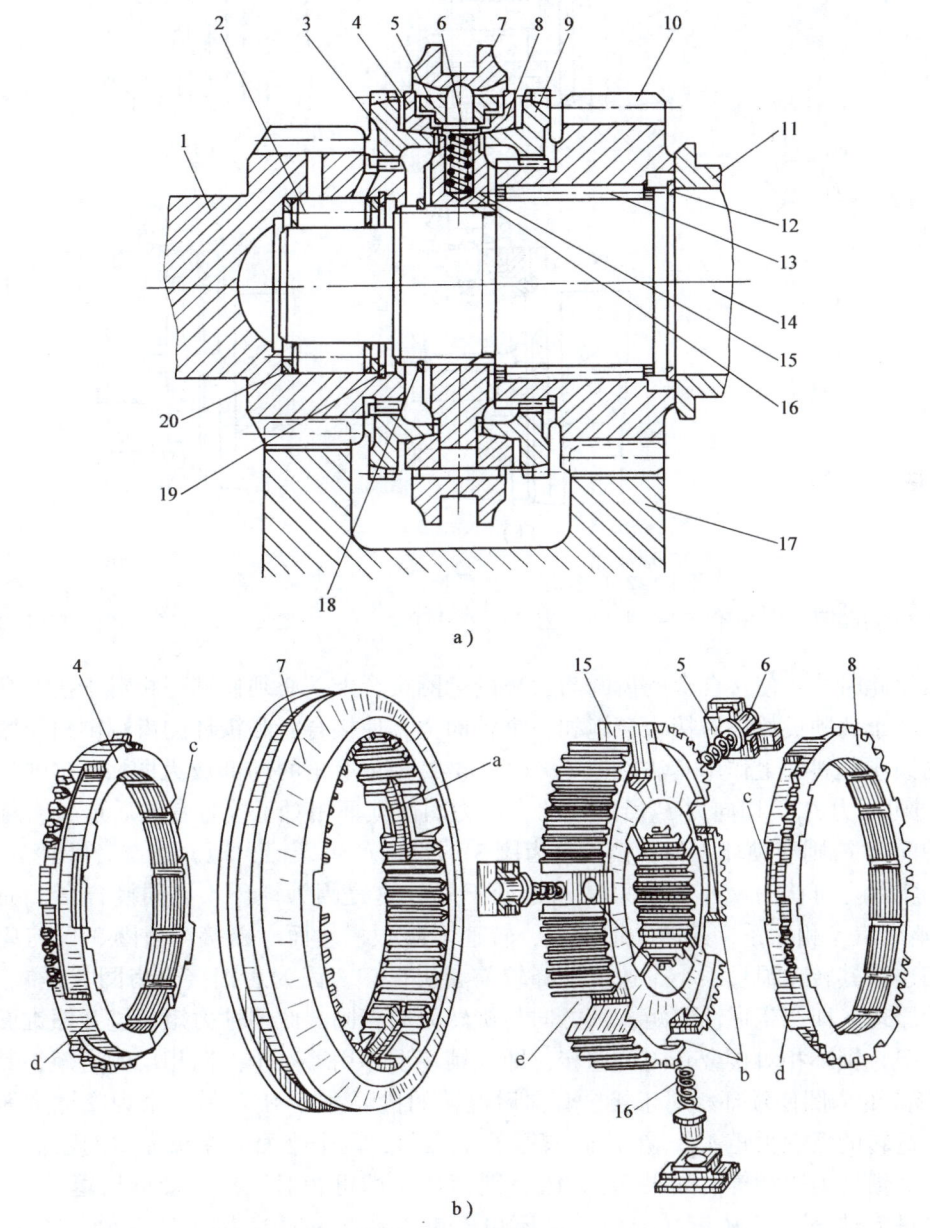

图 11-21　锁环式惯性同步器
a）同步器在变速器轴上的安装位置　b）同步器主要组成零件
1—第一轴　2、13—滚针轴承　3—六档接合齿圈　4、8—锁环（同步环）　5—滑块　6—定位销　7—接合套　9—五档接合齿圈　10—第二轴五档齿轮　11—衬套　12、18、19—卡环　14—第二轴　15—花键毂　16—弹簧　17—中间轴五档齿轮　20—挡圈

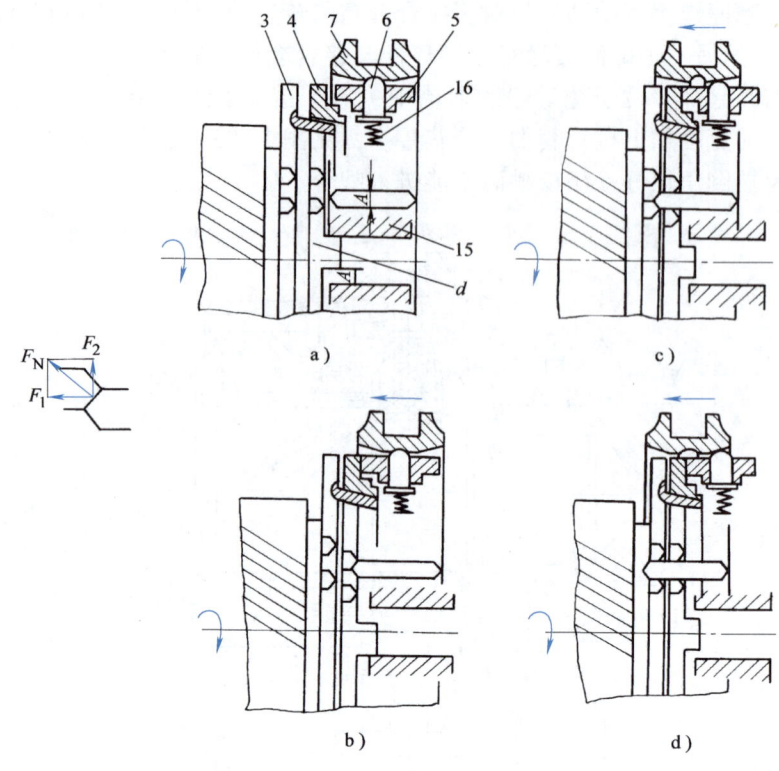

图 11-22 锁环式惯性同步器工作过程示意图

3—六档接合齿圈 4—锁环 5—滑块 6—定位销 7—接合套 15—花键毂 16—弹簧（图注同图 11-21）

显然，此时若要使接合套的齿圈与锁环的齿圈接合上，必须使锁环相对于接合套后退一个角度。由于驾驶员始终对接合套施加一个轴向力，使接合套和锁环的齿端倒角压紧，于是在锁环的锁止角斜面上作用有法向力 F_N（图 11-22b 左上角的局部放大图）。F_N 可分解为轴向力 F_1 和切向力 F_2。切向力 F_2 所形成的力矩力图使锁环相对于接合套向后退转，称为拨环力矩。轴向力 F_1 则使锁环 4 与六档接合齿圈 3 的锥面产生摩擦力矩，使二者转速 n_3 与 n_4 迅速接近。实际上可认为 n_4 不变，只是 n_3 趋近于 n_4，这是因为锁环 4 连同接合套 7 通过花键毂 15 与整个汽车相联系，其转动惯量大，转速下降很慢。而六档接合齿圈 3 仅与离合器从动部分相连，其转动惯量很小，速度下降较前者快得多。因为六档接合齿圈 3 是减速旋转，根据惯性原理，即产生惯性力矩，其方向与旋转方向相同。此惯性力矩通过摩擦锥面作用到锁环上，阻止锁环相对接合套向后退转，即在锁环上作用着两个方向相反的力矩，其一为切向力 F_2 形成的力图使锁环相对于接合套向后退转的拨环力矩 M_2；另一个为摩擦锥面上阻止锁环向后退转的惯性力矩 M_1。在 n_3 尚未等于 n_4 之前，两个锥面间摩擦力矩的数值与六档接合齿圈 3 的惯性力矩相等。如果 $M_2 > M_1$，则锁环 4 即可相对于接合套向后退转一个角度，以便二者进入啮合；若 $M_2 < M_1$，则二者不可能进入啮合。摩擦力矩 M_1 与轴向力 F_1 的垂直于摩擦锥面的分力成正比。而 M_2 则与切向力 F_2 成正比。F_1 和 F_2 都是法向力的分力，二者的比值取决于花键齿锁止角的大小。故在设计同步器时，适当地选择锁止角和摩擦锥面的锥角，便能保证在达到同步（$n_3 = n_4$）之前，六档接合齿圈 3 施加在锁环 4 上的惯性力矩 M_1 总是大于切向力 F_2 形成的拨环力矩 M_2，因此，不论驾驶员通过操纵机构施加在接合套上的

轴向推力有多大，接合套齿端与锁环齿端总是互相抵触而不能接合。这说明锁环4对接合套的锁止作用是六档接合齿圈3的惯性力矩造成的，此即"惯性式"的由来。

（3）挂上六档 随着驾驶员继续加大接合套的推力，摩擦作用就迅速使六档接合齿圈3的转速降到与锁环4相同，并进一步保持同步旋转，于是其惯性力矩消失。但由于轴向力 F_1 的作用，两个摩擦锥面还紧密接合着，此时切向力 F_2 形成的拨环力矩 M_2，使锁环连同六档接合齿圈3及与之相连的所有零件一起相对于接合套向后退转一个角度，使锁环凸起部d又移回到花键毂15的通槽中央，两个花键齿圈不再抵触，此时接合套压下定位销6继续左移，与锁环的花键齿啮合（图11-22c），如果此时接合套花键齿与六档接合齿圈3的花键齿发生抵触，则作用在六档接合齿圈3花键齿端斜面上的切向分力使六档接合齿圈3及其相连零件相对于锁环及接合套转过一个角度，使接合套与六档接合齿圈3进入啮合（图11-22d），而最后完成挂上六档的全过程。

如果是六档（直接档）换入五档，上述过程也适用。但应注意，此时五档接合齿圈9和第二轴五档齿轮10（图11-21）被加速到与锁环8（即与接合套）同步，从而使接合套先后与锁环及五档齿圈进入啮合而完成换档。

上述换档过程可简要归纳为：摩擦工作面产生摩擦力矩—锁环转动一个角度—锁止元件起锁止作用，阻止接合套前移—摩擦力矩增长至同步—惯性力矩消失—锁止作用消失—接合套进入啮合完成换档。

锁环式惯性同步器由于结构紧凑、便于合理布置，多用于轿车（一汽奥迪100、红旗CA7220、捷达、高尔夫及上海桑塔纳等）。

四、变速器操纵机构

变速器操纵机构的功用是根据汽车使用条件，驾驶员可随时将变速器换上或摘下某个档位。

为了保证在任何情况下变速器都能准确、安全、可靠地工作，对变速器操纵机构提出以下要求：

1）设自锁装置，防止变速器自动脱档，并保证轮齿以全齿宽啮合。
2）设互锁装置，防止变速器同时挂入两个档位，以免造成发动机熄火或损坏零部件。
3）设倒档锁，防止误挂倒档，否则会发生安全事故。

按操纵杆与变速器的相互位置，变速器操纵机构可分为远距离操纵式和直接操纵式两大类。

（1）远距离操纵式 当驾驶员座位离变速器较远或变速杆布置在转向盘下方（某些轿车）的转向管柱上时，通常在变速杆与换档拨叉之间增加若干个传动件，组成远距离操纵机构。

（2）直接操纵式 大多数汽车的变速器均布置在驾驶员座位附近，变速杆由驾驶室底板伸出，驾驶员可直接操纵。这种操纵机构一般由变速杆、拨块、拨叉、拨叉轴以及安全装置等组成，多集装于变速器上盖或侧盖内。

1. 自锁装置

多数变速器的自锁装置由自锁钢球4（图11-23）和自锁弹簧5组成。每根拨叉轴的上表面沿轴向分布有三个定位凹槽2，当任何一根拨叉轴连同拨叉轴向移动到空档或某一工作档位的位置时，必有一个凹槽正好对准自锁钢球，于是自锁钢球在自锁弹簧压力作用下嵌入该凹槽内，拨叉轴的轴向位置即被固定，起到了自锁作用。

2. 互锁装置

互锁装置主要由互锁钢球及互锁销3（图11-24）组成。互锁销装在中间拨叉轴的孔中，其长度相当于拨叉轴直径减去互锁钢球的半径，互锁钢球2、4装于变速器盖的横向孔中。

互锁装置的工作原理如下：变速器处于空档时，所有的拨叉轴的侧面凹槽同互锁钢球、互锁销都在同一条直线上。当移动中间拨叉轴6时（图11-24a），拨叉轴6两侧的内钢球从其侧面凹槽中被挤出，而两互锁钢球则

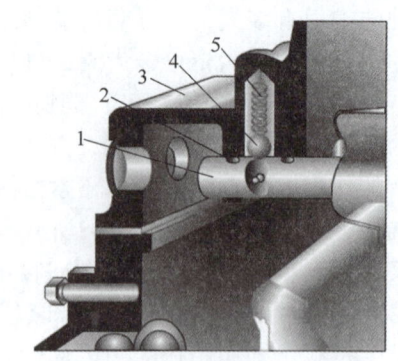

图 11-23　变速器的自锁装置

1—拨叉轴　2—定位凹槽　3—变速器壳体
4—自锁钢球　5—自锁弹簧

分别嵌入拨叉轴1和5的侧面凹槽中，因而将拨叉轴1和5刚性地锁止在其空档位置。若欲移动拨叉轴5，则应先将拨叉轴6退回到空档位置（图11-24b）。于是在移动拨叉轴5时，互锁钢球4便从拨叉轴5的凹槽中被挤出，同时通过互锁销3和其他互锁钢球将拨叉轴6和1均锁止在空档位置。同理，当移动拨叉轴1时，则拨叉轴6和5均被锁止在空档位置(图11-24c)。

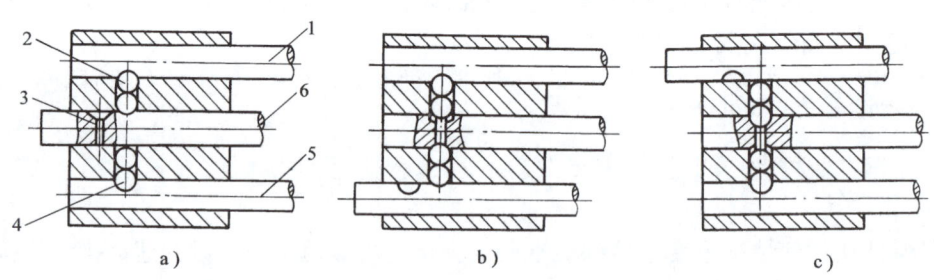

图 11-24　互锁装置工作示意图

1、5、6—拨叉轴　2、4—互锁钢球　3—互锁销

3. 倒档锁

倒档锁的作用是驾驶员挂倒档时，必须对变速杆施加较大的力，才可换上倒档，起到提醒作用，以防误挂倒档。

变速器上多采用弹簧锁销式倒档锁（图11-25），主要由倒档锁销3和倒档锁弹簧2组成。倒档锁销的杆部装有倒档锁弹簧，倒档锁销调整螺母4可调整倒档锁弹簧的预紧力和倒档锁销的长度。

驾驶员要挂倒档时，必须用较大的力使变速杆的下端压缩倒档锁弹簧2，才能使变速杆下端进入倒档拨块的凹槽内，以拨动倒档拨叉轴1而挂入倒档。在倒档拨叉轴移动的同时，另外两个拨叉轴被互锁钢球5锁住。

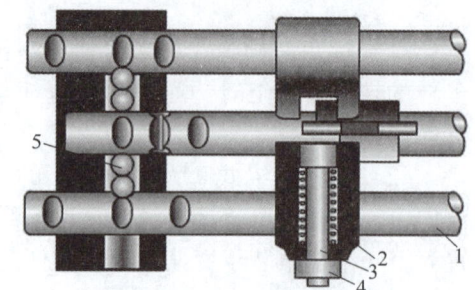

图 11-25　弹簧锁销式倒档锁

1—倒档拨叉轴　2—倒档锁弹簧　3—倒档锁销
4—倒档锁销调整螺母　5—互锁钢球

第四节　自动变速器

自动变速器是指在汽车行驶过程中，变速器的操纵和换档全部或者部分实现自动化控制的变速器。自动变速器可根据汽车行驶速度和发动机转速、汽车的负荷、路面状况和驾驶员的意愿，自动改变传动系统传动比，使汽车获得良好的动力性和经济性，并减少发动机排气污染。

自动变速器的种类很多，主要有液力自动变速器（AT）、电控机械式变速器（AMT）、机械式无级变速器（CVT）和双离合变速器（DSG）等。

一、液力自动变速器（AT）

液力自动变速器是以液体动能传递能量的叶片传动机械，主要由液力变矩器 3（图 11-26）、行星齿轮变速器 4、液压操纵系统和电子控制系统四部分组成。

1. 液力变矩器

（1）液力变矩器的组成　液力变矩器主要由泵轮 2（图 11-27）、涡轮 1 和固定不动的导轮 3 等组成。

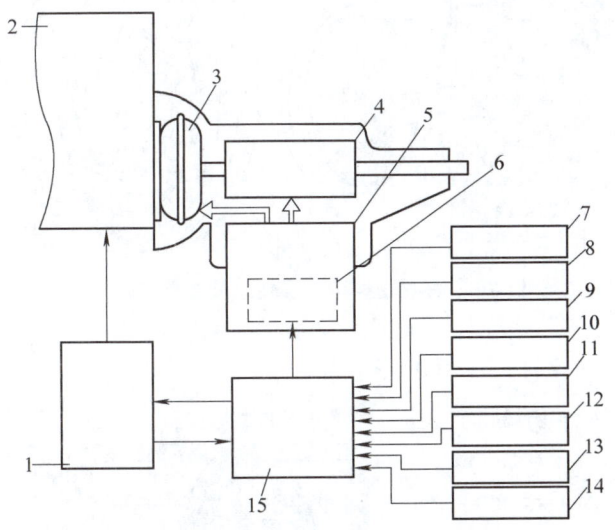

图 11-26　液力自动变速器组成框图

1—发动机电控单元　2—发动机　3—液力变矩器
4—行星齿轮变速器　5—阀板　6—电磁阀　7—节气门位置传感器
8—车速传感器　9—水温传感器　10—液压温度传感器
11—发动机转速传感器　12—档位开关　13—模式开关
14—制动灯开关　15—自动变速器开关

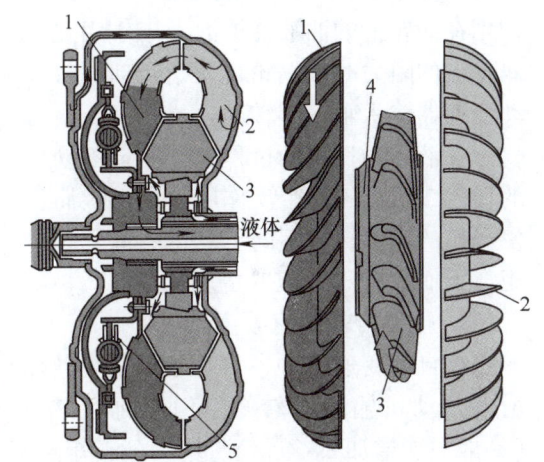

图 11-27　液力变矩器

1—涡轮　2—泵轮　3—导轮　4—液流　5—离合器

泵轮（图 11-28a）与发动机飞轮相连，为主动件，里面有若干片直叶片，固定在变速器壳体内，与发动机曲轴同步转动。

涡轮（图 11-28b）内也有若干片曲面叶片，通过其内花键与变速器输入轴连接，为从动件。

导轮（图 11-28c）介于泵轮、涡轮之间，其上也有叶片。导轮通过单向离合器支承在固定套管上，使其只能单向旋转（顺时针方向）。

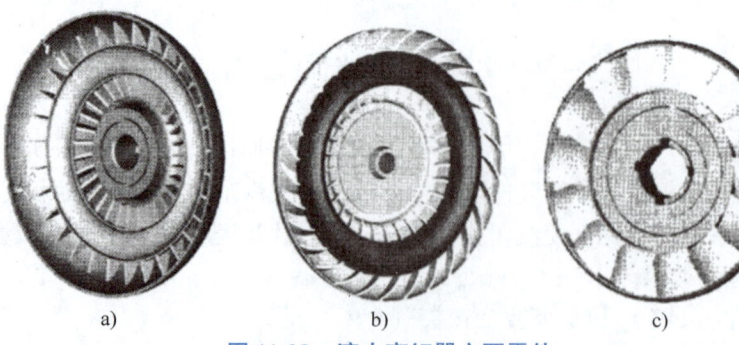

图 11-28 液力变矩器主要零件
a) 泵轮 b) 涡轮 c) 导轮

泵轮、涡轮及导轮工作时均封闭在一个壳体里，里面充满着油液（工作介质）。

（2）液力变矩器的工作原理 液力变矩器正常工作时，发动机曲轴带动变矩器壳体旋转，变矩器壳体带动泵轮转动，泵轮3（图11-29）的叶片将油液带动起来，在油液动能的作用下，油液冲击涡轮1叶片；储存在液力变矩器循环圆内腔的油液除了绕其轴线做圆周运动外，还在循环圆中循环流动（带箭头的实线为液流方向）。当作用在涡轮上的油液冲击力大于作用在涡轮上的阻力时，涡轮将开始转动，带动变速器输入轴一起转动。

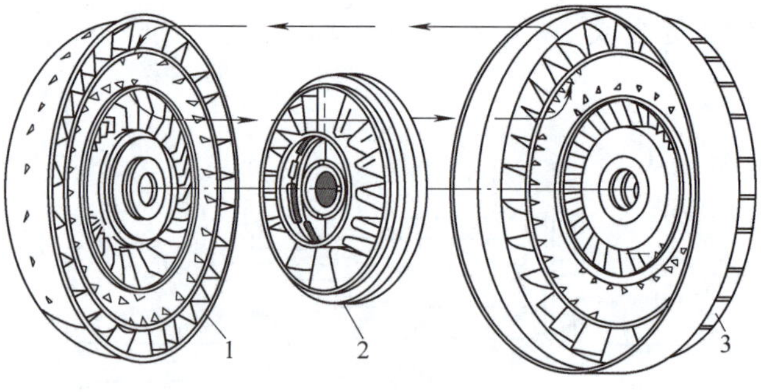

在液体循环流动过程中，固定不动的导轮2给涡轮一个反作用力矩，从而使涡轮的输出转矩不同于泵轮的输入转矩，因而具有"变矩"的功能。

图 11-29 油液在泵轮与涡轮之间的循环流动
1—涡轮 2—导轮 3—泵轮

2. 行星齿轮变速器

在自动变速器中，液力变矩器虽然能传递和增大发动机输出的转矩，但增加的转矩不够大（一般只能增加2～4倍），增大的转矩远远满足不了汽车的使用要求。为了进一步增大转矩，扩大自动变速器的变速范围，通常在液力变矩器的后端装有一个有级式齿轮变速器，该齿轮变速器多采用行星齿轮变速器（少数采用平行轴式变速器）。

最简单的单排行星齿轮机构如图11-30所示，它主要由太阳轮8、行星架6、内齿圈7及行星齿轮5等组成。

在图11-30中所示的单排行星齿轮机构中，三种齿轮中若有一种齿轮固定，另一种齿轮作驱动，则剩下的一种齿轮就可以变速转动，输出动力，

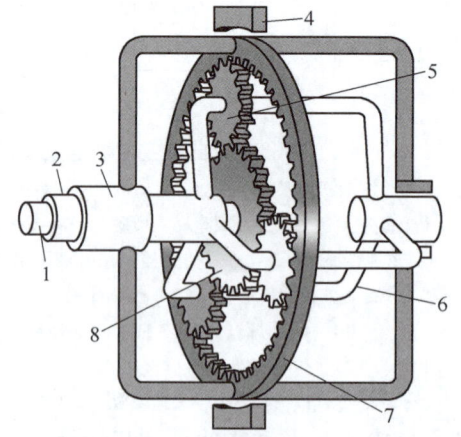

图 11-30 单排行星齿轮机构示意图
1—太阳轮轴 2—行星架空心轴 3—内齿圈空心轴
4—制动蹄 5—行星齿轮 6—行星架
7—内齿圈 8—太阳轮

这就是行星齿轮机构变速的基本原理。

为了得到某种确定的运动，必须对太阳轮、齿圈和行星架三者中的某个元件的运动进行约束和限制（齿圈采用制动器，太阳轮采用单向离合器，行星齿轮的固定是指固定行星齿轮架）。

通过对不同元件的约束和限制，可以得到不同的运动方式（表 11-1）。

表 11-1　单排行星齿轮机构组合与速比关系

序　号	主 动 件	从 动 件	固 定 件	传 动 比	备　注
1	太阳轮	行星架	齿圈	$1+\alpha$	降档
2	行星架	太阳轮	齿圈	$1/(1+\alpha)$	升档
3	齿圈	行星架	太阳轮	$1+1/\alpha$	降档
4	行星架	齿圈	太阳轮	$\alpha/(1+\alpha)$	升档
5	太阳轮	齿圈	行星架	$-\alpha$	倒档
6	齿圈	太阳轮	行星架	$-1/\alpha$	倒档
7	任意两个连成一体			1	直接档
8	既无元件制动又无任意两个元件连成一体			自由转动	不能传动、空档

注：α 为齿圈齿数与太阳轮齿数之比。

在液力自动变速器中，一般采用 2~3 排行星齿轮机构传动，其各档传动比根据单排行星齿轮机构传动特点进行合理组合而得。

3. 液压操纵系统

自动变速器的操纵系统是指汽车行驶时，根据车速和发动机负荷的变化，使变速器自动换入不同档位的一套系统。

操纵系统包括动力源、执行机构和控制机构三部分。

动力源是液压泵，用来提供所需液压油液的油量和油压。

执行机构主要包括离合器和制动器油缸，其功用是通过控制油压实现离合器的分离和接合、制动器的制动和松开，实现换档的目的。

控制机构有阀体和各种阀门（主调压阀、手动阀和换档阀等）。

液压操纵系统分为液控液压式和电控液压式两种。

（1）液控液压式操纵系统　液控液压式操纵系统如图 11-31 所示。

该系统包括动力源、执行机构和控制机构三部分。

动力源是液压泵 13，用来提供所需液压油液的油量和油压以实现换档，另外，还向液力变矩器供应工作油液，向行星齿轮变速器输送润滑油。

执行机构主要包括直接档离合器 2、低档制动器 3 和倒档制动器 15。其功用是在控制油压作用下实现离合器的分离和接合、制动器的制动和松开，实现换档的目的。

控制机构包括阀体和各种阀门（主油路调压阀 14、手控制阀 12 和换档阀 8 等）。控制机构的作用是按照驾驶员和各种传感器发出的信号，将液压泵输出的压力油加以精确调节，并输入执行机构。

（2）电控液压式操纵系统　目前，电控液压式自动变速器（简称电控自动变速器）是在液压控制基础上增加微机控制技术，提高了自动变速器的各项性能。

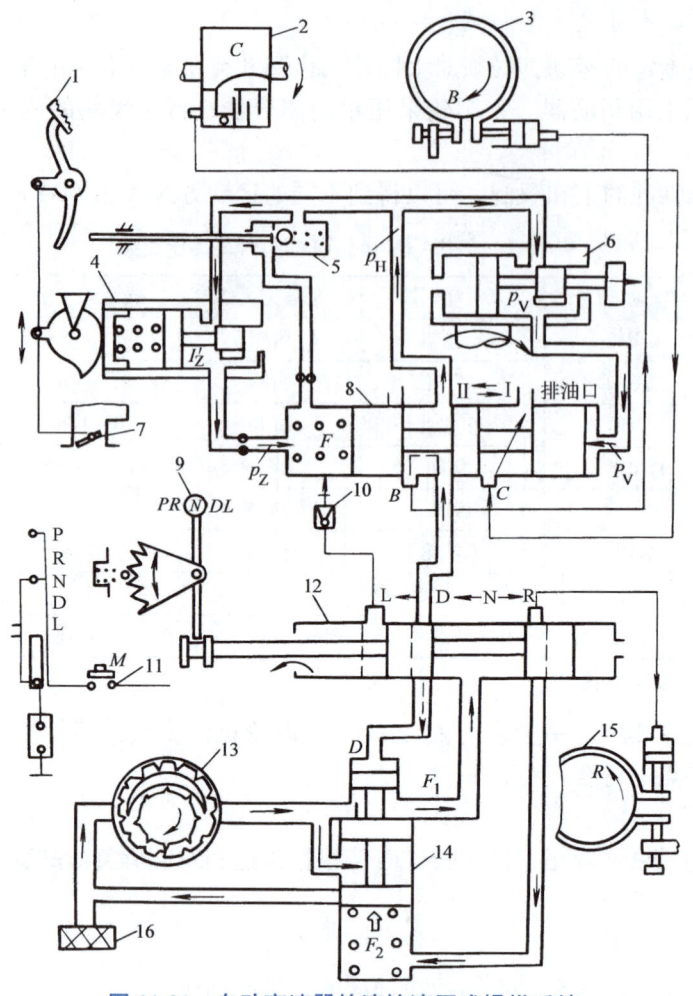

图 11-31 自动变速器的液控液压式操纵系统

1—加速踏板 2—直接档离合器 3—低档制动器 4—节气门阀 5—强制低档阀 6—调速阀 7—节气门 8—换档阀 9—换档手柄 10—单向阀 11—空档起动开关 12—手控阀 13—液压泵 14—主油路调压阀 15—倒档制动器 16—滤网

电控液压系统的作用是，利用各种传感器将反映节气门位置、汽车行驶速度及影响发动机、变速器工作的各个非电量参数转换成电信号，送至变速器电控单元，再由电控单元对输入信号进行处理，并与电控单元内储存的数据进行比较，然后发出正确的操作指令控制液压系统的电磁阀动作，改变换档阀液压油路的液体压力，控制离合器和制动器的动作，实现自动换档、压力控制和自动变速器锁止。

电控液压式操纵系统主要由变速器电控单元 23（图 11-32）、各种传感器和执行元件（电磁阀 3 等）三部分组成。

电控单元具有换档控制、锁止离合器控制、油压控制、故障诊断和失效保护等功能。

传感器把各个非电量参数转换成电信号，送至电控单元。

传感器主要包括：节气门位置传感器 14（发动机转速传感器、发动机冷却液温度传感器及加速踏板行程传感器）、车速传感器 17、变速器油温传感器 16、制动灯开关 15、变速器模式开关 19 等。

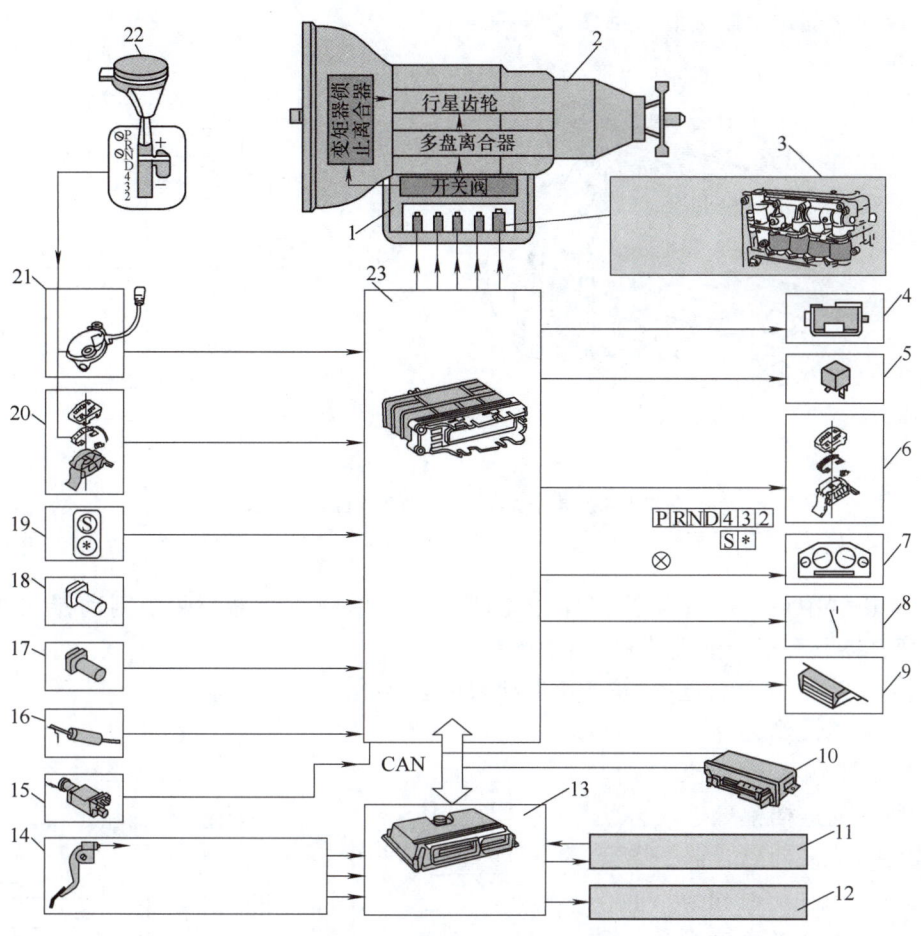

图 11-32 电控液压式操纵系统

1—电液控制装置 2—自动变速器 3—电磁阀 4—变速杆互锁磁铁 5—起动机互锁延迟装置 6—变速杆全程指示灯 7—变速器档位指示器（驱动模式指示灯、故障指示灯） 8—空调系统开关 9—诊断插座 10—电控单元（ABS/TCS、VDC 等） 11—燃油喷射持续时间装置 12—点火正时调整装置 13—发动机电控单元 14—节气门位置传感器（发动机转速、发动机冷却液温度、加速踏板行程传感器） 15—制动灯开关 16—变速器油温传感器 17—车速传感器 18—变速器一轴转速传感器 19—变速器模式开关 20—变速器手控换档开关 21—变速杆位置开关 22—变速杆 23—变速器电控单元

执行元件包括电磁阀和故障指示灯等。

本田（HONDA）和部分福特（Ford）轿车则采用固定轴式自动变速器。

固定轴式自动变速器采用的是外齿轮啮合，且齿轮副是常啮合，但是否传递动力，取决于相应离合器是否接合。

4. 典型液力自动变速器

（1）拉威娜式行星齿轮变速器 在捷达轿车的自动变速器中，装有拉威娜式行星齿轮机构。该变速器的齿轮机构是由一个单行星排和一个双行星齿轮排组合成的复合式行星齿轮机构：由大（后）太阳轮2（图11-33）、长行星齿轮6、行星齿轮架4和齿圈1组成一个单行星排；由小（前）太阳轮3、短行星齿轮5、长行星齿轮、行星齿轮架和齿圈组成一个双行星齿轮排。两个行星齿轮排共用一个行星齿轮架和一个齿圈，使该变速器具有结构简单、尺寸小、传动比变化范围大和灵活多变等特点。

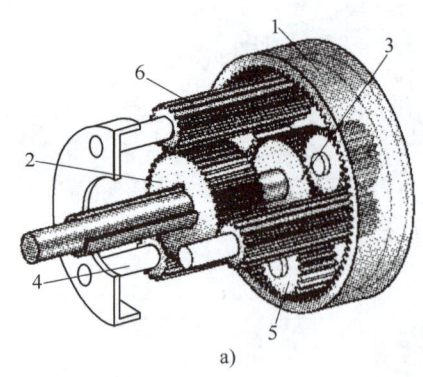 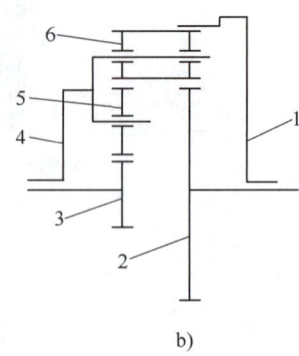

图 11-33 拉威娜式行星齿轮机构
a) 行星齿轮机构立体图 b) 行星齿轮机构结构示意图
1—齿圈 2—大（后）太阳轮 3—小（前）太阳轮 4—行星齿轮架 5—短行星齿轮 6—长行星齿轮

在该变速器中设置了5个换档操作元件（一个单向离合器、两个制动器和两个离合器），使变速器具有三个前进档和一个倒档。

图 11-34 所示为三档行星齿轮变速器动力传递路线。

在5个换档操作元件中，离合器 C_1 用于连接输入轴和大（后）太阳轮，所有前进档都处于接合状态，因此称为前进档离合器。离合器 C_2 用于连接输入轴和小（前）太阳轮，它在三档（直接档）和倒档时接合，故称为直接档及倒档离合器。制动器 B_1 用于固定小（前）太阳轮，它在二档时工作，故称为二档制动器。制动器 B_2 用于固定行星齿轮架，在操作手柄处于前进低档和倒档时该制动器工作，也称低档及倒档制动器。单向超越离合器 F_1 在逆时针方向对行星齿轮架有锁定作用，它在一档时才工作，因此称为一档单向离合器。

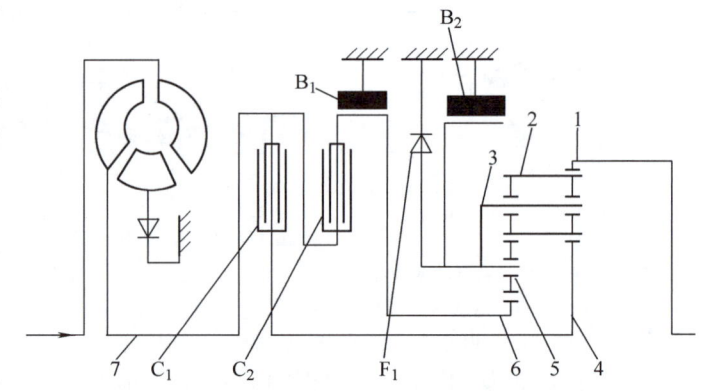

图 11-34 三档行星齿轮变速器动力传递路线
1—齿圈 2—长行星齿轮 3—行星架 4—大（后）太阳轮
5—短行星齿轮 6—小（前）太阳轮 7—输入轴
C_1—前进档离合器 C_2—直接档及倒档离合器 B_1—二档制动器
B_2—低档及倒档制动器 F_1—一档单向离合器

20世纪70年代以来，拉威娜式行星齿轮变速器被许多轿车装用，如大众、奥迪、马自达和福特等轿车均装用该型自动变速器。另外，奔驰S320轿车装用的722—6型自动变速器就是在拉威娜式行星齿轮系上增加两个单排行星齿轮并通过改变其执行元件（离合器和制动器）控制而实现五档变速的。

（2）辛普森（Simpson）式行星齿轮变速器 目前，大部分轿车装用辛普森式行星齿轮变速器。辛普森式行星齿轮机构是由两个内啮合式单排行星齿轮机构组成的，如图11-35所示。

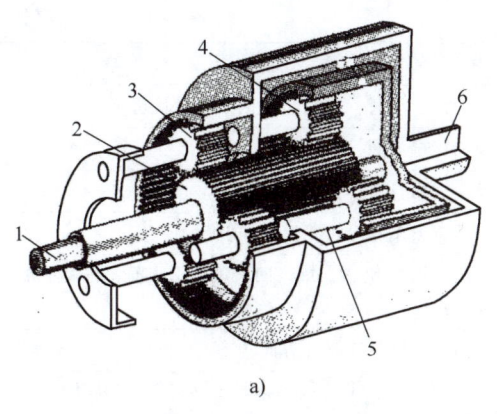 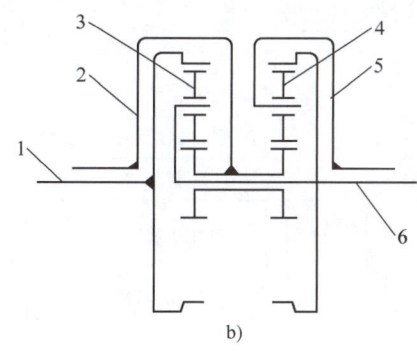

图 11-35 辛普森式行星齿轮机构

a) 行星齿轮机构立体图　b) 行星齿轮机构结构示意图

1—前齿圈　2—前、后太阳轮构件　3—前行星齿轮　4—后行星齿轮　5—后行星齿轮架　6—前行星齿轮架和后齿圈构件

该行星齿轮机构一般具有 4 个独立元件：前齿圈 1（一般作为变速器输入端），前、后太阳轮构件 2，后行星齿轮架 5，前行星齿轮架和后齿圈构件 6（一般作为速器的输出端）。

雷克萨斯 LS400 装用的 A341E 型自动变速器就是辛普森式行星齿轮变速器，其结构示意图如图 11-36 所示。

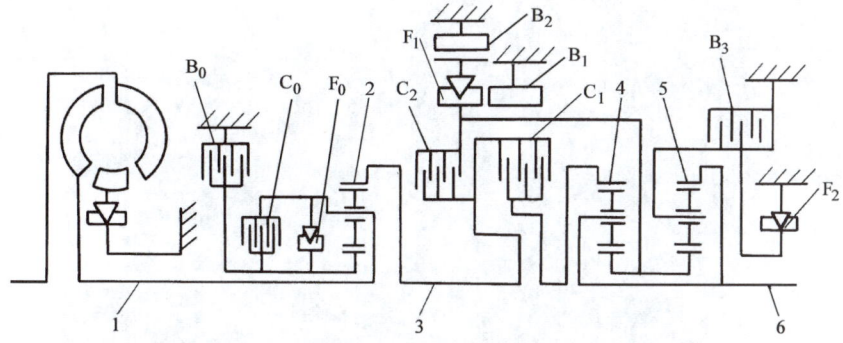

图 11-36　A341E 型自动变速器结构示意图

1—输入轴　2—超速行星排　3—中间轴　4—前行星排　5—后行星排　6—输出轴
B_0—超速档制动器　C_0—超速直接档离合器　F_0—超速档单向离合器　C_2—直接档离合器
F_1—1 号单向离合器　B_2—二档制动器　B_1—二档跟踪制动器　C_1—前进档离合器
B_3—一档和倒档制动器　F_2—2 号单向离合器

该变速器由液力变矩器、行星齿轮变速器、液压系统及电控系统组成。行星齿轮变速器由三个行星齿轮排、三个离合器、四个制动器和三个单向离合器等换档元件组成。

各离合器、制动器及单向离合器在变速器中的作用见表 11-2。

表 11-2　各换档元件的功能

代　号	名　　称	功　　能
C_0	超速直接档离合器	连接超速档太阳轮与超速行星架
B_0	超速档制动器	阻止超速档太阳轮沿正、反方向转动

203

(续)

代 号	名 称	功 能
F_0	超速档单向离合器	当变速器由发动机带动时,连接超速档太阳轮及超速行星架
C_1	前进档离合器	连接输入轴及前行星齿圈
C_2	直接档离合器	连接输入轴及前、后行星排太阳轮
B_1	二档跟踪制动器	阻止前、后行星排太阳轮沿正、反方向转动
B_2	二档制动器	通过阻止单向离合器 F_1 沿正、反方向转动,阻止前、后行星排太阳轮沿逆时针方向转动
B_3	一档和倒档制动器	阻止后行星架沿顺时针及逆时针方向转动
F_1	1号单向离合器	当 B_2 工作时,阻止前、后行星排太阳轮沿逆时针方向转动
F_2	2号单向离合器	阻止后行星排、后行星架沿逆时针方向转动

宝马5系轿车装用的八档自动变速器如图11-37所示。它是在2006年投入生产的第二代六档液力自动变速器基础上开发的,该变速器使用了4个基本齿轮组和5个控制单元。

图11-37 宝马5系轿车装用的八档自动变速器
1—制动器 2—离合器 3—第4齿轮组 4—驻车锁 5—第1～3齿轮组
6—机电控制系统部件 7—叶片泵 8—新型液力变矩器

二、电控机械式变速器（AMT）

电控机械式变速器既有手动变速器成本低、机械效率高的特点,又具备液力自动变速器的功能。它是在平行轴式手动变速器的基础上加装自动操纵机构来实现自动换档的。

1. 组成

电控机械式变速器主要由干式离合器、带同步器的齿轮变速器、电控单元和电控系统组成,其工作原理如图11-38所示。

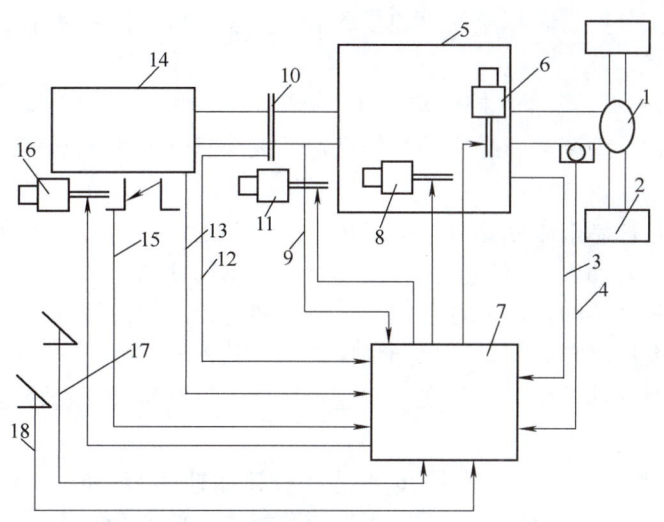

图 11-38　电控机械式变速器工作原理示意图
1—驱动桥　2—车轮　3—档位信号　4—车速信号　5—变速器　6—换档电动机　7—电控单元　8—选档电动机　9—离合器从动盘转速信号　10—离合器　11—离合器电动机　12—离合器位置信号　13—发动机转速信号　14—发动机　15—节气门开度信号　16—节气门电动机　17—加速踏板开度信号　18—制动踏板高度信号

电控单元接收各传感器发来的反映车辆状态的信号（发动机转速、离合器从动盘转速、车速等）及驾驶员意愿状态的信号（加速踏板开度、制动踏板高度及档位等），并按换档规律实时地做出控制决策及发出控制指令，使执行机构自动地完成节气门开度的调整、离合器的分离与接合、变速器的自动换档过程。由于在电控机械式变速器上采用电控单元控制，故取消了离合器踏板和手动变速杆，只保留了加速踏板。加速踏板可向电控单元发出要控制车辆的信息。

电控系统由传感器和执行机构组成。

传感器实时监控车辆运行状态，提供电控单元所需的各种信息，并将采集的各种信号转变成电压（或电流）提供给电控单元。

执行机构包括离合器分离与接合执行机构、变速器选换档执行机构和节气门执行机构等。

离合器分离与接合执行机构由直流伺服电动机驱动，通过控制减速机构完成离合器的分离和接合；变速器选换档执行机构分别由两个步进电动机驱动，完成变速器的摘档、选档和挂档功能；节气门执行机构也由步进电动机驱动，实现对加速踏板位置的跟踪和调节换档过程中发动机的转速。以上这些动作都是自动控制的。

2. 工作过程

（1）汽车起步控制　接通起动按钮，电控单元将变速器置于空档位置，同时使离合器分离，接着起动发动机。当发动机运转到某一个指定转速时，离合器开始接合，待变速器输入轴开始旋转时，电控单元将此时的离合器位置视为离合器控制的基准。

当驾驶员选择变速器某一个选档开关使汽车起步时，离合器分离，变速器处于一个相应档位，在驾驶员未踩加速踏板之前，离合器始终处于分离状态的控制基准点之前的位置。

驾驶员踩下加速踏板时，电控单元根据加速踏板的位置，按离合器最佳规律确定离合器的接合；与此同时，节气门做相应的供油量调节。当发动机输出的功率足以使汽车顺利起步时，汽车开始起步。

（2）离合器控制　在离合器控制机构中，高速开关阀有两个状态：全关、全开，其控制方式是脉宽调制和脉频调制。脉宽调制使高速开关阀打开的频率不变，但其打开的时间变化；脉频调制正好相反。

对离合器的接合控制采用脉宽调制法。把整个控制过程分为若干个周期，每一个周期要检查上一个周期的误差和误差值的变化，据此来决定本周期高速开关阀打开时间的长短。这样，每个周期都有开、关和误差修订过程，使离合器的控制更加平顺。

对离合器的分离控制是在驾驶员抬起加速踏板使汽车处于滑行时，在以下这些情况中，电控单元控制离合器使其处于分离状态：变速器换档、汽车制动、选择空档开关、车速低于选择开关所设定的车速。

（3）变速器换档控制　操作换档步骤是：抬起加速踏板——分离离合器——摘至空档——挂上新档位——接合离合器——踩下加速踏板——使离合器主从动片转速相同。

三、机械式无级变速器（CVT）

机械式无级变速器 CVT（Continuously Variable Transmission），意思是变速器传动比是连续可变的，即没有明确的具体档位，类似自动变速器；但连续变化的传动比，又不同于自动变速器的换档过程。

常用金属带式无级变速器如图 11-39 所示，主要由金属带 2、从动 V 形轮 3、主动 V 形轮 4 和行星齿轮变速器（太阳轮 10、行星齿轮 11 等）等组成。

1. 机械式无级变速器工作原理

金属带式无级变速器工作原理如图 11-40 所示，主要由一对可变宽度的 V 形带轮和一条金属带组成（图 11-40a），金属带套在 V 形带轮上。每副带轮由两个锥形盘组成：一个固定不动，另一个在液压控制机构的操纵下，视发动机转速可进行分开与拉近，使 V 形槽的凹槽变宽（图 11-40b）或变窄（图 11-40c），从而改变了金属带与 V 形带轮的接触直径，使金属带运动速度降低或升高，相当于齿轮变速器更换不同直径的齿轮。

汽车低速行驶时，使主动带轮的凹槽宽度大于从动带轮的凹槽宽度，主动带轮的金属带圆周半径小于从动带轮的金属带圆周半径，即小圆带动大圆，传递较大的转矩，使从动轮转速降低。反之，汽车高速行驶时，主动带轮的一边轮盘向内收拢，凹槽宽度变小，迫使金属带转速升高；从动带轮正好相反，其向外移动拉大凹槽宽度，使金属带转速降低。主动带轮的金属带圆周半径大于从动带轮的金属带圆周半径，即变成大圆带动小圆，传递较小的转矩，使从动轮转速升高。

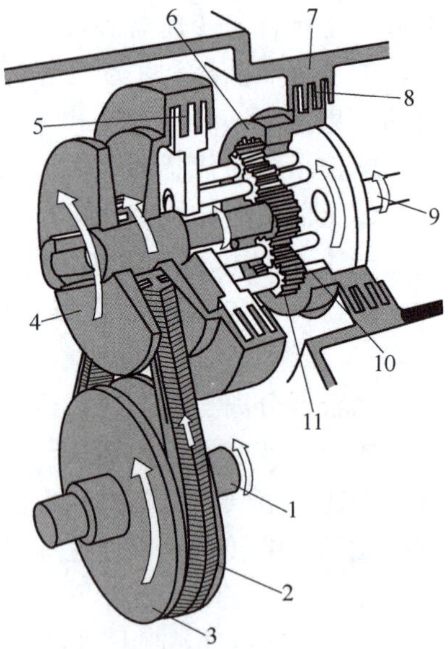

图 11-39　金属带式无级变速器
1—输出轴　2—金属带　3—从动 V 形轮
4—主动 V 形轮　5—前进档离合器
6—齿圈　7—变速器壳体
8—倒档离合器　9—输入轴
10—太阳轮　11—行星齿轮

第十一章　汽车传动系统

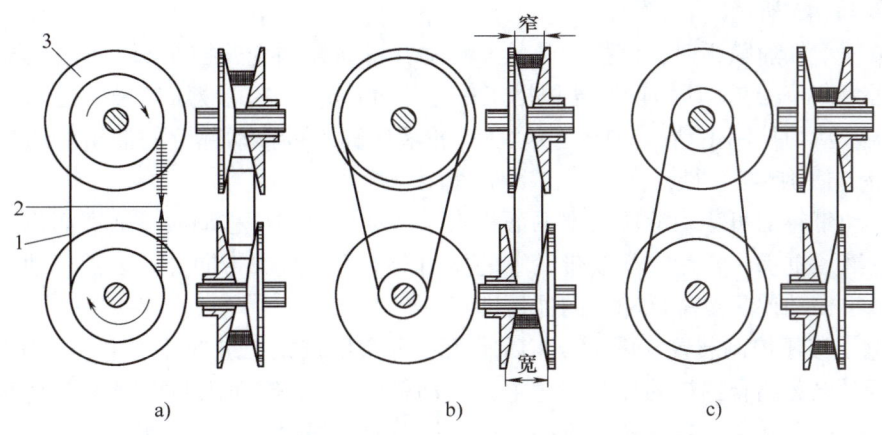

a) b) c)

图 11-40　金属带式无级变速器工作原理
1—金属带松边　2—金属带驱动边　3—主动带轮

2. 机械式无级变速器分类

机械式无级变速器主要分为链式和带式两种。

链式机械无级变速器的传动机构主要由主、从动链轮和套在其上的链条组成（图 11-41）。借助链条左右两个侧面和链轮的两个锥盘之间的摩擦力来传递动力，并通过改变两锥盘的轴向距离来调整它们与链条的接触位置和工作半径，实现无级变速传动。

带式机械无级变速器的传动机构主要由主、从动带轮上的两对锥盘（图 11-42）和其上的传动带组成。工作时，利用传动带左右两个侧面与锥盘之间的摩擦力来传递动力，并通过改变两锥盘的轴向距离来调整它们与传动带的接触位置和工作半径，实现动力的无级传动。

图 11-41　链式机械无级变速器

图 11-42　带式机械无级变速器

3. 机械式无级变速器控制装置

机械式无级变速器的调速和选档是通过控制装置来实现的。
控制装置有机械液压控制装置和电子液压控制装置两种。

（1）机械液压控制装置　采用机械液压控制装置调节带轮的宽度变化，以改变传动比。

207

其原理如图 11-43 所示。

驾驶员踩下加速踏板时，使换档凸轮 8 转动，进而控制变速控制阀 1。液压泵 6 提供的油压进入压力调节器 7，压力调节器根据工作轮位置传感器 2 的液压信号，控制变速控制阀里面的油压，从而控制主动轮液压缸 3、从动轮液压缸 4 可移动部分的油压，调节了金属带 5 与主、从带轮的接触半径，实现了自动变速。

由于主动带轮的可移动液压活塞的面积大于从动带轮的可移动液压活塞面积，所以当油液进入带轮液压缸后，作用在从动带轮上的压力会上升，金属带向外扩展，传动比增大；相反，若要减小传动比只要降低输入的油压即可。

（2）电子液压控制装置 图 11-44 所示为一种金属带式无级变速器电子液压控制装置。装置中包括对电磁离合器 2 的控制和对主、从动带轮 6、7 传动比的控制。变速器传动比由发动机节气门信号和主动带轮转速所决定，电控单元 1 根据发动机转速、车速、节气门位置和换档控制信号等，控制电磁离合器以及主、从动带轮上伺服液压缸的压力，使主、从动带轮液压缸的可动部分做轴向移动，从而实现无级变速。

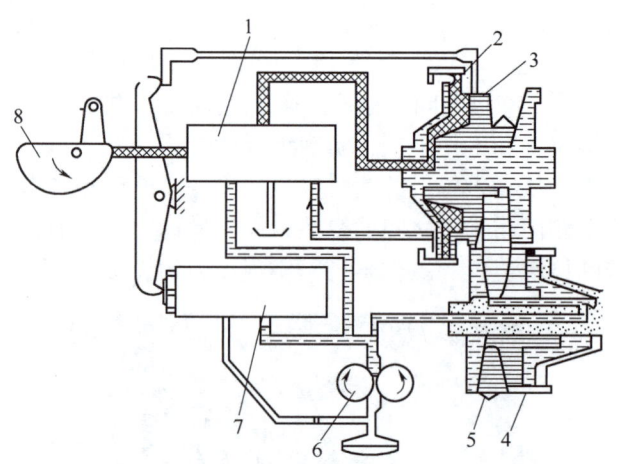

图 11-43 金属带式无级变速器机械液压控制原理
1—变速控制阀 2—工作轮位置传感器
3—主动轮液压缸 4—从动轮液压缸
5—金属带 6—液压泵 7—压力调节器 8—换档凸轮

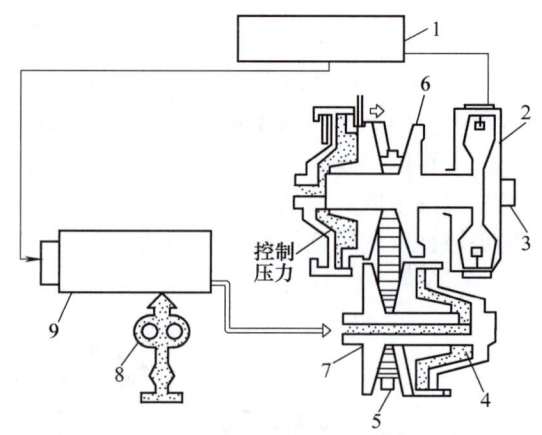

图 11-44 金属带式无级变速器电子液压控制装置
1—电控单元 2—电磁离合器 3—输入轴
4—输出轴 5—金属带 6—主动带轮
7—从动带轮 8—液压泵 9—液压控制单元

4. 机械式无级变速器主要部件

（1）金属带 金属带是机械式无级变速器的传力介质。目前，金属带有链式和带式两种。

1）链式金属带。如图 11-45 所示，其主要由承载钢片 1、铰接钢片 3 和销钉 2 等组成。承载钢片形状如图 11-45b 所示，两侧面为摩擦接触面，中间两个矩形孔的上、下内表面形成剃刮面 5，利用摩擦传递动力。铰接钢片相互交错插入承载钢片的矩形孔内，由销钉将铰接钢片连接。带轮与承载钢片摩擦的作用力经销钉传递给铰接钢片，对后面的链带形成拉力。

链式金属带的铰接片与销钉易磨损，故运转时噪声较大。

第十一章 汽车传动系统

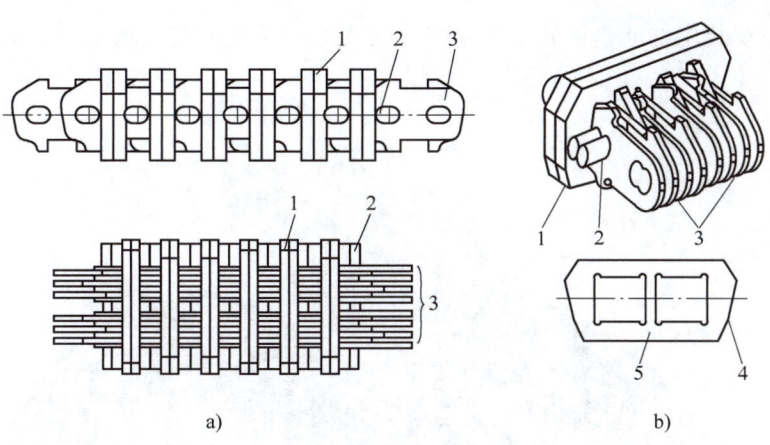

图 11-45 链式金属带
a) 结构图 b) 承载钢片形状
1—承载钢片 2—销钉 3—铰接钢片 4—接触面 5—剃刮面

2）带式金属带。其主要由约 2mm 厚的钢片 1（图 11-46）重叠组成，钢片由富有柔性的钢带 2 连接支撑。钢带由若干条钢带环叠合而成，钢带环由外向内的长度变短。钢片呈 T 形，其侧面为摩擦工作面，且具有一定的表面粗糙度，两锥形带轮夹紧钢片，钢片无间隙紧密排列。受摩擦力的作用，后面的钢片推挤前面的钢片，将作用力一片一片向前传递。两组钢带圈与动力传递无直接关系，只起对钢片的导向支撑作用。

带式金属带结构紧凑，可承受较大的动力传递。与链式金属带相比，具有重量轻、噪声小和可高速运行的优点；但高速运转时，钢片上产生的离心力过大，故要求钢带环要有足够的强度。

（2）工作带轮 如图 11-47 所示，机械式无级变速器的工作带轮（主、从动带轮）均有固定部分和可动部分。可动部分可轴向移动，其与固定部分之间形成 V 形槽，金属带在槽内与工作带轮啮合。控制装置可使可动部分（可动锥盘）依靠钢带-滑道做轴向运动，连续改变金属带的工作半径，实现无级变速。

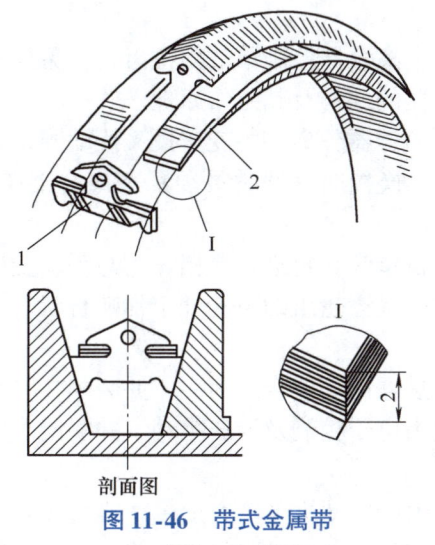

图 11-46 带式金属带
1—钢片 2—钢带

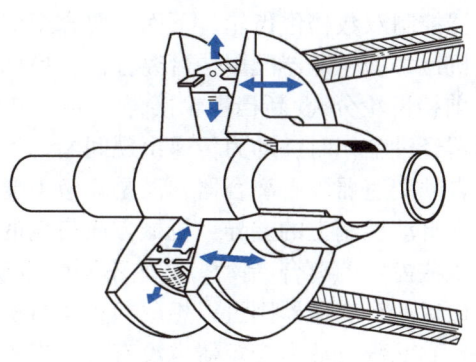

图 11-47 工作带轮

奥迪 A6 轿车装用的就是链式金属带机械式无级变速器，其结构如图 11-48 所示。

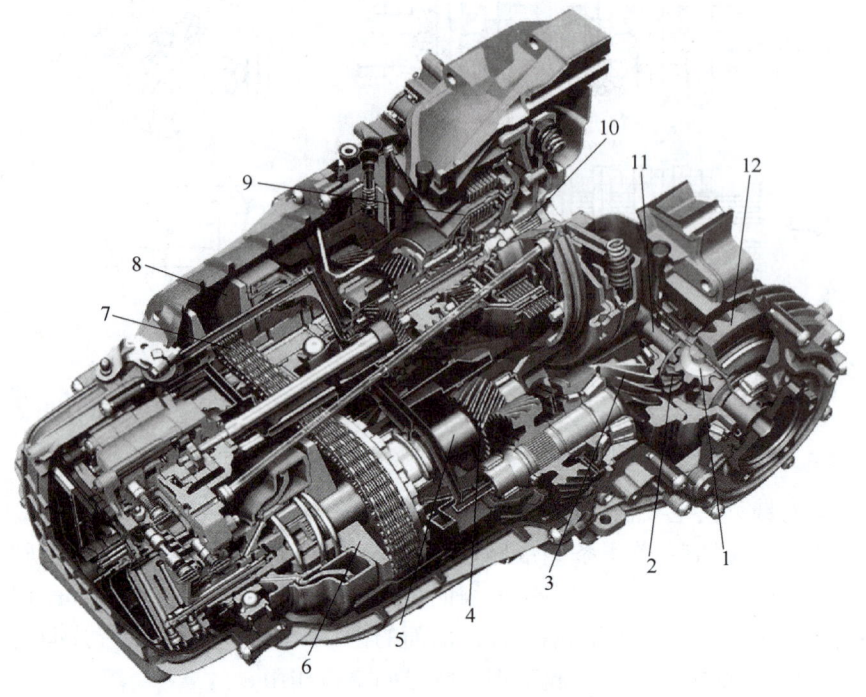

图 11-48 链式金属带机械式无级变速器

1—差速器行星齿轮 2—差速器半轴齿轮 3—主减速器主动齿轮 4—中间传动主动齿轮
5—从动轴 6—从动带轮 7—链式金属带 8—主动带轮 9—起动离合器
10—动力输入轴 11—半轴 12—主减速器从动齿轮

四、双离合变速器（DSG）

双离合变速器，德国大众汽车公司称之为 DSG（Direct Shift Gearbox），中文直译为"直接换档离合器"。

双离合变速器，通俗地讲就是有两个离合器，一个离合器控制单数档位齿轮，另外一个离合器控制双数档位齿轮。下面主要介绍双离合变速器的结构及其工作原理。

机械手动变速器配用一台离合器，换档时经过：离合器分离——变速拨叉拨动同步器换档（前档齿轮分离/新档齿轮接合）——离合器结合。换档时，驾驶员须踩下离合器踏板，变速器经过空档时，动力传递出现间断。

自动变速器没有离合器，而是靠液力变矩器配合行星齿轮组进行换档。它与手动变速器除了在自动控制上的差异，机械方面最大的差异就是行星齿轮组的齿轮处于常啮合状态，通过给某些齿轮的离合-制动，产生不同的传动比。

而双离合变速器则可以想象为将两台机械手动变速器的功能合二为一，并装配在一个装置内。它既没有液力变矩器也没有行星齿轮组，而是由电子控制及液压推动，并能同时控制两台离合器的运作。

图 11-49 所示为一个七档双离合变速器结构示意图。发动机飞轮通过缓冲器与离合器一 7 和离合器二 8 的外片相连。离合器一控制奇数档位，离合器二则控制偶数档位。该变速器

有两个同心轴,输入轴一3装在输入轴二6的里面,输入轴一和离合器一连接在一起,输入轴一上装着一、三、五、七档的主动齿轮;输入轴二6(空心的)与离合器二相连,其上装着二、四、六档的主动齿轮。倒档齿轮 R_2 通过倒档中间齿轮 R_1 与输入轴相连。

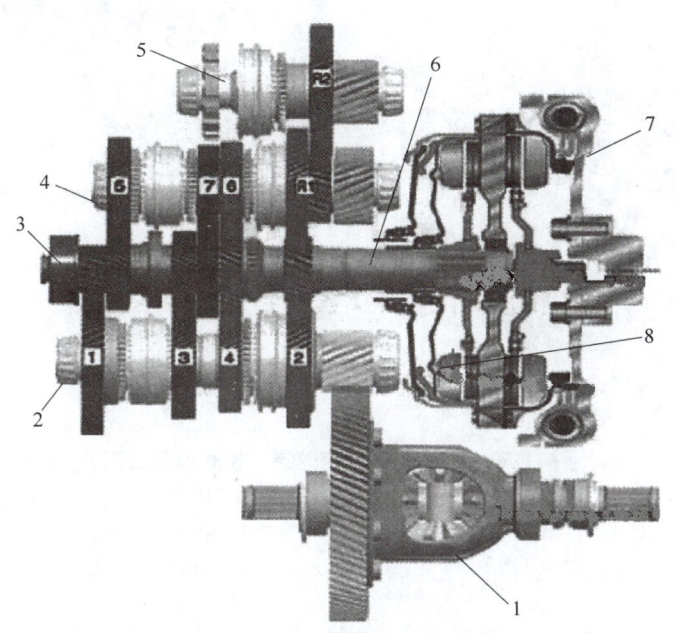

图 11-49 七档双离合变速器结构示意图

(图中齿轮上的序号 1~7 为一档~七档齿轮,R_1 为倒档中间齿轮,R_2 为倒档齿轮)

1—差速器　2—输出轴一　3—输入轴一　4—输出轴二　5—倒档轴
6—输入轴二　7—离合器一　8—离合器二

汽车起步时,负责单数档位的离合器一挂在一档并处于啮合状态,负责双数档位的离合器二挂在二档并处于时刻准备啮合的状态;当发动机转速上升,从一档换至二档时,一档离合器开始分离,此时二档离合器同步进行啮合,于是一档和二档之间的转换就在悄无声息的情况下没有任何中断地完成了。一档离合器在分离后将处于和三档齿轮准备啮合的状态,而再次换档时,二档离合器分开,三档离合器同步与三档齿轮啮合,二档离合器又处于和四档齿轮准备啮合的状态。如此循环,即双离合变速器所处的每一个工作档位都在为下一个更换档位做好准备,时刻能够完成无中断的档位切换。

双离合变速器工作时,总有两个档位是同时结合的,一个正在工作,另一个为下一个换档做准备。手动换档模式可以进行跳跃式降档,如果起始档位和最终档位属于同一个离合器控制,则会通过另一个离合器控制的档位转换一下;如果起始档位和最终档位不属于同一个离合器控制,就可以直接换到所选档位,在换档过程中,不需要完全切断动力。

七档双离合变速器工作原理如图 11-50 所示。该变速器为七档双离合变速器,图中示出的是变速器在三档时的工作状态,发动机传来的动力通过离合器一4(处于接合状态)、输入轴一3、三档主动齿轮10、三档从动齿轮14,经输出轴13传出。

七档双离合变速器零件如图 11-51 所示。

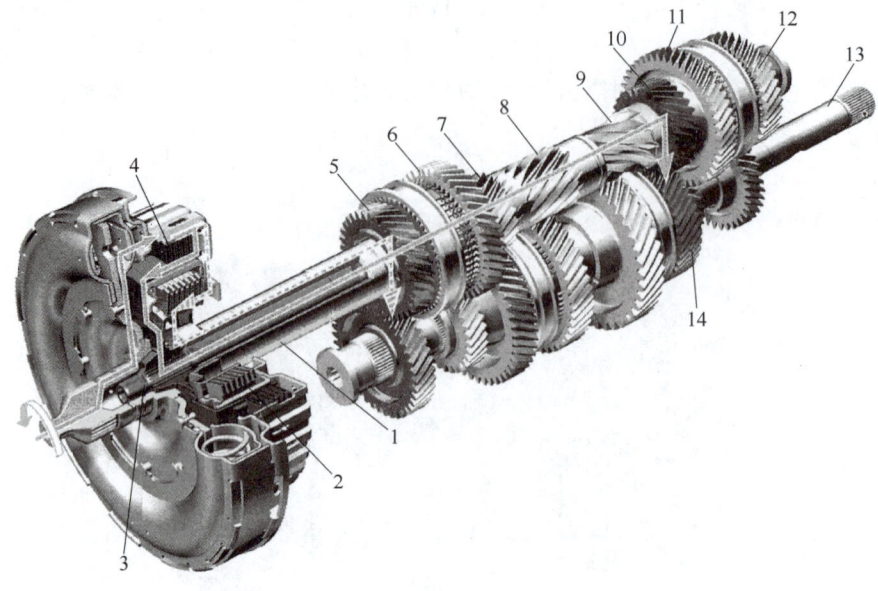

图 11-50 七档双离合变速器工作原理示意图

1—输入轴二 2—离合器二 3—输入轴一 4—离合器一 5—四档主动齿轮 6—六档主动齿轮 7—二档主动齿轮
8—倒档主动齿轮 9——档主动齿轮 10—三档主动齿轮 11—七档主动齿轮
12—五档主动齿轮 13—输出轴 14—三档从动齿轮

图 11-51 七档双离合变速器零件

六档双离合变速器结构剖视图如图 11-52 所示。

德国大众汽车公司装有双离合变速器的汽车有速腾、迈腾、高尔夫6、高尔夫 GTI 等车型，主打产品有 DQ250（六档变速器）、DQ200（七档变速器）。其中 D 为德语 DOPPEL 的缩写，即英语 DUAL/DOUBLE（一双），Q 为 QUER 缩写（横置），后面的数字表示承受相应转矩参数。

图 11-52 六档双离合变速器结构剖视图
1—输入轴二 2—输入轴一 3—机油泵 4—双离合器（湿式） 5—液压控制换档机构
6—齿轮位置传感器 7—机油滤清器 8—电子控制装置

DQ250 为湿式，承受的转矩为 350N·m。使用车型有：迈腾、高尔夫 GTI。

DQ200 为干式，是 2008 年新产品，承受的转矩为 250N·m。使用车型有：速腾、高尔夫 6、新宝来、朗逸等。

奥迪 Q5、TT、A4（国外版）装用的 DSG 型号为奥迪 S-TRONIC。

保时捷装用的 DSG 型号为 PDK（湿式七档）。这种 DSG 装用在保时捷 911、卡宴、贝克斯特等轿车上。

宝马 M3、Z4、COUPE、3351 等轿车装用 M-DCT（湿式七档）型 DSG，其承受转矩为 400N·m。奔驰轿车装用的也是湿式七档 DSG。

第五节 万向传动装置

一、概述

1. 功用

万向传动装置的功用是实现变角度的动力传递。

2. 组成

万向传动装置一般由万向节和传动轴组成，有时还要加装中间支承。

万向传动装置在汽车上的布置如图 11-53 所示。

图 11-53 万向传动装置在汽车上的布置

1—差速器 2—传动轴 3、5—万向节 4—分动器

二、万向节

万向节是万向传动装置中实现变角度传动的主要部件。它可以分为刚性万向节和挠性万向节。刚性万向节又可分为不等速万向节（十字轴式）和等速万向节（球笼式、球叉式等）。

1. 十字轴式万向节

十字轴式万向节在前置后轮驱动汽车的传动系统中应用最为广泛，它允许相邻两轴的最大交角为15°～20°。

图 11-54 所示为十字轴式万向节，由一个十字轴3、两个万向节叉1和四个滚针轴承等机件组成。两个万向节叉孔通过四个滚针轴承分别与十字轴的两对轴颈相铰接。这样，当主动轴转动时，从动轴既可随之转动，又可绕十字轴中心在任意方向摆动。

由于十字轴式万向节结构简单，传动效率较高，因此应用较广泛。其不足之处是对于单个万向节在输入轴和输出轴之间有夹角的情况下，其两轴的角速度不相等，这就是单个万向节的不等速性。

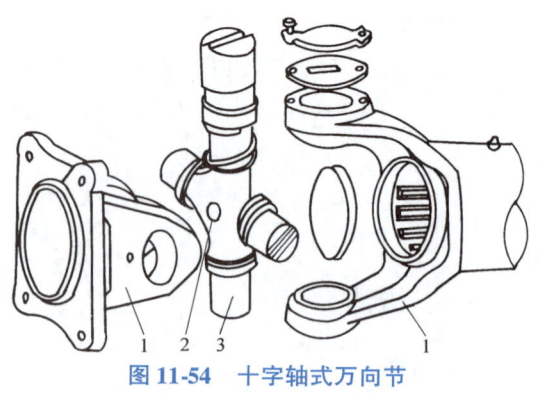

图 11-54 十字轴式万向节

1—万向节叉 2—安全阀 3—十字轴

下面借助图 11-55 分析单个十字轴式万向节在有夹角时传动的不等速性。

1）当主动叉在垂直位置，十字轴平面与主动轴相垂直时（图 11-55a），十字轴上 A 点

的瞬时圆周速度 v_A 可由主动叉的角速度 ω_1 与从动叉的角速度 ω_2 分别求出，即

$$v_A = \omega_1 r = \omega_2 r\cos\alpha$$

所以有 $\omega_1 = \omega_2 \cos\alpha$，$\omega_2 > \omega_1$，即从动轴的转速大于主动轴的转速。

2）当主动叉转到水平位置，十字轴平面与从动轴相垂直时（图11-55b），十字轴上 B 点的瞬时圆周速度 v_B 可由主动叉的角速度 ω_1 与双动叉的角速度 ω_2 分别求出，即

$$v_B = \omega_1 r\cos\alpha = \omega_2 r$$

所以有 $\omega_1 \cos\alpha = \omega_2$，$\omega_2 < \omega_1$，即从动轴的转速小于主动轴的转速。

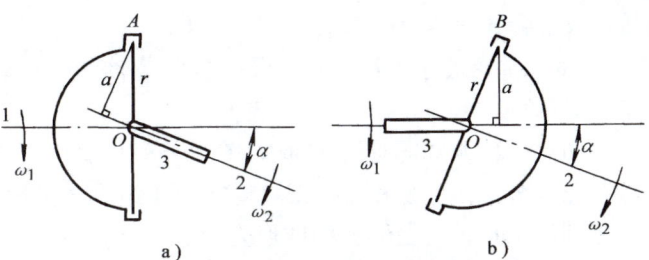

图11-55　十字轴式万向节角速度分析
1—主动叉　2—从动叉　3—十字轴
r—十字轴旋转半径，$r = OA = OB$

由上面两个位置的角速度分析可见，若主动叉从 0° 开始以匀速 ω_1 转动，从动叉角速度 ω_2 的变化则由快到慢，当主动叉转过 90° 后，从动叉角速度 ω_2 又由慢变快，即主动叉每转过半圈，从动叉的角速度变化一个周期。

由前述转角关系可以看出，当主动叉每转过 90° 时，从动叉也刚好转过相同的角度。当主动叉从 0° 转到 90° 时，从动轴转角相对于主动轴转角是超前的，即 $\varphi_2 > \varphi_1$，且两角差在 $\varphi_1 = 45°$ 时达到最大，随后开始减小。而当主动叉从 90° 转到 180° 时，从动轴转角相对于主动轴转角是滞后的，即 $\varphi_2 < \varphi_1$，且两角差在 $\varphi_1 = 135°$ 时达到最大值。后半圈与前半圈情况相同。这一周期性变化情况可以由 $(\varphi_1 - \varphi_2)$ 随 φ_1 的变化曲线（十字轴式万向节不等速特性曲线）图看出（图11-56）。

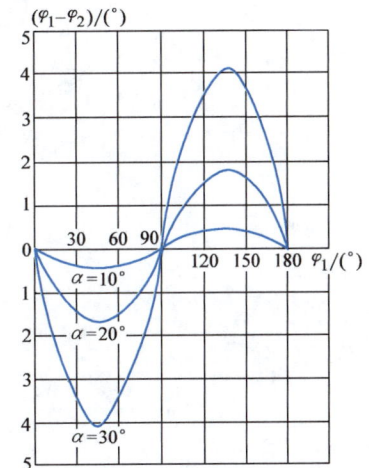

图11-56　十字轴式万向节不等速特性曲线

从图中还可以看出，两轴交角 α 越大，转角差 $(\varphi_1 - \varphi_2)$ 也越大，即万向节传动的不等速性越严重。单个十字轴式万向节传动的不等速性，将使从动轴及与其相连的传动部件产生严重的扭转振动，从而产生附加的交变载荷，影响部件寿命。因此，当两轴间有较大夹角时，单个十字轴式万向节是不宜采用的，因为它会使驱动车轮转速不均匀。在汽车上，万向传动装置往往采用双十字轴式万向节来实现等速传动，但必须满足如下两个条件（图11-57）：

① 第一万向节两轴间夹角 α_1 与第二万向节两轴间夹角 α_2 相等，即 $\alpha_1 = \alpha_2$。

② 传动轴两端的两个万向节叉（即第一万向节的从动叉与第二万向节的主动叉）在一平面内。

2. 等速万向节

目前在汽车上应用较为广泛的等速万向节有球笼式、球

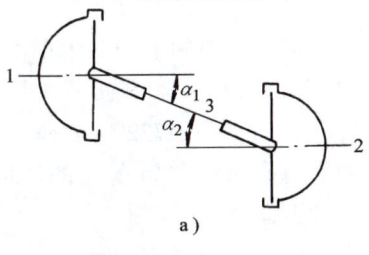

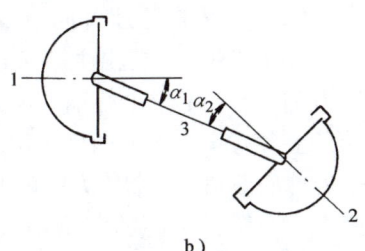

图11-57　双万向节等速传动布置
a）平行排列　b）等腰式排列
1—主动叉　2—从动叉　3—传动轴

叉式及组合式等速万向节。

(1) 球笼式等速万向节　根据万向节轴能否运动，球笼式等速万向节可分为固定型和伸缩型两种。

固定型球笼式等速万向节如图11-58所示，主要由6个钢球6、星形套（内滚道）7、球形壳（外滚道）8和保持架（球笼）4组成。星形套以其内花键与主动轴1连接，传力钢球分别位于6条由星形套和球形壳形成的凹槽内，由保持架保持在同一平面内。动力由主动轴输入，经传力钢球和球形壳输出。

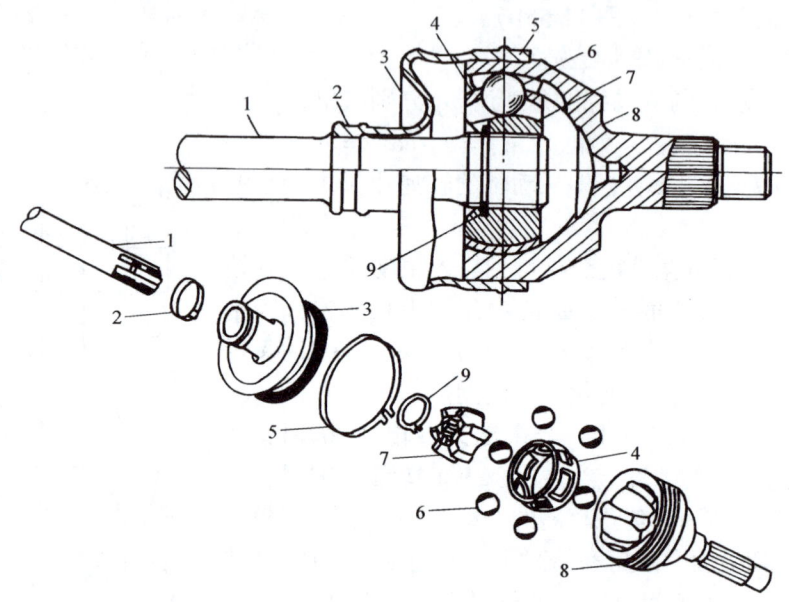

图11-58　球笼式等速万向节

1—主动轴　2、5—钢带箍　3—外罩　4—保持架（球笼）　6—钢球
7—星形套（内滚道）　8—球形壳（外滚道）　9—卡环

球笼式万向节中6个钢球全部传力，它们受力均匀，球笼式万向节可允许两轴最大夹角为47°。与球叉式万向节相比，其承载能力强，结构紧凑，拆装方便。因此，在各种轿车（如一汽红旗CA7220、奥迪100、捷达、高尔夫和上海桑塔纳等轿车）的转向驱动桥上多采用这种万向节。

(2) 球叉式等速万向节　球叉式等速万向节（图11-59）主要由主动叉6、从动叉1、4个传力钢球5和1个中心钢球4等组成。在主、从动叉上各有4个弧形凹槽，两个叉对合后形成4个钢球的滚道。4个传力钢球5分别放置在此滚道之中。两叉中心的凹槽中放置中心钢球4以定中心。

球叉式万向节结构简单，允许最大交角为32°~33°。这种万向节在工作时，只有上下各一

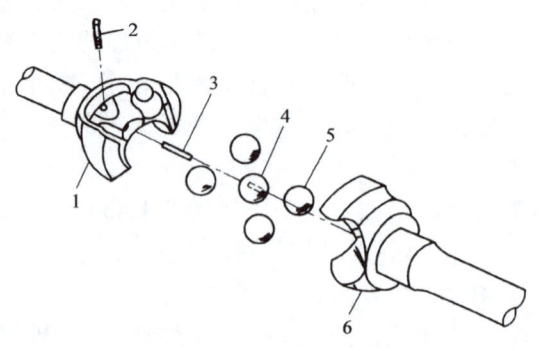

图11-59　球叉式等速万向节

1—从动叉　2—锁止销　3—定位销
4—中心钢球　5—传力钢球　6—主动叉

对钢球传力,另一对钢球在反转时受力,所以这种万向节钢球及滚道易磨损,影响使用寿命。

球叉式万向节多用于越野汽车的转向驱动桥中。

三、传动轴与中间支承

传动轴的作用是把变速器的转矩传递到驱动桥上。

前置后轮驱动传动系统的传动轴广泛采用管式结构（图11-60）,因为它用料少、重量轻。但在转向驱动桥、断开式驱动桥或微型汽车的万向传动装置中,常把传动轴制成实心轴。

传动轴在高速旋转时,由于离心力的作用将产生剧烈振动。当传动轴转速达到某一临界转速时,会因为剧烈振动而导致传动轴断裂。临界转速由下式决定：

$$n_k = k\frac{\sqrt{D^2 + d^2}}{L^2}$$

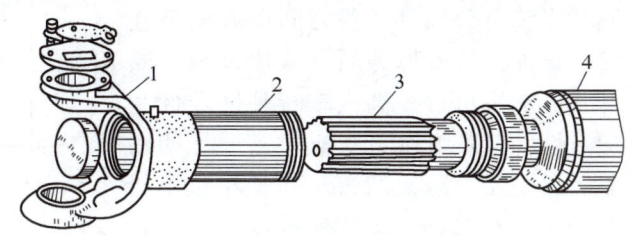

图 11-60 传动轴
1—万向节叉 2—滑动花键套 3—花键接头 4—传动轴管

式中 n_k——传动轴临界转速；
   k——常数；
   D——传动轴外径；
   d——传动轴内径；
   L——传动轴长度。

从上式可以看出,增加传动轴的内、外直径,缩短传动轴长度,都可提高传动轴的临界转速。

为了缩短传动轴的临界转速,常把传动轴做成两段,且加装中间支承。中间支承可直接安装在车架的横梁上,也可通过摇臂安装在车架上。

第六节 驱 动 桥

一、概述

1. 功用

驱动桥是传动系统的最后一个总成。其功用是将万向传动装置传来的发动机动力经降速增矩、改变传动方向后分配给左、右驱动轮,并且允许左、右驱动轮以不同转速旋转。

2. 分类与组成

驱动桥一般分为非断开式驱动桥和断开式驱动桥两种。

非断开式驱动桥通常由主减速器4（图11-61）、差速器5、半轴2和驱动桥壳3组成。

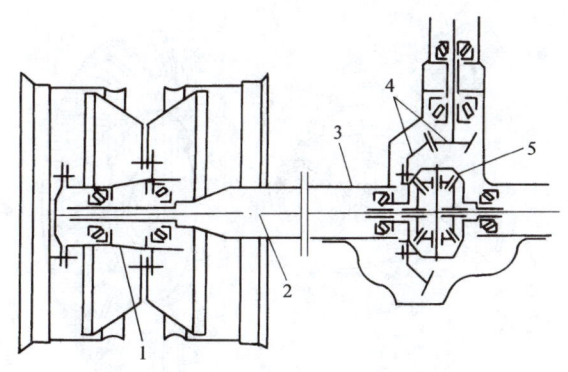

图 11-61 非断开式驱动桥
1—轮毂 2—半轴 3—驱动桥壳 4—主减速器 5—差速器

整个驱动桥通过弹性悬架与车架相连，驱动桥壳是刚性整体结构，因而两根半轴和驱动轮在横向平面内无相对运动。

断开式驱动桥如图 11-62 所示，其左、右半轴 4 的内端通过万向节与主减速器 5 相连，外端通过万向节与驱动轮相连，主减速器固定在车架或车身上，驱动桥壳制成分段并以铰链方式相连，同时半轴也分段且各段之间用万向节连接，这种驱动桥称为断开式驱动桥。断开式驱动桥可以提高汽车行驶平顺性和通过性，可采用独立悬架（需要说明的是，采用独立悬架的汽车，其左右车轮之间不存在车桥，车桥和悬架已融合在一起）；但断开式驱动桥结构复杂，制造成本高。

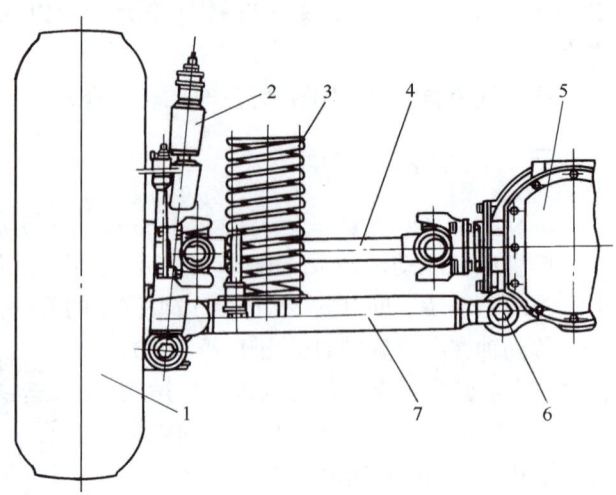

图 11-62 断开式驱动桥

1—驱动轮　2—减振器　3—弹性元件　4—半轴
5—主减速器　6—摆臂轴　7—摆臂

二、主减速器

1. 功用

主减速器的功用是增大输入的转矩并相应降低其转速；根据需要，还可改变转矩的传递方向。

2. 分类

主减速器的种类繁多，有单级式和双级式、单速式和双速式以及贯通式和轮边式等。

3. 单级主减速器

单级主减速器仅有一对弧齿锥齿轮（图 11-63）或准双曲面齿轮传动，它具有结构简单、重量轻、体积小、传动效率高等特点。轿车和轻型载货汽车多采用单级主减速器。

发动机纵置的轿车，由于动力传递需要改变方向，主减速器采用一对锥齿轮传动；发动机横置的轿车则采用一对圆柱齿轮传动。

轿车装用的单级主减速器如图 11-64 所示。该主减速器的主传动比 $i_0 = 4.44$。

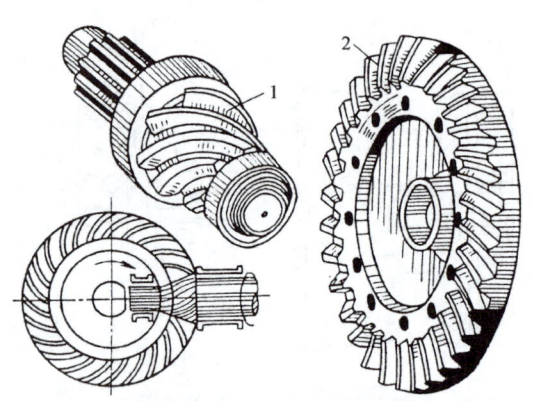

图 11-63 单级主减速器齿轮

1—主动齿轮　2—从动齿轮

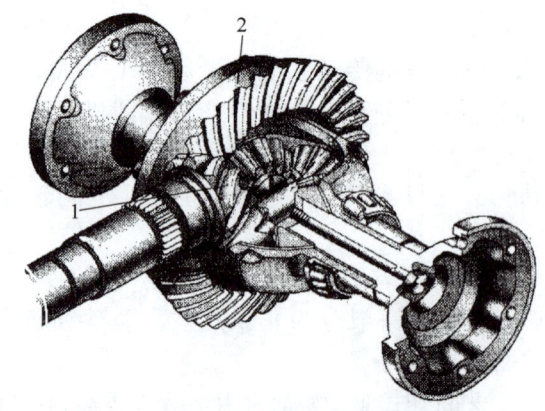

图 11-64 轿车装用的单级主减速器

1—主动锥齿轮　2—从动锥齿轮

第十一章　汽车传动系统

在图 11-65 所示的单级主减速器中，主减速器主动锥齿轮 9 和主减速器从动锥齿轮 4 为一对准双曲面齿轮，其传动比 $i_0 = 6.33$。

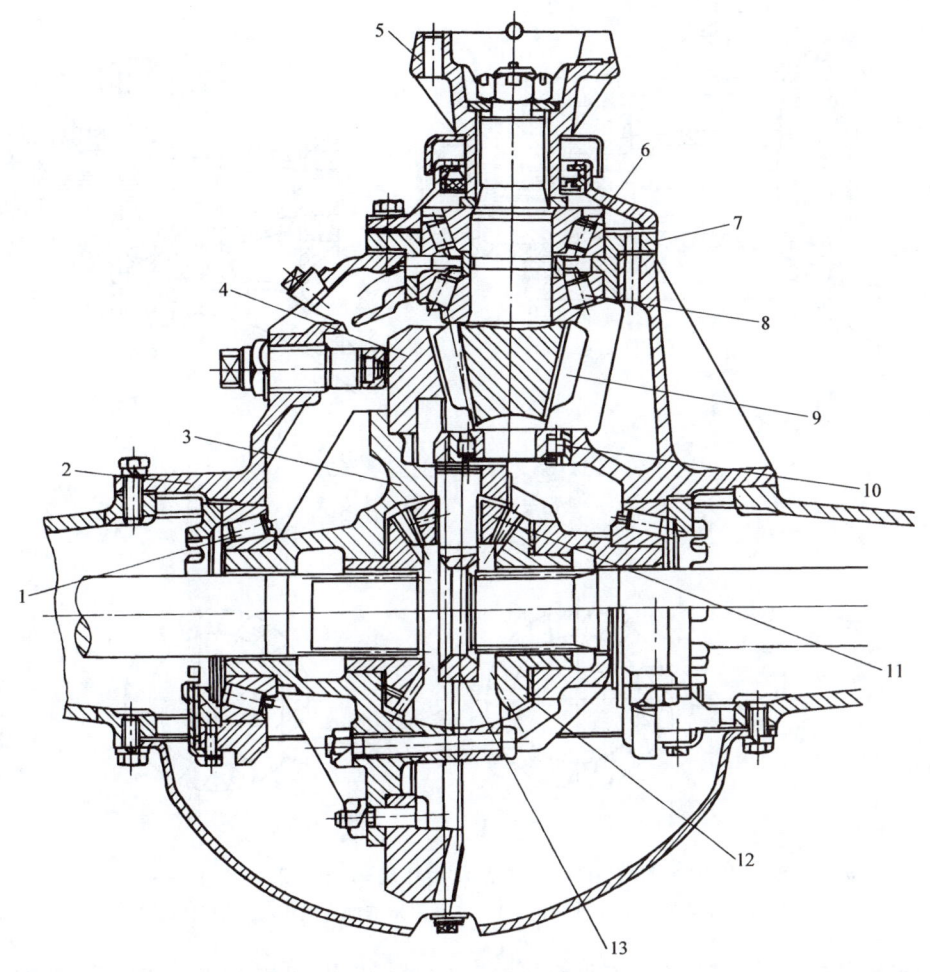

图 11-65　单级主减速器

1、6、8—圆锥滚子轴承　2—主减速器壳体　3—差速器壳体　4—主减速器从动锥齿轮　5—叉形凸缘　7—轴承座　9—主减速器主动锥齿轮　10—圆柱滚子轴承　11—行星齿轮　12—半轴齿轮　13—行星齿轮轴（十字轴）

在该主减速器中，为保证主减速器主动锥齿轮 9 有足够的刚度，常将其与轴制成一体。除此之外，该主减速器采用双曲面齿轮传动，其前端支承在互相贴近而小端相向的两个圆锥滚子轴承 6 和 8 上，后端支承在圆柱滚子轴承 10 上，形成跨置式支承（图 11-66b）。对于采用弧齿锥齿轮传动的主减速器，由于两齿轮轴线平面相交，应用悬臂式支承即可满足要求（图 11-66a）。

万向传动装置传来的动力经叉形凸缘 5（图 11-65）传给主减速器主动锥齿轮 9，经主减速器从动锥齿轮 4 减速改变方向后，由螺栓传给差速器壳体 3，最后由半轴齿轮 12、半轴传到两侧驱动轮，使驱动轮旋转。

准双曲面齿轮传动与弧齿锥齿轮传动（图 11-67）相比，不仅具有工作平稳性更好，轮齿弯曲程度和接触强度更高的优点，而且还具有主动齿轮轴线相对从动齿轮轴线偏移的特

219

点。当主动锥齿轮向下偏移时,在保证汽车离地间隙一定的情况下,可使汽车重心降低,有利于提高汽车行驶的稳定性。

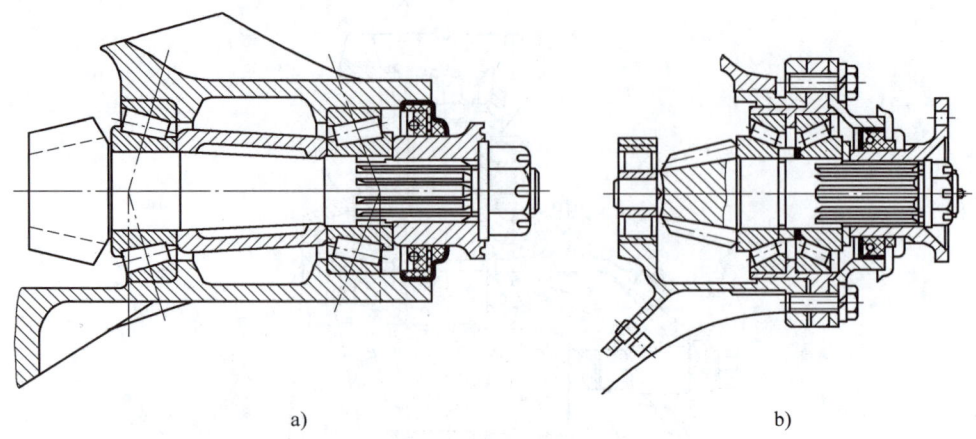

图 11-66　齿轮轴的支承形式
a) 悬臂式支承　b) 跨置式支承

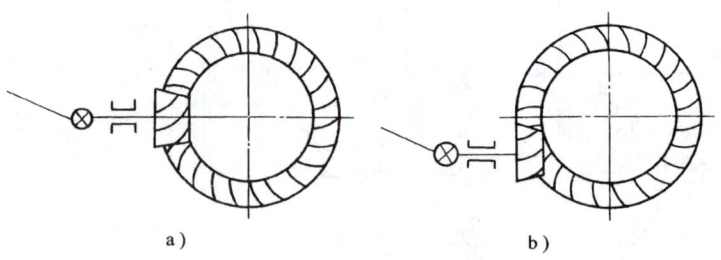

图 11-67　主、从动锥齿轮轴线位置
a) 弧齿锥齿轮传动（轴线相交）　b) 准双曲面齿轮传动（轴线偏移）

这种齿轮传动的缺点是当准双曲面齿轮工作时,齿面间相对滑动速度及齿面间压力较大,需要用特殊的加入防刮伤添加剂的准双曲面齿轮油润滑,不允许用普通齿轮润滑油代替,以防齿面擦伤和磨损,影响寿命。

一汽红旗 CA7220、奥迪 100、捷达、高尔夫、上海桑塔纳及神龙富康等轿车均采用单级式主减速器。

图 11-68 所示为一汽红旗 CA7220 型轿车单级主减速器及差速器零件图。主减速器主动锥齿轮 1 齿数为 9,主减速器从动锥齿轮 2 齿数为 37,其传动比为 4.111。

三、差速器

差速器的功用是当汽车转弯或在不平路面上行驶时,允许左、右车轮以不同的转速旋转,使车轮在地面上做纯滚动。

差速器（图 11-69）分为对称式锥齿轮差速器和防滑差速器。

对称式锥齿轮差速器结构简单,工作平稳,制造方便。因此,广泛应用在公路行驶的汽车上。

第十一章 汽车传动系统

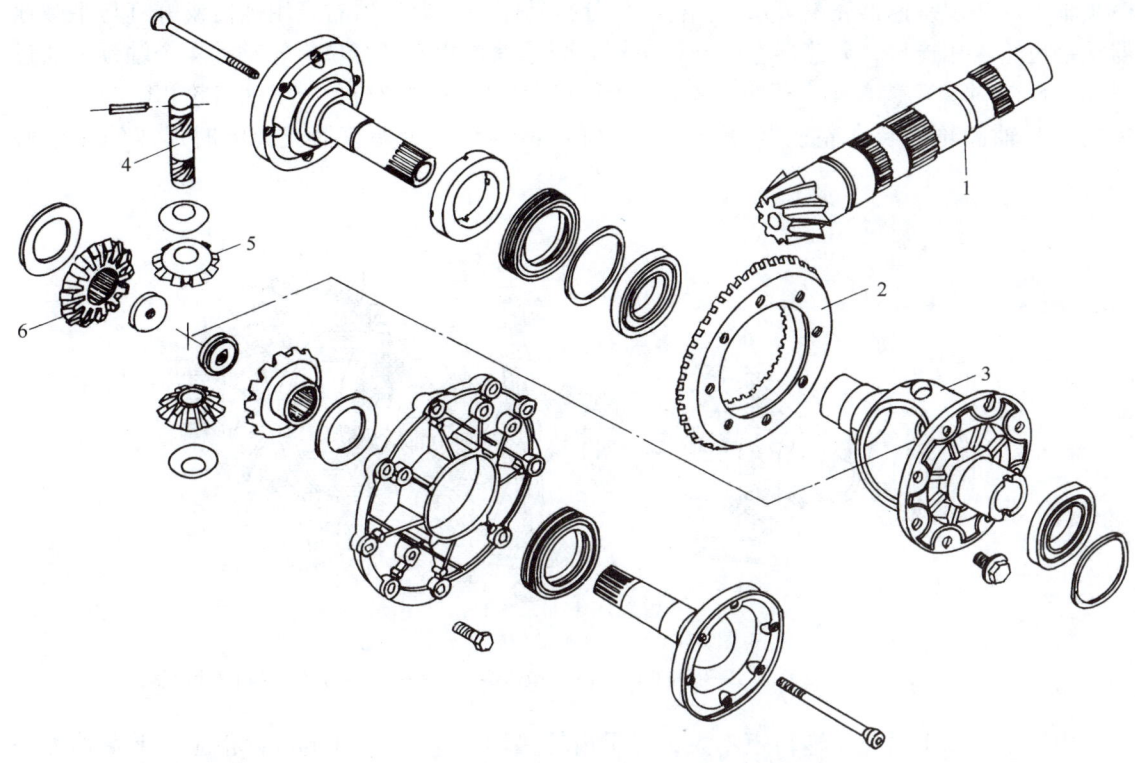

图 11-68 单级主减速器和差速器主要零件

1—主减速器主动锥齿轮 2—主减速器从动锥齿轮 3—差速器壳 4—行星齿轮轴 5—行星齿轮 6—半轴齿轮

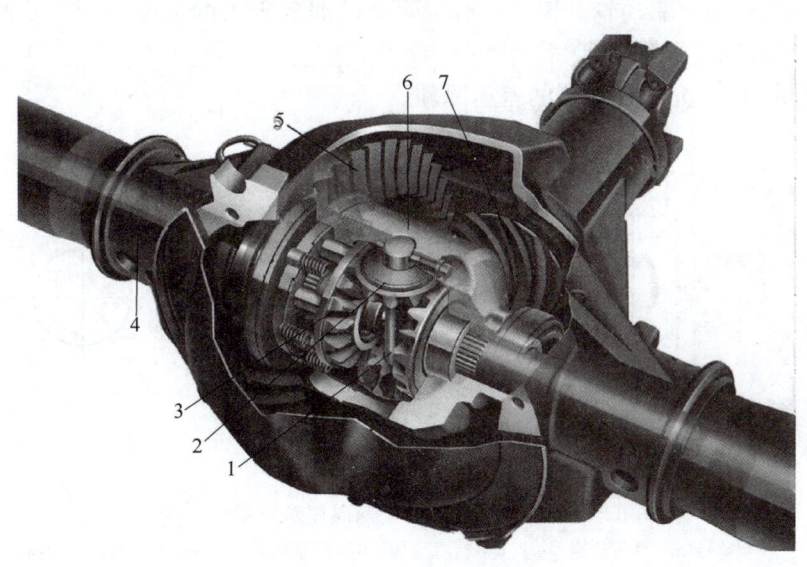

图 11-69 差速器

1—行星齿轮轴 2—行星齿轮 3—半轴齿轮 4—半轴 5—主减速器从动齿轮 6—差速器壳 7—主减速器主动齿轮

1. 对称式锥齿轮差速器

对称式锥齿轮差速器（图 11-70）主要由 4 个行星齿轮 3、行星齿轮轴（十字轴）5、2

221

个半轴齿轮 2 及差速器壳 1（分左、右两部分）等组成。差速器右壳用螺栓或铆钉与主减速器从动齿轮 4 相连接，差速器左壳与差速器右壳用螺栓相连。行星齿轮轴的 4 个轴颈上通过滑动轴承（衬套）装着 4 个行星齿轮。4 个行星齿轮的两侧各与 1 个半轴齿轮相啮合。行星齿轮与半轴齿轮均装在差速器壳内。行星齿轮轴装在 2 个差速器壳装配时形成的 4 个圆孔内。

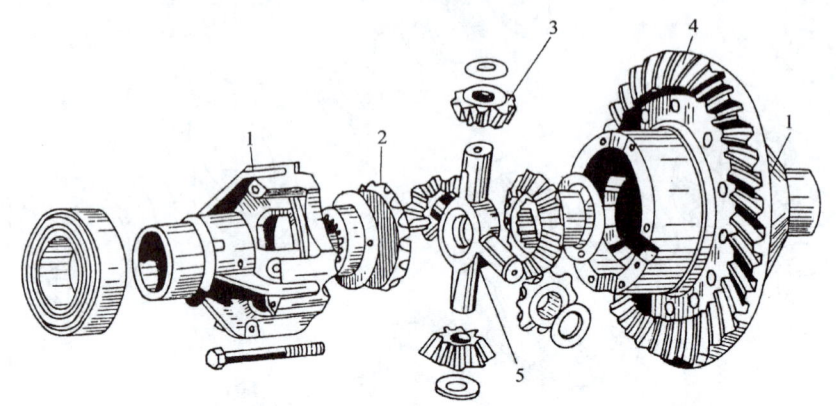

图 11-70　对称式锥齿轮差速器

1—差速器壳　2—半轴齿轮　3—行星齿轮　4—主减速器从动齿轮　5—行星齿轮轴（十字轴）

由于中级以下轿车传递转矩不大，行星齿轮多用 2 个（图 11-68），相应的十字轴为一字轴，而差速器壳做成两边开孔的整体式。

来自主减速器从动齿轮 4 的动力传给差速器壳 1、行星齿轮轴 5、行星齿轮 3、半轴齿轮 2，再经左右两半轴传至驱动轮。根据左右两驱动轮遇到阻力的情况不同，差速器可使其等速转动或不等速转动。

下面通过图 11-71 介绍差速器的差速原理。

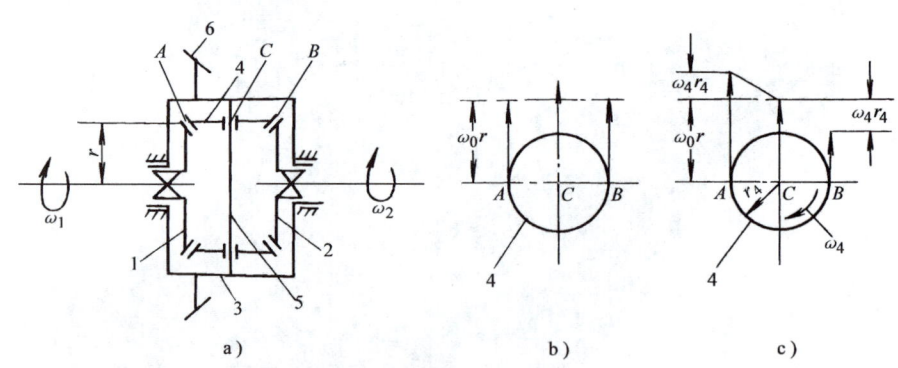

图 11-71　差速器差速原理示意图

1、2—半轴齿轮　3—差速器壳　4—行星齿轮　5—行星齿轮轴　6—主减速器从动齿轮

设主动件差速器壳的角速度为 ω_0，两从动件半轴齿轮 1、2 的角速度为 ω_1 和 ω_2，行星齿轮自转角速度为 ω_4。A、B 两点分别为行星齿轮 4 与两半轴齿轮的啮合点。行星齿轮的中心点为 C，A、B、C 三点到差速器旋转轴线的距离均为 r（图 11-71a）。

当行星齿轮只是随同行星架绕差速器旋转轴线公转时，A、B、C 三点的圆周速度显然相等（图 11-71b），其值为 $\omega_0 r$。所以有 $\omega_1 = \omega_2 = \omega_0$（或 $n_1 = n_2 = n_0$，n 为每分钟转数）。

当行星齿轮除公转外，还绕本身的行星齿轮轴 5 以角速度 ω_4 自转（$\omega_4 \neq 0$，图 11-71c）时，啮合点 A 的圆周速度为 $\omega_1 r = \omega_0 r + \omega_4 r_4$，啮合点 B 的圆周速度为 $\omega_2 r = \omega_0 r - \omega_4 r_4$。

于是有
$$\omega_1 r + \omega_2 r = (\omega_0 r + \omega_4 r_4) + (\omega_0 r - \omega_4 r_4)$$

即
$$\omega_1 + \omega_2 = 2\omega_0$$

或写成
$$n_1 + n_2 = 2 n_0$$

此即为两半轴齿轮直径相等的对称式锥齿轮差速器的运动特性关系式。它表明，左、右两半轴齿轮的转速之和等于差速器壳转速的两倍，而与行星齿轮转速无关。因此，在汽车转弯行驶或在其他行驶情况下，都可以借助行星齿轮以相应转速自转，使两侧驱动车轮以不同转速在地面上滚动而无滑动。

差速器工作情况如图 11-72 所示。

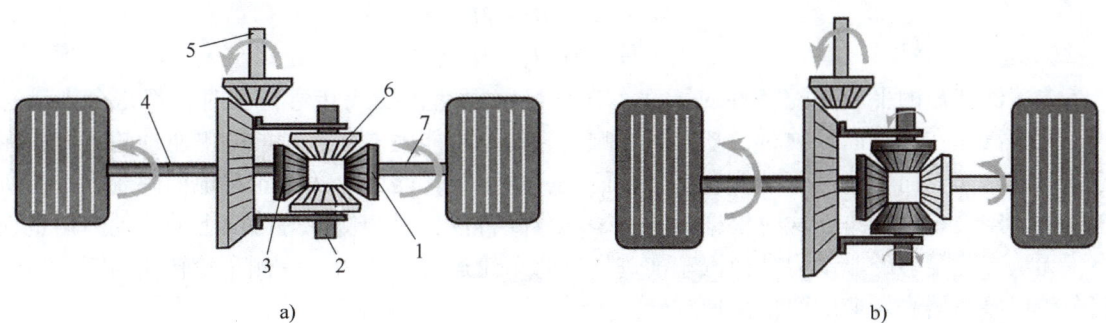

图 11-72　差速器工作情况示意图
a）直线行驶时　b）转弯行驶时
1—右半轴齿轮　2—行星齿轮轴　3—左半轴齿轮　4—左半轴　5—主减速器主动齿轮　6—行星齿轮　7—右半轴

1）汽车直线或在平坦道路上行驶时（图 11-72a），两驱动轮转速相等，行星齿轮 6 与差速器壳一起旋转，行星齿轮不绕行星齿轮轴 2 自转（只在两半轴齿轮之间公转）。因此，左半轴齿轮 3 和右半轴齿轮 1 的转速与主减速器主动齿轮 5 的转速相同。

2）汽车转弯时（例如右转弯，图 11-72b），右驱动轮（滚动阻力大）行驶路程较短，因而其转速也较左驱动轮慢。此时，行星齿轮 6 除随差速器壳公转外，还在转得较慢的右半轴齿轮 1 上滚动。因此，行星齿轮 6 按顺时针方向绕行星齿轮轴 2 自转，其速度增加值等于右半轴齿轮的降低值，达到汽车转弯时允许两驱动轮以不同速度旋转的目的。

3）当一侧半轴齿轮不动，差速器壳旋转时，行星齿轮将绕本身的轴线旋转并沿不动的一侧半轴齿轮滚动，而另一侧的半轴齿轮则以两倍于差速器壳的转速旋转。因此，两驱动轮转速之和始终等于差速器壳转速的两倍。当差速器壳不动时，若一个车轮旋转，行星齿轮则在原位旋转，并带着另一车轮以相同的转速反方向旋转。

在差速器中，差速器壳上的转矩 M_0，对行星齿轮轴施加一个切向力。而两半轴齿轮对行星齿轮轮齿啮合点上施加一个切向反作用力（图 11-73）。由于两啮合点距行星齿轮轴心距离相等，因而若不考虑差速器行星齿轮内摩擦阻力，则差速器壳总是将转矩等分给两个半轴，即

$$M_1 = M_2 = M_0/2$$

当两半轴齿轮以不同的转速朝相反方向转动时，设左半轴转速 n_1 大于右半轴转速 n_2，则行星齿轮 3 将按图 11-73 所示沿顺时针方向（n_4）绕行星齿轮轴 2 轴颈自转，此时行星齿轮孔与行星齿轮轴颈间以及齿轮背部与差速器壳之间都产生摩擦。行星齿轮 3 所受的摩擦阻力矩 M_T 的方向与其自转方向相反。此摩擦阻力矩使行星齿轮分别对左、右半轴齿轮附加作用了大小相等而方向相反的两个圆周力 F_1 和 F_2。F_1 使传到转得快的左半轴上的转矩 M_1 减小，而 F_2 却使传到转得慢的右半轴上的转矩 M_2 增加。因此，当左右驱动轮存在转速差时，左右驱动轮上的转矩之差等于差速器的内摩擦力矩 M_T，即

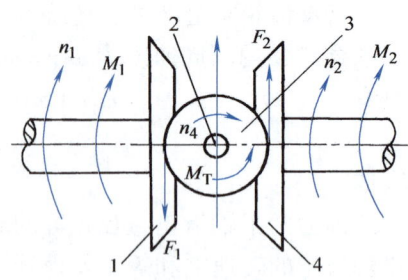

图 11-73　差速器转矩分配示意图
1—左半轴齿轮　2—行星齿轮轴（十字轴）
3—行星齿轮　4—右半轴齿轮

$$M_1 = 1/2(M_0 - M_T)$$
$$M_2 = 1/2(M_0 + M_T)$$

差速器转矩的平均分配特性对于汽车在良好路面上直线或转弯行驶时，都是令人满意的。而当汽车在坏路面行驶时，却严重影响了它的通过能力。如汽车的一侧驱动轮行驶在泥泞或冰雪路面，而另一侧驱动轮在良好路面上，由于在坏路面上的车轮与地面附着力小，所产生的驱动力矩也很小。这时根据转矩的平均分配特性，另一侧在好路面上的驱动力矩也很小，无法产生足够的驱动力来使汽车前进。这时车轮运动现象为：一侧车轮转速为零，另一侧车轮以差速器壳转速的两倍高速空转。

2. 防滑差速器

为了提高汽车在坏路上的通过能力，可采用各种防滑差速器，防滑差速器可以在一侧驱动轮打滑空转的同时，将大部分或全部转矩传给不打滑的驱动轮，以利用这一驱动轮的附着力产生较大的驱动力矩使汽车行驶。

轿车常用的防滑差速器是自锁式差速器，近几年又发展了电子控制式防滑差速器。

自锁式差速器在汽车行驶过程中，可根据路面情况自动改变驱动轮之间的转矩分配。自锁式差速器有摩擦式自锁差速器和托森式差速器等几种。

（1）摩擦式自锁差速器　在两个半轴齿轮与差速器壳 6（图 11-74）之间均有主、从动摩擦片组 1，以增大差速器内部摩擦力矩。行星齿轮轴（十字轴）4 由两根互相垂直的行星齿轮轴组成，其端部均切出凸 V 形斜面 5，相应地差速器壳孔上也有凹 V 形斜面，两根行星齿轮轴的 V 形面是反向安装的。每个半轴齿轮的背面有推力压盘 2 和主、从动摩擦片 8、9。推力压盘以内花键与半轴相连，而其轴颈处用花键与从动摩擦片连接。主动摩擦片则用花键与差速器壳 6 相连。推力压盘和主、从动摩擦片均可做微小的轴向移动。

汽车直线行驶时，两半轴无转速差，转矩平均分配给两半轴，由于差速器壳通过斜面对行星齿轮轴两端压紧，斜面上产生的轴向力迫使两行星齿轮轴分别向左、右方向（向外）略微移动，通过行星齿轮使推力压盘压紧摩擦片。此时转矩经两条路线传给半轴：一路经行星齿轮轴、行星齿轮和半轴齿轮将大部分转矩传给半轴；另一路则由差速器壳经主、从动摩擦片、推力压盘传给半轴。

当一侧车轮在路面上滑动或汽车转弯时，行星齿轮自转，起差速作用，左、右半轴齿轮的转速不等。由于转速差的存在和轴向力的作用，主、从动摩擦片间在滑转的同时产生摩擦

力矩。其数值大小与差速器传递的转矩和摩擦片数量成正比,其转向与快转半轴旋向相反,与慢转半轴旋向相同。由于较大内摩擦力矩作用的结果,使慢转半轴传递的转矩明显增加。

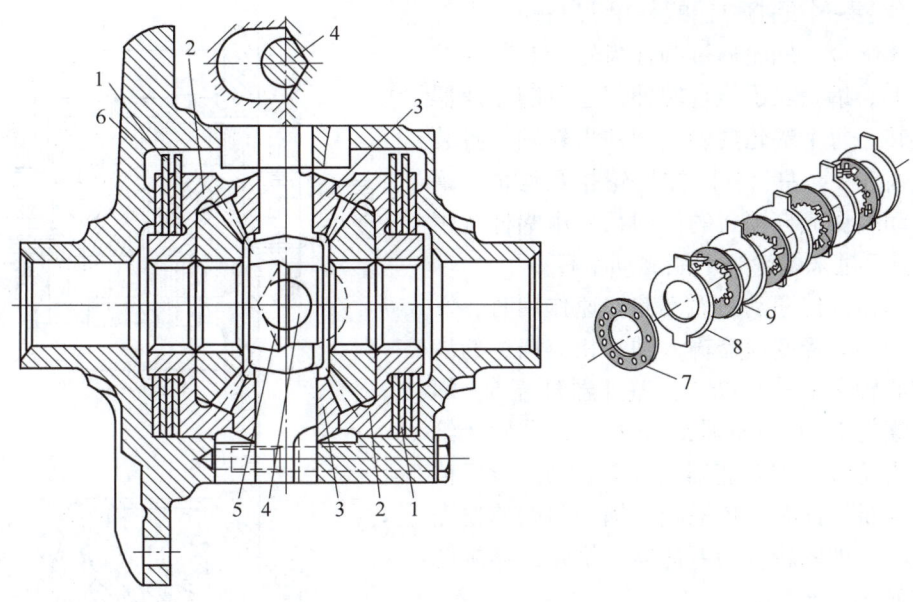

图 11-74　摩擦式自锁差速器

1—主、从动摩擦片组　2—推力压盘　3—行星齿轮　4—行星齿轮轴(十字轴)　5—V形斜面
6—差速器壳　7—弹簧片　8—主动摩擦片　9—从动摩擦片

摩擦式自锁差速器结构简单,工作平稳,目前多用于轿车和中、轻型越野汽车上。一汽-大众的高尔夫轿车即采用的就是摩擦式自锁差速器。

(2)托森式差速器(Torsen)　它是一种新型差速器,利用蜗杆蜗轮传动的不可逆原理和齿面高摩擦条件,使差速器根据其内部差动转矩(差速器内摩擦力矩)大小而自动锁死和松开。差速器内差动转矩较小时起差速作用,差动转矩较大时自动锁死差速器。

全轮驱动的一汽奥迪200型轿车的轴间差速器装用的就是托森式差速器,其结构如图11-75所示。该差速器主要由差速器外壳5、后轴蜗杆7、前轴蜗杆2、蜗轮轴9(6个)、蜗轮1(6个)及直齿圆柱齿轮8(12个)等组成。差速器外壳与变速器输出轴(空心轴4)通过花键相连并且一起转动。蜗轮通过蜗轮轴安装在差速器外壳上,三对蜗轮分别与前轴蜗杆、后轴蜗杆相啮合,每个蜗轮轴上固定两个直齿圆柱齿轮。前轴蜗杆和差速

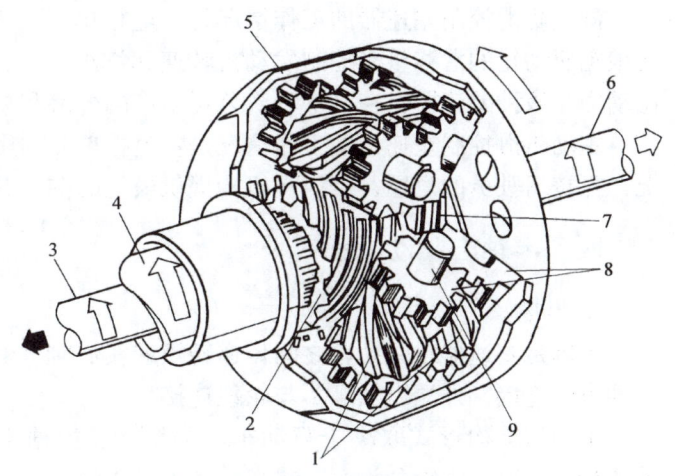

图 11-75　托森式差速器

1—蜗轮　2—前轴蜗杆　3—差速器前齿轮轴　4—空心轴
5—差速器外壳　6—差速器后齿轮轴
7—后轴蜗杆　8—直齿圆柱齿轮　9—蜗轮轴

器前齿轮轴 3 为一体，后轴蜗杆和差速器后齿轮轴 6 为一体。

托森式差速器内部结构如图 11-76 所示，每个半轴 5 各装一个蜗杆 7，蜗杆沿其圆周至少与一对蜗轮 3 啮合，蜗轮通过圆柱齿轮轴 8 装在差速器壳 4 上。蜗轮除了能自转外，还可随差速器绕蜗杆公转。每个蜗轮两侧的圆柱齿轮轴上各装一个圆柱齿轮 1，左、右圆柱齿轮相互啮合。蜗杆蜗轮传动副做成自锁式的，即只能由蜗杆 7 驱动蜗轮 3，反过来蜗轮则不能驱动蜗杆。

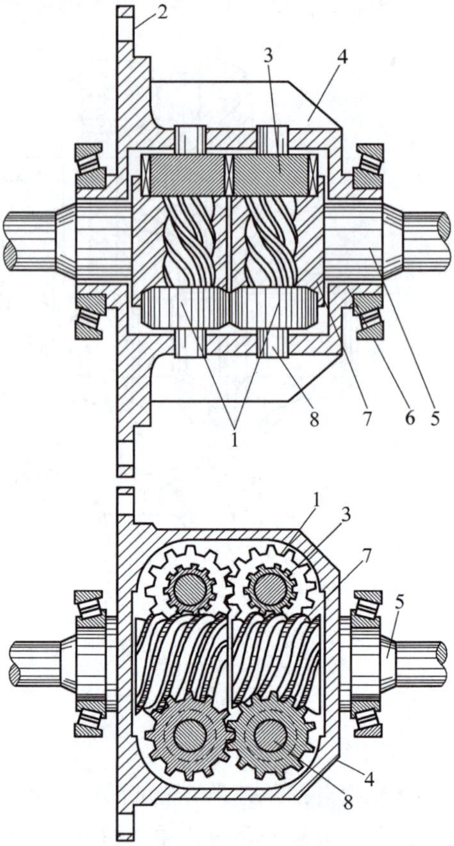

当差速器只传递动力而不起差速作用时，发动机输出的转矩经变速器输入轴，相应档位的齿轮副，空心轴 4（图 11-75），差速器外壳 5，蜗轮轴 9 及蜗轮 1，前、后轴蜗杆 2、7，分别传给差速器前齿轮轴 3 和差速器后齿轮轴 6，最后传给前后驱动桥。此时，各蜗轮、蜗杆与差速器壳成整体旋转。即蜗轮仅随差速器壳绕差速器旋转轴线公转而无自转。

当汽车转弯或在不平道路上行驶时，前、后驱动桥出现转速差。此时蜗轮除公转外，还绕自身轴线自转，通过常啮合的直齿圆柱齿轮相对转动，使一个驱动桥转速加快，另一驱动桥转速减慢，实现差速作用。

（3）电控防滑差速器　其主要包括<u>湿式防滑控制差速器</u>和<u>主动防滑控制差速器</u>两种。

湿式防滑控制差速器的工作情况是：电控单元根据驱动轮的滑移量来控制发动机转速和汽车制动力。该种差速器已在日本日产公司生产的公爵和总统等轿车上装用。

主动防滑控制差速器的工作情况是：电控单元利用传感器提供的车辆运行状况和道路情况，再按驾驶员的意愿，令执行机构提供最优的左、右驱动轮的驱动力。

图 11-76　托森式差速器内部结构示意图

1—圆柱齿轮　2—连接差速器法兰　3—蜗轮
4—差速器壳　5—半轴　6—主减速器从动齿轮
7—蜗杆　8—圆柱齿轮轴

四、半轴与驱动桥壳

1. 半轴

半轴是差速器与驱动轮之间传递转矩的实心轴，其内端一般通过花键 1（图 11-77）与半轴齿轮连接，外端以凸缘 2 与轮毂连接。

半轴的结构形式取决于驱动车轮的结构，根据半轴的受力情况，半轴分为<u>全浮式半轴</u>和<u>半浮式半轴</u>。

（1）全浮式半轴　图 11-78 所示为全浮式半轴在桥壳的安装示意图。半轴 4 外端锻有凸缘，通过轮毂螺栓与轮毂 5 连接，轮毂通过两个相距较远的圆锥滚

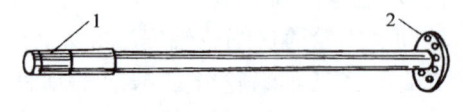

图 11-77　半轴

1—花键　2—凸缘

子轴承支承在半轴套管 1 上。半轴套管与空心梁压装成一体，组成驱动桥壳。半轴内端通过花键与差速器半轴齿轮连接。

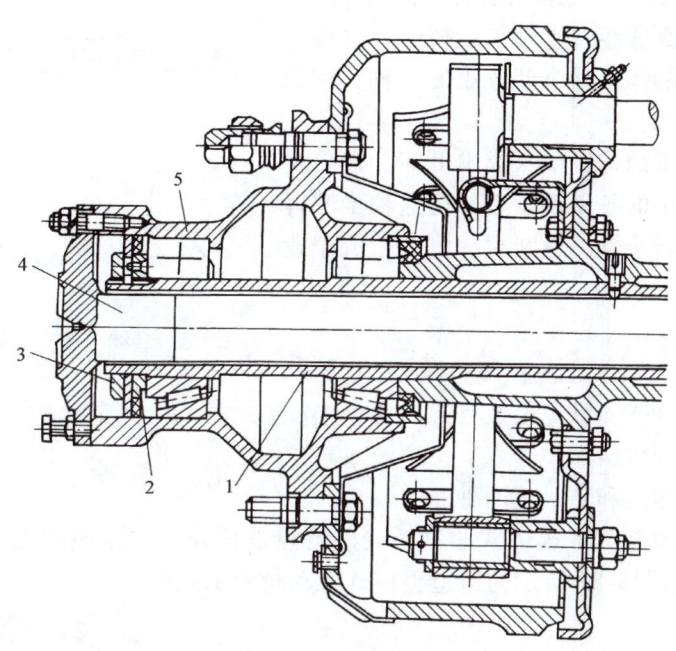

图 11-78　全浮式半轴
1—半轴套管　2—调整螺母　3—锁紧螺母　4—半轴　5—轮毂

图 11-79 所示为全浮式半轴支承示意图。驱动桥壳 5 通过轮毂轴承 3 支承在轮毂 2 上，与半轴无直接联系，车轮的中心线通过两个轴承的中间。路面作用于驱动轮上的切向反力 F_Y、侧向反力 F_X 和垂直反力 F_Z，以及由它们形成的弯矩，由轮毂 2 通过两个轮毂轴承 3 传给驱动桥壳 5 而不经半轴传递，半轴仅承受差速器输出的转矩。可见这种支承形式的半轴除承受转矩外，两端均不承受任何反力和弯矩，故称为全浮式半轴。所谓"浮"是指卸除半轴的弯曲载荷而言。没有半轴，桥壳上的两个轴承可支承住汽车车轮，汽车能照样被推走。

拆装全浮式半轴时，只需拧下半轴凸缘上的螺栓即可抽出半轴，给汽车维护带来方便。

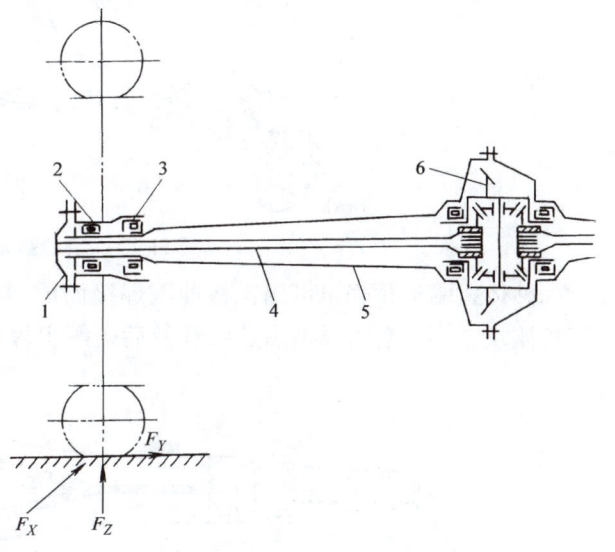

图 11-79　全浮式半轴支承示意图
1—半轴凸缘　2—轮毂　3—轮毂轴承　4—半轴
5—驱动桥壳　6—主减速器从动锥齿轮

（2）半浮式半轴　如图 11-80 所示，半浮式半轴除承受转矩外，外端还要承受车轮传来的全部反力及弯矩。从图中可以看出，车轮与桥壳无直接联系而支承于半轴外端，距支承轴承有一悬臂 b。可见车轮的各种反力都要经过半轴传给桥壳，这种内端免受弯矩，而外端却承受全部弯矩的半轴，称为半浮式半轴。

半浮式半轴支承结构简单、成本低廉，被广泛用于反力、弯矩较小的各类轿车上，但这种半轴拆装麻烦，且行驶中若半轴一旦断裂，将会造成车毁人亡。

2. 驱动桥壳

驱动桥壳用以支承并保护主减速器、差速器和半轴等；与从动桥一起支承车架及其上的各总成重量；并承受汽车行驶时由车轮传来的各种反力及力矩，经悬架传给车架。

驱动桥壳有整体式和分段式两种。

（1）整体式驱动桥壳　整体式驱动桥壳的特点是桥壳与主减速器壳分开制造，二者用螺栓连接在一起。图 11-81 所示为铸造整体式驱动桥壳示意图。

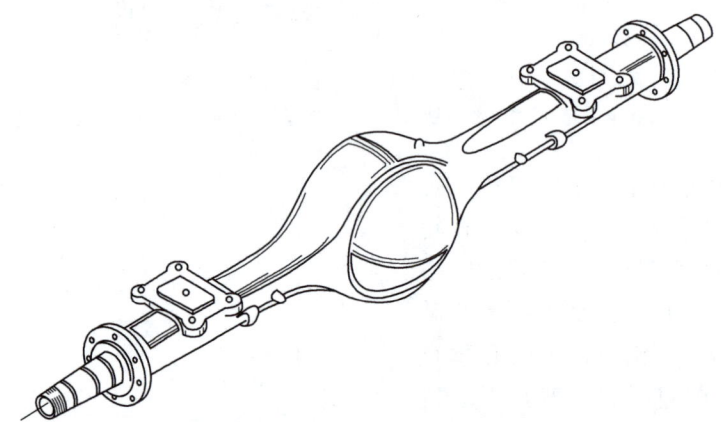

图 11-81　铸造整体式驱动桥壳

整体式驱动桥壳也可用钢板冲压焊接而成，如图 11-82 所示。该桥壳主要由壳体主件、三角镶块、半轴套管、前后加强环及后盖等组焊而成。

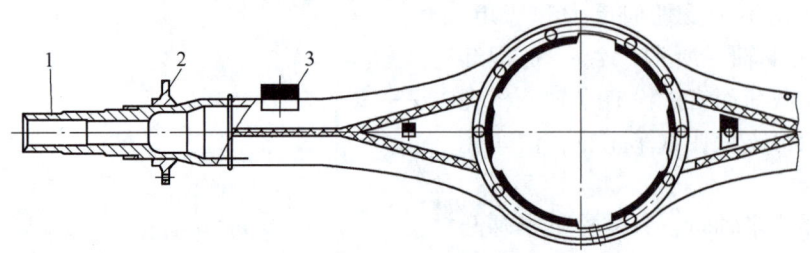

图 11-82　钢板冲压焊接整体式驱动桥壳
1—半轴套管　2—凸缘（装制动底板）　3—钢板弹簧座

（2）分段式驱动桥壳　分段式驱动桥壳分为左、右两段，由螺栓把它们连成一体。分段式驱动桥壳由主减速器壳 5（图 11-83）、桥壳盖 7、两个半轴套管 2 及凸缘盘 3 等组成。

采用独立悬架的轿车，分段式驱动桥壳各段之间可相对运动。

分段式驱动桥壳易于铸造，加工简单，但维修时必须将驱动桥整体从车上拆下来。

批量生产量大的轿车桥壳，也可用钢管扩张成形法制造。

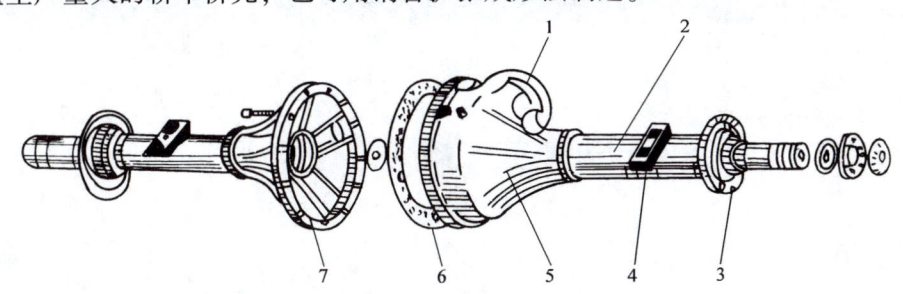

图 11-83　分段式驱动桥壳

1—主减速器壳颈部　2—半轴套管　3—凸缘盘　4—弹簧座　5—主减速器壳　6—垫片　7—桥壳盖

思考题与习题

11-1　传动系统的基本功用是什么？

11-2　机械传动系统的组成如何？

11-3　机械传动系统有哪几种布置形式？它们各自的结构特点是什么？

11-4　离合器的功用有哪些？

11-5　离合器主要由哪几部分组成？

11-6　膜片弹簧离合器的结构特点是什么？其优缺点有哪些？

11-7　变速器的功用有哪些？

11-8　轿车装用的两轴式变速器结构如何？

11-9　简述三轴式变速器的结构特点。

11-10　锁环式惯性同步器由哪些零件组成？同步器的锁止条件是什么？

11-11　变速器的自锁装置、互锁装置和倒档锁各起什么作用？

11-12　自动变速器有哪几种？

11-13　液力自动变速器的组成如何？

11-14　液力变矩器的组成如何？

11-15　简述电控机械式变速器的组成及各自的作用。

11-16　简述机械式无级变速器工作原理。

11-17　简述双离合变速器结构特点，并回答七档双离合变速器的组成。

11-18　万向传动装置的组成如何？什么是单个十字轴式万向节在有夹角时传动的不等速性？

11-19　球叉式和球笼式等速万向节在结构上有何区别？

11-20　驱动桥的功用和组成如何？

11-21　主减速器的功用和组成如何？

11-22　在主减速器中准双曲面齿轮与弧齿锥齿轮相比，有哪些优点？

11-23　对称式锥齿轮差速器由哪些零件组成？其速度特性和转矩分配特性各自如何表示？

11-24　什么叫全浮式半轴和半浮式半轴？

11-25　驱动桥壳的功用和分类怎样？

第十二章

汽车行驶系统

第一节 概 述

一、功用

1) 支承汽车的总质量。
2) 接受由发动机经传动系统传来的转矩,并通过驱动轮与地面之间的附着作用,产生驱动力,保证汽车正常行驶。
3) 传递并承受路面作用于车轮上的各种反力及其所形成的力矩。
4) 尽可能地缓和不平路面对车身造成的冲击和振动,保证汽车行驶的平顺性。

二、组成

轮式汽车行驶系统的组成如图 12-1 所示,主要由前、后桥 2、6,前、后轮 1、7 及前、后悬架 3、5 等组成。

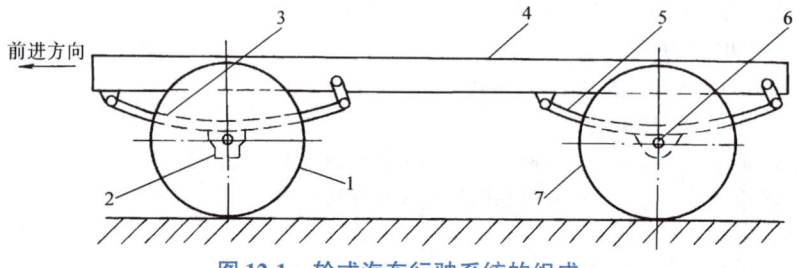

图 12-1 轮式汽车行驶系统的组成

1—前轮 2—前桥 3—前悬架 4—车架 5—后悬架 6—后桥 7—后轮

第二节 车 架

车架的功用是支承、连接汽车的各零部件,并承受来自汽车内外的各种载荷。

车架通过悬架装置坐落在车轮上。

目前,汽车车架的结构形式主要有三种:边梁式车架、中梁式车架(或称脊骨式车架)及综合式车架。

一、边梁式车架

边梁式车架是由两根位于两边的纵梁和若干根横梁通过铆接或焊接而连成的坚固的刚性

构架。由于边梁式车架便于安装车身和布置总成，有利于改装变型车和发展多品种车型的需要，所以被广泛采用。

边梁式车架的纵梁通常用低合金钢板冲压而成，一般为Q345。其断面形状如图12-2所示。

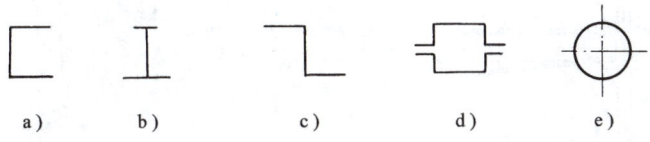

图 12-2　边梁式车架纵梁的断面形状

a）槽形　b）工字形　c）Z字形　d）箱形　e）管形

轿车边梁式车架如图12-3a所示，其中部较低，可降低轿车重心，满足轿车高速行驶的稳定性和乘坐舒适性的要求。前端较窄，可允许转向轮有较大的偏转角度；其后端向上弯曲，悬架变形时，保证车轮有足够的跳动空间。为了提高车架2的抗扭刚度，有的轿车采用"X"形车架（图12-3b）。

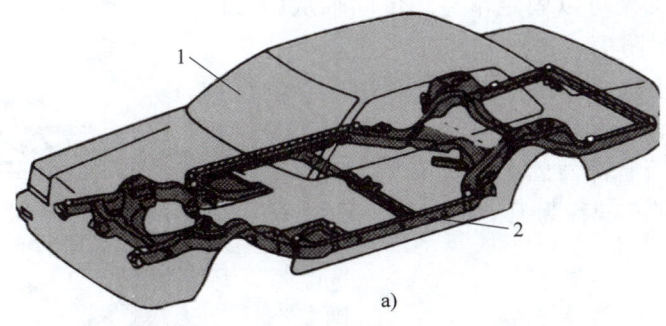

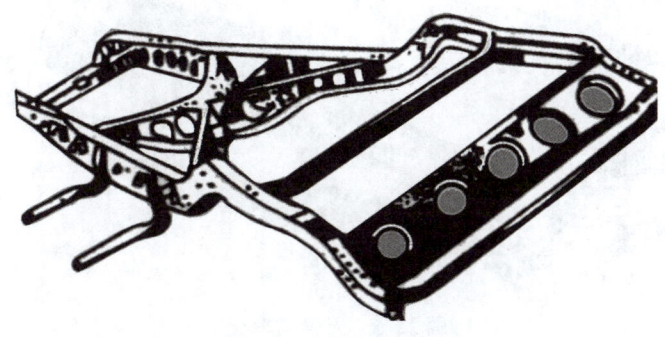

图 12-3　轿车边梁式车架

a）轿车边梁式车架　b）轿车X形车架

1—车身　2—车架

二、中梁式车架

如图12-4所示，中梁式车架只有一根位于中央而贯穿汽车全长的纵梁。中梁的断面可做成管形、槽形或箱形。中梁的前端做成伸出支架，用以固定发动机，而主减速器壳通常固定在中梁的尾端，形成断开式后驱动桥。中梁上的悬伸托架用以支承汽车车身和安装其他机件。若中梁是管形的，则传动轴可在管内穿过。

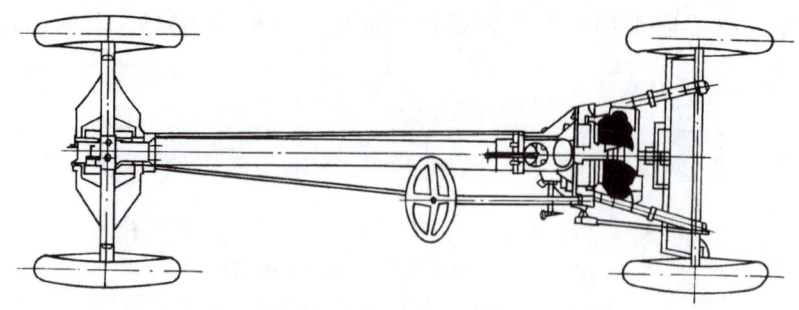

图 12-4　中梁式车架

三、综合式车架

由边梁式车架和中梁式车架联合构成的车架，称为综合式车架，如图 12-5 所示，其前段是边梁式结构，用以安装发动机；中后部是中梁式结构，其悬伸出来的支架可以固定车身。传动轴从中梁的中间穿过，使之密封防尘。

另外，为了减小汽车的质量，充分利用车身的结构特点，部分轿车和大型客车取消了车架，而以车身兼代车架的作用，即将所有部件固定在车身上，所有的力也由车身来承受，这种车架称为无梁式车架（图 12-6），也称为承载式车身。

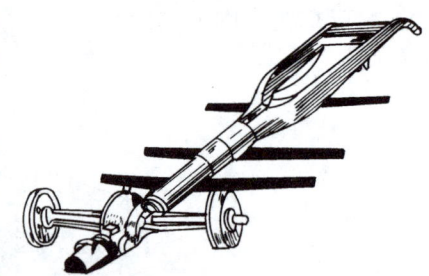

图 12-5　综合式车架

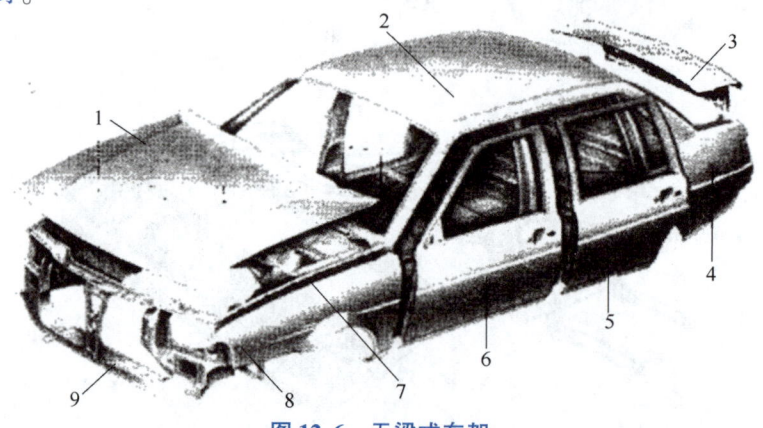

图 12-6　无梁式车架

1—发动机罩　2—车顶　3—行李箱盖　4—后翼子板　5—后车门　6—前车门　7—前纵梁　8—前翼子板　9—前围

一汽奥迪 100、红旗 CA7220、捷达、高尔夫和上海桑塔纳等轿车均采用承载式车身。

第三节　车　　桥

车桥（也称车轴）通过悬架与车架（或承载式车身）相连接（图 12-7），两端安装汽车车轮。车架所受的垂直载荷通过车桥传到车轮；车轮上的滚动阻力、驱动力、制动力和侧向力及其弯矩、转矩又通过车桥传递给悬架和车架，故车桥的功用是传递车架与车轮之间的各向作用力及其所产生的弯矩和转矩。

大部分现代轿车的左右车轮之间实际上没有车桥，而是通过各自的悬架与车架相连接，然而习惯上仍将它们称为断开式车桥。

按照车桥上车轮的运动方式和作用，车桥可分为转向桥、驱动桥、转向驱动桥和支持桥四种类型。其中转向桥和支持桥都属于从动桥。一般汽车的前桥多为转向桥，后桥或中、后两桥多为驱动桥。越野汽车和一些轿车的前桥既是转向桥又是驱动桥，故称为转向驱动桥。某些单桥驱动的三轴汽车（6×2）的中桥或后桥为支持桥。挂车上的车桥都是支持桥。

图 12-7　车桥和悬架的装配关系

1—车桥　2—悬架　3—车架

一、转向桥

转向桥是利用转向节使车轮偏转一定的角度以实现汽车的转向，转向桥通常位于汽车的前部，因此也常称为前桥。

1. 与非独立悬架匹配的转向桥

与非独立悬架匹配的各种汽车转向桥结构基本相同，主要由前轴 4（图 12-8）、转向节 2、主销 3 和轮毂 1 等四部分组成。

（1）前轴　作为转向桥主体的前轴 3（图 12-9），其断面多为工字形，且在接近两端各有一个加粗部分成拳形，其中有通孔，主销 2 即插入此孔内。前轴中部向下弯曲成凹形，其目的是使发动机位置得以降低，从而降低汽车重心，扩展驾驶员视野，减小传动轴与变速器输出轴之间的夹角。

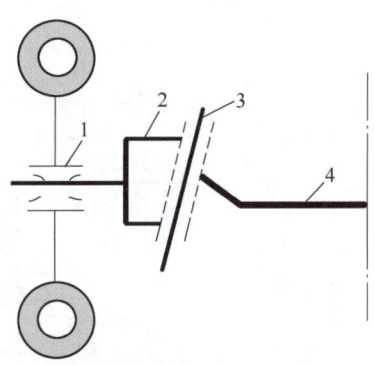

图 12-8　转向桥组成示意图

1—轮毂　2—转向节　3—主销　4—前轴

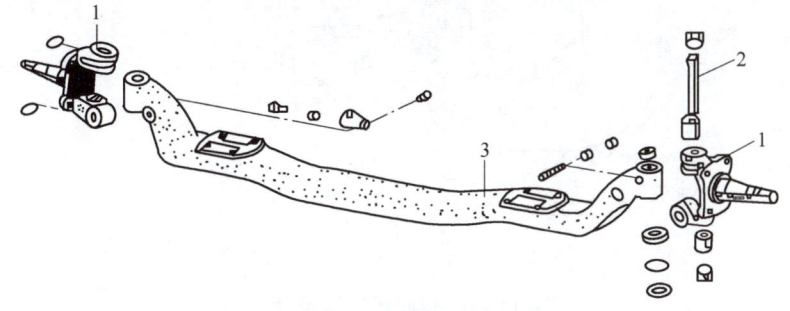

图 12-9　转向桥组成立体图

1—转向节　2—主销　3—前轴

（2）转向节 转向节1是车轮转向的铰链，它是一个叉形件。上、下两叉有安装主销的两个同轴孔，转向节轴颈用来安装车轮。转向节销孔的两耳通过主销与前轴两端的拳形部分相连，使前轮可以绕主销偏转一定角度而使汽车转向。

（3）主销 主销的作用是铰接前轴及转向节，使转向节绕着主销转动以实现车轮的转向。主销的中部切有凹槽，安装时用主销固定螺栓与它上面的凹槽配合，将主销固定在前轴的拳形孔中。主销与转向节上的销孔是间隙配合，以便实现转向。主销常见的结构形式如图12-10所示。

（4）轮毂 轮毂5（图12-11）通过两个圆锥滚子轴承6支承在转向节7的轴颈上。轴承的松紧度可用调整螺母（装于轴承外端）加以调整。轮毂外端用冲压的金属罩盖住，内端装有油封。制动底板与防尘罩一起都固定在转向节上。

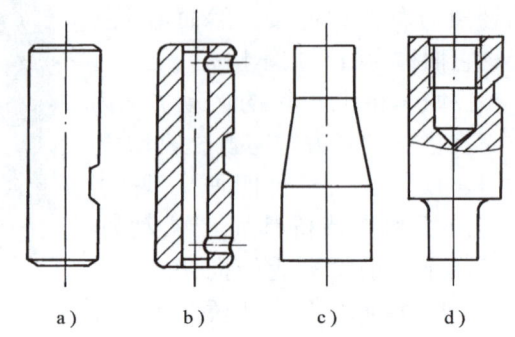

图12-10 主销常见的结构形式
a) 实心圆柱形 b) 空心圆柱形
c) 圆锥形 d) 阶梯形

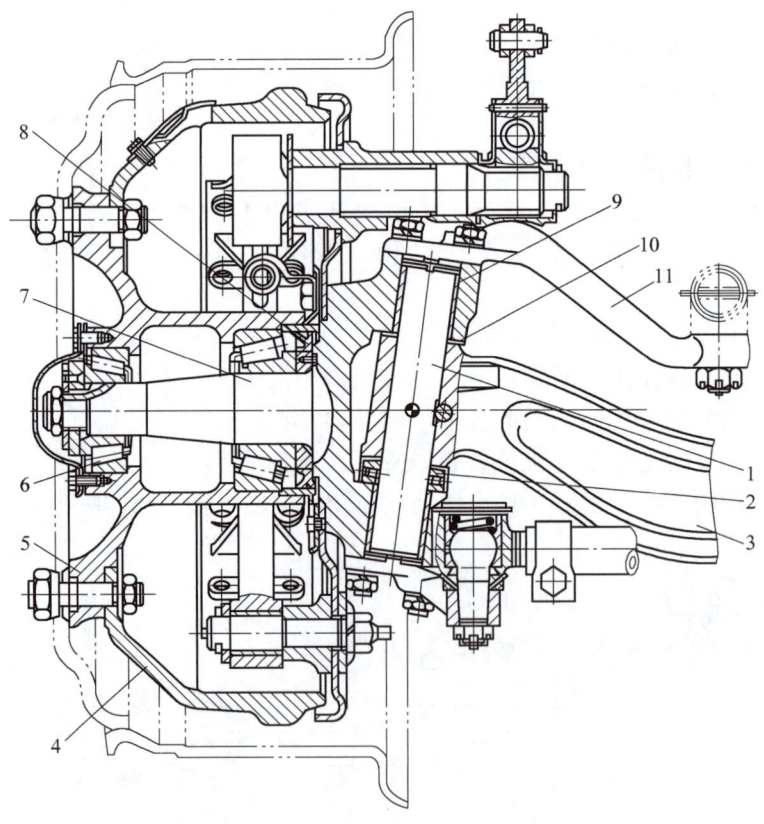

图12-11 转向桥结构示意图
1—主销 2—推力轴承 3—前轴 4—制动鼓 5—轮毂 6—圆锥滚子轴承
7—转向节 8—油封 9—转向节衬套 10—调整垫片 11—转向节臂

2. 与独立悬架匹配的转向桥

与独立悬架匹配的转向桥如图12-12所示。

二、转向轮定位

为了保持汽车直线行驶的稳定性、转向的轻便性和减小轮胎与机件间的磨损，转向轮、转向节和前轴三者之间与车架必须保持一定的相对位置，这种具有一定相对位置的安装称为转向轮定位，也称前轮定位。正确的前轮定位可使汽车直线行驶稳定而不摆动，转向时转向盘上的作用力不大，转向后转向盘具有自动回正作用，轮胎与地面间不打滑以减少油耗，延长轮胎使用寿命。转向轮定位包括：主销后倾、主销内倾、前轮外倾及前轮前束。

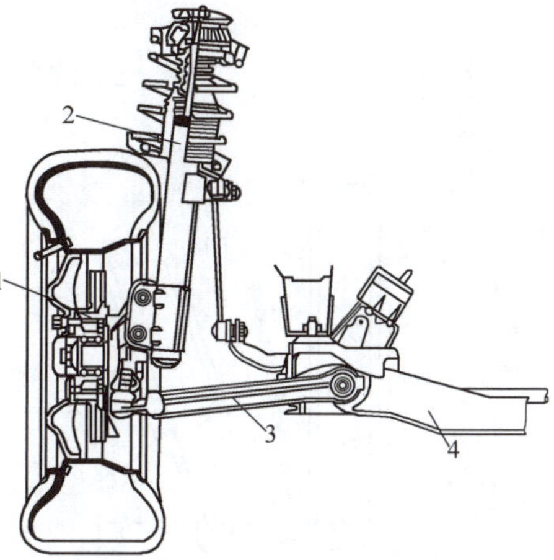

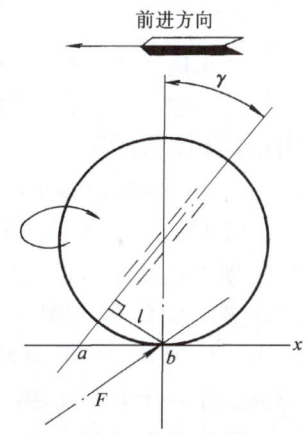

图12-12　与独立悬架匹配的转向桥

1—轮毂　2—减振器　3—摆臂　4—副车架

1. 主销后倾

主销装在前轴上后，在纵向平面内，其上端略向后倾斜，这种现象称为主销后倾。在纵向垂直平面内，主销轴线与垂线之间的夹角 γ 称为主销后倾角，如图12-13所示。

主销后倾后，它的轴线与路面的交点 a 位于车轮与路面接触前进方向点 b 之前，这样 b 点到 a 点之间就有一段垂直距离 l。若汽车转弯时（图中所示向右转弯），则汽车产生的离心力将引起路面对车轮的侧向反作用力 F，F 通过 b 点作用于轮胎上，形成了绕主销的稳定力矩 $M = Fl$，其作用方向正好与车轮偏转方向相反，使车轮有恢复到原来中间位置的趋势。即使在汽车直线行驶偶尔遇到阻力使车轮偏转时，也有此种作用。由此可见，主销后倾的作用是保持汽车直线行驶的稳定性，并力图使转弯后的前轮自动回正。后倾角越大，车速越高，前轮的稳定性越强，但后倾角过大会造成转向盘沉重，一般 $\gamma < 3°$。

图12-13　主销后倾示意图

主销后倾角的获得一般是由前轴、钢板弹簧和车架三者装配在一起时，使前轴断面向后倾斜而形成的。

目前，主销后倾角的发展趋势是朝着减小的方向发展。原因有以下几点：①子午线轮胎使用范围越来越广，子午线轮胎胎面扁平且气压低，使得轮胎胎面与地接触印迹变长，接地中心后移，自动回正力臂变长，回正力矩变得富裕；适当减小主销后倾角，可减小回正力臂，减小转向时的转向沉重感。②由于车速的提高，转弯时的离心力变大，使回正力矩变大，给主销后倾角的减小提供了条件。③只要设置主销后倾角（不管其值大小），就有自动回正作用。

2. 主销内倾

主销安装到前轴上后，在横向平面内，其上端略向内倾斜，这种现象称为主销内倾。在横向垂直平面内，主销轴线与垂线之间的夹角 β 称为主销内倾角，如图12-14所示。

轿车主销内倾角是指转向节上球头销（或上支座4）和下球头销1（图12-15）之间的

主销轴线在横向平面内倾斜的角度（β）。

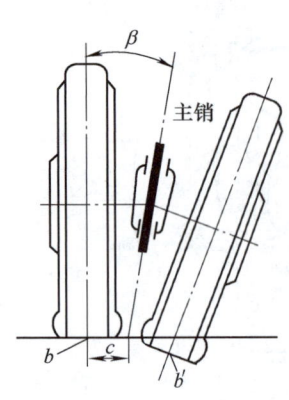

图12-14　主销内倾示意图

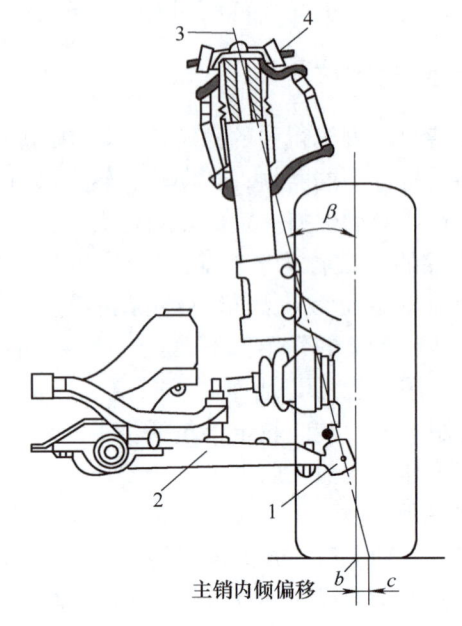

图12-15　轿车主销内倾角

1—下球头销　2—下横摆臂　3—主销轴线　4—上支座

主销内倾角也有自动回正作用。

轮胎接地点 b 的运动轨迹如下：若主销内倾角为零，则在无地面约束时，b 点绕主销轴线转动的轨迹为水平圆（图12-16a）；若主销内倾角为正值，则在无地面约束时，b 点绕主销轴线转动的轨迹为倾斜圆（图12-16b），轮胎接地点 b 转到 b'，实际是轨迹圆绕 b 点向下倾斜了一个 β 角所致。

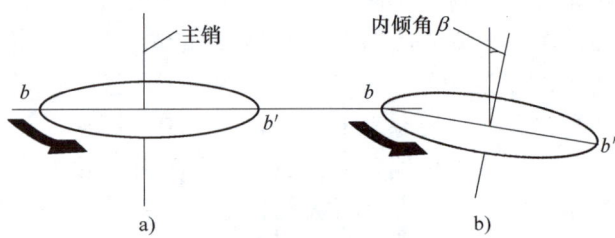

图12-16　前轮接地点绕主销转动的轨迹圆（无地面约束）

a）零内倾角　b）正主销内倾角

转向轮偏转时，轮胎接地部位有逐渐陷入路面以下的趋势（图12-14），但实际上轮胎接地部位不可能陷入地面以下，在驾驶员转向操纵力的作用下，使转向轮连同整个汽车前部向上抬起一个相应的高度。一旦驾驶员松开转向盘，在汽车本身重力的作用下，迫使转向轮自动回到原来的中间位置，起到了自动回正作用。

主销内倾角还有使转向轻便的作用。

主销内倾后，主销轴线的延长线与地面交点到车轮中心平面与地面交线的距离 c 称为偏移距（图12-14）。偏移距 c 位于 b 点内侧，称为正偏移距；反之，为负偏移距。

在一定范围内，减小正偏移距数值（主销正内倾角增大），转向阻力矩减小，从而可减小转向时驾驶员加在转向盘上的力，使转向操纵轻便，也可减少从转向轮传到转向盘上的冲击力。

在此需要指出的是，主销内倾角的变化趋势是朝着增大的方向发展。因为主销内倾角变大（偏移距数值由大变小，甚至变为负值），与汽车制动时的方向稳定性有关。

图 12-17 所示为具有负偏移距的前轮。具有负偏移距的车轮在制动时，被认为具有较好的制动方向稳定性。尤其是当两个前轮地面制动力不相等时（图中的 F_{xb}），由于主销负内倾，偏移距 c 落于车轮接地中心的外侧，使地面制动力绕主销轴线的力矩总是使车轮前端趋于汽车内侧（而正内倾则相反），避免了制动时车轮跑偏，保证了汽车直线行驶，提高了制动时的方向稳定性。

一般主销内倾角控制在 5°～8°之间。

主销内倾角是通过在前轴制造时使主销孔轴线的上端向内倾斜而获得的。

主销后倾和主销内倾都有使汽车转向自动回正，保持直线行驶位置的作用。但主销后倾的回正作用与车速有关，而主销内倾的回正作用几乎与车速无关。因此，高速时主销后倾的回正作用起主导地位，而低速时则主要靠主销内倾起回正作用。此外，直行时前轮偶尔遇到冲击而偏转时，也主要依靠主销后倾起回正作用。

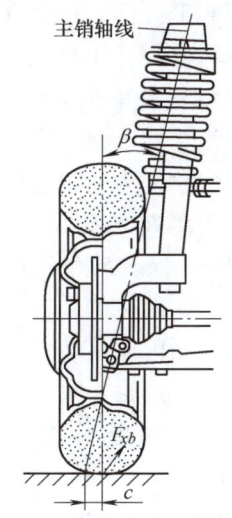

图 12-17　具有负偏移距的前轮

3. 前轮外倾

前轮安装在车轴上，其旋转平面上方相对于纵向平面略向外倾斜，这种现象称为前轮外倾。前轮旋转平面与纵向垂直平面之间的夹角 α 称为前轮外倾角，如图 12-18 所示。

前轮外倾的作用在于提高了前轮工作的安全性和操纵轻便性。由于主销与衬套之间，轮毂与轴承等处都存在有间隙，若空车时车轮垂直地面，则满载后，车桥将因承载变形，可能会出现车轮内倾，车轮内倾会带来两个不良后果：①车轮有向内侧滚动倾向，使轮胎产生滑移，增加磨损并造成操纵车辆沉重；②路面对车轮的垂直反作用力沿轮毂的轴向分力将使轮毂压向轮毂外端的小轴承，加重了外端小轴承及轮毂紧固螺母的负荷，可能造成紧固螺母脱落。

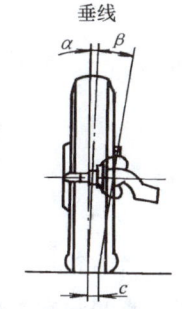

图 12-18　前轮外倾示意图

因此，为了使轮胎磨损均匀和减轻轮毂外轴承的负荷，安装车轮时预先使车轮有一定的外倾角，以防止车轮出现内倾。一般前轮外倾角为 1°左右。

前轮外倾角是由转向节的结构确定的。当转向节安装到前轴上后，其转向节轴颈相对于水平面向下倾斜，从而使前轮安装后出现前轮外倾。

目前，前轮外倾角在汽车使用过程中是不能自动调整的。这样，前轮外倾角只能在某些状态下实现最佳值。但汽车行驶状态是千变万化的，由于该参数不能随机调整，因此在很大程度上限制了汽车操作稳定性的提高。

图 12-19 所示为前轮外倾角可变化的概念车。

图 12-19　前轮外倾角可变化的概念车

它的悬架上部分是一个非常结实的铰链，其下部分装有一个强有力的液压活塞，在电控单元的控制下，活塞带动推杆缩进或伸出，随机地改变前轮外倾角。这样极大地提高了汽车转弯时的附着力，明显地提高了汽车的抗滑能力。前轮外倾角的变化范围为 0°～20°。

4. 前轮前束

汽车两个前轮安装后，在通过车轮轴线而与地面平行的平面内，两车轮前端略向内偏，这种现象称为前轮前束。左右两车轮间后方距离 A 与前方距离 B 之差 $(A-B)$ 称为前轮前束值，如图 12-20 所示。$A>B$ 为正前束；$A<B$ 为负前束。

前轮前束的作用是消除汽车行驶过程中因前轮外倾而使两前轮前端向外张开的不利影响。

由于前轮外倾，当车轮在地面纯滚动时，若不受约束，车轮像圆锥那样绕轴线与地面的交点旋转（图 12-21），实际上车轮受车桥的约束，两个前轮只能向正前方滚动。这样，轮胎始终受到一个方向指向外侧的侧向力，使轮胎向外侧滑动，增加了轮胎的异常磨损；另外，还引起行驶方向不稳定。

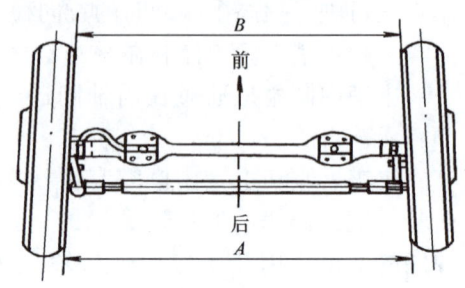

图 12-20　前轮前束（俯视图）

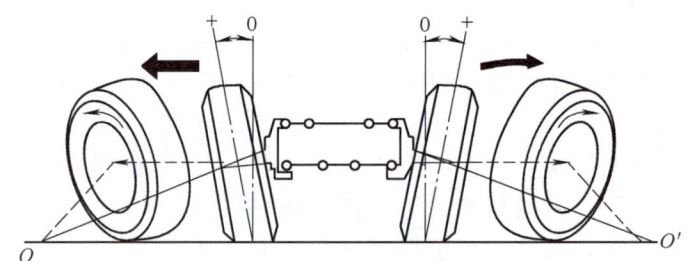

图 12-21　具有前轮外倾角的前轮滚动趋势

而当两前轮只有前束时，两车轮在向前滚动时会产生向内侧的滑动。这样，车轮外倾和前轮前束使两前轮产生的滑动方向相反，如果根据前轮外倾角的大小匹配合适的前束值，就可以使两前轮在地面上纯滚动而无滑动地向前运动（图 12-22）。

目前，多数采用前轮驱动的轿车的驱动力指向前方，它有使前轮绕主销轴线向内侧转动进而增加前轮前束的趋势。因此，有些轿车为了不使前轮前束过大，在转向轮上采用了负前束。另外，轿车广泛采用齿轮齿条式转向器，系统中球关节少，车轮向外张开的因素少，也是一些轿车采用负前束的原因。

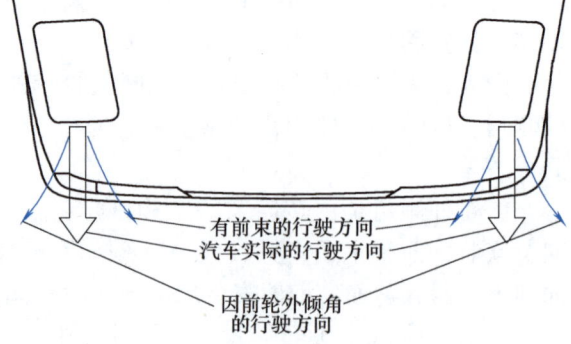

图 12-22　车轮外倾和前轮前束作用互相抵消示意图

前轮前束多以长度单位（mm）表示，也有用角度单位（°）表示的，称为前束角（车轮旋转平面与纵向平面之间的夹角）。它们之间的换算如下：

$$前束角 = 2.256\delta/d$$

式中　2.256——换算系数；
　　　δ——前束（mm）；
　　　d——轮辋直径（in）。

例如：某轿车前束值为3mm，轮胎轮辋直径为12in，其前束角 = (2.256 × 3/12)° = 0.56°。

几种车型转向轮定位数据见表12-1。

表 12-1　几种车型转向轮定位数据

车　　　型	主销后倾角	主销内倾角	车轮外倾角	前轮前束值/mm
一汽奥迪 100	50′ ± 40′	14°10′	0° ± 30′	−1.6
上海桑塔纳 2000	1°30′ ± 30′	—	−15′ ± 15′	0 ~ 1.6
丰田 CORONA 2000	−1° ~ 0°	7°20′	−5′ ~ −55′	3 ~ 5
皇冠 RS60L—Yb	45′ ± 15′	7°20′	25′ ± 30′	4 ~ 1
蓝鸟 1.6XBLU11D	1°15′ ~ 2°45′	13°15′ ~ 14°15′	15′ ~ 1°5′	1 ~ 3
一汽捷达	1°30′ ± 30′	14°	−30′ ± 20′	0 ~ 10
雷克萨斯 LS400（空气悬架）	9°50′ ± 45′	8°40′ ± 45′（转向轴线倾斜角）	0°5′ ± 45′	2 ± 2
神龙富康	0°30′ ± 40′	10°45′ ± 40′	0°30′ ± 30′	−2 ~ 0
一汽红旗 CA7220	1°10′	14°10′	−0°30′ ± 30′	0^{+5}_{-10}

注意，前轮前束可通过改变横拉杆的长度来调整。

三、转向驱动桥

能实现车轮转向和驱动的车桥称为转向驱动桥，如图12-23所示。在结构上，转向驱动桥既具有一般驱动桥所具有的主减速器10、差速器8及内、外半轴7和2，也具有一般转向桥所具有的转向节壳体4、主销5和轮毂3等。它与单独的驱动桥、转向桥相比，其不同之处是，由于转向的需要半轴被分为两段，分别称为内半轴7（与差速器8相连接）和外半轴2（与轮毂3连接），二者用等角速万向节6连接起来。同时，主销也因此分成上下两段，分别固定在万向节的球支座上。转向节轴颈1做成空心的，以便外半轴2从中穿过。转向节的连接叉是球状转向节壳体4，既满足了转向的需要，又适应了转向节的传力。转

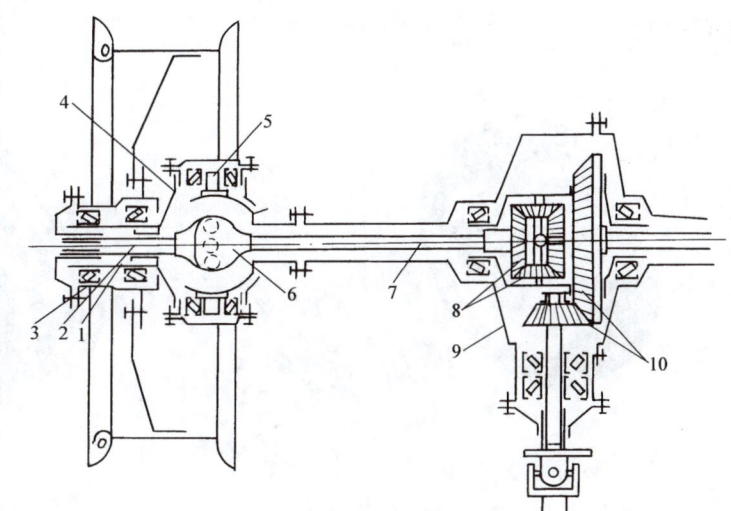

图 12-23　转向驱动桥示意图

1—转向节轴颈　2—外半轴　3—轮毂　4—转向节壳体
5—主销　6—等角速万向节　7—内半轴
8—差速器　9—主减速器壳　10—主减速器

向驱动桥广泛地应用在前置前轮驱动的轿车和全轮驱动的越野汽车上。

一汽奥迪100、捷达、高尔夫、上海桑塔纳等轿车的前桥均是转向驱动桥。

四、后轮定位

后轮定位指的是后轮外倾与后轮前束。其作用原理同前轮定位，设置后轮定位的目的是使车轮在路面上做纯滚动，使前后轮胎行驶轨迹重合。

一汽红旗CA7220、奥迪100、奥迪200、上海桑塔纳2000及雷克萨斯LS400等轿车上均采用了后轮定位。

第四节　车轮与轮胎

一、车轮

车轮是介于轮胎和车桥之间承受负荷的旋转组件，由轮毂、轮辐（轮盘）和轮辋组成。

轿车的车轮如图12-24所示。轮胎6安装在轮辋4上，轮辋上还装有平衡块7，轮辋与轮辐3铸成一体，并用车轮螺栓2将其安装在轮毂（图中未画出）上，再通过轮毂轴承装在车桥上，在轮辐的外侧装有装饰罩1。

1. 车轮类型

车轮按轮辐的结构分为辐板式和辐条式两种。目前，普通级轿车多采用辐板式车轮，而高级轿车、竞赛汽车多采用辐条式车轮。

（1）辐板式车轮　这种车轮如图12-25所示，轮辐所用材料较薄并冲压成起伏多变的形状，提高了其刚度。轿车常用的辐板式车轮用铝合金制成，且多为整体式（轮辋与轮辐铸成一体）。

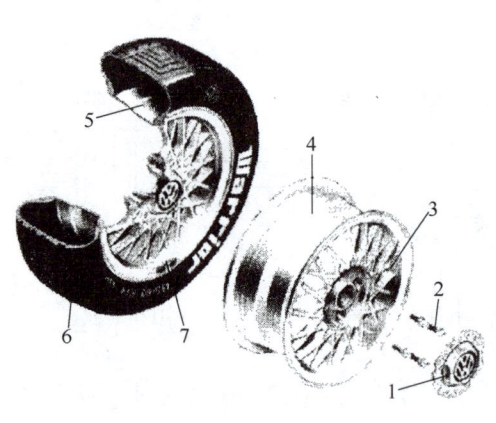

图12-24　车轮
1—装饰罩　2—车轮螺栓　3—轮辐（铸造辐条）
4—轮辋　5—车轮　6—轮胎　7—平衡块

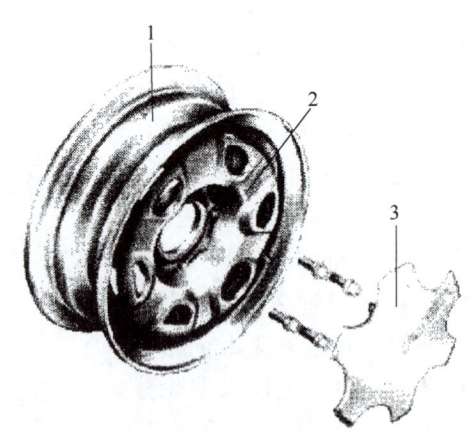

图12-25　辐板式车轮
1—轮辋　2—轮辐　3—装饰罩

（2）辐条式车轮　这种车轮的轮辐多采用铸造辐条4（图12-26）或钢丝辐条。铸造辐条与轮毂5铸成一体，与轮辋1用衬块2及螺栓3固定在一起。配合锥面6用来保证轮辋与辐条自动对中。钢丝辐条车轮质量小，但价格高，维修安装不便，故常在某些高级轿车及竞赛汽车上使用，如美国别克轿车。

2. 轮辋类型

轮辋用于安装和固定轮胎。按其结构不同，可分为深槽式、平底式和对开式（可拆式）三种形式（图12-27）。

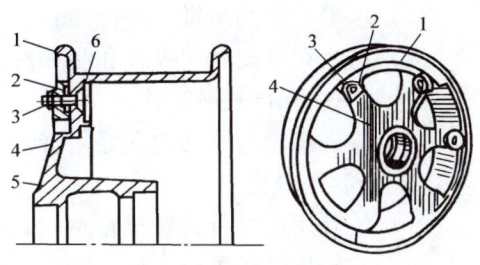

图12-26　辐条式车轮
1—轮辋　2—衬块　3—螺栓　4—铸造辐条
5—轮毂　6—配合锥面

（1）深槽式轮辋　深槽式轮辋（图12-27a）是一种整体轮辋，代号是DC，其结构特点是断面中部有一深凹槽，带肩的凸缘用来固定轮胎，并与胎圈接触。肩部一般以5°±1°的倾斜度向中央倾斜。倾斜部分的最大直径是轮胎胎圈与轮辋的结合处直径。红旗CA7560、天津夏利TJ7100型轿车及北京BJ2020N型越野汽车均装用这种类型的轮辋。

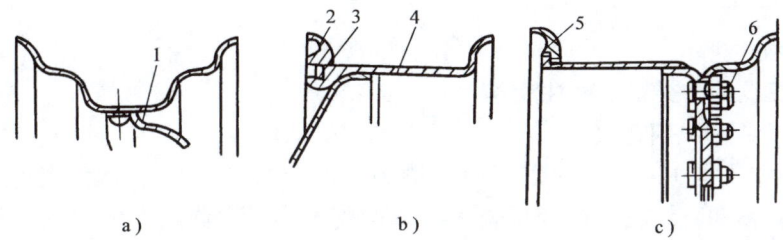

图12-27　轮辋断面形式
a）深槽式轮辋　b）平底式轮辋　c）对开式轮辋
1—轮辐　2、5—挡圈　3—锁圈　4—轮辋　6—螺栓

（2）平底式轮辋　这种轮辋（图12-27b）的代号是FB，其结构特点是断面中部为平直的，一侧有凸缘，另一侧以可拆的挡圈2作为凸缘。开口的锁圈3用来将挡圈固定在轮辋上。安装轮胎时，先将轮胎套在轮辋上，再套上挡圈，并将它向内推，直至越过轮辋上的环形槽，再将开口的弹性锁圈嵌入环形槽中。客车多采用较大、较硬的外胎，一般多装用平底式轮辋。

（3）对开式轮辋　这种轮辋（图12-27c）的代号是DT，由内、外两部分组成，用螺栓6将两部分连成一体。内、外两部分中，有一部分（往往是内轮辋）与轮辐固连。这种轮辋在拆装轮胎时，只需拆下螺栓6即可。

3. 轮毂

轮毂是连接制动鼓、轮辐和半轴凸缘的重要零件，一般由圆锥滚子轴承套装在半轴套管或转向节轴颈上。

轮毂内装有轮毂轴承，为使其润滑，可在轮毂内加少量润滑脂。

二、轮胎

1. 轮胎的作用

轮胎安装在轮辋上，直接与路面接触，其作用是：

1) 承受汽车的质量，并传递其他方向的力和力矩。

2) 与汽车悬架共同吸收和缓和汽车行驶时所受到的冲击和振动，以保证汽车具有良好的乘坐舒适性和行驶平顺性。

3) 保证车轮与路面的良好附着性，以提高汽车的动力性、制动性和操纵稳定性。

2. 轮胎的分类

1) 按其用途可分为轿车轮胎和载货汽车轮胎。

2) 按胎体结构可分为充气轮胎和实心轮胎。

充气轮胎按组成结构不同，可分为有内胎轮胎和无内胎轮胎；按胎内的工作压力大小，可分为高压胎、低压胎和超低压胎；按胎体中帘线排列的方向不同，可分为普通斜交轮胎、带束斜交轮胎和子午线轮胎；按胎面花纹的不同，可分为普通花纹轮胎、混合花纹轮胎和越野花纹轮胎。

轮胎花纹的基本功能是：①提供纵向附着力，实现汽车的驱动力和制动力；②提供横向附着力，实现汽车的转弯和稳定行驶；③排除路面积水，提高汽车在湿水路面上的行驶稳定性。

3. 轮胎花纹

轿车轮胎花纹的种类繁多，性能各异。

(1) 横向花纹和纵向花纹

1) 横向花纹（图 12-28a）是以横向沟槽为主的花纹，主要为轮胎提供纵向（行驶方向）附着性能。横向花纹轮胎能获得较大的纵向附着力，提高汽车的驱动力和制动力。在湿水和积水的路面上横向花纹还起到排水作用。载货汽车多用横向花纹轮胎。

2) 纵向花纹（图 12-28b）是以纵向沟槽为主的花纹，主要为轮胎提供横向附着性能。横向附着性能对高速行驶的轿车来说很重要，同时也提高了轿车抗湿滑能力。目前，轿车轮胎胎面大都有两条以上又宽又深的纵向主沟，用以储水、排水和增大侧向附着力。

(2) 锯齿形花纹　锯齿形花纹（图 12-29）的锯齿形由曲折的纵向主沟和带有斜度的横向花纹组合而成。锯齿形花纹适用速度级别为 H 级（210km/h）以下，该种花纹轮胎可提高汽车的平顺性和可靠性。

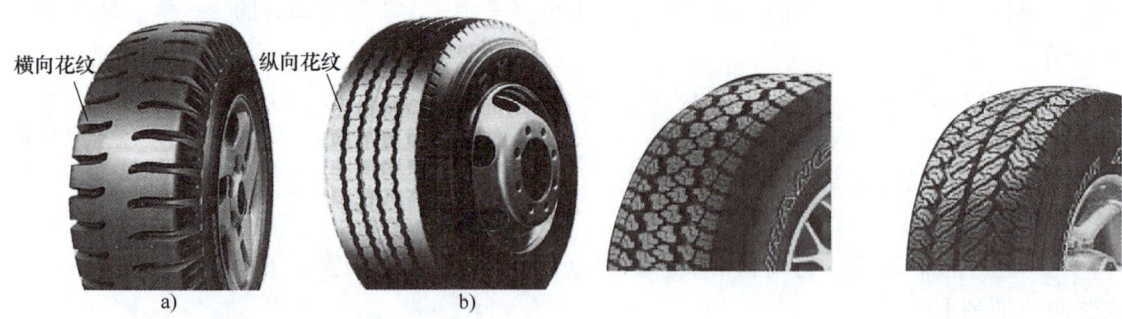

图 12-28　轮胎的横向花纹和纵向花纹
a) 横向花纹　b) 纵向花纹

图 12-29　轮胎的锯齿形花纹

(3) 直沟纵向花纹　直沟纵向花纹（图 12-30）由宽深明显的纵向主沟和带有一定斜度的横向花纹组合而成。直沟纵向花纹轮胎适用速度级别为 V 级（240km/h）以上。该种轮胎噪声小，可提高乘坐舒适性；另外，汽车在干、湿路面上行驶时，还可提高其动力性和操作稳定性。

图 12-30　轮胎的直沟纵向花纹

（4）纵横沟组合花纹　纵横沟组合花纹（图 12-31）由深宽均明显的纵、横向主沟槽组成，几乎接近块状花纹。该种花纹适用于冬季轮胎，也可用作全天候轮胎，速度级别为 S 级和 H 级。纵横沟组合花纹轮胎的突出优点是：在冰雪路面行驶时，汽车的动力性和制动性极佳；另外，轮胎的抗湿滑性能和操作稳定性均好。

图 12-31　轮胎的纵横沟组合花纹

（5）冰雪路面防滑花纹　冰雪路面防滑花纹（图 12-32）也称冬季花纹或雪泥花纹。它采用加宽加深、边棱分明的纵横沟组合花纹设计，且其胎面比普通轮胎宽 10%～20%。另外，在花纹块表面刻制 Z 形刀槽花纹，并且加大密度，甚至连花纹块的侧沟面上也刻上 Z 形刀槽花纹。这样，使轮胎花纹最大限度地增大与地接触面积并清除接触面间的水膜。装用冰雪路面防滑花纹轮胎，可大大增加汽车在冰雪路面上的附着力，改善汽车的动力性、制动性和抗侧滑性能，操作稳定性也会得到提高。

图 12-32　冰雪路面防滑花纹

（6）全天候花纹　全天候花纹（图 12-33）属于四季皆宜花纹。这种花纹采用多条宽深的 V 形纵向花纹沟和单导向花纹沟的设计；胎面材料采用全天候特殊配方，可避免胎面低温出现硬化现象；创新地采用了全天候路面感应技术，使胎面自动适应不同道路和气候条件。

全天候花纹不仅具有良好的防滑性能和雪地抓地性能，还具有优良的耐磨性能和一定的高速性能，且噪声低，能满足汽车在干、湿、冰、雪等路况行驶时对轮胎的要求。

图 12-33　全天候花纹

(7) 不对称花纹 不对称花纹（图 12-34）的结构特点是：胎面花纹设计成内外不对称，内侧花纹块比外侧花纹块小些；内侧花纹块用于排水，外侧花纹块用于改善弯道性能。

汽车转弯时，侧向力压向轮胎外侧，由于轮胎外侧有厚实的胎肩抵挡（花纹块较大），轮胎变形较小，接地压力分布较均匀，增大了轮胎的抓地力，提高了轮胎的抗滑能力，并大大改善了汽车的操纵稳定性。

图 12-34　不对称花纹

需要指出的是，有的不对称花纹轮胎不仅花纹设计成不对称，而且花纹块的质地硬度也设计成不对称，硬度由内侧向外侧逐渐增大。

(8) 单导向花纹 单导向花纹（图 12-35）具有独特超长的 V 形花纹沟，使胎面具有极佳的排水性能。因此，这种轮胎使汽车无论行驶在干或湿任意一种路面上，都具有良好的操作性能，以及良好的动力性、耐磨性和低噪声性能。

单导向花纹轮胎适应速度级别为 Z 级。保时捷、法拉利、宝马 Z4 及奥迪 TT 等跑车和一些高级轿车均适宜装配单导向花纹轮胎。

4. 子午线轮胎

目前，在国内外轿车上广泛应用子午线轮胎。

如图 12-36 所示，子午线轮胎的帘布层 2 的帘线与轮胎子午断面接近一致（即与胎面中心线呈 90°或接近 90°）排列，以带束层 3 箍紧胎体。其特点是通过帘线的这种排列使其强度被充分利用，故它的帘布层数比普通斜交轮胎可减少将近一半，且没有偶数限制，所以胎体柔软；为了承受汽车行驶时产生的较大切向力，子午线轮胎具有若干层帘线与子午断面呈大角度（交角 70°~75°）、高强度、不易拉伸的周向环形的类似缓冲层的带束层。带束层采用强度高、伸缩率小的帘线材料制成，故带束层像一条刚性环带似地箍在胎体上，极大地提高了胎面的刚度和强度。

图 12-35　单导向花纹

子午线轮胎具有耐磨性好、弹性大、行驶里程长、滚动阻力小、节约燃料、承载能力大、减振性能和附着性能好、胎面耐刺穿和自重轻等优点。但其胎侧易裂口，胎圈易损坏，横向稳定性差，且制造成本高。

子午线轮胎使用的轮辋与普通轮胎相同，但在使用中，子午线轮胎与普通轮胎不能并装也不可同轴混装。

5. 无内胎轮胎

无内胎轮胎（图 12-37）在外观和结构上与有内胎轮胎相似，所不同的是它没有内胎和垫带，空气直接压入外胎中，其密封性是由外胎和轮辋来保证的。无内胎轮胎的内壁上附加了一层厚度为 2~3mm 的专门用来封气的橡胶密封层 2，有的还

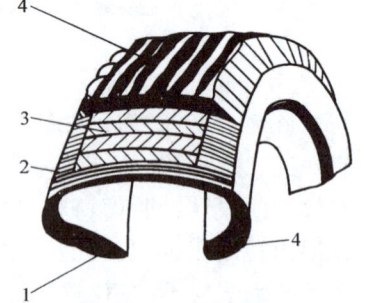

图 12-36　子午线轮胎

1—胎圈　2—帘布层
3—带束层　4—胎冠

在该层下面贴着一层特殊混合物制成的自黏层。当轮胎穿孔时，自黏层能自行将刺穿的孔黏合，故这种轮胎也称为有自黏层的无内胎轮胎。在胎圈外侧也有一层胎圈橡胶密封层，用以增加胎圈与轮辋接合的气密性。轮辋底部是倾斜的，并涂有均匀的漆层。气门嘴 3 直接固定在轮辋 4 的一侧，其间垫以密封用的橡胶密封垫，并用螺母旋紧密封。

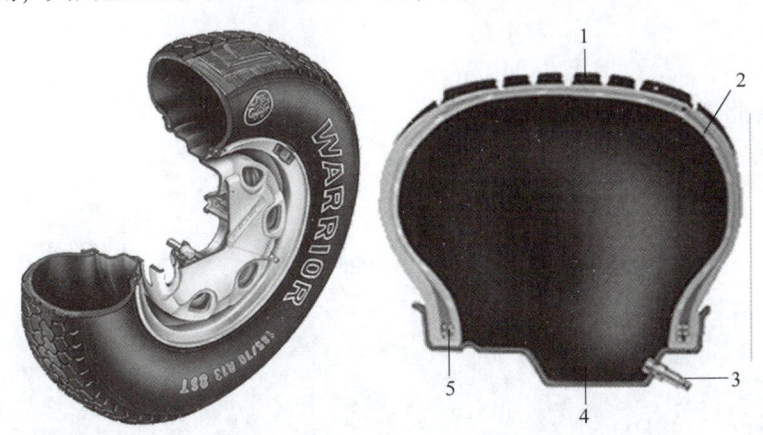

图 12-37　无内胎轮胎

1—胎面　2—密封层　3—气门嘴　4—轮辋　5—钢丝圈

无内胎轮胎的优点是：①只在爆破时才会失效，而穿孔时漏气缓慢，胎压不会急剧下降，仍能继续行驶；②因无内胎，故摩擦生热少，散热快，适于高速行驶；③其结构简单，质量较小。无内胎轮胎的缺点是：密封层和自黏层易漏气，途中修理较为困难。此外，自黏层只有在穿孔尺寸不大时方能黏合，而且天气炎热时其还可能因软化而向下流动从而破坏车轮平衡，因此，一般多采用无自黏层的无内胎轮胎。它的外胎内壁只有一层密封层，当轮胎穿孔后，由于其本身处于压缩状态而紧裹着穿刺物，故能长期不漏气，即使将穿刺物拔出，也能暂时保持胎内气压。

无内胎轮胎一般配用深式轮辋，目前在轿车上应用较多，如一汽红旗 CA7220、奥迪 100、捷达、高尔夫和上海桑塔纳 2000 型等轿车均采用了无内胎子午线轮胎。

6. 轮胎规格的表示方法

目前，轮胎规格的表示方法有两种：传统沿用和国际标准。

（1）传统沿用

1）普通斜交轮胎。采用"断面宽度"-"轮辋直径"来表示，长度单位均为英寸（in），有的还加上帘布层的层级"PR"数值。例如，某载货汽车使用的轮胎为 9.00-20-10PR，其中帘布层的层级以棉帘布为基础，10PR 所对应的帘布层数：棉帘布为 10 层，人造丝帘布为 8 层，尼龙帘布为 6 层。

2）子午线轮胎。采用"名义断面宽度"/"高宽比""轮胎结构代号""轮辋直径"等项连贯起来表示，如 185/60R14。

（2）国际标准　现行的 ISO 规定，子午线轮胎采用"名义断面宽度"/"高宽比""轮胎结构代号""轮辋直径""负荷指数""速度符号""用途代号"等项连贯起来表示，如 185/60R1482H。

此规格各参数具体含义如下：

185——轮胎名义断面宽度为185mm。
60——轮胎高宽比为60%。
R——子午线轮胎代号。
14——轮胎匹配的轮辋直径为14in。
82——负荷指数，最大负荷为475kg。
H——速度符号，最高速度为210km/h。
用途代号在此省略。
子午线轮胎规格举例如图12-38所示。

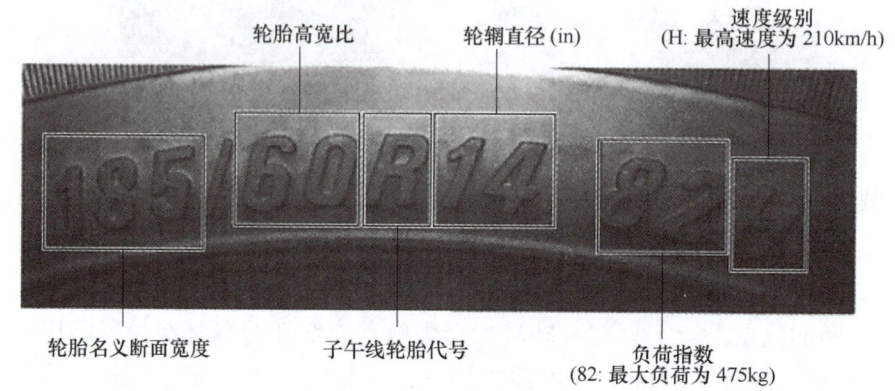

图12-38　子午线轮胎标志

1）轮胎名义断面宽度：轮胎按规定气压充气后，轮胎外侧面间的距离。

2）轮胎高宽比：是指轮胎的断面高度（H）与轮胎断面宽度（B）的百分比，表示为（H/B）×100%（图12-39）。轮胎系列就是用轮胎名义高宽比表示的，例如"80"系列、"70"系列、"60"系列和"50"系列等。

高宽比高的轮胎称为高断面轮胎；反之，则称为低断面轮胎。

近年来，低断面轮胎应用日益广泛，主要原因是：①滚动阻力小，有利于汽车高速行驶，且延长了轮胎的使用寿命；②接地印痕短而宽，轮胎负荷得以提高；③侧偏刚度较大，提高了汽车的操纵稳定性。

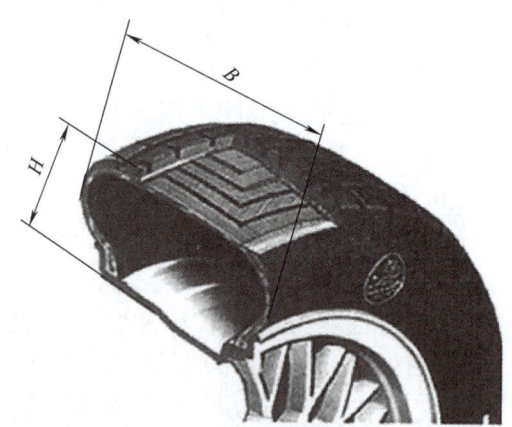

图12-39　轮胎断面高宽比

3）轮辋直径：轮辋规格中直径大小的代号，与轮胎规格中相对应的直径一致。

4）速度符号：轮胎最高速度是指在规定条件（路面级别、轮辋名义直径）下，在规定的持续行驶时间（持续行驶最长时间为1h）内，允许使用的最高车速。

将轮胎最高速度（km/h）分为若干级，用字母表示，叫做速度符号，目前有25个，表12-2仅摘录了一部分。

表 12-2　轮胎的速度符号与最高行驶速度（摘自 GB/T 2978—2008）

速度符号	F	G	J	K	L	M	N	P	Q	R	S
最高速度/（km/h）	80	90	100	110	120	130	140	150	160	170	180
速度符号	T		U		H		V		W		Y
最高速度/（km/h）	190		200		210		240		270		300

5）负荷指数：轮胎负荷指数指的是，在规定的条件（轮胎最高速度、最大气压等）下轮胎负荷能力的数字符号。轮胎负荷指数用 LI 表示。轮胎的负荷指数与负荷能力对应关系的部分内容见表 12-3。

表 12-3　轮胎的负荷指数与负荷能力对应关系

负荷指数	61	62	63	64	65	66	67	68	69	70	71
负荷能力/kg	257	265	272	280	290	300	307	315	325	335	345
负荷指数	72	73	74	75	76	77	78	79	80	81	82
负荷能力/kg	355	365	375	387	400	412	425	437	450	462	475
负荷指数	83	84	85	86	87	88	89	90	91	92	93
负荷能力/kg	487	500	515	530	545	560	580	600	615	630	650

7. 胎压监视系统

胎压监视系统（Tyre Pressure Monitoring System，TPMS）是近年来新出现的电子系统。

该系统的主要功能是：①随时监控轮胎气压；②汽车起动时显示胎压；③胎压高或低时报警及进行本系统故障自诊断等。

胎压监视系统是通过监控胎内气压和温度来实现上述功能的。

胎压监视系统有机电式和电子式两种。

机电式胎压监视系统只能通过比较直线行驶时同一制动管路内两个车轮的轮速传感器的信号并判断其是否一致，来被动监控胎压是否过低，但无法监控胎压和胎温是否过高。

图 12-40 所示为机电式胎压监视系统。该系统的工作原理是：ABS 轮速传感器 4 采集传递车轮转速差信息，电控单元接收并进行车轮转速差的计算，之后再通过胎压监控指示灯 1 显示胎压故障并以胎压监控音响 2 报警。接到报警后，驾驶员将气压充到标准值，再通过胎压监控按钮 3 使系统回到胎压监控数据初始化工作状态。

机电式胎压传感器的结构和工作原理如图 12-41 所示。其主要由传感器外壳 1、铜垫片 8、弹簧 4、导柱 3 和空心螺柱 10 等组成。

当将安装螺口 B 拧到轮胎气门芯上时，空心螺柱顶开轮胎气门芯轴，轮胎气压通过空心螺柱中心孔传到密封垫 2 上部的气室中，再通过密封垫和导柱 3 作用在弹簧 4 上。

胎压为标准值时（图 12-41 b），弹簧被压缩，导柱下移

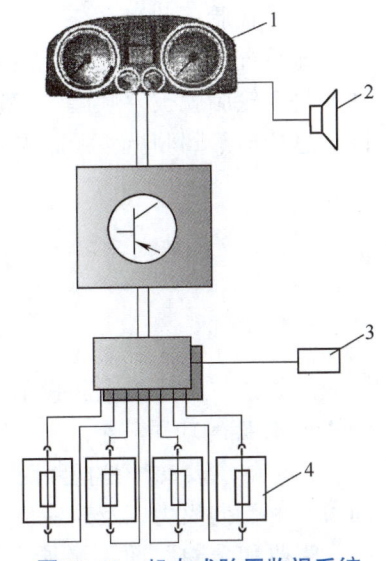

图 12-40　机电式胎压监视系统

1—胎压监控指示灯　2—胎压监控音响
3—胎压监控按钮　4—ABS 轮速传感器

使铜垫片8与壳体脱离,即存在间隙A,导线E、F未接通,此时胎压传感器未工作。

当胎压低于标准值时(图12-41 c),弹簧伸张,推动导柱上移,铜垫片与壳体接触,进而接通导线E、F。传感器将此时信号传递给接收装置,通过报警装置发出声光报警,提示驾驶员胎压低于标准值。

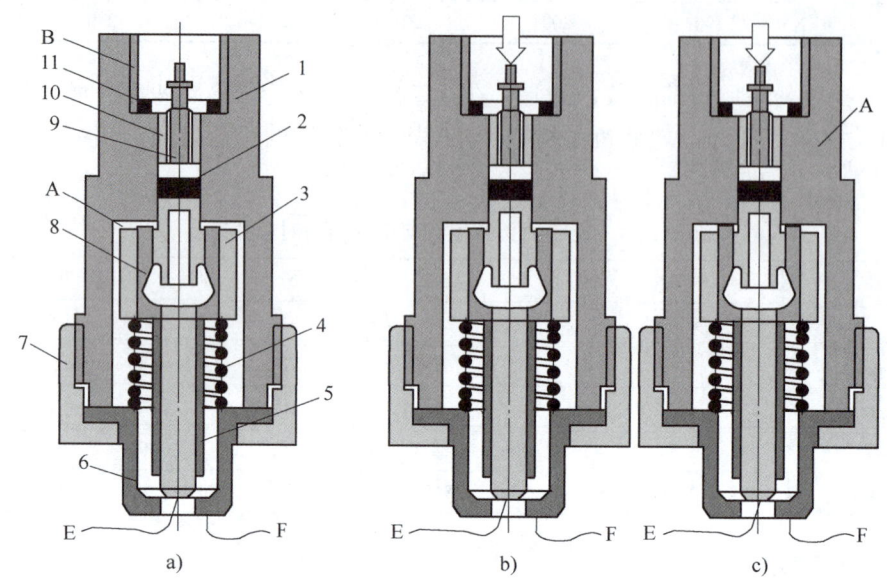

图12-41 机电式胎压传感器

a)传感器结构 b)胎压为标准值时传感器的工作状态 c)胎压低时传感器的工作状态
1—传感器外壳 2—密封垫 3—导柱 4—弹簧 5—套筒 6—密封套
7—螺母 8—铜垫片 9—芯柱 10—空心螺柱 11—密封圈
A—间隙 B—安装螺口 E、F—导线

电子式胎压监视系统主要由压力和温度传感器、电控单元及RF天线等组成。

该系统能精确测量每个轮胎的压力和温度,通过警告装置告诉驾驶员。只要发动机起动,每个轮胎就被"唤醒",驾驶员即可了解轮胎的状态信息。如果胎压骤降,轮胎自动将该信息传递给驾驶员,无需先期"唤醒"。

第五节 悬 架

一、概述

悬架是车架(或承载式车身)与车桥(或车轮)之间一切传力连接装置的总称。

1. 悬架的功用与组成

悬架的主要功用是把路面作用于车轮上的垂直反力(支承力)、纵向反力(驱动力和制动力)和侧向反力以及这些反力所形成的力矩传递到车架(或承载式车身)上;与轮胎一起,吸收和缓冲路面不平所造成的振动和冲击,提高乘客的乘坐舒适性和运输货物的安全性。

悬架主要由弹性元件7(图12-42)、减振器1和导向装置等组成。

弹性元件使车架与车桥之间形成弹性联系，承受和传递垂直载荷，缓和及抑制不平路面所引起的冲击；减振器用来加快振动的衰减，限制车身和车轮的振动；导向装置用来传递纵向力、侧向力及其力矩，并保证车轮相对于车架或车身有一定的运动规律。

由此可见，上述三个组成部分分别起缓冲、减振和导向作用，三者联合起到共同传力的作用。为防止车身在不平路面行驶或转向时发生过大的横向倾斜，部分汽车还装有辅助弹性组件——横向稳定器和横向稳定杆。

需要指出的是：任何悬架只要具备上述功用，在结构上并非需要有以上全套装置。如一般汽车上广泛采用的多片钢板弹簧悬架，它既有缓冲、减振的功能，又担负起传力和导向的任务，因此，不需要再安装导向机构，甚至不要减振器（如后悬架）。

2. 分类

根据汽车两侧车轮运动是否相互关联，汽车悬架可分为非独立悬架（图12-43）和独立悬架（图12-44）两种形式。

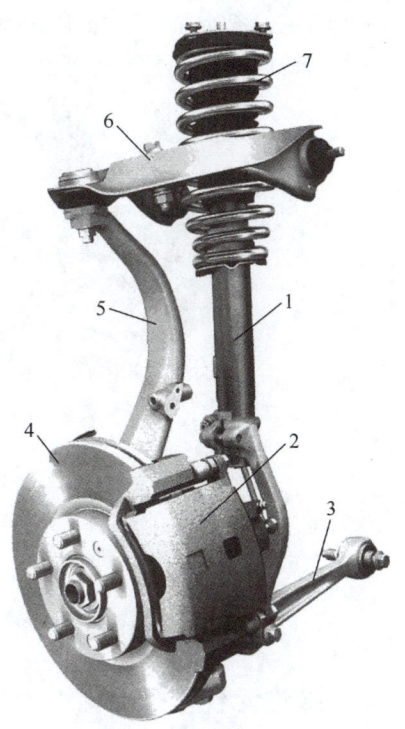

图 12-42 悬架的组成
1—减振器 2—制动钳 3—下横臂
4—制动盘 5—纵摆臂 6—上横臂
7—弹性元件（螺旋弹簧）

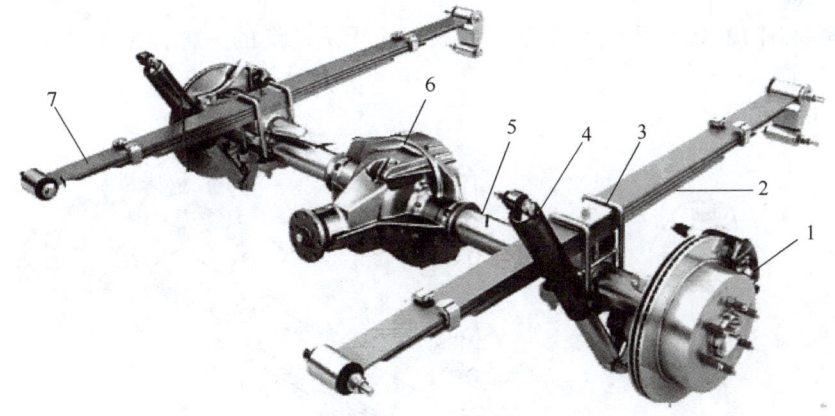

图 12-43 非独立悬架
1—车轮 2、7—钢板弹簧 3—U形螺栓 4—减振器 5—车桥 6—主减速器

非独立悬架的结构特点是汽车两侧车轮1（图12-43）分别安装在一根整体式的车桥5两端，车桥则通过弹性组件（钢板弹簧2、7）与车架相连接。这种悬架当一侧车轮因道路不平而上下跳动时，将会影响另一侧车轮定位参数的改变，因此称为非独立悬架。非独立悬架一般和非断开式车桥组装在一起。

独立悬架的结构特点则是汽车两侧车轮4（图12-44）分别安装在断开式的车桥5两端，每段车桥和车轮单独通过弹性组件（螺旋弹簧2）与车架相连。这样当一侧车轮跳动时，对另一侧车轮定位参数不产生影响，因此称为独立悬架。

轿车前轿广泛应用独立悬架。

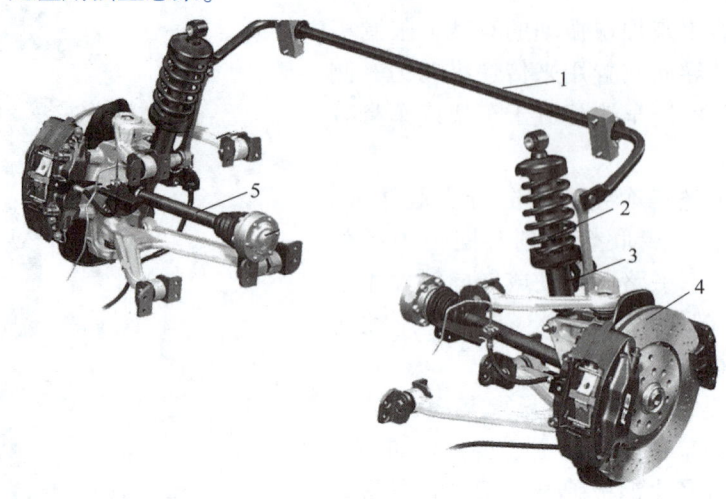

图 12-44　独立悬架

1—横向稳定杆　2—螺旋弹簧　3—减振器　4—车轮　5—车桥

二、弹性元件

汽车悬架系统中所采用的弹性元件有钢板弹簧、螺旋弹簧、扭杆弹簧、气体弹簧和橡胶弹簧等。一般载货汽车的非独立悬架广泛采用钢板弹簧；大多数轿车的独立悬架应用螺旋弹簧和扭杆弹簧；而在部分高级轿车上，应用的是气体弹簧。

1. 钢板弹簧

钢板弹簧（图12-45）是汽车非独立悬架中应用最广泛的一种弹性组件。

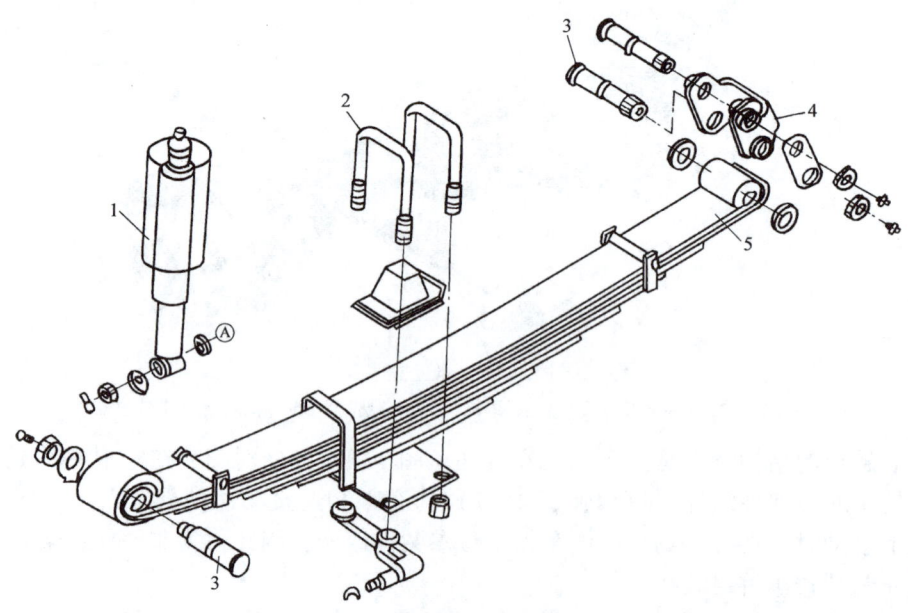

图 12-45　钢板弹簧组件

1—减振器　2—U形螺栓　3—钢板弹簧销　4—钢板弹簧吊耳　5—钢板弹簧

钢板弹簧 5 的中部一般由 U 形螺栓 2 与车桥刚性固定，其两端用钢板弹簧销 3 铰接在车架的支架上。

钢板弹簧前端卷耳通过钢板弹簧销连接到车架上，形成固定的铰链支点，起传力作用。钢板弹簧后端与车架的连接方式应考虑到钢板弹簧变形时其长度的改变，连接方式有吊耳支架式、滑板式和橡胶块式等。

在车架加载弹簧变形时，钢板弹簧各片之间产生相对滑动进而产生摩擦，此时钢板弹簧本身具有一定的减振作用。如果钢板弹簧各片之间干摩擦时，轮胎所受到的冲击会直接传给车架，并直接使钢板弹簧各片磨损，故安装钢板弹簧时，应在各片之间涂上适量的石墨润滑剂。

钢板弹簧本身还兼起导向作用，可不必单独设置导向装置，使结构简化。因此，有些高级轿车的后悬架也采用钢板弹簧作为弹性组件。

目前，国内外汽车越来越多地采用少片（2～3 片）变截面钢板弹簧，钢板弹簧宽度保持不变，但它的横截面尺寸沿长度方向是变化的。这种少片变截面钢板弹簧克服了多片钢板弹簧质量大、性能差的缺点。

2. 螺旋弹簧

螺旋弹簧（图 12-46）广泛地应用于轿车的前独立悬架，有的轿车后轮也采用螺旋弹簧。与钢板弹簧相比，螺旋弹簧单位质量的能量吸收率高，质量小；另外，螺旋弹簧还具有无需润滑、不忌泥污、所占纵向空间小的优点。

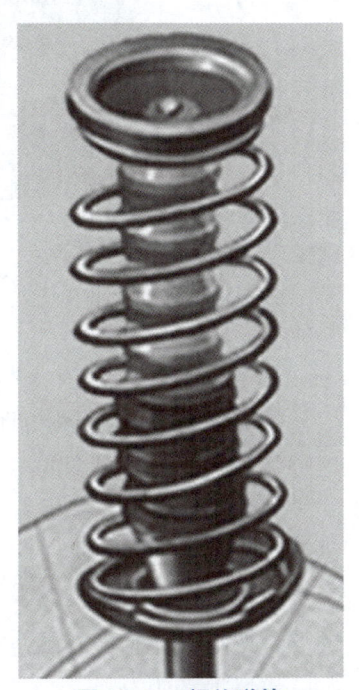

图 12-46　螺旋弹簧

螺旋弹簧本身没有减振作用，因此在螺旋弹簧悬架中必须另装减振器。此外，螺旋弹簧只能承受垂直载荷，故必须装设导向机构以传递垂直力以外的各种力和力矩。

3. 扭杆弹簧

扭杆弹簧是一根用合金弹簧钢制成的具有扭转弹性的杆。它的两端可以做成花键、方形、六角形或带平面的圆柱等，以便将一端固定在车架上，另一端通过摆臂 2（图 12-47）固定在车轮上。

当车轮跳动时，摆臂便绕着扭杆 1 的轴线上下摆动，使扭杆产生扭转弹性变形，吸收来自路面的冲击，借以保证车轮与车架的弹性联系。有的扭杆由一些矩形断面的薄扭片组合而成，这样可以使弹簧更为柔软。

扭杆弹簧可以比钢板弹簧甚至比螺旋弹簧储存更多的能量，而且它还与螺旋弹簧一样，具有质量小、不需润滑和占据空间小等优点。

英菲尼迪轿车装用的扭杆弹簧如图 12-48 所示。

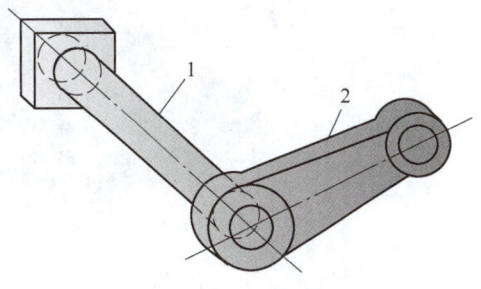

图 12-47　扭杆弹簧

1—扭杆　2—摆臂

扭杆弹簧

图 12-48　扭杆弹簧在车上的安装

4. 气体弹簧

气体弹簧是在一个密封的容器中充入压缩气体，利用气体的可压缩性实现其弹性作用。这种弹簧的刚度是可变的。

气体弹簧有空气弹簧和油气弹簧两种。在轿车中，应用较多的是装用空气弹簧的独立悬架。

所谓空气悬架，是指采用空气减振器的悬架。空气减振器内部不像传统减振器那样充满油液，而是由一个空气泵向其充入空气，这样便可以通过控制空气泵来调整空气减振器中的空气量或空气压力。

装用空气弹簧的悬架如图 12-49 所示。

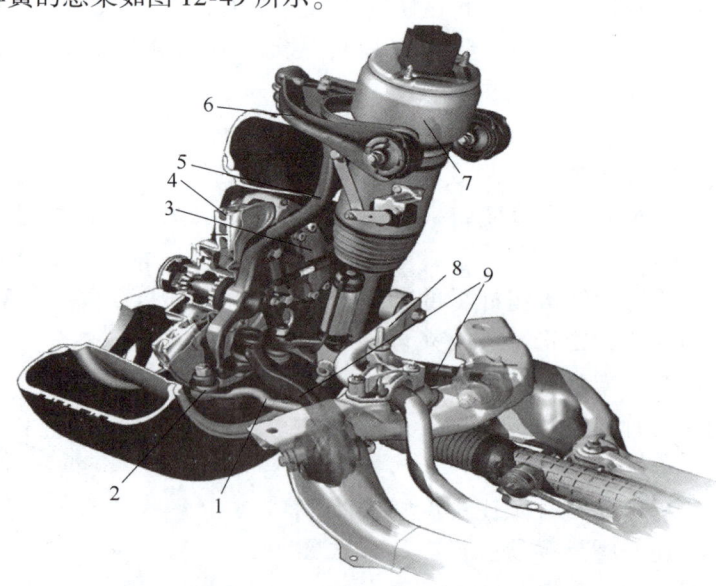

图 12-49　装用空气弹簧的悬架

1—转向拉杆　2—转向拉杆球头　3—制动钳　4—制动盘　5—转向节
6—上控制臂　7—空气弹簧　8—横向稳定杆　9—下控制臂

与传统的钢板弹簧悬架相比，空气弹簧悬架具有很多优点：汽车高速行驶时，悬架可以变硬，提高了汽车行驶的稳定性；汽车长期低速行驶时，悬架可以变软，提高了汽车行驶的平顺性。

图 12-50 所示为装用空气悬架的汽车。

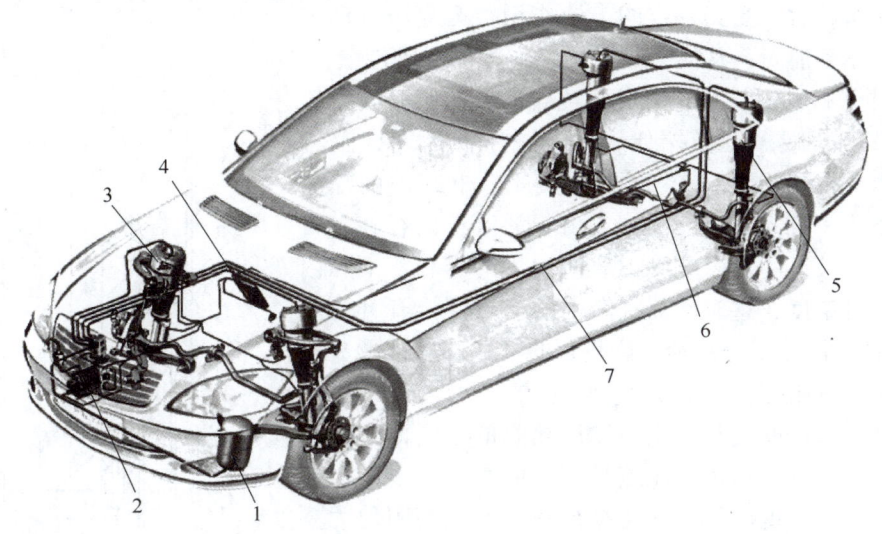

图 12-50　装用空气悬架的汽车
1—气罐　2—空气泵　3、5—空气悬架　4—电控单元　6—控制线路　7—空气管道

由于空气量可调，因此可以通过车身电控单元或人为地通过操作按钮来控制悬架的软硬程度。空气悬架的高度和行程根据减振器内部压缩空气量的多少也是可以控制的（通过调节空气泵的空气泵入量来控制空气悬架的高度和行程）。

三、减振器

汽车悬架系统中多采用液力减振器，也有一些轿车装用电磁减振器和空气减振器。

1. 双向筒式液力减振器

液力减振器的作用原理是利用液体流动的阻力来消耗振动的能量。当车架与车桥相对运动时，活塞在缸筒内上下移动，减振器壳体内的油液便反复地从一个内腔通过一些窄小的孔隙流入另一内腔。此时，孔壁与油液间的摩擦及液体分子内摩擦便形成对振动的阻尼，使车身和车架的振动能量转化为热能而被油液和减振器壳体所吸收，最后散到大气中去。

如图 12-51 所示，在活塞 4 上装有伸张阀 3 和流通阀 10，在工作缸筒 5 下端的支座上装有压缩阀 1 和补偿阀 11。流通阀和补偿阀一般是单向阀，其弹簧很软，当阀上的油压作用力与弹簧力同向时，阀处于关闭状态，完全不通油液；而当油压作用力与弹簧力反向时，即使有很小的油压，阀也能打开。压缩阀和伸张阀是卸压阀，其弹簧较硬，只有当油压增高到一定程度时，阀才能打开；而当油压降低到一定程度后，阀又会在弹簧力的作用下立即关闭。

双向筒式液力减振器工作时有压缩和伸张两个行程。

（1）压缩行程　当汽车车轮滚上凸起和滚出凹坑时，车轮和车架（车身）移近，减振器受压缩，活塞4下移。活塞下腔容积减小，油压升高，油液经流通阀10流到活塞上腔。由于上腔被活塞杆6占去一部分空间，上腔内增加的容积小于下腔减小的容积，故还有一部分油液推开压缩阀1，流回储油缸筒2。当油液流经上述阀孔时，受到一定的节流作用，为克服流动阻力而消耗了振动能量，从而衰减了压缩行程的振动能量。

（2）伸张行程　当车轮滚进凹坑或滚离凸起时，车轮相对车身移开，减振器受拉伸。此时减振器活塞向上移动。活塞上腔油压升高，流通阀10关闭。上腔内的油液便推开伸张阀3流入下腔。同样，由于活塞杆的存在，自上腔流来的油液还不足以充满下腔所增加的容积，下腔内产生一定的真空度，这时储油缸筒中的油液便推开补偿阀11流入下腔进行补充。此时，这些阀的节流作用即形成对悬架伸张运动的阻尼力。

由于伸张阀的刚度和预紧力比压缩阀的大，而且伸张行程时的油液通孔面积也比压缩行程时的小，所以减振器在伸张行程中产生的阻尼力比压缩行程中产生的阻尼力要大得多。

2. 电磁减振器

电磁减振器是利用电磁感应原理来实现悬架高度变化的一种新型减振器。

图12-52所示为装有电磁减振器的悬架。

电磁减振器（图12-53）筒内装的不是普通减振器油液，而是一种被称作电磁液的特殊液体（由合成的碳氢化合物和微小的铁粒组成）。

装有电磁减振器的悬架称为电磁式可调悬架。它由电控单元（ECU）、车轮位移传感器、电磁液压杆和电磁减振器组成。车轮位移传感器装在车身和车轮之间，并与电控单元相连。电控单元还和电磁活塞4连接。

平时，电磁液里的微小铁粒杂乱无章地分布在液体里，基本上不起什么作用。当电磁线圈2通电时，在磁场作用下，它们会排列成一定的结构，改变电磁液的微小铁粒的排列方式。这些粒子会按垂直于压力的方向排列，阻碍油液在电磁活塞通道内的流动。电磁液的密度由电流精确控制，并且是适时连续控制。

汽车行驶时，如遇路面不平引起车轮跳动，车轮位移传感器迅速将信号传给电控单元，电控单元随即发出指令，将电信号传至各电磁减振器的电磁线圈，在电磁线圈磁场的作用下，电磁液的密度变大，从而提高了减振器的阻尼系数，控制了车身的振动，调整了悬架的减振效果。

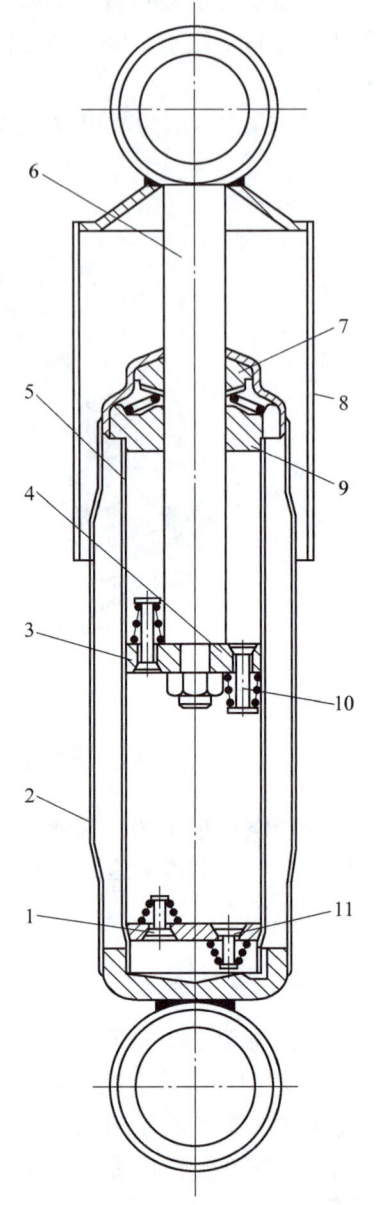

图12-51　双向筒式液力减振器示意图

1—压缩阀　2—储油缸筒　3—伸张阀
4—活塞　5—工作缸筒　6—活塞杆
7—油封　8—防尘罩　9—导向座
10—流通阀　11—补偿阀

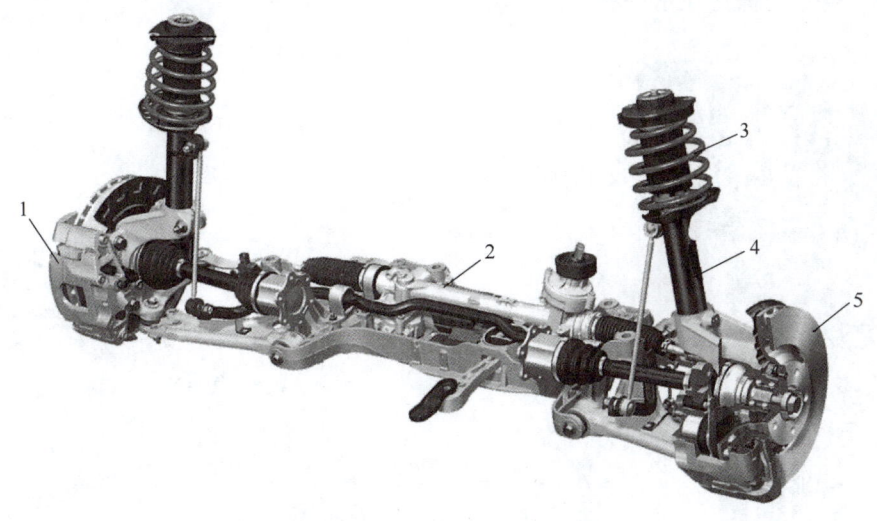

图 12-52 装有电磁减振器的悬架
1—制动钳 2—转向器 3—螺旋弹簧 4—电磁减振器 5—制动盘

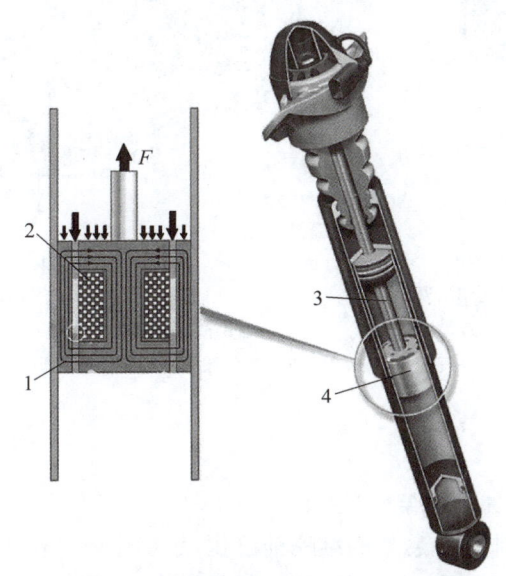

图 12-53 电磁减振器工作原理示意图
1—磁力线 2—电磁线圈 3—活塞杆 4—电磁活塞

凯迪拉克 SLS 轿车装用的就是电磁减振器。

3. 空气减振器

奔驰 S 级轿车装用的空气减振器的具体结构如图 12-54 所示。

奔驰 S 级轿车装用的带有空气减振器 11（图 12-55）的悬架是一个全支撑式悬架。汽车行驶时，悬架系统可根据车身的载荷情况自动调节车身高度。电控单元 12 根据两个前轴水平高度位置传感器 1 和 9 及一个后轴水平高度位置传感器提供的信号，经过计算后发出指令，控制空气分配阀 8，通过控制空气量的多少来控制悬架的刚度，借以调节整个车身高度，使车身高度总是保持在水平状态。

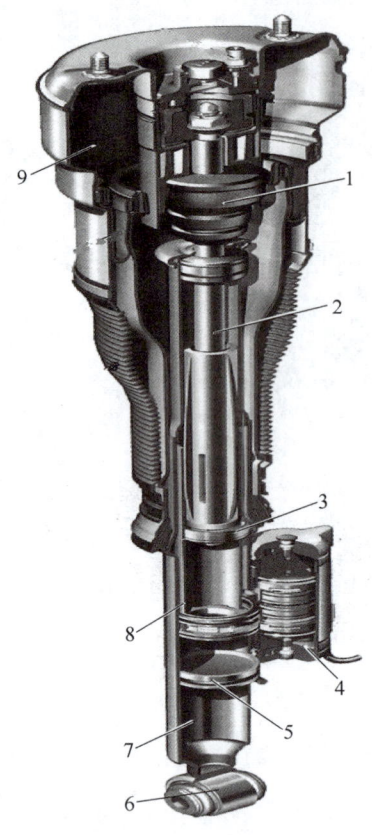

图 12-54　空气减振器
1—橡胶挡块　2—活塞杆　3—工作活塞
4—减振阀　5—独立活塞　6—铰链
7—气体压力腔　8—气缸筒　9—空气腔

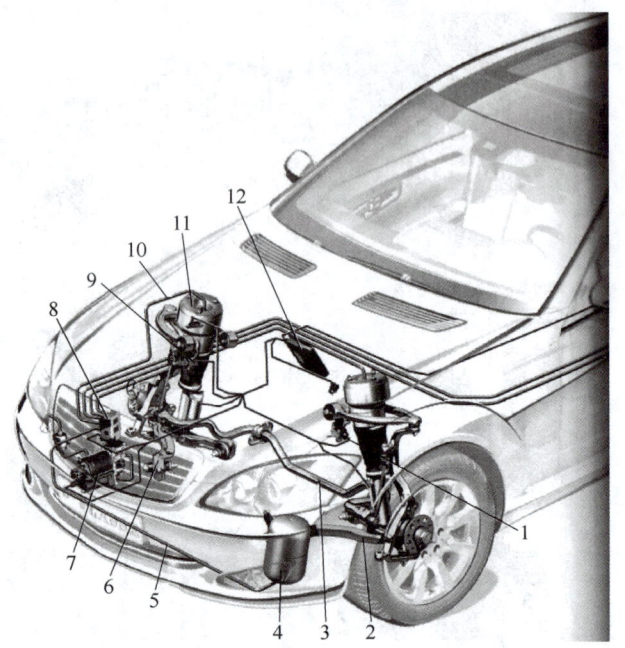

图 12-55　空气减振器在车上的安装
1、9—前轴水平高度位置传感器　2、6—下横臂
3—横向稳定杆　4—空气气罐　5、10—空气连接管
7—空气泵　8—空气分配阀　11—空气减振器　12—电控单元

四、非独立悬架

1. 纵置钢板弹簧式非独立悬架

采用纵置钢板弹簧式非独立悬架的结构前已提及（图 12-45）。

在钢板弹簧式非独立悬架中，钢板弹簧一般是纵向安置的，它与车桥的连接绝大多数是用两个 U 形螺栓 2 将钢板弹簧的中部刚性地固定在车桥上部。钢板弹簧两端通过钢板弹簧销 3 与车架支座活动铰接，起传力和导向作用。

2. 螺旋弹簧式非独立悬架

一汽红旗 CA7220 型汽车的螺旋弹簧式非独立后悬架，如图 12-56 所示。

螺旋弹簧 4 装在弹簧上座 6 和弹簧下座 9 之间。横向推力杆 2 一端铰接于后桥 3，另一端与车身相连，用来传递车轮和车身之间的横向作用力（转向时的离心力）及其力矩。后桥跳动时，横向推力杆上下横向摆动。

加强杆 1 也同样下连车桥、上连车身，此杆的作用是加强横向推力杆的安装强度，把通过后桥传来的横向力分配给另一侧车身，使车身受力均匀。

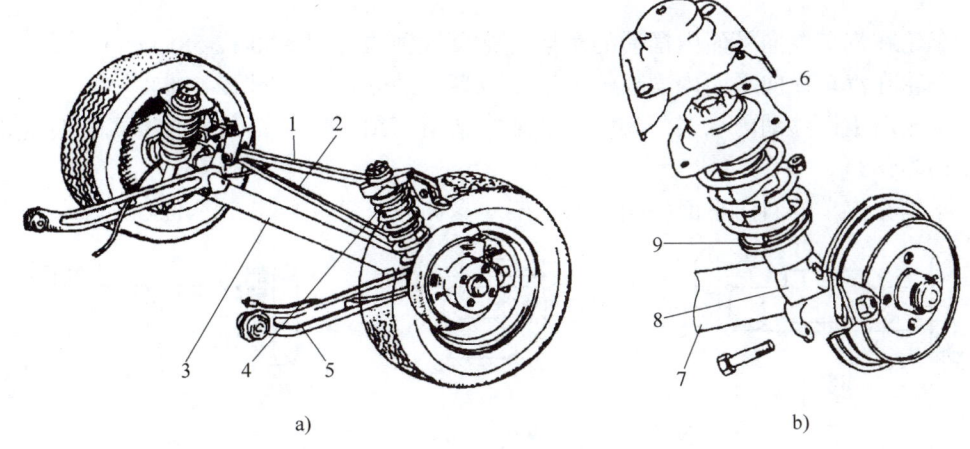

图 12-56　螺旋弹簧式非独立悬架

a）后悬架　b）后悬架放大图

1—加强杆　2—横向推力杆　3、7—后桥　4—螺旋弹簧　5—纵摆臂　6—弹簧上座　8—减振器　9—弹簧下座

纵摆臂 5 与横向推力杆一样，上连车身、下连车桥，用来传递驱动力、制动力等纵向力及其力矩。车轮在纵向跳动时，纵摆臂绕车身铰接点上下纵向摆动。

3. 扭杆弹簧式非独立悬架

有的轿车（尤其是经济型轿车）后悬架装用扭杆弹簧式非独立悬架，如图 12-57 所示。

五、独立悬架

1. 结构特点

采用独立悬架（图 12-44）的车辆两侧的车轮单独和车架相连。独立悬架多采用螺旋弹簧、扭杆弹簧或气体弹簧作为弹性组件，因而需有导向机构。

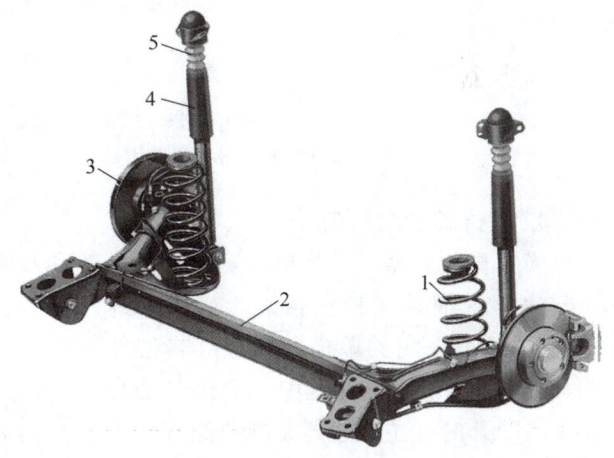

图 12-57　扭杆弹簧式非独立后悬架

1—螺旋弹簧　2—扭杆弹簧　3—制动盘
4—减振器　5—缓冲块

2. 独立悬架的优点

1）弹性组件的变形在一定的范围内，两侧车轮可以单独运动而互不影响，有助于消除转向轮不断偏摆的现象。

2）减轻了汽车上非弹簧承载部分的质量（非簧载质量），可以提高汽车的平均行驶速度。

3）由于采用断开式车桥，发动机位置可降低，使汽车重心下降，有利于提高汽车行驶的稳定性；同时能给予车轮较大的上下运动空间，使车身振动频率降低，改善了汽车行驶平顺性。

4）可保证汽车在不平道路上行驶时，车轮与路面有良好的接触，增大了驱动力。

3. 分类

1）车轮在汽车横向平面内摆动的悬架（横臂式独立悬架，图12-58a）。
2）车轮在汽车纵向平面内摆动的悬架（纵臂式独立悬架，图12-58b）。
3）车轮沿主销移动的悬架，其中包括烛式悬架（图12-58c）和麦弗逊式悬架（滑杆式悬架，图12-58d）。
4）车轮在汽车的斜向平面内摆动的悬架（单斜臂式独立悬架，图12-58e）。

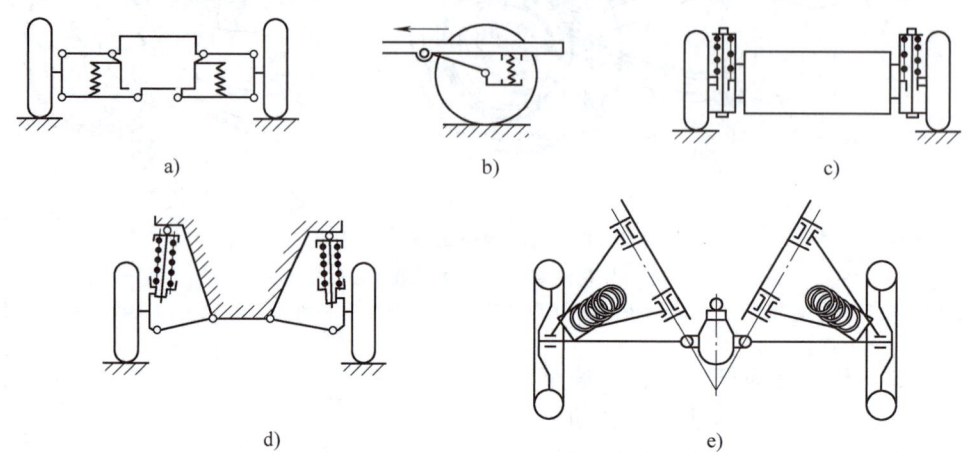

图12-58 独立悬架示意图
a）横臂式 b）纵臂式 c）烛式 d）麦弗逊式 e）单斜臂式

4. 横臂式独立悬架

横臂式独立悬架分为单横臂式独立悬架和双横臂式独立悬架两种。

（1）单横臂式独立悬架 德国戴姆勒-奔驰轿车采用的单横臂式独立悬架如图12-59所示。在该结构中，后桥半轴套管3是断开的，主减速器8的左侧有一个单铰链7，半轴可绕其摆动。在主减速器上面安装着可调节车身水平位置的油气弹性元件5，它和螺旋弹簧一起承受并传递垂直力。作用在车轮上的纵向力主要由纵向推力杆1承受。中间支承6不仅可以承受侧向力，而且还可以部分地承受纵向力。当车轮上下跳动时，为避免干涉，其纵向推力杆的前端通过球铰链与车身连接。

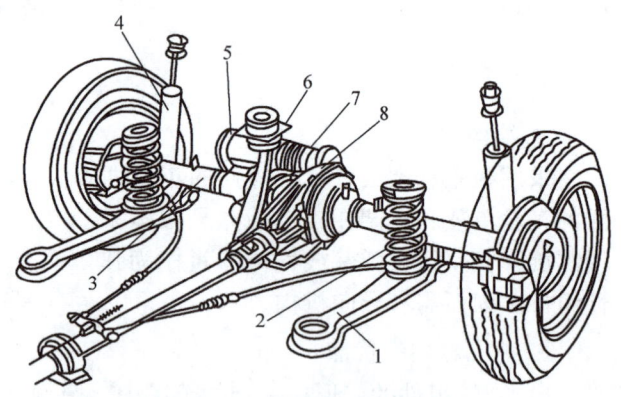

图12-59 单横臂式独立悬架
1—纵向推力杆 2—螺旋弹簧 3—半轴套管 4—减振器
5—油气弹性元件 6—中间支承 7—单铰链 8—主减速器

采用单横臂式独立悬架的车轮上下运动时，车轮平面将产生横向倾斜，且改变轮距的大小，主销内倾角及车轮外倾角也均发生较大变化。轮距变化使轮胎产生横向滑移，破坏轮胎与地面的附着，因此这种悬架很少作为前悬架使用。

（2）双横臂式独立悬架 这种悬架的两个横臂长度可以相等，也可以不相等。摆臂等长式的双横臂式独立悬架在车轮上下跳动时，虽然车轮平面不发生倾斜，却会使轮距发生较大的变化（图 12-60a），这将使车轮产生横向滑移。摆臂不等长式的双横臂式独立悬架若两臂长度选择合适，则可以使主销角度与轮距的变化均不过大（图 12-60b），不大的轮距变化在轮胎较软时可以由轮胎变形来适应。因此摆臂不等长式双横臂式独立悬架在轿车的前轮上应用较为广泛。

摆臂不等长式双横臂式独立悬架如图 12-61 所示。

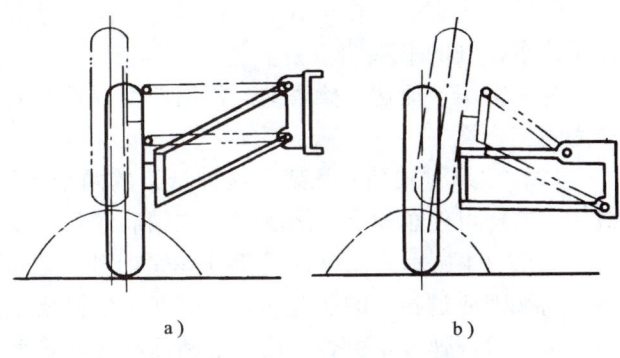

图 12-60　双横臂式独立悬架结构示意图

a）摆臂等长式　b）摆臂不等长式

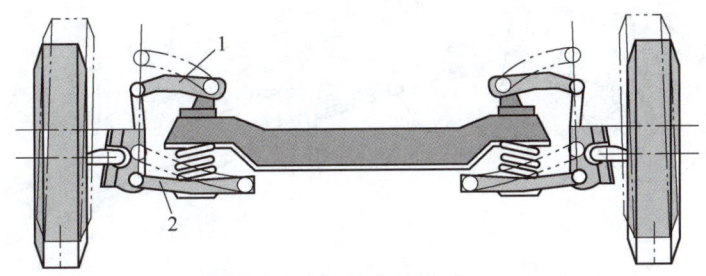

图 12-61　摆臂不等长式双横臂式独立悬架（前悬架）

1—上摆臂　2—下摆臂

一汽红旗、南京依维柯等轿车前悬架装用的就是摆臂不等长式的双横臂式独立悬架。

5. 纵臂式独立悬架

纵臂式独立悬架分为单纵臂式独立悬架和双纵臂式独立悬架。

（1）单纵臂式独立悬架　单纵臂式独立悬架在车轮上下运动时，主销后倾角会产生很大变化，一般不用在前悬架（图 12-62）。

图 12-63 所示为单纵臂式独立悬架结构。

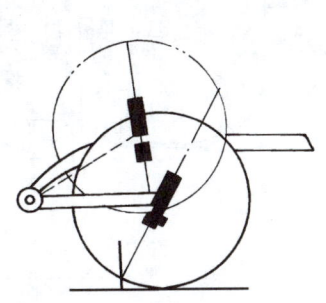

图 12-62　单纵臂式独立悬架示意图

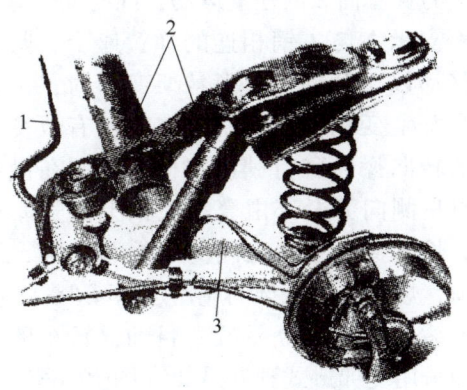

图 12-63　单纵臂式独立悬架

1—防侧倾杆　2—副车架　3—纵臂

纵臂3未直接连在车身上,而是连在副车架2上。这样,可使车身远离振动和噪声,提高了汽车行驶的平顺性。

神龙富康、捷达、桑塔纳、雷诺5型等轿车后悬架均属于单纵臂式独立悬架,其弹性元件为螺旋弹簧。

(2) 双纵臂式独立悬架 这种悬架的两个纵臂长度一般做成相等的,形成平行四连杆机构。这样可使车轮上下运动时,主销后倾角不变,因而这种形式的悬架适用于转向轮。

图12-64所示为双纵臂式扭杆弹簧前独立悬架示意图。两根纵臂1的后端与转向节铰接,前端则通过各自的摆臂轴2支撑在车架横梁5内部的衬套3中,摆臂轴2与纵臂1刚性地连接。扭杆弹簧4由若干片矩形断面的薄弹簧钢片叠加而成,其外端插入摆臂轴的矩形孔内,中部用螺钉6与管形横梁相固定。这种悬架两侧车轮用两根扭杆弹簧。

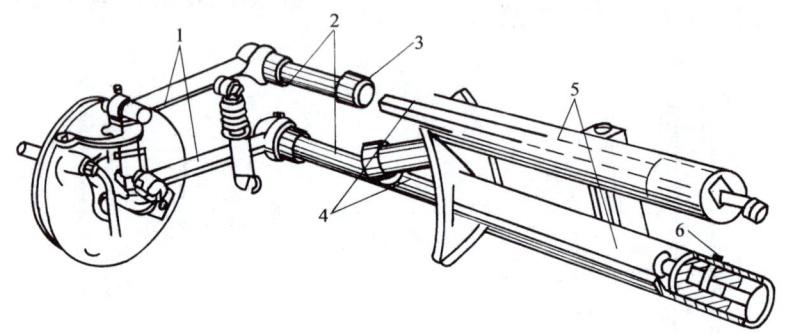

图12-64 双纵臂式扭杆弹簧前独立悬架
1—纵臂 2—摆臂轴 3—衬套 4—扭杆弹簧 5—横梁 6—螺钉

6. 车轮沿主销移动的悬架

车轮沿主销移动的悬架包括两种形式:一种是车轮沿固定不动的主销轴线移动的烛式独立悬架;另一种是车轮沿摆动的主销轴线移动的麦弗逊式独立悬架。

(1) 烛式独立悬架 主销4(图12-65)在固定于车身上的长套筒2内往复运动,同时安装在长套筒内的弹簧支承在与主销相连的弹簧座上,与主销一起上下移动以缓和冲击。当悬架变形时,主销的定位角不会发生变化,仅轮距、轴距稍有改变,有利于汽车的转向操纵和行驶稳定性,常用在微型轿车上。缺点是侧向力全部由套在主销上的长套筒和主销承受,长套筒与主销之间的摩擦阻力大,磨损严重。目前,烛式独立悬架的应用逐渐减少。

(2) 麦弗逊式独立悬架 目前,轿车的悬架越来越多地采用麦弗逊式独立悬架(图12-66)。

麦弗逊式独立悬架零、部件组成如图12-67所示。

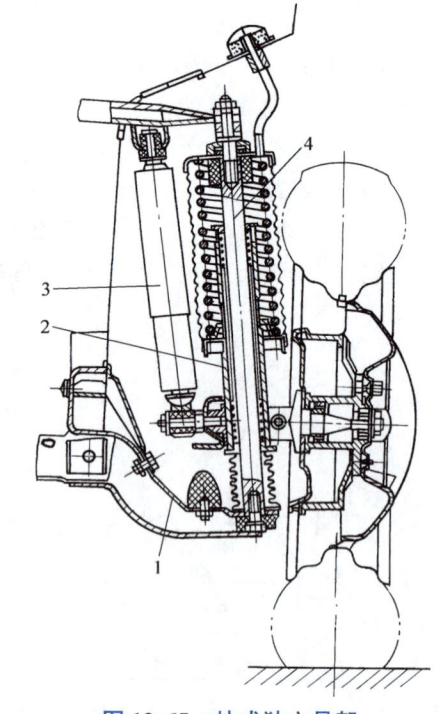

图12-65 烛式独立悬架
1—副车架 2—长套筒 3—减振器 4—主销

第十二章　汽车行驶系统

图 12-66　麦弗逊式独立悬架

1—螺旋弹簧　2—减振器　3—转向节　4—横摆臂　5—转向横拉杆　6—半轴

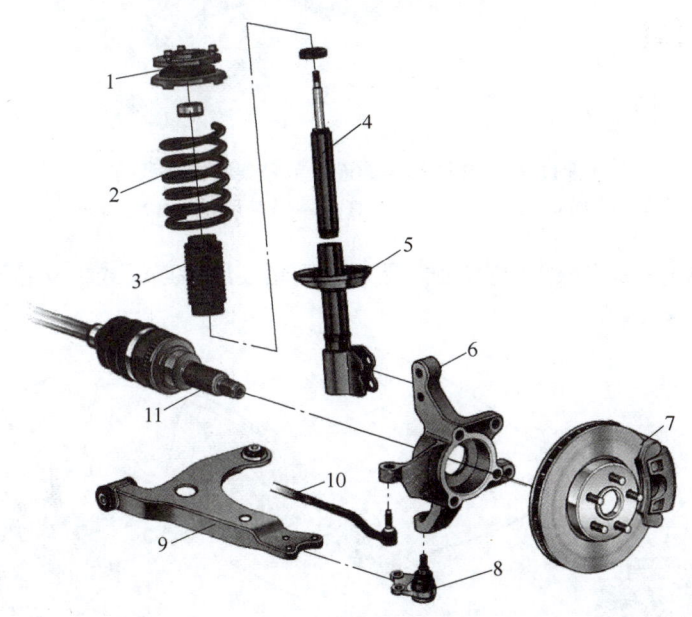

图 12-67　麦弗逊式独立悬架零、部件

1—螺旋弹簧上座　2—螺旋弹簧　3—减振器防尘罩　4—减振器　5—螺旋弹簧下座　6—转向节
7—制动器　8—球头　9—横摆臂　10—转向横拉杆　11—半轴

麦弗逊式独立悬架由减振支柱（包括螺旋弹簧 2 和减振器 4）和横摆臂 9（似 A 字形，也称 A 臂）组成。减振支柱不仅承担支承车体重量和减振的任务，还要承受车轮上端的横向力。横摆臂（A 臂）要承担车轮下端的纵向力和横向力。

这种悬架的车轮沿摆动的主销轴线移动。横摆臂 4（图 12-66）外端以球铰链与转向节 3 相连接，内端通过铰链连接在车身上。外面套有螺旋弹簧 1 的减振器 2 上端通过螺栓、橡

261

胶垫圈与车身相连接，下端固定在转向节上。主销的轴线为上、下铰链中心的连线。当车轮上下跳动时，因减振器的下支点随横摆臂摆动，故主销轴线的角度是变化的，显然车轮是沿着摆动的主销轴线运动。因此，这种悬架变形时，使主销的定位角和轮距都有些变化。如果合理地调整杆系的布置，可使车轮的这些定位参数变化极小。

图 12-68 所示为三连杆麦弗逊式前悬架结构示意图。

图 12-68　三连杆麦弗逊式前悬架结构示意图

1—转向器　2—横向稳定杆　3—悬架连杆　4—减振器　5—弹性元件（螺旋弹簧）

奔驰 C 级轿车前轮采用麦弗逊式独立悬架，后轮装用多连杆式独立悬架（图 12-69）。

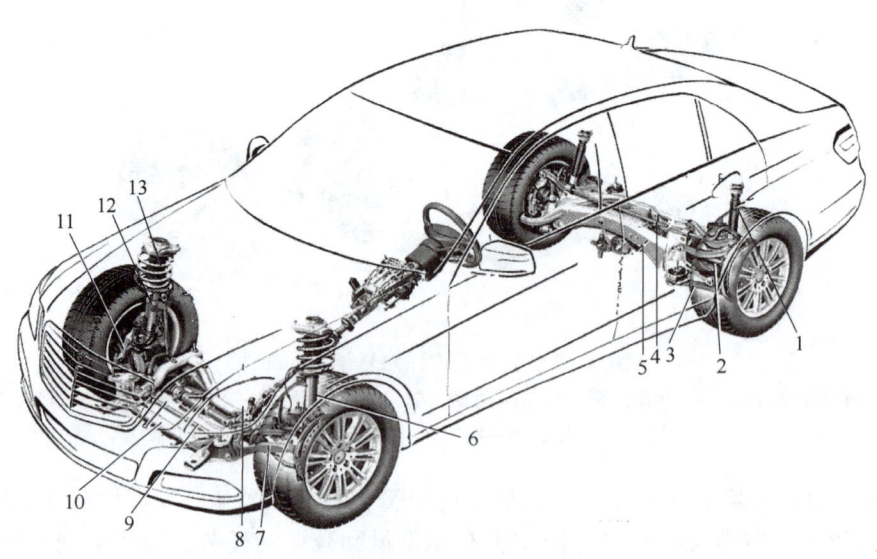

图 12-69　奔驰 C 级轿车独立悬架结构示意图

1、12—减振器　2—多连杆式独立悬架　3、7—下连杆　4、9—横向稳定杆　5、10—副车架
6—麦弗逊式独立悬架　8—转向器　11—转向节臂　13—螺旋弹簧

一汽红旗 CA7220、奥迪 100、宝来、捷达、高尔夫和上海桑塔纳、赛欧等轿车均采用麦弗逊式独立悬架。

7. 多连杆式独立悬架

多连杆式独立悬架是麦弗逊式独立悬架的变型,一般多出现在后悬架中,下横臂不再是 A 臂,而是两根平行连杆和一根纵向连杆。

多连杆式独立悬架,不仅可以保证轿车具有一定的舒适性,而且由于连杆较多,可使车轮与地面之间尽最大可能保持垂直,尽最大可能减少车身倾斜,尽最大可能维持轮胎和地面的附着,提高了汽车的操纵性。因此,多连杆式独立悬架是解决汽车舒适性和操作性矛盾的最佳方案。

奥迪 A6 轿车前悬架采用五连杆式独立悬架,如图 12-70 所示。

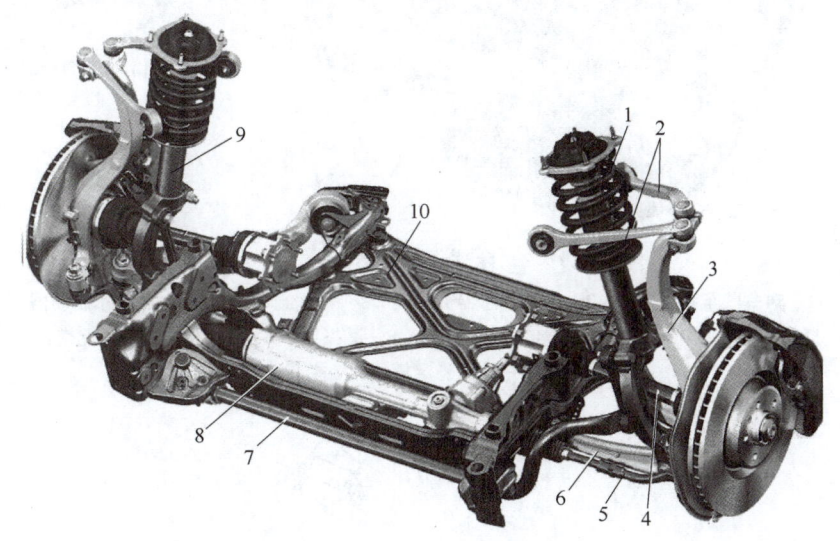

图 12-70 奥迪 A6 轿车采用的五连杆式独立悬架(前悬架)
1—螺旋弹簧 2—上横臂 3—转向节臂 4—半轴 5—转向横拉杆 6—下横臂
7—横向稳定杆 8—动力转向伺服电动机 9—减振器 10—副车架

奔驰 E 级轿车后悬架采用多连杆式空气悬架,如图 12-71 所示。

8. 单斜臂式独立悬架

单斜臂式独立悬架如图 12-72 所示,它是介于单横臂和单纵臂之间的一种悬架结构形式。

单斜臂 1 的摆动轴线与汽车纵轴线呈一定夹角 θ($0°<\theta<90°$)。适当地选择夹角 θ,可以调整轮距、车轮倾角、前束等,使之变化最小,从而可获得良好的操纵稳定性。有的单斜臂式独立悬架在单斜臂上安装了一根前束控制杆 2,以控制前束的变化。

单斜臂式独立悬架兼有单横臂和单纵臂式独立悬架的优点。许多后轮驱动的高级轿车(宝马 5 系列、沃克斯豪尔 Carlton 和梅赛德斯-奔驰 V 级等)后悬架采用的就是单斜臂式独立悬架。

福特 Sierra 型轿车后悬架采用的单斜臂式独立悬架如图 12-73 所示。

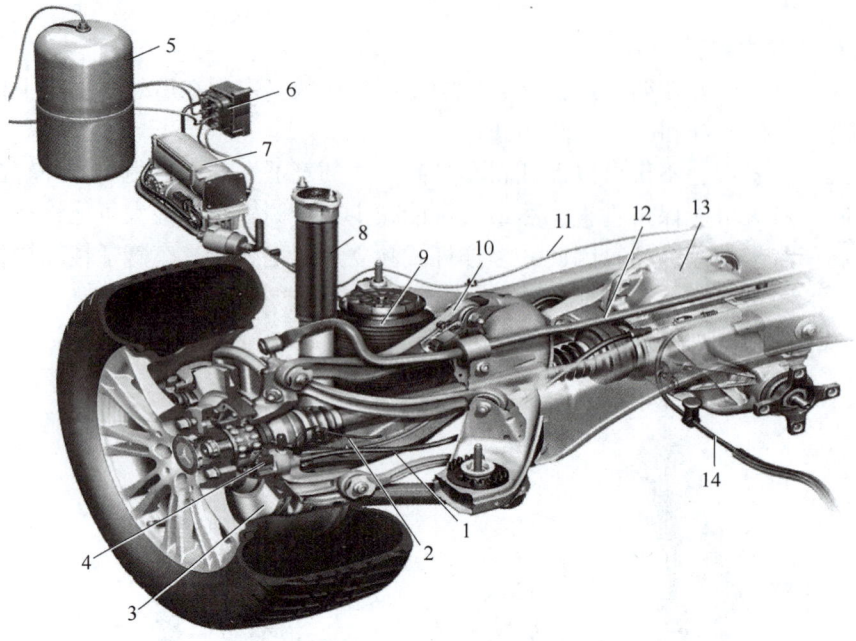

图 12-71 多连杆式空气悬架（后悬架）

1、14—驻车制动拉索　2—轮速传感器数据线　3—盘式制动器　4—鼓式驻车制动器　5—空气气罐　6—空气分配阀　7—空气泵　8—减振器　9—空气弹簧　10—上横臂　11—空气管路　12—横向稳定杆　13—主减速器和差速器

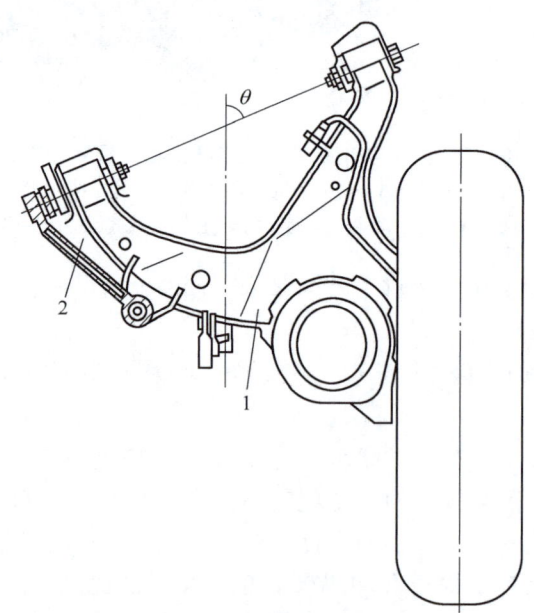

图 12-72 单斜臂式独立悬架

1—单斜臂　2—前束控制杆

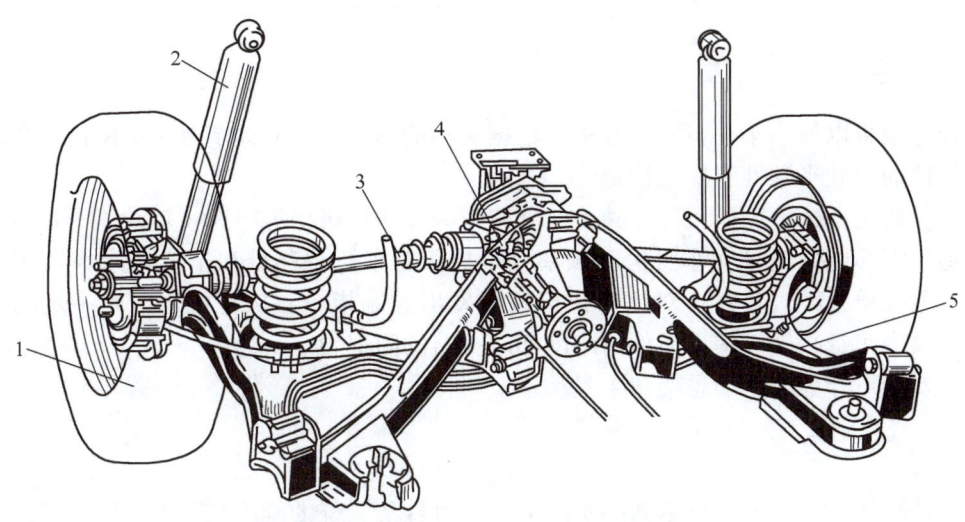

图 12-73 福特 Sierra 型轿车后悬架
1—车轮 2—筒式减振器 3—半轴 4—主减速器和差速器 5—单斜臂

9. 横向稳定器

为了减少装有螺旋弹簧的轿车高速行驶转弯时，车身产生的横向倾斜和横向角振动，有的独立悬架中设有杆式横向稳定器，如图 12-74 所示。

图 12-74 装有横向稳定器的车桥
1—横向稳定器 2—半轴 3—下控制臂 4—驱动桥 5—转向器 6—空气减振器 7—上横臂 8—转向节

第六节 电控悬架

一、概述

电控悬架可以使汽车在行驶过程中，根据实际的需要，随时调节悬架的刚度、阻尼，从而达到最佳的行驶平顺性和操纵稳定性。

电控悬架主要由电控单元、各种传感器和开关及执行机构等组成。反映汽车运行状况的各种传感器把非电量信号（车身振动频率、车身相对车桥位移量和车轮转速等）传递给电控单元；电控单元经过计算、对比向执行机构发出控制指令；执行机构产生一定的机械动作，从而改变车身高度、弹性元件的刚度和减振器的阻尼力。

电控悬架可分为全主动悬架和半主动悬架两种。

二、全主动悬架

全主动悬架就是根据汽车运动的实际情况，对悬架系统的刚度和阻尼特性进行动态自适应调节，使其处于最佳减振状态。

全主动悬架是在被动悬架系统（弹性元件、减振器、导向机构）中附加一个可控制作用力的装置。

该装置通常由执行机构、测量系统、控制系统和能源系统四部分组成。

执行机构的作用是执行控制系统的指令，一般为力发生器或转矩发生器（液压缸、气缸、伺服电动机、电磁铁等）。

测量系统的作用是测量系统的各种工作状态，为控制系统提供依据。该系统包括各种传感器：车身加速度传感器、车身高度传感器、车速传感器、转向盘转角传感器、节气门位置传感器等。它们将汽车行驶速度、加速度、转向、制动和路面状况、车身高度等非电量信号变成电压信号，传输给电控单元。

控制系统的作用是接收各传感器传来的电压信号并进行数据处理，再发出各种控制指令，其核心部件是电控单元。

能源系统的作用是为以上各部分提供能量。

根据悬架介质不同，主动悬架又分为油气式主动悬架和空气式主动悬架。

英国城市客车上装用以油气弹簧为弹性元件的全主动悬架。它将车轮或车身的振动经传感器传给控制阀，控制阀调整弹性元件的高度和刚度，借以调整车身的高度，保证汽车具有良好的行驶平顺性。

雷克萨斯 LS400 轿车前后悬架均采用电子控制空气式全主动悬架，其空气弹簧刚度、减振器阻尼力、车身高度均可根据驾驶条件自动控制。从而抑制了车身横摆、侧倾和制动时前部点头等，明显地提高了乘坐舒适性和操纵稳定性。

奔驰 S 级轿车装用的全主动悬架如图 12-75 所示。在该系统中，通过控制流向各减振器 4 的液压油量，自动控制螺旋弹簧座 10 的上下移动，来吸收外界传到车身的振动；同时，通过调节弹簧座的移动，还会调节减振器的阻尼力，进而调节汽车的舒适性和运动性。

由于该系统可单独调节每个减振器的性能，因此车身在加速和制动时的前后运动及转向时的左右摆动，均可得到较好的控制，可使车身在任何情况下都能保持水平状态。

在该系统中装有13个传感器和2个微处理器，且电控单元每0.01s就向悬架系统发出一次指令，以保证悬架系统根据轿车各种行驶状况，适时调节其行驶状态。

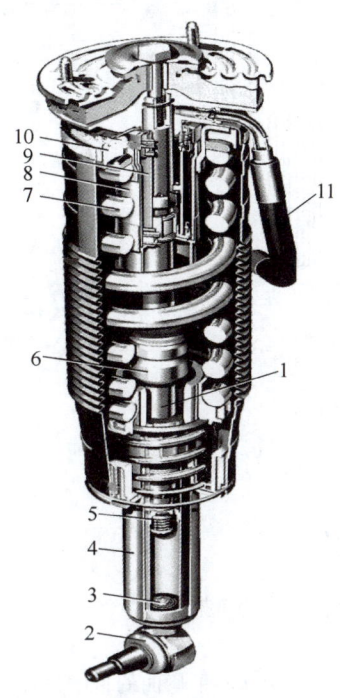

图 12-75 全主动悬架

1—减振器活塞杆 2—铰链 3—减振器底阀 4—减振器 5—减振器活塞 6—内部撞击止推块 7—螺旋弹簧 8—液压缸 9—活塞柱筒 10—螺旋弹簧座 11—液压油管路

三、半主动悬架

半主动悬架不考虑改变悬架的刚度，只考虑改变悬架的阻尼，通常由可变特性的弹簧和减振器组成。它不能随外界的输入进行最优控制和调节，但它可以根据路面的激励和车身的响应，按存储在电控单元内的各种条件，令弹簧和减振器的优化参数对弹簧刚度和悬架的阻尼进行自动调整，使车身的振动控制在某个范围之内。

半主动悬架是无源控制，即它没有一个动力源为悬架提供连续的能量输入。因此汽车在转向、起动、制动等工况时不能对悬架刚度和阻尼力进行有效的控制。

与主动悬架相比，半主动悬架有以下优点：结构简单、不消耗汽车动力和制造成本低等。因而半主动悬架有较好的应用前景。

半主动悬架按阻尼级别又可分成有级式和无级式两种。

无级式半主动悬架，它可以根据汽车行驶的路面条件和行驶状态，对悬架的阻尼力在很短的时间内由最小变到最大进行无级调节。

图 12-76 所示为无级式半主动悬架结构示意图。电控单元 3 根据汽车速度、位移、加速度等传感器传来的信号，计算出悬架的最佳阻尼力值并指令步进电动机 2，经阀杆 4 调节阀门 5 上的节流孔 1 的通道面积，借以改变悬架的阻尼力。

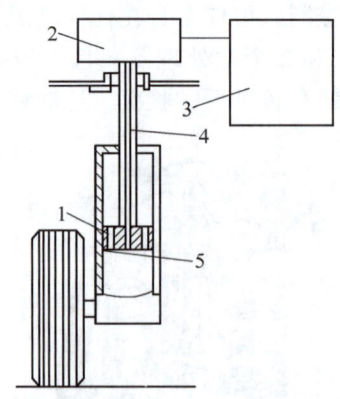

图 12-76　无级式半主动悬架结构示意图
1—节流孔　2—步进电动机　3—电控单元　4—阀杆　5—阀门

思考题与习题

12-1　行驶系统的主要功用是什么？
12-2　轮式行驶系统的组成如何？
12-3　何谓边梁式车架？为什么这种结构的车架应用广泛？
12-4　中梁式车架的优点有哪些？
12-5　转向桥的基本组成如何？其前轴中部向下弯曲的目的是什么？
12-6　何谓转向轮定位？其包括哪些参数？各起什么作用？它们各自是如何形成的？
12-7　车轮与轮胎的主要功用是什么？
12-8　子午线轮胎的结构特点是什么？其优缺点有哪些？
12-9　无内胎轮胎的优缺点有哪些？
12-10　国产轮胎规格如何表示？
12-11　悬架主要由哪几部分组成？其主要作用是什么？
12-12　常用弹性元件有哪几种？试比较它们的优缺点。
12-13　独立悬架的结构特点是什么？按车轮的运动形式，独立悬架分哪几类？
12-14　电控悬架组成如何？

第十三章

汽车转向系统

第一节 概 述

一、转向系统功用

转向系统的功用是按照驾驶员的意图改变或保持汽车的行驶方向。

二、转向系统类型及工作原理

根据转向能源的不同,汽车转向系统可以分为机械转向系统和动力转向系统两大类型。轿车多采用动力转向系统。

1. 机械转向系统

机械转向系统是以驾驶员的体力作为转向能源的转向系统,其中所有传力件都是机械的(也称为人力转向系统)。

图 13-1 所示为一种与独立悬架配用的机械转向系统示意图。需要转向时,驾驶员对转向盘 1 施加一个转向力矩,该力矩通过安全转向柱 2 输入转向器 7。经转向器放大后的力矩和减速后的运动传到转向横拉杆 6,再传给转向节臂 5,使转向节 4 和它所支承的转向轮 3 偏转,从而改变了汽车的行驶方向。这里,转向横拉杆和转向节臂属于转向传动机构。

2. 动力转向系统

兼用驾驶员体力和发动机(或电动机)的动力为转向能源的转向系统称为动力转向系统。它是在机械转向系统的基础上加设一套转向加力装置而形成的。在正常情况下,汽车转向所需能量,只有一小部分由驾驶员提供,而大部分由发动机(或电动机)通过转向加力装置提供。但在转向加力装置失效时,一般还应当能由驾驶员独立承担汽车转向任务。

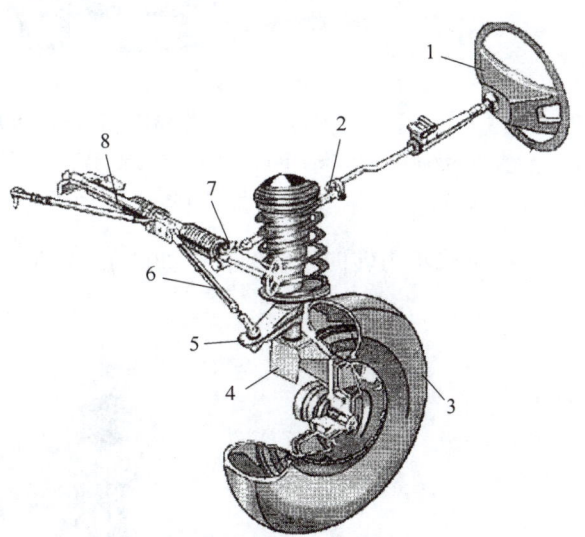

图 13-1 机械转向系统示意图

1—转向盘 2—安全转向柱 3—转向轮 4—转向节
5—转向节臂 6—转向横拉杆 7—转向器 8—转向减振器

根据动力来源不同,动力转向分为液压式动力转向和电动式动力转向。液压式动力转向是利用液压机构提供动力；电动式动力转向是由电动机提供动力，由于车用电子技术应用越来越多，故电动式动力转向在轿车上的应用日益广泛。

图13-2所示为液压式动力转向系统结构图。

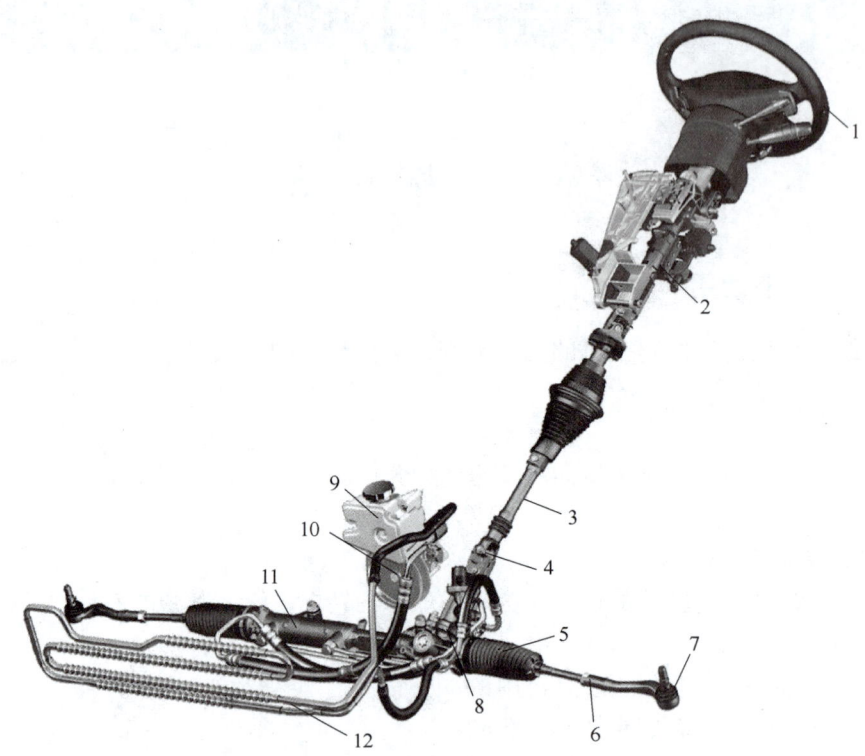

图13-2　液压式动力转向系统结构图

1—转向盘　2—安全转向柱　3—转向传动轴　4—转向万向节　5—护罩　6—转向横拉杆　7—球头销
8—转向器　9—转向油罐　10—转向液压泵　11—转向助力缸　12—回油管

电动式动力转向系统结构图如图13-3所示。

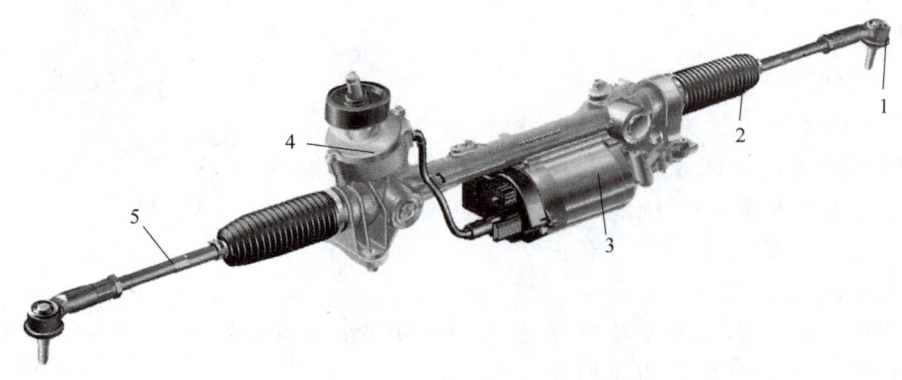

图13-3　电动式动力转向系统结构图

1—球头销　2—护罩　3—转向助力电动机　4—转向器　5—转向横拉杆

三、转向系统概念

1. 转向中心

汽车转向时,要求所有车轮轴线都应相交于一点,此交点称为汽车转向中心(图13-4中O点)。由图中的几何关系可见,汽车转向时内转向轮的偏转角β大于外转向轮偏转角α。在车轮为刚体的假设条件下,内、外两转向轮偏转角满足下面的关系式

$$\cot\alpha = \cot\beta + B/L$$

式中 B——两侧主销轴线与地面交点之间的距离,也称为轮距;

L——汽车轴距。

2. 最小转弯半径

由转向中心O到外转向轮与地面接触点的距离R称为汽车的转弯半径。转弯半径越小,则汽车转向所需场地越小,其机动性就越好。当前外转向轮偏转角达到最大值α_{max}时,转弯半径R有最小值。在图示理想情况下,最小转弯半径R_{min}与α_{max}的关系为

$$R_{min} = L/\alpha_{max}$$

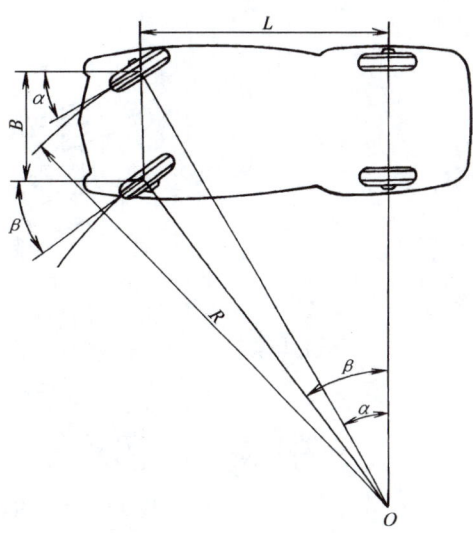

图13-4 汽车转向示意图

3. 转向系统的角传动比

转向盘的转角增量与同侧转向节转角的相应增量之比i_ω叫做转向系统的角传动比。转向盘转角增量与转向摇臂转角相应增量之比$i_{\omega1}$叫做转向器角传动比。转向摇臂转角增量与同侧转向节转角相应增量之比$i_{\omega2}$称为转向传动机构角传动比。显然有$i_\omega = i_{\omega1} i_{\omega2}$。

由于转向传动机构角传动比$i_{\omega2}$对于一般汽车来说,多为1左右,所以转向系统角传动比i_ω主要由转向器角传动比$i_{\omega1}$决定。

转向系统角传动比i_ω大,可使驾驶员操纵转向盘省力,但转向操纵机构不够灵敏,所以在选取i_ω时应适当兼顾转向省力和转向灵敏的要求。在重型载货汽车和中级以上轿车上普遍采用动力转向系统,以满足上述要求。一般轿车的转向器角传动比$i_\omega = 12 \sim 20$。

4. 转向梯形

由前轴、转向横拉杆及左、右梯形臂组成的梯形,称为转向梯形。

5. 转向盘自由行程

转向盘在空转阶段中的角行程称为转向盘自由行程。

第二节　机械转向系统

机械转向系统由转向操纵机构、转向器和转向传动机构组成。

一、转向操纵机构

汽车转向操纵机构主要由转向盘、转向轴以及转向柱管等机件组成。

一汽奥迪 100 型轿车转向操纵机构如图 13-5 所示，主要包括转向盘 1、转向柱套管 2 和安全转向柱 3 等零部件。

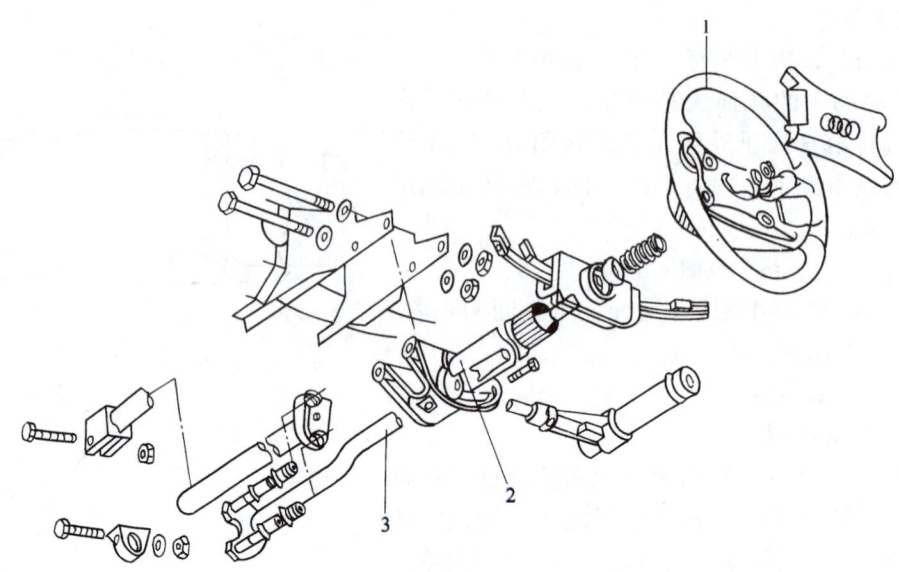

图 13-5　一汽奥迪 100 型轿车的转向操纵机构
1—转向盘　2—转向柱套管　3—安全转向柱

1. 转向盘

转向盘由轮缘 1、轮辐 2 和轮毂 3 组成（图 13-6）。轮辐一般为三根辐条（图 13-6a）或四根辐条（图 13-6b），也有用两根辐条的。转向盘轮毂孔具有细牙内花键，借此与转向轴连接。转向盘内部由钢、铝合金或镁合金制成的金属骨架构成。骨架外面通过注塑的方法包有柔软的合成橡胶或树脂，也有包皮革的（图 13-6c），这样，既可改善操纵转向盘的手感，又可提高驾驶员的安全性。

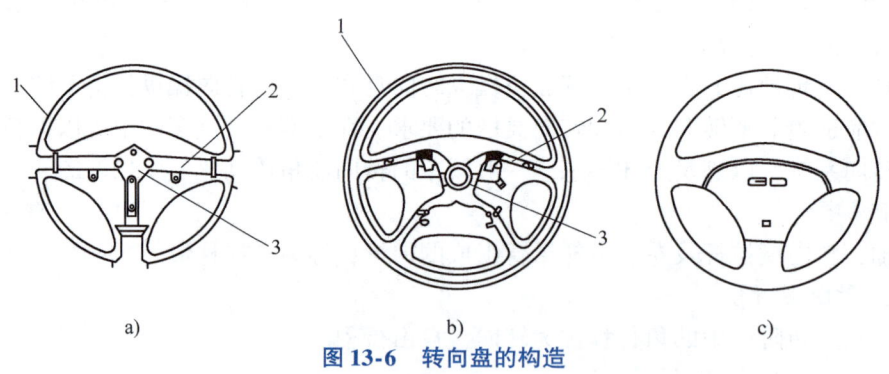

图 13-6　转向盘的构造
a）三根辐条　b）四根辐条　c）转向盘外观
1—轮缘　2—轮辐　3—轮毂

转向盘下方左侧面上装有转向信号灯和变光开关拨杆以及照明开关；其下方右侧面上装有紧急信号灯拨杆、风窗刮水器和洗涤器拨杆；中间装有喇叭开关。有些轿车的转向盘上还装有车速控制开关和撞车时保护驾驶员的安全气囊装置。另外很多现代汽车还将巡航系统控制开关和音响控制开关等也安装在转向盘上。

第十三章　汽车转向系统

2. 安全转向柱

转向柱套管安装在车身上，支承着转向盘。安全转向柱从转向柱套管中穿过，支撑在转向柱套管内的轴承和衬套上。

对于轿车，要求转向柱套管必须备有缓和冲击的吸能装置。安全转向柱和转向柱套管的吸能装置有多种形式。其基本结构原理是，当受到巨大冲击时，安全转向柱产生轴向位移，使支架或某些支撑件产生塑性变形，从而吸收冲击能量。

一汽红旗 CA7220 型轿车安全转向柱的吸能装置如图 13-7 所示。安全转向柱分为上、下两段 4、1，中间用柔性联轴器连接。联轴器的上、下凸缘盘 3、6 靠两个销子 2 与销孔 5 扣合在一起，销子通过衬套与销孔配合。当发生猛烈撞车时，车身、车架产生严重变形，导致安全转向柱、转向盘等部件后移。与此同时，在惯性作用下驾驶员人体向前冲，致使安全转向柱上的上、下凸缘盘的销子与销孔脱开，从而缓和了冲击，吸收了冲击能量，有效地减轻了驾驶员受伤的程度。

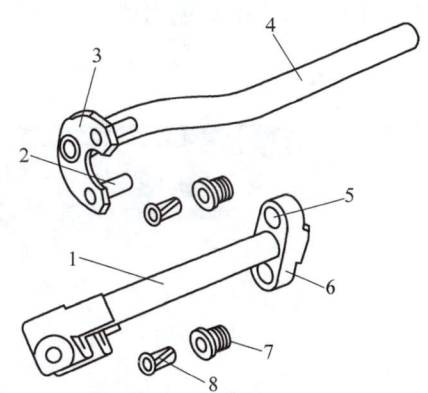

图 13-7　安全转向柱吸能装置示意图
1—下安全转向柱　2—销子　3—上凸缘盘
4—上安全转向柱　5—销孔　6—下凸缘盘
7—橡胶衬套　8—聚乙烯衬套

上安全转向柱 4 的顶端制有螺纹和花键，它穿过转向盘中心孔，然后用螺母将转向盘和安全转向柱装配在一起，下安全转向柱 1 下端连接转向器。

目前，越来越多的汽车由于总体布置的要求，在转向操纵机构上采用了万向节和传动轴。应该指出，转向操纵机构中采用万向节和传动轴不但对制造和安装有好处，更对发生交通事故时保护驾驶员有利。

上海桑塔纳、一汽捷达、高尔夫、红旗 CA7220 与一汽奥迪 100 型轿车的转向操纵机构基本相同。

二、转向器

转向器是转向系统中一种特殊的减速装置，它的传动比较大，还应具有一定的可逆性。

转向器的功用是将驾驶员加在转向盘上的力矩放大，并降低速度，然后传给转向传动机构。

汽车上采用多种结构形式的转向器，如齿轮齿条式、循环球式等。

1. 齿轮齿条式转向器

齿轮齿条式转向器的结构与工作原理如图 13-8 所示。

作为传动副主动件的转向齿轮 2 与水平布置的转向齿条 3 啮合。整个系统通过防尘罩 1 两端和车身部分连接在一起。转动转向

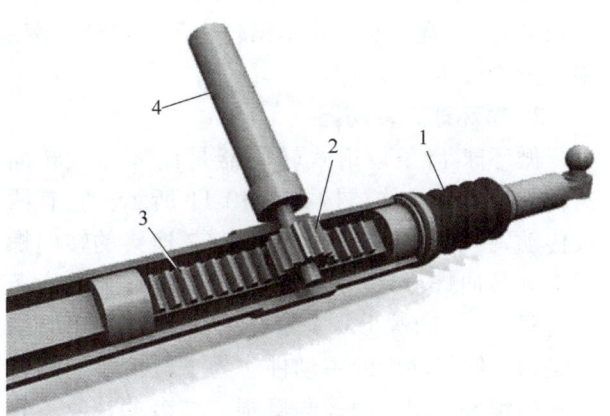

图 13-8　齿轮齿条式转向器的结构与工作原理示意图
1—防尘罩　2—转向齿轮　3—转向齿条　4—转向传动轴

盘时，通过转向操作机构带动转向齿轮转动，继而带动转向齿条左、右直线移动，推动转向轮偏转实现转向。

齿轮齿条式转向器分中间（或单端）输出式（图13-9）和两端输出式（图13-10）。图13-1所示为中间输出式的齿轮齿条转向器。

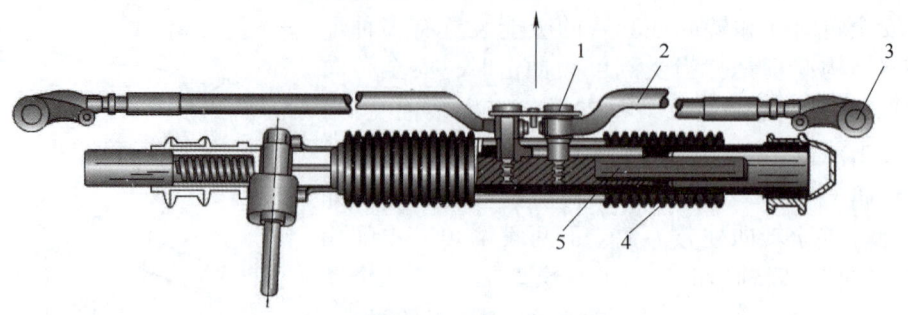

图 13-9　中间输出式齿轮齿条转向器
1—拉杆支架　2—转向横拉杆　3—转向节　4—防尘罩　5—转向器

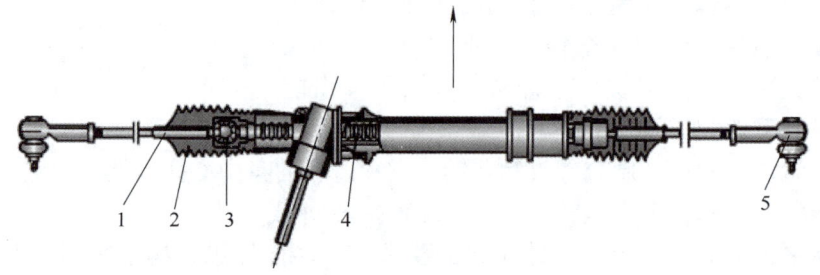

图 13-10　两端输出式齿轮齿条转向器
1—转向横拉杆　2—防尘罩　3—铰链　4—转向齿条　5—球头销

齿轮齿条式转向器结构简单（无转向摇臂和转向直拉杆等），加工方便，质量小，成本低，工作可靠，啮合间隙无需润滑，使用寿命长，转向和路感传递直接。因此轿车基本都采用齿轮齿条式转向器，如天津夏利TJ7100型轿车、一汽捷达、高尔夫、宝来和上海桑塔纳、大众POLO、赛欧及广州本田轿车等。另外，南京依维柯和天津大发TJ1010型载货汽车也采用了齿轮齿条式转向器。

2. 循环球式转向器

循环球-齿条齿扇式转向器是循环球式转向器的一种，其整体结构如图13-11所示，它有两级传动副，一级是与转向传动轴7连接的转向螺杆1和转向螺母4，另一级是转向螺母上的齿条和齿扇6。转向螺母既是第一级传动副的从动件，又是第二级传动副的主动件。为了减少转向螺杆与转向螺母之间的摩擦与磨损，二者的螺纹不直接接触，而是做成滚珠的内、外滚道，其间装有许多循环钢球2，以实现滚动摩擦。转向螺母上装有两个循环钢球导管3，每个循环钢球导管的两端分别插入转向螺母侧面的孔中。循环钢球导管也

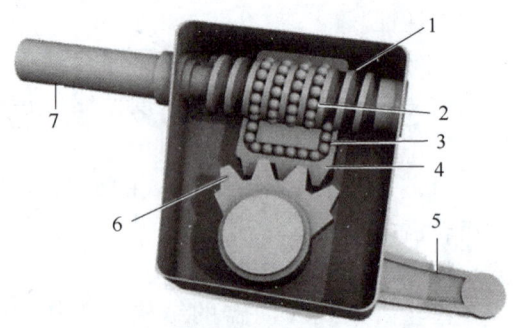

图 13-11　循环球-齿条齿扇式转向器立体图
1—转向螺杆　2—循环钢球　3—循环钢球导管
4—转向螺母　5—转向摇臂　6—齿扇　7—转向传动轴

装满了循环钢球，形成两个各自独立的封闭通道。

当转向盘转动时，转向传动轴带动转向螺杆旋转，通过循环钢球将力传给转向螺母，使得转向螺母沿轴向移动，从而通过转向螺母外部的齿条带动齿扇及轴转动，实现转向轮的偏转和汽车的转向。

循环球-齿条齿扇式转向器正传动效率较高（可达90%~95%），故操纵轻便，使用寿命长，工作平稳、可靠。但其容易将路面上的冲击力传到转向盘，出现"打手"现象。不过，随着路面质量的不断提高，这一缺点对行驶的汽车影响不大。因此，循环球式转向器目前广泛应用在国内外各类汽车上（包括越野汽车和运动型多用途汽车等）。

三、转向传动机构

转向传动机构的功用是将转向器输出的力矩放大传到转向桥两侧的转向节，使两侧转向轮偏转，且使两转向轮偏转角按一定关系变化，实现汽车的转向行驶。

一汽红旗 CA7220 型轿车转向传动机构的结构如图 13-12 所示，左、右转向横拉杆6、7 和转向减振器1 内端通过支架2、螺栓固定在转向齿条上，转向减振器的外端固定在车身支架上。

汽车转向时，转向齿条横向移动，使左、右横拉杆一个受压、一个受拉，且也随之移动。

转向横拉杆的外端通过球头铰链带动左、右转向节臂和转向节绕主销转动，从而使转向节上的车轮偏转一个角度，完成转向轮转向。

转向减振器的作用是克服汽车行驶时转向轮产生的摆振，并提高汽车行驶的稳定性和乘坐的舒适性。

转向减振器8（图13-1）的一端与车身或前桥铰接，另一端与转向器铰接。转向减振器与悬架减振器结构类似，但二者的特性却不同。前者的特性是对称的，即压缩和伸张时的特性相同；而后者的特性是非对称的，即压缩和伸张时的特性不相同。

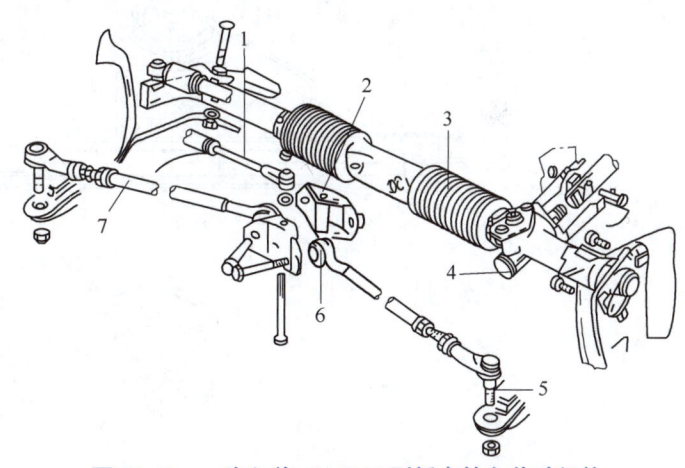

图 13-12 一汽红旗 CA7220 型轿车转向传动机构
1—转向减振器 2—支架 3—防尘罩（内有转向齿条）
4—转向齿轮 5—转向横拉杆球头销
6—左转向横拉杆 7—右转向横拉杆

转向减振器的结构及零件组成如图 13-13 所示。

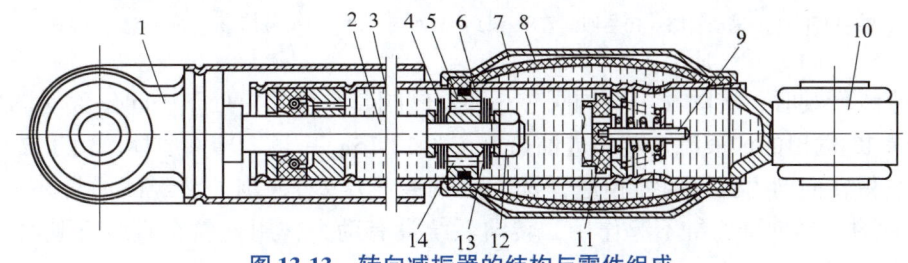

图 13-13 转向减振器的结构与零件组成
1、10—吊环活塞杆 2—活塞杆 3—储液缸筒 4—流通阀片 5、11、14—轴向孔
6—活塞 7—储气室 8—储气囊 9—阀杆 12—螺母 13—伸张阀片

第三节　动力转向系统

按传力介质不同，轿车装用的动力转向有液控式和电控式两种。

一、液控式动力转向系统

目前，国产轿车上几乎毫无例外地采用了转阀式的液控式动力转向系统。

图13-14所示为一汽捷达轿车装用的整体式动力转向器。从图中可以看出，齿轮齿条式机械转向器、转向助力缸和控制阀设计成一体，组成整体式动力转向器。其控制阀为转阀。转向助力缸活塞3与转向齿条1制成一体。转向助力缸活塞将转向助力缸4隔成左右两腔。转向轴7可通过扭杆8带动转向齿轮2转动。

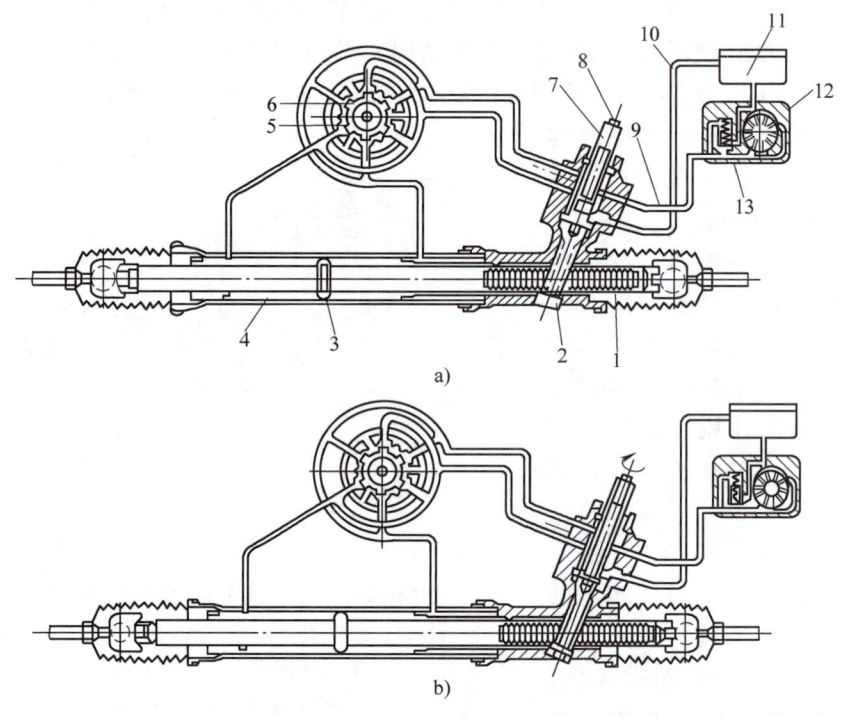

图13-14　一汽捷达轿车整体式动力转向器

a) 轿车直线行驶时　b) 轿车转向时

1—转向齿条　2—转向齿轮　3—转向助力缸活塞　4—转向助力缸　5—转阀阀套　6—转阀阀芯　7—转向轴
8—扭杆　9—进油管路　10—回油管路　11—储油罐　12—转向液压泵　13—流量控制阀

汽车直线行驶时，转阀（由转阀阀芯6和转阀阀套5组成）处于中间位置（图13-14a），转向液压泵12输出的油液流入转阀进油口P（图13-15a），进入转阀腔体。由于转阀处于中间位置，它使转向助力缸4两腔相通（动力缸两腔无压差），则油液经回油管路10流回储油罐11。此时，转向助力缸不起作用，转向系统没有助力作用（轿车直线行驶时，不需要转向系统有助力作用）。

若汽车向右转向时，驾驶员沿顺时针方向转动转向盘。刚一开始转动转向盘，转向轴 7 通过扭杆 8 连同阀芯 6 被顺时针转动时（图 13-14b），因为受到转向节臂传来的路面转向阻力，助力缸活塞和转向齿条暂时都不能运动，所以转向齿轮暂时也不能随转向轴转动。这样，由转向轴传到转向齿轮的转矩只能使扭杆产生少许扭转变形，使转向轴（连同阀芯）得以相对转向齿轮（连同阀套）转过不大的角度，从而转阀使助力缸左腔成为高压的进油腔，右腔则成为低压的回油腔。作用在助力缸活塞上向右的液压作用力，帮助转向齿轮迫使转向齿条开始右移，转向轮开始向右偏转。同时，转向齿轮本身也开始与转向轴同向转动。只要转向盘继续转动，扭杆的扭转变形便一直存在，转向控制阀所处的右转向位置也不变。一旦转向盘停止转动，助力缸暂时还继续工作，导致转向齿轮继续转动，使扭杆的扭转变形减小，直到扭杆恢复自由状态，转阀回到中立位置，助力缸停止工作为止。此时，转向盘即停在某一位置上而不动，则转向轮转角也就保持一定。若转向盘继续转动时，转向助力缸又继续工作。这种转向助力缸随转向盘转动而工作，又随转向盘停止转动而停止加力的作用，称为转向加力装置的随动作用。

对于上述动力转向器，当转向盘沿逆时针方向转动时，扭杆、转阀阀芯的转动方向以及助力缸活塞移动的方向均与前述相反，则转向轮向左偏转。

转阀的结构如图 13-15 所示。

转阀主要由阀套 3、阀芯 2 和扭杆 1 等组成。

阀套为圆筒形，在其外圆柱形表面上制有 3 道较宽较深的油环槽 9 和 4 道较窄而浅的密封环槽 10。油环槽底板开有与内壁相通的油孔 8，分别与转向液压泵以及助力缸的左、右腔相通。阀套的内表面有 6 条（或 8 条）不贯通的纵槽 7，形成 6 道（或 8 道）槽肩。

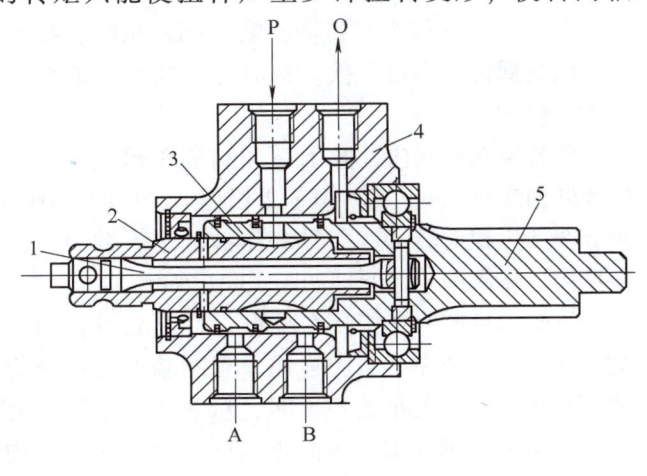

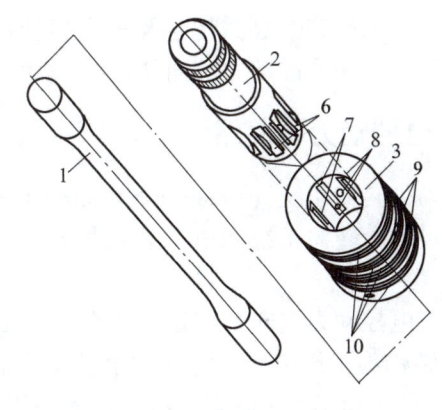

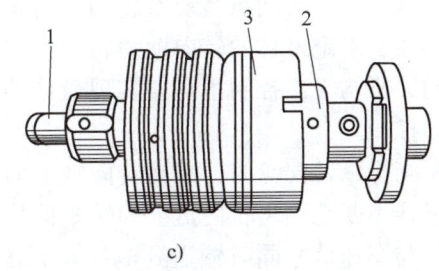

图 13-15 转阀的结构
a）转阀装配图　b）转阀立体图　c）转阀外形图
1—扭杆　2—阀芯　3—阀套　4—阀体　5—转向齿轮
6—阀芯凹槽　7—纵槽　8—油孔　9—油环槽　10—密封环槽
P—转阀进油口　O—转阀出油口　A—通转向助力缸左腔的出油口　B—通转向助力缸右腔的出油口

阀芯也制成圆筒形，其外表面上也加工有 6 条（或 8 条）不贯通的阀芯凹槽 6，分别与阀套 3 的内槽肩和纵槽配合，形成液体流动间隙。阀芯 2 外表面与阀套 3 内表面滑动配合，二者可相对转动，配合间隙很小，配合精度很高，组成偶件，不可互换。只有通过扭杆 1 的扭转变形二者才可以相对转动。

扭杆插在转阀内，其下端和阀套 3 相连（通过转向齿轮或转向螺杆），上端和阀芯 2 相连。转向时，阀芯 2 相对阀套 3 产生相对转动，引导高压液流进入助力缸以产生转向助力。转阀的工作原理如图 13-16 所示。

该转阀具有四个相互连通的进油道 A，通道 B、C 分别与转向助力缸的左、右腔连通。当阀芯 1 在扭杆的带动下顺时针转过一个很小的角度时，从液压泵来的压力油经通道 A 流入四个通道 C，继而进入助力缸的一个腔内。另外四个通道 B 的进油被隔断，压力油不能进入，因而助力缸另一腔的低压油在活塞的推动下经回油通道流回储油罐。

一汽红旗 CA7220 型、奥迪及神龙富康等轿车均采用与一汽捷达轿车相同的动力转向器。

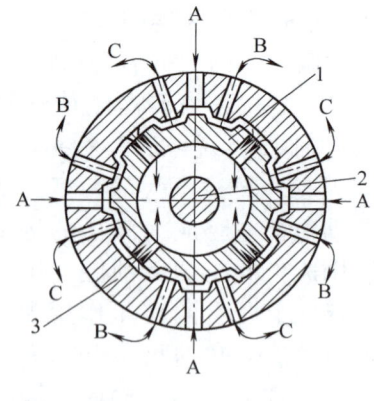
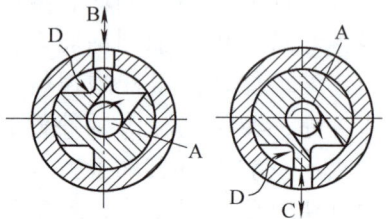

图 13-16 转阀的工作原理
1—阀芯　2—扭杆　3—阀套
A—通液压泵输出管路的通道
B、C—通转向助力缸左、右腔的通道
D—通转向助力缸低压油腔的回油通道

二、电控动力转向系统

电控动力转向系统（Electronic Control Power Steering，EPS），根据动力源不同，可分为液压式电控动力转向系统和电动式电控动力转向系统。本节主要介绍电动式电控动力转向系统。

电动式电控动力转向系统是一种直接依靠电动机提供辅助转矩的动力转向系统。

（1）结构与工作原理　电动式电控动力转向系统由转矩传感器 2（图 13-17）、电控单元 1、电动机 7 和车速传感器、减速器 4 等组成。

该转向系统的动力源是电动机，电控单元根据车速、转向盘转矩及转向盘转角等信息参数，确定最佳的转向助力转矩，并向转向助力机构输出控制指令，实现最佳的转向助力控制。

当操纵转向盘时，装在转向轴上的转矩传感器不断地测出转向盘上的转矩信号，该信号与车速信号同时输送到电控单元 1。电控单元根据输入的这些信号，确定助力转矩的大小和方向，即选定电动机 7 电流的大小和方向，调整转向助力的大小。电动机转矩由安装在电动机上的电磁离合器接合，通过减速器减速增矩后，加在转向传动机构上，

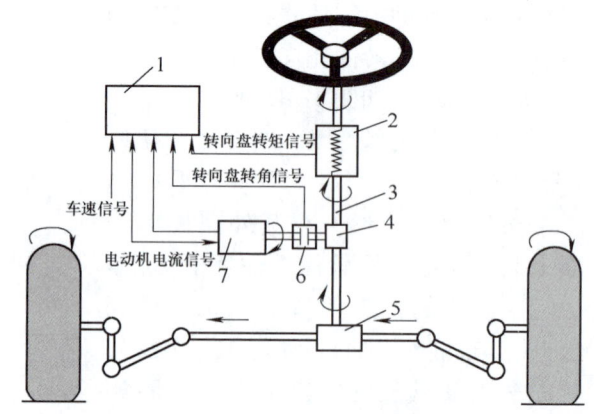

图 13-17 电动式电控动力转向系统
1—电控单元　2—转矩传感器　3—转向轴　4—减速器
5—齿轮齿条式转向器　6—离合器　7—电动机

第十三章　汽车转向系统

使之得到一个与汽车工况相适应的转向助力作用。

（2）主要部件

1）转矩传感器。其作用是测量驾驶员作用在转向盘上力矩的大小与方向，有的还能测量转向盘转角的大小和方向。

转矩传感器有接触式和非接触式两种。

接触式转矩传感器如图13-18所示，它在转向轴3与转向小齿轮1之间安装了一个扭杆4。转向系统工作时，扭杆会产生扭转变形，利用滑环2和电位计6测量扭杆的变形量并将其转换为电压信号，通过信号输出端5将信号输出并转换得到所产生的转矩。

图13-19所示为非接触式转矩传感器，它有一个补偿环1（安装在输出轴7上）和两个检测环2和3（安装在输入轴4上），还分别装有检测线圈5和补偿线圈6。转矩由检测线圈检测，当输入轴4与输出轴7之间发生相对扭转位移时，检测环2和3之间产生相对转角，从而引起磁通发生改变，在检测线圈5中产生感应电压，并将电压信号转换为转矩信号。补偿线圈用来修正温度和外部电磁辐射噪声对检测线圈的影响。

非接触式转矩传感器的优点是体积小、精度高，缺点是成本较高。

2）减速机构。与电动机相连的减速机构，起降速增矩作用。最常用的是蜗轮蜗杆减速机构，如图13-20所示，蜗杆3与电动机1的输出轴相连，通过蜗轮4和蜗杆的啮合传动将电动机的转矩作用到转向轴6上，以实现转向助力。

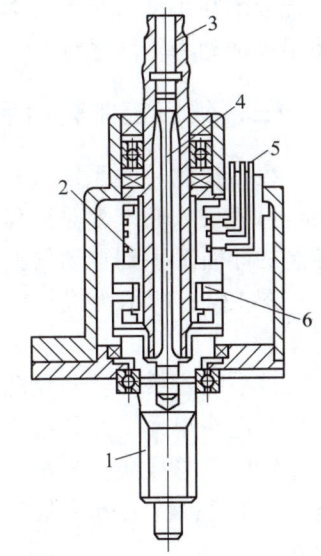

图13-18　接触式转矩传感器

1—转向小齿轮　2—滑环　3—转向轴
4—扭杆　5—信号输出端　6—电位计

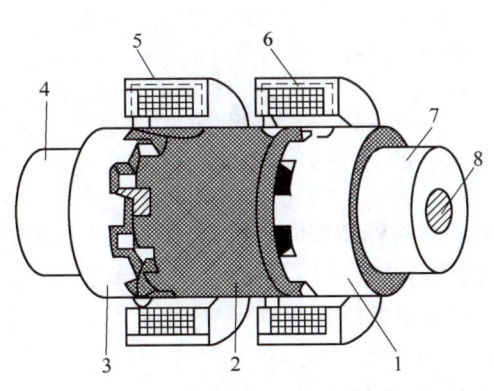

图13-19　非接触式转矩传感器

1—补偿环　2、3—检测环　4—输入轴　5—检测线圈
6—补偿线圈　7—输出轴　8—扭杆

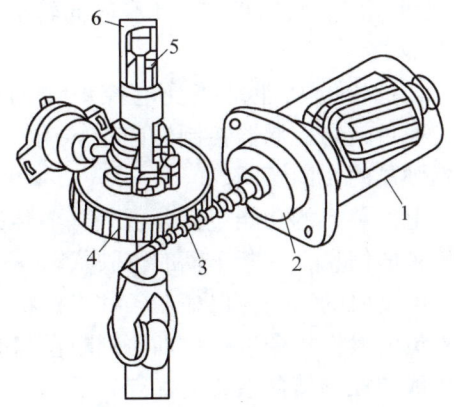

图13-20　蜗轮蜗杆减速机构

1—电动机　2—离合器　3—蜗杆　4—蜗轮
5—扭杆　6—转向轴

该系统在减速机构与电动机之间装有离合器2，其作用是保证动力转向系统只在设定的行驶车速范围内起作用。当车速达到界限值时，离合器分离，电动机停止工作，转向系统转为机械转向系统；另外，当电动机发生故障时，离合器将自动分离。

电动式电控动力转向系统具有结构简单、质量小、节省能源、节省空间、便于布置等优点，因此近几年发展很快。目前，日本、欧洲的一些汽车制造厂已经把电动式电控动力转向系统装用在小型轿车上。本田飞度、铃木 Cervo、大发 Mira、菲亚特 Punto、雪铁龙 C2 等均装用该种动力转向系统。

三、线传控制转向系统

线传控制转向系统（Steering By Wire System，SBW）将是汽车转向系统的未来发展方向，可满足人们未来对汽车安全性（从汽车动态控制到防撞）和舒适性（从电子高速公路控制的导航助手到自动驾驶系统）的更高要求。

图 13-21 所示为线传控制转向系统示意图。

该系统主要由转向盘总成、转向执行机构和电控单元三部分组成。

转向盘总成包括转向盘 9、转向盘转角传感器 7、转矩传感器 8 和转向盘电动机 6。

转向盘总成的主要功用是把驾驶员的转向意图（通过转向盘转角传感器测量转向盘转角）变成数字信号并传给电控单元 10；同时接受电控单元传来的力矩指令，产生转向盘回正力矩，以提供给驾驶员相应的路感信息。

转向执行机构包括车轮转角传感器 1、转向轮 3、转向控制器 4 和转向轮电动机 2 等。

该机构的功能是接受电控单元的指令，通过转向控制器控制转向轮转动，实现驾驶员的转向意图。

电控单元的功能包括分析处理各传感器传来的信息，判断车辆的行驶状态，通过向转向轮电动机和转向盘电动机发出指令来控制两个电动机的工作，保证在各种工作状态都具有理想的转向特性；同时，电控单元还可以对驾驶员的操作指令进行识别，判断在当前状态下，驾驶员的转向操作是否合理。

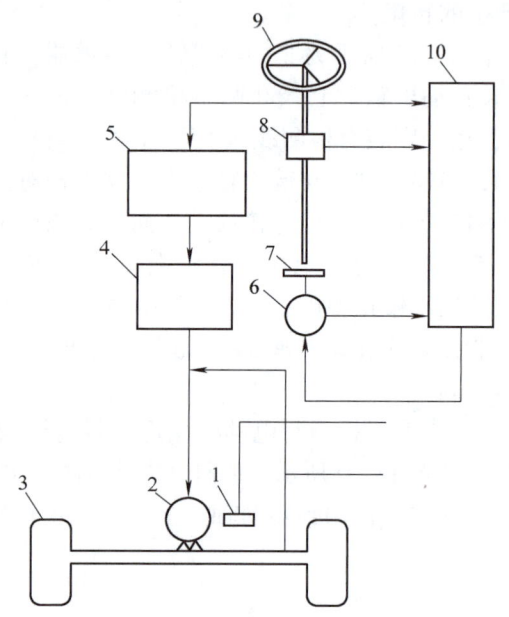

图 13-21　线传控制转向系统示意图

1—车轮转角传感器　2—转向轮电动机　3—转向轮
4—转向控制器　5—车速传感器　6—转向盘电动机
（反力电动机）　7—转向盘转角传感器
8—转矩传感器　9—转向盘　10—电控单元

线传控制转向系统的优点如下：

1）柔性转向系统无各零部件之间的刚性机械连接，方便了转向系统的总布置。

2）在刚性转向系统中，因路面不平和转向轮不平衡而产生的振动会传到转向盘，而在柔性转向系统中，不存在转向盘"打手"的现象。

3）在不改变设计的情况下，通过软件可调整驾驶员对转向回正力矩的要求。

4）发生正面撞车事故时，可避免转向柱伤害驾驶员。

5）驾驶员腿部活动空间增大，出入驾驶室更加方便、自由。

第四节 轿车四轮转向系统

四轮转向（Four Wheel Steering，4WS）是指汽车在转向时，四个车轮可根据前轮转向角或车速等信号同时相对车身偏转。四轮转向汽车的后轮可以与前轮同时偏转（高速行驶，图13-22c），也可以反向偏转（低速行驶，图13-22a），宝马7系列轿车后轮最大转角为3°，雷诺laguna GT后轮最多可偏转3.5°。当汽车以正常车速行驶时，后轮不转向（图13-22b）。

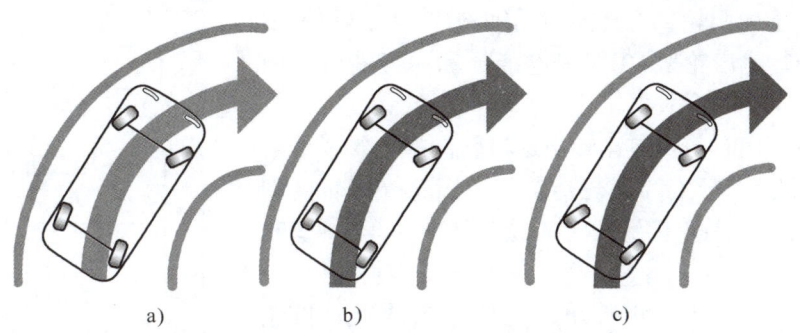

图13-22　四轮转向工作原理示意图
a) 低速行驶　b) 正常车速行驶　c) 高速行驶

控制后轮转向的方式有多种，采用电动机控制后轮转向在轿车上用得较多。

一、电动四轮转向系统

电动四轮转向系统具有控制自由度高、机构简单等优点。

电控单元根据转向盘转角、前轮偏转角和车速等信号确定后轮的偏转角，然后控制后轮偏转机构中的电动机驱动球形滚道螺母转动，推动球形滚道螺杆移动，使后轮发生偏转，电控单元再根据后轮偏转机构中的主、副偏转角传感器反馈信号，对后轮的偏转角进行修正。

宝马轿车后轮转向的结构示意图如图13-23所示。

二、前轮主动转向系统

为了全面改进汽车在各种使用条件下的转向性能，有的汽车采用前轮主动转向系统，如图13-24所示。

该转向系统装用了转向角叠加机构4，转向角叠加机构装在转向盘和转向轮之

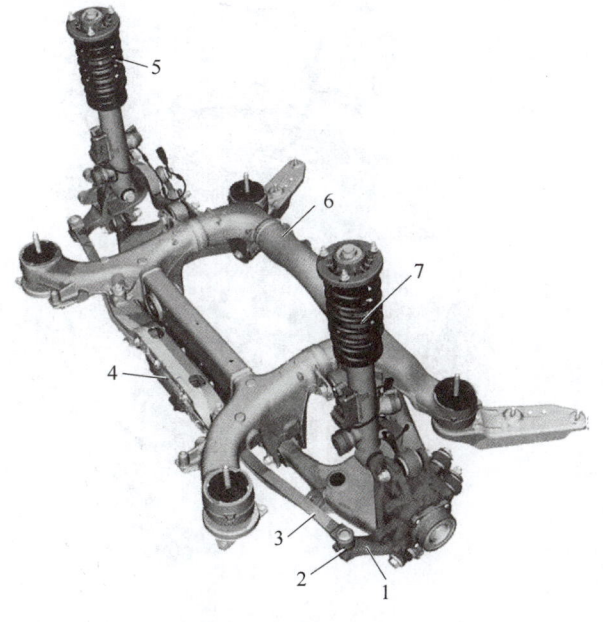

图13-23　宝马轿车后轮转向的结构示意图
1—转向梯形臂　2—转向球头销
3—后转向横拉杆　4—后轮转向电动机
5、7—减振器和螺旋弹簧　6—后副车架

间。使转向器 1 主动齿轮的转角等于转向盘转角与转向角叠加机构产生的转角（该转角可能与转向盘转角同向，也可能反向）之和。这样，可实现根据汽车行驶状况的信号，对转向系统传动比进行控制。

前轮主动转向系统的组成如图 13-25 所示，它是在电控动力转向系统的基础上增加可变转向传动比的双排行星齿轮机构。双排行星齿轮机构为转向角叠加机构，它有两个输入（上太阳轮 7 与转向传动轴相连，电动机 1 驱动的蜗轮 6 与行星齿轮架 10 固定连接）和一个输出（固定在转向齿轮 4 上的下太阳轮）。

电动机不工作时，转向盘转角通过转向控制阀 8 传给上太阳轮 7，经上、下行星齿轮传给下太阳轮（即转向齿轮 4），再由转向齿条 3 传到两转向轮，从而使车轮偏转，实现转向。

需要电动机工作时，电控单元（图中未画出）指令电动机转动，电动机转动的角度由蜗轮蜗杆传给行星齿轮架 10，经行星齿轮轴、下行星齿轮传给下太阳轮（即转向齿轮 4）。此时，转向齿轮转角是通过转向盘转角与电动机转动所引起的转角叠加得到的。电动机转动方向不同，叠加转角的方向可能与转向盘转角同向或反向，使转向齿轮的转角增大或减小。

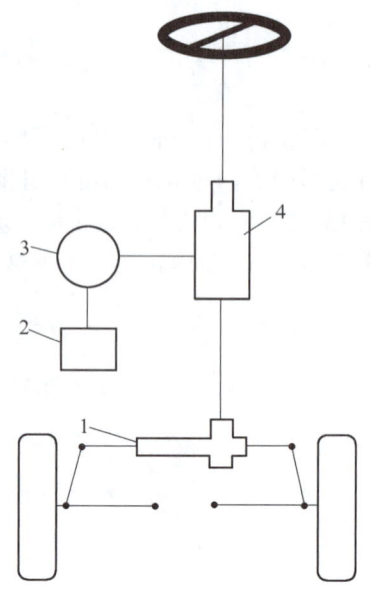

图 13-24　前轮主动转向系统示意图

1—转向器　2—电控单元
3—转向电动机　4—转向角叠加机构

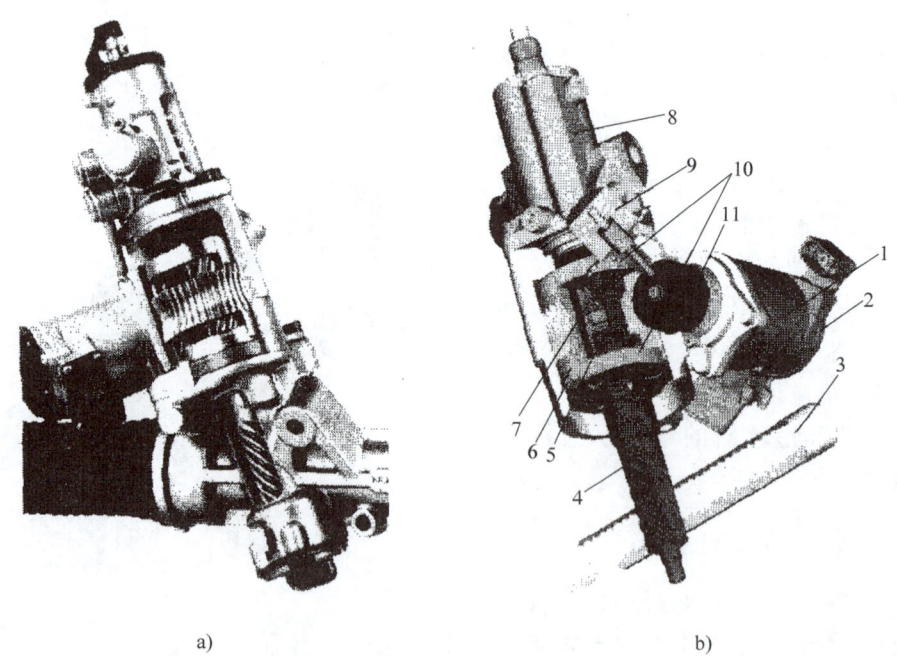

图 13-25　前轮主动转向系统的组成

1—电动机　2—转向角度传感器　3—转向齿条　4—转向齿轮（下太阳轮）　5—行星齿轮　6—蜗轮
7—上太阳轮　8—转向控制阀　9—电磁锁止机构　10—行星齿轮架　11—蜗杆

电磁锁止机构 9 的作用是，一旦该转向系统出现故障，将锁死蜗杆 11，使转向角叠加机构不起作用。

宝马轿车前轮主动转向系统如图 13-26 所示。该系统根据车速变化可不断改变转向系统传动比。

在该系统中，转向盘和转向轮之间装有一个机械调节机构 4（转向角叠加机构）。调节机构中的行星齿轮有两个输入轴和一个输出轴，其中一个输入轴与转向盘相连，另一个输入轴由伺服电动机 1 通过自锁式蜗轮蜗杆驱动机构控制；输出轴与转向柱相连。输出轴的转角由转向盘转角（由驾驶员输入）和伺服电动机转角叠加而成。

根据车辆行驶条件，主动转向系统会自动增加或减小转向轮的转角。高速行驶时，伺服电动机的转动方向与驾驶员转动转向盘的方向相反，此时尽管转向盘转角较大（图 13-27a），但转向轮转角较小，保证了高速行驶的稳定性。汽车低速行驶时，伺服电动机转动方向与驾驶员转动转向盘的方向一致，减小了对转向力的要求。此时，转向盘转角较小（图 13-27b），但转向轮转角较大，保证低速时转向盘的灵活性。

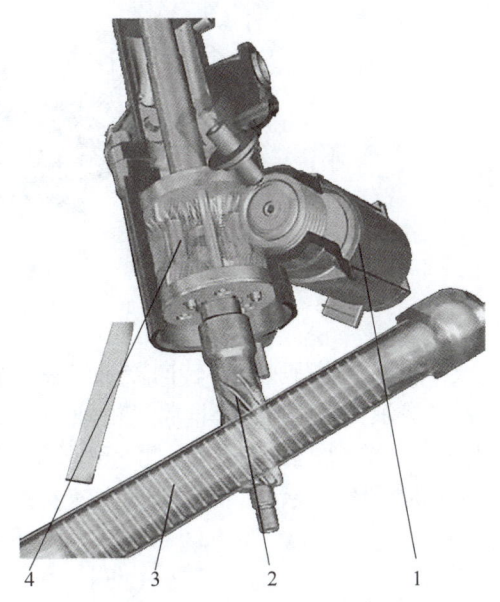

图 13-26　宝马轿车前轮主动转向系统
1—伺服电动机　2—转向齿轮　3—转向齿条
4—机械调节机构（由蜗轮蜗杆组成）

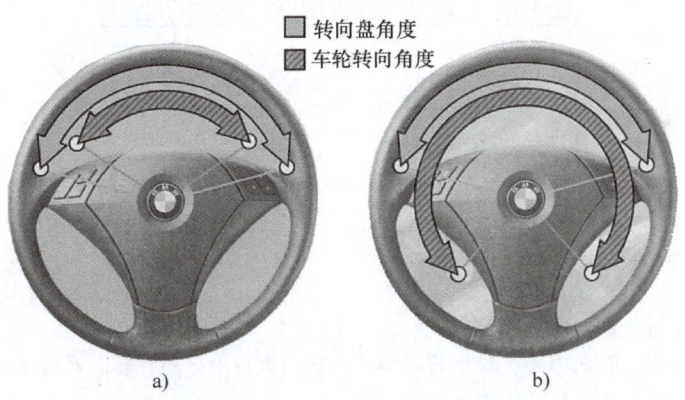

图 13-27　主动转向系统工作原理示意图

宝马轿车主动转向系统传动比为 10∶1～20∶1；一般轿车的转向系统传动比为 16∶1～18∶1。宝马轿车低速行驶时，转向盘转动 10°，前轮即可偏转 1°；而一般轿车，要想让前轮偏转 1°，转向盘需要偏转 16°～18°。因此，主动转向不仅可以提高轿车低速时的灵敏性，还可以增强轿车高速行驶时的行驶稳定性。

三、可变齿比转向器

在齿轮齿条式转向器中，齿条相互之间的疏密是相等的。而可变齿比转向器的齿条则采用两边疏、中间密的结构（图 13-28）。

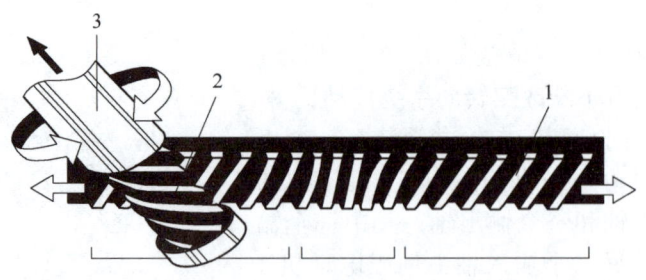

图 13-28　可变齿比转向器

1—转向齿条　2—转向齿轮　3—转向传动轴

汽车高速行驶时，转向器工作在齿条比较密的中间区段 2（图 13-29），此时，转向不那么"灵敏"，而是处于非常"精确"的状态。低速行驶时，转向器则工作在两边较疏的外部区段 1、3（图 13-29）。因此，驾驶员驾驶装用可变齿比转向器的汽车，会感觉到汽车低速行驶时敏捷、灵活，而在进入高速状态后，汽车行驶变得稳定、精准。

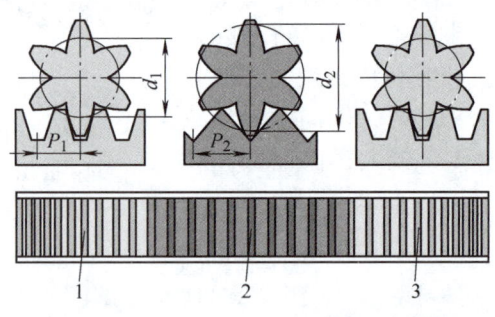

图 13-29　可变齿比转向器工作原理

1、3—外部区段　2—中间区段

思考题与习题

13-1　机械转向系统一般由哪几部分组成？

13-2　何谓转向梯形、转向中心、最小转弯半径、转向盘自由行程和转向系统角传动比？

13-3　机械转向系统的操纵机构由哪几部分组成？

13-4　齿轮齿条式转向器的优缺点有哪些？

13-5　循环球-齿条齿扇式转向器的组成如何？其优缺点有哪些？

13-6　转向传动机构的功用是什么？

13-7　按传力介质不同，轿车装用的动力转向有哪两种？

13-8　简述电动式电控动力转向系统的结构和工作原理。

13-9　线传控制转向系统的优点有哪些？

13-10　简述电动四轮转向的工作过程。

13-11　简述前轮主动转向系统的组成及工作情况。

13-12　可变齿比转向器是如何工作的？

第十四章 汽车制动系统

第一节 概　述

一、制动系统的功用

汽车制动系统的功用是使行驶中的汽车减速甚至停车，使下坡行驶的汽车的速度保持稳定以及使已经停驶的汽车保持不动。

二、制动系统的工作原理

汽车制动系统由制动器和制动传动机构组成，其工作原理示意图如图 14-1 所示。

制动器主要由旋转的制动鼓 4 和固定在制动底板 6 上的制动蹄 9 组成。制动鼓固定在车轮轮毂上，随车轮一同旋转，它的工作面是内圆柱面。在固定不动的制动底板上，有两个制动蹄支承销 7，支承着两个弧形制动蹄的下端。制动蹄的外圆面上装有制动蹄摩擦衬片 8，上端用制动蹄回位弹簧 5 拉紧压靠在制动轮缸 3 的活塞上。制动蹄可用凸轮或液压轮缸等张开机构使其张开。液压轮缸也安装在制动底板上。

制动传动机构主要由制动踏板 1、制动主缸 2、制动轮缸 3 和制动液管路等组成。

装在车架上的制动主缸用制动液管路与轮缸相连通。制动主缸活塞可由驾驶人通过制动踏板来操纵。

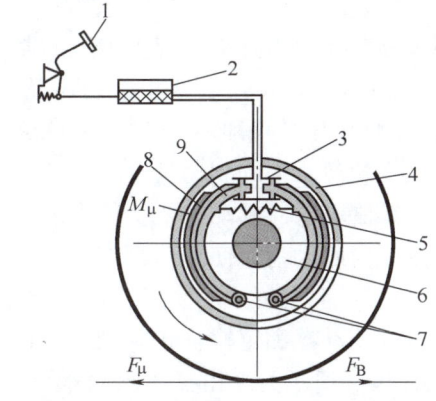

图 14-1　制动系统工作原理示意图

1—制动踏板　2—制动主缸　3—制动轮缸
4—制动鼓　5—制动蹄回位弹簧　6—制动底板
7—制动蹄支承销　8—制动蹄摩擦衬片　9—制动蹄

制动系统不工作时，制动蹄在回位弹簧的拉动下，使制动鼓的内圆柱面与制动蹄摩擦衬片的外圆柱面之间保留有一定的间隙，故制动鼓可以随车轮自由旋转。

要使行驶中的汽车减速，驾驶员踩下制动踏板，推杆便推动制动主缸活塞，使制动主缸中的制动液以一定压力流入制动轮缸，通过制动轮缸活塞使两制动蹄的上端向外张开，从而使摩擦衬片压紧在制动鼓的内圆柱面上。这样，不旋转的制动蹄就对旋转着的制动鼓产生一个摩擦力矩 M_μ，其作用方向与车轮旋转方向相反，摩擦力矩的大小取决于轮缸的张力、摩擦因数和制动鼓及制动蹄的尺寸等。制动鼓将该力矩传到车轮后，由于车轮与路面间的附着作用，车轮即对路面作用一个向前的周缘力 F_μ，与此同时，路面对车轮作用一个向后的反

作用力 F_B（即制动力）。制动力 F_B 由车轮经车桥和悬架传递给车架和车身，迫使整个汽车产生一定的减速度。制动力越大，减速度也越大。当松开制动踏板时，制动蹄回位弹簧即将制动蹄拉回原位，摩擦力矩 M_μ 和制动力 F_B 消失，制动作用即行解除。

第二节　车轮制动器

制动器是制动系统中用来产生阻碍汽车运动或运动趋势的力的部件。目前，一般汽车所使用的制动器的制动力矩都来源于固定元件和旋转元件工作表面之间的摩擦，即摩擦式制动器。

摩擦式制动器分为盘式制动器和鼓式制动器两大类。

一、盘式制动器

盘式制动器摩擦副中的旋转元件是以端面工作的金属圆盘，称为制动盘。其固定元件有多种结构形式。

盘式制动器根据固定元件的结构形式分为钳盘式制动器和全盘式制动器。钳盘式制动器广泛应用在轿车的前后轮上（尤其是前轮），本书主要介绍钳盘式制动器的结构和工作原理。

钳盘式制动器（图14-2）中的固定元件是由工作面积不大的摩擦块与其金属背板组成的制动块2，每个制动器中有2~4个制动块。这些制动块及其促动装置都装在横跨制动盘两侧的钳形支架中，总称为制动钳3。旋转元件是装在轮毂4上的制动盘5。

汽车制动时，制动分泵1传来的油压推动活塞6，使制动块压向制动盘，使制动盘减速，起到制动作用。

根据制动钳的结构形式不同，钳盘式制动器又分为浮钳盘式制动器和定钳盘式制动器两种。

图14-3所示为浮钳盘式制动器结构示意图。制动时，内侧活塞及摩擦片在液压作用力 F_1 作用下，向左移动压向制动盘4。同时，液压力的反作用力 F_2 推动制动钳体1向右移动，使外侧摩擦片也压靠到制动盘4上。导向销2上的橡胶衬套不仅能够稍微变形以消除制动器间隙，而且可使导向销免受泥污。解除制动时，橡胶衬套所释放出来的弹性能有助于外侧制动块离开制动盘。活塞密封圈使活塞回位。若制动器产生了过量的间隙，活塞则相对于密封圈滑移，借此实现间隙自动调整。

一汽奥迪A6、宝来A4、红旗CA7220、捷达、高尔夫和上海桑塔纳2000型轿车及北京切诺基BJ2021轻型越野汽车的前轮均采用了浮钳盘式制动器。

定钳盘式制动器的结构及工作原理如图14-4所示。

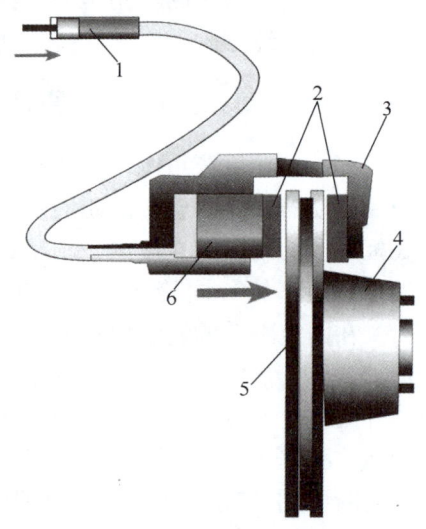

图14-2　钳盘式制动器

1—制动分泵　2—制动块　3—制动钳
4—轮毂　5—制动盘　6—活塞

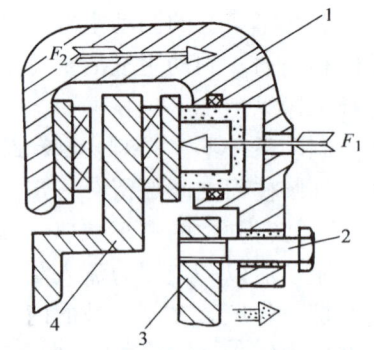

图14-3　浮钳盘式制动器结构示意图

1—制动钳体　2—导向销
3—制动钳支架　4—制动盘

跨置在制动盘上的制动钳 5 固定安装在车桥 3 上。制动钳既不能旋转也不能绕制动盘轴线移动，其内部两个制动钳活塞 4 分别位于制动盘两侧。

制动时，制动液由制动主缸经油管进油口进入制动钳体中的两个相通的液压油腔中（图 14-4b），将两侧的制动钳摩擦块 1 压向与车轮一起旋转的制动盘，产生制动力。

制动器不工作时（图 14-4a），制动钳活塞在密封圈（图中未画出）弹力作用下退回，直至密封圈变形完全消除为止。

丰田皇冠轿车前轮装用的就是定钳盘式制动器。

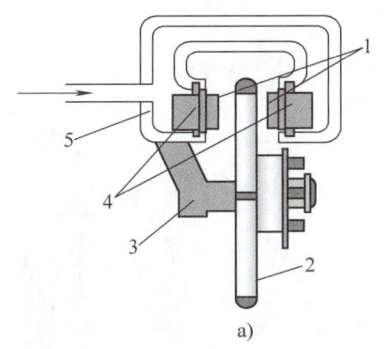 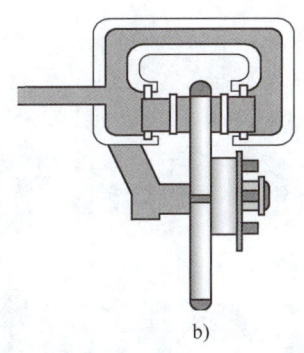

图 14-4　定钳盘式制动器的结构及工作原理示意图

a）制动器不工作时　b）制动器工作时

1—制动钳摩擦块　2—制动盘　3—车桥　4—制动钳活塞　5—制动钳

图 14-5 所示为奔驰超级跑车装用的盘式制动器。

目前，有些轿车的盘式制动器装用制动性能较好的陶瓷制动盘，如图 14-6 所示。

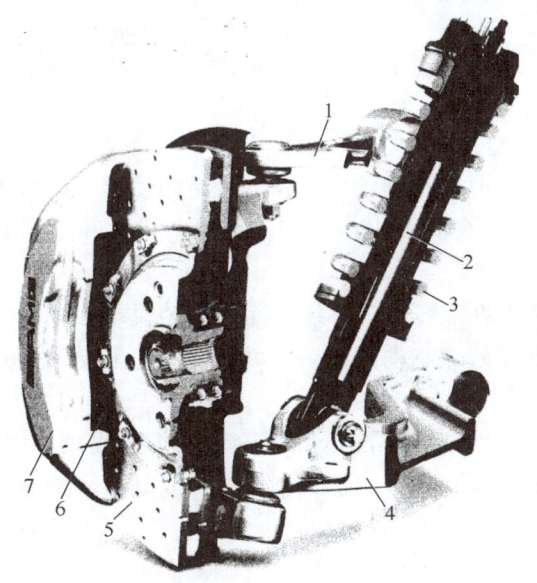 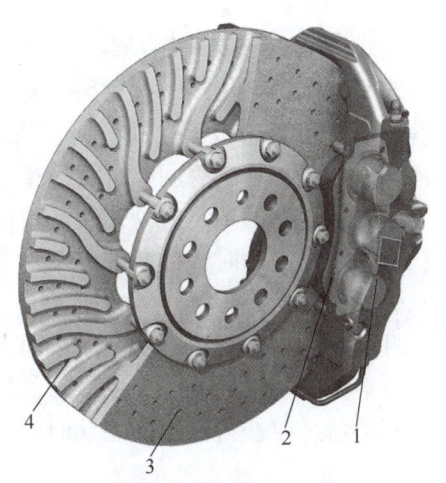

图 14-5　奔驰超级跑车盘式制动器

1—上摆臂　2—减振器　3—螺旋弹簧　4—下摆臂
5—制动盘　6—摩擦片　7—制动钳

图 14-6　陶瓷盘式制动器

1—制动钳活塞　2—制动钳摩擦片
3—陶瓷制动盘　4—散热通风孔

陶瓷制动盘相对铸铁制动盘有以下一些优点：①质量小（只有铸铁制动盘质量的 1/2）；

②高温（1400℃）不变形，不抖动；③摩擦因数较大，使用寿命长（是铸铁制动盘平均寿命的4倍）。其缺点是价格非常高。

为了提高盘式制动器的制动效能，有些盘式制动器在制动盘上钻有通风孔2和散热片1（图14-7）加速散热效果。制动盘旋转时，在离心力的作用下，制动盘产生的热气会顺着通风孔迅速跑出。

制动钳的立体图如图14-8所示。

图14-7　制动盘通风散热示意图
1—散热片　2—通风孔　3—制动盘

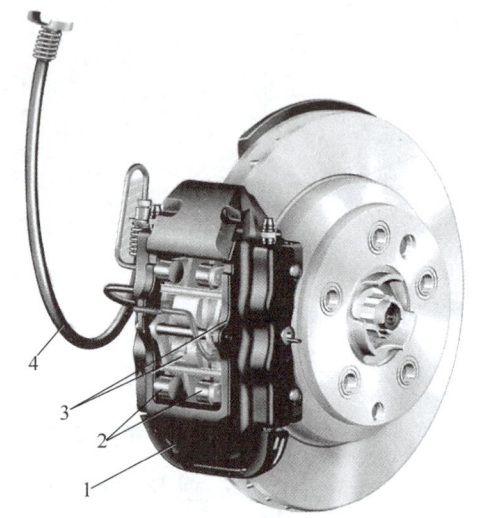

图14-8　制动钳
1—制动钳壳体　2—制动活塞
3—制动蹄摩擦衬片　4—制动液管路

盘式制动器与鼓式制动器相比，其优点有：①制动效能稳定，受摩擦因数影响较小；②盘式制动器两面传热，圆盘旋转易冷却，不易变形，制动效果好；③长时间使用后，制动盘沿厚度方向的热膨胀量极小；④浸水后制动效能降低较少；⑤结构简单，尺寸和质量较小，维修方便，易实现间隙自动调整。

盘式制动器的不足之处是制动效能较低，所以在液压制动系统中需另行装设动力伺服装置；兼作驻车制动时，加装的驻车制动传动装置较鼓式制动器复杂，因而在后轮上使用受到限制。

目前，盘式制动器已广泛用于轿车。一些中高性能轿车的全部车轮均采用盘式制动器，以获得最佳的制动效能；中级以下的轿车前轮毫无例外地装用盘式制动器，而其后轮仍装用鼓式制动器，以获得高速下制动时的方向稳定性。

二、鼓式制动器

鼓式制动器摩擦副中的旋转元件是制动鼓3（图14-9），内圆柱面是其工作面；制动轮缸7是制动蹄5张开的驱动机构。

鼓式制动器零件图如图14-10所示。

图 14-9 鼓式制动器结构示意图
1—制动蹄回位弹簧 2—制动蹄调整装置
3—制动鼓 4—制动蹄摩擦衬片
5—制动蹄 6—制动底板 7—制动轮缸
8—制动液管路 9—制动轮缸活塞

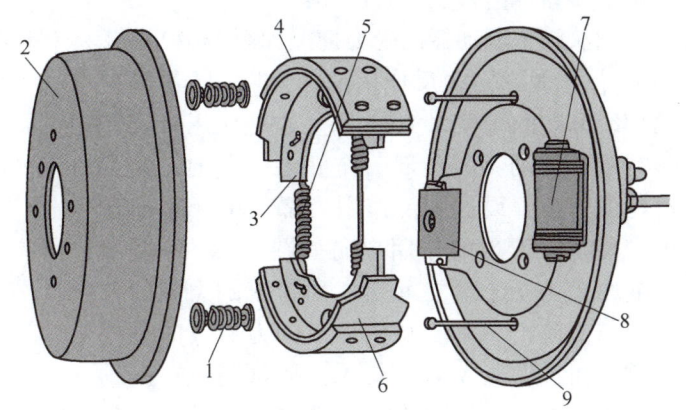

图 14-10 鼓式制动器零件图
1—定位销弹簧 2—制动鼓 3、6—制动蹄
4—制动蹄摩擦衬片 5—制动蹄回位弹簧
7—制动轮缸 8—制动蹄调整装置 9—定位销

用制动轮缸张开的鼓式制动器,按其结构与工作特点不同,又分为领从蹄式制动器、双领蹄式制动器、双向双领蹄式制动器、双从蹄式制动器和自增力式制动器。

1. 用液压缸张开的鼓式制动器

(1) 领从蹄式制动器 图 14-11 所示为领从蹄式制动器。制动底板 5 固定装在后桥壳或前桥转向节的凸缘上,其下部装有两个偏心调整螺钉 1,两个制动蹄 11、12 的下端有孔,套装在偏心调整螺钉上,并用锁止螺母 3 锁止。旋动偏心调整螺钉,可调整制动蹄下端的间隙。在制动底板的中上部装有两个偏心轮 7,用来调整制动蹄上部的间隙。中部装有两个托架 4,以限制制动蹄的轴向位置。制动蹄上端用回位弹簧 10 拉靠在制动轮缸 9 的顶块上。制动蹄的外圆面上,用埋头铆钉铆接着由石棉纤维和其他物质混合压制而成的摩擦衬片 8。作为制动蹄促动装置的制动轮缸也用螺钉固装在制动底板上。制动鼓(图中未画出)固定装在车轮轮毂的凸缘上,随车轮一起转动。

当汽车前进行驶时,制动鼓的旋转方向如图 14-11 中箭头所示。制动时,两制动蹄绕各自的支承点向外旋转张开。制动蹄 12 的旋转方向与制动鼓的旋转方向相同,称为领蹄;制动蹄 11 的旋转方向与制动鼓的旋转方向相反,称为从蹄。当汽车倒向行驶制动时,制动蹄 12 变成从蹄,而

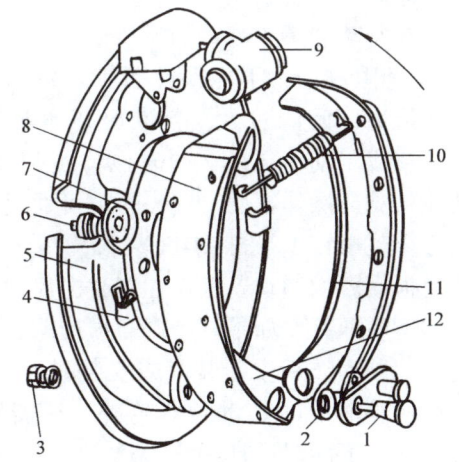

图 14-11 领从蹄式制动器
1—偏心调整螺钉 2—垫圈 3—锁止螺母
4—托架 5—制动底板 6—偏心轮调整螺钉
7—偏心轮 8—摩擦衬片 9—制动轮缸
10—回位弹簧 11、12—制动蹄

制动蹄 11 则变成领蹄。这种在汽车前进制动和倒向行驶制动时，都有一个领蹄和一个从蹄的制动器即称为领从蹄式制动器。

领从蹄式制动器的受力情况如图 14-12 所示。制动时，两制动蹄 1 和 5 受到相等的促动力 F_S、垂直方向的反作用力 N_1 和 N_2 以及相应的切线方向的摩擦力 T_1 和 T_2。这些作用力实际是在两个制动蹄的全部工作面上分布的，为了简化说明，假设这些反作用力都集中于摩擦片的中央位置，力的作用方向如图所示。领蹄 1 上的摩擦力 T_1，对支承销 7 所形成的力矩的方向，与促动力 F_S 对支承销形成的力矩方向是相同的，而且由于 N_1 作用结果，使领蹄 1 在制动鼓上压得更紧，从而使力 N_1、T_1 变得更大，起到增势作用，故领蹄也称为增势蹄。而从蹄 5 上的摩擦力 T_2 对支承销 6 所形成的力矩方向，与促动力 F_S 对支承销形成的力矩方向是相反的。由于 T_2 的作用，使从蹄 5 有离开制动鼓的趋势，使力 N_2、T_2 变得更小，起到减势作用，故从蹄也称为减势蹄。由此可见，虽然两蹄所受的促动力 F_S 相等（制动轮缸活塞直径相同，系统中油压相等），但由于摩擦力 T_1、T_2 所起的作用不同，因而使两蹄所产生的制动力矩不等。当其他条件相同时，领蹄制动力矩约为从蹄制动力矩的 2～3 倍。为了使领蹄和从蹄的摩擦片寿命相近，一般的措施是将领蹄摩擦片设计得比从蹄长些。由于领蹄和从蹄所受的法向力 N_1、N_2 不能互相平衡，因此这种制动器也称为简单非平衡式制动器。不平衡的法向力由车轮轮毂轴承的反力来平衡，这就对轮毂轴承形成了附加径向载荷，会影响轮毂轴承的使用寿命。

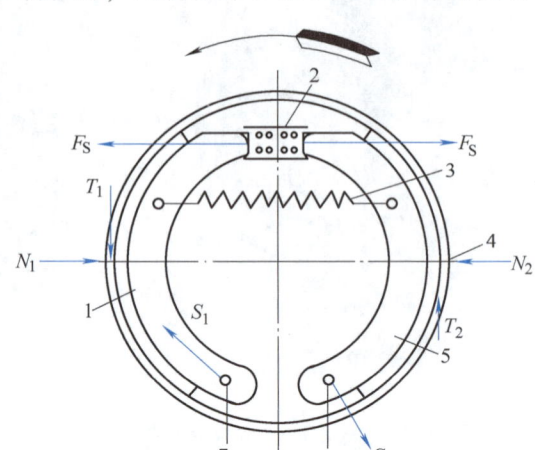

图 14-12　领从蹄式制动器受力情况

1—领蹄　2—制动轮缸　3—回位弹簧
4—制动鼓　5—从蹄　6、7—支承销

在制动器不工作时，其摩擦片与制动鼓之间应留有适当的间隙，一般为 0.25～0.50 mm。间隙过小，不能保证彻底解除制动，将造成摩擦副的拖磨；间隙过大，会推迟制动器开始起作用的时刻，造成制动不灵敏，同时也将使制动踏板行程过长，致使驾驶员操作不便。这一间隙可通过转动偏心轮 7 和偏心调整螺钉 1（图 14-11）来调整。如果只因摩擦衬片磨损而影响制动器工作性能时，仅通过偏心轮 7 进行局部调整即可。如果制动器磨损严重，在更换摩擦衬片或镗削制动鼓后重新装配或安装时，应进行全面调整。全面调整时除了转动偏心轮外，还需转动偏心调整螺钉，即上下同时进行调整。

制动蹄下端的支承有两种方式：一种是用支承销 6、7 铰接（图 14-12）；另一种是采用浮动式支承（图 14-13 中的浮动支座 1），这种支承有自动定心的作用，进而使制动蹄和制动鼓更好地接触。

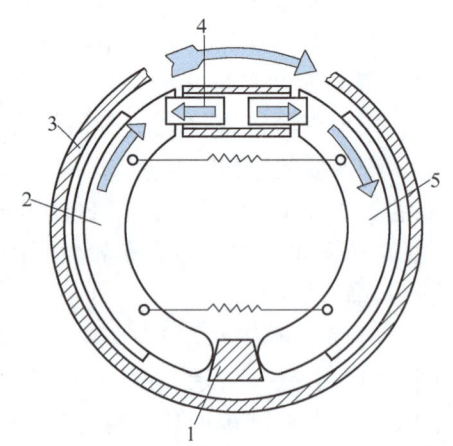

图 14-13　制动蹄的浮动式支承

1—浮动支座　2、5—制动蹄
3—制动鼓　4—制动轮缸

一汽红旗 CA7220、捷达、奥迪 100 和上海桑塔纳 2000 型轿车的后轮制动器均采用了这种领从蹄式制动器。

一汽红旗 CA7220 型轿车装用的制动器零件如图 14-14 所示。两个制动蹄 5 下端插在制动底板 11 相应槽内，由上、下回位弹簧 6 和 3 将其拉拢，使其上端拉靠在制动轮缸 10 的活塞上。制动蹄通过限位螺钉和限位弹簧使其压靠在制动底板上。制动蹄外圆面上铆有制动蹄摩擦衬片 1。调整楔 9 装在推杆 7 的右端槽内，其下端与调整弹簧 2 相连，调整弹簧固定在制动蹄上。如制动蹄和制动鼓间的间隙变大，在制动过程中，调整弹簧拉动调整楔下移，调整楔上宽下窄，这样使驻车制动拉杆 4 向外移动一点，而使制动蹄和制动鼓间隙变小。

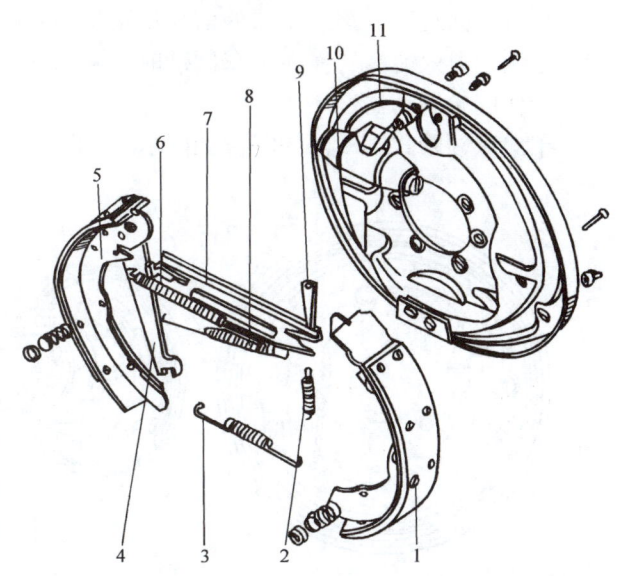

图 14-14　一汽红旗 CA7220 型轿车装用的制动器零件

1—制动蹄摩擦衬片　2—调整弹簧　3—下回位弹簧
4—驻车制动拉杆　5—制动蹄　6—上回位弹簧
7—推杆　8—连接弹簧　9—调整楔
10—制动轮缸　11—制动底板

该行车制动器兼充当驻车制动器，因此，在制动器中还加装了驻车制动机械传动机构。驻车制动拉杆 4 铆装在制动蹄 5 上，并能自由摆动。推杆 7 一端的槽插在驻车制动拉杆上，另一端槽孔插装在另一制动蹄的凸缘上。连接弹簧 8 一端钩挂在推杆一侧的孔内，另一端钩挂在制动蹄凸棱的孔内，其位置与推杆平行，由于连接弹簧的作用，使推杆拉靠在驻车制动拉杆上，驻车制动拉杆的下端与驻车制动软轴相连。

制动时，驾驶员拉动驻车制动操纵手柄，带动驻车制动软轴，进而带动驻车制动拉杆绕支点向前转动，推动推杆移动，向外推开一个制动蹄。当这个制动蹄压紧在制动鼓上后，驻车制动拉杆又绕其和推杆接触处转动，推动另一个制动蹄也压靠在制动鼓上。这样，两个制动蹄都将制动鼓胀住，而对车轮进行制动。解除制动时，驾驶员松开驻车制动操纵杆，两个制动蹄在上、下回位弹簧和连接弹簧的作用下回位，使制动蹄和制动鼓间保持适当的间隙，车轮便可以自由转动，制动作用解除。

（2）单向双领蹄式制动器　在汽车前进时，两制动蹄均为领蹄的制动器称为单向双领蹄式制动器。

图 14-15 所示为单向双领蹄式制动器的结构与受力情况。其总体结构与

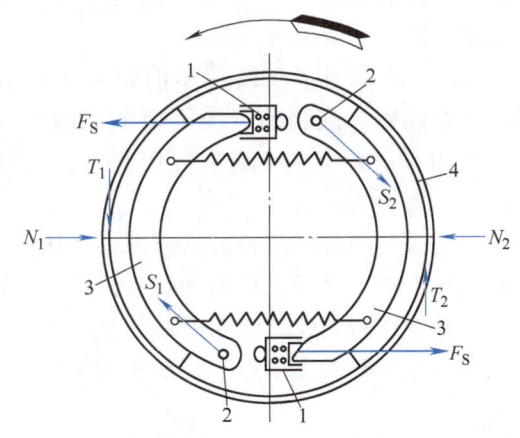

图 14-15　单向双领蹄式制动器的结构与受力情况

1—单活塞式制动轮缸　2—支承销　3—制动蹄　4—制动鼓

图 14-11 所示的领从蹄式制动器相差不多，只是采用了两个单活塞式制动轮缸 1，且上下反向布置。制动蹄一端卡在制动轮缸活塞上，另一端铰接在支承销 2 上。

在汽车前进时，该制动器的前、后蹄均为领蹄，故称为单向双领蹄式制动器。这种制动器前进制动时效能高，但在倒车制动时，两制动蹄都变成从蹄，制动效能下降很多。该制动器适于作前轮制动器。

单向双领蹄式制动器的零件如图 14-16 所示。

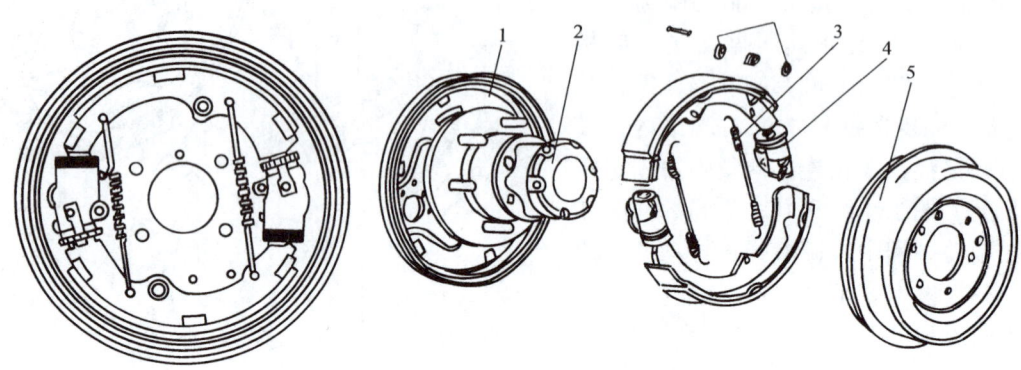

图 14-16　单向双领蹄式制动器的零件

1—制动底板　2—轮毂　3—回位弹簧　4—制动轮缸　5—制动鼓

解放 CA1020F、CA6440 和 BJ2020N 型汽车前轮制动器均为单向双领蹄式制动器。

（3）双向双领蹄式制动器　不管是前进制动还是倒车制动，两个制动蹄都是领蹄的制动器称为双向双领蹄式制动器，如图 14-17 所示。

该制动器的结构特点有两个。其一是采用两个双活塞式制动轮缸 1；另一个是两个制动蹄两端都采用浮式支承，且支点在圆周方向也是浮动的。装用这种制动器的汽车无论是前进制动还是倒车制动，其制动效果都一样。

图 14-18 所示为某高级轿车前轮装用的双向双领蹄式制动器。该制动器装用两个双活塞式制动轮缸 2 和 13，两个制动蹄 5 和 10 两端均为浮式支承。

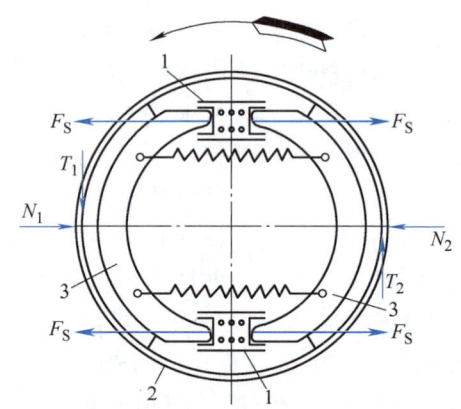

图 14-17　双向双领蹄式制动器结构示意图

1—双活塞式制动轮缸　2—制动鼓　3—制动蹄

汽车前进制动时，两轮缸活塞都在液压作用下向外移动，将两制动蹄 5 和 10 压靠在旋转的制动鼓 1 上。之后，在制动鼓摩擦力的作用下，两制动蹄绕车轮中心，沿车轮旋转方向转过一个角度，将两轮缸活塞外端的支座 4 和 8 推回，直到顶靠在轮缸端面上为止，此时的支座便成为制动蹄的支承点，制动器的工作情况同图 14-15 所示的制动器一样，为双领蹄式制动器。

倒车制动时，制动鼓对制动蹄作用着相反方向的摩擦力矩，此时可调支座 11 便成为制动蹄的支承点，两个制动蹄仍为领蹄。

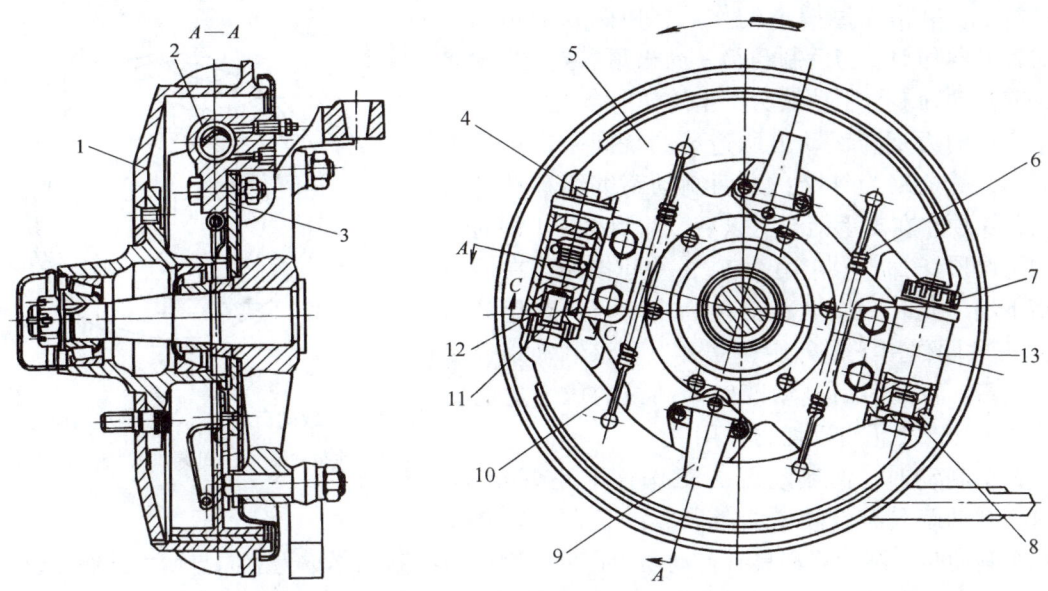

图 14-18 双向双领蹄式制动器

1—制动鼓 2、13—制动轮缸 3—制动底板 4、8—支座 5—上制动蹄 6—制动蹄回位弹簧
7、12—调整螺母 9—制动蹄限位装置 10—下制动蹄 11—可调支座

调整螺母 7、12 用于调整制动器间隙。拨动调整螺母头部的齿槽，使螺母转动，带螺杆的可调支座 11 便向内或向外移动，使制动器间隙得以调整。

（4）双从蹄式制动器 如将图 14-15 所示的制动器翻转 180°，便成为在汽车前进时两蹄均为从蹄的双从蹄式制动器（图 14-19）。该制动器的结构与单向双领蹄式制动器很相似，差别仅在于固定元件与旋转零件的相对运动方向不同。

显然，双从蹄式制动器的前进制动效能低于双领蹄式制动器。但其制动效能对摩擦因数变化的敏感程度较小，即具有良好的制动效能稳定性。该制动器只在少数汽车上装用。

单向双领蹄式、双向双领蹄式与双从蹄式制动器的固定元件都是中心对称布置的，如果间隙调整正确，两制动蹄对制动鼓所施加的法向作用力能够相互平衡，不会对轮毂轴承造成附加的径向载荷，因此，这三种制动器都是平衡式制动器。

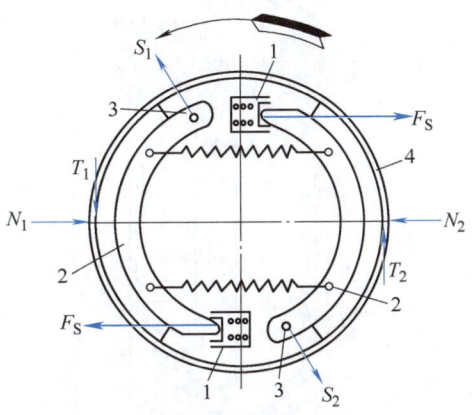

图 14-19 双从蹄式制动器结构示意图

1—单活塞式制动轮缸 2—制动蹄
3—支承销 4—制动鼓

（5）自增力式制动器 自增力式制动器分单向自增力和双向自增力两种。在结构上只是轮缸中的活塞数目不同而已。自增力式制动器在国产汽车上应用较少。这里仅对双向自增力式制动器做一简单说明。

该制动器的结构原理如图 14-20 所示。

当行车制动时，两制动蹄在相同的轮缸促动力 F_S 作用下同时向外张开，压靠到旋转的制动鼓上，并由于摩擦力的作用，使两制动蹄均沿顺时针方向移动。当后制动蹄3尚未顶靠到支承销5时，前制动蹄1与制动鼓所产生的切向合力所造成的绕下支点的力矩与促动力所造成的绕同一支点的力矩同向，故前蹄为领蹄；当两制动蹄继续移动到后制动蹄3顶靠在支承销5上以后，前制动蹄1即对浮动的可调顶杆2产生作用力F'_S，并间接作用在后制动蹄下端。此时后制动蹄上端为支承点，在促动力F_S和F'_S共同作用下向外旋转张开，使该制动蹄也变成了领蹄，且此时后制动蹄对制动鼓的压力比前制动蹄还大，产生了自动增力作用。

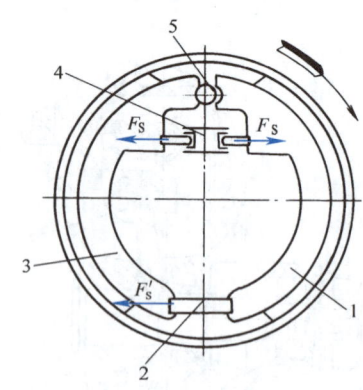

图 14-20　双向自增力式制动器结构原理示意图

1—前制动蹄　2—可调顶杆　3—后制动蹄
4—制动轮缸　5—支承销

倒车制动时，两制动蹄的工作情况正好相反，此时前制动蹄具有自动增力效果。由于在行车制动和倒车制动时，制动器都具有自动增力作用，因此该种制动器称为双向自增力式制动器。

日本丰田皇冠轿车装用了双向自增力式制动器。

图14-21所示为双向自增力式制动器结构示意图。

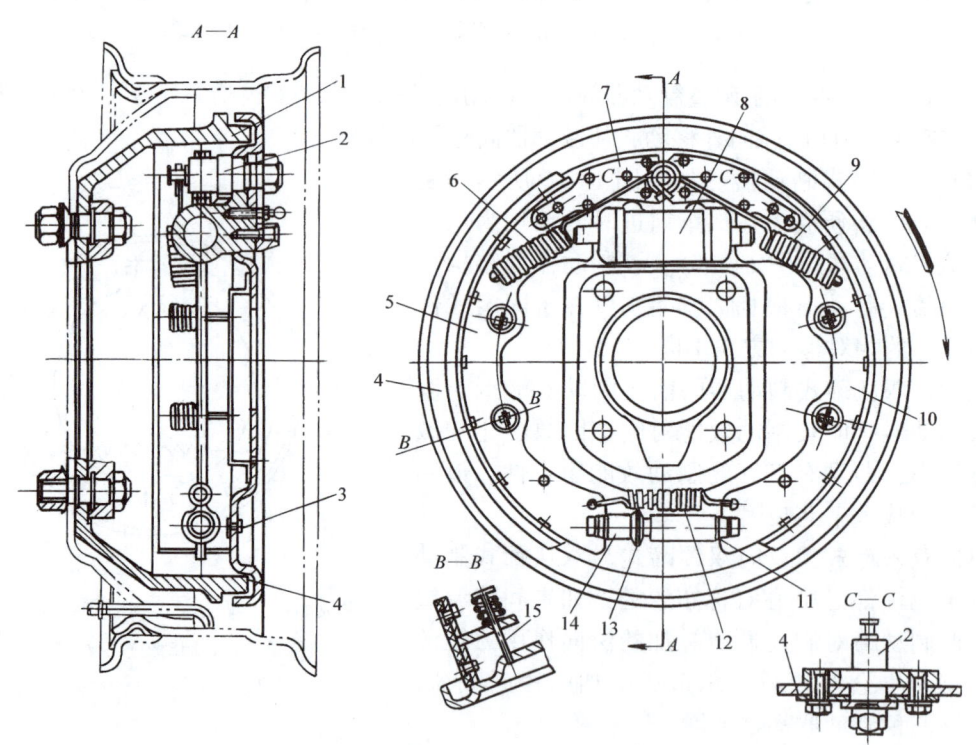

图 14-21　双向自增力式制动器结构示意图

1—制动鼓　2—支承销　3—调整孔橡胶堵塞　4—制动底板　5—前制动蹄　6—前制动蹄回位弹簧　7—夹板　8—制动轮缸
9—后制动蹄回位弹簧　10—后制动蹄　11—可调顶杆体　12—拉紧弹簧　13—调整螺钉　14—可调顶杆套　15—制动蹄限位杆

2. 用凸轮张开的鼓式制动器

目前，几乎所有国产商务车和一部分国外商务车的气压制动系统中的鼓式制动器都采用凸轮作为促动装置。

如图 14-22 所示，这种制动器除了用制动凸轮作为张开装置外，其余部分结构与液压制动系统的领从蹄式制动器大体相同。两制动蹄 4 的一端在偏心支承销 6 上，支承销固定在制动底板上。制动蹄的另一端靠回位弹簧拉紧并使之紧靠在制动凸轮 2 上。在制动蹄的外圆面上铆有两块石棉摩擦衬片 5。不制动时，摩擦衬片和制动鼓 1 之间留有适当的间隙，使制动鼓能随车轮自由转动。

制动时，压缩空气进入制动气室，通过推杆及连接叉使制动调整臂转动，制动调整臂带动凸轮轴转动，制动凸轮迫使两制动蹄张开并压紧在制动鼓上，产生相应的制动作用。当放松制动踏板时，制动气室中的压缩空气排出，制动气室膜片在回位弹簧作用下回位，并通过推杆、连接叉、制动调整臂带动凸轮轴回位，同时，两制动蹄在

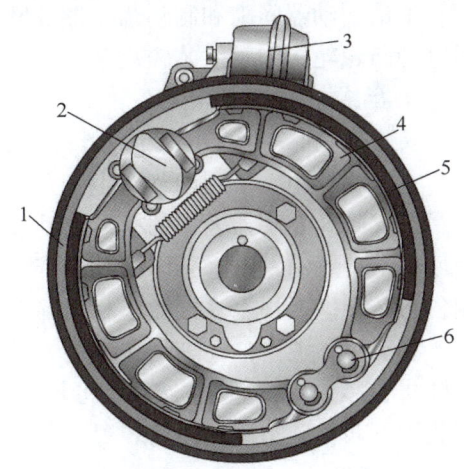

图 14-22 用凸轮张开的鼓式制动器
1—制动鼓 2—制动凸轮 3—制动气室
4—制动蹄 5—摩擦衬片 6—支承销

回位弹簧的作用下，以其上端支承面靠紧于制动凸轮的两侧，与制动鼓间保持一定的间隙，制动作用解除。

上述制动器为领从蹄式制动器。制动时，在蹄与鼓之间摩擦力的作用下，领蹄有离开凸轮的倾向，从蹄有压紧凸轮的倾向，造成凸轮对领蹄的张开力小于从蹄，从而使两蹄所受到的制动鼓的法向反力基本相等，使两蹄的制动力矩近似相等。但由于这种制动器结构上不是中心对称，两蹄作用于制动鼓上的法向等效合力虽然大小相等，但不在一条直线上，不能完全平衡。因此这种制动器为非平衡式制动器。

制动凸轮工作表面轮廓有平面形和椭圆形（图 14-23a）及渐开线形（图 14-23b）。对于平面形和椭圆形凸轮来说，促动力对凸轮中心的力臂随凸轮转角的变化而变化，因此，即使输入凸轮轴的力矩不变，凸轮对制动蹄两端的促动力也会随凸轮转角而变化。

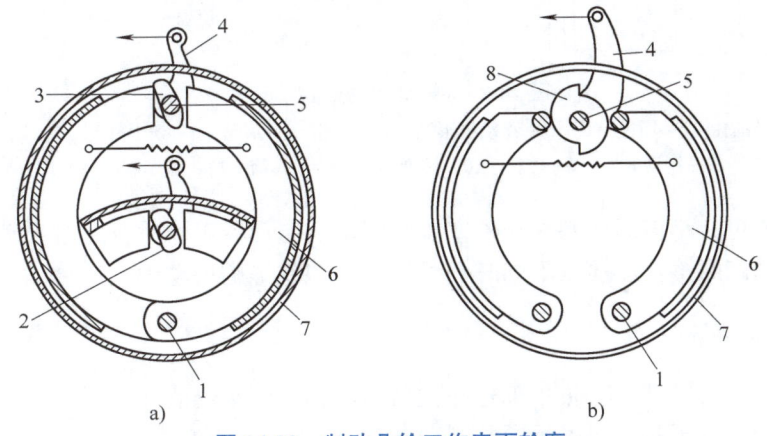

图 14-23 制动凸轮工作表面轮廓
a) 平面形凸轮和椭圆形凸轮 b) 渐开线凸轮
1—支承销 2—平面形凸轮 3—椭圆形凸轮 4—调节臂 5—制动凸轮轴 6—制动蹄 7—制动鼓 8—渐开线凸轮

促动力对渐开线凸轮中心的力臂为定值（等于基圆半径的1/2），与凸轮转角无关。因此，不论制动器间隙和制动蹄摩擦片磨损程度如何，凸轮对制动蹄两端的促动力始终不变；但这种凸轮轮廓加工工艺较复杂。

3. 楔式鼓式制动器

楔式鼓式制动器的两个蹄可以是领从蹄式，也可以是双向双领蹄式。

在制动器中，使制动蹄产生张开的装置称为制动蹄促动装置。

楔式鼓式制动器采用的楔形促动装置有拉式和推式两种结构形式，图14-24所示为拉式楔形促动装置示意图。壳体内孔装有一个浮动楔形块3，其两侧各有一个滚轮5，滚轮的外侧各与一个楔形柱塞6接触，制动蹄7支承在楔形柱塞的另一端。

制动时，液压油经进油孔1进入储油腔室，在油压作用下，活塞10推动传力套筒11、拉杆9右移，使柱塞4、浮动楔形块3和滚轮5一同右移，通过楔形柱塞6使制动蹄张开。该装置可兼作驻车制动促动装置。

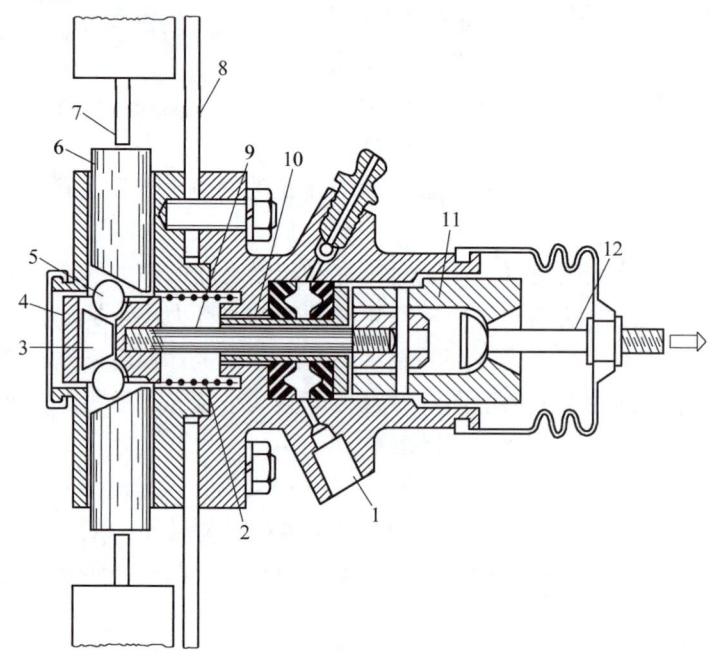

图14-24 楔形促动装置示意图

1—进油孔 2—回位弹簧 3—浮动楔形块 4—柱塞 5—滚轮 6—楔形柱塞 7—制动蹄
8—制动底板 9—拉杆 10—活塞 11—传力套筒 12—驻车制动拉杆

装用滚轮5可减小楔形柱塞6和柱塞4的摩擦。制动器工作时，通过浮动楔形块3的移动，可以在制动蹄摩擦片磨损量不同时仍可产生近似相等的促动力。

三、驻车制动器

驻车制动器的功用是：①防止车轮停驶后溜滑；②使车辆能在坡道上起步；③行车中遇到紧急情况时配合行车制动器进行紧急制动。

驻车制动器按其安装位置，可分为中央制动式（载货汽车常用的装于变速器后传动轴上）和车轮制动式（轿车常用）。

轿车驻车制动器通常与行车制动器共用后轮，也称复合制动器。

桑塔纳轿车驻车制动器（图14-25）由驻车制动拉杆1、驻车制动杠杆16、驻车制动推杆15和制动器（左制动蹄8、右制动蹄13与制动鼓17）组成。

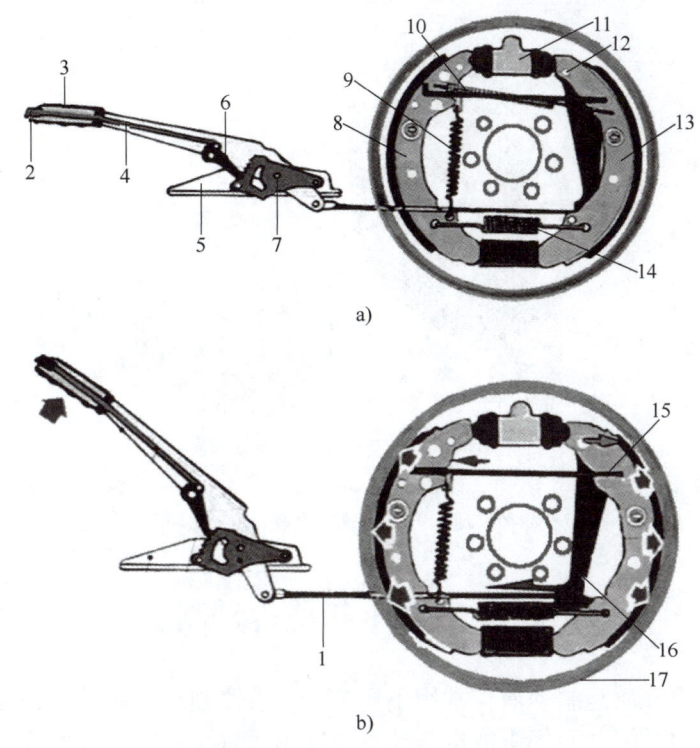

图14-25　驻车制动器工作原理
a）解除驻车制动时　b）驻车制动时
1—驻车制动拉杆　2—按钮　3—驻车制动手柄　4—操作杆　5—支架　6—棘爪　7—扇形齿板　8—左制动蹄
9—制动蹄间隙调节弹簧　10—制动推杆弹簧　11—制动轮缸　12—平头销　13—右制动蹄　14—制动蹄回位弹簧
15—驻车制动推杆　16—驻车制动杠杆　17—制动鼓

驻车制动时（图14-25b），拉起驻车制动手柄3，使驻车制动拉杆1收紧，进而拉动制动杠杆16下端，使其绕上端支点（驻车制动杠杆与右制动蹄13上端连接点，即平头销12）顺时针转动，在制动杠杆转动过程中，其中间支点（驻车制动推杆15与右制动蹄连接点）推动驻车制动推杆15左移，使左制动蹄8压向制动鼓。在左制动蹄压向制动鼓后，驻车制动推杆不再移动，但此时中间支点变成右制动蹄移动的新支点，使右制动蹄上端右移，压靠在制动鼓上，起制动作用。

解除驻车制动时（图14-25a），松开驻车制动手柄，释放驻车制动拉杆，制动蹄在制动蹄回位弹簧14的作用下回位，制动蹄与制动鼓之间恢复一定间隙，解除制动。

一汽红旗CA7220、奥迪100等轿车也装用这种驻车制动器。

目前，有一些轿车的四个车轮均装用盘式制动器，其制动传动机构有以下几种：

1）盘鼓组合式，即制动盘处在外边缘，为行车制动器所用；制动鼓装在中间部位，作为驻车制动器的制动装置。

2）在行车制动器的制动盘上单独装有制动钳，通过拉索，由驾驶员用驻车制动手柄操纵。

3）驻车制动与行车制动共用同一个制动钳。

别克轿车装用的驻车制动器（图14-26）属于盘鼓组合式。

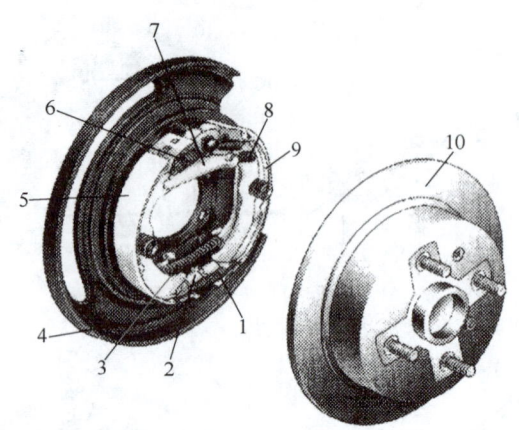

图 14-26　别克轿车驻车制动器

1—可调顶杆弹簧　2—可调顶杆　3—制动拉索　4—制动底板　5、9—制动蹄　6—制动蹄回位弹簧
7—制动推杆　8—制动推杆弹簧　10—制动鼓

第三节　液压制动传动机构

液压制动的传力介质是制动液，常用于轿车上。按照制动能源的不同分为人力液压制动系统和伺服液压制动系统。而伺服液压制动系统常用的有真空助力式和液压助力式两种。

一、人力液压制动系统

1. 组成及工作过程

图14-27所示为人力液压式制动系统示意图。该系统主要由制动主缸6、制动轮缸4、制动管路2和5及制动踏板组成。需要制动时，踩下制动踏板，制动主缸的制动液通过通往前、后轮的制动管路5、2被压入前、后制动轮缸，在制动轮缸活塞的作用下，制动鼓上产生制动作用。解除制动时，松开制动踏板，制动蹄和制动轮缸在各自回位弹簧的作用下回位，制动液被压回制动主缸。

2. 主要零部件

（1）制动主缸　图14-28所示为一汽红旗CA7220型轿车双回路液压制动系统中的串联式双腔制动主缸。缸体1内装有两个活塞5和6，将主缸内腔分为两个工作腔3和2。第一工作腔3即与右前轮盘式制动器轮缸相通，还经感载比例阀（图中未画）与左后轮鼓式制动器轮缸相通。第二工作腔2也有两条通路，一条通往左前轮盘式制动器轮缸；另一条经感载比例阀通往右后轮鼓式制动器轮缸。每套管路和工作腔又分别通过补偿孔4和回油孔与储油罐相通。第二活塞6两端均承受弹簧张力，但左弹簧7张力小于右弹簧张力，故主缸不工作时，第二活塞由右端弹簧保持在正确的初始位置，使补偿孔和进油孔与缸内相通。第一活塞在左端弹簧作用下，压靠在缸体右侧的套上，使其处于补偿孔和回油孔之间的位置。每个活塞上都装有密封圈，以便两腔建立油压并保证密封。

第十四章 汽车制动系统

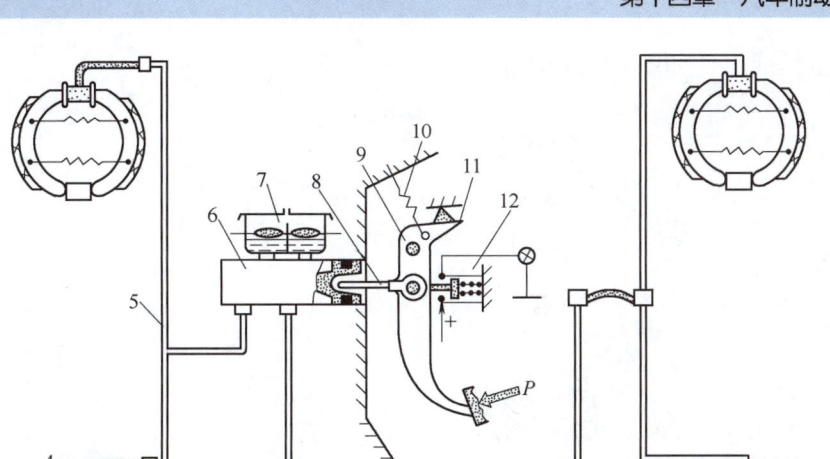

图 14-27　液压式制动系统组成示意图

1—比例阀　2—通往后轮制动管路　3—制动蹄　4—制动轮缸　5—通往前轮制动管路　6—制动主缸
7—制动主缸储液罐　8—制动主缸推杆　9—制动踏板支承销　10—制动踏板回位弹簧　11—制动踏板　12—制动灯开关

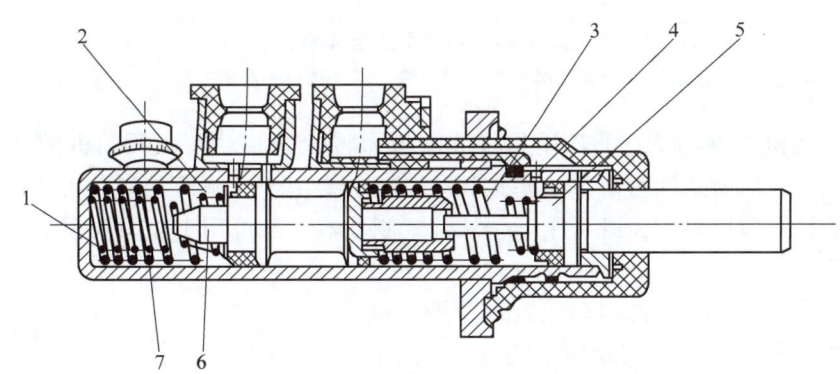

图 14-28　串联式双腔制动主缸

1—缸体　2—第二工作腔　3—第一工作腔　4—补偿孔　5—第一活塞　6—第二活塞　7—左弹簧

制动时，驾驶员踩下制动踏板，真空助力器推动第一活塞向左移动，在其密封圈遮住补偿孔后，第一工作腔的油压开始升高。油液一方面通过腔内出油孔进入通往右前轮、左后轮的制动回路，另一方面又对第二活塞产生推力，在此推力及第一活塞左端弹簧力的共同作用下，第二活塞也向左移动，这样第二工作腔也产生了压力，推开腔内出油阀，油液进入通往左前轮、右后轮的制动回路，于是两制动管路对汽车施行制动。

制动解除时，驾驶员松开制动踏板，活塞在弹簧作用下回位，液压油自制动轮缸和管路中流回制动主缸。如活塞回位迅速，工作腔内容积也迅速扩大，使油压迅速降低。由于管路阻力的影响，管路中的油液不能及时流回工作腔以充满活塞移动让出的空间，使工作腔形成一定的真空度。这时，储液罐里的油液便经进油孔和活塞上面的小孔（图中未画出）推开密封圈的边缘流入工作腔。当活塞完全回位时，补偿孔打开，工作腔内多余的油液由补偿孔流回储液罐。若液压系统由于漏油或由于温度变化引起主缸工作腔、管路、轮缸中油液的膨胀或收缩，都可以通过补偿孔进行调节。

制动主缸组成零件如图 14-29 所示。

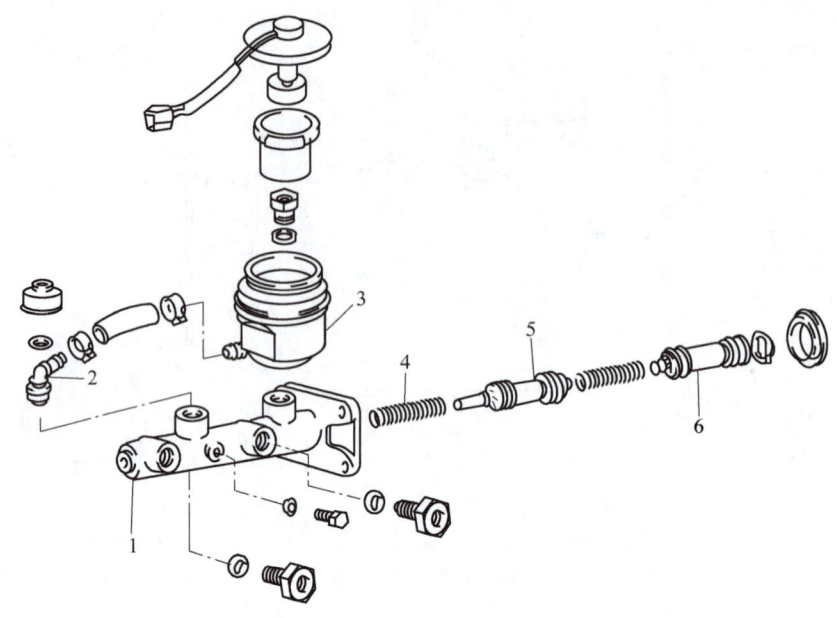

图 14-29　制动主缸组成零件

1—制动主缸缸体　2—储液罐接头　3—储液罐　4—弹簧　5—第二活塞　6—第一活塞

（2）制动轮缸　制动轮缸的功用是将液体压力转变为制动蹄张开的机械推力。制动轮缸有单活塞式和双活塞式两种。单活塞式制动轮缸主要用于双领蹄式和双从蹄式制动器，而双活塞式制动轮缸应用较广，既可用于领从蹄式制动器，又可用于双向双领蹄式制动器及自增力式制动器。

图 14-30 所示为双活塞式制动轮缸示意图。在制动轮缸缸体 4 内装有两个制动轮缸活塞 2，两个皮碗 3 装在两个制动轮缸活塞的端面以实现油腔的密封，弹簧 5 保持皮碗、活塞、制动蹄的紧密接触，并保持两活塞之间的进油间隙。防尘罩 1 除防尘外，还可以防止水分进入，以免活塞和缸体生锈而卡死。制动时，来自制动主缸的制动液经油管接头和进油孔进入两活塞之间的油腔，将活塞向外推开，通过顶块 6 推动制动蹄。

一汽红旗 CA7220、捷达和上海桑塔纳、赛欧轿车的后制动器制动轮缸都是双活塞式制动轮缸。

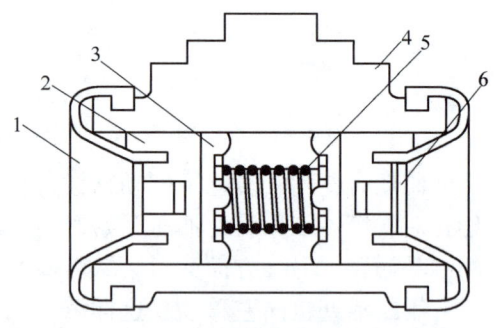

图 14-30　双活塞式制动轮缸示意图

1—防尘罩　2—制动轮缸活塞　3—皮碗
4—制动轮缸缸体　5—弹簧　6—顶块

二、伺服液压制动系统

伺服液压制动系统是在人力液压制动系统基础上加设一套动力伺服制动系统形成的，即是兼用人力和发动机作为制动能源的制动系统。

按伺服系统输出力作用部位和对其控制装置的操作方式不同，可分为助力式和增压式两类；按伺服能量的形式又分为真空伺服式、气压伺服式和液压伺服式。

1. 真空助力式伺服液压制动系统的组成

轿车多用真空助力式伺服液压制动系统，如图 14-31 所示。

该制动系统装有真空助力器 2，前轮为盘式制动器，后轮为鼓式制动器，后轮鼓式制动器同时兼作驻车制动器。制动主缸 3 的后腔与通往右前轮、左后轮的制动回路相通，其前腔则与通往左前轮、右后轮的制动回路相通。两个制动回路呈交叉型对角线布置。

踩下制动踏板 1，踏板力经真空助力器放大后，作用在制动主缸上，制动主缸将制动液加压后，分别输送到两个制动回路，使制动器产生制动作用。

这种液压传动对角线双回路制动系统能保证在任一个回路出现故障时，仍能得到总制动效能的 50%。此外，这种制动系统结构简单，直行时紧急制动的稳定性好。

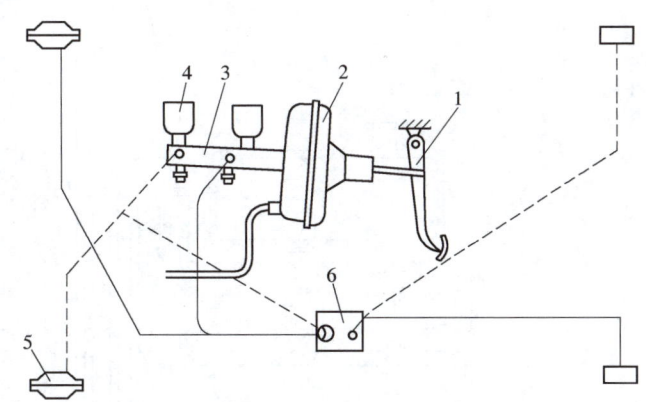

图 14-31　真空助力式伺服液压制动系统示意图

1—制动踏板　2—真空助力器　3—制动主缸
4—制动主缸储液罐　5—制动轮缸　6—感载比例阀

制动踏板机构在施行制动时和电气开关相接触，指示灯亮，进行制动显示。

该系统的助力装置是真空助力器。

2. 真空助力器

真空助力器是利用真空能（负气压能）对制动踏板进行助力的装置，对其控制是利用踏板机构直接操纵。

（1）结构　真空助力器的结构如图 14-32 所示，主要由真空伺服气室和控制阀两部分组成。

真空伺服气室由前、后壳体组成，其中间夹装有伺服气室膜片 11，将伺服气室分成前、后两腔 9、12。伺服气室前腔 9 经单向阀 20 通向发动机进气歧管（即真空源），伺服气室后腔通大气。

控制阀 13 安装在伺服气室膜片座 10 后端的内腔中，由它控制真空助力器的工作。控制阀由空气阀和真空阀组成，控制阀推杆 17 一端与控制阀柱塞 18 用球头铰接，另一端与制动踏板机构连接。外界空气经过空气滤芯 16 过滤后进入伺服气室后腔。伺服气室膜片座上有通道 A 和 B，通道 A 用于连通伺服气室前腔和控制阀 13，通道 B 用来连通伺服气室后腔和控制阀。伺服气室膜片座的前端装有制动主缸推杆 2，其间有传递脚感的伺服气室反作用盘 8。伺服气室反作用盘两面受力：右面承受控制阀推杆、空气阀及伺服气室膜片座的推力；左面承受制动主缸推杆 2 传来的制动主缸液压的反作用力。

（2）工作过程

1）真空助力器不工作时，控制阀柱塞 18 和控制阀推杆 17 在控制阀推杆回位弹簧 15 的作用下，离开伺服气室反作用盘 8，处于右端极限位置（图 14-32a），并使控制阀前端面离开伺服气室膜片座 10 的阀座，即真空阀处于开启状态。而控制阀 13 又在控制阀弹簧 14 的作用下压紧在控制阀柱塞的后端面上，即空气阀处于关闭状态。此时，伺服气室的前后两腔互相连通，并与大气隔绝。在发动机工作时，两腔内都产生一定的真空度。

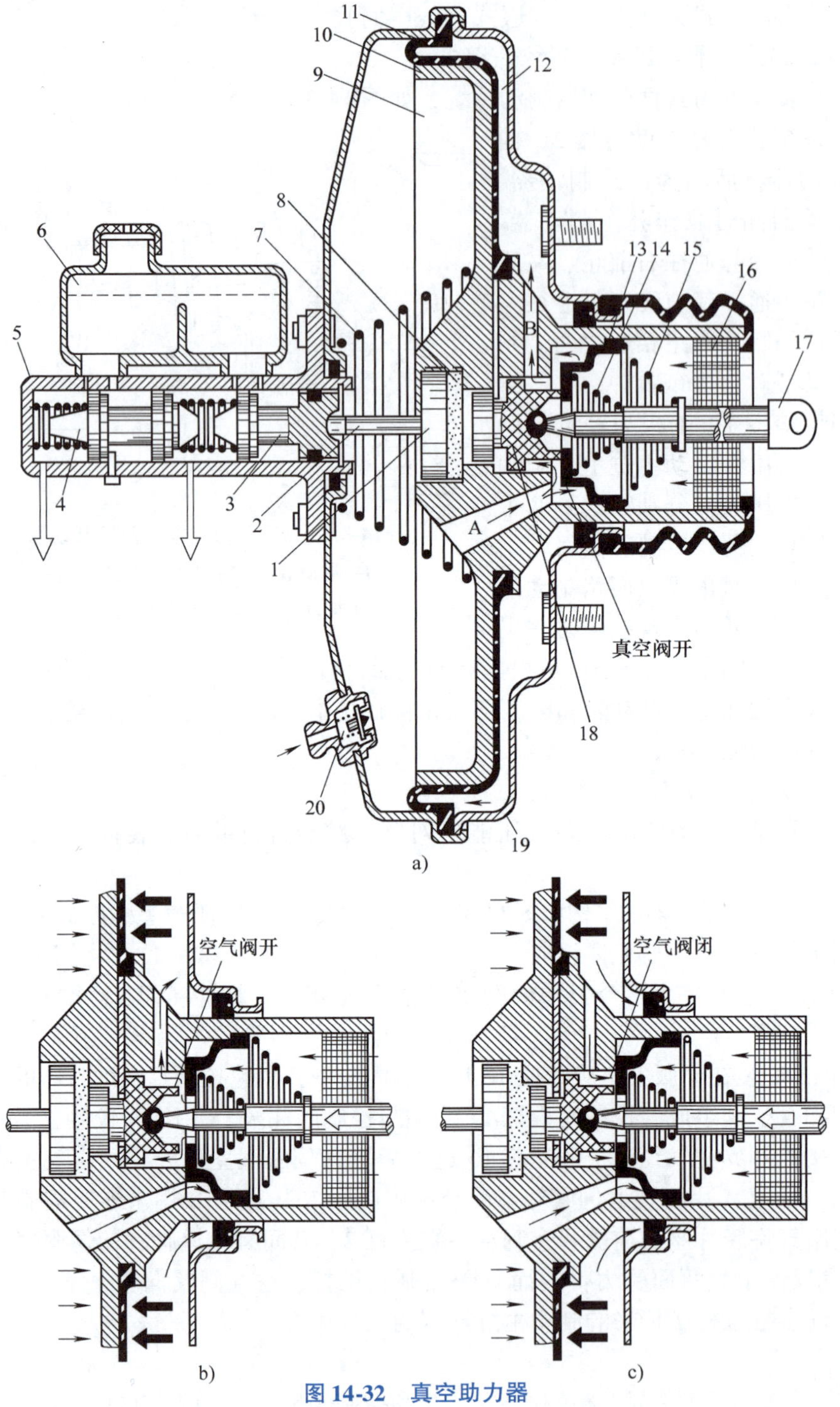

图 14-32 真空助力器

a) 真空阀开启 b) 空气阀开启 c) 空气阀关闭

1—反作用活塞 2—制动主缸推杆 3—制动主缸第一活塞 4—制动主缸第二活塞 5—制动主缸缸体
6—储液罐 7—伺服气室膜片回位弹簧 8—伺服气室反作用盘 9—伺服气室前腔 10—伺服气室膜片座
11—伺服气室膜片 12—伺服气室后腔 13—控制阀 14—控制阀弹簧 15—控制阀推杆回位弹簧
16—空气滤芯 17—控制阀推杆 18—控制阀柱塞 19—伺服气室后壳体 20—单向阀

2）制动时，踩下制动踏板，来自踏板机构的控制力推动控制阀推杆和控制阀柱塞向前移动，消除控制阀柱塞与反作用盘之间的间隙后，再继续推动制动主缸推杆 2，主缸内的制动液以一定压力流入制动轮缸，此力为驾驶员踩下制动踏板后踏板所给。与此同时，在控制阀弹簧的作用下，真空阀也随之向前移动，直到压靠在伺服气室膜片座的阀座上，真空阀关闭，从而使通道 A 与通道 B 隔绝，即伺服气室的后腔同前腔（真空源）隔绝，进而控制阀柱塞 18 继续前移，离开控制阀 13（控制阀柱塞与控制阀间出现间隙），空气阀开启（图 14-32b）。空气经过空气滤芯 16、空气阀的开口和通道 B 充入伺服气室后腔（使其真空度降低）。随着空气的进入，在伺服气室膜片的两侧出现压力差（图中伺服气室膜片右侧用粗箭头表示）而产生推力，此推力通过伺服气室膜片座、伺服气室反作用盘推动制动主缸推杆向前移动，此力为压力差所供给。这时，制动主缸推杆上的作用力为踏板力和伺服气室反作用盘推力的总和，但后者较前者大很多，使制动主缸输出的压力成倍地增高。

3）在制动过程中，伺服气室膜片与伺服气室膜片座前移，如果控制阀推杆不动，伺服气室膜片座连带控制阀向前移动，直到重新与控制阀柱塞接触为止（图 14-32c），达到一平衡状态。因此，在任何一个平衡状态下，伺服气室后腔中一定的真空度均与制动踏板行程成递增函数关系。

4）解除制动时，控制阀推杆回位弹簧即将控制阀推杆和控制阀推向右侧，使真空阀开启。伺服气室前、后两腔相通，均为真空状态（图 14-32a）。伺服气室膜片座和伺服气室膜片在伺服气室膜片回位弹簧 7 的作用下回位，制动主缸即解除制动作用。

若真空助力器失效或真空管路无真空度时，控制阀推杆将通控制阀活塞 18 直接推动伺服气室膜片座和制动主缸推杆 2 移动，使制动主缸产生制动压力，但加在制动踏板上的力要增大。

一汽奥迪、红旗 CA7220、捷达、高尔夫、上海桑塔纳型轿车及北京切诺基均采用真空助力器。

3. 液压助力器

在组合液压系统中，伺服液压制动系统的助力装置都采用液压助力器。

液压助力器于 20 世纪 70 年代开始在汽车上应用。在三元催化转换器和电控发动机尚未得到应用之前，汽车制造厂家采用延迟点火时刻和增加气门重叠角度的办法来改善发动机的排放，这样一来就降低了喉管真空度，从而使真空助力器的助力作用减弱，于是液压助力器便应运而生。与真空助力器相比，液压助力器的优点是：①体积小，可以很容易地装在紧凑型轿车上；②助力效果好，适合安装在四轮都采用盘式制动器的轿车及重型载货汽车和大客车上，或安装在无进气歧管真空度的柴油机汽车上。

液压助力器的组成及工作原理如图 14-33 所示，其主要由控制柱塞 8、控制套 2、动力活塞 10、助力器壳体 5、制动主缸推杆 6 和助力器回位弹簧 1 等组成。

不制动时，在助力器回位弹簧 1 的作用下，动力活塞 10、控制套 2、控制柱塞 8 等都处于图中（图 14-33a）所示最右端位置，控制套 2 的径向进油孔 13 关闭，回油孔 3 开启，动力腔 11 中的制动液由动力活塞 10 的轴向油道、回油孔 3、助力器壳体 5 上的去储液罐接口流回储油罐回油，不起助力作用。

制动时，制动踏板推杆 7 推动控制柱塞 8 和控制套 2 一起向左移动（图 14-33b），关闭了动力活塞 10 中的回油孔 3，控制套上的径向孔和动力活塞上的进油孔 11 部分对齐。自储能器来的制动液经助力器壳体 5 上的接储能器接口、动力活塞上的进油孔 11 和控制套的径向油孔进入动力腔 9。于是动力腔中油压升高，推动动力活塞 10 左移，进而推动制动主缸推杆 6，产生助力作用。

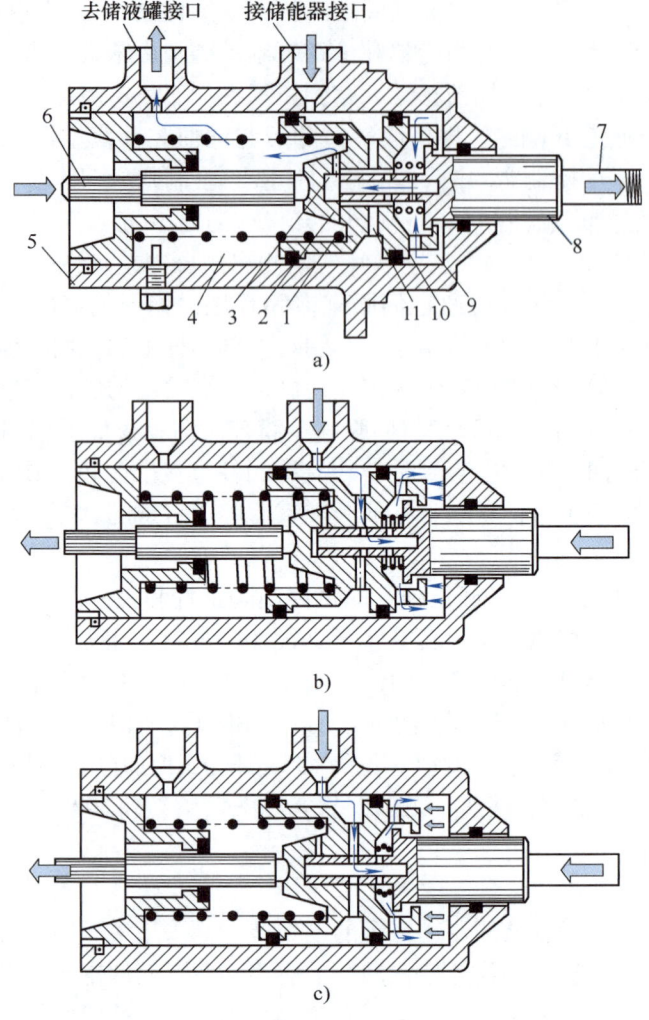

图 14-33　液压助力器

1—助力器回位弹簧　2—控制套　3—回油孔　4—压力腔　5—助力器壳体　6—制动主缸推杆
7—制动踏板推杆　8—控制柱塞　9—动力腔　10—动力活塞　11—进油孔

若保持制动踏板位置不动，则制动踏板推杆 7 不再推动控制套 2 前移，由于动力活塞 10 前移的结果，动力活塞上的进油孔 11 和回油孔 3 全部关闭，动力活塞处于平衡静止状态，对制动主缸推杆保持了一定的推力。

当控制套 2 上的径向孔和动力活塞上的进油孔 11 完全对齐时（图 14-33c），动力腔 11 油压最高（图中用粗实箭头表示），此时液压助力器提供最大助力作用。

一汽红旗 CA7220 型轿车选装的组合液压系统中采用的就是液压助力器。

第四节　防抱死制动系统

防抱死制动系统，以其英文名称的缩写 ABS（Antilock Braking System）表示。

第十四章 汽车制动系统

防抱死制动系统是提高车辆运行中主动安全性的一个重要装置，它是继使用汽车安全带之后的又一重大安全措施，在现代汽车（尤其是轿车）上已被广泛应用。

一、组成

目前，防抱死制动系统几乎都采用电子控制。该系统主要由轮速传感器1（图14-34）、电控单元5及液压调节器4三部分组成。

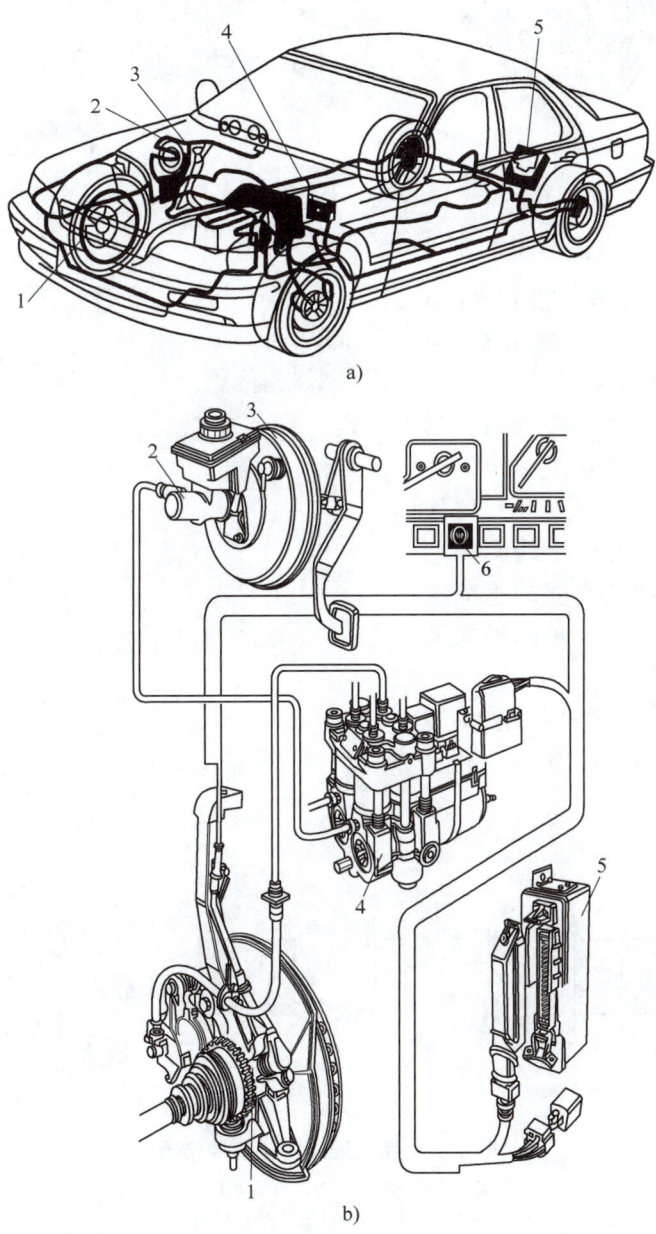

图 14-34 防抱死制动系统

a）防抱死制动系统在车上的布置 b）防抱死制动系统零件立体图

1—轮速传感器 2—制动主缸 3—制动助力器 4—液压调节器 5—电控单元 6—警报灯

1. 轮速传感器

轮速传感器（图14-35）用来检测车轮转速，每个车轮安装一个。它一般采用磁脉冲式或霍尔效应式轮速传感器。

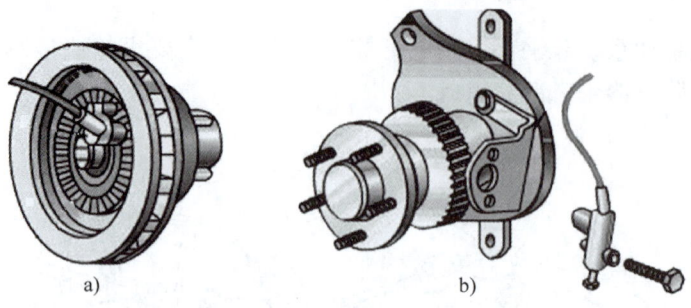

图 14-35　轮速传感器
a）前轮装用　b）后轮装用

磁脉冲式轮速传感器如图 14-36 所示，其主要由永久磁铁 2、磁极 5、磁感线圈 4 和轮齿 6 等组成。

轮齿随车轮在磁场中旋转时，其齿顶与磁极之间的间隙发生一定的变化，使磁路中的磁阻发生变化，致使磁通量周期地增减，使磁感线圈两端产生正比于磁通量增减速度的感应电压。该感应电压以脉冲信号的形式通过导线输送给电控单元。

霍尔效应式轮速传感器如图 14-37 所示，主要由霍尔元件 2、轮齿 3 和永久磁铁 1 组成。

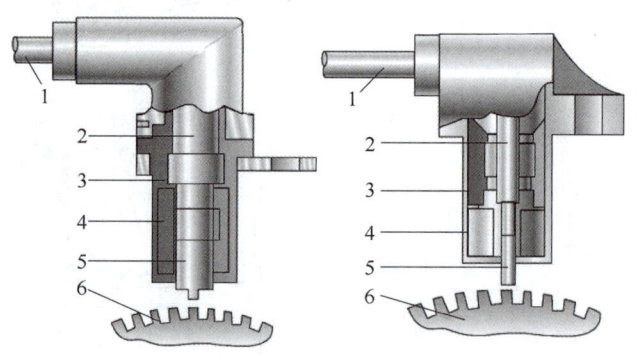

图 14-36　磁脉冲式轮速传感器
1—导线　2—永久磁铁　3—壳体
4—磁感线圈　5—磁极　6—轮齿

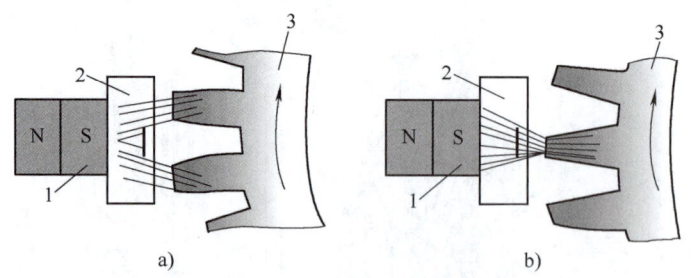

图 14-37　霍尔效应式轮速传感器
a）霍尔元件磁场较弱　b）霍尔元件磁场较强
1—永久磁铁　2—霍尔元件　3—轮齿

轮齿相当于一个集磁器，当车轮旋转时，永久磁铁的磁力线穿过霍尔元件通向轮齿。当轮齿随车轮转动到图 14-37a 所示位置时，穿过霍尔元件的磁力线疏散，磁场较弱；

而当轮齿随车轮转动到图 14-37b 所示位置时，穿过霍尔元件的磁力线密集，磁场较强。这样，车轮旋转时，穿过霍尔元件的磁力线密度发生周期性的变化，即在霍尔元件上产生脉冲电压，并通过导线传送给电控单元。

2. 液压调节器

液压调节器 2（图 14-38）是防抱死制动系统的执行机构，它安装在制动主缸与制动轮缸之间的管路上。液压调节器主要由电磁阀和油泵组成。

液压调节器接收电控单元的指令，用来在制动过程中直接或间接控制制动轮缸油压的高低，从而调节车轮制动器的制动力（车轮抱死时）。

3. 电控单元

电控单元 1（图 14-38）在汽车制动过程中检测各轮速传感器输入的信号，按特定的程序和计算方法，判断出哪一个车轮有抱死的趋势，并转变为控制信号，通过调节液压调节器中电磁阀的电流强度，改变滑阀的位置和制动液的流动方向，调节将要抱死的车轮制动器的制动力，以防止车轮抱死。

另外，电控单元还有监控其他部件的功能。当这些部件发生异常时，由蜂鸣器或指示灯发出报警信号。

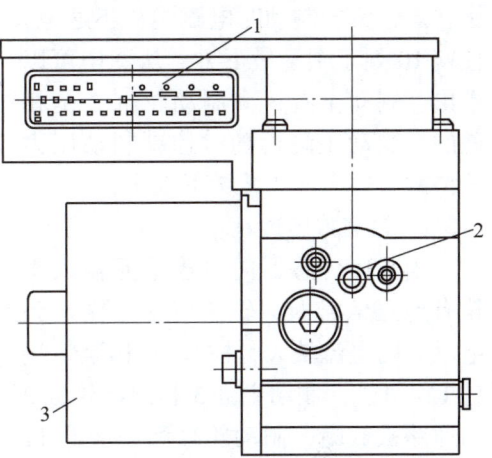

图 14-38　液压调节器和电控单元
1—电控单元　2—液压调节器　3—电动机

二、工作过程

图 14-39 所示为一汽红旗 CA7220 型轿车防抱死制动系统组成示意图。

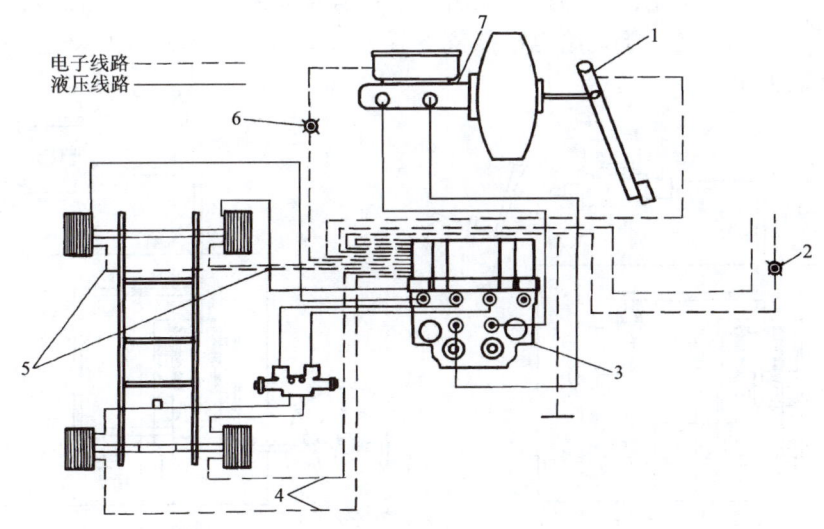

图 14-39　一汽红旗 CA7220 型轿车防抱死制动系统组成示意图
1—制动灯开关　2—警报灯（黄色）　3—液压电控单元　4—后轮轮速传感器
5—前轮轮速传感器　6—警报灯（红色）　7—制动主缸

307

该系统主要由前轮和后轮轮速传感器 5 和 4、液压调节器、液压电控单元 3 以及 ABS 警报灯 2 和 6 等组成。

该系统工作过程如下：

1. 常规制动过程

如图 14-40 所示，ABS 未进入工作状态，常规制动时电磁阀 9 不通电，柱塞 10 处于图示最下方。从图中可以看出，制动主缸 3 和制动轮缸 2 是相通的，制动主缸可随时控制制动压力的增减，这时液压泵 7 不工作。

2. 轮缸减压过程

当轮速传感器向电控单元输入车轮有抱死信号时，轮速传感器输入到电磁阀的电流较大，柱塞 10 移至上端（图 14-41），制动主缸 3 和制动轮缸 2 的通路被截断，制动轮缸和储液器 11 相通，制动轮缸的制动液流入储液器，制动压力降低。此时，驱动电动机 8 带动液压泵 7 工作，把流回储液器的制动液加压后输送到制动主缸，为下一个制动周期做好准备。

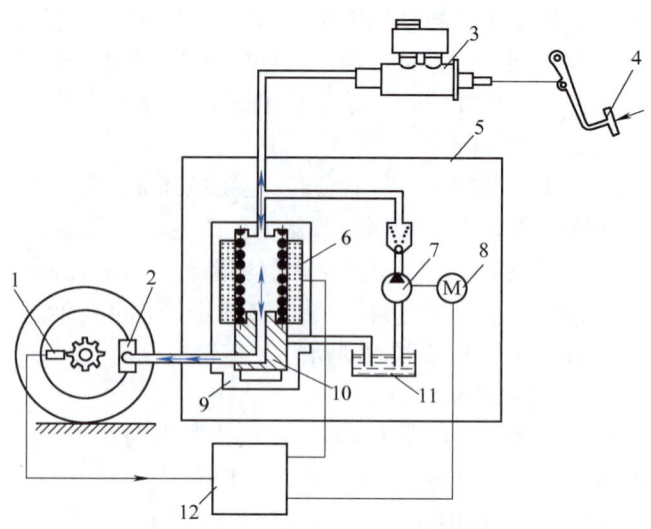

图 14-40 常规制动过程

1—轮速传感器　2—制动轮缸　3—制动主缸
4—制动踏板　5—液压调节器　6—电磁线圈
7—液压泵　8—电动机　9—电磁阀
10—柱塞　11—储液器　12—电控单元

3. 轮缸保压过程

当轮速传感器输出抱死信号后，电控单元向液压调节器发出"保持压力"的指令，并给相应的电磁阀通以有限电流，柱塞移至图 14-42 所示位置，所有的通路都被截断，以保持系统压力。如果在"保持压力"的指令发出后，还有车轮发出"抱死"信号，电控单元就发出"降低压力"的指令，于是给电磁线圈 6 输入较大电流，电磁阀 9 被进一步提起，从而使回流通路被关闭。

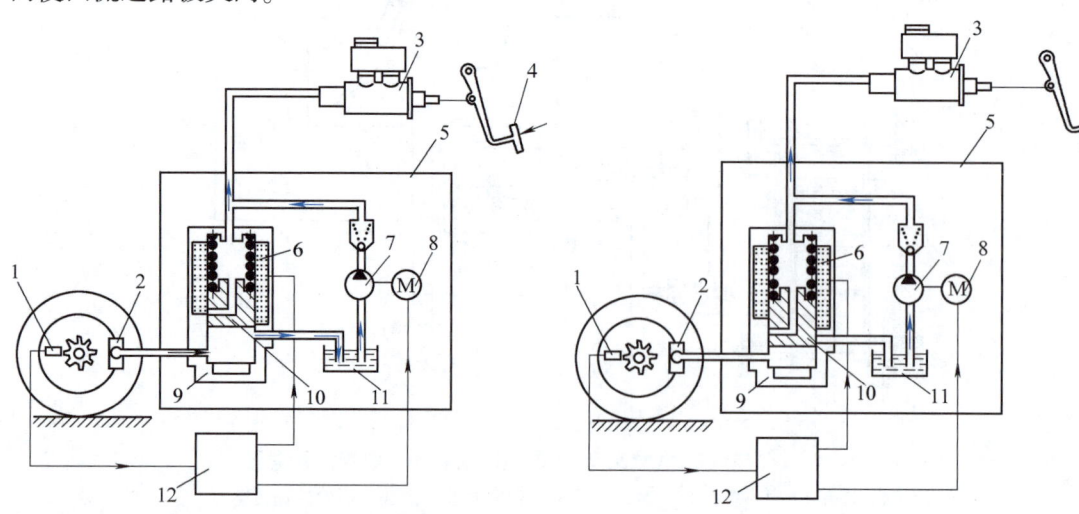

图 14-41 轮缸减压过程（图注同图 14-40）　　图 14-42 轮缸保压过程（图注同图 14-40）

4. 轮缸增压过程

当压力降低后，车轮转速加快，则电控单元切断通往电磁阀 9 的电流，电磁阀又回到图 14-43 所示位置。制动主缸 3 和制动轮缸 2 再次相通，制动主缸端的高压制动液再次进入制动轮缸，制动轮缸油压回升，制动压力得到提高。

以上过程的脉冲式压力调节每秒钟大约有 3~4 次，而且即使是在 ABS 失效的情况下，也不影响制动系统的制动效能。加装 ABS 后，整车在制动工况下仍具有转向能力。装有 ABS 装置的车辆，在干燥良好的路面上，制动距离比不装 ABS 装置的车辆要稍微长一些，这是正常的；而在冰雪湿滑路面上，由于最大限度地利用了地面附着力，制动效果就非常显著了。

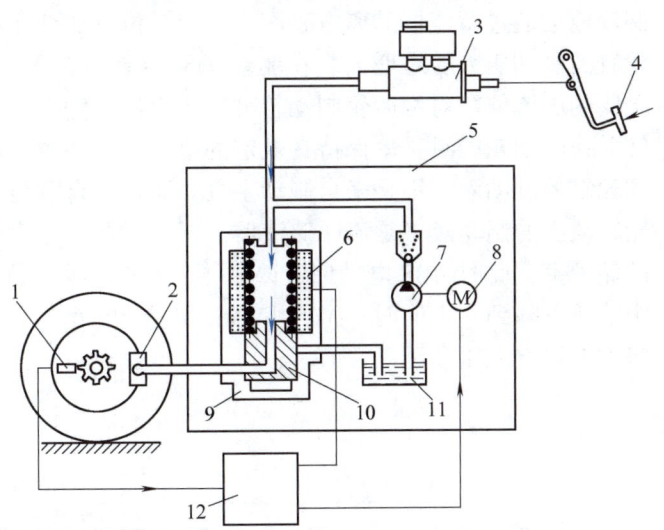

图 14-43　轮缸增压过程（图注同图 14-40）

奥迪 A6 和帕萨特 B5 的 ABS 装置装用的是德国博世 5.3 系统。

第五节　防滑控制机构与电子稳定程序控制机构

一、防滑控制机构

在汽车行驶过程中防止驱动车轮发生滑转的控制系统称为驱动防滑系统（Acceleration Slip Regulation，ASR）。

ASR 和 ABS 都有控制车轮打滑的作用，但 ABS 是防止制动时车轮抱死在路面上滑移，而 ASR 则是防止驱动时车轮在路面上原地不动地滑转，两者控制车轮的滑动方向是相反的，但从控制车轮与路面的滑移率来看，ABS 与 ASR 采用了相同的技术。从某种意义上说，ASR 是 ABS 的完善和补充，ASR 可独立设立，但多数轿车都将 ASR 与 ABS 组合在一起，用 ABS/ASR 表示，统称为防滑控制机构。

雷克萨斯 LS400 ABS/ASR 液压系统如图 14-44 所示。其工作情况简述如下。

在 ABS/ASR 液压系统未进行制动防抱死和驱动防滑转控制时，液压调节器和 ASR 隔离电磁阀总成中的各个电磁阀均不通电，各电磁阀处于图中所示的状态；制动主缸 1 至各车轮制动轮缸的制动液管路都处于畅通状态；蓄能器 12 中制动液的压力保持在一定范围内；控制副节气门步进电动机 4 不通电，副节气门保持在全开位置。

在汽车起步、加速及运行过程中，ABS 和 ASR 电控单元根据车轮转速传感器输入的信号，判定驱动轮（后轮）的滑移率超过门限值时，就进入防滑转控制过程：首先 ABS 和 ASR 电控单元使控制副节气门的步进电动机运转，使副气门开度减小，从而减小进入发动机的进气量，使发动机输出转矩减小；当 ABS 和 ASR 电控单元判定需要对驱动轮进行制动介入时，将使ASR隔离电磁阀总成中的三个隔离电磁阀通电，使制动主缸隔离电磁阀处于关闭状态，储液器隔离电磁阀和蓄能器隔离电磁阀处于流通状态。此时，蓄能器中被加压的制动液会通过蓄能器隔离电磁阀、后轮三位三通调压电磁阀，进入后轮制动轮缸，后轮制动轮缸的制动压力随之增大。在驱动防滑转制动介入过程中，ASR独立控制两个后轮调压电磁阀的电流值，对两后轮制动轮缸的压力进行增大、保压和减小的循环控制，以防止驱动滑转并使驱动轮的滑移率保持在规定的范围内。注意在此时的压力调节过程中，增压时进入制动轮缸的制动液，不是来自制动主缸，而是来自蓄能器中被加压后的制动液；减压时从制动轮缸流出的制动液不是流回储液器，而是经调压电磁阀、储液器隔离电磁阀，流回制动主缸的储液室，此时ABS电动回液泵并不工作。另外，ASR工作时，当压力开关检测到蓄能器中液压下降到一定值时，ABS和ASR电控单元会接通供液泵电动机电路，使供液泵运转，将蓄能器中液压升至正常值。

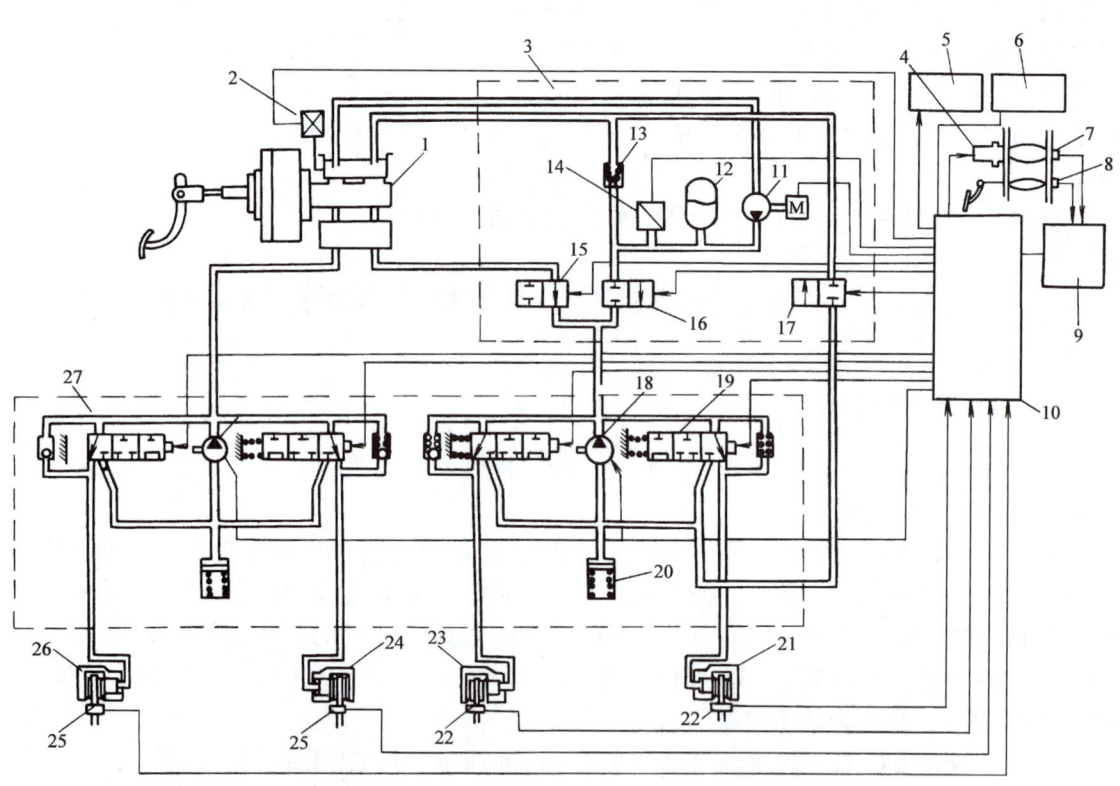

图14-44　雷克萨斯LS400 ABS/ASR液压系统

1—制动主缸　2—制动液液位开关　3—ASR制动执行器　4—副节气门步进电动机　5—ASR警告灯　6—ASR断开指示灯　7—副节气门位置传感器　8—主节气门位置传感器　9—发动机与变速器电控单元　10—ABS与ASR电控单元　11—电动机和液压泵　12—蓄能器　13—溢流阀　14—压力开关　15—制动主缸隔离电磁阀　16—蓄能器隔离电磁阀　17—储液器隔离电磁阀　18—回液泵　19—3/3电磁阀　20—储液器　21—右后制动轮缸　22—后轮车速传感器　23—左后制动轮缸　24—右前制动轮缸　25—前轮车速传感器　26—左前制动轮缸　27—ASR执行器

德国的奔驰和宝马、美国的凯迪拉克和别克及我国一汽奥迪A6 2.8T、宝来1.8T型轿车等也都装有ABS/ASR液压系统。

二、电子稳定程序控制机构

电子稳定程序控制（Electronic Stability Program，ESP）是更高级轿车的稳定控制系统，它是在 ABS、ASR 和 EBD（电子制动力分配）的基础上发展而来的，它不仅包括 ASR 的功能——控制驱动轮的制动力，还可以控制从动轮的制动力，而且可以分别独立控制每个车轮，防止车辆滑移。ESP 的使用能大大降低车身的失控（如侧滑、甩尾）危险，因此 ESP 是一个轿车的主动安全系统。

电子稳定程序控制机构主要由传统制动系统、传感器和电控单元等组成，如图 14-45 所示。

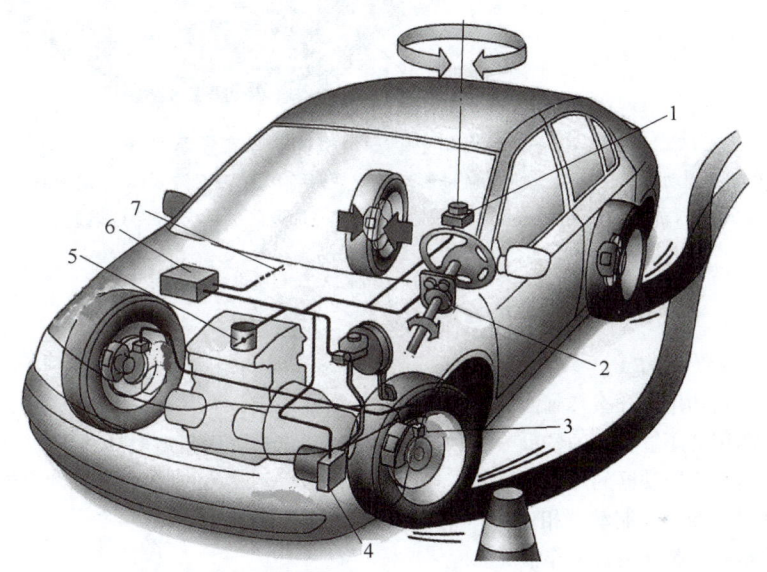

图 14-45　电子稳定程序（ESP）控制机构结构示意图
1—横摆角速度传感器和侧向加速度传感器　2—转向盘转角传感器　3—轮速传感器
4—ABS 电控单元　5—节气门　6—发动机电控单元　7—CAN 控制总线

在汽车行驶过程中，转向盘转角传感器 2 监测驾驶员转弯的方向和角度，轮速传感器 3 监测车速和节气门 5 的开度，横摆角速度传感器和侧向加速度传感器 1 监测汽车的横摆角速度和侧倾速度，电控单元根据这些信息，通过计算判断汽车正常安全行驶与驾驶员操作车辆意图的差距，然后发出指令，调整发动机转速和车轮上的制动力，修正汽车的转向特性（过度转向还是不足转向），避免汽车侧滑。

当电子稳定程序控制机构得知车辆出现过度转向时，将制动前外轮，以防止出现车辆"甩尾"，并降低过度转向趋势，稳定车辆正常行驶。若出现转向不足时，该系统将制动后内轮，使车辆朝着驾驶员给定的方向行驶。在转向过程中，若单独修正某个车轮的运动轨迹不足以稳定车辆行驶时，该系统将通过降低发动机输出转矩的方式或制动其他车轮来满足车辆正常行驶的需要。

雷诺轿车的主动安全机构在车上的布置如图 14-46 所示。

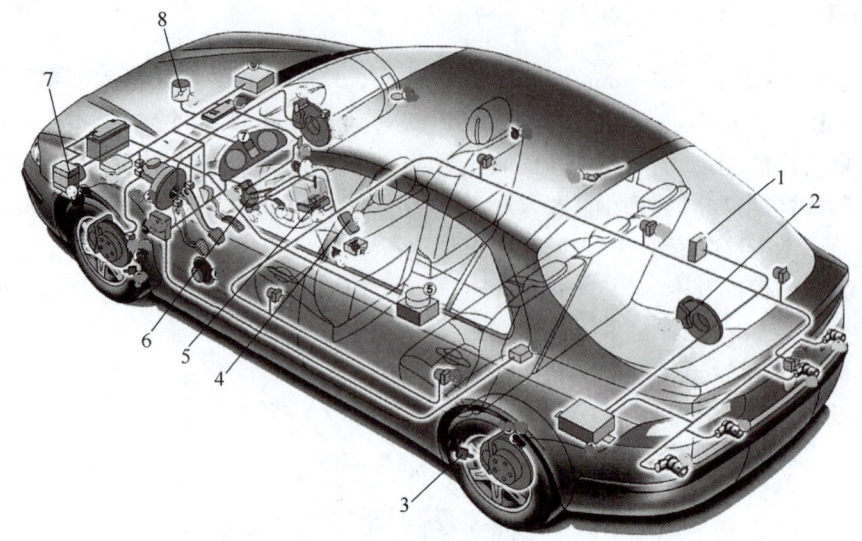

图 14-46　雷诺汽车主动安全机构全车布置示意图

1—泊车辅助制动系统　2—紧急制动辅助制动系统　3—胎压监测系统　4—雷诺智能行车系统
5—无钥匙进入系统　6—电子稳定程序控制系统　7—加速防滑系统　8—巡航速度控制系统

思考题与习题

14-1　制动系统的功用是什么？画图说明制动力是如何产生的？
14-2　画图说明用液压缸张开的各种鼓式制动器的结构特点和工作原理。
14-3　简述定钳盘式制动器的结构特点和工作原理。
14-4　盘式制动器与鼓式制动器相比，其优点有哪些？
14-5　简述轿车驻车制动装置工作情况。
14-6　双回路液压制动系统的组成如何？
14-7　双活塞式制动轮缸的结构特点是什么？
14-8　真空助力器的组成和工作原理如何？
14-9　液压助力器的组成和工作原理如何？
14-10　防抱死制动系统的组成如何？简述其工作原理。
14-11　简述雷克萨斯 LS400 ABS/ASR 液压系统工作情况。
14-12　电子稳定程序控制机构的作用是什么？

第十五章 轿车车身

第一节 概　述

轿车车身是容纳乘员的场所。

轿车车身主要包括车身本体（白车身）、车门、车窗、前后板制件、车身附件、车身内外装饰件、座椅、通风、暖气、冷却、空调装置等。

一、轿车车身分类

1. 按承载方式分类

按承载方式分类，轿车车身有承载式车身、非承载式车身和半承载式车身三种。

（1）承载式车身　其结构特点是没有车架。车身由底板、骨架、内蒙皮和外蒙皮、车顶等组成。整个车身构件全部参与承载，也称为无车架车身，如图15-1所示。

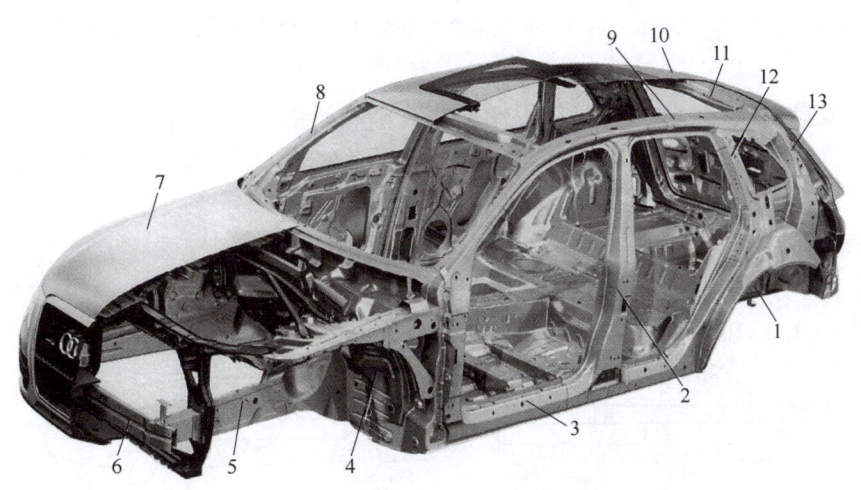

图15-1　奥迪Q5轿车承载式车身

1—后挡泥板　2—B柱　3—门槛　4—前挡泥板　5—前纵梁　6—前横梁　7—发动机罩
8—A柱　9—车顶纵梁　10—车顶盖　11—车顶后横梁　12—C柱　13—D柱

（2）非承载式车身　如图15-2所示，非承载式车身装有独立的车架15，车身通过弹簧或橡胶垫安装在车架上方。轿车底盘安装在车架上，车身只承受乘客和行李的重量。因此车身承受的载荷较小，受到路面的冲击和振动较小，乘坐的舒适性得以提高；但整车的整备质量有所提高，对改善整车的经济性和行驶稳定性不利。

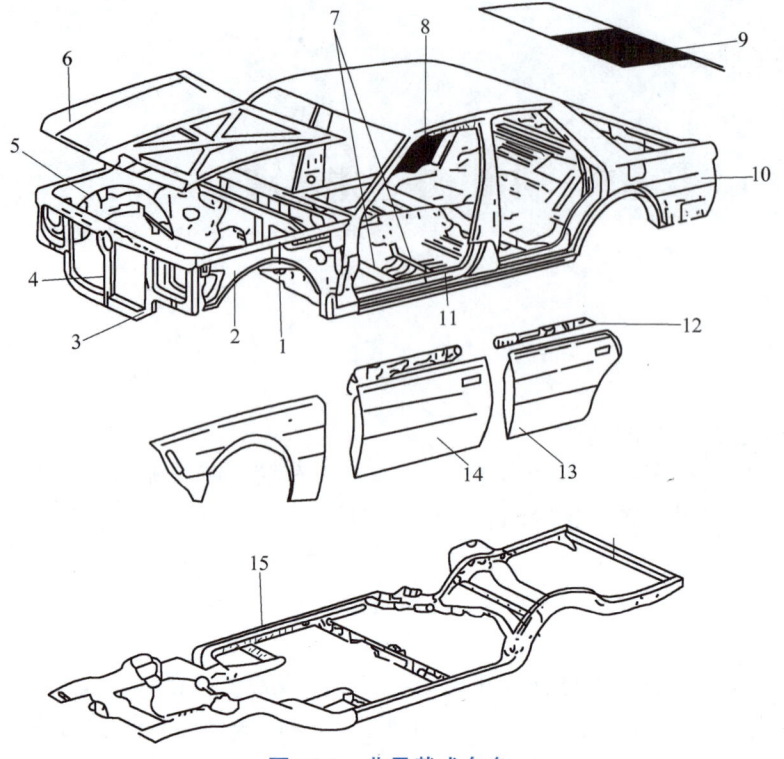

图 15-2 非承载式车身

1—前内隔板 2—前围板 3—散热器支架 4—发动机罩锁扣支架 5—挡泥板 6—内、外发动机罩 7—前地板横梁 8—后侧轮罩内板 9—行李箱盖内板 10—后侧围板 11—车门槛板和地板侧梁 12—门内侧板加强板 13—门铰链侧板 14—门外板 15—车架

（3）半承载式车身 车身的结构与非承载式车身的结构基本相同，也是属有车架式的；但半承载式车身与车架的连接不是柔性的，而是采用车架与车身焊接或用螺栓刚性连接，因此车身只是部分地参与承载，车架承受主要载荷。

2. 按车身外形分类

按车身外形分类，轿车车身有阶背形车身（图 15-3a）、溜背形车身（图 15-3b）、短背形车身（图 15-3c）和平背形车身（图 15-3d）等。

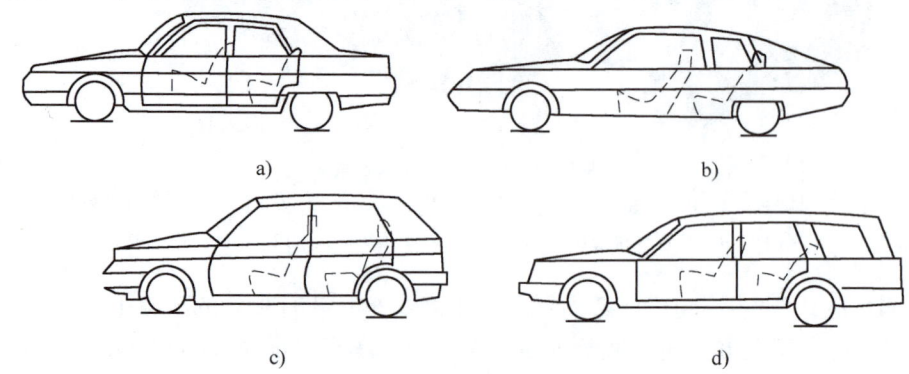

图 15-3 按车身外形分类的轿车

a) 阶背形 b) 溜背形 c) 短背形 d) 平背形

阶背形车身有发动机舱和行李箱。车身顶盖和车身后部呈折线连接。

溜背形车身的后风窗与行李箱连接线近似直线。溜背形车身流线型较好，可满足空气动力学的要求。

短背形车身的后风窗与行李箱为一整体的后部车门，车身顶盖向后延伸与车身后也成折线。这种车身可使整车总长缩短，后悬长较短，离去角增大，提高了汽车的通过性。

平背形车身的后背近乎于直线。

3. 按车身的车门数分类

按车身的车门数分类，轿车分为两门轿车（图15-4a）、四门轿车（图15-4b）和五门轿车等。

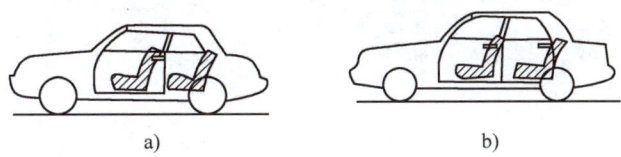

图15-4 按车门数分类的轿车

二、轿车车身的组成

轿车车身由车身本体和车身内外装饰件以及电气附件等组成。

车身本体是轿车承载的主体，它由梁、支柱、加强板等车身结构件与车身覆盖件组合而成，包括翼子板、车门、发动机罩和行李箱盖等，它是车身内、外装饰件和电气附件的装载基础件。

梁和支柱等车身结构件焊接成框架结构，使车身形成一整体式壳体结构。

车身覆盖件是指车身上各种具有不同曲面形状及大小尺寸的薄板，安装在车身本体上，使车身形成一个完整的封闭体，供乘员乘坐。

车身外饰件是指车身外部起保护或装饰作用的一些部件，包括前、后保险杠，各种车身外部装饰条，密封条，车外后视镜，散热器罩及车门等。

车身内饰件是指车内对人体起保护作用或起内部装饰作用的部件，包括仪表板、座椅、安全带、安全垫、安全气囊、遮阳板、车内后视镜及地板等。

电气附件是指除用于轿车底盘以外的所有电气及电子装置，包括各种仪表及开关、各种灯光、音响电视、空调装置、刮水器、洗涤器及除霜装置等。

第二节 轿车车身本体结构

一、轿车车身本体结构

轿车车身本体是指车身结构件与覆盖件焊接而成的总成，包括前、后翼子板4、1（图15-5），前、后车门3、2，发动机罩10，行李箱盖13等。它由前部、中部、后部三部分组成（俗称三厢）。

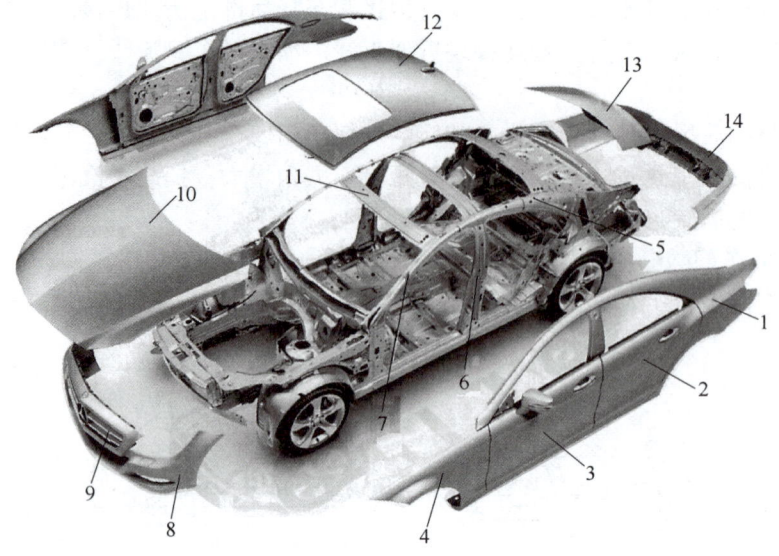

图 15-5　奔驰 CLS 级轿车车身本体

1—后翼子板　2—后车门　3—前车门　4—前翼子板　5—C 柱　6—B 柱　7—A 柱　8—前保险杠
9—进气格栅　10—发动机罩　11—车顶前横梁　12—车顶盖板　13—行李箱盖　14—后保险杠

1. 车身前部

如图 15-6 所示，车身前部主要由前翼子板、前纵梁、前围上盖板、中间隔板、发动机罩等组成。

轿车发动机动力装置多装在前部。一旦汽车受到正面碰撞时，车身前部应有足够的冲击能量，故要求车身前部应有一定的强度和合适的刚度。因此，前纵梁等主要承载件的断面会做成箱形封闭式结构。

2. 车身中部

如图 15-7a 所示，车身中部由 A 柱 3、B 柱 2、车顶边梁 4、后挡泥板 5、车门槛 1、车门及其覆盖件等组成。

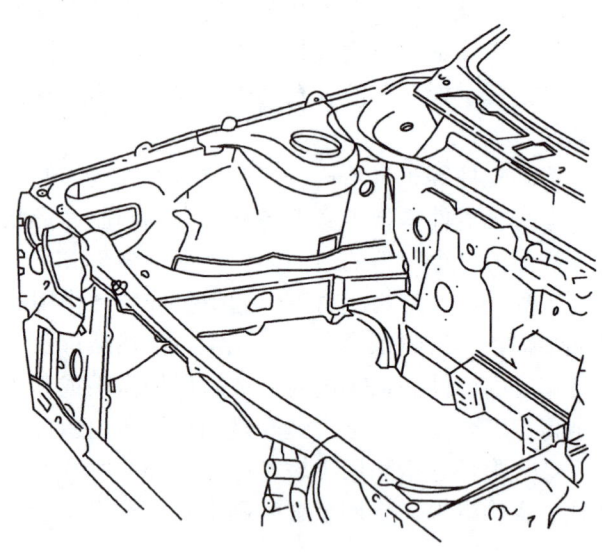

图 15-6　车身前部

从安全角度考虑，汽车一旦发生碰撞或翻车等事故时，要求车身中部变形应尽可能的小，而且在车身和车门变形后仍可以轻便地打开车门。因此，车身侧体门框、车门槛及沿周一般均采用高强度钢，断面形状为箱体式结构（图 15-7b）。车顶、B 柱、车底板均以焊接方式组合成一体。

3. 车身后部

车身后部主要由后翼子板 2（图 15-8）、车后窗柱 3、车后门槛 1、后纵梁及其后部覆盖件等组成。

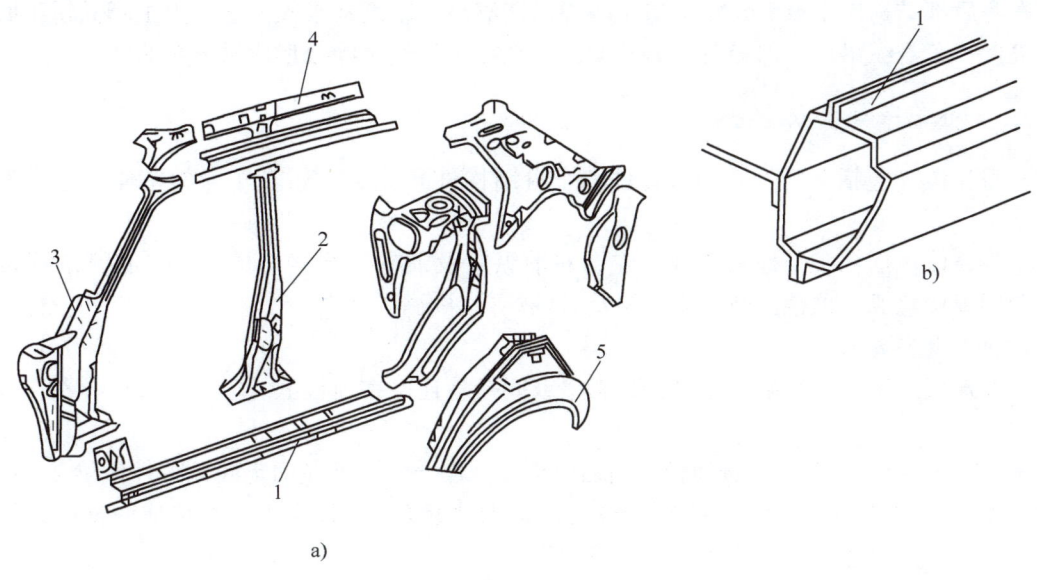

图 15-7 车身中部

a）车身中部侧体构件　b）车门槛断面

1—车门槛　2—B柱　3—A柱　4—车顶边梁　5—后挡泥板

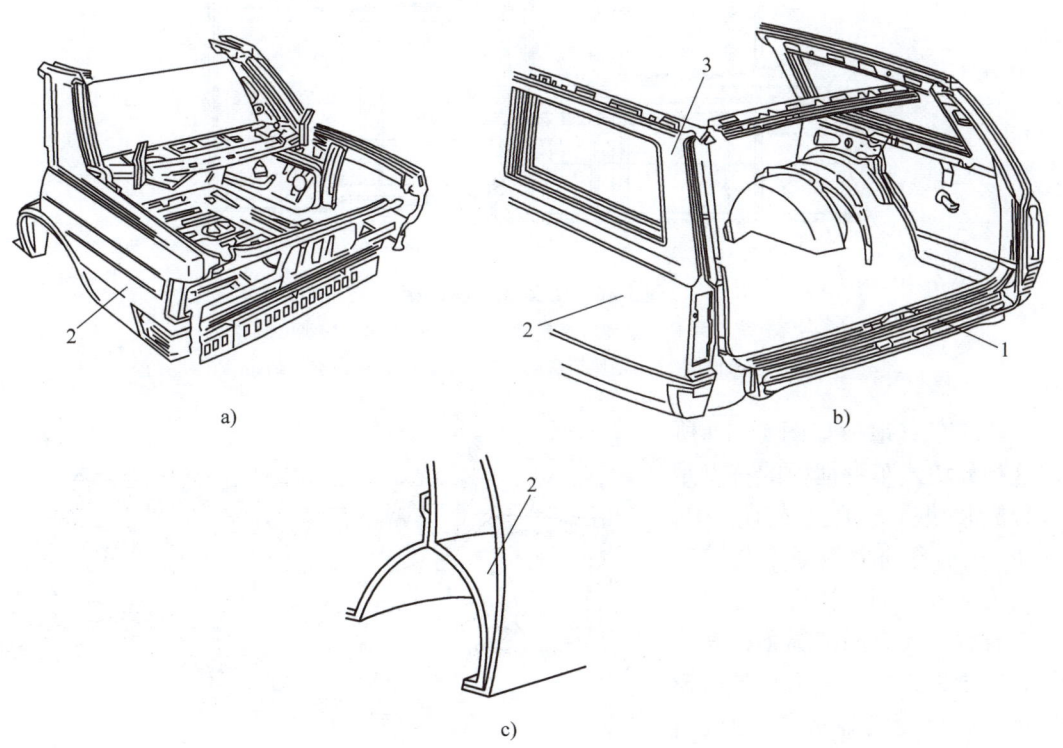

图 15-8 车身后部

a）三厢式轿车车身后部　b）两厢式轿车车身后部　c）后翼子板断面

1—车后门槛　2—后翼子板　3—车后窗柱

车身后部结构应重点考虑轿车追尾碰撞时能够最大限度地吸收能量。为了降低轿车底板离地高度,车身纵梁由中部径直向后延伸,直至接近后轮边缘处形成拱形弯曲状。

二、轿车车身壳体结构

车身壳体(包括车身的外部覆盖件和车身结构件)是整个轿车车身的主体,也是整车的骨架。

车身壳体包括:车身地板总成,左、右前纵梁及前轮罩焊接总成,左、右侧围焊接总成,前围焊接总成,顶盖,前、后横梁及后围焊接总成等。

1. 车身地板总成

车身地板是车身的基础,车身骨架直接或间接地连接在地板上。车身地板有骨架式和分块式两种。

图 15-9 所示为骨架式车身地板。由后纵梁 3、若干个横梁(固定底盘零件横梁 2、后座椅横梁 4、中座椅横梁 5、前座椅横梁 6)、传动轴凸起 8、后横梁 1 等焊接成一整体式地板骨架,在其上铺以地板,形成骨架式车身地板结构。

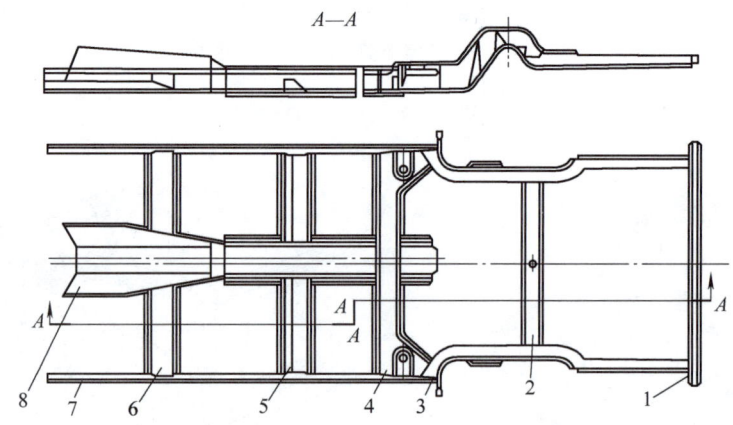

图 15-9 骨架式车身地板

1—后横梁 2—固定底盘零件横梁 3—后纵梁 4—后座椅横梁
5—中座椅横梁 6—前座椅横梁 7—内边梁 8—传动轴凸起

分块式车身地板如图 15-10 所示,这种分块式车身地板的特点是地板分成几块(一般分成前、中、后三块)。车身前地板通常与前纵梁、前围挡板、侧门槛边梁焊成一体;车身后地板有两根纵梁,其前端与后门槛边梁焊接,后端与后横梁焊接,后行李箱地板装在其上;后保险杠固定在后横梁上。

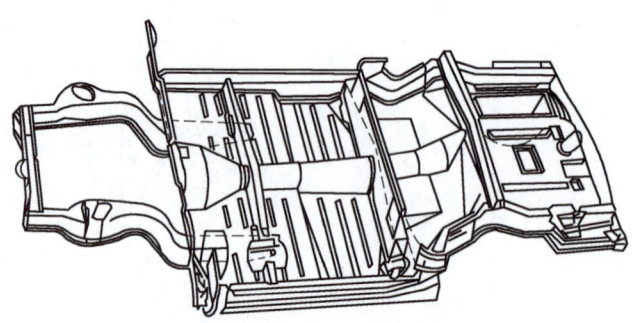

图 15-10 分块式车身地板

2. 车身左、右前纵梁及前轮罩焊接总成

该总成由左、右前纵梁,左、右悬架支承座,左、右前轮罩及加强板等组成。

第十五章　轿车车身

3. 车身左、右侧围焊接总成

该总成由 A 柱 3（图 15-11）、B 柱 8、C 柱 6、后风窗支柱、顶盖 4、顶盖侧梁 5 和门槛 9 等组成。

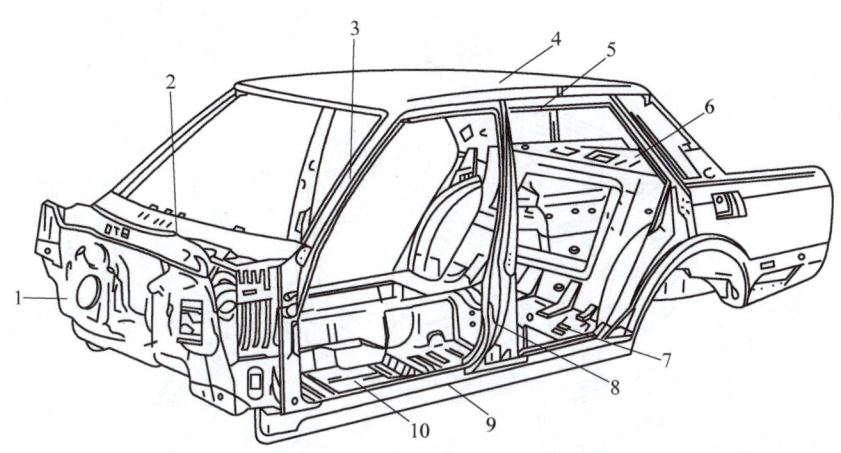

图 15-11　车身左、右侧围焊接总成

1—前围板　2—前围上盖板　3—A 柱　4—顶盖　5—顶盖侧梁　6—C 柱　7—中地板　8—B 柱　9—门槛　10—前地板

A 柱、B 柱、C 柱及顶盖侧梁焊接后形成左、右侧门及左、右侧框架。A 柱一般做成上下两段，上段为前风窗的侧梁，与前风窗的上、下梁形成前风窗整体框架，下段即为前围支柱。

轿车的后部由车身后侧围（图 15-12）支承。后侧围主要由后风窗支柱、C 柱、后翼子板及加强板等组成。

顶盖侧梁 5（图 15-11）既与顶盖 4 连接又是车门的上横梁，形状复杂。顶盖侧梁的下侧翻边与顶盖的垂直翻边一般以点焊连接。其上侧翻边与顶盖内表面粘结，起密封与隔振的作用。为了提高强度和抗弯、抗扭刚度，在顶盖侧梁（A 柱至 B 柱之间）处加设一加强板，使之与侧梁形成封闭形断面。

B 柱一般为一整体，起车门主柱的作用。为了提高轿车侧面抗侧面碰撞的能力，采用断面为内板凹入形封闭式结构的空间弯曲梁。

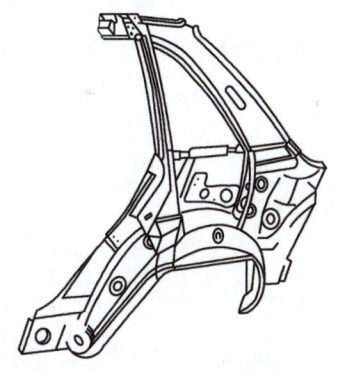

图 15-12　车身后侧围

后翼子板与侧围一体化，体现车身的外部造型。

4. 车身前围焊接总成

如图 15-13 所示，该总成主要由转向器支架 5、雨水收集盒 6、仪表板支架及加强板等组成。

车身前围焊接总成前两侧与前轮罩焊接在一起，其下边缘与前地板连接，且与中间隔板一起形成发动机舱。

转向器支架起固定转向装置的作用。

车身前围焊接总成同左、右前围支柱构成了一个坚固的框架。

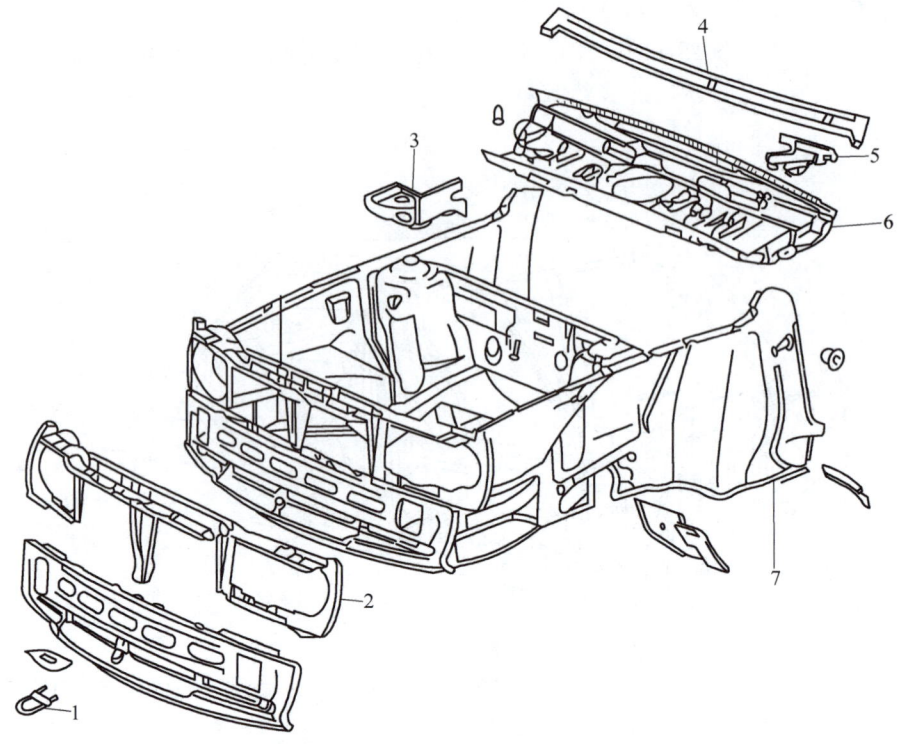

图 15-13　车身前围焊接总成

1—牵引钩　2—前裙总成　3—蓄电池支架　4—前风窗下板　5—转向器支架　6—雨水收集盒　7—前围总成

5. 车身顶盖及前、后横梁

车身顶盖3（图15-14）为整体式冲压板件。

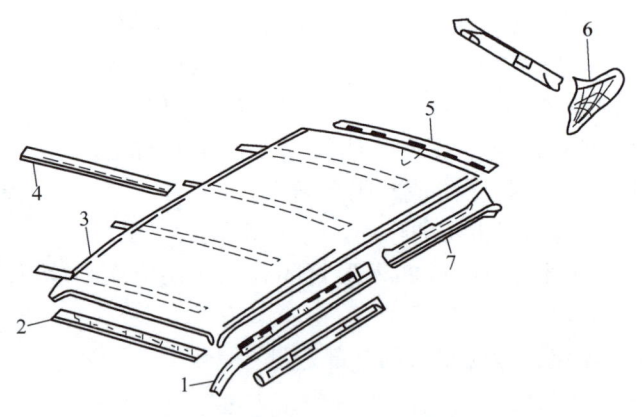

图 15-14　车身顶盖零件

1—车身顶盖内侧框　2—车身顶盖前横梁　3—车身顶盖　4—车身顶盖加强板
5—车身顶盖后横梁　6—角板　7—内侧框延长板

车身顶盖前、后横梁2、5也均为单板冲压件，它们分别与左、右前风窗支柱和左、右后风窗支柱点焊成一体，车身顶盖两侧通过车身顶盖内侧框1与左、右侧支柱焊接在一起，构成了乘员舱的整体受力框架。

第十五章　轿车车身

6. 车身后围焊接总成

该总成由上、下连接板，后围加强板，后围托架和锁销加强板等组成。

三、轿车车身覆盖件结构

1. 轿车车身前部覆盖件

轿车车身前部覆盖件主要包括发动机罩 3（图 15-15）、散热器面罩 7、前翼子板 4 和前围上盖板等。

发动机罩由内、外板经环氧树脂胶粘接而成，也可用点焊连接。

发动机罩多采用向后开启的方式。这样，既便于发动机维护，又提高了发动机罩开启的稳定性。

发动机罩与车身通过铰链连接，绕铰链轴线转动便可使其打开，并用支撑杆支撑。轿车行驶时，发动机罩通过发动机罩锁 6 紧闭在发动机罩锁板 5 上，并准确定位。轿车采用的发动机罩锁有卡板锁和舌簧锁两种。

散热器面罩是轿车"脸部"的一部分，装在最前部。散热器面罩除了保护散热器不受冲击和满足散热器通风散热的要求外，还应与车身造型协调一致，起到重要的装饰作用。豪华轿车应有豪华的散热器面罩与之匹配。

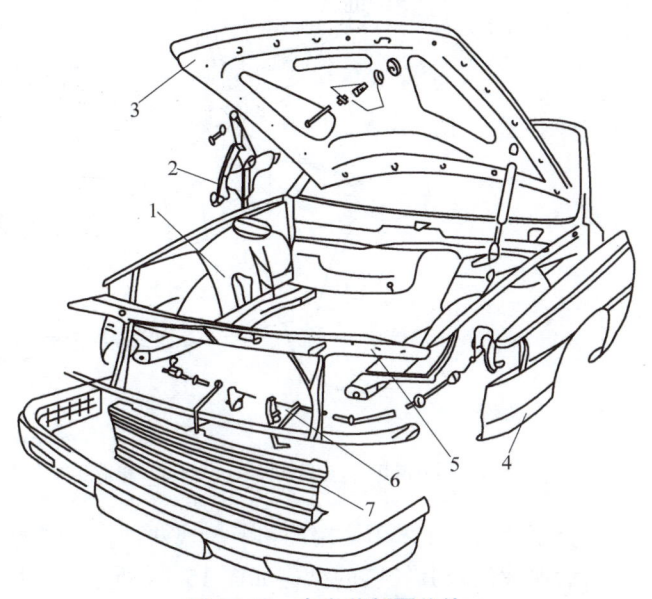

图 15-15　车身前部覆盖件

1—前挡泥板　2—发动机罩铰链　3—发动机罩
4—前翼子板　5—发动机罩锁板
6—发动机罩锁　7—散热器面罩

前翼子板是车身侧面外表的一部分，它是轿车前部的大型覆盖件，其表面形状应与轿车车身侧面造型协调一致。翼子板与车身壳体多用螺钉连接。前端与散热器框的延长部分及灯具架相连接，侧面与挡泥板相连，后端和前围支柱连接在一起。

2. 轿车车身后部覆盖件

轿车车身后部覆盖件包括后翼子板、行李箱盖或后舱背门（两厢式轿车）等。

后翼子板 2（图 15-8）是轿车车身后部侧面的外表，它的形状和四周边界取决于轿车本身造型。

行李箱盖由上外板 1（图 15-16）、下外板 2 和内板 3 组成。上外板与后翼子板形成车身尾部的上表面和左、右侧表面。下外板与后保险杠、后灯具组成车身后端面外表。内板有纵、横、交叉和环状肋，

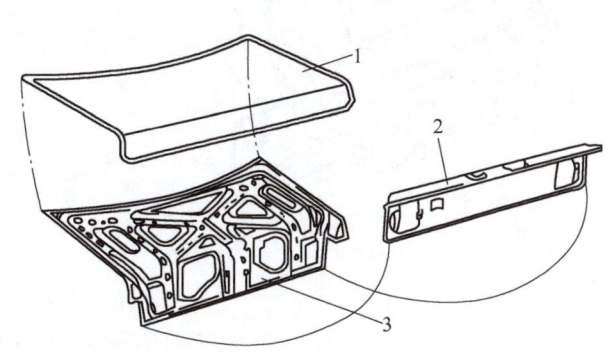

图 15-16　行李箱盖

1—上外板　2—下外板　3—内板

可增加其刚度。

轿车常采用臂式或四连杆式铰链，并配以空气弹簧支撑杆，来打开和支撑行李箱盖，如图 15-17 所示。

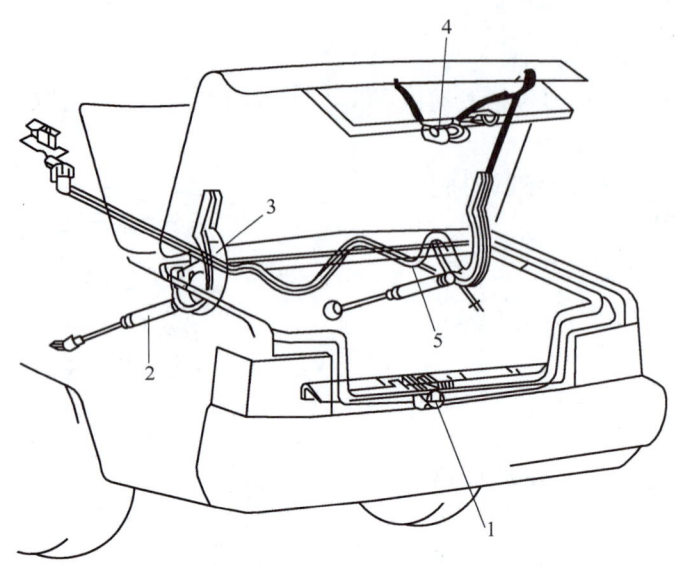

图 15-17　行李箱盖开启装置

1—行李箱盖锁扣　2—空气弹簧　3—行李箱盖开启铰链　4—行李箱盖锁　5—行李箱盖开启钢索

行李箱门锁多采用钩扣式和卡板式两种。门锁的开启有拉索式和电磁阀式两种控制方式。

后舱背门及其铰链的结构如图 15-18 所示，后舱背门 3 为一整体，后舱背门窗玻璃 4 装在其上。后舱背门与后保险杠、灯具和后翼子板组成整个轿车的尾部外表。

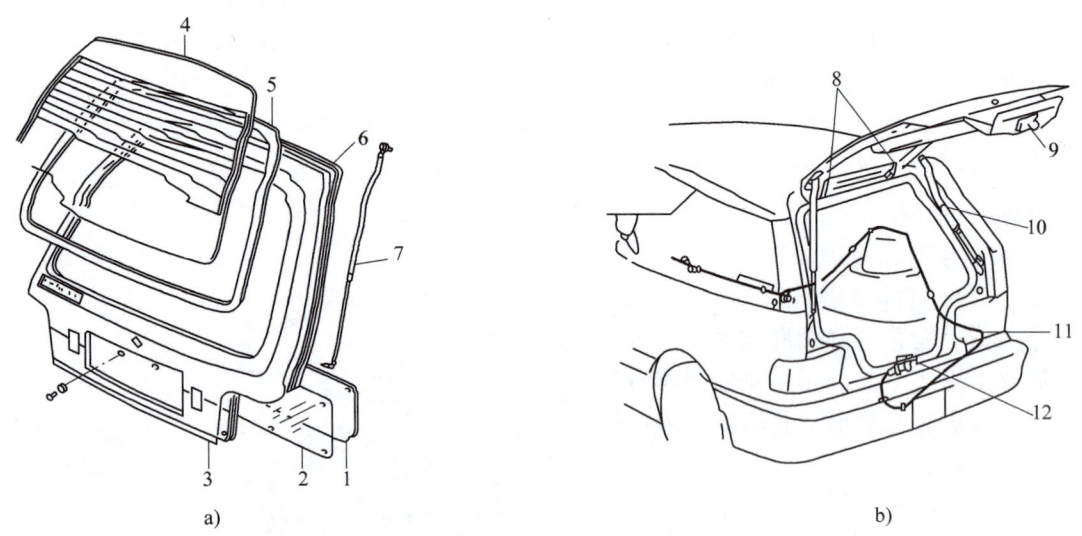

图 15-18　后舱背门及其铰链

a）后舱背门结构　b）后舱背门铰链总成

1—后舱背门装饰板　2—后舱背门密封薄膜　3—后舱背门　4—后舱背门窗玻璃　5—后舱背门窗密封条　6—后舱背门洞密封条　7—后舱背门撑杆　8—铰链　9—卡板锁　10—空气弹簧支撑杆　11—后舱背门开启拉索　12—后舱背门锁扣

3. 轿车车身顶盖

轿车车身顶盖用来遮风避雨，且在轿车翻转时可保护乘员安全。

轿车车身顶盖有电动机驱动的滑板式结构及手工装拆式结构两种。广泛采用的滑板式轿车车身顶盖主要由车身顶盖总成、车顶支架4（图15-19）、滑动装置、驱动装置和锁紧机构组成。

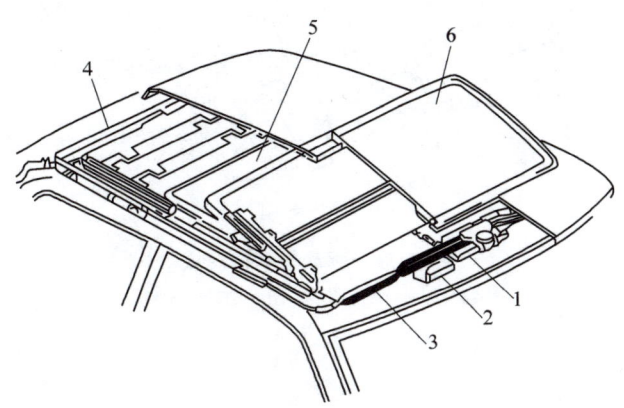

图 15-19　滑板式轿车车身顶盖

1—驱动电动机　2—控制继电器　3—驱动钢索　4—车顶支架　5—遮阳板　6—车身顶盖玻璃

车身顶盖总成主要由顶盖外板3（图15-20）、遮阳板4及密封条2等组成。

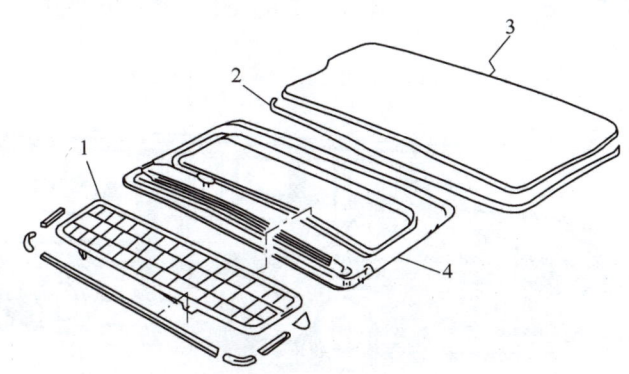

图 15-20　车身顶盖总成

1—遮阳通风栅　2—密封条　3—顶盖外板　4—遮阳板

车顶支架4（图15-19）起支撑车身顶盖的作用。它主要由托架、导轨等组成整体框架，为减轻顶盖质量，其材料采用超轻型树脂制成。

滑动装置由驱动电动机总成、滑块、齿轮和钢索等组成。驱动电动机驱动齿轮旋转，带动钢索拉动滑块移动，滑块在支架导轨上移动，一方面使车身顶盖移动，另一方面补偿钢索长度的变化，使钢索长度一直保持一定的长度。

驱动电动机总成由驱动电动机2（图15-21）、小齿轮3、减速齿轮4、离合器1、限位开关7等组成。

车身顶盖的开启和关闭均由驱动电动机总成控制。

当车身顶盖全关闭后，锁紧机构自动将车身顶盖锁死。

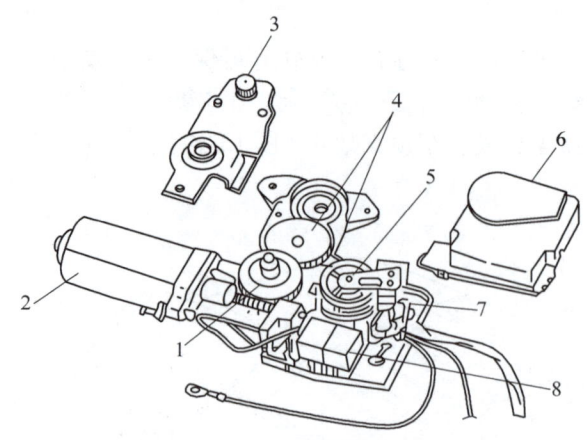

图 15-21 驱动电动机总成

1—离合器 2—驱动电动机 3—小齿轮 4—减速齿轮 5—凸轮 6—开关盖 7—限位开关 8—继电器

四、车门

1. 车门分类

车门是车身上重要的部件之一,它用门铰链安装在车身上。车门的开度应保证车辆在倾斜路面时车门能顺利打开。另外,车门的安装位置可与车身本体的曲面相匹配。

车门按其开启方式可分为逆开式(图 15-22)、顺开式、折叠式、水平移动式、上掀式等几种。

图 15-22 按开启方式分类的车门

1—逆开式 2—顺开式 3—折叠式 4—水平移动式 5—上掀式

(1)顺开式和逆开式 顺开式车门即使是在汽车行驶时也可借助气流压力自动关闭车门。这种方式既安全又便于驾驶员倒车时向后观察,因此被广泛采用。逆开式车门在行车中若关闭不严,有被迎面气流冲开的危险,以致破坏汽车的安全性,并使车门铰链遭到破坏,故很少采用（一般是为了改善上、下车方便性及适应迎宾礼仪需要才被采用）。

（2）水平移动式　这种开启方式用上、中、下三道滑轨控制车门运动，可像拉门那样横向滑开，也有靠转臂摆出的转动式。其优点是开启时占用空间小，当车身侧面与障碍物距离较小时仍能全部开启。

（3）折叠式　折叠式车门结构简单，广泛用于大、中型客车上。

（4）上掀式或飞翼式　这种形式广泛用于轿车及小型客车、救护车等的后门，有时也用于低矮汽车的前门。

在发生交通事故时，为便于救护人员进入和加速乘客撤离现场，在有些大型客车上还备有安全门。

2. 车门结构及附件

车门通常由门外板3（图15-23）、门内板2、窗框（有的车上还装有三角窗）等组成。

门外板安装门锁外手柄7。门内板是各种附件的安装基体。有的轿车门内还布置有暖气通风管道和立体声收音机的扬声器等。

车门附件包括门铰链14、车门开度限位器13、带有内外操作手柄的门锁8、密封条5，在车门内、外板之间还装有玻璃、玻璃导槽、导轨和玻璃升降器等。

车门应具有必要的开度，并能使车门停留在最大开度处，以保证上、下车方便。门锁应安全可靠，行车或撞车时门不会自动打开。

门铰链主要包括固定部分（即铰链座，固定在门框上）、活动部分（安装在车门上）和轴。为了改善车身的外形和减小空气阻力，现代汽车大多使用暗铰链。

车门开度限制器用于限制车门的最大开度，防止车门外板与车体相碰，且能使车门停留在最大开度处，起到防止车门自动关闭的作用。

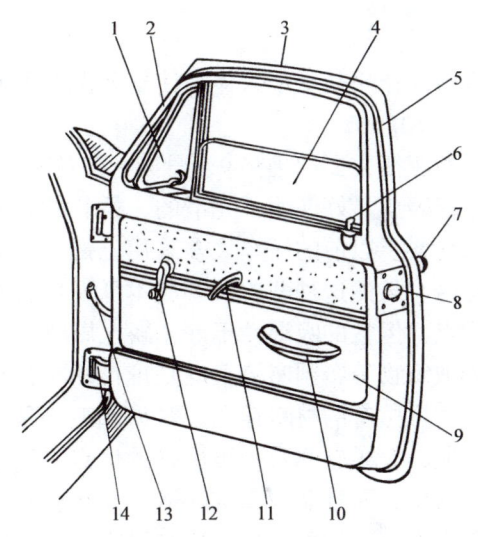

图15-23　车门及其附件

1—三角窗　2—门内板　3—门外板　4—升降玻璃
5—密封条　6—内部锁止按钮　7—门锁外手柄
8—门锁　9—车门内部板　10—拉手
11—门锁内手柄　12—玻璃升降器手柄
13—车门开度限位器　14—门铰链

门锁按其结构大致可分为舌式、棘轮式和凸轮式三种。棘轮式锁现在广泛采用，其特点是锁内部有一套由锁钩（棘爪）和棘轮组成的机构。位于门腔外部的锁门和门柱上的挡块有转子式、卡板式等不同形式。

车门玻璃的升降器有手动、电动和液压式，按结构形式可分为臂式玻璃升降器和钢丝绳式玻璃升降器等。

目前，采用最多的是臂式玻璃升降器，其中又分为单臂式、双臂式、交叉双臂式、平行双臂式等结构形式。其主要工作机构有：防止玻璃升降器倒转的制动机构、平衡机构、传动机构等。

钢丝绳式玻璃升降器在现代轿车上也常有采用。其优点是所占位置小，重量轻，成本低，易于安装布置（可通过改变钢丝长度来任意确定手柄轴的位置），尤其适用于曲面玻璃；缺点是安装精度要求较高，需设有钢丝拉紧装置。这种玻璃升降器又可分为四滑轮两点支承玻璃的和三滑轮一点支承沿中央导轨滑动的，后者更适用于玻璃较宽或形状不规则（两侧玻璃导槽短）的情况，如上海桑塔纳轿车采用的就是这种玻璃升降器。

车门的密封包括车门与车身之间间隙的密封和车窗玻璃的密封。

车门和门框之间的间隙是用密封条填充，以防雨水、灰尘侵入车内，同时在开关车门时起缓冲作用，在汽车行驶时防止车门振响。

第三节　座椅及车窗

一、座椅

座椅的作用是支承人体，使驾驶操作方便和乘坐舒适。

1. 手动座椅

手动座椅主要由坐垫9、骨架、座椅靠背10和调节机构组成（图15-24）。

座椅表皮最好使用不光滑的、柔软的以及吸湿性良好的材料。以前的轿车大多采用乙烯面人造革作蒙皮的座椅。虽然这种蒙皮具有成本低及用抹布即可清理的优点，但它的吸湿性不好，缺乏质感。

羊绒织物等布制座椅蒙皮是现代轿车使用比较多的材料。虽然有的材料存在着容易起毛不便于清理的问题，但具有柔软感及吸湿性好的优点。真皮座椅面料不但耐用，而且显得高贵，适于高级轿车，但是它在使用中不容易护理，日光长时间照射会损伤皮革。

座椅调节机构有倾斜机构和座椅滑动机构。倾斜机构可将座椅靠背调整到任意倾斜角度，座椅滑动机构可调整座椅前后方向的移动。

2. 电动座椅

通常将由电动机控制的汽车座椅称为电动座椅。在电动座椅的存储器里存储了两种理想的座椅位置，按下操纵按钮，驾驶员便可获得需要的座椅位置。

许多豪华轿车都配有电动座椅，驾驶员通过一个多位开关即可控制电动机调整座椅的精确位置。

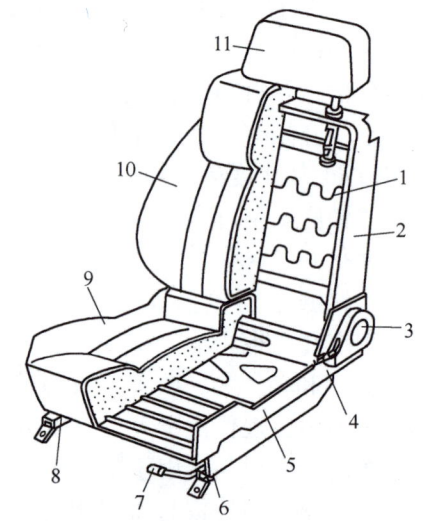

图15-24　手动座椅

1—弹簧　2—靠背骨架　3—靠背角度调节器
4—调节手柄　5—坐垫骨架　6—左滑轨
7—座椅行程调节手柄　8—右滑轨
9—坐垫　10—座椅靠背　11—头枕

（1）组成　电动座椅结构如图15-25所示，由电动座椅开关4和9、头枕5和座椅电动机及传动机构等组成。

电动座椅开关主要有滑动与垂直调节开关、靠背与头枕调节开关、腰部支撑调节开关三种。

（2）工作过程　座椅姿态调整的每一个运动方向都由一个电动机驱动一套齿轮机构实现。

第十五章 轿车车身

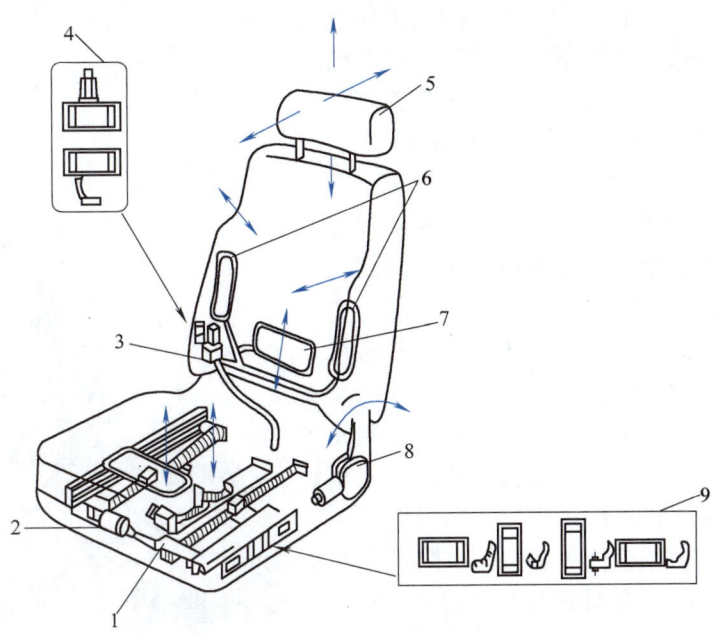

图 15-25　电动座椅结构

1—座椅升降电动机　2—座椅滑移电动机　3—气泵　4、9—电动座椅开关　5—头枕
6—侧面支撑气垫　7—腰部支撑气垫　8—后仰装置

座椅升降电动机 1 和座椅滑移电动机 2 受电动座椅开关控制，并分别驱动某个调整方向的传动部件，实现座椅前部高度、后部高度及座椅的前后移动的调整。传动部件有蜗杆（轮）、齿轮（条）啮合副等。座椅调整时，蜗杆在电动机的驱动下，带动蜗轮转动，从而使齿轮旋入或旋出，即座椅下降或上升。如果蜗轮又与齿条啮合，蜗轮转动使齿条移动，即令座椅前移或后移。

每个执行机构都有一个限位开关，当座椅的位置调整到极限位置时，限位开关断开，电动机停转；座椅的反向调整，只需要用继电器把电动机的输入电压反向即可实现。

若每个电动机都装有反馈继电器，那么电控单元接收经常使用的座椅位置反馈电压，并将数据存储起来，即实现了电动座椅位置记忆功能。当驾驶员按下"记忆"键时，电控单元就从存储器中提取相关的数据，根据这些数据控制相关的电动机转动，将座椅调整到上次存储的位置和姿态。

图 15-26 所示为电动座椅的调节，主要包括前后滑动调节 3、前后垂直位置调节 2 和 8、靠背位置调节 7、头枕高度调节 6、头枕前后调节 5 和腰部支撑调节 4 等。

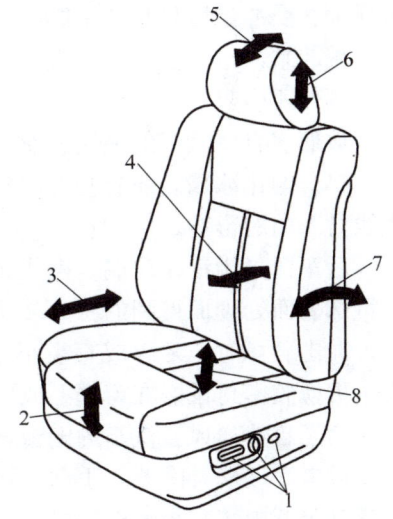

图 15-26　电动座椅调节示意图

1—电动座椅开关　2—前垂直位置调节
3—前后滑动调节　4—腰部支撑调节
5—头枕前后调节　6—头枕高度调节
7—靠背位置调节　8—后垂直位置调节

目前，最先进的"记忆座椅"有 10 多种行程和角度的调节方式，这种座椅有调节按钮及电子记忆装置。驾驶员就座后，开动记忆装置就可以操纵微型电动机，按预先设定的位置完成 10 多项调节。

广州本田雅阁轿车电动座椅有 8 种可调方式：前端上下调节，后端上下调节，前后调节，向前、向后倾斜调节。

大众汽车公司推出的 2009 款辉腾 3.6L 轿车装有 18 个方向可调的电动座椅。

某些电动座椅装有座椅加热装置及其控制元件。在座椅上安装电加热元件及相关的开关，调整对座椅的加热温度和热量。座椅加热温度的控制采用电子控制（由温度开关和热敏电阻组合而成），使乘员在 1min 内有明显的加热感觉，3min 内达到预先设定的温度。

奥迪 A6 轿车的座椅如图 15-27 所示。

二、车窗

1. 车窗及车窗玻璃

现代汽车前车窗广泛采用较安全的夹层玻璃。夹层玻璃中间夹有树脂薄膜，具有较高的冲击强度，受冲击后只是产生蜘蛛网状的裂纹，不会飞溅起来，也不会伤人，减少了由于玻璃损坏后被刺伤所引起的二次伤害。夹层玻璃也常用作

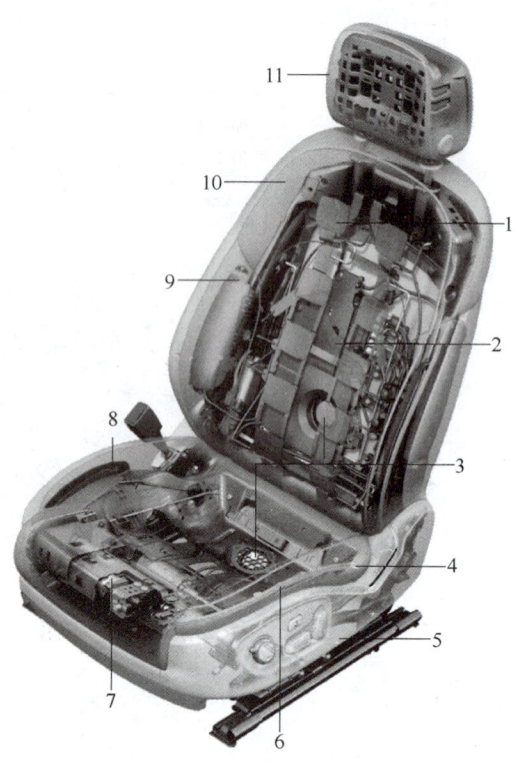

图 15-27　奥迪 A6 轿车的座椅

1—充气按摩装置　2—腰部支撑充气调节装置
3—座椅通风装置　4—坐垫角度调节装置
5—座椅高度调节装置　6—座椅前后距离调节装置
7—腰部支撑调节装置　8—坐垫侧围充气调节装置
9—腰部侧围充气调节装置　10—靠背角度调节装置
11—头枕高度调节装置

防弹玻璃。有些汽车的夹层玻璃在两层玻璃之间带有电热丝，当玻璃上结有冰霜时，可以通电加热，融化冰霜。还有些夹层玻璃在夹层中间带有颜色，如蓝色、茶色等，用以减少外界光线对车内的影响。

后车窗可用钢化玻璃。钢化玻璃是将普通玻璃加热至接近熔点，进行急速冷却，或者进行特殊表面处理而得到的特殊玻璃。钢化玻璃机械强度和稳定性比普通玻璃高得多，在遇到巨大冲击破坏时，常碎成直径小于 10mm 的圆钝颗粒，不会伤人。汽车前后车窗均为固定式，借橡胶密封条嵌在窗框上或用专用的粘合剂粘贴在窗框上。

为了自然通风，汽车的侧窗玻璃通常可上下或前后移动。上下移动时，在车门内安装有手动或电动玻璃升降器。手动是指用手摇动车门内侧的手柄，使玻璃升降器工作。电动是指在其升降器内装有小型电动机，通过开关操作可开闭车窗。具有完善的冷暖气、通风空调的高级客车，侧窗玻璃通常不可移动，以提高车身的密封性。在玻璃与导轨之间装有呢绒或植绒橡胶等材料的密封槽。

2. 电动车窗

电动车窗主要由<u>主控开关</u> 1（图 15-28）、<u>电动车窗开关</u> 5 和 7 及<u>车窗升降器</u>等组成。

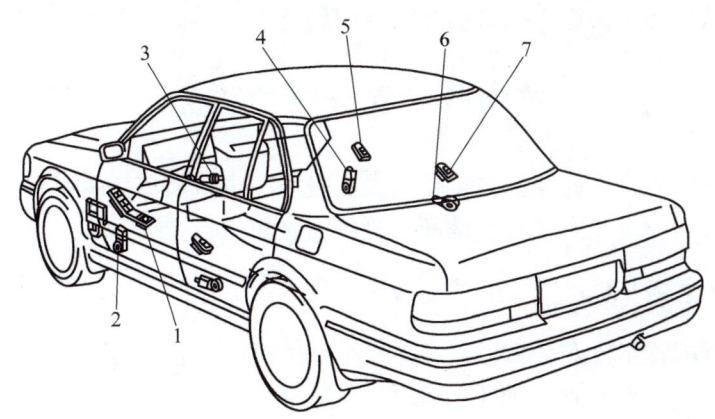

图 15-28 电动车窗的组成

1—主控开关　2、4、6—电动车窗电动机　3—点火开关　5、7—电动车窗开关

主控开关控制全车所有车窗开关的操作。

电动车窗开关受主控开关的控制，在主控开关处于"LOCK"位置时，该开关不起作用。有的轿车还增加了其他安全措施，如只有当点火开关在"RUN"或"ACC"档时，电动车窗开关才起作用。

车窗升降器一般由电动机、减速器、传动机构和托架等组成。其中传动机构有绳轮式和交叉臂式两种。

三、电动天窗

所谓电动天窗是指能够开闭车顶部分的机构。通过电动机使可动的顶板或者玻璃板滑移，并收藏在后部车顶中，从而开放车顶的一部分。

电动天窗的功用有：①实现车厢内通风换气；②为驾车摄影、照相等提供方便条件；③透过天窗的阳光照在车内，使乘坐者沐浴更多的头顶阳光，令其倍感舒畅。

电动天窗主要由天窗组件、驱动机构、滑动机构和控制系统等组成。

天窗组件包括天窗玻璃 4（图 15-29）、遮阳板 5、天窗框架、导流槽、排水槽等部分。

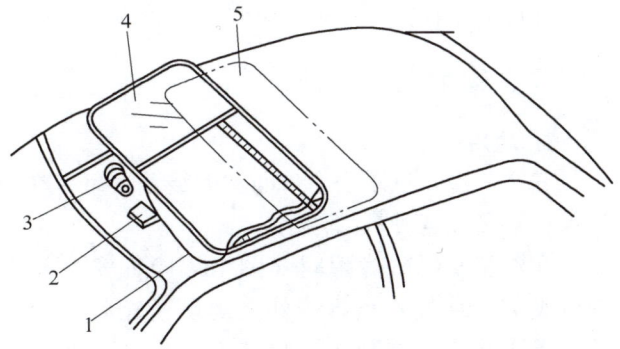

图 15-29 电动天窗

1—滑动螺杆　2—电控单元　3—电动机及齿轮
4—天窗玻璃　5—遮阳板

天窗的驱动机构主要由电动机、传动机构和滑动螺杆等组成。

电动天窗控制系统主要包括天窗控制开关、电控单元、继电器、限位开关等。天窗控制开关有滑动开启和倾斜开启两种功能。滑动开启开关有滑动打开、滑动关闭和断开三个位置；倾斜开启开关也有斜升、斜降和断开三个位置。

电动天窗工作时，利用开启和关闭两个继电器改变电动机电流的方向，驱动电动机实现正反转，通过传动机构使天窗实现滑移开启或倾斜开启。

第四节　安全保护装置

在交通事故中，能防止或减轻乘员受到二次碰撞或被抛出车外的所有安全装置，称为安全保护装置。座椅安全带和安全气囊是最主要的安全保护装置。

一、座椅安全带

现代轿车必须配置座椅安全带，它可在汽车发生碰撞或者急转弯时约束乘员的身体，使其尽可能保持在座椅原来位置上而不移动和转动，避免乘员与车内坚硬部件发生碰撞而造成伤害。

座椅安全带主要由织带 2（图 15-30）、卷收器 1、锁扣 6 等组成。

织带是座椅安全带的本体。它是用合成纤维原丝织成的宽约 50mm、厚约 1.5mm 的带子，用于在发生事故时将乘员固定在座椅上，以免乘员在冲击力的作用下离开座椅受到较大的伤害，同时也要求它有适当的延伸，以适应人体运动的变化。

卷收器是存储织带的装置，当不需要使用安全带时将织带收回，必要时予以锁紧。这种卷收器装置使佩戴者不必随时调节织带长度。

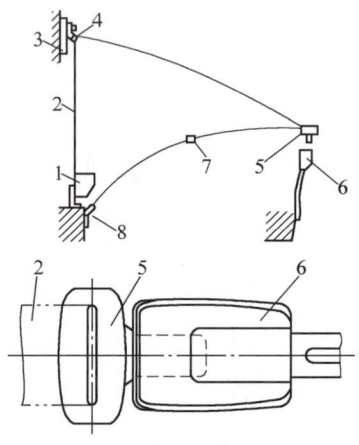

图 15-30　座椅安全带
1—卷收器　2—织带　3—高度调节器
4—导向板　5—锁舌　6—锁扣
7—限位器　8—底支架

锁舌用以扣合或脱开安全带，分为有舌和无舌两类。有舌又分为包围型按钮式和开放型按钮式两种。

高度调节器是为了适应乘员的体形调整织带长度的机构。

二、安全气囊（SRS）

1. 功用

安全气囊是汽车安全带的辅助装置，只有在使用安全带的条件下，安全气囊才能充分发挥保护乘员和驾驶员的作用。

在汽车发生碰撞瞬间（图 15-31），安全气囊在驾驶员或乘员与车内构件之间迅速充起一个气垫，承受并缓冲驾驶员或乘员头部与身体上部产生的惯性力，以减轻人体遭受伤害的程度。

2. 组成

安全气囊主要由传感器 1 和 4（图 15-32）、安全气囊电控单元 5、安全气囊组件 3 和安全气囊警告灯 2 等组成。

（1）传感器　传感器是安全气囊系统主要的控制信号输入装置，用来检测、判断汽车发生事

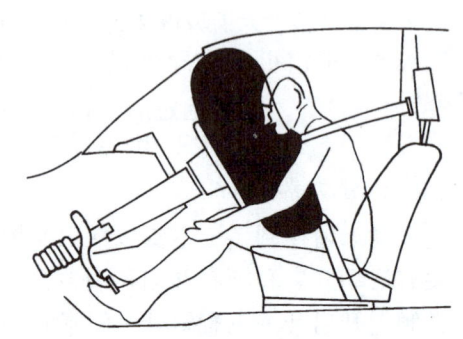

图 15-31　安全气囊对驾驶员或乘员的保护

故时的碰撞强度信号,以便决定是否需要起动安全气囊,并确定安全气囊起动的时间。

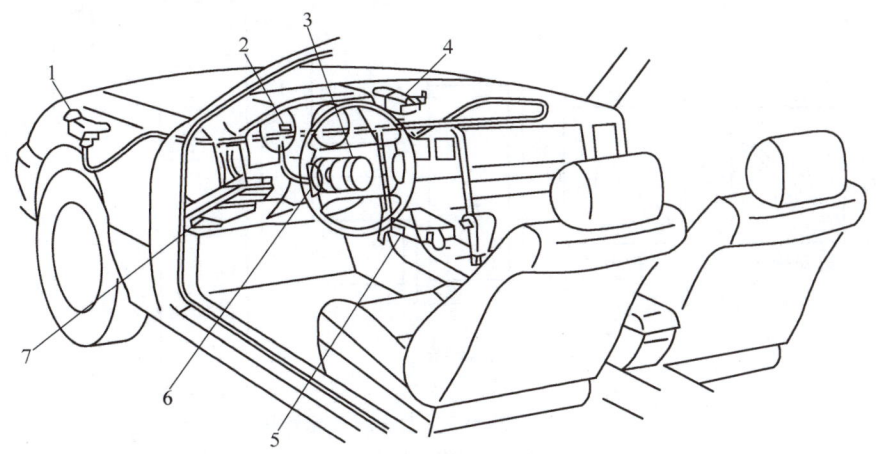

图 15-32　安全气囊在车上的布置

1—左前碰撞传感器　2—安全气囊警告灯　3—安全气囊组件　4—右前碰撞传感器
5—安全气囊电控单元　6—螺旋电缆　7—接线盒

（2）安全气囊电控单元　作为安全气囊系统的核心,安全气囊电控单元用来控制安全气囊点火、进行本系统故障诊断及判定要保护的乘员座位是否有乘员。

（3）安全气囊组件　该组件主要由气体发生器、点火器和安全气囊等组成。其中驾驶员侧气囊组件位于转向盘中心处,前排乘员侧气囊组件位于仪表板右侧、杂物箱的上方。侧面气囊组件位于前排座椅的靠背里。

3. 工作原理

当汽车与前方障碍物高速碰撞时（图 15-33）,安装在汽车前端的碰撞传感器和与安全气囊电控单元安装在一起的安全传感器,就会马上检测到汽车突然减速的信号,并立即将减速信号传送到安全气囊电控单元；安全气囊电控单元根据设定的程序对传感器所检测的信号进行计算、判断,当检测到的信号强度超过其设定值时,安全气囊电控单元立即向气囊组件内的电爆管发出点火指令,引爆引信,炸药受热爆炸,迅速产生大量热量,充气剂受热分解释放出大量氮气充入气囊,大约 30 ms 内使气囊充满,气囊便鼓向驾驶员和乘员,使驾驶员和乘员的头部和胸部压在充满气体的气囊上,将人体与车内构件（转向盘、仪表板和风窗玻璃等）隔开,从而通过气囊产生变形吸收人体碰撞时所产生的动能,达到保护人体的目的。

三、电动后视镜

在行车中,驾驶员通过后视镜可获取汽车后方和侧面等外部信息。使用电动后视镜,驾驶员只需要操纵开关便能把外面的后视镜调整到合适位置。

如图 15-34 所示,电动后视镜主要由镜面玻璃、电动机、调整开关、传动机构、执行机构和壳体等组成。其中控制开关 3 由旋转开关、摇动开关及线束等组成。

后视镜镜片背后装有两套永磁电动机,其中一套电动机能使后视镜上、下偏转,另一套能使后视镜左、右偏转。左、右后视镜由一个开关控制,一般采用顺时针或逆时针旋转确定左或右后视镜。

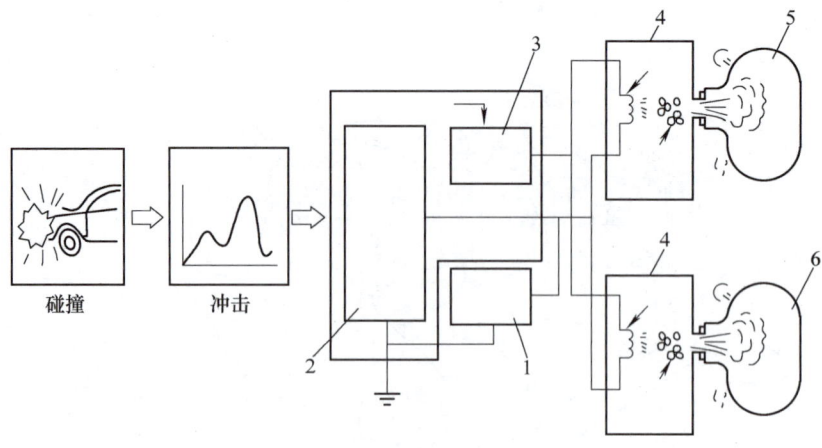

图 15-33 安全气囊工作原理示意图

1—前安全气囊传感器 2—中央气囊传感器及电控单元 3—安全气囊传感器
4—充气装置 5—安全气囊（用于驾驶员） 6—安全气囊（用于前排乘员）

控制开关通常安装在左前门内侧把手上方。接通点火开关时，将控制开关球形钮旋转，选择所需要调整的后视镜。在控制开关面板上印有 L、R，L 表示左侧后视镜，R 表示右侧后视镜，中间则是停止操作位置。

装有电动后视镜的汽车，驾驶员只需坐在座位上操纵控制开关，就可以通过后视镜内的永磁电动机调整镜面位置。

需要调整后视镜位置时，操纵后视镜控制开关，改变永磁电动机电路电流的流

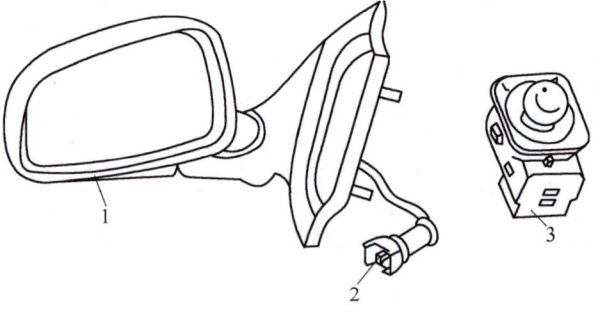

图 15-34 电动后视镜

1—后视镜 2—导线接头 3—控制开关

向，借以变换电动机旋转方向，实现左、右两侧后视镜上、下或左、右移动，达到调整后视镜位置的目的。

将电动后视镜控制开关沿逆时针（左转）或顺时针（右转）转动，可以选择左、右后视镜。例如需要调整右后视镜，则先将控制开关顺时针转动一下，然后上、下、左、右操作控制开关，右后视镜便可按操作的要求处于相应的位置。

后视镜中每个电动机均带有一个自动回位继电器，当后视镜达到行程极限位置时，自动回位继电器便将电路断开，电动机停止运转。

第五节 汽车空调装置

汽车空调装置即车内空气调节装置，即对车内的空气湿度、温度和清洁度进行调节控制的装置。现代汽车空气调节装置，均可在各种行驶条件下来维持车内正常环境，提高车内乘员乘坐的舒适性。

一、组成及工作原理

1. 组成

汽车空调装置主要由压缩机5（图15-35）、冷凝器4、蒸发器1和节流膨胀阀6等组成。

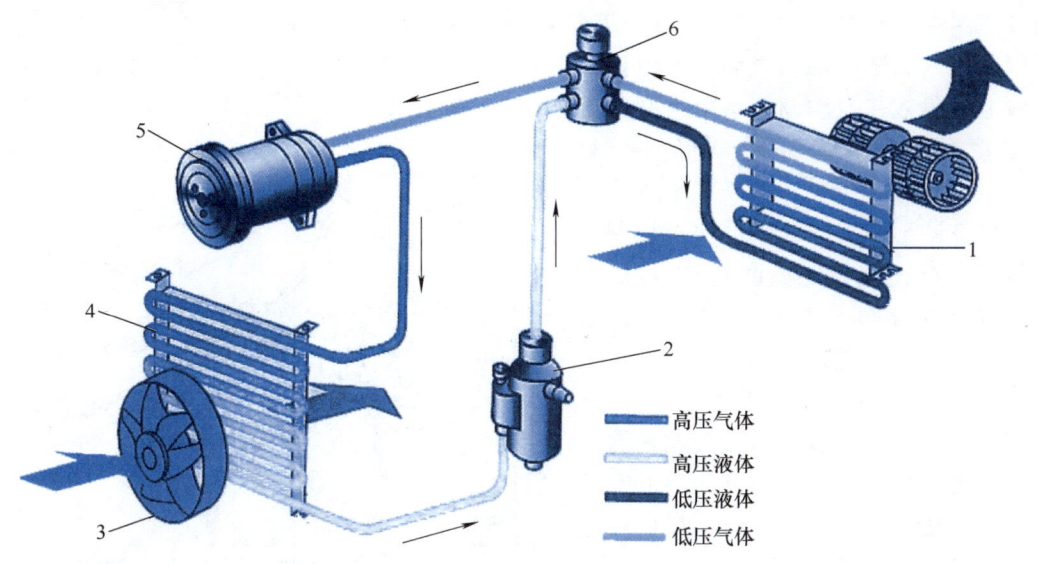

图15-35　汽车空调组成及工作原理示意图

1—蒸发器　2—干燥器　3—风扇　4—冷凝器　5—压缩机　6—节流膨胀阀

2. 工作原理

制冷系统多采用蒸气压缩式制冷，即利用液态制冷剂汽化吸热而产生冷效应。从压缩机5出来的高温、高压制冷蒸气通过高压软管进入冷凝器4，借助风扇3的作用，冷凝器中制冷剂的大量热量被车外空气带走，从而使制冷蒸气被冷凝成高温、高压的液体。这种高温、高压的液体经干燥器2流过节流膨胀阀6时，由于节流作用，体积突然变大而降压，变成低温、低压的雾状物（液体）进入蒸发器1，在蒸发器内定压下汽化。由于制冷剂在蒸发器管内汽化时的温度低于蒸发器管外的车内循环风的温度，故其能自动吸收管外空气的热量，从而使流经蒸发器的空气温度降低，产生了制冷降温的效果（制冷效果在此产生）。汽化了的制冷蒸气被压缩机抽吸压缩，变成高温、高压的气体，之后又通过高压软管输送到冷凝器4。至此，制冷剂完成了一次热力循环。

目前国内外汽车空调制冷剂全部使用HFC134a车用空调制冷剂，实现汽车绿色空调装置。

有的轿车装有电控空调系统，可通过压缩机的起动与停转使空调系统处于最佳经济状态和所要求的温度状态。

二、电控空调系统

电控空调系统可实现"自动调节气温"和"温度自动控制"，即根据乘员事先设定的参数自动调节乘坐空间的气温。

该系统的组成如图15-36所示，主要有电控单元（安装在控制开关面板13后面）、各种传感器(包括驾驶室温度传感器11、太阳辐射传感器10、发动机冷却液温度传感器1、室外空气温度传感器6等)及冷凝器5、压缩机7、蒸发器2等。传感器分别测量驾驶室温度、车外温度、发动机冷却液温度以及进入驾驶室的空气温度。电控单元接收上述参数并自动调节乘坐空间的温度和温度分布,以保持乘坐空间的舒适性。

电控空调工作时,驾驶员按下控制开关面板上的按钮(设定温度),电控单元通过选择新鲜空气和循环空气的比例来"自动调节气温":进入室内的空气经过蒸发器2时被冷却、去湿,通过冷/热空气混合调节器按比例调节送到空气加热器的空气量,再将加热的空气与未加热的空气混合,直到达到需要的温度值,最后通过不同的送风口送到乘坐空间。

"温度自动控制"是通过以下几个措施实现的:

1)改变风扇电动机的转速,可以改变进入车内的空气流量,实现空气流量控制。

2)电控单元通过调整冷/热空气调节片,使车内保持需要的温度,达到温度控制。

3)电控单元通过控制压缩机电磁离合器的开、闭,来维持车内相应温度所需要的制冷量,实现温度控制。

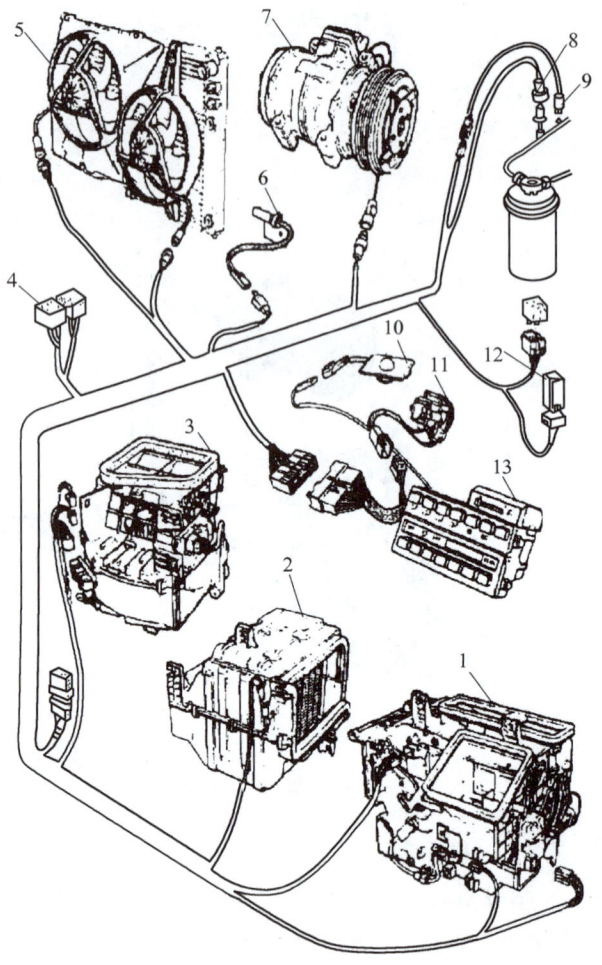

图 15-36 电控空调的组成

1—发动机冷却液温度传感器 2—蒸发器 3—空气滤清器
4、12—控制继电器 5—冷凝器 6—室外空气温度传感器
7—压缩机 8—高压开关 9—低压开关 10—太阳辐射传感器
11—驾驶室温度传感器 13—控制开关面板

有些轿车(如高尔夫轿车)装用全空调系统(包括通风、采暖和制冷),如图15-37所示。冷凝器10装在汽车的最前部。压缩机11通过带轮由发动机带动,带轮与压缩机主轴之间装有电磁离合器。

制冷时,电磁离合器接合,压缩机通过带轮接合,在发动机的带动下转动,使制冷剂从储液罐9经高压管道,通过膨胀阀13进入蒸发器2(吸热,即制冷),然后经吸入管道12被吸入压缩机,再通过冷凝器10回到储液罐。

需要通风时,车外冷空气在鼓风机16的作用下,从冷空气进口8经过空气过滤进口14,流过蒸发器2进入分配箱3。在制冷系统工作时,分配箱可将冷却的空气导向右出风口1、中间出风口4和左出风口5。制冷系统不工作时,出风口排出的是从室外导入的新鲜空气。暖气系统工作时,分配箱可将空气导向热交换器7,再经由各出风口和除霜热空气出口6排出。

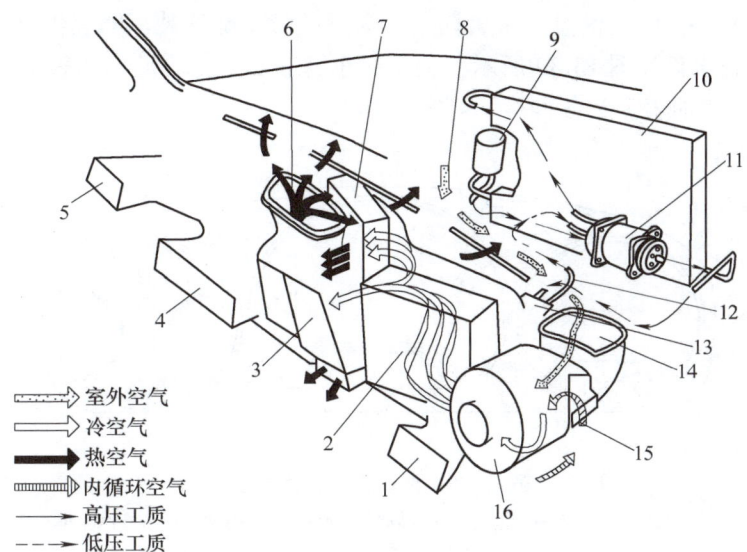

图 15-37 通风、采暖和制冷联合装置

1—右出风口 2—蒸发器 3—分配箱 4—中间出风口 5—左出风口 6—除霜热空气出口 7—热交换器 8—冷空气进口 9—储液罐 10—冷凝器 11—压缩机 12—吸入管道 13—膨胀阀 14—空气过滤进口 15—内循环空气进口 16—鼓风机

奥迪 A6 轿车全空调系统如图 15-38 所示。

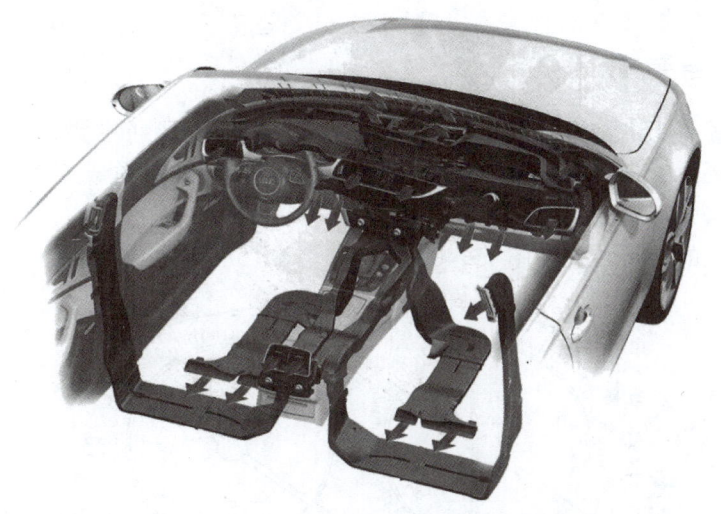

图 15-38 奥迪 A6 轿车全空调系统示意图

第六节 汽车电子仪表及仪表警告装置

一、汽车电子仪表

目前,汽车电子仪表用来以数字、字母或数字字母组合、柱状图表、曲线图等显示形式向驾驶员提供汽车工作状况信息和报警信号，为驾驶员正确驾驶车辆提供有力帮助。

汽车电子仪表表盘如图 15-39 所示，主要有车速表 2、发动机转速表 1、汽车里程表 5、冷却液温度表 4、燃油表 3 及各种指示灯等。

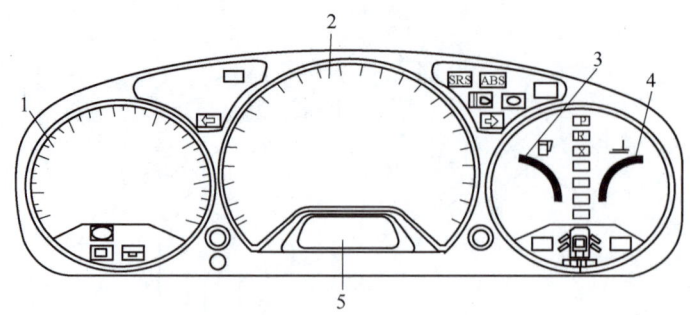

图 15-39　汽车电子仪表表盘
1—发动机转速表　2—车速表　3—燃油表　4—冷却液温度表　5—汽车里程表

目前，汽车上使用的电子仪表显示装置有发光二极管（LED）、真空荧光屏显示器（VFD）和液晶显示器（LCD）等。

发光二极管只适用于显示文字信息和条块图形。

真空荧光屏显示器适用于显示各种不同的文字和图像。

液晶显示是基于液晶分子阵列在外加电场的作用下改变其倾斜方向的原理。目前，液晶显示屏的应用十分广泛。

二、仪表警告装置

仪表警告装置有车内警告（主要是对驾驶员）和车外警告（主要是对行人与车辆）之分。警告装置主要由警告灯和警告开关组成。当被监测的系统或总成工作不正常时，警告开关自动接通，使警告灯发亮，以提醒驾驶员。

电子仪表盘上的警告装置如图 15-40 所示。

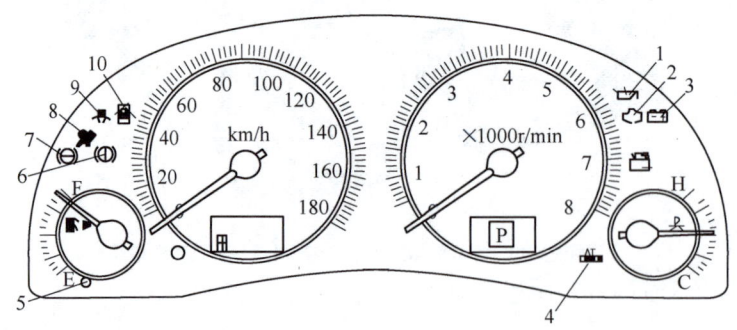

图 15-40　电子仪表盘上的警告装置
1—机油压力警告灯　2—发动机转速警告灯　3—充电指示灯　4—自动变速器电子控制装置警告灯
5—燃油油量过少警告灯　6—制动液面过低警告灯　7—ABS 警告灯　8—安全气囊警告灯
9—安全带警告灯　10—未关门警告灯

车内报警装置一般由传感器和红色警告灯组成。当被监测的部件或系统工作失误时，警告灯电路自动接通而发亮报警，提醒驾驶员采取相应措施。

车外报警装置一般提供声音信号报警或同时提供声光信号报警，如紧急闪光报警灯与报警喇叭、转向蜂鸣器、倒车蜂鸣器、语言倒车报警器等。

有些轿车在电子仪表盘上还装有语音报警系统，它包括一块数字读出板、一帧用汽车图形表示的情况/位置指示器和一块电子语音报警模块。

第七节　灯光系统与信号装置

一、灯光系统

为了保证行车安全，提高其行驶速度，汽车都装有灯光系统。灯光系统还是汽车超车、转弯、会车及停车等示意驾驶员意图的表达工具。灯光系统包括多种照明装置和信号灯装置。按照照明灯的位置不同，可分为外部照明装置和内部照明装置。

1. 外部照明装置

（1）前照灯　前照灯安装在汽车前部两侧，为夜间行驶提供照明。前照灯（图15-41）用来照明前方道路，它能提供远光和近光两种光束。远光的功用是增加照明距离，夜间远光灯亮时，保证在车前100 m、高度至少2.0~2.5m的空间范围内的路面上得到均匀明亮的照明。远光为在无对方来车的道路上，汽车以较高速度行驶时使用。会车时，若用远光灯会使迎面来车的驾驶员产生目眩，此时前照灯应该将较强的远光转变成光度较弱而且光束下倾的近光。因此，在会车和市区明亮的道路上行驶时要使用近光。近光灯亮时，应能照清前方50m远的道路并不得炫目。

近年来，随着车速的不断提高，要求前照灯的照明距离也应增加，因此，有的轿车照明距离已接近200~400m。

在四灯制汽车中，前照灯的外侧装有两只前侧照灯，作为前照灯的辅助照明，在道路比较复杂的情况下，使道路两侧也能有较好的照明。

在两灯式前照灯的灯泡内装有远光和近光用两根灯丝，四灯式则分别安装近光灯和远光灯，近光灯采用双丝灯泡。

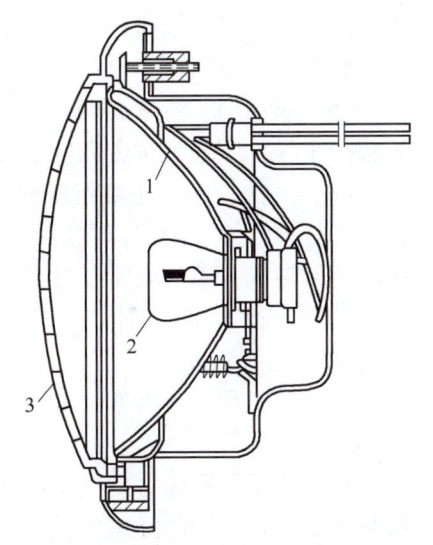

图 15-41　前照灯

1—反光罩　2—灯泡　3—透光玻璃

前照灯的控制方式有两种：继电器控制式和电子控制式。

继电器控制式是目前应用最广泛的一种控制方式，由组合开关中的灯开关和变光开关共同控制。

有的轿车前照灯采用电子控制。在电子控制电路中，前照灯的远光和近光的变换是自动控制的。根据实现功能的不同，装有不同的控制元件：前照灯会车自动变光器、前照灯自然光强度自动减弱器、前照灯关闭自动延时器等。

前照灯会车自动变光器可实现在夜间会车时，自动将前照灯的远光变成近光或把近光变为远光，以防驾驶员炫目。通用汽车公司在凯迪拉克等车型上装用了具有光敏二极管的前照灯自动变光器，当夜间两车会车相距150～200m时，前照灯自动由远光变近光，会车结束后又恢复到远光。

目前，氙气车灯在轿车上的应用日益广泛。氙气车灯的亮度比卤素车灯增加了3倍，耗电量节省了45%，寿命增长了5倍。

有些中档以上的轿车还装配了灯光传感器和前照灯清洗器。灯光传感器可依据需要自动地打开或关闭近光灯，实现灯光自动控制；当需要时，只要按下前照灯清洗器按钮，即可完成前照灯的清洗。

(2) 前小灯　前小灯主要在夜间会车行驶时使用。使对方能判断本车的外廓宽度，因此又称为示宽灯。前小灯也可用于近距离照明。

(3) 防雾灯　防雾灯光色为黄色或橙色，装在汽车前部。因黄色波较长，有较好的防雾性能，故在雾天中其能照射较远的距离（可照亮车前30m内区域）。由于高速公路的发展，汽车尾部也有装有雾灯的。

(4) 示宽灯和尾灯　一般汽车在前后各装两只示宽灯，以便示出在夜间或视线不良时停止或行驶的汽车轮廓。前示宽灯为白色或橙色灯光，后示宽灯则为红色。

尾灯装在汽车尾部，玻璃为红色。它既可照明汽车牌照，保证汽车在夜间行驶时，车后20m处能看清牌照号码；也可警示后面车辆保持车距，以免当前车突然制动时发生碰撞。其亮度标准为在夜间距车300m以外应能看清。

(5) 报警灯　报警灯只有在特殊情况下使用。例如，汽车行驶途中抛锚，或运送病人的救护车等，应开启黄色频闪的报警灯，以提醒过往的车辆，防止意外发生。

(6) 其他灯光　主要指特种车和专用车的标志灯。特种车标志灯是指经批准的特种车辆标志灯具，如救护车标志灯具为蓝色回转式；消防车、警备车、交通事故勘察车标志灯具为红色回转式；工程救险车灯具为黄色回转式。专用车标志灯，如出租汽车在车身顶部必须安装有"出租"字样的标志灯具。

2. 内部照明装置

车身内部照明灯有驾驶室顶灯、仪表盘照明灯、车厢照明灯、车门灯、阅读灯、行李箱灯和杂物箱灯等。

其他辅助灯有为方便汽车夜间检修用的工作灯，该灯应具有足够长的灯线，使用时临时将其插头插入专用的插座中；有的车为了方便夜间检修发动机，还在发动机罩下设置小灯，称为发动机罩下灯。

二、信号装置

1. 转向信号灯

转向信号灯分别装在车身前、后端的左右两侧。汽车在转弯、变更车道或路边停放时，应打开转向信号灯，向交警、行人及其他车辆表明驾驶员的意图。为了引人注目，转向信号灯不仅亮度很强，且在其电路中装有使信号灯光闪烁的闪光器。转向信号灯由闪光继电器和转向开关控制。当所有转向信号灯同时闪烁时，作为危险报警信号，由危险报警信号开关控制。

闪烁式转向信号灯可单独设置，也可与前小灯（或后小灯）合成一体，在该种情况下一般用双丝灯泡。有的汽车后转向信号灯和后灯合成一体。

2. 制动信号灯及制动信号灯开关

制动信号灯安装在汽车尾部，是车辆重要的外在安全标识，为红色光。制动灯亮时，距车后100m处的其他车辆应能看得清，以告诉车后其他车辆减速或停车。

为确保行车安全，有些国家先后要求汽车应安装高位制动灯（通常安装在后窗上部或下部中央），以对常规制动灯信号进行加强。

3. 倒车信号装置

汽车倒车时，为通知车后行人及车辆驾驶员，汽车后部装有倒车信号装置（由装在变速器盖上的倒车开关控制）。

倒车信号装置由倒车信号灯、倒车信号灯开关以及倒车报警器等组成。倒车信号灯和倒车报警器由倒车灯开关（安装在变速器上）控制。

倒车信号灯安装在汽车尾部，灯光色为白色。倒车信号灯可以照清车后15m以内的道路。

倒车信号灯开关主要由钢球7（图15-42）、膜片5、触点4和弹簧3等组成。

倒车报警器有蜂鸣器式报警器、语言报警器等几种形式。

蜂鸣器式报警器是一种间歇发声的音响装置。

语言报警器由专用的集成电路芯片、外围电路和喇叭等组成。倒车时，倒车灯开关接通，电源向报警器电路供电，语言报警集成电路芯片便输出一定幅度的语音信号，经电阻、电容组成的滤波电路消除杂音、改善音质后输入到集成电路的放大电路进行功率放大，再经喇叭输出，即可发出清晰的语言报警信号，如"倒车，请注意"等。

4. 喇叭

喇叭用来在汽车行驶中警告行人和其他车辆的驾驶员注意安全。

喇叭有气压振动式和电振动式两种。气压振动式喇叭是用气流使金属膜片振动来产生音响的。电振动式喇叭（俗称电喇叭）是用电磁力使金属膜片振动而产生音响的，其声音悦耳，广泛用于各类型汽车。

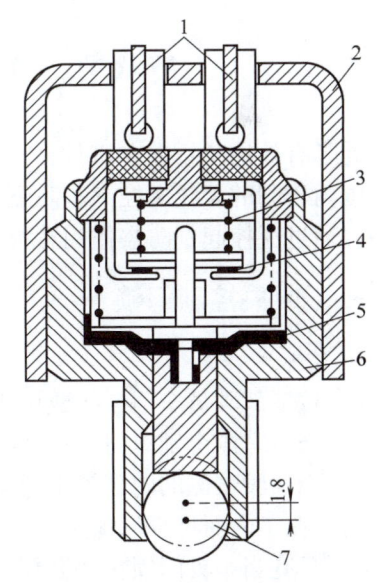

图15-42　倒车信号灯开关

1—导线接头　2—保护罩　3—弹簧
4—触点　5—膜片　6—壳体　7—钢球

电喇叭主要由喇叭筒1（图15-43）、金属膜片3、铁心5、电磁线圈8和触点K等组成，如图15-43所示。

按下喇叭按钮，喇叭电磁线圈8通电，产生电磁力，吸引衔铁7，使金属膜片3向下振动，调整螺母压下动触点臂10使触点K分开，切断喇叭电磁线圈电路，电磁力消失，在弹簧和膜片弹力作用下，衔铁及中心杆连同金属膜片返回原位；触点闭合，喇叭线圈电路又接通。如此反复，膜片不断振动，从而发出一定音调的声音，由喇叭筒加强后传出。共鸣板2与金属膜片刚性连接，在振动时发声，使声音悦耳。

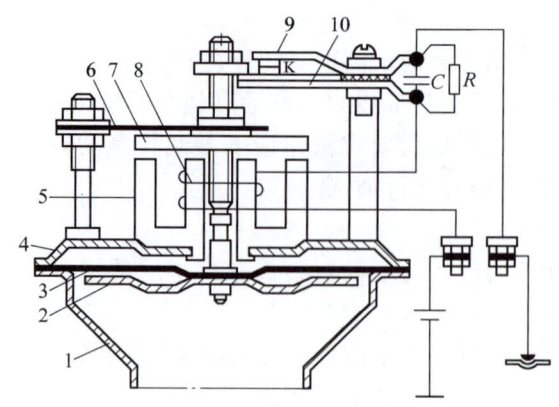

图 15-43 电喇叭

1—喇叭筒　2—共鸣板　3—金属膜片　4—底板　5—铁心　6—弹簧片
7—衔铁　8—电磁线圈　9—静触点臂　10—动触点臂

第八节　中央控制门锁及防盗报警装置

为了有效地防止盗车事件，国内外汽车商利用现代科学技术，研制了许多汽车防盗装置。国内研制的无线遥控汽车防盗装置，采用了国际先进的电子密码技术，具有不重复编码程序，通过遥控起到防盗作用和报警功能。

一、中央控制门锁

1. 功能

1）按下驾驶员车门锁扣或用钥匙锁门时，其他几个车门及行李箱门全部自动锁定。

2）当车室内个别车门需打开时，可分别拉开各自的锁扣。

3）当驾驶员侧的内部锁止开关在锁止位置时，关上车门后，该车门也不能锁止，以防止钥匙忘在车内而将车门锁止。

4）只有当中央门锁在"开锁"状态时，儿童安全锁才能退出。

5）配合防盗系统，起防盗作用。

2. 无线遥控中央门锁

遥控中央门锁是给门锁加一个遥控开关，对车门的开、闭进行遥控的装置。

门锁遥控方式可分为无线电遥控、红外线遥控和超声波遥控等。

遥控装置主要由发射器、接收器、接收天线和门锁执行机构组成。

（1）发射器　发射器俗称遥控器，可利用发射开关规定代码的遥控信号，控制驾驶员侧车门、其他车门和行李箱门等的开闭，且还具有寻车功能。

遥控器分为分开型和组合型两种，如图 15-44 所示。

（2）接收器　对接收的信号进行放大和调制，检查身份鉴定代码是否相符，当代码一致时，判别功能代码，并驱动相应的执行器。

现代汽车广泛采用有红外线式接收器和无线电波式接收器。

第十五章　轿车车身

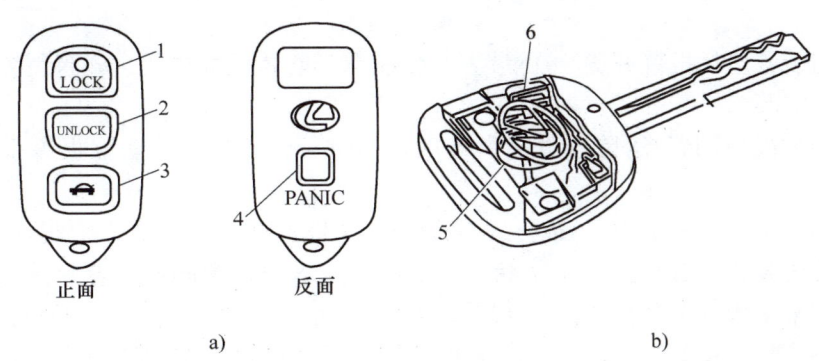

图 15-44　遥控器

a）分开型　b）组合型

1—锁门开关　2—开门开关　3—行李箱开关　4—紧急保险开关　5—电池　6—发射器开关

（3）接收天线　接收天线用来接收遥控器的输出信号，同时也是收音机的天线。在轿车上接收天线一般印镶在风窗玻璃内。若接收机采用电波方式，则其由接收天线与接收用电控单元构成，天线长度与电波波长成正比，天线与电控单元要连接在同轴电缆上。

（4）门锁执行机构　它的任务是在外电路的控制下，使其通电极性发生改变，从而改变运动方向，带动门锁连杆机构完成开锁和闭锁的作用。门锁执行机构主要有三种形式：电磁线圈式、双向空气压力泵式和双向直流电动机式。目前应用比较广泛的是双向直流电动机式门锁执行机构，因为它的门锁体积小，耗电少，动作迅速。

无线遥控中央门锁的组成除了发射器、接收器、接收天线外，还包括遥控门锁电控单元、防盗和门锁控制电控单元等。

二、防盗报警装置

1. 概述

（1）功用　为了防止驾驶员离开车辆后汽车被盗，许多汽车安装了防盗报警装置。

（2）分类　按结构不同，防盗报警装置有机械式、电子式和网络式三种，其中电子式防盗装置是目前应用最广泛的防盗装置。

根据密码发射方式不同，电子式防盗装置可分为定码防盗器和跳码防盗器两种。其中跳码防盗器应用较广泛。该项技术采用一种非线性加密算法对原代码进行随机加密，每次发射传输的密码都是唯一的，不重复。遥控器若丢失，系统可重新学习新的遥控器，原来的遥控器即被擦除。

按开锁方式不同，电子式防盗装置还可分为按键式、拨盘式、电子钥匙式、触摸式、生物特征式等电子门锁。其中触摸式电子门锁的特点是采用触摸方式输入开锁密码。与按键式相比，触摸式电子门锁使用寿命长、造价低；另外，安装触摸式电子门锁轿车的前门不装门把手，用电子锁和触摸传感器代替。

目前，网络防盗装置在技术上是最先进可靠的，它的工作是因卫星通信技术的发展而得以实现的。它分为卫星定位跟踪系统（GPS）和车载台通过中央控制中心定位监控系统。GPS 汽车防盗装置主要通过锁定点火或起动来达到防盗目的，同时还可以将报警信息和报警车辆所在位置无声地传送到报警中心。

2. 组成

汽车防盗装置包括报警调置/解除装置、传感器、防盗电控单元、报警装置、防止汽车起动和移动装置等。

车主可通过报警调置/解除装置将所有的车门进行锁止，汽车防盗报警系统进入预警状态。

中、高档轿车一般都采用了被动式的调置方式，即对驾车者不要求特别操作，当车门关闭后，防盗报警装置即自动进入工作状态，不会发生忘记装置起动的疏漏，提高了防盗效果。传感器用来检测汽车是否有异常情况发生。当汽车被移动或车门被打开时，若传感器检测到汽车被盗信号，马上将被盗信号传送给电控单元。电控单元接到该信号立即判断汽车是否正在被盗。

防止汽车起动和移动装置主要通过切断点火电路、起动电路和燃料系统的燃料供应来实现被盗车辆的非法移动。

思考题与习题

15-1 汽车车身的功用是什么？
15-2 轿车车身由哪几部分组成？
15-3 轿车车身外饰件包括哪些部件？
15-4 轿车车身是如何分类的？
15-5 轿车车身本体指的是哪些部件？
15-6 轿车车身壳体包括哪些部件？
15-7 轿车车身前部覆盖件由哪些部件组成？
15-8 轿车车门有哪几种开启方式？
15-9 电动座椅的组成如何？
15-10 电动车窗由哪些零件组成？
15-11 电动天窗的功用是什么？
15-12 座椅安全带起什么作用？
15-13 安全气囊的功用和组成如何？
15-14 电动后视镜由哪些部件组成？
15-15 汽车空调的作用和组成如何？电控空调系统由哪些零件组成？
15-16 电子仪表显示装置的作用是什么？显示装置有哪几种？
15-17 汽车外部照明装置有哪些灯光？内部照明装置有哪些灯光？
15-18 中央控制门锁有哪些功能？门锁遥控方式有哪几种？
15-19 按结构不同，防盗装置有哪几种？

参 考 文 献

[1] 关文达. 汽车构造 [M]. 3版. 北京：机械工业出版社，2011.
[2] 赵俊山，孙永江. 汽车构造 [M]. 北京：人民交通出版社，2011.
[3] 田晋跃. 现代汽车新技术概论 [M]. 2版. 北京：北京大学出版社，2014.
[4] 陈新亚. 汽车为什么会"跑"：图解汽车构造与原理 [M]. 2版. 北京：机械工业出版社，2012.
[5] 陈新亚. 汽车构造透视图典：车身与底盘 [M]. 北京：机械工业出版社，2012.
[6] 嵇伟，桂江一. 汽车新技术新配置 [M]. 北京：机械工业出版社，2012.
[7] 韦竞秋. 汽车工程应用力学 [M]. 北京：机械工业出版社，2013.
[8] 帅石金. 汽车文化 [M]. 2版. 北京：清华大学出版社，2007.
[9] 理查德，等. 现代汽车技术 [M]. 杨占鹏，梁桂航，于京诺，等译. 北京：机械工业出版社，2010.